राजभाषा की गौरव गाथा

संवैधानिक दायित्व
एवं
कार्यान्वयन

राजभाषा की गौरव गाथा

संवैधानिक दायित्व एवं कार्यान्वयन

डॉ. धनेश द्विवेदी

वाणी प्रकाशन

प्रकाशन के उत्कृष्टतम 62 वर्ष

सजिल्द प्रथम संस्करण : 2025

vaniprakashan.com

वाणी प्रकाशन

4695, 21-ए, दरियागंज, नयी दिल्ली-110 002

फ़ोन : + 91 11 23273167, 23275710

शाखाएँ

अशोक राजपथ, पटना-800 004, बिहार

कॉफ़ी हाउस कैम्पस, महात्मा गांधी मार्ग, प्रयागराज-211 001, उत्तर प्रदेश

महात्मा गांधी अन्तरराष्ट्रीय हिंदी विश्वविद्यालय, वर्धा-442 001, महाराष्ट्र

sales@vaniprakashan.in
vaniprakashan@gmail.com

Samvaidhanik Dayitva Evam Karyanvayan
by Dr. Dhanesh Dwivedi

ISBN : 978-93-6944-326-0
History/Linguistics

मूल्य : ₹ 1495

आर. टेक ऑफ़सेट प्रिंटर्स, दिल्ली-110032 में मुद्रित

वाणी प्रकाशन का लोगो मक़बूल फ़िदा हुसैन की कूची से

विषय सूची

भारत का संविधान

उद्देशिका

हम, भारत के लोग, भारत को एक[1] [**संपूर्ण प्रभुत्व-संपन्न समाजवादी पंथनिरपेक्ष लोकतंत्रात्मक गणराज्य**] बनाने के लिए, तथा उसके समस्त नागरिकों को :

सामाजिक, आर्थिक और राजनैतिक **न्याय,**

विचार अभिव्यक्ति, विश्वास, धर्म

और उपासना की **स्वतंत्रता,**

प्रतिष्ठा और अवसर की **समता**

प्राप्त कराने के लिए,

तथा उन सब में

व्यक्ति की गरिमा और[2] [राष्ट्र की एकता

और अखंडता] सुनिश्चित करने वाली **बंधुता**

बढ़ाने के लिए

दृढ़संकल्प होकर **अपनी इस संविधान सभा में** आज तारीख **26 नवम्बर, 1949** ई. (मिति मार्गशीर्ष शुक्ला सप्तमी, संवत् दो हजार छह विक्रमी) को **एतद्द्वारा इस संविधान को अंगीकृत, अधिनियमित और आत्मार्पित करते हैं।**

---

1. संविधान (बयालीसवां संशोधन) अधिनियम, 1976 की धारा 2 द्वारा (3-1-1977 से) "**प्रभुत्व-संपन्न लोकतंत्रात्मक गणराज्य**" के स्थान पर अतिस्थापित।

2. संविधान (बयालीसवां संशोधन) अधिनियम, 1976 की धारा 2 द्वारा (3-1-1977 से) "**राष्ट्र की एकता**" के स्थान पर प्रतिस्थापित।

भाग 1

संघ और उसका राज्यक्षेत्र

1. संघ का नाम और राज्यक्षेत्र–(1) भारत, अर्थात् इंडिया, राज्यों का संघ होगा।

[(2) राज्य और उनके राज्यक्षेत्र वे होंगे जो पहली अनुसूची में विनिर्दिष्ट हैं।][3]

(3) भारत के राज्यक्षेत्र में,-

(क) राज्यों के राज्यक्षेत्र,

[(ख) पहली अनुसूची में विनिर्दिष्ट संघ राज्यक्षेत्र, और][4]

(ग) ऐसे अन्य राज्यक्षेत्र जो अर्जित किए जाएं, समाविष्ट होंगे।

---

3. संविधान (सातवां संशोधन) अधिनियम, 1956 की धारा 2 द्वारा खंड (2) के स्थान पर प्रतिस्थापित।

4. संविधान (सातवां संशोधन) अधिनियम, 1956 की धारा 2 द्वारा उपखंड (ख) के स्थान पर प्रतिस्थापित।

भाग 17

राजभाषा

अध्याय 1–संघ की भाषा

343. संघ की राजभाषा (1) संघ की राजभाषा हिंदी और लिपि देवनागरी होगी।

संघ के शासकीय प्रयोजनों के लिए प्रयोग होने वाले अंकों का रूप भारतीय अंकों का अंतरराष्ट्रीय रूप होगा।

(2) खंड (1) में किसी बात के होते हुए भी, इस संविधान के प्रारंभ से पन्द्रह वर्ष की अवधि तक संघ के उन सभी शासकीय प्रयोजनों के लिए अंग्रेजी भाषा का प्रयोग किया जाता रहेगा जिनके लिए उसका ऐसे प्रारभ से ठीक पहले प्रयोग किया जा रहा था:

परन्तु राष्ट्रपति उक्त अवधि के दौरान, आदेश[5] द्वारा, संघ के शासकीय प्रयोजनों में से किसी के लिए अंग्रेजी भाषा के अतिरिक्त हिंदी भाषा का और भारतीय अंकों के अंतरराष्ट्रीय रूप के अतिरिक्त देवनागरी रूप का प्रयोग प्राधिकृत कर सकेगा।

(3) इस अनुच्छेद में किसी बात के होते हुए भी, संसद् उक्त पन्द्रह वर्ष की अवधि के पश्चात्, विधि द्वारा–

(क) अंग्रेजी भाषा का, या

(ख) अंकों के देवनागरी रूप का,

ऐसे प्रयोजनों के लिए प्रयोग उपबंधित कर सकेगी जो ऐसी विधि में विनिर्दिष्ट किए जाएं।

---

5. संआ.41 देखिए।

प्राक्कथन

बालपन में हमें राजा-महाराजाओं की अनेक कहानियाँ सुनाई जाती थीं। स्कूल कॉलेज में शिक्षा ग्रहण करते समय उन्हें पढ़ाया भी जाता था। सभी राजा-महाराजा बहादुर और युद्ध-प्रिय होते थे। कुछ दृढ़ संकल्पी नरेशों ने देश-रक्षा के लिए विदेशी आक्रांताओं से युद्ध किए, कुछ प्रजापालक अपनी रियासत की स्वतंत्रता-अस्मिता को बचाए रखने के लिए लड़े, तो कुछ अति उत्साही अपने राज्य विस्तार की लालसा के वशीभूत हो अपने ही भाई-बंधुओं से लड़ते-झगड़ते रहे। इनमें कौन विजयी हुआ और किसकी पराजय हुई? यह सब इतिहास के पन्नों पर अंकित है। इतिहास के पृष्ठों में यह भी अंकित है कि ये केवल योद्धा और कुशल प्रशासक ही नहीं, अपितु इनमें से कुछ अति संवेदनशील विद्यानुरागी तथा काव्य कला में निपुण भी थे और अवकाश के क्षणों में अपने मनोभावों, अपनी अनुभूतियों को कागज पर उतारते रहते थे। प्राचीनकाल से ही देश राजा-महाराजाओं के सुकृत्यों से गर्वित रहा है। अतीत में भी अनेक साहित्यसेवी प्रजापतियों का उल्लेख मिलता है। उज्जयनी नरेश (अनुमानतः 550 ईसा पूर्व) संस्कृत मुक्तक काव्य परंपरा के सुविख्यात कवि थे जिन्होंने 'नीतिशतक', 'श्रृंगारशतक', 'वैराग्यशतक' जैसी कालजयी कृतियों की रचना की। उनके पश्चात् उनके अनुज विक्रम संवत् के प्रवर्त्तक, सम्राट् विक्रमादित्य के शासनकाल में साहित्य-संस्कृति एवं विभिन्न ललित कलाओं ने अभूतपूर्व उन्नति की। संस्कृत की विश्वविख्यात 'मेघदूतम्', 'कुमारसम्भवम्: 'रघुवंशम्' जैसी उत्कृष्ट रचनाओं के प्रणेता महान् कवि कालिदास उन्हीं के नौरत्न-मंडल के प्रमुख सदस्य थे। थानेश्वर और कन्नौज के अधिपति सम्राट् हर्षवर्द्धन (सन् 590-647), जिन्हें भारत का अंतिम सर्वाधिक प्रभावशाली हिंदू सम्राट् के रूप में जाना जाता है, एक उच्चकोटि के कवि तथा विद्वानों के संरक्षक थे। उन्होंने 'नागानन्द', 'रत्नावली' तथा 'प्रियदर्शिका' नामक तीन श्रेष्ठ ग्रंथों की रचना की थी। 84 उत्तम ग्रंथों से संस्कृत

साहित्य का संवर्द्धन करने वाले धार नागराधीश राजा भोज (सन् 1018-1060 ई.) का नाम तो इस श्रृंखला में लोकसमादृत है। अभिसूच्य है उस कालखण्ड में साहित्य की भाषा संस्कृत थी और हिंदी भविष्य के गर्भ में थी।

संकेत्य है कि साहित्यिक भाषा के रूप में हिंदी का प्रयोग हिंदी साहित्य के आदिकाल (वीरगाथाकाल) से माना जाता है, परंतु इस काल में जो रचनाएँ मिलती हैं वे चारण अथवा राज्याश्रित कवियों की हैं, किसी राजा या राजकुमार द्वारा रचित नहीं। हिंदी साहित्य में रचनाधर्मी नरेशों का प्रादुर्भाव हुआ है भक्तिकाल (सन् 1318-1643) से लेकर बाद के काल में। यह कहना अनुचित न होगा कि ईसा की बारहवीं शताब्दी से ही देश की राजनीतिक परिस्थिति में आकस्मिक तथा अकल्पनीय परिवर्तन आने शुरू हो गए थे। विदेशी आक्रांताओं के रूप में पहले यवन-मुसलमान आए। देशी राजाओं के आपसी वैमनस्य के कारण वे विजय प्राप्त करते चले गए और अपने-अपने राज्य स्थापित कर यहीं बस गये। तत्पश्चात् व्यापारियों के रूप में अँग्रेज आए और धीरे-धीरे उन्होंने समूचे देश पर अधिकार कर लिया। यद्यपि इस अंतराल में देश की राजनीतिक, आर्थिक, सामाजिक और सांस्कृतिक व्यवस्था छिन्न-भिन्न हो गई थी, लेकिन आश्चर्यजनक रूप से देश की भाषाएँ और उनका साहित्य ऐसी जटिल परिस्थितियों में भी न केवल बचा रहा, वरन् उत्तरोत्तर पल्लवित और पुष्पित होता रहा और इसका श्रेय साधु-संतों-फकीरों, साहित्य-प्रेमियों तथा विशेष रूप से देशी राजा-महाराजाओं को जाता है।

आचार्य क्षेमचन्द्र 'सुमन' कृत 'दिवंगत हिंदी-सेवी' (दो खण्ड), ठाकुर शिवसिंह सेंगर का 'शिवसिंह सरोज, डॉ. नगेन्द्र संपादित 'हिंदी साहित्य का बृहत इतिहास', डॉ. राजकुमारी कौल कृत 'राजस्थान के राजघरानों की हिंदी सेवा,' डॉ. शिववंश पाण्डेय कृत 'हिंदी एवं प्रमुख भारतीय भाषाओं के विकास में राजा महाराजाओं का योगदान' सहित अनेक संदर्भ-ग्रंथों और हिंदी साहित्य के इतिहास का पारायण करने के उपरांत जो तथ्य उभर कर आए हैं, उनके अनुसार सन् 1359 में प्रथम कवि-नरेश के रूप में हमारे सामने आए हैं राजपूताना के गागरौन (झालावाड़) के महाराजा प्रतापरावजी, जिन्होंने बाद में विरक्त होकर सन्यास धारण कर लिया और 'संत पीपाजी' के नाम से सुविख्यात हुए। तत्पश्चात, सन् 1359 से लेकर सन् 1931 तक अर्थात् 572 वर्षों के अंतराल में लगभग 95-100 काव्य-रसिक राजाओं के नामों का उल्लेख मिलता है।

यदि दक्षिण की बात करें तो हम पाते हैं कि हिंदी देश में संपर्क राजभाषा के रूप में सदियों से प्रतिष्ठित रही है। राजपूत, मराठा और मुसलमान शासकों तथा

ईस्ट इंडिया कम्पनी आदि के शासनकाल में हिंदी का प्रयोग होता रहा। आज से लगभग 680 वर्ष पूर्व दक्खिनी भाषा (हिंदी) दक्षिण भारत की जन साधारण की भाषा के रूप में प्रचलित थी और लगभग 300 वर्षों तक इसने यहाँ राजभाषा के रूप में प्रतिष्ठित स्थान ग्रहण किया। दक्षिण भारत में मुसलमान बादशाहों की विजयों के फलस्वरूप हिंदी का दक्षिण भारत में प्रचलन बढ़ा। उल्लेखनीय है कि अलाउद्दीन खिलजी ने 1303 ई. से 1313 ई. तक दक्षिण भारत पर आक्रमण करके देवगिरि के यादव, होयसल और वारंगल राज्यों को परास्त किया था। मुसलमान शासकों की शासन व्यवस्था में हिन्दुओं का भी योगदान रहता था। अत: दक्षिण भारत में हिंदी जानने वाले व्यक्तियों के आगमन के परिणामस्वरूप हिंदी का प्रयोग हुआ। कालांतर में बीजापुर के शासकों ने भी दक्खिनी भाषा (हिंदी, हिंदवी) को राजभाषा बनाया। 16वीं शती के शुरू तक दक्खिनी हिंदी दक्षिण की जनता की भाषा के रूप में स्थान ग्रहण कर चुकी थी।

बारहवीं शताब्दी के पश्चात् तुर्की और अफगानों के आगमन के उपरांत फारसी भाषा राजभाषा के रूप में प्रचलित रही किंतु आंशिक रूप से पुरानी हिंदी का भी सरकारी कार्यों में प्रयोग होता रहा। मुगलवंश के बादशाहों ने 1526 ई. से 1707 ई. तक राज किया। इस काल में सूर, तुलसी, कबीर और रहीम खानखाना, रसखान हिंदी साहित्य के महान कवि हुए। मुगलों के शासनकाल में शासन कार्य का माध्यम हिंदी भी था। मध्यकालीन शासन व्यवस्था के विशेषज्ञ ब्लाखमैन ने सन् 1871 ई. के "कलकत्ता रिव्यू" में इस तथ्य की ओर संकेत करते हुए लिखा है कि "मालगुजारी" को एकत्रित करना और जागीरों की व्यवस्था करने का उत्तरदायित्व हिंदुओं के ही हाथ में था। अत: निजी और सर्व साधारण के हिसाब-किताब सब हिंदी में रखे जाते थे। ऐतिहासिक दस्तावेजों से भी इस तथ्य की पुष्टि होती है कि अकबर के शासनकाल के मध्य तक समस्त कागजात हिंदी में रखे जाते थे। (भाषा और लिपि, डॉ. नरेश कुमार)

भारत में स्वाधीनता प्राप्ति से सदियों पूर्व से हिंदी राजकाज का माध्यम रही थी, इसका छुट-पुट उल्लेख अनेक जगह मिलता है। डॉ. हरदेव बाहरी ने भी लिखा है–"मुसलमान बादशाहों के शासनकाल में चार-पांच शताब्दी तक शासन कार्य का माध्यम हिंदी थी।" (हिंदी: उद्‌भव, विकास और रूप, डॉ. हरदेव बाहरी)"

बताया जाता है कि सिकन्दर लोदी के शासन काल में राज्य का हिसाब-किताब हिंदी में होता था। हैदर अली और टीपू की कोच्चिन के राजा के साथ जो सन्धि हुई,

उसके अनुसार राज परिवारों के लोगों को हिन्दुस्तानी सिखाने के लिए कहा गया था। मराठा तथा राजपूत शासकों के राजकाज में भी हिंदी का पर्याप्त प्रयोग हुआ है। पेशवा, मराठा सरदारों और मराठा राज्य के अधिकारियों आदि की ओर से भी जो कागज-पत्र हिंदी-भाषी राजपूत नरेशों, उनके राजघरानों, कर्मचारियों आदि को लिखे जाते थे, वे भी हिंदी में ही होते थे। यही नहीं, उन प्रदेशों के राजकीय कार्य सम्बन्धी अनेकानेक प्रमाण-पत्र, निर्देश, राजनैतिक या आर्थिक समझौते, सन्धि-पत्र आदि भी अनिवार्य रूपेण हिंदी में ही लिखे जाते रहे। पेशवा दफ्तरों में मराठी पत्रों के साथ पर्याप्त हिंदी के पत्र भी हैं। ('राजभाषा का स्वरूप और विकास', डॉ. कैलाशचन्द्र भाटिया) पेशवा बाजीराव प्रथम, महाराजा जसवन्त राव होलकर तथा अन्य मराठा शासकों के शासन काल में हिंदी में लिखे गए राजकीय पत्र अभिलेखागारों में देखे जा सकते हैं।

डॉ. महेशचन्द्र गुप्त ने राजपूत शासकों के समय राजकाज में हिंदी के प्रयोग की स्थिति पर काफी शोध कार्य किया है। उन्होंने लिखा है कि राजपूत राजाओं और राजपूताना रेजीडेंसी के बीच लगभग 150 वर्ष पत्र-व्यवहार हिंदी में ही हुआ। राजस्थान के राजाओं का परस्पर और अन्य रियासतों के राजाओं के साथ भी पर्याप्त मात्रा में पत्र व्यवहार हिंदी में ही हुआ। इनके भी काफी नमूने राजस्थान के अभिलेखागार में मिलते हैं। उस समय की हिंदी आज की हिंदी से अधिक भिन्न नहीं थी।

ईस्ट इंडिया कम्पनी के शासन काल में भी हिंदी का प्रयोग जारी रहा। सन् 1803 में ईस्ट इंडिया कम्पनी ने जनता से संबधित कानूनों को हिंदी में दिए जाने के आदेश दिए थे। इस कारण सामान्य जनता की जानकारी के अधिकतर आदेश हिंदी में भी निकाले जाते थे।

डॉ. महेश चन्द्र गुप्त का यह भी कहना है कि सुदूर दक्षिणी प्रदेशों और उत्तरी क्षेत्र के प्रदेशों के अलावा जम्मू-कश्मीर राज्य में भी राजकाज में हिंदी के प्रयोग के उदाहरण मिलते हैं। सन् 1857-1885 ई. के बीच कश्मीर में महाराजा रणबीर सिंह के समय में सैनिक कार्यों में हिंदी का प्रयोग होता था। इस बारे में 'फौज का आइन' पुस्तक देखी जा सकती है। ('हिंदी परिचय' शिशिर 1890 शक, वर्ष 7, अंक-6)

भारत में जब अंग्रेजों का आगमन हुआ तो उन्होंने भी यह महसूस किया कि देश में आपसी विचार-विमर्श के लिए कोई सामान्य भाषा होनी चाहिए और यह भाषा शताब्दियों की परम्परा से हिंदी/हिन्दुस्तानी ही हो सकती थी। ईस्ट इंडिया कम्पनी

का प्रशासन सरकार की कामकाज की भाषा के प्रति सचेत था। उसने यह घोषणा की कि सन् 1801 के प्रारंभ से ऐसा कोई भी सिविल सर्वेन्ट किसी विश्वास तथा उत्तरदायित्व के पद पर नियुक्त नहीं किया जाएगा, जिसके विषय में यह निश्चित न कर लिया जाए कि उसे गवर्नर जनरल द्वारा बनाए गए कानूनों-नियमों तथा उन भाषाओं का ज्ञान है जो उसके पद से संबंधित कार्यकलाप के लिए आवश्यक हैं। उस समय व्यापारिक, सैनिक, राजनैतिक आदि क्षेत्रों के कामकाज की भाषा अधिकांशत: हिंदी थी। डॉ. रामविलास शर्मा ने 'हिंदी भाषा की विकास परम्परा' में लिखा है :-

"आगरा जैसे व्यापार केन्द्रों में किसी समय विदेशी व्यापारी, राजदूत आदि न केवल यहां की जनता से विचारों का आदान-प्रदान करने के लिए वरन आपस में अन्तर्राष्ट्रीय सम्पर्क भाषा के रूप में हिंदी या हिन्दुस्तानी का व्यवहार करते थे। उस समय अंग्रेजी विश्व भाषा नहीं बनी थी। पुर्तगाल, हालैंड, यूनान, फ्रांस, डेनमार्क आदि अन्य देशों की तरह ब्रिटेन के व्यापारी भी यहां माल खरीदने या बेचने के उद्देश्य से आए थे। एशिया और यूरोप की तरह वे भी यहां की भाषा का व्यवहार करते थे। एशिया और यूरोप की इन जातियों की सम्पर्क भाषा कम से कम आगरा जैसे शहरों में हिंदी या हिन्दुस्तानी थी।

"विलियम बटरवर्थ बेली (1782-1860) सिविल सर्विस के बड़े प्रतिभा सम्पन्न अधिकारी थे जिन्होंने सन् 1799 में सेवा में प्रवेश किया और सन् 1800 ई. में हिन्दुस्तान की इस परीक्षा में द्वितीय स्थान प्राप्त किया। सन् 1802 में हुई प्रथम वाद-विवाद प्रतियोगिता में हिंदी में प्रथम स्थान प्राप्त करने पर 1500 रू. नकद व मैडल प्राप्त किया। बाद में सुप्रीम कौंसिल के सदस्य रहे और विलियम बैंटिक से पूर्व कुछ समय गवर्नर जनरल भी रहे।"

डॉ. कैलाश चन्द्र भाटिया ने इस विषय का गहरा अध्ययन किया है। वह बताते हैं कि अन्तर्राष्ट्रीय क्षेत्र में भी हिंदी का प्रचलन था। नेपाल के साथ पत्र व्यवहार हिंदी में ही होता था। देशी रियासतों के साथ पत्र व्यवहार में भी देशी भाषाएं प्रयोग में आती थीं। हिंदी क्षेत्र में बिहार में हिंदी का प्रारंभ सन् 1875 में हो गया था। सन् 1880 में आदेश जारी हुए कि जनवरी, सन् 1881 से प्रांत की अदालती भाषा एकमात्र नागरी लिपि में लिखित हिंदी होगी। मध्य प्रदेश में सन् 1881 में तथा यू.पी. (यूनाइटेड प्रोर्विसिस) (जिसे अब उत्तर प्रदेश कहते हैं) में सन् 1900 में शुरुआत हुई।

ब्रिटिश सरकार ने 19वीं शताब्दी में (सन् 1881 में) राजकाज की दृष्टि से

हिंदी/हिन्दुस्तानी तथा भारतीय भाषाओं का महत्व स्वीकार कर लिया था। उस समय की स्थिति के अनुसार सरकार के सामने इसके अतिरिक्त कोई अन्य रास्ता नहीं था कि भारत में आने बाले सिविल सर्विस के उच्च अधिकारियों के लिए हिंदी तथा अन्य भारतीय भाषाओं का ज्ञान अनिवार्य कर दिया जाए। बंगाल के दक्षिणी प्रांत में नियुक्त होने वाले व्यक्तियों के लिए बांग्ला, उत्तर-पश्चिमी प्रांत, अवध तथा पंजाब के लिए हिंदी, मद्रास प्रेसीडेंसी के लिए तमिल तथा बंबई प्रेसीडेंसी के लिए मराठी का ज्ञान अनिवार्य किया गया। इनके साथ हिन्दुस्तानी तथा किसी एक प्राचीन भाषा का ज्ञान वैकल्पिक भाषा के रूप में प्राप्त करने पर पुरस्कार आदि की व्यवस्था की गई। 26 जनवरी, 1882 को इंडिया आफिस लंदन से सिविल सर्विस कमीशन के नाम इस पर जोर दिया गया कि मद्रास जाने वाले अभ्यर्थियों की फाइनल परीक्षा में हिन्दुस्तानी के लिए विशेष पुरस्कार की व्यवस्था की जाए और उसी प्रकार बंबई प्रांत में गुजराती के लिए पुरस्कार दिया जाए।

डॉ. कैलाश चन्द्र भाटिया यह भी बताते हैं कि दिल्ली के रेजिडेंट सी. टी. मेटकाफ ने अपने दिनांक 29 अगस्त, 1806 के पत्र में लिखा था: "भारत के जिस भाग में मुझे काम करना पड़ा है, मुझे हर जगह ऐसे लोग मिले हैं जो हिन्दुस्तानी बोल सकते हैं। हिन्दुस्तानी एक ऐसी जुबान है जो आम तौर पर उपयोगी साबित होती है और मेरी समझ में संसार की किसी भाषा की अपेक्षा उसका व्यवहार बहुत बड़े पैमाने पर होता है।" मद्रास के लेफ्टिनेंट टामस रोबक (1781-1819) ने भी यह विचार प्रकट किया था कि "हिन्दुस्तानी सामान्य जनता की बोलचाल की भाषा तथा भारत की महान लोकप्रिय भाषा हिंदी है।"

ईस्ट इंडिया कम्पनी के शासन के समय हिन्दू राजा भी अपने शासन-प्रबंध में हिंदी का प्रयोग करते रहे थे। परस्पर पत्रों का आदान-प्रदान हिंदी में होता था और आदेश तथा सूचनाएं आदि हिंदी में जारी की जाती थीं।

सन् 1983 में हुए तृतीय विश्व हिंदी सम्मेलन की प्रदर्शनी के लिए सामग्री भेजते हुए सीतामऊ (मालवा) स्थित श्री नटनागर शोध-संस्थान के निर्देशक डॉ. रघुवीर सिंह ने लिखा था: "ईसा की उन्नीसवीं शताब्दी के पूर्वार्द्ध के पिछले दशकों में जब अंतिम मुगल सम्राटों की आर्थिक परिस्थितियां क्षीण होने लगी थीं, तब उस शाही घराने पर निर्भर अनेक मिर्जा दिल्ली छोड़ कर विभिन्न देशी राज्यों में चले आए थे। तब संभवत: ऐसे दो मिर्जा सीतामऊ राज्य की सेवा में आ गए थे। उनमें से एक मिर्जा वाहिद बेग को इन्दौर में सेवारत अंग्रेज "एजण्ट टू दी गवर्नर-जनरल फार

अफेअर्स आफ मालवा' के दरबार में सीतामऊ राज्य का वकील नियुक्त था। वह समय-समय पर इन्दौर से सीतामऊ राज्य के दीवान लाला हुलासराय को शासकीय बातों की रिपोर्ट भेजता था। सन् 1857-58 ई. के महान विद्रोह विषयक इन्दौर से भेजी गई ये रिपोर्ट ऐतिहासिक आधार-सामग्री के रूप में बहुत ही महत्वपूर्ण हैं। मिर्जा वाहिद की ये सभी रिपोर्ट हिंदी में देवनागरी अक्षरों में लिखी हुई हैं। श्री केशवदास अभिलेखागार, सीतामऊ में ऐसी कोई 250 रिपोर्ट सुरक्षित हैं।"

डॉ. रामबाबू शर्मा ने राज-काज के क्षेत्र में सदियों पूर्व से हो रहे हिंदी के प्रयोग के संबंध में शोध कार्य किया है जिससे यह स्पष्ट होता है कि हिंदी शताब्दियों से इस देश की राजभाषा रही है तथा राजभाषा के रूप में उसका व्यवहार राजपूत, सल्तनत, मुगल, मराठा तथा अंग्रेजों के राज-काज में होता था। डॉ. शर्मा को राजभाषा संबंधी ये प्राचीन दस्तावेज राष्ट्रीय अभिलेखागार तथा विभिन्न राज्य अभिलेखागारों में देखने को मिले हैं। राष्ट्रीय संग्रहालय नई दिल्ली तथा जूनागढ़ संग्रहालय में सल्तनत कालीन देवनागरी लिपि हिंदी में अंकित सिक्के सुरक्षित हैं।

डॉ. रामबाबू शर्मा का कहना है "मुझे बारहवीं शताब्दी के राजपूतकालीन दो ऐसे पत्र देखने को मिले जो क्रमश: महाराज पृथ्वीराज तथा तत्कालीन मेवाड़ नरेश अनूप सिंह के दरबारों से लिखे गए थे। इनकी भाषा तत्कालीन राजस्थानी खड़ी बोली तथा अवहट्ट मिश्रित है। वर्तनी सम्बन्धी भिन्नताएं प्रचुर मात्रा में हैं तथा पत्रों की लेखन पद्धति प्राचीन भारतीय है।"

महमूद गजनवी के सिक्कों पर संस्कृत भाषा देवनागरी लिपि का प्रयोग होता था। इसी प्रकार मुहम्मद गौरी, शेरशाह सूरी, अल्तमस आदि सल्तनत बादशाहों के सिक्कों पर देवनागरी लिपि में उनके नाम अंकित किए जाते थे। खिलजी, तुगलक, बहमनी तथा गोलकुंडा के शासकों के यहां हिंदी भाषा का ही प्रयोग होता था तथा दक्षिण में आफाकी तथा मराठी के राजकाज की भाषा हिंदी थी।

मुगल शासकों की राजभाषा नीति सल्तनत शासकों की भांति ही उदार थी। इनके राजकाज से सम्बद्ध हजारों दस्तावेज है। ये प्रलेख अकबर के शासन से लेकर पूर्ववर्ती मुगल सम्राटों के काल के हैं। इन दस्तावेजों में अकबर का अगले दस्तूर, आवर्जा, खतूत अहलकारान, खतूत महाराजान, तहरीर, हकीकत, फरद, खरीता, कागद बही, ओहदा बही विशेष रूप से उल्लेखनीय हैं। इन पत्रों की भाषा अवधी, ब्रज, राजस्थानी, खड़ी बोली तथा फारसी मिश्रित है तथा इनकी लिपि देवनागरी है। ये पत्र तत्कालीन शासन सम्बन्धी विषयों से सम्बद्ध हैं। तत्कालीन अधिकतर देशी

रियासतों का राजकाज भी हिंदी में ही होता था। इनमें महाराणा प्रताप के दरबार से लिखा हुआ पत्र भी उपलब्ध हुआ है।

"मराठा शासकों के राजकाज की भाषा हिंदी थी। इस प्रकार के सैंकड़ों पत्र डॉ. धीरेन्द्र वर्मा द्वारा सम्पादित प्राचीन हिंदी पत्र संग्रह तथा डॉ. केलकर द्वारा सम्पादित "अठारहवीं शती के हिंदी पत्र" नामक पुस्तकों में देखे जा सकते हैं। इन पत्रों में हिंदी की विभिन्न बोलियों, राजकार्यों से सम्बद्ध वाक्य, उपवाक्य, मुहावरे, हिंदी तथा मराठी शब्द, पत्रों के प्रकार तथा लेखन पद्धति का सजीव वर्णन है। इन शासकों के यहां मराठी से हिंदी तथा हिंदी से मराठी में अनुवाद की व्यवस्था भी थी।

"अंग्रेजों के राज कार्यों में भी हिंदी की विभिन्न बोलियों का प्रयोग होता था। इनके शासन कार्यों से सम्बद्ध हिंदी में लिखित फाइलें, पत्र, अनुवाद व्यवस्था, पोलीटिकल एजेंट सथा गवर्नर जनरल के कार्यालयों में हिंदी, अधिकारियों के हिंदी प्रशिक्षण की व्यवस्था आदि से सम्बद्ध सामग्री राष्ट्रीय अभिलेखागारों में सुरक्षित है।

"हरि बाबू कंसल द्वारा की गई शोध पर आधारित तथ्य "बारहवीं सदी से राजकाज में हिंदी" तथा "राजभाषा हिंदी की कहानी" नामक पुस्तकों में प्रकाशित किए हैं। कई अन्य विद्वानों ने भी राजभाषा के विभिन्न पक्षों पर कार्य किया है। उनमें डॉ. महेश चन्द्र गुप्त तथा डॉ. वास्वानी के नाम विशेष रूप से उल्लेखनीय हैं।"

15 अगस्त सन् 1947 को जब देश अँग्रेजों के चंगुल से आज़ाद हुआ तब देश में छोटी-बड़ी कुल मिलाकर 562 देशी रियासतें थीं जिन्होंने स्वतंत्र भारत के तत्कालीन गृहमंत्री सरदार वल्लभभाई पटेल के अनुरोध पर अपने सभी अधिकार त्यागकर भारत में विलय होना स्वीकार किया। प्राप्त पुष्ट साक्ष्यों के आधार पर इनमें से बहुत सारी रियासतों की शासन व्यवस्था, शिक्षा आदि का माध्यम हिंदी भाषा थी, जिसका प्रयोग बहुत पहले से होता आ रहा था। उत्तर भारत के हिंदीभाषी राज्यों में हिंदी की सर्वत्र यही स्थिति थी। ऐसे राज्यों के दरबार की ही नहीं, राजपरिवारों की भाषा भी हिंदी ही थी। हिंदी कवियों-साहित्यकारों को पूरा सम्मान- प्रोत्साहन और प्रश्रय प्राप्त था। सबसे मुख्य बात यह थी कि अधिकांश भूपतियों सहित राजपरिवारों के सदस्य भी हिंदी प्रेमी तथा हिंदी सेवी थे। वे बड़ी सुंदर कविताएँ किया करते थे। बीसवीं शताब्दी में ही स्वाधीनता प्राप्ति से पूर्व मध्य भारत तथा राजस्थान की कई रियासतें अपना काम-काज हिंदी में करती थीं। स्वाधीनता प्राप्ति के बाद एक विचित्र स्थिति दिखाई पड़ी। कई ऐसे विभाग थे जो पहले अपना काम हिंदी में करते थे।

रियासतों के विलय हो जाने पर तथा आयकर आदि संबंधी कार्य केन्द्रीय विभागों के अन्तर्गत आ जाने पर, उन कार्यालयों के काम जो पहले हिंदी में होते थे, वे अंग्रेजी में होने लगे।

यह परंपरा कहां से आरंभ हुई? यह कहना मुश्किल है किंतु समय के साथ ये परंपरा और बलवती होती गई। भाषा के नाम पर विचारों की लड़ाई प्रारंभ हुई और एक भाषा जिसे राष्ट्रभाषा का नाम दिया जाने लगा, पर चर्चाएं जोर पकड़ने लगीं। आखिरकार मामला संसद तक पहुंचा और भाषा व्यवस्था मजबूत करने के नाम पर बहस प्रारंभ हुई। कई बार प्रयास किए गए और अंततः जो हिंदी राष्ट्रभाषा के प्रश्न के साथ संसद में खड़ी हुई थी, 14 सितंबर, सन् 1949 को एकमत से राजभाषा के रूप में अंगीकार की गई। आज जब राजभाषा के रूप में स्थापित हुए हिंदी को 75 वर्षों से अधिक का समय बीत चुका है हिंदी ने अपना दायरा भी बढ़ाया है। देश की राजभाषा से आगे वह वैश्विक स्तर पर शीर्ष की भाषाओं में शुमार हो चुकी है। उसका वैश्विक कद हर क्षेत्र में विस्तार पा चुका है। इस पुस्तक में हिंदी के राजभाषा बनने और वर्तमान समय तक विस्तार पाने की यात्रा का उल्लेख तो है ही, राजभाषा के रूप में हिंदी प्रेमियों के कार्य करने की दिशा व दशा का उल्लेख भी किया गया। सरकारी कार्यालय के लिए राजभाषा में कार्य करने के आदेश, निर्देश, रिपोर्टिंग आदि संबंधी जानकारी भी इस पुस्तक के माध्यम से पाठकों को प्राप्त होगी। ऐतिहासिक घटनाओं से होते हुए तकनीकी प्रगति तथा वैश्विक पहुंच तक की यात्रा का समेकित वर्णन पाठकों को उपलब्ध कराने का यह गिलहरी प्रयास है। मैं परम-पिता परमेश्वर का धन्यवाद करते हुए अपने माता-पिता के प्रति कृतज्ञता ज्ञापित करता हूं। इस महती कार्य में संबल हेतु डॉ. महेश चंद्र गुप्त जी का एवं सहयोग के लिए हिंदुस्तानी भाषा अकादमी के अध्यक्ष सुधाकर पाठक जी, वरिष्ठ लेखक डॉ. वी. वेंकटेश्वर राव, राजभाषा विभाग, गृह मंत्रालय में मेरे सहयोगी श्री रघुवीर शर्मा, श्री वीरेंद्र कुमार, जनाब इरफान अहमद खान, श्री विनोद कुमार, सुश्री प्रियंका तथा श्री अनिल कनौजिया का आभार व्यक्त करता हूं। वाणी प्रकाशन के संस्थापक श्री अरुण माहेश्वरी जी का विशेष आभार जिनकी प्रेरणा से इस कार्य को पूर्ण करने का संबल मिला। मुझे पूर्ण विश्वास है कि आप सभी किसी भी त्रुटि के लिए मुझे क्षमा करेंगे और पुस्तक से लाभान्वित होंगे।

आपका

(डॉ. धनेश द्विवेदी)

अध्याय-1

स्वतंत्रता पूर्व की हिंदी-एक विश्लेषण

भाषा की बात करते समय यह ज्ञात होना चाहिए कि यह एक सामाजिक वस्तु है। मानसिक संकल्पना के साथ-साथ एक सामाजिक यथार्थ भी है। व्याकरणिक इकाई होने के साथ-साथ वह संस्थागत प्रतीक भी है। संप्रेषण का अन्यतम उपकरण होने के साथ-साथ यह हमारी सामाजिक अस्मिता का एक सशक्त माध्यम भी है। इस बात से इंकार नहीं किया जा सकता कि हर भाषा एक निश्चित समुदाय के व्यक्तियों को भावना, चिंतन और जीवन-दृष्टि के धरातल पर एक-दूसरे के नजदीक लाती है और उन्हें आपस में जोड़ती और बाँधती है। भाषा की इस शक्ति के सहारे व्यक्ति का 'मैं' समुदाय के 'हम' में अपना फैलाव पाता है। उदाहरण के लिए हम हिंदी भाषाई समुदाय को देखें तो पाते हैं कि यह समुदाय वस्तुतः बोली समुच्चय का ही एक दूसरा नाम है। इस बोली समुच्चय में बिहारी उपभाषा की भोजपुरी, मगही और मैथिली बोलियां हैं जो उसी मगधी अपभ्रंश से निकली हैं जिससे असमिया और बांग्ला भाषा निकली हैं। दूसरी तरफ इसके भीतर राजस्थानी उपभाषा की मालवी, मेवाती, हड़ौती आदि बोलियाँ भी हैं जो उसी नागर अपभ्रश से संबद्ध हैं जिससे गुजराती और मराठी भाषाएँ संबद्ध हैं। पर बिहारी और राजस्थानी उपभाषा वर्ग की इन बोलियों ने शौरसेनी अपभ्रंश से अपनी पश्चिमी हिंदी (ब्रज, कौरवी आदि) और अर्द्धमागधी अपभ्रंश से उत्पन्न पूर्वी हिंदी (अवधी, बघेली, छत्तीसगढ़ी आदि) से तादात्म्य स्थापित कर हिंदी भाषाई समाज की संकल्पना को सामाजिक-सांस्कृतिक यथार्थता प्रदान की है। वंशानुक्रम की दृष्टि से देखें तो इन बोलियों की सत्ता अलग-अलग है और व्याकरणिक बनावट और बुनावट की दृष्टि से परखें तो इनमें से अधिकांश खड़ी बोली की तुलना में अन्य भाषाओं की संरचना के अधिक नजदीक है, पर भाषाई अस्मिता के धरातल पर वे हिंदी भाषा और उसके समुदाय के साथ है। इस हिंदी भाषाई समाज की वास्तविकता यह है कि उनका हर सदस्य अपने जीवन

एवं व्यवहार के आत्मीय संदर्भ में अपनी बोलियों का प्रयोग करता है, पर व्यवहार के औपचारिक संदर्भ में किसी-न-किसी अंश में खड़ी बोली का प्रयोग करता ही है। यह बात भी कम महत्वपूर्ण नहीं है कि जब हम आज हिंदी साहित्य की बात करते हैं, तब उसे खड़ी बोली में रचित काव्य-कृतियों तक ही सीमित नहीं करते। इसमें प्रसाद, पंत, निराला, प्रेमचन्द, अज्ञेय, मुक्तिबोध आदि की रचनाओं के साथ-साथ अवधी, ब्रज, मैथिली आदि बोलियों के साहित्यकार यथा जायसी, सूर, तुलसी, विद्यापति आदि की कृतियों को भी समाहित करने में संकोच नहीं करते। इन विभिन्न बोलियों के माध्यम से अभिव्यक्त होने वाला साहित्य एक है क्योंकि इनकी रचना करने वाले हिंदी भाषाई समाज की जातीय अस्मिता एवं साहित्यिक चेतना एक है।

स्पष्ट है कि हिंदी साहित्य का मूलाधार उस हिंदी भाषाई समाज की सांस्कृतिक चेतना और काव्यात्मक संवेदना है जिसे हम बोली-समुच्चय की अंतरंग शक्ति के रूप में पाते हैं। वंशानुक्रम की दृष्टि से भिन्न और व्याकरण की दृष्टि से विशिष्ट इन बोलियों को संप्रेषण के धरातल पर बाँधने का काम कर रही है खड़ी बोली हिंदी। इसमें संदेह नहीं कि भाषाई समाज के रूप में 'हिंदी' की सत्ता एक सामाजिक यथार्थ है जिसे इतिहास-चक्र ने बोलियों के वंशानुक्रम के संबंधों का अतिक्रमण कर एक निश्चित अर्थवत्ता प्रदान की है।

यह सही है कि भाषा अपने सामाजिक समुदाय के सदस्यों को अंदरूनी तौर पर जोड़ने और बाँधने वाली एक जबरदस्त ताकत के रूप में अपनायी जा सकती है, पर इसके साथ यह भी सच है कि भाषा अलगाव का भी कारण बनती है। अगर भाषा, व्यक्ति के 'मैं' का विस्तार कर 'हम' में बदलने की ताकत रखती है, तो वही इस 'हम' को 'वे' के विरोध में खड़ा करने की शक्ति भी रखती है। भाषा की दुहरी प्रकृति के प्रति प्राय: हम अपनी आँख बन्द कर लेते हैं। भाषा अगर दो दिलों को जोड़ने का काम करती है तो वह दो दिलों को तोड़ने का साधन भी बनती है। अगर भाषा के सहारे हम 'सच' को पकड़ने की क्षमता रखते हैं तो उसी के सहारे हम 'झूठ' को भी सच साबित करने का सामर्थ्य रखते हैं। सच तो यह है कि भाषा में जोड़ने और तोड़ने वाली दोनों ही ताकते हैं। ताकत के वे दोनों पक्ष एक ही चीज के दो पहलू हैं, एक ही समस्या के दो पक्ष हैं और यह चीज या समस्या है- सामाजिक अस्मिता।

सामाजिक अस्मिता जिस इकाई को जन्म देती है, उसके मूल लक्ष्य हैं 'आभ्यंतर एकता' और 'बाह्य विशिष्टता'। इन दोनों लक्ष्यों को साधने के लिए हम 'भाषा'

का सहारा लेते हैं। बहु-बोली प्रधान हिंदी क्षेत्र को हम खड़ी बोली के सहारे 'एक' सिद्ध करना चाहते हैं, पर इसी खड़ी बोली हिंदी को बंगाली, तमिल, तेलगु भाषियों आदि अन्य क्षेत्रीय समुदायों से अलग एक विशिष्ट इकाई भी सिद्ध करना चाहते हैं। सच तो यह है कि भारत का एक-एक कोना बहुभाषा-भाषी है, पर भाषा का सहारा लेकर हम उसमें क्षेत्रीयता का रंग भरते चलते हैं। आंध्र प्रदेश में एक नहीं, अनेक भाषाएं बोली जाती हैं पर तेलगू भाषा को क्षेत्रीयता का आधार बनाते हुए एक तरफ उसमें एकता का भाव पैदा करना चाहते हैं तो दूसरी तरफ उसे विशिष्ट सिद्ध करते हुए हिंदी, तमिल आदि अन्य इकाइयों से काटने की ओर भी प्रवृत होते हैं। जो स्थिति आंध्र प्रदेश और तेलगू भाषा की है, उससे भिन्न कोई स्थिति तमिलनाडु और तमिल, कर्नाटक और कन्नड़, महाराष्ट्र और मराठी आदि क्षेत्रों की नहीं है। क्षेत्रीय अस्मिता के प्रतीक के रूप में भाषा के प्रश्न को उभारने का काम राजनीतिज्ञों के लिए सुविधाजन्य है क्योंकि भाषा व्यक्तियों को जोड़ने और तोड़ने की दोनों ही शक्ति से सहज ही बंधी हुई है। वह समुदाय में भावनात्मक एकता का कारण भी है और भावना के स्तर पर अन्य समुदायों से विद्वेष का आधार भी है। दूसरा कारण यह भी है कि भाषा, हर किसी के लिए सुलभ है, वह व्यक्ति के पूरे व्यक्तित्व में हवा-पानी की तरह गहराई तक बसी हुई है, इसलिए इसके सहारे शिक्षित और अशिक्षित, स्त्री और पुरुष, उच्च वर्ग और निम्न वर्ग आदि समाज के सभी तबके के व्यक्तियों को छेड़ा और उकसाया जाना संभव है।

ध्यान देने की बात है कि समाज का जीवन इकहरा नहीं हुआ करता और न ही व्यक्ति की सामाजिक भूमिकाएँ एक-आयामी हुआ करती हैं। अगर व्यक्ति किसी का बेटा है तो अपने बेटे का पिता भी, किसी स्त्री का वह भाई है तो किसी अन्य स्त्री का पति भी। हमारी प्रशासनिक व्यवस्था की प्रकृति स्तरीय और अधिक्रमित है। हम एक स्तर पर अपने गाँव या शहर से जुड़े होते हैं (स्थानिक संदर्भ), दूसरे स्तर पर अपनी क्षेत्रीयता से बँधे होते हैं (क्षेत्रीय संदर्भ), एक तीसरे स्तर पर पूरे राष्ट्रीय संदर्भ से हमारा नाता बंधता है (राष्ट्रीय संदर्भ), और अगर अपने को अपने देश से बाहर की आर्थिक, सामाजिक या सांस्कृतिक व्यवस्था से जोड़ने की ओर प्रवृत्त हुए तो हम अंतर्राष्ट्रीय संदर्भों से भी सम्बद्ध हो जाते हैं (अंतर्राष्ट्रीय संदर्भ)। जिस प्रकार प्रशासनिक संदर्भ में किसी भी देश की समस्या को उसके अंतर्राष्ट्रीय, राष्ट्रीय, क्षेत्रीय और स्थानिक दृष्टि से देखना संभव है, उसी प्रकार उस देश के संप्रेषणतंत्र को भी विभिन्न दृष्टियों से देखना आवश्यक है।

एक-भाषीय समाज इन विभिन्न प्रयोजनधर्मी भूमिकाओं को शैली-भेद के आधार पर साधता है जबकि भारतीय बहुभाषी समाज अपनी प्रकृति के अनुसार अपने भाषाई कोश के विभिन्न घटकों द्वारा आगे बढ़ता है। हिंदी भाषाई समाज को ही लें अपनी स्थानिक भूमिका के संदर्भ को वह बोलियों के सहारे निभाता है, अपनी क्षेत्रीय (प्रांतीय) भूमिका के निर्वाह के लिए वह खड़ी बोली का सहारा लेता है तो देशवासी संदर्भ में वह कभी हिंदी और कभी अंग्रेजी भाषा के प्रयोग की ओर प्रवृत्त होता है और अंतर्राष्ट्रीय भूमिका के संदर्भ में वह अंग्रेजी को अपनाता है।

इन बोलियों और भाषाओं को वह सहज भाव से स्वीकार करता है। उसके व्यक्तित्व में अभी हाल तक ये भाषाएँ दुराव और द्वेष का कारण न थीं क्योंकि उसका भाषाई व्यक्तित्व संतुलित, समन्वित और सामाजिक था। बहुभाषिकता उसके व्यक्तित्व का एक साधक और सार्थक पक्ष था। जो स्थिति हिंदी भाषी समाज की थी, वही अन्य भारतीय भाषाओं के बोलने वालों की भी थी। अन्य भाषा भाषी अपनी स्थानिक आवश्यकताओं के लिए अपनी-अपनी मातृभाषा को स्वीकार करते थे, क्षेत्रीय आवश्यकताओं के लिए अपने क्षेत्र की सर्वाधिक प्रयोजनधर्मी संपर्क भाषा को अपनाते थे। अखिल भारतीय संदर्भ में हिंदी और अंतर्राष्ट्रीय सन्दर्भ में अंग्रेजी को अपनाते थे। स्वतंत्रता-पूर्व हमारी भाषाई चेतना इस पैटर्न को सहज भाव से स्वीकार कर चुकी थी। इसीलिए तिलक, गाँधी, सुभाषचन्द्र बोस, राजगोपालाचारी, सुनीति कुमार चटर्जी आदि सभी ने अपनी-अपनी क्षेत्रीय भाषाओं के प्रयोग के साथ-साथ संपर्क भाषा हिंदी के व्यवहार पर बल दिया था।

इससे तो इन्कार नहीं किया जा सकता कि प्राचीन काल से ही भारत मूलत: बहुभाषिक रहा है। सदियों से चली आ रही उसकी इस बहुभाषिकता ने एक ऐसे 'भारतीय' व्यक्तित्व को जन्म दिया है जिसे न तो आर्य जाति की संज्ञा दी जा सकती है और न अनार्य जाति की। यह व्यक्तित्व बना है सदियों से साथ-साथ रहने वाले आर्य, द्रविड़, किरात, निषाद आदि जातियों के मेल-मिलाप से, उनके सांस्कृतिक गुणों, भाषाई लक्षणों के अभिसारण और समीकरण की प्रक्रिया से। हम जानते हैं कि शुद्ध रक्त रखने वाले आर्य 'हवन-संस्कृति' और वर्णाश्रम व्यवस्था के सम्पर्क थे। 'पूजा-संस्कृति' द्रविड़ों की थी। अत: पत्र-पुष्प, नारियल- अच्छत का विधान उनका था। यह अभिसारण प्रक्रिया का ही परिणाम कहा जा सकता है कि चाहे उत्तर में बसने वाला तथाकथित आर्यवंशज हो अथवा दक्षिण में स्थित द्रविड़ कुल का, उसके सामान्य आचरण में 'हवन' और 'पूजा' या फिर 'वर्ण व्यवस्था' समान

भाव से फलित दिखाई पड़ती है। साफ जाहिर है कि संस्कृतियों के अनुकूल और अभिसारण की जिस प्रक्रिया से भारतीय समाज गुजरता रहा है, 'भारतीय व्यक्तित्व' उसी का परिणाम कहा जा सकता है। यह उसके समग्र व्यक्तित्व का ही फल था कि भक्ति आंदोलन से संबद्ध दक्षिण के आचार्यों की (वल्लभाचार्य, रामानुजाचार्य, निबार्काचार्य, माध्वाचार्य) मातृभाषा द्रविड़ कुल की थी। पुनर्जागरण और जन-संपर्क की उनकी भाषा ब्रज थी और तत्त्वर्वाचिंतन तथा दर्शन की भाषा संस्कृत थी। इन तीनों भाषाओं के प्रयोजनधर्मी तंतुओं के माध्यम से ही उनका व्यक्तित्व निर्मित हुआ था।

भारत के इस प्रयोजनधर्मी समग्र एवं समन्वित भाषाई व्यक्तित्व में पहली दरार पड़ी अंग्रेजी भाषा द्वारा। भारत के संप्रेषण तंत्र में अंग्रेजी भाषा 'प्रभुता' का सूचक बनकर आई। भाषा केवल विचारों की अभिव्यक्ति का साधन ही नहीं बल्कि सामाजिक नियंत्रण का माध्यम भी है। जैसे-जैसे अंग्रेज शासकों का भारतीय समाज पर नियंत्रण बढ़ा, वैसे-वैसे ही अनुपात में उसके द्वारा सामाजिक नियंत्रण में गहराई और फैलाव दोनों ही आते गये।

हिंदी की प्राण-प्रतिष्ठा करने और मानसिक क्षितिज को विस्तृत करने में आधुनिक हिंदी के आदि वैतालिक भारतेंदु हरिश्चंद्र (सं. 1907-1941) ने अपनी कुल 35 वर्ष की उम्र में सन् 1877 ई. में जोर देकर कहा था कि राष्ट्रीय आंदोलन को साहित्यिक रूप देना अत्यावश्यक है। हिंदी भाषा के परमाचार्य श्रीयुत् बाबू हरिश्चंद्र का लेक्चर, जिसे बाबू साहब ने जून मास (ज्येष्ठ सं. 1934, सन् 1877) को हिंदीवर्द्धिनी सभा में पढ़ा था। (हिंदी प्रदीप खण्ड 1, संख्या 1-2, काशी नागरी प्रचारिणी सभा द्वारा 'हिंदी भाषा' नाम से प्रकाशित)आज भी प्रासंगिक है। उनका हिंदी की उन्नति पर व्याख्यान कुछ इस प्रकार था–

अहो अहो मम प्रान प्रिय आर्य भ्रातृ-गन आज।
धन्य दिवस जो यह जुड़ो हिंदी हेतु समाज।।1

तामें आदर अति दिये मोहि तुम निज जन जान।
जो बुलवायो मोहि इत दर्शन हित सन्मान।।2

जदपि न मैं जानत कछु सब बिधि सों अति दीन।
तदपि भ्रात निज जानिकै सबन कृपा अति कीन।।3

भारत में यह देस धनि जहाँ मिलत सब भ्रात।
निज भाषा हित कटि कसे हम कहँआज लखात।।4

निज भाषा उन्नति अहै सब उन्नति को मूल।
बिन निज भाषा ज्ञान के मिटत न हिय को सूल।।5

पढ़े संस्कृत जतन करि पंडित भए विख्यात।
पै निज भाषा ज्ञान बिन कहि न सकत एक बात।।6

पढ़े फारसी बहुत बिध तौहू भये खराब।
पानी खटिया तर रहो पूत मरे बकि आब।।7

अंग्रेजी पढ़ि के जदपि सब गुन होत प्रवीन।
पै निज भाषा ज्ञान बिन रहत हीन के हीन।।8

यह सब भाषा काम की जब लौं बाहर बास।
घर भीतर नहिं कर सक्त इन सों बुद्धि प्रकास।।9

नारि पुत्र नहिं समझहीं कछु इन भाषन माहिं।
तासों इन भाषन सो काम चलत कछु नाहिं।।10

उन्नति पूरी है तबहि जब घर उन्नति होय।
निज सरीर उन्नति किए रहत मूढ़ सब लोय।।11

पिता बिबिध भाषा पढ़े पुत्र न जानत एक।
तासों दोउन मध्य में रहत प्रेम अविवेक।।12

अंग्रेजी निज नारि को कोउ न सकत पढ़ाइ।
नारि पढ़े बिन एक हू काज न चलत लखाइ।।13

गुरु सिखवत बहु भाँति लौं जदपि बालकन ज्ञान।
पै माता-शिक्षा सरिस, होत तौन नहिं ज्ञान।।14

जब अति कोमल जिय रहत तब बालक तुतरात।
भूलत नहिं सो बात जो तबै सिखाई जात।।15

भूलि जात बहु बात जो जोवन सीखत लोय।
पै भूलत नहिं बालकन सीख्योसुनो जो होय।।16

जिमि लै काँची मृत्तिका सब कछु सकत बनाय।
पै न पकाए पर चलत तामें कछू उपाय।।17

काँचे पर ता सों बनत जो कछु सो रह जात।
चिन्ह सदा तिमि बाल सिसु शिक्षा नाहिं भुलात।।18

सो सिसु-शिक्षा मातु-बस जो करि पुत्रहि प्यार।
खान-पान खेलन समय सकत सिखाय बिचार।।19

लाल पुत्र करि चुमि मुख बिबिध प्रकार खेलाई।
माता सब कछु पुत्र को सहजहिं सकत दिखाई।।20

सो माता हिंदी बिना कछु नहिं जानत और।
तासों निज भाषा अहै, सबही की सिरमौर।।21

पढ़ो लिखो कोउ लाख बिध भाषा बहुत प्रकार।
पै जबही कछु सोचिहो निज भाषा अनुसार।।22

सुत सों तिय सों मीत सों भृत्यन सों दिन रात।
जो भाषा मधि कीजिये निज मन की बहु बात।।23

ता की उन्नति के किए सब बिधि मिटत कलेस।
जामैं सहजहि दै सकौ इन सब को उपदेश।।24

जदपि बाहर के जनन गुन सों देत रिझाय।
पै निज घर के लोग कहँ सकत नाहिं समझाय।।25

बाहर तो अति चतुर बनि कीनो जगत प्रबंध।
पै घर को व्यवहार सब रहत अंध को अंध।।26

कै पहिने पतलून कै भये मौलबी खास।
पै तिय सके रिझाय नहिं जो गृहस्थ्य सुख बास।।27

इनकी सो अति चतुरता तिनको नाहिं सुहात।
ताहीं सों प्राचीन कवि कही भली यह बात।।28

खसम जो पूजै देहरा भूत-पूजनी जोय।
एकै घर में दो मता कुसल कहाँ से होय।।29

तासों जब सब होहिं घर बिद्या-बुद्धि-निधान।
होइ सकत उन्नति तबै और उपाय न आन।।30

निज भाषा उन्नति बिना कबहुँ न हवे है सोय।
लाख अनेक उपाय यों भले करो किन कोय।।31

इक भाषा, इक जीव इक मति सब घर के लोग।
तबै बनत है सबन सों मिटत मूढ़ता सोग।।32

और एक अति लाभ यह यामैं प्रगट लखात।
निज भाषा में कीजिए जो विद्या की बात।।33

तेहि सुनि पावै लाभ सब बात सुने जो कोय।
यह गुन भाषा और महँ कबहूँ नाहीं कोय।।34

लखहु न अँगरेजन करी उन्नति भाषा माँहिं।
सब विद्या के ग्रंथ अँगरेजिन माँह लखाहिं।।35

सब्द बहुत परदेस के उच्चार हू न ठीक।
लिखत कछू पढ़ि जात कछु सब बिधि परम अलीक।।36

पै निज भाषा जानि तेहि तजत नहीं अँगरेज।
दिन दिन याही को करत उन्नति पै अति तेज।।37

बिबिध कला शिक्षा अमित ज्ञान अनेक प्रकार।
सब देसन से लै करहु भाषा माँहिं प्रचार।।38

जहां जौन को गुन लहयो लियो जहां सो तौन।
ताहिं सौं अंगरेज अब सब विद्या के भौन।।39

पढ़ि बिदेस भाषा लहत सकल बुद्धि को स्वाद।
पै कृतकृत्य न होत ये बिन कुछ करि अनुवाद।।40

तुलसी कृत रामायनहु पढ़त जबै चित लाय।
तब ताको आसय लिखत भाषा माँहिं बनाय।।41

तासों सबहीं भाँति है इनकी उन्नति आज।
एकहि भाषा महँ अहे जिनकी सकल समाज।।42

धर्म जुद्ध विद्या कला गीत काव्य अरु ज्ञान।
सबके समझन जोग है भाषा माँहि समान।।43

भारत में सब भिन्न अति ताही सों उत्पात।
विविध देस मतहू विविध भाषा विविध लखात।।44

सौंप्यौ ब्राह्मन को धरम तेई जानत वेद।
तासों निज मत को लह्या कोऊ कबहुँ न भेद।।45

तिन जो भाष्यो सोइ कियो अनुचित जदपि लखात।
सपनहुँ नहिं जानी कछू अपने मत की बात।।46

पढ़े संस्कृत बहुत बिध अंग्रेजी हू आप।
भाषा चतुर नहीं भए हिय को मिट्यो ताप।।47

तिमि जग शिष्टाचार सब मौलवियन आधीन।
तिन सौं सीखे बिनु रहत भये दीन के दीन।।48

बैठनि बोलनि उठनि पुनि हँसनि मिलनि बतरान।
बिन पारसी न आवही यह जिय निश्चय जान।।49

तिमि जग की विद्या सकल अँगरेजी आधीन।
सबै जानि ताके बिना रहै दीन के दीन।।50

करत बहुत बिधि चतुरई तऊ न कछू लखात।
नहिं कछु जानत तार में खबर कौन बिधि जात।।51

रेल चलत केहि भाँति सों कल है काको नाँव।
तोप चलावत किमि सबै जारि सकल जो गाँव।।52

वस्त्र बनत केहि भाँति सों कागज केहि बिधि होत।
कहि कबाईद कहत है। बांधत किमि जल-सोत।।53

उतरत फोटोग्राफ किमि छिन मँह छाया रूप।
होय मनुष्यहि क्यों भये हम गुलाम ये भूप।।54

यह सब अँगरेजी पढ़े बनु नहिं जान्यो जात।
तासों याको भेद नहिं साधारनहि लखात।।55

बिना पढ़े अब या समै चलै न कोउ विधि काज
दिन दिन छीजत जात है या सों आर्य समाज।।56

कल के कल बल छलन सों छलों इते के लोग।
नित नित घन सों घटत हैं बाढ़त है दुख सोग।।57

मारकीन मलमल बिना चलत कछू नहिं काम।
परदेसी जुलहान कै मानहु भये गुलाम।।58

वस्त्र काँच कागज कलम चित्र खिलौने आदि।
आवत सब परदेस सों नितहि जहाजन लादि।।59

इत की रुई सींग अरु चरमहि तित लै जाय।
ताहि स्वच्छ करि वस्तु बहु भेजत इतहि बनाय।।60

तिनही को हम पाइकै साजत निज आमोद।
तिन बिन छिन तृन सकल सुख, स्वाद बिनोद प्रमोद।।61

कछु तो बेतन में गयो कछुक राज-कर माँहि।
बाकी सब व्यौहार में गयो रह्यौ कछु नाहिं।।62

निरधन दिन दिन होत है भारत भुव सब भाँति।
ताहि बचाइ न कोउ सकत निज भुज बुद्धि-बल कांति।।63

यह सब कला अधीन है तामें इतै न ग्रंथ।
तासों सूझत नाहिं कछु द्रब्य बचावन पंथ।।64

अँगरेजी पहिले पढ़े पुनि बिलायतहि जाय।
या विद्या को भेद सब तो कछु ताहि लखाए।।65

सो तो केवल पढ़न में गई जवानी बीति।।
तब आगे का करि सकत होइ बिरध गहि नीति।।66

तैसहि भांगत दंड बहु बिनु जाने कानून।
सहत पुलिस की ताड़ना देत एक करि दून।।67

या सब विद्या की कहूँ होइ जु पै अनुवाद।
निज भाषा महँ तो सबै याको लहै संवाद।।68

जानि सकें सब कछु सबहि बिबिध कला के खेद।
बनै बस्तु कल की इतै मिटै दीनता भेद।।69

राजनीति समझै संकल पावहिं तत्त्व बिचार।
पहिचानैं जिन धरम को जानैं शिष्टाचार।।70

दूजे के नहिं बस रहै सीखै बिबिध बिबेक।
होइ मुक्त दोउ जगत के भोगेंभोग अनेक।।71

तासो सब मिलि छाँड़ि कै दूजे और उपाय।
उन्नति भाषा की करहु अहो भ्रात गन आय।।72

बच्यौ तनिकहू समय नहिं तासों करहु न देर।
औसर चूके ब्यर्थ की सोच करहुगे फेर।।73

प्रचलित करहु जहान में निज भाषा करि जत्न।
राज काज दरबार में फैलावहु यह रत्न।।74

भाषा सोधहु आपनी होई एबै एकत्र।
पढ़हु पढ़ाबहु लिखहु मिलि छपवाबहु कछु पत्र।।75

बैर बिरोधहि छोड़ि कै एक जीव सब होय।
करहु जतन उद्धार को मिलि भाई सब कोय।।76

अलहा बिरहहु को भयो अँगरेजी अनुवाद।
यह लखि लाज न आवई तुमहिं न होत बिखाद।।77

अंगरेजी अरु फारसी अरबी संस्कृति ढेर।
खुले खजाने तिनहिं क्यों लूटत लावहू देर।।78

सबको सार निकाल कै पुस्तक रचहु बनाइ।
छोटी-बड़ी अनेक बिध विविध विषय की लाई।।79

मेटहु तम अज्ञान को सुखी होहु सब कोय।
बाल वृद्ध नरनारि सब विधा संजुत होय।।80

फूट बैर को दूरि करि बांधि कमर मजबूत।
भारत माता के बनो भ्राता पूत सपूत।।81

देव पितर सबही दुखी कष्टित भारत माय।
दीन दसा निज सुतन की तिनसों लखी न जाय।।82

कब लौं दुख सहिहौ सबै रहिहौ बने गुलाम
पाइ मूढ़ कालो अरध-सिक्षित काफिर नाम।।83

बिना एक जिय के भये चलिहै अब नहिं काम।
तासों कोरो ज्ञान तजि उठहु छोड़ि बिसराम।।84

लखहु काल का जग करत सोवहु अब तुम नाहिं।
अब कैसो आयो समय होत कहा जग माहिं।।85

बढ़न चहत आगे सबै जग की जेती जाति।
बल बुधि धन विज्ञान में तुम कहँ अबहूँ राति।।86

लखहु एक कैसे सबै मुसलमान क्रिस्तान।
हाय फूट इक हमहिं में कारन परत न जान।।87

बैर फूट ही सों भयो सब भारत को नास।
तबहु न छाँड़त याहि सब बँधे मोह के फाँस।।88

छोड़हु स्वारथ बात सब उठहु एक चित होय।
मिलहु कमर कसि भ्रातगन पावहु सुख दुख खोय।।89

बीती अब दुख की निसा देखहु भयो प्रभात।
उठहु, हाथ मुंह धोइ कै बांधहू परिकट भ्रात।।90

या दुख सों मरनो, भलो, धिग जीवन बिन मान।
तासों सब मिलि अब करहु बेगहि ज्ञान बिधान।।91

कोरी बातन काम कछू चलिहै नाहिंन मीत।
तासों सब मिलि अब करहु बेग परस्पर प्रीत।।92

परदेसी की बुद्धि अरु वस्तुन की करि आस।
पर-बस है कब लौं कहो रहिहौ तुम है दास।।93

काम खिताब किताब सौं अब नहीं सरिहै मीत।
तासों उठहु सिताब अब छाँड़ि सकल भय भीत।।94

निज भाषा, निज धरम, निज मान करम ब्यौहार।
सबै बढ़ावहु बेगि मिलि कहत पुकार पुकार।।95

लखहु उदित पूरब भयो भरत-भानु प्रकास।
उठहु खिलावहु हिय-कमल करहु तिमिर दुख नास।।96

करहु बिलम्ब न भ्रात अब उठहु मिटावहु सूल।
निज भाषा उन्नति करहु प्रथम जो सब को मूल।।97

लहहु आर्य्य भ्राता सबै विद्या बल बुधि ज्ञान।
मेटि परस्पर द्रोह मिलि होहु सबै गुन-खान।।98

जो कहानी अंतर्राष्ट्रीय संदर्भों में राष्ट्रों के बनने और टूटने की है, उससे कोई भिन्न कहानी देश के संदर्भ में प्रांतों की नहीं है। भाषाओं के आधार पर प्रांतों के पुनर्गठन की हमारी समस्या का बीज उन्नीसवीं शताब्दी से ही शुरू हो गया था। कांग्रेसी इतिहासकार डॉ० पट्टाभि सीतारमैया के अनुसार बिहार के महेश नारायण ने सन् 1894 में ही भाषा के आधार पर अपने प्रांत को बंगाल से अलग करने की मांग की थी और उसके लिए आंदोलन भी चलाया। फलस्वरूप कांग्रेस को सन् 1908 में बिहार को एक स्वतंत्र प्रांत के रूप में स्वीकार करना पड़ा। बिहार के निर्माण के बाद भाषाई आधार पर प्रांतों के पुनर्गठन और निर्माण का आंदोलन आंध्र प्रदेश में सन् 1913 से जोर पकड़ने लगा। कांग्रेस ने सन् 1927 में अपनी संवैधानिक समिति का गठन किया, जिसकी रिपोर्ट के आधार पर यह प्रस्ताव पारित किया गया कि 'भाषाई आधार पर प्रांतों के पुनर्गठन का अब समय आ गया है' और अब यह निहायत जरूरी हो गया है कि आंध्र, उत्कल, सिंध, कर्नाटक को एक स्वतंत्र प्रांत का दर्जा दे दिया जाए। सन् 1928 में गठित नेहरू समिति ने भी भाषाओं के आधार पर प्रांतों के पुनर्गठन की पुष्टि करते हुए इस बात पर बल दिया कि प्रशासन की दृष्टि से बहुभाषी प्रांत असुविधापूर्ण हैं क्योंकि उस स्थिति में आदेशों, निर्देशों और प्रशासनिक प्रयोजनों की भाषा की संख्या दो या उससे अधिक रखनी पड़ेगी। राजनैतिक और

प्रशासनिक दृष्टि से भी हमारा देश संघीय है और सामाजिक स्तर पर हमारी संस्थाओं की बुनावट स्तरीकृत है।

सन् 1956 तक आते-आते भाषाई आधार पर प्रांतों के पुनर्गठन की प्रक्रिया ने स्थिरता प्राप्त कर ली। यह माना जाने लगा कि भाषाई अल्पसंख्यकों की समस्या का एक हद तक समाधान मिल गया। पर यह धारणा कितनी आधारहीन थी, इसका प्रमाण कुछ ही सालों में मिलने लगा। सन् 1956 में राज्यों की संख्या 16 थी, जो 1971 में जाकर 22 हो गई और आज पर 29 राज्य और 3 केंद्र शासित प्रदेश हैं। गुजराती और मराठी भाषा-भाषियों के आपसी तनाव और टकराहट ने सन् 1960 में महाराष्ट्र को दो उपखंडों में विभक्त किया। हिंदी तथा पंजाबी के झगड़े ने सालों से एक-दूसरे के साथ का निर्वाह करने वाले हिन्दुओं और पंजाबियों को भाषा के नाम पर अलग करने के लिए पंजाब और हरियाणा में बाँट दिया। पर क्या इससे अल्पसंख्यकों की समस्या का समाधान हो गया ? क्या भाषा के नाम पर बहने वाला लाल खून इन दोनों समुदायों के बीच की खाई को पाटने में सफल हुआ या नहीं, यह चिंतन का विषय है।

भाषा की विघटनकारी शक्ति अगाध है, इसीलिए इसे गोली भरे बंदूक की तरह इस्तेमाल करना भी संभव है। भारत के अलावा पाकिस्तान, नाइजीरिया, कनाडा, बेल्जियम, चेकोस्लोवाकिया आदि कई देशों में भाषा को हथियार बनाकर विभिन्न सामाजिक वर्ग अपनी लड़ाई लड़ रहे भाषाओं के आधार पर बनी राष्ट्रीय अस्मिता की भावना ने न केवल पूरे यूरोप को नये सिरे से खंडित किया, बल्कि पूरे के पूरे 'राष्ट्र' की संकल्पना को ही नया आयाम दे डाला। पहले के बहुभाषा-भाषी राष्ट्र भाषा की जातीय अस्मिता के आधार पर कई टुकड़ों में बंट गए, यहां तक कि बेल्जियम, फिनलैंड, आयरलैंड, स्कॉटलैंड आदि द्विभाषिक क्षेत्र भी क्षेत्रीयता की भावना और भाषाई तनाव से गुजरे। पाकिस्तान के निर्माण के पीछे सामाजिक-आर्थिक या धार्मिक चाहे जो भी कारण रहे हों, उसके निर्माण के साथ 'उर्दू' भाषा को भी जोड़ा गया। उर्दू के नाम पर उन मुसलमानों को 'एक' किया गया जिनकी मादरी जुबान तक उर्दू न थी। पर इसी 'उर्दू' के खिलाफ़ बांग्ला भाषा की अस्मिता का सवाल उठाकर बांग्ला देश को पाकिस्तान से अलग भी किया गया। बांग्ला देश के निर्माण के पीछे सामाजिक और आर्थिक या फिर राजनीतिक चाहे जो भी कारण रहे हों, वहाँ के निवासियों के लिए बांग्ला भाषा ही 'हम-वे' की भावनात्मक लड़ाई का हथियार बनी।

हिंदी मुख्यतः राष्ट्रीय एकता की कड़ी और समन्वयात्मक भाषा है। यह हमेशा युगबोध और युगधारा से अपना संबंध जताती आई है। भारतीय भाषाओं में हिंदी में भारतीय संस्कृति की चेतना दिखाई पड़ती है। हिंदी सीखना और पढ़ना, मानसिकता के प्रश्न से जुड़ा हुआ है। इसकी महत्ता इस बात से साबित होती है कि हिंदी विषयक अध्ययन और अन्वेषण, नित नए-नए वातायन एवं खिड़कियाँ खोल रहा है। यह भारत में व्यवहार किए जाने वाली सबसे विशिष्ट भाषा है जिसके स्वरूप एवं संभावनाओं पर सबसे अधिक चिंतन हुआ है।

सदियों से हिंदी हमारे देश की संपर्क भाषा है और भारतीय संविधान में देवनागरी लिपि में लिखी, हिंदी भाषा को संघ, की राजभाषा का दर्जा दिया गया है। राजभाषा संबंधी सांविधिक कानूनी व्यवस्थाओं का अनुपालन करने और संघ के सरकारी कामकाज में, हिंदी के प्रयोग को बढ़ावा देना आवश्यक है। देवनागरी लिपि में लिखी हिंदी, भारतीय संविधान के अनुच्छेद 343 (1) के अनुसार संघ की राजभाषा घोषित की गई है। प्रत्येक नागरिक का यह पुनीत कर्त्तव्य बनता है कि वह राष्ट्रभाषा हिंदी को पढ़े और सीखे। यह इतना आवश्यक है कि यह हमारी राष्ट्रीय एकता से जुड़ा है। सरकार की यह सुविचारित नीति है कि संघ के कामकाज में हिंदी का प्रयोग क्रमिक रूप से बढ़ाया जाए ताकि वह संघ की राजभाषा के रूप में अपना उचित स्थान ग्रहण कर सके। इसके लिए हिंदी लिखने-पढ़ने की योग्यता-परीक्षा और हिंदी-शिक्षण योजना के माध्यम से समुचित व्यवस्था की गई है।

हिंदी में लिखे या हिंदी में हस्ताक्षर किए गए आवेदनों या अभिवेदनों के उत्तर भी हिंदी में दिए जाएँगे। प्रत्येक कार्यालय के प्रशासनिक प्रधान का यह दायित्व होता है कि वह राजभाषा अधिनियम और उसके अधीन बने नियमों का समुचित रूप से अनुपालन सुनिश्चित करें और आवश्यक जाँच-बिंदु बनाएँ। अगर पूरे राष्ट्र को एक होना है, केवल भौगोलिक नजरिया से ही नहीं, बल्कि राजनीतिक एवं भावात्मक नजरिया से भी, राष्ट्रीय एकीकरण के मकसद को पूरा करना है, तो इसमें भाषा का बहुत बड़ा स्थान है।

हिंदी की अपनी लिपि है देवनागरी। इस लिपि की सबसे बड़ी विशेषता है कि किसी शब्द के उच्चारण में जितनी ध्वनियों का जितना अंश प्रायः इस्तेमाल में आता है, उतना ही लिखा जाता है। किसी की ध्वनि अनावश्यक नहीं लिखी जाती है। जो कुछ लिखा जाता है वही पढ़ा जाता है, यही हिंदी सीखने की सरलता है। उच्चारण-काल के अनुसार स्वरों के ह्रस्व, दीर्घ और प्लुत तीन रूपों के लिए अलग

संकेत प्रयुक्त होते हैं। मात्राओं के रूप में स्थिरता और वैज्ञानिकता है। व्याकरण प्राय: संस्कृत व्याकरण सूत्रों के आधार पर बना है। अंकों के रूप में सुडौलता और वैज्ञानिकता है। हिंदी भाषा की लिपि अंग्रेजी व्याकरण से अपेक्षाकृत अधिक उपयोगी है। इसी लिपि में संस्कृत, पाली, प्राकृत आदि प्राचीन भाषाएँ लिखी गई हैं। वर्तमान रूप में हिंदी इतनी सर्वग्राही तथा लचीली है कि यह प्राय: सभी प्रकार के प्रचलित भावों, ज्ञान-विज्ञान एवं प्रचलित शब्दों को अपनाने में समर्थ है। हिंदी की वकालत आजादी के काफी पूर्व से ही की जा रही थी। भारतेन्दु हरिश्चन्द्र का भाषण इस बात को और अधिक पुष्ट करता है।

स्वतंत्रता आंदोलन में हिंदी भाषा ने महत्वपूर्ण भूमिका का निर्वहन किया। पूर्व से पश्चिम, उत्तर से दक्षिण तक अनेक विद्वानों ने हिंदी में अपने भाषण और वक्तव्य देकर आम जन को इस आंदोलन से जोड़ा। पं रामप्रसाद बिस्मिल को जन सामान्य एक महान क्रांतिकारी और शायर के रूप में जानता है। कम ही लोग उनके द्वारा हिंदी में लिखी गयी पुस्तकों और कविताओं के बारे में जानते हैं। उनका जन्म 11 जून 1897 को शाहजहांपुर उत्तर प्रदेश में हुआ। उनके पिता मुरलीधर कचहरी में स्टाम्प बेचने का कार्य करने के साथ-साथ घरों में पौरोहित्य का कार्य कर निर्वहन करते थे। तीन भाई बहनों में रामप्रसाद सबसे बड़े थे। शुरूआती शिक्षा मदरसे में प्राप्त करने के बाद उनका दाखिला 'एवी रिच मिशन' स्कूल शाहजहांपुर में करा दिया गया। मदरसों और मिशनरी स्कूल से शिक्षा प्राप्त करने का असर यह हुआ कि उर्दू और अंग्रेजी भाषा पर उनकी अच्छी पकड़ हो गयी। मिशन स्कूल में ही उनकी मित्रता एक बंगाली भाषी छात्र सुशीलचन्द्र से हुयी। यह मित्रता इतनी प्रगाढ़ हुयी कि सुशीलचन्द्र के आकस्मिक निधन के बाद उसे श्रद्धांजलि देने के लिए बिस्मिल ने बंगला सीखी और 'सुशील ग्रन्थ माला 'शीर्षक से बंगला से कई पुस्तकें अनूदित कर हिंदी में प्रकाशित की। बिस्मिल ने मौलिक लेखन कर हिंदी साहित्य को समृद्ध करने में महत्वपूर्ण योगदान दिया। उन्होंने मौलिक और अनूदित कुल मिलाकर ग्यारह पुस्तकें लिखीं। बिस्मिल की हिंदी कविताएँ उनके कविता संग्रह 'मन की लहर 'और 'स्वदेशी रंग 'में संकलित हैं। इसके अतिरिक्त उन्होंने बंगला उपन्यास 'निहिलिस्ट रहस्य 'का हिंदी में 'बोल्शेविको की करतूत' नाम से अनुवाद किया। बिस्मिल ने 'रूसी क्रांति की माँ; कैथोराइन' शीर्षक से कैथोराइन की जीवनी लिखी।

उनकी सर्वाधिक महत्वपूर्ण पुस्तक उनकी आत्मकथा 'निज जीवन की एक छटा ' है जो उन्होंने फांसी से दो दिन पूर्व लिखकर गोरखपुर से प्रकाशित होने वाले प्रतिष्ठित पत्र 'स्वदेश 'के संपादक 'दशरथ प्रसाद द्विवेदी के पास भिजवा दी

थी। इसी आत्मकथा के बारे में बनारसी दास जी आगे लिखते हैं–"**बिस्मिल के इस आत्मचरित के मुकाबले का ग्रन्थ केवल हिंदी साहित्य में ही नहीं, वरन भारत की अन्य भाषाओँ के साहित्य में भी मुश्किल से मिलेगा।**"**हिंदी के प्रति अपने अनुराग के विषय में पं रामप्रसाद बिस्मिल आत्मकथा में लिखते हैं–"**मेरे जन्म के पांच या सात वर्ष बाद मेरी माँ ने हिंदी पढ़ना आरम्भ किया... जब मैंने आर्यसमाज में प्रवेश लिया तब मेरा माँ से खूब वार्तालाप हुआ। उनकी प्रेरणा से ही मैं हिंदी के पढ़ने और लिखने के प्रति आकृष्ट हुआ** "***आर्यसमाज के प्रचारक सोमदेव एवं भारत स्काउट एंड गाइड के प्रणेता पं श्रीराम वाजपेयी का भी बिस्मिल पर गहरा असर पड़ा। श्रीराम वाजपेयी द्वारा स्थापित 'सेवा समिति ' में कार्य करते हुए ही उनमे राष्ट्रीय चेतना विकसित हुयी। इसी बीच प्रथम लाहौर षड्यंत्र केस हुआ और उसमे शामिल क्रांतिकारियों जैसे–करतार सिंह सराभा और भाई परमानन्द आदि को फांसी तथा कालापानी की सजायें हुयीं। भाई परमानन्द को फांसी की सजा सुनाये जाने से पूरे देश में आक्रोश की लहर फ़ैल गयी। भाई परमानन्द लिखित 'तवारीख हिंद' से बिस्मिल बहुत प्रभावित थे वे अपनी आत्मकथा में लिखते हैं..."**श्रीयुत भाई परमानन्द में मेरी बड़ी श्रद्धा थी, क्योंकि उनकी लिखी तवारीख हिंद 'पढ़कर मेरे हृदय पर बड़ा प्रभाव पड़ा था।...भाई परमानन्द को फांसी की सजा पढ़कर मेरे शरीर में आग लग गयी। मैंने प्रतिज्ञा की कि इसका बदला अवश्य लूँगा। जीवन भर अंग्रेजी राज को ध्वंस करने का प्रयत्न करता रहूँगा...।**"*

देश प्रेम को समर्पित अनेक कविताओं के अतिरिक्त उनका हिंदी प्रेम भी 'मन की लहर' की कई कविताओं में बखूवी उभर कर सामने आया है। उनकी रचना में हिंदी प्रेम देखा जा सकता है...

न चाहूँ मान दुनिया में, न चाहूँ स्वर्ग को जाना
मुझे वर दे यही माता, रहूँ भारत पे दीवाना
मुझे हो प्रेम हिंदी से, पढूं हिंदी, लिखूं हिंदी
चलन हिंदी चलूं, हिंदी पहनना, ओढ़ना खाना
रहे मेरे भवन में रोशनी हिंदी चिरागों की
स्वदेशी ही रहें बाजा बजाना राग का गाना
नहीं कुछ भी असंभव है जो चाहो दिल से तुम 'बिस्मिल'
*उठा लो देश हाथों पर, न समझो अपना बेगाना।**

बिस्मिल ने उस समय के प्रतिष्ठित पत्र 'प्रताप और' 'स्वदेश' तथा 'प्रभा' आदि पत्रिकाओं में 'राम' और, 'अज्ञात' नाम से अनेक लेख लिखे। अपने क्रांति गुरू 'पं गेंदालाल दीक्षित' की गुमनाम म्रत्यु को उन्होंने ही '**मैनपुरी षड्यंत्र के नेता**' शीर्षक से लेख लिखकर अमर शहीद गणेश शंकर विद्यार्थी द्वारा कानपुर से संपादित पत्र 'प्रताप' में प्रकाशित कराया**।

बिस्मिल से प्रभावित होने वाले युवाओं पर उनके हिंदी में लिखे गये आलेखों का असर किस तरह पड़ा था। यह सुप्रसिद्ध लेखक सुरेन्द्र बालूपूरी के इस वक्तव्य से समझा जा सकता है। वे लिखते हैं–

"मेरे ताऊजी और पिताजी, दोनों ही असहयोग आन्दोलन में भाग लेने के कारण जेल यात्रा कर चुके थे। वे 'आज' 'प्रताप', 'मतवाला', 'चाँद', 'विशाल भारत', 'त्यागभूमि', आदि पत्र-पत्रिकाएँ मंगाते थे। दो एक पत्र अभिवादन स्वरूप भी आते थे जैसे कि गोरखपुर का 'स्वदेश', क्योंकि उसके संस्थापक-संपादक दशरथ प्रसाद द्विवेदी पिताजी के जेल के सहचर रह चुके थे। इन पत्रों में प्रकाशित बिस्मिल के आलेखों से मुझ 13-14 साल के लड़के का नाता काकोरी ट्रेन डकैती कांड के सूत्रधार शहीद रामप्रसाद बिस्मिल के साथ कहीं अंतरतम की गहराई तक जुड़ गया...।"*

बिस्मिल एक ऐसे क्रांतिकारी थे जिन्होंने तीस वर्ष के कुल जीवन काल में ग्यारह वर्ष क्रांतिकारी का जीवन जीया। इन ग्यारह वर्षों में उन्होंने हिंदी में मौलिक और अनूदित कुल ग्यारह ही पुस्तके लिखीं। उनकी लिखी सभी पुस्तके अंग्रेज सरकार ने ज़ब्त कर लीं। वे उच्चकोटि के शायर और कवि थे। आज उनकी लिखी कई गजलों और नज्मों पर जिनमे उनकी प्रसिद्ध ग़ज़ल 'सरफरोशी की तमन्ना अब हमारे दिल में है–"भी शामिल है।"

हिंदी ने स्वतंत्रता आंदोलन को न सिर्फ गति दी बल्कि एक नई धार देकर अंग्रेजों को देश छोड़ने पर विवश कर दिया। अंतत: 15 अगस्त, सन् 1945 को देश ने स्वतंत्र हवा की सांस ली।

स्वतंत्रता के बाद हमने अपनी राष्ट्रीय अस्मिता की पहचान के लिए भाषा का सहारा लेना चाहा। अंग्रेजी को हटाकर एक भारतीय भाषा को उसका प्रतीक चिह्न बनाना चाहा। हमारा यह राष्ट्रीय अंदाज युग की माँग के अनुरूप था क्योंकि अफ्रीका, लैटिन अमेरिका या दक्षिण-पूर्व एशिया के नवोदित स्वतंत्र देश एक तरफ अपनी स्थानिक भाषाओं के विकास के प्रति सचेत हुए और दूसरी तरफ अपनी राष्ट्रीय पहचान और राजनैतिक दृष्टि से देश की एकात्मकता को बनाए रखने के

लिए 'राष्ट्रभाषा' की समस्या के प्रति सजग हुए। इस मनोवृत्ति से प्रेरित होकर ही हमने हिंदी को संघ की राजभाषा का दर्जा दिया। हिंदी का चुनाव अपने में गलत न था। क्योंकि राष्ट्रभाषा बनने के लिए जो अर्हताएँ भाषा में होनी चाहिए थी, वे हिंदी में पहले से ही विद्यमान थीं। दूसरे गुजरात शिक्षा सम्मेलन के सभापति पद से बोलते हुए महात्मा गाँधी ने सन् 1917 में इस तथ्य की ओर संकेत दिया था कि वही भाषा राष्ट्रभाषा बन सकती है जो सरकारी कर्मचारियों के लिए सहज और सुगम हो, जो धार्मिक, आर्थिक और राजनैतिक क्षेत्र में माध्यम भाषा बनने की क्षमता रखती हो, जिसको बोलने वाले बहुसंख्यक हों और जो पूरे देश के लिए सहज रूप से उपलब्ध हो। उनके अनुसार भारत की भाषाओं में हिंदी ही एकमात्र भाषा ठहरती है जो उनके द्वारा निर्धारित आवश्यकताओं को पूरा करती है।

यह भी उल्लेखनीय है कि महात्मा गांधी ने मातृभाषा के महत्व को उजागर करने के लिए बेसिक शिक्षा का माध्यम मातृभाषा को बनाया था लेकिन वह देवनागरी लिपि में लिखित हिंदी को राष्ट्रभाषा के पद पर प्रतिष्ठित करना चाहते थे। राष्ट्रभाषा हिंदी को उसका उचित गौरव प्रदान कर उसे राष्ट्रीय एकता का प्रतीक मानते थे। उनकी समस्त योजनाओं में हिंदी का प्रचार कार्य सर्वाधिक सफल हुआ।

डॉ. सुरेंद्रप्रसाद जमुआर की पुस्तक साहित्यिक विधाएं और राजभाषा के अनुसार साहित्यकार भवानी प्रसाद मिश्र लिखते हैं–

पूरा देश एक है इसका भाव ढंग से फैलाना है
यदि हमको उत्तर से दक्षिण पश्चिम से पूर्व जाना है
तो अनिवार्य सीखना हिंदी सबको हो जाता है भाई
गांधी जी ने हमें हमेशा इस विचार की याद दिलाई

हिंदी के सन्दर्भ में जिस तथ्य की ओर गांधीजी ने संकेत किया था, सोवियत संध के संदर्भ में रूसी भाषा को लेकर लेनिन ने भी उसकी ओर अपनी अंगुली उठाई थी। पर लेनिन के अनुसार रूस एक विशाल देश है, उसमें विकसित और अविकसित अनेक उप-राष्ट्र हैं। अगर इन उप-राष्ट्रों को पारस्परिक विनिमय और व्यापार को बढ़ाना है, तो उन्हें एक संपर्क भाषा को स्वीकार करना ही होगा। यह संपर्क भाषा वही हो सकती है जिसे विभिन्न उपराष्ट्र सरलता से सोच सकें और जिसको द्वितीय भाषा के रूप में जानने वाले सबसे अधिक हों। लेनिन के मत में सोवियत संघ के लिए यह भाषा रूसी थी। पर लेनिन रूसी भाषा को एक प्रभुता-सम्पन्न भाषा के रूप में कभी भी देखना नहीं चाहते थे। इसीलिए वे सोवियत संघ

की अन्य भाषाओं के 'स्वीकरण' के सख्त विरोधी भी थे। उनके मत के अनुसार राष्ट्रीयता, सामाजिक अस्मिता का एक बृहत्तर आयाम है। इस बृहत्तर आयाम पर जो भाषा सार्थक ढंग से अपनी भूमिका निभाती है, उसे उप-राष्ट्रों के बीच भाविक विनिमय के दायित्व का भी निर्वाह करना पड़ता है। आर्थिक विनिमय और व्यापारिक संबंध स्वयं यह निर्धारित करेंगे कि किसी राष्ट्र की कौन-सी भाषा इस दृष्टि से उस राष्ट्र के हित में है?

यहाँ 'राजभाषा' और 'राष्ट्रभाषा की संकल्पना के बीच अंतर कर लेना आवश्यक है। राजभाषा वस्तुतः आर्थिक विकास और प्रशासनिक प्रयोजनों को भाषा है जबकि राष्ट्रभाषा जातीय प्रामाणिकता और सामाजिक अस्मिता की भाषा है। राजभाषा राजनैतिक दृष्टि से देश को सफल बनाती है। राजभाषा का आधार राष्ट्रता (नेशनिज्म) है और राष्ट्रभाषा का राष्ट्रीयता (नेशनलिज्म)। राजभाषा के लिए यह आवश्यक नहीं कि भाषा उस देश की ही हो, पर जातीय अस्मिता के प्रश्न से संबद्ध होने के कारण राष्ट्रभाषा के लिए यह निहायत जरूरी है कि वह भाषा उस देश की अपनी भाषा हो।

हमारे देश की समस्या थोड़ा भिन्न हैं। हम 'राजभाषा' के प्रश्न को राष्ट्रभाषा के सवाल से जोड़कर देखना चाहते हैं। इसका एक प्रमुख कारण भी है। हम देश को मात्र एक राजनैतिक और प्रशासनिक इकाई ही नहीं मानना चाहते बल्कि यह भी सिद्ध करना चाहते हैं कि यह सामाजिक-सांस्कृतिक दृष्टि से भी किसी न किसी स्तर पर एक हैं, अपनी तमाम क्षेत्रीय विशिष्टताओं के बावजूद वह एक समग्र इकाई है। इसीलिए हमें 'विविध में एकता' के प्रश्न से बार-बार उलझना पड़ता है। हम सच में 'राष्ट्रता' और 'राष्ट्रीयता' के इंद्रजाल में उलझकर अपनी भाषाई समस्याओं का हल ढूंढ़ रहे हैं। पर पराधीनता की बेड़ियों को तोड़कर स्वतंत्र होने वाले अफ्रीका और एशिया के देशों पर अगर हम दृष्टि डालें, तो यह स्पष्ट हो जाता है कि प्रत्येक देश 'राष्ट्रता' और 'राष्ट्रीयता' के द्वंद्व को अपने ढंग से सुलझाना चाहता है। उदाहरण के लिए घाना और जाम्बिया ने राष्ट्रता की प्रवृत्ति से प्रेरित होकर उस भाषा को राजभाषा घोषित किया जो स्वतंत्रता पूर्व विदेशी शासकों की भाषा थी। इजराइल, थाईलैंड, सोमालिया, इथोपिया आदि ने राष्ट्रीयता की भावना पर अधिक बल देते हुए अपने देश की सर्वाधिक सक्षम जन-संपर्क की भाषा को राष्ट्रभाषा का दर्जा दिया।

भारतीय संविधान सभा में हिंदी के संबंध में 4 नवम्बर, सन् 1948 भाषा संबंधित बात रखी गई जिसके अनुसार...

सेठ गोविंददास : सभापति जी, मैं यह जानना चाहता हूं कि जब तक हमारी भाषा कौन होगी, यह निर्णय नहीं हो जाता है, तब तक जो धाराएं हम अंग्रेजी में पास करेंगे, वे क्या उस निर्णय के बाद फिर से हिंदी में आएंगी?

अध्यक्ष : हां, जरूर उन सब धाराओं को फिर से जिस भाषा में निश्चय करेंगे, बहस होगी और उस वक्त बहस किसी धारा के संबंध में नहीं होगी। सिर्फ यह देखा जाएगा कि ठीक तर्जुमा हुआ है या नहीं। इसलिए मैं यह समझता हूं कि हम इस वक्त जो बहस करें, वह अंग्रेजी ड्राफ्ट पर करें क्योंकि सब लोगों ने उस पर विचार किया है और जिन्होंने तैयार किया है, उन्होंने उसी भाषा में तैयार किया है। उसके बाद आखिरी रूप जब मालूम हो जाएगा तो हम आपके सामने उसका अनुवाद रखेंगे और आप उसको मंजूर करेंगे।

बालकृष्ण शर्मा : श्रीमान् जी, इस बड़े महत्वपूर्ण प्रश्न की ओर, जिसको कि मेरे माननीय मित्र सेठ गोविंददास जी ने रखा है, मैं आपका ध्यान आकर्षित करना चाहता हूं।

महावीर त्यागी : सभापति जी, मैं यह अर्ज करना चाहता हूं कि बुनियादी सवालों पर बातचीत करने से पहले यदि आप इस बात पर गौर कर लें कि अब 'अमेंन्डमेंट' लाने का तरीका क्या है, पुराना तरीका रहेगा या जैसा आपने अब फरमाया है, ताकि उस प्रोग्राम के मुतालिक राय कायम हो जाए कि किस ढंग से बहस होगी और अमेंन्डमेंट भेजने के लिए कितने दिन मिलेंगे?

अध्यक्ष : दोनों बातें साफ हो जाएंगी।

इसके बाद 6 नवंबर, 8 नवंबर और 9 नवंबर, सन् 1948 को भी भारतीय संविधान सभा में हिंदी के संबंध में वाद-विवाद चला रहा और अग्नि परीक्षा की घड़ी आई 12 सितंबर, सन् 1949 को जब पुन: भारतीय संविधान सभा में हिंदी के संबंध में वाद विवाद शुरू हुआ। पहले दिन 12 सितम्बर, सन् 1949 को अध्यक्ष के निम्न उद्‌बोधन के साथ चर्चा आरंभ हुई...

अध्यक्ष : अब हमें भाषा संबंधी अनुच्छेदों को लेना है। मैं जानता हूं कि यह एक ऐसा विषय है जो कुछ समय से सदस्यों के विचारों में आंदोलन पैदा करता रहा है। इस कारण इस वाद-विवाद में जो वक्ता भाग लेंगे, उनसे मैं एक निवेदन करूंगा। मेरा निवेदन किसी विशिष्ट प्रस्थापना के पक्ष में नहीं है, वरन् वह उन भाषणों के प्रकार के संबंध में है जो सदस्यों द्वारा दिए जाएंगे। हम यह न भूल जाएं कि भाषा के प्रश्न पर जो कुछ भी विनिश्चय किया जाता है, उसका पालन समूचे देश द्वारा किया जाएगा। देश के समूचे संविधान में ऐसा अन्य कोई पद नहीं है

जिसका वास्तविक व्यवहार द्वारा प्रतिदिन, प्रतिघंटा और मैं तो यहां तक कहूंगा कि प्रति क्षण पालन किया जाना अपेक्षित हो। अत: सदस्यों को यह याद रखना होगा कि इस सभा में वाद-विवाद द्वारा किसी बात में सफलता प्राप्त करने से कोई लाभ नहीं होगा। इस सभा का विनिश्चय समूचे देश को मान्य होना चाहिए। यदि हम किसी विशिष्ट प्रस्थापना को बहुमत द्वारा पास करने में सफल हो भी गए, परंतु यदि वह देश की जनता के किसी विशेष वर्ग को स्वीकार न हुआ, चाहे वह वर्ग उत्तर देश का हो या दक्षिण का हो तो इस संविधान का पालन करना एक बहुत ही कठिन कार्य हो जाएगा। अत: इस भाषा संबंधी प्रश्न पर जब कोई सदस्य भाषण देने के लिए खड़ा हो तो मैं उनसे यह याद रखने के लिए अति गम्भीर निवेदन करूंगा कि वे एक भी शब्द या पद ऐसा न निकालें, जिससे दूसरे दुखी हों। जो कुछ कहा जाए वह संयत भाषा में कहा जाए जिससे कि वह तर्कयुक्त प्रतीत हो और ऐसे विषय में आवेश उत्पन्न करने या भावनाओं को उत्तेजित करने के लिए कोई अपील नहीं होनी चाहिए।

इसके बाद जिस प्रक्रिया का मैं पालन करना चाहता हूं, उसके बारे में मैं कुछ कहना चाहता हूं जिससे कि उस प्रक्रिया के लिए मुझे सभा की अनुमति प्राप्त हो जाए।

मैंने देखा है कि इन अनुच्छेदों पर लगभग तीन-सौ या इससे भी अधिक संशोधन हैं। यदि प्रत्येक संशोधन को पेश किया जाए और यदि प्रत्येक संशोधन पेश करने वाले को भाषण देने के लिए मैं दस मिनट दूं तो मैं नहीं जानता हूं कि इसमें कितने घंटे लग जाएंगे। बहुत से संशोधन एक-दूसरे से मिलते-जुलते हैं, बहुतों के अर्थ में केवल नाम मात्र का अंतर है, बहुत से ऐसे हैं जिनमें सिवा शब्दों के और कुछ अंतर व्यवहार्यत: नहीं होता है। हां, कुछ अवश्य ऐसे हैं जो सारवान् हैं। अत: मैं समस्त संशोधनों को पेश किए गए रूप में मान लेने का प्रस्ताव रखता हूं और सदस्यों से निवेदन करता हूं कि वे सीधे वाद-विवाद आरम्भ कर दें। प्रत्येक सदस्य जो भाषण देना चाहता है, उसे अपने संशोधन पर बोलने की स्वतंत्रता है। उसे यह स्मरण भी रखना चाहिए कि वह अपने भाषण में दस मिनट या अधिक-से-अधिक पंद्रह मिनट ही लगाए। यदि यह सब संशोधनों या समस्त उत्पन्न हुई प्रस्थापनाओं को लेना चाहता है तो शायद जिस विशिष्ट प्रस्थापना को महत्व देना है, उसका पूर्ण विवरण देने के लिए उसके पास समय नहीं रहेगा। अत: यह स्वाभाविक है कि इस समय सीमा का पालन करने में सदस्यों को उन्हीं खास बातों पर ध्यान रखना पड़ेगा जिसको वह महत्व देना चाहते हैं। यदि सभा सहयोग देती है और यदि सदस्य

सहयोग देते हैं तो फिर ऐसा कोई कारण नहीं है कि जैसे हमने शेष संविधान की युक्ति युक्त समय में समाप्त किया है, उसी प्रकार हम इस प्रश्न के वाद-विवाद की युक्ति युक्त समय में समाप्त न कर पाएं। मैं यह जानना चाहूंगा कि क्या सभा उस प्रक्रिया को स्वीकार करती है, जिसका मैं पालन करना चाहता हूं।

माननीय सदस्यगण : जी हां।

इस प्रकार 12 और 13 सितंबर, सन् 1949 को भारतीय संविधान सभा का यह वाद-विवाद डॉ. राजेन्द्र प्रसाद की अध्यक्षता में कांस्टीट्यूशन क्लब, नई दिल्ली में चलता रहा और फिर 14 सितंबर, सन् 1949 का ऐतिहासिक दिन आया।

अध्याय-2

ऐतिहासिक दिन (14 सितम्बर, 1949)

नया भाग 14-क (भाषा) (जारी)

(अनेक सदस्य बोलने खड़े हुए)

सरदार हुकम सिंह: क्या मैं जान सकता हूं, श्रीमान्, कि क्या हमें प्रत्येक बार आपकी दृष्टि पड़ने की प्रतीक्षा में खड़ा होना चाहिए या कोई ऐसा अन्य उपाय है जिससे उन्हें अवसर मिल सके जिन्हें संशोधन पेश करने हैं?

अध्यक्ष : मैं यथासम्भव अधिकाधिक सदस्यों को अवसर देने का प्रयत्न करूंगा पर मेरे लिए यह वचन देना कठिन है कि प्रत्येक सदस्य को अवसर मिल जाएगा। मैं अभी सारी स्थिति को स्पष्ट कर देता हूं। कल मैंने गणित लगाया था कि कितनी वार्तायें हुईं और उन पर कितना समय लगा, और औसत बाईस मिनट प्रति वक्ता आया। आज मैं नहीं जानता कि सदन कितनी देर बैठना चाहेगा। पहले हमने दो दिन, बल्कि चौदह घंटे रखे थे, जिसमें से हम दस घंटे अब तक व्यय कर चुके हैं। हमारे पास चार घंटे शेष हैं, अब से एक बजे तक। यदि सदन एक बजे तक समाप्त करना चाहता है तो यह आवश्यक है...

जयनारायण व्यास : मैं एक बात जानना चाहता हूं, उन संशोधनों की क्या स्थिति है जो सदन के समक्ष नहीं आए?

अध्यक्ष : प्रत्येक संशोधन सदन के समक्ष है।

जयनारायण व्यास : किंतु उन पर विचार नहीं हुआ।

अध्यक्ष : अब बहस समाप्त होने के पश्चात तीन-सौ संशोधनों पर मत लेने के काम में ही एक घंटा लग जाएगा। यदि हम एक बजे तक समाप्त करना चाहें तो वह समय भी इन चार घंटों में से ही निकालना है और शायद इसका उत्तर भी दिया जाएगा।

सेठ गोविंददास : मेरी प्रार्थना है कि हमें वक्तृताओं के लिए समय बढ़ा देना चाहिए और मतदान सायंकाल छह और सात के बीच होना चाहिए।

अध्यक्ष : यदि सदन की यह इच्छा है तो मुझे कोई आपत्ति नहीं है। मैं कोई अड़ंगा नहीं लगाऊंगा। मैं इस मामले में सदन की इच्छा जानना चाहता हूं।

सरदार हुकम सिंह : अनेक संशोधन ऐसे हैं जो बिल्कुल पेश ही नहीं हुए हैं। क्या उन्हें कोई समय मिलेगा?

अध्यक्ष : जैसा कि मैं कह चुका हूं, मैं यहां प्रत्येक विचार के प्रतिनिधि को अवसर देने का प्रयत्न कर रहा हूं, किंतु यदि कोई ऐसे हों जो छूट जाएं तो वे मुझे याद दिला सकते हैं और मैं उन्हें अवसर दे दूंगा।

सेठ गोविंददास : यह मामला इतना महत्वपूर्ण है कि मैं आपसे फिर प्रार्थना करना चाहता हूं कि आप समय को सायंकाल तक बढ़ा दीजिए।

अध्यक्ष : यदि सदन की ऐसी इच्छा हो तो मुझे कोई आपत्ति नहीं होगी। क्या मैं जान सकता हूं कि क्या सदन समय को सायंकाल तक बढ़वाना चाहता है?

कई माननीय सदस्य : हां।

अध्यक्ष : मेरे विचार में 'हां' वाले जीत गए। श्रीमती दुर्गाबाई, क्या मैं आपसे निवेदन कर सकता हूं कि आपको जो दृष्टिकोण पेश करना है, उसे अन्य वक्ता पेश कर चुके हैं और शायद और भी हों। अतः मैं आपसे प्रार्थना करूंगा कि आप सबसे महत्वपूर्ण बातें ही कहें।

श्रीमती जी. दुर्गाबाई : अध्यक्ष महोदय, भारत की राष्ट्रभाषा का प्रश्न, जो कुछ समय पहले तक लगभग सहमत प्रस्थापना था, अब अक्समात एक अत्यंत विवादास्पद प्रश्न बन गया है। ठीक कहिए या गलत, अहिंदी भाषी क्षेत्रों के लोगों में ऐसी भावना उत्पन्न कर दी गई है कि हिंदी भाषा क्षेत्रों की ओर से यह संघर्ष या दृष्टिकोण इस राष्ट्र की मिश्रित संस्कृति पर भारत की अन्य शक्तिशाली भाषाओं के स्वाभाविक प्रभाव को पड़ने से रोकने का संघर्ष है। मैंने कुछ माननीय सदस्यों को, जो हिंदी और हिंदी अंकों के समर्थक हैं, यह कहते सुना है, "आपने लगभग नब्बे प्रतिशत हमारी बात मान ली है; अतः शेष दस प्रतिशत को मानने में क्यों हिचकिचाते हो।" क्या मैं उनसे पूछ सकती हूं कि हमने यह बात स्वीकार करने में कितना त्याग किया है? कुछ मित्रों ने कहा, "आपने कुछ भी त्याग नहीं किया है। आपको स्वीकार करना है। आपको करना होगा।" अहिंदी भाषी लोगों से अपनी बात पूर्णतः मनवाने के लिए उनसे ऐसे बात की जाती हैं।

श्रीमान्, भारत की राष्ट्रभाषा हिंदुस्तानी के अतिरिक्त, जो हिंदी तथा उर्दू का योग है, कुछ और नहीं होनी चाहिए और कुछ और हो भी नहीं सकती। हमारे लिए यह कम त्याग की बात नहीं है कि हमारे उन मित्रों की भावनाओं को संतुष्ट करने के लिए जिन्होंने देवनागरी लिपि में हिंदी को स्वीकार कर लिया है, हमें उस सिद्धांत का त्याग करना पड़ रहा है जिसके लिए हम अब तक लड़े हैं और जिये हैं। यह त्याग हमारे लिए बहुत बड़ी असुविधा है और हमें बहुत दु:ख है कि हम गांधी जी के इस सहिष्णुतापूर्ण सिद्धांत को, गांधी जी के इस दर्शन को और गांधी जी की इस बात को छोड़ने के लिए तैयार हो गए हैं कि भारत की राजभाषा वह होनी चाहिए जिसे सब समझते हैं और आसानी से बोल और सीख सकते हैं। श्रीमान्, हमने यह त्याग किया है।

कदाचित् टंडन जी, सेठ गोविंददास जी आदि नहीं जानते और उन्हें पता नहीं है कि दक्षिण में हिंदी भाषा का कितना प्रबल विरोध हुआ है। विरोधी यह समझते हैं, शायद ठीक ही समझते हैं कि यह हिंदी के पक्ष का आंदोलन प्रान्तीय भाषाओं की जड़ खोदता है और यह प्रान्तीय भाषाओं और प्रान्तीय संस्कृति के विकास के लिए गंभीर बाधा है। श्रीमान्, दक्षिण में हिंदी विरोधी आंदोलन बहुत प्रबल है। मेरे मित्र डॉ. सुब्बारायन ने इस विषय में कल विस्तृत बातें बताई थीं। किंतु हमने, हिंदी के समर्थकों ने क्या किया? हमने विकट आंदोलन का सामना किया और दक्षिण में हिंदी का प्रचार किया। हिंदी साहित्य सम्मेलन के पंडितों ने भारत की राष्ट्रभाषा बनाने की आवश्यकता समझी, उससे बहुत पहले हम दाक्षिणात्यों ने महात्मा गांधी के आदेश का पालन किया और दक्षिण में हिंदी प्रचार आरम्भ किया था। हमने पाठशालाएं चालू कीं और हिंदी कक्षाएं आरम्भ कीं। इस प्रकार बहुत असुविधा से हम हिंदी के प्रचार और शिक्षा में बहुत पहले ही लग गए थे।

श्रीमान्, दक्षिण भारत हिंदी प्रचार सभा के प्रयत्नों के अतिरिक्त, मुझे इस संबंध में दक्षिण की स्त्रियों और बच्चों की भूरि-भूरि प्रशंसा करनी चाहिए कि वे हिंदी सीखने में बहुत लगन से और सच्चे दिल से लगे रहे। श्रीमान्, गांधी जी के प्रयत्नों और प्रभाव से महाविद्यालयों के विद्यार्थियों में ऐसा जोश था कि दिन भर महाविद्यालयों में कठोर श्रम करने के पश्चात वे इस भाषा को सीखने के लिए सायंकाल हिंदी कक्षाओं में आते थे। केवल विद्यार्थी ही नहीं, वकील न्यायालय के समय के पश्चात, पदाधिकारी अपने कार्यालय के कार्य समाप्ति के पश्चात, सायंकाल में मनोरंजन के स्थानों पर न जाकर हिंदी कक्षाओं में आकर हिंदी सीखते थे।

मैं आपको यह बात इसलिए कह रही हूं कि मैं यह सिद्ध करना चाहती हूं कि हमने महात्मा गांधी जी के आदेश और अनुरोध पर हिंदी प्रचार का कार्य कितने सच्चे दिल से और ईमानदारी से आरम्भ किया था।

मेरे मित्रों को इस बात का ध्यान रखना चाहिए कि यह सब कुछ हमने राष्ट्रीय भावनाओं को पूरा करने के लिए स्वेच्छा से किया था। इस संबंध में मैं सेठ जमुनालाल बजाज द्वारा सन् 1923 में वहां जाने का उल्लेख करना चाहती हूं। उस वर्ष जब सेठ जी कांग्रेस सत्र के लिए कोकीनाडा गए थे, तब वे कुछ महिला संस्थाओं को देखने गए थे और उन्होंने वहां सैकड़ों महिलाओं को हिंदी पढ़ते देखा था। याद रखिए, श्रीमान्, यह बात सन् 1923 की है। सेठ जी महिलाओं को हिंदी सीखते देख कर इतने प्रसन्न हुए कि उन्होंने उस संस्था को एक महान् राशि दान देनी चाही। पर संस्था ने उस दान को यह कह कर अस्वीकार कर दिया कि "हम भी यह अनुभव करते हैं कि हमारी एक राष्ट्रभाषा होनी चाहिए। अत: हम अपने ही प्रयत्नों से इस पाठशाला को चला रहे हैं।" हमने इसी भावना से कार्य किया था।

अब इसका परिणाम क्या है? अब मुझे आश्चर्य है कि हमने इस शताब्दी के आरम्भ में जिस जोश के साथ हिंदी अपनाई थी, उसके विरुद्ध इतना आंदोलन हो रहा है। श्रीमान्, अहिंदी भाषी लोगों की भावनाओं में कटुता लाने का कारण आपका यह दृष्टिकोण है कि आप शुद्धत: एक प्रान्तीय भाषा को राष्ट्रीय रूप देना चाहते हैं। मुझे भय है कि इससे निश्चय ही उनके भावों और भावनाओं पर बुरा प्रभाव पड़ेगा, जिन्होंने पहले ही देवनागरी लिपि में हिंदी को स्वीकार कर लिया है। संक्षेप में, उनके इस अत्यधिक और कुप्रयुक्त प्रचार के कारण मेरे समान लोगों का समर्थन भी अब प्राप्त नहीं रहा जो हिंदी जानते हैं और हिंदी के समर्थक हैं।

मैं पहले ही कह चुकी हूं कि राष्ट्रीय एकता के हितार्थ हिंदुस्तानी ही भारत की राष्ट्रभाषा बन सकती है। हम उनसे अनुरोध करते हैं कि वे सावधानी और उदारता से काम लें क्योंकि यहां जो अल्पसंख्यक हैं, उन्हें मुस्लिमों के समान अपने आपको परिस्थितियों के अनुकूल ढालने के लिए समय चाहिए। श्रीमान्, वे बहुव्यापी भावना को अपनाने के लिए उदारता से एकदम राजी हो गए हैं। साहित्य की उच्चता और अंतर्राष्ट्रीय ख्याति की दृष्टि से तो बांग्ला ही राष्ट्र भाषा बनने के योग्य है। माधुर्य की दृष्टि से तथा इस आधार पर कि वह भारत में बोली जाने वाली भाषाओं में संख्या के हिसाब से दूसरी श्रेणी की भाषा है, तेलुगू भारत की राष्ट्रभाषा बनने के योग्य हो सकती थी। श्रीमान्, हमने अपना तेलुगू का दावा छोड़ दिया है। हमने उसके पक्ष में

एक शब्द नहीं कहा है। हमने उसका समर्थन नहीं किया है। हमने यह सुझाव नहीं दिया है कि इनमें से किसी प्रान्तीय भाषा को हमारे देश की राष्ट्रभाषा बनाया जाए।

अब, श्रीमान्, जब हमने यह त्याग कर दिया है, तब आप आकर कहते हैं कि एक और त्याग कीजिए और सौ प्रतिशत में से शेष पांच प्रतिशत को भी मानिए और हिंदी अंकों को स्वीकार करिए। मुझे कहना होगा- मुझे ऐसा कहने में हिचक है पर कहना ही होगा कि यह तो भाषा-अत्याचार और असहिष्णुता की हद है। हम हिंदी को देवनागरी लिपि में स्वीकार करने के लिए तैयार हो गए हैं, पर मैं सदन को स्मरण कराना चाहती हूं कि हम कुछ खास शर्तों पर ही देवनागरी में हिंदी को स्वीकार करने के लिए सहमत हुए हैं। पहली शर्त यह है, भाषा का नाम चाहे कुछ भी हो-मैं हिंदी और हिंदुस्तानी विवाद पर कुछ नहीं कहना चाहती-आप उसका नाम कुछ भी रखें पर वह सर्वसमाविष्ट होनी चाहिए और इसलिए श्री गोपालस्वामी आयंगर के मसौदे का सम्बद्ध खण्ड सदन को स्वीकार्य होना चाहिए और सदन को बिना संकोच के और एकमत होकर उस खण्ड को स्वीकार कर लेना चाहिए। वह भाषा उन शब्दों को ग्रहण करने में सक्षम होनी चाहिए जो इस समय प्रयोग में हैं, चाहे वे उर्दू के हों या किसी अन्य भाषा के हों। तभी हमें यह विश्वास होगा कि आप हमें उसे राष्ट्रभाषा के रूप में स्वीकार करने के लिए कह रहे हैं और मध्य प्रदेशीय या उत्तर प्रदेशीय हिंदी के विशेष रूप के लिए नहीं कह रहे हैं।

दूसरी शर्त यह है, जो इतनी ही महत्वपूर्ण है, कि कम-से-कम पंद्रह वर्ष के लिए विद्यमान स्थिति को बनाए रखना होगा, जिससे कि हम उसे सीख सकें और बोल सकें और नई परिस्थितियों के अनुकूल अपने आपको ढाल सकें। हिंदी क्षेत्रों के लोग इस बात को भी मानने के लिए तैयार नहीं हैं। वे कहते है, "आप में से कुछ लोग हिंदी जानते हैं अत: उस पर कल से या यथासंभव अल्पतम काल में अमल करने लगिए।" मैंने कुछ लोगों को कहते सुना है: "तुम्हारी जिंदगी में हिंदी राष्ट्रभाषा कभी नहीं बनेगी।" मैं आपसे पूछती हूं, श्रीमान्, क्या हम इस संविधान को अपने ही लिए और अपने जीवन के लिए बना रहे हैं? हमारी संतान और आने वाले वंशजों का क्या होगा? क्या वे इस पर आचरण नहीं करेंगे? मैं अपने वैयक्तिक अनुभव से बात कर रही हूं। मैंने हिंदी सीखी, मैंने दक्षिण में सैंकड़ों महिलाओं को हिंदी सिखाई, जिन्होंने हिंदी में उच्चतम परीक्षाएं पास की हैं, वे लिख सकते हैं, पढ़ सकते हैं, पर उनके लिए बोलना असम्भव है; क्योंकि बोलने के लिए खास प्रकार का वातावरण चाहिए, वैसा आवेष्टन चाहिए। दक्षिण में हमें ऐसा वातावरण कहां मिलता है? हमने

जो कुछ भी सीखा है, उसे बोलने के लिए हमें दक्षिण में कहीं भी अवसर प्राप्त नहीं होते। आप इस कठिनाई को तब समझेंगे जब आप दक्षिण में आएं और वहां कोई प्रान्तीय भाषा बोलें। अत: धैर्य धरिए और सहिष्णुता तथा सहनशीलता पैदा करिए। हम आपसे इन्हीं चीजों की मांग करते हैं।

तीसरी शर्त जो श्री गोपालस्वामी आयंगर के मसौदे में स्पष्ट नहीं है, वह यह है कि अहिंदी भाषी लोगों के लिए हिंदी बोलने की बाध्यता की जा रही है। आपके लिए भी एक प्रान्तीय भाषा सीखने की इतनी ही बाध्यता होनी चाहिए। कोई बात नहीं है चाहे वह बांग्ला हो, तमिल, तेलुगू या कन्नड़ या कोई अन्य भाषा हो। कल इस विषय पर बोलते हुए डॉ. श्यामाप्रसाद मुखर्जी ने काफी कुछ कहा है और उन्होंने उस प्रस्ताव का निर्देश किया है जो साहित्य सम्मेलन ने अभी दिल्ली में अपने अधिवेशन में पारित किया था। हम ध्यान से देखेंगे कि प्रान्तों के मुख्यमंत्री, जिन्होंने उसे पारित करवाया था, उस प्रस्ताव को कैसे क्रियान्वित करते हैं।

अंकों के प्रश्न पर मैं कुछ नहीं कहना चाहती क्योंकि पर्याप्त कहा जा चुका है। आप स्थिति की गम्भीरता को समझ चुके होंगे। इतना ही कहना पर्याप्त है कि इसमें भावना का प्रश्न नहीं होना चाहिए और किसी के लिए यह धर्म का प्रश्न नहीं होना चाहिए। यदि आपके लिए वह धर्म है तो हमारे लिए भी यह धार्मिक मंत्र बन जाएगा कि हम ऐसी भाषा को स्वीकार न करें जो हमारी नहीं है, जो केवल एक प्रान्तीय भाषा है और काफी विकसित नहीं है। अत: किसी को यह बात नहीं कहनी चाहिए कि यह उसके लिए धर्म है।

श्रीमान्, दूसरा प्रश्न जिसके विषय में मैं बोलना चाहती थी, वह यह है कि अहिंदी भाषी प्रान्तों में हमें हिंदी सीखनी पड़ेगी जिसे हमने राजभाषा के पद पर प्रतिष्ठित कर दिया है। हमारी थैली बहुत छोटी है और हम अपने प्रान्तों में निरक्षरता को दूर करने के लिए पहले ही बहुत खर्च कर रहे हैं। अत: केंद्र का यह कर्त्तव्य तथा उत्तरदायित्व है कि वह अहिंदी भाषी क्षेत्रों वाले प्रान्तों को हिंदी के विकास तथा प्रचार के लिए काफी अनुदान दें।

श्रीमान्, आपने मुझे बोलने का अवसर दिया है और मुझे सदन का अधिक समय नहीं लेना चाहिए। कृपया याद रखिए कि हम हिंदी को उन्हीं शर्तों पर स्वीकार कर रहे हैं जिनका मैंने उल्लेख किया है। आपका यह कर्त्तव्य है कि आपको श्री गोपालस्वामी आयंगर का मसौदा स्वीकार करने में कोई संकोच नहीं होना चाहिए। हम भी उसके कुछ उपबंधों से सहमत नहीं हैं, किंतु हमने उसे स्वीकार कर लिया है, और इसलिए आपको उसे स्वीकार करने में और उसका समर्थन करने में कोई संकोच नहीं होना चाहिए। धन्यवाद, श्रीमान्।

शंकर राव देव: अध्यक्ष महोदय, आरम्भ में ही मैं यह स्पष्ट कर देना चाहता हूं कि मैं अपने मित्र श्री गोपालस्वामी आयंगर द्वारा प्रस्तावित संशोधन का समर्थन करने खड़ा हुआ हूं। यह बात नहीं है कि मैं उस संशोधन के प्रत्येक खण्ड से और प्रत्येक बात से सहमत हूं-यह तो सम्भव ही नहीं है क्योंकि वस्तुस्थिति ही ऐसी है कि वह निबटारे का सूत्र है और जब हम निबटारे पर आते हैं तो हम जो चाहते हैं वह बात सौ प्रतिशत पूरी नहीं हो सकती।

रविशंकर शुक्ल: यह निबटारे का सूत्र नहीं है। इसे किसी ने नहीं माना है।

शंकर राव देव : हो सकता है कुछ ने न माना हो पर मुझे पता लगा है कि कइयों ने मान लिया है। मेरा यह कहना है कि इसमें कई बातें ऐसी हैं जो मुझे पसंद नहीं हैं या जिन्हें मैं अच्छी नहीं समझता। फिर भी, मैं समझता हूं कि यह विद्यमान वस्तुस्थिति में इस समस्या का सर्वोत्तम हल है। अतएव, जैसा कि मैं कह चुका हूं, मैं उसका समर्थन करने के लिए खड़ा हुआ हूं। मैंने स्वयं कुछ संशोधन पेश किए हैं और सदन से उन्हें स्वीकार करने की प्रार्थना करना चाहता हूं, क्योंकि उनसे इस संशोधन का मूल तत्व तो बदलेगा नहीं और इसमें सुधार हो जाएगा जिससे हममें से कुछ लोग इसे अधिक स्वेच्छा से स्वीकार कर सकेंगे।

श्रीमान, जैसा कि आपने स्वयं कहा है, भाषा के इस प्रश्न से हमारे दिमागों में बहुत उत्तेजना है, जो मेरे विचार में आजादी के ही प्रश्न से अगले दर्जे पर है; क्योंकि यह प्रश्न इस राष्ट्र के भावी विकास और उन्नति के लिए अत्यंत महत्वपूर्ण है। मेरे पूर्ववर्ती वक्ता व्यक्ति या राष्ट्र के निर्माण और विकास में भाषा के महत्व पर बहुत कुछ कह चुके हैं। मेरे लिए, मेरी माता के बाद भाषा ही सबसे अधिक प्रिय है, क्योंकि मेरी माता ने निस्संदेह मुझे जन्म दिया है, पर मैं आज जो कुछ हूं वह भाषा के कारण ही हूं। इसी कारण हममें से बहुत से इस बात को पसंद नहीं करते, फिर भी इस विवाद से हमारे अंत:स्थल तक हलचल मच गई है और भावनाएं उत्तेजित हो गई हैं। अपने दाक्षिणात्य भाइयों से तथा उत्तर देशीय भाइयों से भी प्रार्थना करूंगा कि वे इस प्रश्न पर आवेश या भावुकता के दृष्टिकोण से विचार न करें। हमें यथासंभव उपादेयता के दृष्टिकोण से विचार करना चाहिए; हमें इस प्रश्न पर बुद्धि से काम लेना चाहिए।

हमारा क्या उद्देश्य है? हमें बताया गया है कि हमें अपने देश के लिए एक भाषा चुननी है। अगला प्रश्न यह है, इस भाषा से हमें क्या मिलेगा और उसके क्या कृत्य होंगे? हमें बताया जाता है कि हमारे पास अंग्रेजी का स्थान लेने के लिए एक भाषा होनी चाहिए। सब सहमत हैं कि अंग्रेजी की वही स्थिति नहीं रह सकती जो

कि गत एक शताब्दी या उससे अधिक समय से रही है, जबकि इस देश पर अंग्रेजों का शासन था। मुझे इस प्रश्न पर बोलने की आवश्यकता नहीं है कि उस भाषा का क्या महत्व है, अथवा क्या भविष्य में उस भाषा को इस देश के प्रशासन, विज्ञान की विविध शाखाओं, उन्नति आदि में अच्छा और उपयुक्त स्थान मिलना चाहिए। किंतु सब सहमत हैं कि अंग्रेजी के स्थान पर कोई अन्य भाषा रखनी है, मतभेद इसी बात पर है कि अंग्रेजी के स्थान पर कौन-सी भाषा आए और उसके क्या-क्या कृत्य हों।

वे हमसे एकता के नाम में, संस्कृति के नाम में अपील करते हैं कि इस देश की एक भाषा होनी चाहिए। वे कहते हैं कि जब तक इस देश की एक भाषा नहीं होगी, तब तक एकता और एक संस्कृति नहीं हो सकती और यदि इस देश में एकता और एक संस्कृति नहीं होगी तब तक इस देश का भविष्य अंधरकारमय रहेगा। एक ही सांस में हमें बताया जाता है कि प्रादेशिक भाषाओं की उन्नति होनी चाहिए। कार्यसमिति के प्रस्ताव में कहा गया है कि यद्यपि अंग्रेजी के स्थान पर कोई अन्य भाषा रख दी जाएगी पर जहां तक प्रादेशिक भाषाओं का संबंध है केवल उनकी रक्षा ही नहीं की जाएगी, उनके अस्तित्व को ही नहीं रखा जाएगा, वरन् उनकी उन्नति भी की जाएगी। हाल ही में पारित हुए कार्यसमिति के प्रस्ताव में लिखा है: "प्रान्तों या राज्यों गें, जहां अनेक भाषाएं बोली जाती हैं, उनमें से कई भाषाएं उन्नत हैं और उनका मूल्यवान साहित्य है। उनकी केवल रक्षा ही नहीं होनी चाहिए, वरन् उनका और भी विकास तथा उन्नति होनी चाहिए और उनकी वृद्धि को रोकने वाली कोई कार्यवाही नहीं होनी चाहिए।"

मेरी समझ में नहीं आता कि ये दोनों बातें साथ-साथ कैसे हो सकती हैं। मेरे विचार में हम दो मन से बात कर रहे हैं। हम यह आशा नहीं कर सकते कि समूचे देश के लिए एक भाषा भी बना लें और साथ ही प्रादेशिक भाषाओं की उन्नति के लिए कार्य भी करें और यह भी कहें कि उनका अस्तित्व बना रहना चाहिए और राष्ट्रीय ढांचे अथवा जीवन में उनका स्थायी स्थान होना चाहिए। मैंने यह समझने का यथासम्भव प्रयत्न किया है कि ये दोनों बातें साथ कैसे हो सकती हैं पर मैं समझ नहीं सका। यदि आप सच्चे हृदय से विश्वास करते हैं कि इस देश के लिए एक भाषा की आवश्यकता है तो सब प्रान्तीय भाषाएं समाप्त हो जानी चाहिएं चाहे उनका भूत कुछ हो, वर्तमान स्थिति कुछ भी हो। इससे प्रादेशिक भाषा वालों को कम-से-कम पता लग जाएगा कि उनकी विद्यमान स्थिति क्या है और उन्हें स्वतंत्रता-प्राप्ति से क्या लाभ हुआ है। यदि आप सचमुच यह चाहते हैं और ईमानदारी से यह कहते हैं

कि ये प्रादेशिक भाषाएं उन्नत होनी चाहिए और उन्हें हानि पहुंचाने वाला कोई कार्य नहीं करना चाहिए तो आप एकता या संस्कृति के नाम पर एक भाषा के लिए नहीं कह सकते। यदि भविष्य में स्वभावत: इस देश में एक भाषा हो जानी है और अन्य प्रादेशिक भाषाएं समाप्त हो जानी हैं, यदि यही भविष्य है तो उसे रोकने वाला मैं कौन हूं, आप कौन हैं? किंतु मैं किसी वर्ग को, किसी प्रदेश या किसी सरकार को, चाहे वह कितनी ही शक्तिशाली क्यों न हो, कोई ऐसा कार्य जानबूझकर नहीं करने दूंगा, जिसके परिणामस्वरूप ये भाषाएं भारत से लुप्त हो जाएं। यदि उन्हें मरना है तो उन्हें अपनी मौत मरने दीजिए और कोई अश्रु नहीं बहाया जाएगा।

अध्यक्ष : ऐसा सुझाव तो किसी ने नहीं रखा है।

शंकर राव देव : मैं यह जानता हूं, श्रीमान्, यद्यपि यह सुझाव नहीं रखा गया है, पर कार्य ऐसे हैं कि इस प्रकार का संदेह है या भावनाएं हैं। आप मुझे क्षमा करें यदि मेरी भी ऐसी भावना हों, क्योंकि आखिर इस सदन की अपील देश में, लोगों में और विश्व में पहुंचती है कि एकता के लिए, संस्कृति के लिए हमारी भाषा एक होनी चाहिए। यदि ऐसी बात नहीं है तो हमें सुनिश्चित बात कहनी चाहिए। अंग्रेजी का स्थान लेने वाली इस भाषा के क्या कृत्य होंगे? इस मामले में भी कार्यसमिति का प्रस्ताव सुस्पष्ट है।

अध्यक्ष : मेरे विचार में वे ही कृत्य होंगे जो अंग्रेजी के थे।

शंकर राव देव : नहीं, यह भी नहीं।

अध्यक्ष : जहां तक मैं समझ सकता हूं प्रस्ताव में तो यही बात है।

शंकर राव देव : अंग्रेजी में बहुत से कृत्य होते थे जो मैं अब उसमें रखना नहीं चाहता। यदि आप कुछ देर तक सुनेंगे तो श्रीमान्, मैं समझा दूंगा। जो भाषा अंग्रेजी का स्थान लेगी उसके कुछ सुनिश्चित कृत्य होंगे। जैसा कि मैंने कहा है, वे कार्यसमिति के प्रस्ताव में उल्लिखित हैं।

"अखिल भारतीय प्रयोजनों के लिए एक राज्य भाषा होगी जिसमें संप का काम होगा। वही प्रान्तीय और राज्य सरकारों के साथ पत्र-व्यवहार की भाषा होगी। केंद्र के समस्त अभिलेख उसी भाषा में रखे जाएंगे और यही अंत प्रतिविधि, अंतर्राज्यिक वाणिज्य और पत्र-व्यवहार की भाषा रहेगी।"

अंग्रेजी का स्थान लेने वाली भाषा के ठीक ये ही कृत्य बताए गए हैं। संस्कृति का कोई उल्लेख नहीं है, एकता का कोई उल्लेख नहीं है। यह बात नहीं है कि मैं इस देश में एक संस्कृति के विकास के विरुद्ध हूं। मैं यह बताना चाहता हूं कि 'एक

संस्कृति' इस नारे में भयानक आशय सन्निहित है। 'संस्कृति' शब्द का आशय भयानक है। किसी को उसका अर्थ ठीक-ठीक पता नहीं है। राष्ट्रीय स्वयंसेवक संघ के प्रधान संस्कृति के नाम से अपील करते हैं। कुछ कांग्रेसी भी संस्कृति के नाम से अपील करते हैं। कोई हमें नहीं बताता कि इस 'संस्कृति' शब्द का ठीक-ठीक अर्थ क्या है? आज जैसा कि इसका निर्वचन किया जाता है और उसे समझा जाता है, उसका अर्थ केवल कुछ लोगों का अनेकों पर आधिपत्य होता है। अतः कार्यसमिति के प्रस्ताव में संस्कृति का उल्लेख नहीं है, एकता का उल्लेख नहीं है। यह बात नहीं है कि हम देश के लिए एक संस्कृति नहीं चाहते। पर हमें इसे मिश्रित संस्कृति कहना चाहिए, फिर भारतीय संस्कृति के विविध अंगों को इस मिश्रित संस्कृति के विकास में अंशदान देने का समान अवसर प्राप्त होगा। यदि आप एक संस्कृति के लिए इस देश से अपील करते हैं तथा उस पर हठ करते हैं तो मेरे लिए इसका अर्थ भारत की आत्मा का हनन है।

यदि मैंने भारतीय संस्कृति को, भारतीय धर्म और भारतीय आध्यात्मिक परम्पराओं को समझने का प्रयत्न किया है तो वह एकरूपता नहीं है, वरन् विविधता में एकता है। भारत विविधता का पोषक है। यही हमारी उच्चता है, यही अंशदान भारत विश्व-संस्कृति और विश्व-प्रगति में कर सकता है। मैं देश की एकता में बाधा डाले बिना या उसका हनन किए बिना संस्कृतियों की विविक्षता और विभिन्न भाषाओं को बनाए रखना चाहता हूं। अतः जब लोग 'राष्ट्रभाषा' शब्द का प्रयोग करते हैं तो मेरा हृदय प्रसन्न नहीं होता। मैं स्वीकार करता हूं कि भारत एक राष्ट्र है और मैं भारतीय हूं, पर यदि आप मुझे पूछें, "आपकी भाषा क्या है", श्रीमान्, मुझे आप क्षमा करें मैं कहूंगा "मेरी भाषा मराठी है।" मैं तो उनमें से हूं जो यह बल देते रहे हैं कि अंग्रेजी का स्थान लेने वाली भाषा को 'राष्ट्रभाषा' नहीं कहना चाहिए। यदि राष्ट्रभाषा से आपका आशय समस्त देश के लिए एक भाषा से है तो मैं इसके विरुद्ध हूं। मैं यह सदैव स्पष्ट करना चाहता हूं कि भारत एक राष्ट्र है और मैं भारतीय हूं पर मेरी भाषा मराठी है।

एक माननीय सदस्य मेरे मित्र एक काल्पनिक प्रयोजन के विरुद्ध प्रलाप कर रहे हैं।

शंकर राव देव : कुछ लोगों में तो कल्पना का भी अभाव है।

अध्यक्ष : मैं आशा करता हूं कि माननीय सदस्य सदन को काल्पनिक वाद-विवाद में नहीं घसीटेंगे।

शंकर राव देव : अतएव इस भाषा के कृत्यों को स्पष्ट कर देना चाहिए। यह भाषा या तो राज्य भाषा होगी या संघभाषा होगी या संघानीय भाषा होगी क्योंकि हमने अपने देश के लिए संघान व्यवस्था स्वीकार की है। हमारे यहां स्वायत्तशासी राज्य हैं और इसलिए राज्यों में अपनी-अपनी भाषाएं होंगी, और जैसा कि मैं कह चुका हूं कार्यसमिति ने यह स्पष्ट कर दिया है कि राज्य भाषा के क्या कृत्य होंगे।

अब मैं अगली बात पर आता हूं। यहां मेरे कई मित्रों को पता है कि जब इस प्रश्न पर कहीं अन्यत्र प्रथम वाद-विवाद हुआ था तो मैं उनमें से था जिन्होंने यह तर्क किया था कि यह राज्य भाषा हिंदी की बजाय हिंदुस्तानी कहलानी चाहिए। यह बात नहीं है कि हम हिंदी के विशेष विरुद्ध हैं, पर कांग्रेसी होने के नाते हमें यह विश्वास हो गया और हमें महात्मा गांधी ने नही सिखाया था कि परिजन साधारण को स्वतंत्रता का उपभोग करना है तो देश की भाषा ऐसी होनी चाहिए जिसे वे समझ सके। तभी आजादी का उनको दैनिक जीवन पर प्रभाव पड़ सकता है और वे राष्ट्रनिर्माण में अंशदान दे सकते हैं। अतः कांग्रेस ने हिंदुस्तानी को अपनी भाषा स्वीकार किया और यह चाहती थी कि राज्य भी उसी नाम को, नाम को ही नहीं उसके अर्थ को स्वीकार करे। जैसा कि मैं कह चुका हूं कि किसी सभा में या समाज में किसी की सारी बात नहीं चल सकती, अतः मैं हिंदी के लिए सहमत हो गया हूँ जबकि उसके अर्थ को अब परिभाषित कर दिया गया है। मैं हिंदुस्तानी चाहता था क्योंकि मैं अनुभव करता था कि उस हालत में नई भाषा में कोई निबंधन नहीं होगा और कोई विशेष अधिकारी वर्ग नहीं होंगे।

जिन्होंने गत दो दिनों के बाद-विवाद को ध्यान से सुना है, उन्होंने समझ लिया होगा कि अंतर्राष्ट्रीय अंकों को स्वीकार करने में कठिनाई कैसे उपस्थित हो गई। वे उन पर आपत्ति क्यों कर रहे हैं। उनकी एक आपति यह है कि वे हिंदी के नहीं हैं। वे कहते हैं, "क्योंकि आप हिंदी स्वीकार कर रहे हैं, अतः आपको हिंदी अंक भी स्वीकार करने होंगे। उन्होंने केवल यही नहीं मान लिया है कि हमने हिंदी स्वीकार कर ली है, प्रत्युत यह भी भान लिया है कि हमने उत्तर प्रदेश और बिहार में चलने वाली हिंदी को स्वीकार कर लिया है, इसलिए ने अपनी इच्छानुसार हमें यह बताएंगे कि हिंदी क्या है।

मैं अपने आपको इन निर्बंधनों से स्वतंत्र करना चाहता हूं और मैं नहीं चाहता कि कोई मुझे यह बताए कि हिंदी या हिंदुस्तानी क्या है? यह सभा निश्चित करेगी कि हम किसे पसंद करेंगे। कोई आकर यह नहीं कह सकता कि आप ऐसा नहीं

कर सकते। इस सभा को कोई आदेश नहीं दे सकता। हम अपनी भाषा पसंद करेंगे और उसका नाम भी पसंद करेंगे। आप यह नहीं कह सकते "यह हिंदी नहीं है।" उत्तर प्रदेश, मध्य प्रदेश, बिहार, राजस्थान, मध्य भारत आदि हिंदी और हिंदी अंकों को रख सकते हैं। वे अपनी भाषा को अपनी आत्मीयता के अनुसार डाल सकते हैं। क्योंकि उत्तर प्रदेश और बिहार इन अंतर्राष्ट्रीय अंकों का प्रयोग नहीं करेंगे, उसका यह अर्थ नहीं हो सकता कि केंद्रीय सरकार उनका प्रयोग नहीं करेगी।

मैं अपने मित्रों को स्मरण कराना चाहता हूं कि वे धोखे में हैं यदि वे समझते हैं कि हमने उनकी भाषा को स्वीकार कर लिया है और हम उसे उनके नमूने पर बनाने जा रहे हैं। इसलिए एक विशेष निर्देश है कि राज्य द्वारा स्वीकृत हिंदी भाषा कैसी होगी। मैं जानता हूं कि मेरे उत्तर भारतीय मित्र इस पर बहुत प्रसन्न नहीं हैं। उन्होंने कहा है, "यदि आप ऐसा चाहते हैं तो रख लीजिए।" उन्होंने कहा, "यदि आप चाहते हैं तो हम आपको संतुष्ट करने के लिए तैयार हैं।" किंतु फिर उन्होंने उसे भाषा के अध्याय में नहीं रखा, वरन् निर्देशों के अध्याय में रख दिया।

पंडित बालकृष्ण शर्मा : क्या आपकी अनुमति से मैं माननीय सदस्य को, जो बोल रहे हैं, यह बता दूं कि निर्देश हमने नहीं दिया है, मसौदा समिति ने दिया है।

शंकर राव देव : मुझे यह कहने में प्रसन्नता है कि मुझे पंडित नेहरू का कृतज्ञ होना चाहिए कि उन्होंने यह सुझाव दिया था कि यह निर्देश या यह परिभाषा भाषा-संबंधी अध्याय में रखी जानी चाहिए।

पंडित बालकृष्ण शर्मा : कदापि नहीं।

शंकर राव देव : वे नहीं कहते तो यह काम इतनी सुगमता से नहीं हो सकता था। मेरी यह राय है। हो सकता है मैं गलत होऊं। किंतु मैं सदन का ध्यान विशेषत: इस बात की ओर आकृष्ट करना चाहता था। उस निर्देश में लिखा है :

[हिंदी की प्रसार-वृद्धि करना और उसका विकास करना संघ का कर्त्तव्य होगा ताकि वह भारत की सामासिक संस्कृति के सब तत्वों की अभिव्यक्ति का माध्यम हो सके।]

भारत की 'सामासिक संस्कृति' बहुत उम्दा शब्द है। किंतु मुझे भय है-और भय युक्तिसंगत नहीं होते, साधारणत: वे अयुक्तियुक्त होते हैं किंतु मनुष्य के जीवन में उनका महत्वपूर्ण स्थान होता है कि इन शब्दों का आशय है कि हमें ऐसी भाषा बनानी चाहिए जिसमें भारत की ये सब विविध संस्कृतियां अभिव्यक्त हों। मैं तो यह अनुभव करता हूं कि अंततोगत्वा आप हमसे ऐसी भाषा का विकास करने के लिए

कहते हैं जिसमें समस्त संस्कृति, धर्म और हमारा जीवन-कार्य अभिव्यक्त होगा। यदि यह होना है तो इतना स्वाभाविक होना चाहिए कि हमें कोई कष्ट या दर्द अनुभव न हो।

मेरे उत्तर प्रदेशीय तथा बिहारी मित्रों को समझ लेना चाहिए कि हमें क्या करने के लिए कहा गया है। मैं आपसे घुटने टेक कर अनुरोध नहीं करना चाहता-मुझे ऐसी आदत नहीं है। पर मैं आपकी बुद्धि से अनुरोध करना चाहता हूं। हम आपसे कुछ नहीं मांग रहे हैं, हमसे राष्ट्र कुछ मांग रहा है और हम उसे देने के लिए तैयार हैं। आखिर जब समय आएगा तब हमें एक भाषा स्वीकार करनी पड़ेगी और अन्य भाषाएं शायद पृष्ठभूमि में ही चली जाएं। किंतु यदि आप मेरी आशंकाओं को मिटाना चाहते हैं, यदि आप मेरा हार्दिक सहयोग प्राप्त करना चाहते हैं तो आपको कोई ऐसी बात नहीं करनी चाहिए, जिससे मेरे संदेह जाग जाएं और मेरी आशंकाएं दृढ़ हो जाएं।

श्रीमान्, मैं सदन का और अधिक समय नहीं लेना चाहता। मैं सदन का ध्यान इस बात की ओर दिलाना चाहता था कि हमें विवेक से काम लेना चाहिए। हमें संदेह या आशंका का कारण उत्पन्न नहीं करना चाहिए। क्योंकि, यद्यपि संदेह और आशंकाएं अयुक्तियुक्त होती हैं, पर फिर भी हमारे कार्यों का निश्चय उन्हीं से होता है। अत: मैं अपने मित्रों से, जो हिंदी के समर्थक हैं, अपील करना चाहता हूं कि वे स्थिति को स्पष्ट समझें। हमें स्पष्ट समझ लेना चाहिए कि हम किसी संस्कृति या भाषा विशेष को स्वीकार नहीं कर रहे हैं। हम भाषा का स्वतंत्र चुनाव कर रहे हैं।

आखिर, इस समय क्या दावा किया जा रहा है? दावा यह है कि यह भाषा बहुमत द्वारा बोली जाती है-मुझे उस पर भी विश्वास नहीं है। मैं जानता हूं कि जब मैं राजेंद्र बाबू के पास जाता हूं और जब बिहार के लोग उनके पास आते हैं, तब वे हिंदी नहीं बोलते। यदि मैं गलती पर नहीं हूं तो टंडन जी भी घर पर हिंदी नहीं बोलते। अत: जब आप कहते हैं कि हिंदी को देश में अधिकांश लोग बोलते हैं तो मुझे संदेह होता है। मैं तो यही मान सकता हूं कि इसे शायद अधिकांश लोग समझते हैं, और वे भी वर्तमान उच्च संस्कृतनिष्ठ हिंदी को नहीं समझते, जिसे केवल पंडित ही समझते हैं। जैसा गांधी जी ने कहा था, वह सरल भाषा होनी चाहिए जिसे उत्तर के गावों में लोग समझ सकें। जैसे हम मराठी बोलते हैं, दूसरे तमिल या तेलुगू बोलते हैं। हिंदी को चौदह करोड़ व्यक्ति नहीं बोलते।

यदि कल ऐसा हो जाए कि राजधानी यहां से मदुरा या त्रिवेन्द्रम ले जाई जाएं, मैं कह नहीं सकता कि 50 वर्ष के पश्चात इस देश के बहुमत की भाषा तमिल या तेलुगू

नहीं बन जाएगी। आखिर दक्षिण से लोग उत्तर को आते हैं, भाषा के लिए नहीं, हिंदी से प्राप्त होने वाली संस्कृति के लिए नहीं, वरन् अपनी आजीविका के लिए आते हैं। मैं हिंदी की संस्कृति या उच्चता को कम नहीं करना चाहता, किंतु जहां तक संस्कृति का संबंध है, मैं उसे अपनी भाषा मराठी से, और सब भाषाओं की दादी संस्कृति से भी सीख सकता हूं। वे इसके लिए पूरी तरह सम्पन्न हैं।

हमारे पूर्वजों ने अंग्रेजी को इसलिए स्वीकार नहीं किया था कि वह शासकों की भाषा है, अपितु उन्हें विश्वास था कि इससे उनके लिए नए जगत का मार्ग खुल जाएगा। उन्होंने सोचा कि इससे उनका बाह्य जगत से और उसकी कार्यवाहियों से निकट सम्पर्क स्थापित हो जाएगा। आज भी कोई भारतीय भाषा यह दावा नहीं कर सकती। कदाचित कल हमारी कुछ भाषाएं ऐसा दावा कर सकेंगी। अतः ठीक या गलत, हमारे पूर्वजों ने अंग्रेजी को उसकी उच्चता के कारण स्वीकार किया था।

लोग दक्षिण से आते हैं और हिंदी बोलते हैं, क्योंकि वे यहां रोटी के लिए आते हैं। आखिर लोग रोटी के लिए ही लड़ते हैं। पंद्रह या दस वर्षों के लिए अंग्रेजी रखने पर इतना विवाद क्यों है? किसी भाषा को सीखने की कठिनाई के अतिरिक्त लोगों को भय है कि सचिवालय में तथा कार्यालयों में उन्हें पीछे धकेल दिया जाएगा, अधिक अच्छे लोगों द्वारा नहीं, वरन् इस कारण कि वे एक भाषा विशेष में पिछड़े हुए हैं। मेरे मित्र पंडित शुक्ल ने दाक्षिणात्य भाइयों की बहुत प्रशंसा की है, अतएव मुझे उनकी ओर से कोई दावा करने की आवश्यकता नहीं है।

एक माननीय सदस्य : कृपया ध्वनियंत्र में बोलिए। हम आपकी आवाज सुन नहीं सकते।

शंकर राव देव : मुझे खेद है; मैं आपकी बात मानूंगा। मुझे ध्वनियंत्र की आदत नहीं है।

श्रीमान्, मैं कह रहा था कि आज यह संस्कृति का या धर्म या परम्परा का प्रश्न नहीं है वरन् रोटी और नारियों का प्रश्न है। आज हिंदी का इतना मूल्य है और लोग इसे अन्य भाषाओं से अधिक चाहते हैं तो यह बात नहीं है कि यह अन्य भाषाओं से उच्चतर है, वरन यह नौकरी पाने का एक साधन है। जब में यहां आता हूं तो मराठी नहीं बोल सकता, केवल महाराष्ट्र क्लब में बोल सकता हूँ किन्तु इससे मुझे नौकरी नहीं मिल सकती।

लोग हमसे आकर कहते हैं, "आप ऐसी छोटी-सी बात पर क्यों लड़ रहे हैं ? आखिर, आप पिचानवे प्रतिशत दे चुके हैं। पांच प्रतिशत और क्यों नहीं देते, मैं सब स्थिति को पूर्णतः स्पष्ट कर देना चाहता हूं। मैंने किसी को कुछ नहीं दिया है। लोगों

की गलत धारणा प्रतीत होती है कि हम पिचानवे प्रतिशत मान गए हैं। अत: हमें पांच प्रतिशत और मान जाना चाहिए। मैंने इस भाषा को स्वीकार कर लिया है क्योंकि मैं अनुभव करता हूं कि मुझे इस भाषा को ढालने की पूरी स्वतंत्रता और पूरा अवसर मिले क्योंकि इस भाषा का मुझ पर प्रभाव पड़ेगा। मैं तो उनमें से हूँ जो इस सुझाव का समर्थन करना चाहते हैं कि अंग्रेजी भी उन भाषाओं में होनी चाहिए जिनका उल्लेख अनुसूची में किया जाएगा।

श्रीमान, प्रादेशिक भाषाओं की सूची में, यदि आप देखेंगे तो आपको हिंदी का उल्लेख मिलेगा। अत: आज हिंदी को प्रादेशिक भाषा स्वीकार किया जाता है तो उस पर हमें कोई आपत्ति नहीं है। किंतु कृपया हमारी कठिनाई को समझिए। हिंदी को प्रादेशिक भाषा रखना चाहते हैं और साथ ही उसे संघ की आप अथवा राज्य भाषा बनाना चाहते हैं। उससे आपकी स्थिति उच्चतर हो जाती है। आप मुझे क्षमा करेंगे, क्योंकि मैं जानता हूं कि आप यह नहीं चाहते, पर फिर भी ऐसा होता है और आप इसे रोक नहीं सकते। आपको स्वीकार करना होगा कि चाहे कोई व्यक्ति हिंदी या हिंदुस्तानी या किसी अन्य भाषा की कितनी ही सीख ले, जब तक वह उसकी मातृभाषा नहीं है, जब तक वह उसका चौबीस घंटे प्रयोग नहीं करता है, वह उसमें पारंगत नहीं हो सकता और जब तक वह उसमें पारंगत न हो जाए उसे सचिवालय या किसी अन्य क्षेत्र में अच्छा या उच्च पद प्राप्त नहीं हो सकता। मैं अपने दाक्षिणात्य भाइयों की कठिनाई को जानता हूँ। जबसे हमारी राष्ट्रीय संस्था में अंग्रेजी भाषा की प्रतिष्ठा मिट गई है, वे कार्यवाही का लगभग देखते ही रहते हैं और उन्हें हाथ उठाने के लिए बाध्य होना पड़ेगा। मैंने अंग्रेजी सीखी है पर मैं जानता हूं कि उस सीखने का क्या अर्थ है? उससे तो मैं उस भाषा के कुछ शब्द केवल बोल लेता हूं। परंतु यदि मुझे देश का प्रशासन चलाना हो तथा पद बनाए रखना हो तो सीखने का अर्थ उस भाषा में पारंगतता होनी चाहिए; उसके लिए बहुत वर्ष अपेक्षित हैं।

माननीय सदस्यगण : माननीय सदस्य दाहिनी ओर भी संबोधित करें। हम उनकी आवाज सुन नहीं सकते।

अध्यक्ष : अब वे समाप्त कर चुके हैं।

शंकर राव देव : मुझे खेद है। मैं यहां पहली बार बोल रहा हूं, मैं इस पाठ को सीख लूंगा और यहां बहुधा आने का प्रयत्न करूंगा।

जहां तक अंतर्राष्ट्रीय अंकों का तथा कालावधि का प्रश्न है, मैं केवल इतना ही कहूंगा कि इस सदन के किसी सदस्य को यह भावना नहीं रखनी चाहिए कि वह कुछ दे रहा है और हम कुछ ले रहे हैं। यह दान नहीं है। हम इस सदन में भिखारी

नहीं हैं। प्रत्येक सदस्य को समान अधिकार हैं और सबकी स्थिति समान होनी चाहिए। हम सब मिल कर ऐसी चीज बनाना चाहते हैं जो हम सबके लिए अत्यंत आवश्यक है। अत: जब हम कहते हैं, अंतर्राष्ट्रीय अंकों को रहने दीजिए, तो हमारी बात का गलत अर्थ मत समझिए। क्या आपको पता है कुछ मित्र नागरी लिपि के साथ क्या कर रहे हैं और कैसी गड़बड़ कर रहे हैं? जो जानते हैं वे कहते हैं कि मुद्रण-सुलभता, यंत्रलेखन आदि के लिए उसमें परिवर्तन होना चाहिए। क्या आपको पता है कि विनोबा भावे देवनागरी को कैसे लिखते हैं? यदि मेरे कुछ हिंदी मित्र उसे देखेंगे तो वे रोएंगे; वे उसे अपनी मातृभाषा स्वीकार नहीं करेंगे। मुझे स्वयं उस पर दु:ख होता है। जब मैं विनोबा भावे के लेख को पढ़ता हूं तो पूछता हूं, "क्या यह देवनागरी है?"

इस परिवर्तन के समर्थक कहते हैं कि देवनागरी हट जाएगी और रोमन लिपि आ जाएगी। मुझे पता नहीं है कि कौन-सी अधिक अच्छी है या उच्चतर है। किंतु आज आप अंकों के लिए लड़ रहे हैं। कल आप लिपि के लिए लड़ेंगे, और आप कहेंगे यह हमारी लिपि है और कोई इसे बदल नहीं सकता। फिर हम क्या करेंगे?

क्या हम आपसे अनुरोध करेंगे और भिक्षा मांग कर कहेंगे, "क्या आप हमें यह परिवर्तन करने देंगे?" नहीं, श्रीमान्। यदि आप इस गलत धारणा पर चलते हैं कि आप हमें कुछ वस्तु दे रहे हैं और हमारा कर्तव्य है कि उसे उसी रूप में बनाए रखें जैसे आपने हमें दी है, और उसके ठीक या गलत होने के विषय में आपका मत निर्णायक होगा तो कृपया उस खयाल को छोड़ दीजिए।

पंडित बालकृष्ण शर्मा (बलपूर्वक) : यह सब किसने कहा है?

अध्यक्ष : मैं माननीय सदस्य से अनुरोध करना चाहता हूं कि वे आवेश में न आएं। ऐसे मामले पर आवेश में आने से कोई लाभ नहीं है।

पंडित बालकृष्ण शर्मा (अधिक बलपूर्वक) : मैं उनके कथन का विरोध करना चाहता हूं जो सर्वथा काल्पनिक है। श्री शंकर राव देव काल्पनिक बातों की रचना करके उनका हनन कर रहे हैं। मैं उनकी रणवीरता की प्रशंसा कर सकता हूं पर इस प्रकार उनकी युक्तियों के प्रति आदर उत्पन्न नहीं हो सकता।

अध्यक्ष : यह भी कोई कारण नहीं है।

शंकर राव देव : मेरे माननीय मित्र किसी मूर्ख को अपनी कल्पना-क्रीड़ा करने दें। इससे कोई हानि नहीं है। यदि यह इतनी काल्पनिक बात है, और यदि उससे उन पर प्रभाव नहीं पड़ता तो उन्हें इतना क्रोध क्यों हैं? उन्हें इतना क्रोध है और उन्हें

आवेश आ गया है, उसी से पता लगता है कि मैंने जो कुछ कहा है, उससे उनका मर्म स्पर्श हुआ है।

पंडित बालकृष्ण शर्मा (बहुत बलपूर्वक) : मैं इस बात का विरोध करता हूं कि...

अध्यक्ष : यह बात ठीक नहीं है और माननीय सदस्य को आवेश में नहीं आना चाहिए, यदि वे इस सदन में बैठना चाहते हैं।

पंडित बालकृष्ण शर्मा : आप चाहें तो मैं जा सकता हूं।

अध्यक्ष : किसी को आवेश में आने का अधिकार नहीं है।

शंकर राव देव : मुझे खेद है कि मैंने जो कुछ कहा है, उस पर एक मित्र को आवेश आ गया है। हमें अपनी कल्पना से भी काम लेने की स्वतंत्रता होनी चाहिए। जब तक कि वह असंसदीय न हो। मैं अधिक नहीं कहना चाहता। मेरे विचार में ये काल्पनिक बातें नहीं हैं। मैं इस विवाद को ध्यानपूर्वक देखता रहा हूं और मैं उनमें से हूं जो चाहते हैं कि यह सदन किसी एकमत विनिश्चय पर पहुंच जाए और मैं अनुभव करता हूं कि जब तक सब बात स्पष्ट न कर दी जाए और लोगों का सब भ्रम न मिटा दिया जाए, तब तक एकता नहीं हो सकती, जो इतनी अपेक्षित है और जिसे सब चाहते हैं। यह बात स्पष्ट कर देनी चाहिए कि यह संविधान सभा एक भाषा निश्चित कर रही है जो राज्य के लिए होगी, संघ के लिए होगी, जो किसी वर्ग या किसी धर्म के लिए नहीं होगी।

अध्यक्ष : आपने यह बात अनेक बार स्पष्ट कर दी है।

शंकर राव देव : अब मैं अपने संशोधनों का निर्देश दूंगा। मुझे आशा है मेरे मित्र समझ जाएंगे कि पंद्रह वर्ष पश्चात अंग्रेजी के स्थान पर स्वत: हिंदी या वह भाषा हो जानी चाहिए, जिसे हम राज्य भाषा चुनेंगे। किंतु उसका यह अर्थ नहीं है कि हम कुछ विशिष्ट प्रयोजनों के लिए अंग्रेजी का प्रयोग नहीं कर सकेंगे।

कुछ दाक्षिणात्य मित्र मुझसे सहमत नहीं हैं। मैं यह भी समझ सकता हूं। पर यह मेरी भावना है और यहां मैं अपने मित्रों से कहूंगा कि वे उस आवाज को सुनें जिसे तीस वर्ष से सुनने का हमें अभ्यास है। वह आवाज कहती है : "यदि सरकारें और उनके सचिव सावधानी नहीं बरतेंगे, तो सम्भव है अंग्रेजी भाषा हिंदुस्तानी का स्थान हड़प ले।" (गांधी जी तो हिंदुस्तानी ही चाहते थे) "इससे करोड़ों भारतीयों को, जो कभी अंग्रेजी नहीं समझ सकेंगे बहुत अधिक हानि होगी। निश्चय ही प्रान्तीय सरकारों के लिए यह बिल्कुल आसान बात होनी चाहिए कि वे एक प्रान्तीय भाषा और एक

अंतर्प्रांतीय भाषा को स्वीकार करें, जो मेरे विचार में नागरी या उर्दू लिपि में लिखी जाने वाली हिंदुस्तानी ही होनी चाहिए।"

मैं चाहता हूं सदन इस स्थिति को स्वीकार कर ले।

सतीशचंद्र : कृपया पूरा वाक्य पढ़िए।

शंकर राव देव : मैं कंडिका के अंत तक पढ़ चुका हूं। यदि मैंने कोई गलती की है तो आप अपनी बारी आने पर मुझे ठीक कर सकते हैं। मेरी बात के लिए जो कुछ संगत था, वह मैंने पढ़ दिया है...

सतीशचंद्र : आप इसी लेख की अन्य कंडिका को पढ़ सकते हैं जिसमें गांधीजी ने इस संभावना का सुझाव दिया है कि केवल नागरी लिपि में हिंदी को ही भारत की राज्य भाषा स्वीकार किया जाए।

शंकर राव देव : मैंने पहली कंडिका को पूरी तरह पढ़ दिया है क्योंकि पत्र मेरे पास है। मैं इसी के आधार पर बोल रहा हूं। पन्द्रह वर्ष पश्चात अंग्रेजी राज्य की भाषा स्वत: नहीं रहेगी। उसका यह अर्थ नहीं है कि हमें अंग्रेजी को आगे प्रयोग करने की या किसी सुनिश्चित विशिष्ट प्रयोजन के लिए काम में लेने की मनाही है।

मैं समाप्त कर चुका हूं, पर एक वाक्य है जिसे मैं यथाशक्य पूर्ण गम्भीरता के साथ कहना चाहता हूं। जैसा कि मैं कह चुका हूं मैं प्रवीण वक्ता नहीं हूं। मैं यहां पहली बार बोलने आया हूं। यदि मेरे द्वारा कहे गए शब्द या भाव किसी को पसंद नहीं आए हैं तो मुझे खेद है और मेरे मित्र मेरी इस क्षमा प्रार्थना को स्वीकार करें। मैं समूचे सदन से भी अपील करता हूं कि जहां तक सम्भव हो, हमें विभाजन नहीं होने देना चाहिए। हमें इस प्रश्न पर इस सदन को विभाजित नहीं करना चाहिए। क्योंकि यह अत्यंत महत्वपूर्ण प्रश्न है और यदि यहां विभाजन हो और हम रोते हुए अथवा दु:खी हृदयों से इस सदन से जाएं, तो मुझे भय है कि इस संविधान का क्रियान्वित होना और जनसाधारण की आवश्यकताओं का पूरा तथा स्वतंत्रता का सफल होना बहुत कठिन कार्य हो जाएगा। अत: मैं अपने सब मित्रों से अनुरोध करना चाहता हूं, चाहे वे दक्षिण के हों या उत्तर के या पूर्व या पश्चिम या केंद्र के हों, मेरा अनुरोध सबसे है। मैं स्वीकार करता हूं कि माननीय श्री गोपालस्वामी आयंगर का संशोधन आदर्श संशोधन नहीं है; फिर भी यही एक सूत्र है, जिस पर मतैक्य संभव है।

सरदार हुकम सिंह : श्रीमान्, वातावरण बहुत खिंचावपूर्ण है और तेजी की बातें हो चुकी हैं और मुझे आशा है कि मैं अपनी हल्की आवाज से वातावरण को शांत बना दूंगा, यद्यपि मुझे भय है कि श्री शंकर राव देव की बात को धर्यपूर्वक नहीं सुना गया है अत: मेरी वक्तृता में भी बाधा डाली जा सकती है। किंतु मुझे आशा है

कि मुझ पर अधिक अनुग्रह किया जाएगा, क्योंकि यदि मैं किसी विवादास्पद बातों में भी पड़ूंगा तो मेरी हल्की आवाज और भी धीमी हो जाएगी। बहुत से संशोधन हैं पर मैं संशोधन 323 और 330 पर ही बोलूंगा।

मेरा संशोधन सं. 323 यह है कि देवनागरी लिपि में हिंदी के स्थान पर रोमन लिपि में हिंदुस्तानी होना चाहिए। इसी को पहले एक सुविख्यात विद्वान तया प्रसिद्ध सदस्य श्री सुब्बारायन भी पेश कर चुके हैं। जो शर्तें पहले ही कही जा चुकी हैं उन्हें मैं फिर नहीं दोहराऊंगा पर मुझे उसके विषय में कुछ कहना अवश्य है।

मैं आरम्भ में ही यह स्पष्ट कर देना चाहता हूं कि जब मैंने प्राथमिक शिक्षा समाप्त की थी और मुझे फारसी तथा संस्कृत दोनों में एक विषय चुनना था तब मैंने संस्कृत चुनी थी और मुझे उसका बहुत शौक हो गया था। मैंने मैट्रिक तक उसे पढ़ा था। इस सदन का सदस्य चुने जाने के पश्चात भी और जब यह प्रश्न सर्वप्रथम यहां उठा था, तब कई सदस्यों ने मुझसे परामर्श लिया था और मैंने देवनागरी लिपि में लिखित हिंदी का पूर्ण समर्थन किया था। यहां इस बात पर बल देना चाहता हूँ कि मैं यही समझता था कि इस देश की राष्ट्रभाषा या लिंग्वा फ्रैन्कों, बनने योग्य कोई अन्य भाषा है ही नहीं।

समय के साथ मैंने अपना मत बदल लिया है। इस हिंदी के कट्टर समर्थकों के कारण मेरी सहानुभूति उनके साथ नहीं रही है और मुझे कहना होगा कि मैं श्री ऐंथनी से सहमत हूं। मैं उनमें से एक हूं जिन्होंने देवनागरी लिपि में लिखित हिंदी का समर्थन करना इसलिए बंद कर दिया है कि उसके समर्थक बहुत कट्टर हैं और असहिष्णु हैं। जैसा में हिंदी का समर्थन करता था तो समझता था कि वह जनसाधारण की भाषा है जिसे वे बोल सकते हैं, और उनके कानों को मीठी लगती है। निस्संदेह मैं अब भी उस भाषा का समर्थक हूँ।

किंतु जब मैंने हिंदी के कट्टर समर्थकों को लोक मंचों पर तथा इस सदन में भाषण देते सुना है तो मुझे भय है कि वे भाषा को अन्य भाषा से शब्द ग्रहण करके उन्नति नहीं करने देना चाहते और उसे सामान्य भाषाओं के समान विकसित नहीं होने देना चाहते, वरन् वे उसे संस्कृतनिष्ठ भाषा बनाकर अपना एकाधिपत्य रखना चाहते हैं। मैं इसे फिर स्पष्ट करना चाहता हूं कि मैं संस्कृत के विरुद्ध नहीं हूं और यदि उसे ही सीधे अपना लिया जाए तो मैं इसका समर्थन करने के लिए तैयार हूं। किंतु मैं देखता हूं कि सदन उसे नहीं रखना चाहता, अत: मैं कहता हूं कि हमें ईमानदारी से कह देना चाहिए कि क्या हम एक साहित्यिक भाषा को अपना

कर उसका नाम हिंदी रखना चाहते हैं या हम उस भाषा को रखना चाहते हैं जिसे अधिकांश जनता सामान्यत: समझती है और बोलती है।

विभाजन से पूर्व उर्दू और हिंदी में राष्ट्रभाषा बनने के लिए द्वंद्व था। यदि मैं यह कह दूं तो ये दो कट्टरताएं थीं। उर्दू में फारसी और अरबी में से शब्द लिए जाते थे और हिंदी में संस्कृत से। अत: दोनों में विरोध था। मेरा तो यह विश्वास है कि इसी कारण एक सामान्य भाषा बनाने का प्रयत्न किया गया था और उसका नाम हिंदुस्तानी रखा गया था। फिर हमारे कुछ सदस्यों तथा बाहर के लोगों के मन में आशंका थी कि हिंदुस्तानी शायद उर्दू का ही दूसरा नाम होगा। मेरी तुच्छ सम्मति में यह आशंका अब नहीं रही। विभाजन के पश्चात ऐसी कोई सम्भावना नहीं है कि हम जो भाषा स्वीकार करेंगे, वह इतनी अबाध रूप से फारसी और अरबी से शब्द लेगी। हां, उनसे शब्द लेने का वर्जन नहीं होगा, किंतु अब ऐसी कोई आशंका नहीं है कि वे मुख्य स्रोत रहेंगे। किंतु वह आशंका हट जाए तो दूसरी आशंका है। उस भाषा के फारसी निष्ठ या अरबीनिष्ठ बनने का भय नहीं है तो दूसरा भय है कि उस भाषा का नाम हिंदी रख दिया जाए पर वह संस्कृतनिष्ठ हो। अत: हम उस भय को भी दूर करना चाहते हैं और ऐसा हम तभी कर सकते हैं जब हम अपनी भाषा को हिंदुस्तानी कहें; जिसे हमारे अधिकांश लोग समझ सकें, और हिंदी न कहें जिसमें उपर्युक्त भय है। इसी कारण मैंने प्रस्ताव किया है कि वह हिंदुस्तानी हो।

फिर मैं लिपि पर आता हूं। मैं उन युक्तियों को नहीं दोहराऊंगा जो पेश हो चुकी हैं, अपितु मैं रोमन लिपि में हिंदुस्तानी के पक्ष में केवल चार युक्तियां दूंगा :

(1) रोमन लिपि में हिंदुस्तानी सब सशस्त्र बलों में अनिवार्य है और सब लोगों के लिए उसे सीखना सुविधाजनक है चाहे वे उत्तरीय हों चाहे दाक्षिणात्य।

(2) जनता का एक बड़ा अंश है जो रोमन लिपि में अधिक दक्ष है।

(3) जब तक आमूल-चूल परिवर्तन किया जाए, तब तक देवनागरी लिपि मुद्रण के लिए अनुपयुवत माध्यम होगी।

(4) मन लिपि में कुछ बिंदु आदि जोड़ कर हमारे प्रयोजन के उपयुक्त बनाया जा सकता है। स्थानों के नामों, रेलवे टाइम टेबल, तार लिपि आदि में गड़बड़ी नहीं होगी।

(5) सबसे महत्वपूर्ण कारण यह है कि इससे हमारा बाह्य जगत से संबंध बना रहेगा और इस संबंध में मैं श्री सुभाष चंद्र बोस का नाम लेना चाहता हूं जिन्होंने इसका समर्थन किया था।

(6) **मेरी अंतिम युक्ति यह है कि इससे वह विरोध भी समाप्त हो जाएगा जो इस सदन में दिखाई देता है और हमारे दाक्षिणात्य मित्र भी भाषा को आसानी से सीख सकेंगे।**

फिर मैं अपने द्वितीय संशोधन सं. 330 को लेता हूं।

जहां तक प्रादेशिक भाषाओं का संबंध है, यह लिखा है कि–

[301-घ और 301-ड़ के अधीन, कोई राज्य विधि द्वारा राज्य में प्रयुक्त भाषाओं में से किसी को या हिंदी को राज्य के सरकारी प्रयोजनों के लिए प्रयुक्त होने वाली भाषा या भाषाओं के रूप में स्वीकार कर सकता है

मेरे संशोधन में यह हैं कि–

(301-घ और 301-ङ् के उपबंधों के अधीन, राज्य विधि द्वारा उस भाषा को उस राज्य के सरकारी प्रयोजनों के लिए प्रयुक्त होने वाली भाषा के रूप में स्वीकार कर सकता है, जो भाषा, उस प्रयोजन के लिए उपलब्ध अंतिम जनगणना अंकों के अनुसार अधिकांश जनता द्वारा बोली जाती हो।)

हमारे कुछ माननीय सदस्यों को यह बात विचित्र दिखाई दे सकती है पर पंजाब एक विचित्र ही प्रान्त है। पंजाब में यह प्रश्न अंतर्प्रांतीय या अंतर्प्रदेशीय नहीं है, प्रत्युत साम्प्रदायिक प्रश्न है। यह विभाजनपूर्व के समय की देन है। यदि हम सन् 1931 और 1941 की जनगणना रिपोर्टों को देखें तो यह स्पष्ट हो जाएगा कि बहुत सम्मानित और आदरणीय लोगों ने भी एक भाषा या दूसरी भाषा को चुनने के आवेश में अशुद्ध उत्तर दिए थे। जो लोग उर्दू को अपनी भाषा बनाना चाहते थे, पर पंजाबी बोलते थे, उन्होंने उत्तर दिया कि उनकी मातृभाषा उर्दू है। इसी प्रकार उसके प्रत्युत्तर में दूसरी ओर का उत्तर यह था कि उनकी भाषा हिंदी थी, जबकि वे पंजाबी ही बोलते थे और वही जानते थे। इन परिस्थितियों में जो अंक एकत्र किए गए थे, वे गलत थे और जनगणना आयुक्त को वह प्रयत्न छोड़ देना पड़ा और उसे छोड़ देने की सिफारिश की।

यही कारण था कि सन् 1941 में ये अंक बिल्कुल एकत्र नहीं किए गए। मेरा निवेदन यह है कि गलत उत्तर देने तथा अपनी मातृभाषा को स्वीकार न करने की यह साम्प्रदायिकता विगत की बपौती है और वह विभाजन के पश्चात भी शेष है। यदि यह राज्यों पर छोड़ दिया जाएगा– मैं विशेषत: पंजाब की बात कर रहा हूं-कि वे ऐसी भाषा चुनें जो राज्य विधान-मंडल चाहे तो भय यह है कि हमारी जनता के अधिकांश लोग, जो पंजाबी को अपनी भाषा मानने से इंकार करते हैं, ऐसी भाषा को राज्य की राज्य भाषा स्वीकार कर सकते हैं जो मुख्य भाषा नहीं है। मैं यहां यह भी

कह सकता हूं कि यदि हिंदी को राष्ट्रभाषा स्वीकार कर लिया जाता है तो हिंदी को पंजाबी से कोई भय नहीं है।

यदि वह राष्ट्रभाषा हो जाएगी तो निस्संदेह प्रत्येक जाति वालों को चाहे वह हिंदू हो या सिख, चाहे बहुसंख्यक जाति का हो या अल्पसंख्यक जाति का हो, उसे पढ़ना होगा और लिखना होगा और उच्चतर अध्ययन में इसे सीखना होगा, क्योंकि उसके बिना उसे इस देश में कहीं कोई नहीं पूछेगा। अतः राज्यों में भी हिंदी का भविष्य सुरक्षित और प्रत्याभूत होगा, किंतु मुझे भय यह है कि यदि यह काम राज्य के विधान-मंडल पर ही छोड़ दिया जाए तो पंजाबी की अपनी स्थिति उसे प्राप्त नहीं होगी। साम्प्रदायिकता की कहीं ठीक प्रकार परिभाषा नहीं की गई है, किंतु एक सुविधाजनक परिभाषा यह हो सकती है कि लोकतंत्रीय देश में या कम-से-कम भारत में बहुसंख्यक जो कुछ कहें या करें वही शुद्ध राष्ट्रीयता है और अल्पसंख्यक सम्प्रदाय जो कुछ कहे वह साम्प्रदायिकता है। हम इसी आधार पर चल रहे हैं। अल्पसंख्यकों के मन में यह आशंका थी कि पंजाबी बिल्कुल मिट जाएगी, अतः उन्होंने बहुसंख्यक जाति के समक्ष अपनी मांग रखी कि उसे अपनाया जाए; किंतु मुझे भय है कि जैसे हिंदी के समर्थकों ने अपनी भाषा का अहित किया है, इसी प्रकार सिखों ने पंजाबी का समर्थन करके उसका अहित किया है, क्योंकि उनकी मांग को साम्प्रदायिक मांग कह कर उसको बुरा बता दिया गया है।

किंतु उनके लिए कोई और उपाय था ही नहीं, क्योंकि अल्पसंख्यक सम्प्रदाय ने उसे अपनी मातृभाषा मानने से इन्कार कर दिया, अतः उसका समर्थन करना अल्पसंख्यकों का ही कर्त्तव्य बन गया। जब उन्होंने ऐसा किया तो उत्तर मिला कि वह साम्प्रदायिक मांग है। निस्संदेह यह अद्भुत उत्तर है। पत्रों ने तीव्र प्रचार किया। उन्होंने कहा कि सिख पृथक राज्य चाहते हैं; वे पार्थक्यवादी हैं, वे विभाजनवादी हैं। इस भय के कारण कि पंजाबी को हटाया जा रहा था, अल्पसंख्यक सम्प्रदाय चाहता था कि सीमाओं का पुनर्निर्धारण हो और भाषावार प्रान्त बन जाएं। उसे भी साम्प्रदायिक मांग बता दिया गया। देश के अन्य भागों में वह साम्प्रदायिक नहीं थी, किंतु पंजाब में अल्पसंख्यक जाति की मांग साम्प्रदायिक थी। मैं यहां यह भी बता दूं कि आयोग ने भी कह दिया कि पंजाब के विषय में विचार नहीं हो सकता। ये सीमाएं अब के समान ही रहेंगी। जबकि अल्पसंख्यक जाति चाहती थी कि पंजाबी भाषा को राज्य की सरकारी भाषा बना दिया जाए तो उन्होंने यह कह दिया कि यह तो कोई भाषा ही नहीं है; यह तो हिंदी भाषा की उपभाषा मात्र है। इससे उन्हें बहुत आश्चर्य

हुआ, क्योंकि सन् 1932 में पंजाब विश्वविद्यालय ने एक आयोग नियुक्त किया था और उसने स्पष्ट प्रतिवेदन दिया था कि वह देश की उन्नततम भाषाओं में से एक है।

अब एक और उपाय अपनाया गया है। "किसी पर कोई दबाव क्यों हो? प्रत्येक को स्वतंत्रता होनी चाहिए कि वह इच्छानुसार अपनी शिक्षा का माध्यम चुने। किसी को बाध्यता नहीं होनी चाहिए कि यह अपने बालक को किसी ऐसी भाषा में शिक्षा दे जिसे यह नहीं जानता। अब पंजाब में ऐसी स्थिति है। मैं यहां विनम्रतापूर्वक निवेदन करना चाहता हूं कि हमें साम्प्रदायिक बताया जाता है। मैं अब यह बात स्पष्ट कर देना चाहता हूं कि विभाजन के पश्चात कोई अल्पसंख्यक साम्प्रदायिक नहीं हो सकता। यह कहा जा सकता था कि जब तीसरी शक्ति यहां थी, तब अल्पसंख्यक जातियां सम्प्रदायवादी थीं और समर्थन के लिए तीसरे पक्ष की ओर देखती थीं। किंतु अब अल्पसंख्यक जो कुछ चाहते हैं, उसके लिए उन्हें बहुसंख्यकों का ही मुख ताकना पड़ता है। उसे कृपा के लिए, अधिकारों के लिए या रियायतों के लिए बहुसंख्यकों का ही मुख ताकना पड़ता है। अब साम्प्रदायिक बनने से किसी अल्पसंख्यक को लाभ नहीं है। अब अल्पसंख्यक जो कुछ कहते या करते हैं, वह साम्प्रदायिकता नहीं है। उनका दृष्टिकोण बिल्कुल बदल गया है। वे शुद्ध लोकतंत्र चाहते हैं, क्योंकि केवल लोकतंत्र में ही वे उन्नति कर सकते हैं। यदि वे साम्प्रदायिकता पर अड़े रहेंगे तो यह उनके लिए ही हानिकारक होगा तथा उन्हें कुछ लाभ नहीं होगा। किंतु वे तो बहुसंख्यकों के लोकतंत्र से नहीं डरते, प्रत्युत बहुसंख्यकों की साम्प्रदायिकता से डरते हैं। और पंजाब में यही कठिनाई है। मैं आपसे प्रार्थना करता हूं और इस सदन से अनुरोध करता हूं कि आप ध्यान दें कि मैं यही चाहता हूं कि मुझे बहुसंख्यकों की साम्प्रदायिकता से बचाया जाए और इसलिए मैं सदन से निवेदन करता हूं कि मेरे इस संशोधन को स्वीकार कर लिया जाए।

जयपाल सिंह: अध्यक्ष महोदय, मैं अनुभव करता हूं कि यदि मैं सदन से यह अनुरोध न करूं कि अनुसूची 7-क में कुछ आदिवासी भाषाओं को भी शामिल कर दिया जाए, जिन्हें थोड़े से व्यक्ति नहीं, शब्दशः दसियों लाख व्यक्ति बोलते हैं तो अपना कर्तव्य समुचित रूप से पूरा नहीं कर रहा होऊंगा। मेरे संशोधन सं. 272 में लिखा है :

कि चतुर्थ सूची के संशोधन सं. 65 में प्रस्थापित नई अनुसूची 7-क में निम्न नई मदें जोड़ दी जाएं–

4 मुंदरी, 15 गोंदी, 16 ओरांव।"

श्रीमान्, यदि आप विगत जनगणना में अनुसूचित आदिम जातियों की सूची को देखें तो आपको पता लगेगा कि वहां 176 का उल्लेख है। हां, 176 भाषाएं नहीं हैं। वे उप भाषाएं हो सकती हैं और एक भाषा विभिन्न क्षेत्रों में जरा-जरा भिन्न हो सकती है। आप मुझसे पूछ सकते हैं कि मैंने 176 में से तीन को ही क्यों लिया है श्रीमान्, मैं नहीं चाहता कि अनुसूची में बहुत-सी भाषाओं का भार हो, और इसलिए मैंने केवल तीन महत्वपूर्ण भाषाओं को चुना है। मेरे संशोधन में उल्लिखित पहली भाषा 'मुंदरी' के विषय में मैं कह सकता हूं कि मैंने संथाली का उल्लेख नहीं किया है क्योंकि मुंदरी उन भाषाओं का वंशनाम है जिन्हें कभी आस्ट्रिक भी कहा जाता है और कभी मान-खमेर भी कहा जाता है। मैं देखता हूं कि गत जनगणना में यह उल्लेख है कि 40 लाख व्यक्ति मुंदरी भाषा बोलते थे। मैं देखता हूं कि इस सूची या अनुसूची में इस समय ऐसी भाषाएं समाविष्ट हैं, जिन्हें बोलने वाले मुंदरी भाषियों से कम हैं।

इसी प्रकार ओरावों को रखने का मेरा यह कारण है कि ओरावों लोगों का हमारे देश में कोई छोटा वर्ग नहीं है। यहां लगभग ग्यारह लाख ओरावों हैं। हां, यदि भाषा अनुसूची में कन्नरी भाषा के अंतर्गत आ जाती है; अत: वास्तव में, यदि कन्नरी में ओरावों आ जाती है और यदि मेरे मित्र श्री बोनीफेस लकरा को, जो वह भाषा बोलते हैं, यह संतोष है कि वह उसमें समाविष्ट है तो मैं मद 16-ओरावों को वापस ले लूंगा।

मैंने यह भी मांग की हैं कि गोंदी भी एक भाषा होनी चाहिए, क्योंकि उसके बोलने वाले 32 लाख हैं। इन तीन भाषाओं को स्वीकार करने के लिए सदन से प्रार्थना करने का मेरा मुख्य कारण यह है कि मैं अनुभव करता हूं कि उन्हें स्वीकार करने से प्राचीन इतिहास की खोज करने के कार्य को प्रोत्साहन मिलेगा।

किसी-न-किसी प्रकार आज सदन में दो वर्ग हैं–शुद्ध हिंदीवादी और दूसरे लोग जो उदारता से यह स्वीकार करते हैं कि भाषा का विकास समय पर छोड़ देना चाहिए। मैं यह कहना चाहता हूं कि मैं तो वही स्वीकार करने के लिए तैयार हूं जो सदन विनिश्चय कर दे। किंतु कई लोगों में जो शुद्धताई की कट्टरता आ गई है, उस पर मेरे हृदय में प्रबल विरोध उत्पन्न होता है। भाषा क्या है? भाषा वह है जो बोली जाती है। मेरे विचार में हमारा यह सोचना अवनतिसूचक है कि हम आज बोली जाने वाली भाषा को भावनावश शत-प्रतिशत संस्कृत शब्दों से भर कर उन्नत बना सकते हैं। मैं संस्कृत की बहुत प्रशंसा करता हूं। मैं हिंदी ही बोलता हूं जैसी कि मेरे प्रान्त बिहार में बोली जाती है, किंतु वह ऐसी हिंदी नहीं है जैसी कि मेरे मित्र यहां

स्वीकार करना चाहते हैं। वही हिंदी भाषा रखिए जो सब जगह बोली जाती है। उसे अन्य भाषाओं से शब्द लेकर उन्नति करने दीजिए। हमें यह नहीं सोचना चाहिए कि यदि हिंदी या हिंदुस्तानी में अन्य शब्द आ जाएंगे तो वह गरीब हो जाएगी। भाषा का विकास और उन्नति तभी होती है, जब उसमें अन्य भाषाओं से शब्द ग्रहण करने का साहस हो। मुझे कोई आपत्ति नहीं है कि आप उसे हिंदुस्तानी कहिए या हिंदी, आप जो निश्वय करेंगे में जल्दी सीख लूंगा, आदिवासी इसे सीख लेंगे। वे दुभाषी या त्रिभाषी होते हैं। पश्चिम बंगाल में संथाल बंगाली भी बोलते हैं और अपनी मातृभाषा भी। आप जहां जाएंगे यहाँ देखेंगे कि आदिवासी अपनी मातृभाषा के अतिरिक्त उस क्षेत्र की भाषा को अपना लेता है।

बिहार का एक भी सदस्य नहीं है जिसे आदिवासी भाषा सीखनी पड़ी हो। क्या मेरे मित्र पंडित रविशंकर शुक्ला मुझे बता सकते हैं कि यदि मध्य प्रदेश में बत्तीस लाख गोंद लोग भी हैं, पर क्या उन्होंने गोंदी भाषा सीखने का प्रयत्न किया है? क्या किसी बिहारी ने संथाली सीखने का प्रयत्न किया है? यद्यपि आदिवासियों से अन्य भाषाएं सीखने के लिए कहा जाता है। हमारे लिए यह गर्व की बात है कि हम अन्य भाषाएं भी बोल सकते हैं।

मेरे विचार में इसका बदला भी होना चाहिए। कुछ सहिष्णुता की भावना होनी चाहिए और जो प्रान्त हिंदी बोलते हैं उन्हें एक अन्य भाषा सीखनी चाहिए। हमें ऐसी ही भावना प्रदर्शित करनी चाहिए। हमें यह नहीं कहना चाहिए कि शेष देश को हमारी भाषा सीखनी चाहिए, क्योंकि हम अन्य कोई चीज नहीं सीखेंगे।

श्रीमान, जैसा कि मैंने कहा, हमें अभी भारत के वृद्ध पुरातत्व की खोज करनी है। हमें प्राचीन भारत का हाल बहुत कम पता है और प्राचीन भारत के विषय में जानकारी प्राप्त करने का एकमात्र उपाय यही है कि उन भाषाओं को सीखा जाए जो इस देश में भारतीय-आर्यों के आने से पहले प्रचलित थीं। केवल तभी हम जान सकेंगे कि प्राचीन काल में भारत किस प्रकार का था। मैं जानता हूं मेरे मित्र श्री मुंशी का खयाल है कि जब मैं 'आदिवासी' शब्द का प्रयोग करता हूं, मेरे मन में आदिवासी गणराज्यों का खयाल होता है। वे शायद समझते हैं कि मैं इस संशोधन द्वारा तीन आदिवासी गणराज्य स्थापित करने का प्रयत्न कर रहा हूं। श्रीमान्, यह बात नहीं है। संथाली को लीजिए। यदि मेरा संशोधन स्वीकार हो जाता है तो उसका प्रभाव पश्चिमी बंगाल, आसाम, निस्संदेह बिहार तथा उड़ीसा पर पड़ेगा। गोंदी का मामला लीजिए। गोंदी मुख्यत: मध्य प्रदेश में है, किंतु वह हैदराबाद तक विस्तृत है, थोड़ी-

सी मद्रास में और जरा-सी बम्बई में भी है। इनमें से कोई भी अलग क्षेत्र नहीं हैं। वे दूरस्थ प्रान्तों तक फैले हुए हैं। मैं तो केवल यही चाहता हूं कि इन भाषाओं को प्रोत्साहित और विकसित किया जाए। वे स्वयं उन्नत बन सकें और अपनी उन्नति से वे देश की राष्ट्रभाषा को भी उन्नत बना सकें। मैं नहीं चाहता कि हम भाषाजनित साम्राज्यवाद के वशीभूत हो जाएं। मैं जहां भी गया, वहां की भाषा को सीखना मेरे लिए आनंद की वस्तु थी।

जहां तक लिपि का संबंध है, मेरे बहुत प्रबल विचार हैं और उसके कारण हैं। मैं अनुभव करता हूं कि हम देवनागरी को स्वीकार करके एक गलत काम कर रहे हैं। मैं तीस वर्षों से डॉ. सुनीति कुमार चटर्जी की विचारधारा को मानता हूं कि सब भारतीय भाषाओं के लिए अंतर्राष्ट्रीय ध्वनि-प्रणाली होनी चाहिए। अंतर्राष्ट्रीय ध्वनि-प्रणाली का अर्थ यह है कि मैं तमिल का ऐसे ही उच्चारण कर सकता हूं जैसे कि कोई तमिलभाषी करता है। मैं कन्नरी भाषा को ऐसे बोल सकता हूं जैसे कोई कन्नरी भाषा बोलता है। किसी भाषा को जाने बिना ही मैं उसे पढ़ सकता हूं और उसका उच्चारण कर सकता हूं जैसे उस भाषावाला उसका उच्चारण करता है, पर मैं जानता हूं कि सदन उसे स्वीकार नहीं करेगा। जब तक मेरे मित्रों में भयभाव है तब तक मुझे भय है कि उनसे ऐसी लिपि स्वीकार करने का अनुरोध करना व्यर्थ है जो दूसरों को पढ़ाने के या स्वयं पढ़ने के प्रयोजन के लिए ही ठीक न हो।

इसका वाणिज्यिक पहलू भी है। यह सुविख्यात बात है कि मुद्रण-कल के सब उत्पादकों को देवनागरी लिपि के कारण सरदर्द रहा है। जितने समय में आप अंग्रेजी में लगभग पंद्रह बीस हजार प्रतियां छाप सकते हैं, उतने समय में देवनागरी में आप इसका दसवां भाग भी नहीं छाप सकते। अब यह इस मामले का वाणिज्यिक पहलू है। मैं भावुकता की बात नहीं कर रहा हूं। मेरे विचार में देश के लिए ऐसी कोई बात करना बुद्धिमानी नहीं है, जिससे इसकी प्रगति कम हो जाए। देवनागरी स्वीकार करके हम अपने मार्ग में बाधा डाल रहे हैं, हम तब तक बहुत तीव्र गति से आगे नहीं बढ़ सकेंगे, जब तक कि मेरे मित्र ऐसी कलें न बना सकें जो अंतर्राष्ट्रीय वर्णमाला के समान द्रुतगति से चलेंगी या उससे जरा ही कम गति से चलेंगी।

श्रीमान्, मुझे बहुत अधिक कुछ नहीं कहना है। मुझे तो यही अनुरोध करना है कि इस देश के प्राचीनतम लोगों की भाषाओं को इस अनुसूची में मान्य स्थान मिलना चाहिए। मुझे अधिक कहने की आवश्यकता नहीं है। मैं दोनों ओर के सदस्यों को आश्वासन देना चाहता हूं कि मैं इस भाषा तथा लिपि संबंधी झगड़े में नहीं पड़ना चाहता।

सदन जो कुछ स्वीकार कर लेगा, मैं और मेरे लोग शीघ्र उसे अपना लेंगे और इसी भावना से मैं सदन से कहता हूं कि मेरे संशोधन को स्वीकार करके सहिष्णुता प्रदर्शित करें।

पुरुषोत्तमदास टंडन : अध्यक्ष महोदय, मैं उन बातों के विषय में पुनः कुछ नहीं कहना चाहता, जो मेरे पूर्ववर्ती वक्ता कह चुके हैं। मैंने श्री गोपालस्वामी आयंगर द्वारा प्रस्थापित संशोधनों पर कुछ संशोधन पेश किए हैं और मुझे जो कुछ कहना है, मैं अपनी प्रस्थापनाओं के उद्‌देश्य के यथासम्भव निकट रहने का प्रयत्न करूंगा।

श्री गोपालस्वामी आयंगर ने जो वक्तृता दी है, वह उनकी प्रस्थापनाओं की भावना की प्रतिबिंब है। उनके अनुसार, अंग्रेजी भाषा के बल पर ही हमें स्वतंत्रता मिली है और इसलिए यह अपेक्षित है कि अंग्रेजी को प्रशासकीय प्रयोजनों के लिए उनके ही शब्दों में बहुत वर्षों तक रखा जाना चाहिए, वास्तव में पंद्रह वर्षों से भी अधिक समय के लिए रखा जाना चाहिए, यद्यपि इस पंद्रह वर्ष के काल में उनकी प्रस्थापनाओं के अंतर्गत अंग्रेजी संघ की भाषा रहनी चाहिए। उनकी दूसरी दृढ़ धारणा यह है कि कोई भी प्रान्तीय भाषा, जिसमें हिंदी भी शामिल है, इतनी उन्नत नहीं है कि उस भाषा की आवश्यकताओं को पूरा कर सके जिसमें सब प्रकार का प्रशासन कार्य, विशेषतः विधि-संबंधी उलझनों का भार वहन होना है। उनकी प्रस्थापनाओं की समस्त योजना इन दो दृढ़ धारणाओं पर अवलम्बित है और इन दोनों से प्रभावित है।

उनकी प्रस्थापनाओं में एक तीसरा नवीन भाव भी है कि कालक्रम से भारत में अंग्रेजी भाषा का चाहे कुछ भी हो, पर हमने अंग्रेजी भाषा से जो अंक सीखे हैं और जिन्हें उनके मसौदे में 'भारतीय अंकों के अंतर्राष्ट्रीय रूप' नाम से पुकारा गया है, वे तो हर हालत में रहने ही चाहिए और उन्हें नागरी लिपि का अभिन्न अंग बनना होगा और जब भी तथा जहां भी देवनागरी लिपि का संघ के प्रयोजनों के लिए प्रयोग करना हो, उन्हें देवनागरी-संस्कृत अंकों का स्थान ग्रहण करना होगा।

मैं पूर्ण नम्रता से इस सदन के माननीय सदस्यों से निवेदन करना चाहता हूं कि वे इन तीन बातों पर जरा ध्यान से विचार करें, यह स्मरण रखते हुए कि आज हम जो कुछ कर रहे हैं उसका प्रभाव केवल हम पर या विविध प्रान्तों के उन थोड़े-से नर-नारियों पर ही नहीं पड़ेगा जो अंग्रेजी प्रणाली से शिक्षाप्राप्त हैं और जिनका अंग्रेजी भाषा से ही पोषण तथा विकास हुआ है, प्रत्युत हमारे विनिश्चयों का प्रभाव तथा असर उन करोड़ों नर-नारियों के जीवन पर पड़ेगा जिनका अंग्रेजी भाषा से कोई

सम्पर्क नहीं हैं, जिनके लिए अंग्रेजी भाषा से कोई सम्पर्क होना असम्भव है और जिन्हें उनकी विद्यमान स्थिति से उठा कर लोकतंत्र तथा प्रशासन का प्रशिक्षण देना है। हमें यह भी स्मरण रखना चाहिए, श्रीमान् कि आज हम यहां जो विनिश्चय करेंगे उसका प्रभाव केवल विद्यमान पीढ़ी पर ही नहीं पड़ेगा, अपितु उन संततियों पर भी पड़ेगा जो अभी उत्पन्न नहीं हुई हैं।

प्रधानमंत्री ने अपने तरीके से हमें चेतावनी दी है कि हमें पीछे की ओर नहीं देखना चाहिए, कोई ऐसा कदम नहीं उठाना चाहिए जो हमें पीछे की ओर ले जाए। मैं सदा उस विचार से सहमत हूं, और मैंने स्वयं कई वर्षों से यही कहा है कि हमने विगत में जो कुछ प्राप्त किया है, उससे हम संतुष्ट नहीं रह सकते और अतीत में जो व्यवस्था थी, हम अपने आपको पूर्णत: उसी के अनुसार नहीं बना सकते। मैंने लोगों के समक्ष ये आदर्श रखे हैं :

समय भेदेन धर्म भेदः।
अवस्था भेदेन धर्म भेदः।।

समय और अवस्था के अनुसार हमारा धर्म, हमारे कर्तव्य बदल जाते हैं; ये प्राचीन आदर्श हैं। हमें याद रखना है कि हमारी छोटी-छोटी व्यवस्थाओं का भी समय होता है और फिर उनका समय नहीं रहता। संसार आगे बढ़ता है। आज की व्यवस्थाओं के स्थान पर नई व्यवस्थाएं बन जाती हैं, नए तरीके और नई विचारधाराएं आ जाती हैं। अतीत के पदचिन्हों पर सदा एक नवीनता आती है। हम प्रकृति के उस महान मूलभूत तथ्य से पीछा नहीं छुड़ा सकते, चाहे हम ऐसा करना भी चाहें।

साथ ही श्रीमान्, हमें स्मरण रखना है, जैसे कि प्रधानमंत्री ने कहा था कि हमारी जड़ अतीत में है और हम उससे अपना संबंध नहीं तोड़ सकते। एक प्रकार से हम एक दृढ़ किंतु अदृश्य श्रृंखला द्वारा अतीत से बंधे हुए हैं, जो आकाशिक श्रृंखला है, जो सदा समय के साथ बढ़ती जाती है, किंतु जो अटूट रहती है। अत: हम जो कुछ करने का प्रयत्न करें, उसमें हमें यह ध्यान रखना चाहिए कि हम अपने भाग्य की ओर तो बढ़ें ही, पर हमारा अतीत से संबंध जोड़ने वाली वह लम्बी, दृढ़ श्रृंखला निर्बल न हो जाए, वरन् प्रत्येक कदम पर प्रबल ही हो। श्रीमान्, मेरा निवेदन है कि यह हमारा मूलभूत राजनैतिक दर्शन होना चाहिए कि हम अतीत में न रहें, पर विद्यमान में रहें जो हमारा अतीत से संबंध जोड़ता है।

मैं उन अच्छाइयों को पूरी तरह से लेने के पक्ष में हूं जो हमें पश्चिम से प्राप्त होती हैं। किंतु मैं यहां उपस्थित सबसे कहता हूं कि वे याद रखें कि पश्चिम में

चमकने वाली सभी चीजें स्वर्ण नहीं हैं। पश्चिमीय वस्तु अवश्यमेव अच्छी नहीं है, हमारे देश में ही ऐसी उच्च भावनाएं और परम्पराएं स्थापित हुई हैं जिनका प्रभाव समय बीतने पर मानव जाति के भाग्य पर अधिकाधिक पड़ेगा।

मैं चाहता हूं कि इन्हीं सिद्धांतों को सामने रख कर माननीय सदस्य उस मसौदे का परीक्षण करें जो हमारे मित्र श्री गोपालस्वामी आयंगर ने स्वीकृति के हेतु पेश किया है। मैं इसे पढ़ कर नहीं सुनाऊंगा। मैं मान लेता हूं कि आप इसके प्रत्येक महत्वपूर्ण खंड से अवगत हैं। उस मसौदे के अनुसार अंग्रेजी भाषा का अस्तित्व कम-से-कम पंद्रह वर्ष रहेगा, केवल उसका अस्तित्व ही नहीं रहेगा, वरन् संघ-संबंधी समस्त मामलों में उसका साम्राज्य रहेगा। मैंने सोचा था कि यद्यपि आने वाले कुछ समय के लिए अंग्रेजी को सरकारी प्रयोजनों के लिए रखना अपेक्षित होगा, पर वह समय इतना लम्बा नहीं होगा। मैंने सोचा था कि इससे बहुत अल्प समय में हम लोगों के साथ उस भाषा में कार्य कर सकेंगे जिसे वे समझते हैं। मैं यह नहीं भूलता कि हमारे मित्रों के लिए जो दक्षिण से आए हैं, हिंदी जिसे राजभाषा बनाने की प्रस्थापना है, सीखना बहुत आसान नहीं होगा। साथ ही मेरा निवेदन है कि दक्षिण के लोग हिंदी से सर्वथा अपरिचित नहीं हैं। राष्ट्रपिता के निर्देश के अंतर्गत, जिनका नाम हमारे हृदय की भावतंत्री को सदा ध्वनित करता रहेगा, हिंदी का कार्य दक्षिण भारत में सन् 1918 में आरम्भ हुआ था और इस कालावधि में लाखों नर-नारियों ने हिंदी सीख ली है और जैसा कि मेरे मित्र श्री मोट्टूरि सत्यनारायण, जो यहां बैठे हैं; आपको अधिक अच्छी तरह बता सकते हैं, प्रतिवर्ष लगभग पचपन-साठ सहस्र परीक्षार्थी दक्षिण भारत हिंदी प्रचार सभा की परीक्षाओं में बैठते हैं जिसका नाम हाल ही में हिंदुस्तानी प्रचार सभा रख दिया गया है।

एक माननीय सदस्य : वे-पढ़ लिख सकते हैं। किंतु वे अपनी बात को अभिव्यक्त नहीं कर सकते।

पुरुषोत्तमदास टंडन : यह हो सकता है। मेरा तो यही कहना है कि इससे पता लगता है कि हिंदी भाषा दक्षिण भारत में नई चीज नहीं होगी। मैं इस खयाल में था कि मद्रास के नवयुवकों को हिंदी सिखाने में पंद्रह वर्ष का लम्बा समय अपेक्षित नहीं होगा, किंतु पंत जी ने कहा कि यह कहना हमारे दाक्षिणात्य भाइयों का काम है कि उन्हें कितना समय चाहिए और मैं इस बात से सहमत हूं कि इस मामले में उनको बाध्य करना हमारा काम नहीं है। हम अपनी सेवाएं अर्पण करेंगे, हम मंत्रणा दे सकते हैं, किंतु हम यह उन पर छोड़ देते हैं कि वे कितना समय चाहते हैं और कितने समय में वे अपने लोगों को संघ के प्रयोजनार्थ हिंदी प्रयोग करने के योग्य बना लेंगे।

हम इसी भावना से पंद्रह वर्ष के समय के लिए सहमत हो गए। हमने पांच से आरम्भ किया था, फिर हम दस पर आ गए और फिर हमने देखा कि हमारे दाक्षिणात्य भाई पंद्रह वर्ष चाहते हैं और हम उस पर सहमत हो गए। किंतु श्री आयंगर के मसौदे में एक कठोर उपबंध है कि पांच वर्ष तक या अधिक समय तक अंग्रेजी के अतिरिक्त और किसी रूप में हिंदी का प्रयोग बिल्कुल नहीं होगा, जब तक आयोग सिफारिश न कर दे और वह सिफारिश राष्ट्रपति द्वारा स्वीकार न कर ली जाए। वह मुझे कुछ कठोर उपबंध प्रतीत होता है। यह कुछ कोमल बन सकता था। हिंदी को उन सरकारी प्रयोजनों से बिल्कुल अलग क्यों रखा जाए, जिनके लिए हिंदी का प्रयोग हमारे दाक्षिणत्य मित्रों को असुविधा हुए बिना हो सकता है? विद्यमान खण्डों के अधीन संघ का कोई मंत्री किसी सरकारी कार्यवश किसी को कोई पत्र हिंदी में लिख ही नहीं सकता जब तक कि उस पत्र के साथ अंग्रेजी अनुवाद न हो। स्पष्ट है कि ऐसी दशा में हिंदी का प्रयोग होना कदापि सम्भव नहीं है। अत: इसका यह आशय हुआ कि पांच वर्ष या अधिक समय तक, जब तक कि आयोग सिफारिश न करे और राष्ट्रपति उसे स्वीकार न करे, तब तक कोई कार्य हिंदी में नहीं हो सकता, सिवाय अंग्रेजी से हिंदी में अनुवाद के। आप अंग्रेजी में एक पुस्तक प्रकाशित कर सकते हैं और उसका हिंदी में भी अनुवाद कर सकते हैं। केवल यही कार्य पांच वर्ष या अधिक समय तक हो सकता है। यह कुछ कठोर है। किंतु मैं इस पर भी सहमत हूं कि पांच वर्ष तक हिंदी में कुछ नहीं होगा, केवल अंग्रेजी के अतिरिक्त कुछ हो सकता है।

किंतु मैं आपसे कहता हूं कि इस बात पर विचार करो कि पांच वर्ष के पश्चात क्या होगा? श्री आयंगर की प्रस्थापना के अधीन, पांच वर्ष के अंत में, भाषा के प्रश्न पर विचार करने के लिए आयोग नियुक्त किया जाएगा। इसका अवश्य यह प्रभाव होगा कि यह पांच वर्ष की कालावधि दो वर्ष या अधिक बढ़ जाएगी, क्योंकि आयोग अपनी नियुक्ति के पश्चात, समवेत होगा और कदाचित् देश-भर में घूमेगा तथा प्रतिवेदन देगा। उसके पश्चात एक संसदीय समिति बैठेगी और आयोग की प्रस्थापनाओं का परीक्षण करेगी तथा फिर अपनी अंतिम रिपोर्ट देगी। मैं कोई समय निश्चित नहीं करता। मेरे संशोधन में नहीं लिखा है कि 'at' के स्थान पर 'before' शब्द रख दिया जाए, ताकि प्रतिवेदन पहले ही तैयार हो जाए तथा सरकार यह निर्देश दे सके कि पांच वर्ष के अंत में कुछ परिवर्तन, जो हिंदी के संबंध में अपेक्षित समझे जाएं, प्रभावी हो सकें। मैंने यह छोटा-सा संशोधन पेश किया है और मुझे आशा है कि इसे स्वीकार कर लिया जाएगा। इसका यही अर्थ है कि पांच वर्ष समाप्त होने

से पूर्व ही आयोग नियुक्त हो जाएगा। किंतु मैंने अपने संशोधन में स्पष्ट कर दिया है कि जो भी सिफारिशें स्वीकृत होंगी, वे केवल पांच वर्ष की समाप्ति पर ही प्रभावी होंगी। मुझे इसी पर संतोष हो जाएगा कि पांच वर्ष के अंदर केवल वही काम हिंदी में हो जो अंग्रेजी का अनुवाद हो।

इसी प्रकार अन्य खण्डों में मैंने कुछ परिवर्तनों की प्रस्थापना की है। जैसा कि अध्यक्ष ने निर्देश दिया है, इन संशोधनों के विषय में यह मान लिया गया है कि वे पेश कर दिए गए हैं। अत: मैं उन्हें पढूंगा नहीं। मैं उनके सामान्य प्रयोजन का ही उल्लेख करूंगा। एक संसदीय समिति का सुझाव दिया गया है और यह कहा गया है कि वह आयोग की सिफारिशों पर प्रतिवेदन देगी। मैंने इस आशय का एक छोटा-सा खण्ड जोड़ दिया है कि यह समिति अपनी सिफारिशें भी दे सकती है- "जो सिफारिशों वह उपयुक्त समझे।" यही थोड़े-से शब्द मैंने समिति की नियुक्ति और आयोग की सिफारिशों पर उसके प्रतिवेदन संबंधी खण्ड विशेष में जोड़े हैं। मैं तो केवल यही चाहता हूं कि इस संसदीय समिति को भी, यदि वह उचित समझे तो कुछ सिफारिशें करने दीजिए और सरकार को समिति तया आयोग की सिफारिशों पर विचार करने दीजिए।

ये ही संशोधन मैंने 301-ख में प्रस्थापित किए हैं।

अब मैं प्रादेशिक भाषाओं संबंधी अध्याय 2 पर आता हूं। श्री आयंगर के मसौदे के 301-ग में लिखा है :

["...राज्य विधि द्वारा उस राज्य के राजकीय प्रयोजनों में से सब या किसी के लिए प्रयोग के अर्थ उस राज्य में प्रयुक्त होने वाली भाषाओं में से किसी को या हिंदी को अंगीकार कर सकेगा।"]

मैं उससे सहमत हूं। मुझे तो केवल परंतुक पर आपत्ति है। उसमें लिखा है:

"[परंतु जब तक राज्य का विधान-मंडल विधि द्वारा इससे अन्यथा उपबंध न करें, तब तक राज्य के भीतर उन राजकीय प्रयोजनों के लिए अग्रेजी भाषा प्रयोग की जाती रहेगी जिनके लिए इस संविधान के आरंभ पर यह प्रयोग की जाती थी।"

मेरी समझ में यह नहीं आता है कि राज्यों में अंग्रेजी के प्रयोग को प्रोत्साहित करना अपेक्षित क्यों होना चाहिए। हो सकता है कि संविधान के आरंभ में ये अंशत: अंग्रेजी का प्रयोग कर रहे हों, किंतु वे उसे बदलना चाहते हों। मैं जानता हूं कि आपने उपबंध किया है कि वे उसे विधि द्वारा बदल सकते हैं। किंतु वे शायद अंग्रेजी का ही नहीं, अन्य भाषाओं का भी प्रयोग करते हों। अत: मैं परंतुक के स्थान पर यह वाक्य रखना चाहता हूं।

"[किंतु जब तक राज्य का विधान-मंडल विधि द्वारा अन्यया उपबंध न करे, तब तक राज्य के भीतर वह भाषा या वे भाषाएं राजकीय प्रयोजनों के लिए प्रयोग की जाती रहेंगी, जो संविधान के आरम्भ पर प्रयोग की जाती थीं।]"

मेरे अपने प्रान्त में हम इस समय राजकीय प्रयोजनों के लिए हिंदी का प्रयोग कर रहे हैं। मेरे विचार में बिहार और मध्य प्रदेश में भी उसी का प्रयोग हो रहा है। हमारे लिए नई विधि पारित करके हिंदी स्वीकार करना अपेक्षित क्यों हो। हम इस समय सरकार के निर्देश से हिंदी का प्रयोग कर रहे हैं और इसलिए मेरे सुझाए हुए शब्द अधिक उपयुक्त होंगे।

फिर अनुच्छेद 301-ड़ में लिखा है कि जब राष्ट्रपति का समाधान हो जाए कि किसी राज्य के जनसमुदाय का पर्याप्त अनुपात किसी अन्य भाषा का प्रयोग चाहता है तो वह निर्देश दे सकेगा कि उस भाषा को भी राजकीय अभिज्ञा दी जाए। मैं उससे सहमत हूं परंतु मुझे ऐसा प्रतीत होता है कि इस मामले में कांग्रेस कार्यसमिति के निर्देश का अनुसरण किया जाए और जनसमुदाय का एक निश्चित अनुपात नियत कर दिया जाए, जिसकी मांग पर किसी भाषा की अभिज्ञा दी जाए। मेरे विचार में कार्यसमिति ने बीस प्रतिशत रखा था और हम भी उसे ही मान सकते हैं, अन्यथा केंद्रीय सरकार के लिए विनिश्चय करना बहुत कठिन हो जाएगा कि कहां स्वीकार करे और कहां अस्वीकार करे और उससे कुछ गड़बड़ तथा कुछ प्रान्तों में कटुता भी हो सकती है। जब कोई अनुपात नियत हो जाएगा, तब केंद्रीय सरकार के लिए मार्ग साफ हो जाएगा।

और फिर अध्याय 3- "उच्चतम न्यायालय तथा उच्च न्यायालय की भाषा" में जो प्रस्थापनाएं रखी गई हैं, वे अवनतिशील हैं और श्री आयंगर मुझे ऐसा कहने पर क्षमा करेंगे। आपने हिंदी को राजभाषा स्वीकार किया है। मैं मानता हूं कि आप चाहते हैं कि हिंदी शनैः शनैः अंग्रेजी का स्थान ले ले। वह तभी हो सकता है जबकि आप हिंदी को ऐसा अवसर दें कि वह कम-से-कम हिंदी प्रान्तों में तो अंग्रेजी का स्थान ले ले। मैं जानता हूं कि हिंदी के प्रयोग में अहिंदी प्रान्तों को कठिनाइयां हैं, किंतु हिंदी प्रान्तों को कोई कठिनाई नहीं है। कठिनाइयों की अतिशयोक्ति मत करिए। यह कहा गया है कि उपयुक्त वाग्धाराएं, उपयुक्त पदावलियां वा उपयुक्त शब्दावली नहीं मिलती। खैर, यह बात उन पर छोड़ दीजिए जो हिंदी में कार्य करते हैं। मेरे अपने प्रान्त में, विधेयकों तथा अधिनियमितियों के मूल मसौदे हिंदी में होते हैं। स्पष्ट है कि हमारे कार्य से दक्षिण के हमारे भाइयों के लिए कोई कठिनाई नहीं होती। आप हमें अपना समस्त कार्य अंग्रेजी भाषा में करने के लिए क्यों बाध्य करते हैं, जब हम उसे

हिंदी में ही कर रहे हैं? फिर आप कहते हैं कि जहां तक उच्चतम न्यायालय तथा उच्च न्यायालयों का संबंध है, उनका कार्य भी पंद्रह वर्ष तक अंग्रेजी में हो होना चाहिए। मैं मानता हूं कि उच्चतम न्यायालय पंद्रह वर्षों तक अंग्रेजी में कार्य करे, किंतु मेरा निवेदन है कि यह अपेक्षित नहीं है कि उस काल में सभी उच्च न्यायालय अंग्रेजी में कार्य करें। ऐसे उच्च न्यायालय हैं उनमें से कई राज्यों में नए बने हैं, जहां कार्य हिंदी में होता है और परम्परा से होता रहा है। उदाहरण के लिए ग्वालियर या इंदौर को ही लीजिए। मुझे पता है कि वहां अंग्रेजी का भी प्रयोग हुआ है, कुछ बाहर से आयात किए गए न्यायाधीशों ने अंग्रेजी में कार्य किया और उसकी अनुमति दे दी गई; और फिर भी बहुत-सा कार्य साथ-साथ हिंदी में होता रहा है। क्या आप उसे अब रोक देंगे? इसी प्रकार राजस्थान में एक उच्च न्यायालय है और कुछ अन्य राज्यों में भी हैं। क्या आप इन उच्च न्यायालयों को हिंदी में कार्य करने से रोक देंगे। विद्यमान प्रस्थापना के अंतर्गत इन उच्च न्यायालयों में समस्त हिंदी कार्य असम्भव हो जाएगा। मैं कहता हूं कि इसे बदलना चाहिए।

फिर एक और प्रकार के उच्च न्यायालय हैं, वे जो अपना कार्य अंग्रेजी में करते रहे हैं किंतु जो हिंदी को पंद्रह वर्ष से बहुत कम समय में अपना सकते हैं। मेरे अपने प्रान्त के, या बिहार के या मध्य प्रदेश के उच्च न्यायालय को ही लीजिए। मुझे पूरा विश्वास है कि हमारा उच्च न्यायालय पांच वर्षों के पश्चात पूर्णत: हिंदी में कार्य करना आरम्भ कर सकता है। शनै: शनै: आगामी पांच वर्षों में समस्त प्रक्रिया निश्चित को जा सकती है तथा हिंदी की आवश्यकताओं के अनुसार बनाई जा सकती है। शब्दावली से कोई कठिनाई नहीं होगी। वह तो पहले ही बन चुकी है। बहुत-सी शब्दावली है ही और आवश्यक शब्दों का निर्माण करना आखिर कोई बहुत कठिन कार्य नहीं है। हिंदी कोई नई भाषा नहीं है। जब आयरलैंड ने अपना संविधान बनाया था तब उसने आयरिश भाषा को अपनाया था, जिसमें अधिक साहित्य नहीं था और जिसमें पर्याप्त शब्दावली भी नहीं थी। हमारी भाषा हिंदी तो अत्यंत शक्तिशाली भाषा है।

श्री आयंगर ने कहा है कि हिंदी में शब्दावली का नितांत अभाव है, जिसकी आवश्यकता होगी। उस बात पर मैं क्या कहूं। वे स्वयं कहते हैं कि वे उस भाषा से परिचित नहीं हैं और फिर भी वे उसके विषय में निर्णय देते हैं। मेरा निवेदन है कि यह उचित नहीं है। मेरा तो यह निवेदन है कि हिंदी, संस्कृत के आश्रय से, जिसके विषय में इस सदन में इतना कहा जा चुका है और जिसका मैं सर्वथा अनुमोदन करता हूं-हिंदी संस्कृत की सहायता से शब्दावली की समस्त कठिनाइयों को सुगमता

से पार कर सकेगी। मुझे तो ऐसा प्रतीत होता है कि पांच वर्षों की समाप्ति से पूर्व ही, हम उच्च न्यायालय का कार्य हिंदी में चला सकते हैं। किंतु मैं कहता हूं कि पांच वर्ष तो पर्याप्त समय है ही। हमें इसकी आवश्यकता नहीं है कि पंद्रह वर्षों तक हमारा कार्य अंग्रेजी में ही चले। फिर उस लम्बे समय तक अंग्रेजी में कार्य करते रहना हमारे लिए अनिवार्य क्यों बनाया जाए? हमें विकास करने के लिए पर्याप्त समय दीजिए और फिर पंद्रह वर्ष पश्चात समस्त महत्वपूर्ण कार्य, उदाहरण के लिए संघ का कार्य करना सरलतर हो जाएगा। क्योंकि उस समय तक हिंदी प्रान्त वातावरण उत्पन्न कर देंगे और वह शब्दावली बना देंगे जो समस्त देश के लिए सहायक होगी।

मौलाना हसरत मोहानी : आपका हिंदी प्रान्तों से क्या आशय है?

पुरुषोत्तमदास टंडन : मैं उन प्रान्तों का निर्देश कर रहा हूं जिन्होंने हिंदी को अपनी राजभाषा स्वीकार कर लिया है, उदाहरण के लिए युक्त प्रान्त ने औपचारिक रूप में हिंदी को अपनी भाषा मान लिया है इस प्रकार बिहार ने भी किया है...

मौलाना हसरत मोहानी : युक्त प्रान्त या तो उर्दू प्रान्त है या हिंदुस्तानी प्रान्त है। वह हिंदी भाषी प्रान्त नहीं हो सकता।

पुरुषोत्तमदास टंडन : यह आपका विचार हो सकता है। मैं हिंदी, हिंदुस्तानी या उर्दू के उस विवाद में नहीं पड़ना चाहता। मैं तो केवल यही कहता हूं कि हिंदी को युक्त प्रान्त की राजभाषा स्वीकार कर लिया गया है और इसी भाषा में सब सरकारी अधिनियमितियां और आज्ञाएं आजकल पारित होती हैं। निस्संदेह बहुत-सा कार्य अंग्रेजी में भी हो रहा है, पर शनैः शनैः वह कार्य भी हिंदी के माध्यम से ही होने लगेगा। ये ही छोटे-छोटे रूप भेद हैं जिनका मैंने सुझाव दिया है।

अब मैं 301-क संबंधी अपने मुख्य संशोधन पर आता हूं जो अंकों के विषय में है। मैं जानता हूं, श्रीमान्, अंकों के विषय में जो विवाद हुआ है, उससे कुछ कटुता उत्पन्न हो गई है। मैं उस कटुता को बढ़ाना कदापि नहीं चाहता। मैं यथासम्भव उसे दूर करूंगा। मैं जानता हूं कि मेरे मद्रास के मित्र हिंदी अंकों को बदलना चाहते हैं।

माननीय सदस्यगण : बंगाल भी।

पुरुषोत्तमदास टंडन : मैं गलत कह रहा हूं तो आप शुद्ध कर सकते हैं, किंतु मैंने अपने बंगाली मित्रों से यह बात कभी नहीं सुनी।

माननीय सदस्यगण : बम्बई में भी। वास्तव में सब हिंदी भाषी लोग यही चाहते हैं।

पुरुषोत्तमदास टंडन : मेरा निवेदन यह है कि यह कहना बिल्कुल शुद्ध नहीं है कि सब अहिंदी भाषी क्षेत्र यह परिवर्तन चाहते हैं। मैं श्री शंकरराव देव और

डॉ. अंबेडकर से, जो यहां बैठे हैं, पूछता हूं कि क्या महाराष्ट्र के लोग उसे स्वीकार करेंगे।

शंकरराव देव : मैं कहता हूं कि मैं जो कुछ कहता हूं, महाराष्ट्रियन भी वही बात कहेंगे।

पुरुषोत्तमदास टंडन : महाराष्ट्र के विषय में मैं अपनी जानकारी से निवेदन कर सकता हूं कि वहां लिपि वही है। अतः यदि वहां जनमत लिया जाए तो महाराष्ट्र के लोग तथाकथित अंतर्राष्ट्रीय अंकों को स्वीकार नहीं करेंगे।

माननीय सदस्यगण : यदि जनमत गणना होगी तो हिंदी नहीं रहेगी।

पुरुषोत्तमदास टंडन : मैं माननीय सदस्यों से प्रार्थना करता हूं कि वे एक-एक करके बाधा डालें और एक ही समय पर अनेक न बोलें। मुझे श्री शंकरराव देव और डॉ. अंबेडकर का कथन सुन कर प्रसन्नता होगी।

श्यामाप्रसाद मुखर्जी : इस पर जनमत क्यों न ले लिया जाए?

एच. जे. खांडेकर : मैं महाराष्ट्रियन हूं और मैं कह सकता हूं कि यदि महाराष्ट्र में जनमत लिया जाएगा तो वे अंतर्राष्ट्रीय अंकों को स्वीकार नहीं करेंगे।

पी.एस. देशमुख : मैं भी महाराष्ट्रियन हूं और मैं कह सकता हूं कि वे अंतर्राष्ट्रीय अंकों को स्वीकार नहीं करेंगे।

अध्यक्ष : यह अपेक्षित नहीं है कि किसी प्रस्थापना विशेष पर सदस्य व्यक्तिगत राय अभिव्यक्ति करें।

डॉ. श्यामाप्रसाद मुखर्जी : माननीय सदस्य राय पूछ रहे हैं।

पुरुषोत्तमदास टंडन : मैंने अपना विचार प्रगट कर दिया था। आप उससे सहमत हों या नहीं। मैंने डॉ श्यामाप्रसाद मुखर्जी से अपनी राय देने के लिए नहीं कहा। मैंने तो यह कहा था और यह बात अब भी कहता हूं और यही कहता हूं कि यदि यह प्रस्थापना महाराष्ट्र के लोगों के पास जाए तो वे इसे स्वीकार नहीं करेंगे। मेरा भी उस प्रान्त से सम्पर्क है। मेरे मित्र श्री मुंशी चाहे कुछ भी कहें, मैं तो यही कहता हूं कि जब यह उपबंध गुजरातियों के पास जाना तो वे भी इसे स्वीकार नहीं करेंगे।

(कई माननीय सदस्यों द्वारा बाधा)

क्या इतने लोगों के लिए एक ही समय पर बोलना आवश्यक है? यदि एक व्यक्ति बाधा डाले तो मैं उसकी बात सुन सकता हूं, किंतु जब चार-पांच व्यक्ति एक ही समय बोल पड़ें तब मैं किसी की भी बात नहीं सुन सकता।

मैंने श्री शंकरराव देव की बात सुनी है। वे कहते हैं कि यदि समस्त संविधान पर जनता की राय ली जाए तो वे इसे स्वीकार नहीं करेंगे।

शंकरराव देव: इसमें से बहुत कुछ को।

पुरुषोत्तमदास टंडन : यदि ऐसी बात है तो इसमें से बहुत कुछ रद्दी की टोकरी में फेंकने लायक है। यदि संविधान के किसी भी भाग को जनता स्वीकार नहीं करेगी तो इसे यहां स्वीकार नहीं करना चाहिए। मैं विनम्रता से निवेदन करता हूं कि मैं समस्त देश में जनमतगणना को प्रसन्नापूर्वक स्वीकार करूंगा। यदि प्रान्त हिंदी को स्वीकार नहीं करें, तो मैं उन पर उसे कभी नहीं लादूंगा। फिर मैं तत्काल कहूंगा कि हिंदी राष्ट्रभाषा नहीं होनी बाहिए। हिंदी को कभी प्रान्तों पर थोपा क्यों जाएं? यह तो प्रान्तों को विनिश्चय करना है कि वे हिंदी को स्वीकार करेंगे या नहीं करेंगे। वे अंग्रेजी को ही जारी रख सकते हैं। मैं उस पर पूर्णत: सहमत होऊंगा, यदि उनका यही विचार है। किंतु लोगों का मत जानने का कोई उपाय खोजना चाहिए। कुछ विद्यार्थियों ने अभी जनता की इच्छा पूछी थी। हमने उसके विषय में पढ़ा है। जनता की राय का पता लगाने के लिए समस्त देश में दूसरा उपाय भी अपनाया जा सकता है। मद्रास में भी ऐसा कर लिया जाए। चाहे यहां मेरे मित्र कुछ भी कहें मुझे तो आशा है कि मद्रास में जनता को बहुत बड़ी संख्या हिंदी चाहेगी।

कई माननीय सदस्य : नहीं, नहीं।

पुरुषोत्तमदास टंडन : किंतु यदि जनता का मत लेना सम्भव नहीं है तो मैं उन सबसे जो शक्ति-आरुढ़ हैं, कहूंगा कि वे अपने हृदय की छोटी-सी आवाज को सुनें और उस छोटी-सी आवाज को भी न सुनें, जिसे वे समझते हैं कि जनता स्वीकार नहीं करेगी...।

मौलाना हसरत मोहानी : मैं युक्त प्रान्त में जनमत लेने की मांग करता हूं कि वह हिंदी प्रान्त रहेगा या हिंदुस्तानी प्रान्त होगा। वहां एक भी व्यक्ति संस्कृतनिष्ठ हिंदी नहीं बोलता।

अध्यक्ष : क्या मैं यह बता दूं कि इस संविधान सभा पर यह भार है कि वह देश के लिए संविधान बनाए? इस सभा के संविधान में जनमत गणना का कोई उपबंध नहीं है। अत: पूरी या आंशिक जनमत गणना का कोई प्रश्न नहीं है। अत: उस पर कोई विवाद नहीं खड़ा होना चाहिए, क्योंकि वह व्यर्थ होगा।

पुरुषोत्तमदास टंडन : मैं उन लोगों से जो शक्ति आरूढ़ हैं अनुरोध करता हूं कि वे इस मामले पर विचार करें। मैं यह नहीं कहता कि इस मामले पर प्रत्यक्ष

जनमत लिया जाए। जनमत गणना क्या है? उसका अर्थ है केवल लोगों की इच्छा। यदि यह लोगों पर छोड़ दिया जाएगा तो वे क्या कहेंगे?...

अध्यक्ष : जहां तक इस संविधान सभा का संबंध है यह लोगों की इच्छा की प्रतिबिम्व है।

आर. आर. दिवाकर : श्रीमान्, माननीय सदस्य जो कुछ कह रहे हैं, वह इस सभा के सदस्यों पर आक्षेप है।

पुरुषोत्तमदास टंडन : यदि प्रत्येक बार जब भी हम जनता की इच्छा का निर्देश करें, उस पर यह आपत्ति कर दी जाए कि यह इस सदन के सदस्यों पर आक्षेप है तो कुछ भी कहना असम्भव हो जाएगा। कभी-कभी सदन की इच्छा लोगों की इच्छा से भिन्न हो सकती है। जहां तक अंकों का संबंध है मैं आपसे कहता हूं कि उस पर विचार करिए। शायद आपने पहले ही दृढ़ निश्चय कर लिया है। फिर भी मैं आपसे कहता हूं कि मैं जो कुछ कहता हूं उसे सुनिए। इस अंकों के प्रश्न पर गरम मत होइए..

श्यामाप्रसाद मुखर्जी : हमारे लिए यह चेतावनी है।

पुरुषोत्तमदास टंडन : आपने दृढ़ निश्चय कर लिया है और आप अपने विरोधियों पर हंसना चाहते हैं। यह आपको शोभा नहीं देता। मैं इस प्रश्न पर गंभीर हूं। मैं जानता हूं कि श्री आयंगर इस प्रश्न पर गम्भीर हैं। यह लोगों का भविष्य संबंधी मामला है।

हम कई वर्षों से राष्ट्रभाषा की बात करते रहे हैं। सदन के समक्ष यह कोई नया प्रश्न नहीं है। उन्नीसवीं शताब्दी की बात है कि यह राष्ट्रभाषा का विचार बंगाल में उत्पन्न हुआ था, युक्त प्रान्त या बिहार में नहीं। मैं आपको उदाहरण दे सकता हूं, किंतु मैं सदन का समय नहीं लेना चाहता। बंकिम चंद्र चटर्जी का मूल लेख मेरे पास है। इस विषय पर मेरे पास केशव चंद्र सेन का मूल कथन है। सन् 1908 में 'बंदेमातरम्' में जो कुछ छपा था उसका मूल मेरे पास है, जिसके संपादक श्री अरविंद घोष थे...

पंडित लक्ष्मीकांत मैत्र: उसका हमें पर्याप्त पुरस्कार मिल चुका है।

पुरुषोत्तमदास टंडन : यह विचार वहीं उत्पन्न हुआ था और फिर तिलक ने उसका समर्थन किया और राष्ट्रपिता महात्मा गांधी ने उसे अपनाया था। मेरा कहना यह है कि यह आंदोलन कई वर्षों से चल रहा है और हिंदी को राष्ट्रभाषा स्वीकार करने के विषय पर कुछ विचारों को लेकर लोगों ने कार्य किया है। यह तो लगभग

स्वीकार ही कर लिया गया है कि हिंदी राष्ट्रभाषा है और विविध प्रान्तों में इसी धारणा पर काम चल रहा है।

कुछ मिनट पूर्व मैंने बताया था कि मद्रास में क्या कार्य हुआ है? मैं यह भी कह सकता हूं कि बंगाल, महाराष्ट्र, गुजरात और उड़ीसा में भी यह कार्य वर्षों से चल रहा है। आज वर्धा से हिंदी में परीक्षाएं होती हैं और उनमें प्रतिवर्ष लगभग 1,40,000 महिलाएं और नवयुवक बैठते हैं-वे हिंदी भाषी प्रान्तों के नहीं है, वरन् अहिंदी भाषी प्रदेशों के होते हैं। उससे सिद्ध होता है कि यह नया विचार नहीं है, उस विचार के आधार पर देश में कार्य होता रहा है।

क्या मैं पूछ सकता हूं, यह अंकों से संबंधित विचार देश में कब से है? यदि हिंदी भाषा को लोग वर्षों से लगभग स्वीकार किए हुए न होते तो कोई भी सदस्य उस भाषा की संस्कृति के विषय में इस सभा के समक्ष कोई प्रस्थापना लाने का साहस नहीं कर सकता था। उसी आधार पर संविधान के मसौदे के भाषा संबंधी खंड की रचना की गई है। किंतु लोग इन अंकों के विषय में कितने समय से वाद-विवाद कर रहे हैं? केवल दो-तीन सप्ताहों से।

के. संतानम् : मैं माननीय सदस्य को सूचना देना चाहता हूं कि यह प्रश्न हमारे समक्ष संद्रह वर्ष पूर्व दक्षिण की हिंदी प्रचार सभा के संबंध में उठा था और हमने यह विनिश्चय किया था कि दक्षिण में हिंदी प्रचार अंतर्राष्ट्रीय अंकों से होना चाहिए था।

पुरुषोत्तमदास टंडन : मैं श्री संतानम् के कथन को ठीक मान लेता हूं। मुझे इसका कभी पता नहीं था। किंतु कभी भी संतानम् ने या मद्रास की हिंदी प्रचार सभा ने इस प्रश्न को देश के समक्ष नहीं रखा।

एम. सत्यनारायण : आप स्वयं पंद्रह वर्ष पूर्व हिंदी प्रचार सभा में थे।

पुरुषोत्तमदास टंडन : जब हिंदी प्रचार सभा से मेरा सम्पर्क था, उस समय तो हिंदी अंक ही प्रयुक्त होते थे। मैं यह सूचना अपने माननीय मित्र श्री सत्यनारायण को दे सकता हूं, जिनका सम्पर्क उस सभा से मेरे बहुत बाद में आरम्भ हुआ था। जब उस सभा से मेरा कुछ संबंध था, जब वह सभा इलाहाबाद के निर्देश से कार्य कर रही थी, तब सब कार्य हिंदी अंकों द्वारा हो रहा था। बाद में ही शायद वे अंग्रेजी अंकों को लाए होंगे, और आज भी मैं उन्हें स्मरण करा सकता हूँ कि कम-से-कम कुछ हिंदी पुस्तकों में, जो उन्होंने प्रकाशित की हैं, नागरी अंक हैं। मैंने कम-से-कम एक तो अवश्य देखी है।

एस. सत्यनारायण : सन् 1927 में थी।

आर. आर. दिवाकर : हिंदी, पंजाबी, उर्दू की क्या स्थिति होगी, जिनमें आजकल इन अंकों का प्रयोग हो रहा है?

पुरुषोत्तमदास टंडन : जब भाषा के रूप में हिंदी को स्वीकार किया है तो उसके अंकों को भी स्वीकार करिए। मैं आपसे कहता हूं इस पर विचार करिए कि क्या हिंदी पर अंग्रेजी अंक लादने का यह उपयुक्त समय है, जबकि इस विषय पर देश किन्हीं विचारों पर निश्चित नहीं है? मैं कई बार कह चुका हूं कि मैं किसी प्रान्त पर हिंदी नहीं थोपूंगा, किंतु संविधान के द्वारा आप इन अंकों को सरकारी प्रयोजनों के लिए उन सब पर लगभग थोप ही रहे हो जो अपना कार्य नागरी लिपि में करते हैं। मैं आपसे कहता हूं कि वहां आप रुक जाइए। प्रधानमंत्री ने बार-बार कहा है कि भाषाओं का विकास होता है, वे एक दिन में नहीं बनतीं। उन्होंने कई बार ऐसा कहा है।

एक माननीय सदस्य : वे ठीक हैं।

पुरुषोत्तमदास टंडन : वे ठीक हैं। भाषाओं का विकास होता है। किंतु अंकों का भी विकास होता है (बाधा)। अंकों का भी विकास होता है, उनका विकास हुआ है (बाधा)। अंकों का विकास लिपि के साथ हुआ है। लिपि भी उस भाषा के समान ही विकसित होती है जिसमें उनका प्रयोग होता है। लिपि एक दिन में नहीं बनी है। उसके सब भागों का, स्वरों, व्यंजनों और अंकों का विकास हुआ है। यह एक ही कलात्मक पूर्णता है। आप उस पूर्णता के मुख पर कोई चिप्पी नहीं लगा सकते। आज आप कहते हैं, "नागरी अंकों को निकाल डालिए।" आप यह भी कह सकते हैं, चाहे आप आज नहीं कह रहे हैं "स्वरों को निकाल दीजिए, अंग्रेजी स्वरों का प्रयोग होने दीजिए और केवल व्यंजनों को ही हिंदी का रहने दीजिए।" मैं कहता हूं कि आप तमाशा बना देंगे।

एन. गोपालस्वामी आयंगर : यह तो व्यंग्य है।

पुरुषोत्तमदास टंडन : मेरे मित्र कहते हैं कि यह व्यंग्य है। वे स्वरों को हटाना बेहूदा समझते हैं। जहां तक हमारा संबंध है, हम अंकों को हटाना भी बेहूदा समझते हैं। इससे किसी को कोई लाभ नहीं होता। आप हमसे ऐसी वस्तु छीन रहे हैं जिससे आप धनी नहीं बनते, किंतु हम अवश्य निर्धन बन जाते हैं।

हमारे अंक प्राचीन बपौती हैं। कभी यह भी कहा गया है कि अंग्रेजी अंक हमारे ही अंक हैं और यह प्रश्न रखा गया है: हम उन्हें वापस क्यों न ले लें? जैसे कि हमारे अंक खो गए थे और हम उन्हें पुनः प्राप्त करने वाले हैं। ऐसी कोई बात

नहीं है। निस्संदेह यह अंक-ज्ञान हमारे देश से अरब होता हुआ यूरोप गया था। उस पर हम सबको गर्व है। किंतु उसका यह अर्थ नहीं है कि हमारे यहां जिस वस्तु का विकास हुआ है, उसे छोड़ दिया जाए और हम उन वस्तुओं को, जो पहले हमारे यहां से गई थीं, उनको परिवर्तित रूप में वापस ले लें। उन्होंने अपनी आवश्यकताओं के अनुसार उनके रूप बदल दिए हैं और हमने अपने रूपों में अपनी आत्मीयता के अनुसार भेद कर लिया है। सर्वत्र परिस्थितियों और वातावरण से परिवर्तन नहीं होते हैं। हमारे देश में भी परिवर्तन हुए हैं। जैसा कि मैंने कहा है हमारे अंकों का भी विकास हुआ है। वैदिक काल में वे एक विशेष प्रकार से लिखे जाते थे। फिर परिवर्तन हुए और लगभग सोलह शताब्दियों से वे वर्तमान रूप में लिखे जा रहे हैं। क्या हम उस वस्तु को छोड़ दें जो इतने लम्बे समय से प्रयुक्त होती रही है? मैं कहता हूं कि अंतर्राष्ट्रीयतावाद कोई तर्क नहीं है और यह उचित नहीं है कि इस प्रकार हमारे लोगों से अक्समात अपने अंकों को छोड़ने के लिए कहा जाए।

आर. आर. दिवाकर : हम आजकल दक्षिण में उनका प्रयोग कर रहे हैं।

पुरुषोत्तमदास टंडन : मैं श्री दिवाकर से प्रार्थना करना चाहता हूं कि वे धैर्य रखें। उन्हें फिर बाद में मौका मिल सकता है।

देवनागरी लिपि के विषय में, जिसमें अंक भी शामिल हैं, अधिकृत रूप से कहा गया है कि संसार की सब प्रणालियों से हमारी प्रणाली सर्वोत्तम है। मैं आपको एक-दो उदाहरण पढ़ कर सुनाऊंगा, यद्यपि मेरे पास बहुत से हैं। प्रोफेसर मोनियर विलियंस कहते हैं :

["अब देवनागरी या हिंदू प्रणाली के विषय में भी कुछ शब्द कहता हूं। यद्यपि इसमें दो महत्वपूर्ण संकेतों की कमी है, जो रोमन लिपि में 'Z' तथा 'F' द्वारा लिखे जाते हैं... आप जानते हैं कि इस अभाव को बिंदु लगा कर पूरा कर लिया गया है।

"...फिर भी सब ज्ञात वर्णमालाओं में यह सर्वाधिक सम्पूर्ण तथा व्यवस्थावत् है। हिंदू कहते हैं कि यह लिपि ईश्वर से प्राप्त हुई है, इसी कारण व्यवस्थावत् है। हिंदू कहते हैं कि यह लिपि ईश्वर से प्राप्त हुई है, इसी कारण उसे 'देवनागरी' कहते हैं और सचमुच पवित्र संस्कृत में इसका आश्चर्यजनक प्रयोग ऐसा है कि वह इसे मानवीय आविष्कार के स्तर से ऊंचा उठा देता है।"]

स्वर्गीय सर इसाक पिटमैन ने, जो ध्वनिकला का आविष्कारक अंग्रेज था, कहा है :

[यदि संसार में कोई भी वर्णमाला सर्वाधिक पूर्ण है, तो यह हिंदी की वर्णमाला ही है।]

मैं अन्य उद्धरणों को नहीं पढ़ूंगा।

कुछ मित्रों ने सुझाव दिया था कि रोमन लिपि को स्वीकार करना चाहिए। उन्हें इन उद्धरणों पर विचार करना चाहिए जो मैंने पढ़ कर सुनाए हैं। मेरे विचार में यह सम्भव है कि जब हमारा देश शक्तिशाली बन जाए, तब यूरोपीय राष्ट्र स्वयं हमारी वर्णमाला की उत्तमता के निकटतर आने लगें। हमारी भाषा को रोमन रूप देने का प्रश्न उन्नीसवीं शताब्दी में भी उठा था। इंग्लिस्तान के कुछ विद्वान चाहते थे कि यहां के लोगों को रोमन लिपि के माध्यम से शिक्षा दी जानी चाहिए। इस पर लम्बा वाद-विवाद चला था और अंत में ब्रिटिश सरकार ने निश्चय किया कि इस देश में रोमन लिपि के प्रयोग से लाभ नहीं होगा और नागरी लिपि सर्वोपयोगी है। अब हमारी भाषा का रोमन रूप बनाने की बात करने के दिन लद गए। मुझे आशा है कि उस प्रश्न पर बल नहीं दिया जाएगा।

तत्पश्चात, श्रीमान्, संस्कृत को अपनाने के विषय में भी कुछ कहा गया था। संस्कृत प्रेमियों के समक्ष मैं नतमस्तक हूं। मैं भी उनमें से हूं। मुझे संस्कृत से प्रेम है। मेरे विचार में इस देश में उत्पन्न प्रत्येक भारतीय को संस्कृत पढ़नी चाहिए। संस्कृत द्वारा ही हमारी प्राचीन बपौती बनी रहेगी। किंतु आज ऐसा प्रतीत होता है कि यदि उसे अपनाया जा सके तो मुझे प्रसन्नता होगी, और मैं उसके पक्ष में मत दूंगा। किंतु मुझे ऐसा प्रतीत होता है कि यह कोई क्रियात्मक प्रस्थापना नहीं है कि संस्कृत को राजभाषा बना दिया जाए।

पंडित लक्ष्मीकांत मैत्र: पंद्रह वर्ष पश्चात यह बिल्कुल ठीक रहेगी, यद्यपि आज नहीं है।

पुरुषोत्तमदास टंडन : मैं नहीं समझता कि आज हमारे लिए अपने संविधान में यह कहना सम्भव होगा कि हिंदी के स्थान पर संस्कृत होनी चाहिए। मेरे विचार में सबसे व्यावहारिक उपाय यही है कि राजकीय प्रयोजनों के लिए हिंदी को स्वीकार कर लिया जाए।

महावीर त्यागी : अंकों के विषय में आपका संशोधन क्या है, श्रीमान।

पुरुषोत्तमदास टंडन : अतएव मेरा निवेदन यह है कि इस सम्पूर्ण लिपि देवनागरी में, जो अतीत काल से चली आ रही है, हिंदी को राजभाषा बनाना चाहिए। यह ठीक नहीं है कि अक्समात, जबकि जनता को इस विषय में ज्ञान नहीं है, जबकि यह विषय लम्बे समय तक उनके समक्ष नहीं रहा है, संविधान सभा यह विनिश्चय कर दे कि उस लिपि में से नागरी अंकों को निकाल दिया जाए और उनके स्थान पर तथाकथित अंतर्राष्ट्रीय अंक या अंग्रेजी अंक रख दिए जाएं। दक्षिण भारत के कुछ

सदस्यों के मन में अंग्रेजी अंकों के प्रयोग के विषय में कुछ आकर्षण है क्योंकि वे उन्हें अपनी भाषाओं में प्रयोग करते रहे हैं। मैं शांतिप्रिय व्यक्ति हूं। मैं यथासम्भव कोई झगड़ा नहीं चाहता।

मेरे मित्र डॉ. एस. पी. मुखर्जी ने मुझसे एक प्रकार की व्यक्तिगत अपील की थी। मैं इसके लिए उनका कृतज्ञ हूं। मैं भी चाहता हूं कि भाषा संकल्प एकमत से ही पारित होना चाहिए। उस उद्देश्य से, यद्यपि मेरी प्रबल इच्छा है कि देवनागरी अंकों के विषय में किसी प्रकार कोई हस्तक्षेप नहीं होना चाहिए, पर अपने दाक्षिणात्य मित्रों की इच्छाओं को पूरा करने के लिए मैंने एक सूत्र पेश किया है। मुझे आशा है कि उसे स्वीकार करना आपके लिए सम्भव होगा। मैं कहता हूं: पंद्रह वर्ष तक देवनागरी लिपि के लिए भारतीय और अंतर्राष्ट्रीय दोनों प्रकार के अंकों को मान्यता दे दी जाए और समय-समय पर राष्ट्रपति, अर्थात् सरकार को यह विनिश्वय करने दिया जाए कि एक प्रकार के अंकों का प्रयोग कहां होगा और दूसरे प्रकार के अंकों का प्रयोग विशेषतः श्री टी.टी. कृष्णमाचारी ने मुझे सुझाव दिया था कि अंक-संग्रह के लिए, हिसाब के लिए तथा बैंक-व्यवहार के लिए अंग्रेजी अंकों के प्रयोग की अनुमति होनी चाहिए। मैंने देखा कि वे उसके विषय में बहुत दृढ़ थे। अत: एक उपखंड में मैंने यह भी रख दिया है कि जहां तक इन मामलों का संबंध है, इन पंद्रह वर्षों की कालावधि में, केवल अंग्रेजी भाषा का ही प्रयोग होना चाहिए ताकि अंतर्राष्ट्रीय अंकों को रखने का मुख्य प्रयोजन अंग्रेजी भाषा से ही सिद्ध हो जाएगा, क्योंकि उसमें तो अंग्रेजी अंकों का प्रयोग होगा ही। मैं नहीं समझता कि किसी की यह इच्छा है कि सामान्य हिंदी पुस्तकों के प्रकाशन में हिंदी अंकों का प्रयोग होना चाहिए, किंतु वह भी मैंने सरकार पर छोड़ दिया है। यदि सरकार चाहती है कि किसी कार्य विशेष के लिए अंग्रेजी अंकों का प्रयोग हो तो वे ऐसा कर सकते हैं। वे केवल तभी हिंदी अंकों का प्रयोग कर सकते हैं, जब वे उन्हें अपेक्षित समझें।

मैं आपसे अनुरोध करता हूं कि मध्यमार्ग को स्वीकार कर लीजिए और यह हठ मत कीजिए कि सदा सर्वदा के लिए देवनागरी अंकों के स्थान पर अंतर्राष्ट्रीय अंकों का ही प्रयोग होना चाहिए (बाधा)। मैं आपसे अनुरोध करता हूं कि उस प्रस्थापना को यहां स्वीकार मत कीजिए, क्योंकि यह उन लोगों के साथ कठोरता होगी जो अब तक हिंदी का प्रयोग करते रहे हैं। उनके दिमाग इस प्रकार के परिवर्तन के लिए बिल्कुल भी तैयार नहीं हैं (बाधा)। देवनागरी को राजकीय लिपि और हिंदी को राष्ट्रभाषा स्वीकार करने के पश्चात हमें सम्मेलन करने होंगे और यह विनिश्चय

करना होगा कि नागरी वर्णों में क्या परिवर्तन किए जाएं? हमारी प्रणाली सम्पूर्ण है, किंतु कुछ अक्षरों के रूपों में परिवर्तन करने की आवश्यकता है और कुछ नए अक्षर भी जोड़ने होंगे।

मेरा निवेदन है कि वर्तमान रूप में नागरी लिपि को स्वीकार करने के पश्चात हमारे सबके लिए यह सम्भव होगा और भारत सरकार के लिए यह विशेषतः अपेक्षित होगा कि सम्मेलन करके उसमें विचार किया जाए कि आधुनिक काल की आवश्यकताओं के लिए लिपि और अंकों में क्या परिवर्तन किए जाएं? प्रधानमंत्री ने उल्लेख किया था कि मुद्रणालय के लिए अंतर्राष्ट्रीय अंक अधिक उपयुक्त हैं। उनके प्रति पूर्ण आदर भाव से मैं कहता हूं कि वे मुद्रण कार्य से परिचित नहीं हैं।

जिन मुद्रण कर्मचारियों के मैं सम्पर्क में आया हूं, उन्होंने मुझे यह सूचना दी है कि हिंदी या अंतर्राष्ट्रीय अंकों के प्रयोग में उनके लिए तनिक भी अंतर नहीं पड़ता। सर्वोत्तम मुद्रण कार्य मोनोटाइप या लीनोटाइप यंत्रों पर होता है। वास्तव में मेरा निवेदन है कि हमारे अंक अधिक कलापूर्ण हैं और हमारे अक्षरों के रूपों के अनुरूप हैं। मैं आपसे अनुरोध करता हूं कि मैंने जिस भावना से इस मध्यमार्ग को प्रस्तुत किया है, उसी भावना से आप इसे स्वीकार कर लीजिए। मैं आपसे कहता हूं कि अधिक कटुता मत बढ़ने दीजिए अन्यथा यह बात यहीं समाप्त नहीं हो सकती। क्या आप समझते हैं कि इस मामले पर आंदोलन नहीं होगा। यह बात उन लोगों के हृदयों में अवश्य खटकेगी जो इन अंकों का प्रयोग करते आए हैं और उनसे प्रेम करते हैं–चाहे वे हिंदी भाषी हों या मराठी भाषी हों या गुजराती भाषी हों। हम आपकी तमिल या तेलुगू लिपियों में तनिक भी परिवर्तन नहीं कर रहे हैं, किंतु आप हमारी नागरी लिपि में परिवर्तन कर रहे हैं।

एल. कृष्णस्वामी भारती : यह तो केवल राजकीय प्रयोजनों के लिए ही है।

पुरुषोत्तमदास टंडन : मुझे पता है कि यह केवल भारत सरकार के राजकीय प्रयोजनों के लिए है। किंतु एक बार भारत सरकार इस बात को आरम्भ करेगी तो यह अवश्य नीचे भी आ जाएगी और फैल जाएगी, क्योंकि सरकार सब कार्यवाहियों का केंद्र है। इसी कारण हमें इस पर आपत्ति है। यदि आप कृपया मेरी बात सुनेंगे तो में पूर्ण विनम्रता से आपसे प्रार्थना करूंगा कि मैंने जो मध्यमार्ग रखा है, उसे स्वीकार करके मेरे संशोधनों को स्वीकार कर लीजिए।

मौलाना अबुल कलाम आजाद : मैं इस वक्त थोड़ा-सा वक्त हाउस का लूंगा। मैं आपको यह बताता हूं कि जबान के बारे में मेरी राय क्या है और इस

सिलसिले में मैंने कांग्रेस पार्टी को जो मशविरा दिया था और ड्राफ्टिंग कमेटी में जो तरज अमल अख्तियार किया था, उससे मेरा मकसद क्या था। यह सारी बातें मैं आपके सामने रखूंगा और आपके जरिए मुल्क के सामने लाऊंगा।

इस बारे में कई सवाल हमारे सामने आए थे। पहला सवाल यह था कि अगर हम अंग्रेजी जबान को उस जगह से हटाना चाहते हैं जो उसने हुकूमत और तालीम में पैदा कर ली है तो उसे किस तरह हटाया जाए? उसे फौरन हटा देना चाहिए या कुछ मुद्दत के अंदर आहिस्ता आहिस्ता। आपको याद होगा कि दो वर्ष पहले मैंने यह राय जाहिर की थी कि हमें कम-से-कम पांच वर्ष तक इंतजार करना चाहिए; यानि पांच वर्ष तक यूनिवर्सिटी में और सरकारी दफ्तरों में अंग्रेजी जबान अपनी जगह कायम रहे। इसके बाद तब्दीली अमल में आए और उस मुद्दत के अंदर हम अपनी मुल्की जबान को इस काबिल बनाने की कोशिश करें कि वह अंग्रेजी की जगह बाआसानी ले सके। मेरा यह खयाल कि अंग्रेजी फौरन न हटाई जाए, आमतौर पर पसंद किया गया था। लेकिन जो मुद्दत मैंने ठहराई थी, उससे बहुत कम दोस्तों ने इत्तफाक किया था। खासतौर पर दक्षिण और बंगाल के दोस्तों का यह खयाल था कि इससे बहुत ज्यादा जमाना हमें दरकार होगा। पांच वर्ष की मुद्दत एक ऐसी बड़ी तब्दीली के लिए काफी नहीं हो सकती। मैं तस्लीम करता हूं कि काम के तजरबे और सोच-विचार के बाद मुझे भी उन दोस्तों की राय से इत्तफाक करना पड़ा। मैं अब महसूस करता हूं कि मेरा अंदाजा दुरुस्त न था। पांच-छः वर्ष के अंदर हम किसी तरह भी यह रास्ता तय नहीं कर सकते। मुझे श्री आयंगर की तरमीम से पूरा इत्तफाक है कि इसके लिए कम-से-कम पंद्रह वर्ष की मुद्दत रखनी चाहिए। आपको मालूम है कि मुझसे ज्यादा इस बात का कोई ख्वायशमंद नहीं हो सकता कि हम अंग्रेजी भाषा की जगह अपनी मुल्की भाषा को राज करते हुए देखें। शायद यह कहना बेजा न होगा कि मैं पहला शख्स हूं जिसने असेम्बली में इसकी कोशिश की कि सरकारी बेंच से अंग्रेजी की जगह हिंदुस्तानी की आवाज बुलंद हो। लेकिन मामले के तमाम पहलुओं पर गौर और फिक्र करने के बाद मुझे इस नतीजे पर पहुंचना पड़ा कि इस मामले को हम महज अपनी ख्वायश और जज्बे के मातहत अंजाम नहीं दे सकते। हमें सूरत हाल की मुश्किलों को मानना चाहिए और उसके मुताबिक फैसला करना चाहिए। हमारे रास्ते में दो बड़ी रुकावटें खड़ी हो गई हैं। पहली रुकावट यह है कि हमारी कोई मुल्की भाषा भी ऐसी नहीं है जो फौरन अंग्रेजी की जगह ले सके। उसे उभरने, संवरने और बनने के लिए कुछ समय चाहिए। जहां

तक हुकूमत के दफ्तरी कामों का लगाव है और जहां तक ऊंचे दर्जे की तालीम का ताल्लुक है, हमारी कोई जबान भी आज अचानक अंग्रेजी की जगह नहीं ले सकती। इस बात को मानना हमें बहुत दुख देता है, लेकिन अफसोस के साथ हमें मान लेना पड़ता है। अगर इन डेढ़ सौ वर्ष के अंदर जो अंग्रेजी हुकूमत का जमाना गुजर चुका है, हमारी मुल्की जबान को हुकूमत और तालीम की जबान होने का मौका मिला होता तो यकीनन आज उपाती कोषी जवान का भी वही दर्जा होता जो दुनिया की इल्मी जबानों का है! मगर बदकिस्मती से ऐसा नहीं हुआ। हुकूमत और तालीम की जबान अंग्रेजी रही और आज हम मजबूर हो गए हैं कि इसी के जरिए अपनी कौमी जिंदगी के तमाम काम अंजाम दें। दूसरी रुकावट मुल्क में किसी एक आम जबान का न होना है। हम अंग्रेजी जबान की जगह किसी मुल्क की जबान को अचानक लाएं तो किस जबान को लाएं जो सारे मुल्क में एक तरह लिखी और पढ़ी जाती हो। यह हकीकत है कि ऐसी कोई जबान नहीं है। बिला शुभा उत्तरी हिंदुस्तान की जबान सबसे ज्यादा बोली और समझी जाती है लेकिन अव्वल तो हर जगह लिखी और पढ़ी नहीं जाती; दूसरे यकीन का हिस्सा उसके दायरे से बिल्कुल बाहर रहा है। वहां बहुत कम लोग ऐसे मिलेंगे जो उत्तरी हिंद को भाषा टूटी-फूटी भी बोल सकें। यह बात मान लेनी पड़ती है कि जब थान के एतबार से उत्तर और दक्षिण दो बिल्कुल अलग-अलग हिस्से हो गये हैं। सिर्फ अंग्रेजी जबान है जिसमें पढ़े-लिखे उत्तरियों और दक्खनियों को आपस में मिला दिया है। अंग्रेजी को आज छोड़ दें तो फिर हमारे लिए जबान का कोई रिश्ता बाकी नहीं रहता।

अब अगर हम चाहते हैं कि अंग्रेजी की जगह हमारी मुल्क की जबान तमाम मुल्क की कौमी और फैडरल जबान हो जाए तो इसके सिवा चारा नहीं कि कुछ मुद्दत तक सब्र और इंतजार करें। अंग्रेजी को कायम रखते हुए मुल्की जबान की तालीम को आप करने की कोशिश करें। इस काम में हमें सबसे ज्यादा अपने दक्षिणी भाइयों की गुडविल और कोआपरेशन की जरूरत है। जब तक वह दिली तौर पर इस काम में हमारा साथ न देंगे, हम अपने मकसद में कामयाब नहीं हो सकते। उन्होंने पूरी तैयारी के साथ आमादगी जाहिर की है कि उन्हें पंद्रह वर्ष का मौका दिया जाए और हमें चाहिए कि खुशी के साथ इस मुद्दत को मंजूर कर लें। अगर एक ऐसा अहम मामला जैसा कि कौमी जबान का मामला है, सिर्फ पंद्रह वर्ष में तय हो जाता है हमें तल्लीमा करना चाहिए कि यह सौदा बहुत सस्ते में चुका दिया गया है तो कौम की जिंदगी की एक बड़ी कविन मंजिल आसानी के साथ तय हो गई। एक

कौम और मुल्क की जिंदगी में पंद्रह वर्ष की मुद्दत कौन-सी बड़ी मुद्दत है? यह पंद्रह दिन से ज्यादा नहीं।

बाज दोस्तों ने इस पर यह एतराज किया है कि इस फैसले का असर सूबों पर ही पड़ेगा, हालांकि बाज सूबों ने अंग्रेजी को बहुत हद तक उसकी जगह से हटा लिया है और बाज यूनिवर्सिटियों ने फैसला किया है कि वह यूनिवर्सिटी दर्जे की तालीम भी बहुत जल्द अपनी मुल्की जबान के जरिए देना शुरू कर देंगे। इस सिलसिले में सी. पी. की दो यूनिवर्सिटियों का जिक्र किया गया है। मुझे यह कहने में ताअमुल नहीं कि इस तरह जल्दबाजी के फैसले किसी तरह भी कौमी तालीम के मकसद को फायदा नहीं पहुंचा सकते। मुझे अंदेशा है कि इससे तालीम का स्टैंडर्ड बहुत कुछ गिर जाएगा। तुलवा की तालीमी इस्तेदाद को नुकसान पहुंचेगा। सूबों की गवर्नमेंटों और यूनिवर्सिटियों को मालूम था कि गवर्नमेंट आफ इंडिया इस मामले पर गौर कर रही है और एक यूनिवर्सिटी कमीशन बिठा दिया गया है जो और तालीमी मसलों के साथ इस अहम मसले पर भी गौर करेगा। जरूरी था कि वह कमीशन की सिफारिशों का इंतजार करते और सोच-समझ कर कदम उठाते। हम तालीम के मैदान में इस तरह अलग-अलग कदम उठा कर मुल्क की तालीमी जिंदगी की कोई खिदमत नहीं करेंगे।

पं. रविशंकर शुक्ल : मैं आपको यह इत्तिला दे दूं कि सी. पी. की यूनिवर्सिटियों ने फैसला तीन वर्ष पहले किया था। यूनिवर्सिटी कमीशन तो इस वर्ष बिठाया गया है।

मौलाना अबुल कलाम आजाद: ठीक है। उन्होंने तीन वर्ष पहले फैसला किया था लेकिन हमें गौर करना है कि यह फैसला मसलेहत के मुताबिक था या नहीं। इसमें कोई शेष नहीं कि यह फैसला हमारी तालीम की मसलेहतों का साथ नहीं देता। और जरूरी है कि उस पर नजर सानी की जाए। यूनिवर्सिटी कमीशन की सिफारिशें गवर्नमेंट को मिल गई हैं। बहुत जल्द गवर्नमेंट को मौका मिलेगा कि इस पर गौर करेगी। मैं समझता हूं कि आप इससे इत्तेफाक करेंगे कि इस बारे में यूनिवर्सिटियों को अलग-अलग फैसले नहीं करने चाहिए, बल्कि एक फैसला करके तमाम मुल्क को उस पर अमल करना चाहिए।

जहां तक तालीम का ताल्लुक है मैं नहीं समझता कि हमारे लिए पंद्रह वर्ष तक इंतजार करना जरूरी होगा। हम इससे पहले यह तब्दीली अमल में ला सकते हैं बशर्ते कि ठीक तरीके पर उसकी तैयारी का काम शुरू कर दें। लेकिन कोई ऐसी तब्दीली जो फौरन अमल में लाई जाए, यकीनन गलत होगी और आला तालीम के सारे मैदान को उलट-पलट कर देगी।

इस सिलसिले में अदालतों का सवाल भी हमारे सामने आया है। मेरी कतई राय है कि पंद्रह वर्ष तक अंग्रेजी जबान को आला अदालतों में जारी रखना चाहिए। अगर हम जल्दबाजी करके अंग्रेजी को हटाएंगे तो तरह-तरह के कानूनी उलझाव पैदा हो जाएंगे। इसके अलावा मुख्तलिफ सूबों की अदालतों में कोई बाहमी रिश्ता जबान की यकसानी का बाकी नहीं रहेगा। यह तब्दीली उसी वक्त होनी चाहिए जब अंग्रेजी की जगह एक कौमी जबान हर हिस्से में लिखी और पढ़ी जाने लगे और ऊंचे दर्जे के मतालिब वयान करने के लिए उसका एक ठीक सांचा ढल जाए। यकीनन इस काम के लिए पंद्रह वर्ष की मुद्दत कोई बड़ी मुद्दत नहीं है।

जबान के सिलसिले में दूसरा सवाल यह सामने आया था कि जिस जबान को हम कौमी जबान करार दें, वह-कौन सी जबान हो। उसे किस नाम से पुकारना चाहिए।

जहां तक जबान का ताल्लुक है यह बात आमतौर पर मान ली गई है कि मुल्क की कौमी जबान वही जबान हो सकती है जो उत्तरी हिंद की जबान है। लेकिन उत्तरी हिंद की जबान के लिए अब तीन नाम पैदा हो गए हैं। उर्दू, हिंदी, हिंदुस्तानी। और सारा झगड़ा इस बारे में हैं कि उसे किस नाम से ताबीर करना चाहिए। कुदरती तौर पर इन तीनों नामों के पीछे जबान के अलग-अलग रूप आकर खड़े हो गए हैं और झगड़ा नाम का नहीं है, उस रूप का है जो नाम के साथ जुड़ गया है। मैं मुख्तसर लफ्जों में आपको बतला देता हूं कि उन तीनों नामों का असली इखतेलाफ क्या है? उत्तरी हिंद की जबान अपने ढांचे और सांचे में एक ही है। लेकिन जब वह अदबी यानी लिटरेरी दर्जे में आती है तो उसके दो नाम हो जाते हैं। जिस स्टाइल में फारसी जबान की झलक ज्यादा आ जाती है, उसे उर्दू कहते हैं। जिसमें संस्कृत की झलक ज्यादा उभरती है, उसे हिंदी कहने लगे हैं। हिंदुस्तानी के नाम ने एक आम और वसीह मफहूम पैदा कर लिया है। यह अपने वसीह दामन में उत्तरी हिंद की जबान के सारे रूप ले लेता है। इसमें हिंदी भी आ जाती है, उर्दू भी आ जाती है और इससे भी ज्यादा फैलाव की गुंजाइश निकल आती है। यह गोया ठीक-ठीक उस सूरत हाल को नुमायां कर देता है जो इस वक्त उत्तरी हिंद की जबान की है। यह किसी आनसर को खारिज नहीं करता। सबको अपने अंदर समेट लेता है।

आज से तकरीबन पच्चीस वर्ष पहले जब यह सवाल आल इंडिया कांग्रेस कमेटी के सामने आया था तो मेरी ही तजवीज से उसने हिंदुस्तानी का नाम इख्तयार किया था। मकसूद यह था कि हम जबान के बारे में तंग खयाली से काम न लें, ज्यादा-से-ज्यादा वसीह मैदान पैदा कर दें। हिंदुस्तानी का लफ्ज इख्तयार करके

हमने हिंदी और उर्दू के इख्तेलाफ को भी दूर कर दिया था। क्योंकि जब आसान उर्दू और आसान हिंदी बोलने और लिखने की कोशिश की जाती है तो दोनों मिल कर एक जबान हो जाती है; तब उर्दू और हिंदी का फर्क बाकी नहीं रहता। इस आसान और सहज बोलचाल के चौखटे में नए-नए लफ्जों और तरकीबों के जितने गुलबूटे बनाने चाहें बना सकते हैं। इसमें किसी तरह की रुकावट हमें पेश नहीं आएगी। आज से सत्तर-अस्सी वर्ष पहले शुमाली हिंद के लिखने-पढ़ने की जबान आमतौर पर उर्दू थी। फिर हिंदी की तहरीर शुरू हुई और एक दूसरा लिटरेरी ढंग पैदा हो गया। अब उर्दू और हिंदी दो अलग-अलग नाम हो गए हैं। लेकिन यू. पी., सी. पी., बिहार और पंजाब में आज भी आमतौर पर जो जबान बोली जाती है, वह अपने रूप में एक ही है। जिन लोगों ने संस्कृत लिटरेचर से शौक पैदा किया है उनकी जबान पर संस्कृत के लफ्ज और संस्कृत रूट से निकले हुए लफ्ज ज्यादा आ जाते हैं। जिन लोगों ने फारसी की तालीम पाई है, उनकी जबान से फारसी के लफ्ज ज्यादा आ जाते हैं। कांग्रेस का फैसला यह था कि यह दोनों किस्म के स्टाइल हिंदुस्तानी में दाखिल हैं और हर स्टाइल का बोलने वाला हिंदुस्तानी बोलता है। अगर हम चाहते हैं कि एक वसीह ताकतवर और इल्मी जबान पैदा हो जाए तो हमें चाहिए किसी तरह की बनावटी रोक लोगों पर न लगाएं। जो जबान बोलते हैं, बोलने दें। कुछ अर्से के अंदर खुद- ब-खुद एक खास ढंग उभर आएगा। जो लफ्ज ज्यादा चलता हुआ और जबान के कुदरती उसूलों के मुताबिक होगा, बाकी रहेगा। जो ऐसा नहीं होगा छूट जाएगा। इल्मी जबानें इस तरह नहीं बना करतीं कि बनावटी कायदों और ठहराई हुई पाबंदियों के जरिए कोई चीज बना दी जाए। जबान बनाई नहीं जाती, खुद-ब-खुद बनने लगती है। ढ़ाली नहीं जा सकती, खुद-ब-खुद ढलने लगती है। आप लोगों की जबानों पर बनावटी पाबंदियों के कुफल नहीं चढ़ा सकते; अगर चढ़ाइएगा तो वह लगेंगे नहीं, खुद-ब-खुद खुल कर गिर पड़ेंगे। जबानों का कानून आपकी पकड़ से बाहर है। आप हर चीज के लिए कानून बना सकते हैं। लेकिन जबानों की कुदरती चाल के लिए कोई कानूनसाजी नहीं की जा सकती। वे खुद-ब-खुद एक रास्ता इख्तयार कर लेती हैं, और सिर्फ उसी रास्ते के जरिए मंजिल मकसूद तक पहुंच सकती हैं।

बहरहाल हिंदुस्तानी का नाम इख्तियार करके कांग्रेस ने जबान की कुदरती हालत का एतराज किया था और उसे बनावटी पाबंदियों से महफूज कर देना चाहा था। खुद गांधीजी का और कांग्रेस का इसी पर अमल रहा। उन्होंने सारे मुल्क का एक सिरे से लेकर दूसरे सिरे तक दौरा किया और हर जगह हिंदुस्तानी में तकरीर की।

वह दिल्ली या लखनऊ के रहने वाले न थे। काठियावाड़ में उनकी परवरिश हुई थी। उनकी हिंदुस्तानी न तो अदबी उर्दू थी, न अदबी हिंदी। एक मिली-जुली किस्म की जबान थी। बहुत से लफ्ज जो बम्बई और गुजरात के हिंदुस्तानी बोलने वाले बोल जाते हैं, उनकी जबान पर भी चढ़ गए थे और वह बिला तामुल उन्हें काम में लाते थे। लेकिन फिर भी उनकी यह जबान हिंदुस्तानी जबान ही थी और करोड़ों हिंदुस्तानियों के दिलों तक उनका पैगाम इसी जबान के जरिए पहुंचा था। खुद कांग्रेस के प्लेटफार्म को देखिए कि गांधीजी के असर में आने के बाद उसका क्या हाल हुआ। पहले कांग्रेस की तमाम कार्यवाही अंग्रेजी में होती थी। गांधीजी के दौर में हिंदुस्तानी आई और आज तक उसी जबान में तमाम तकरीरें होती हैं। लेकिन यह हिंदुस्तानी दिल्ली और लखनऊ की टकसाली जबान नहीं होती, न बनारस के पंडितों की हिंदी होती है। एक निहायत वसीह किस्म की जबान हो गई है। जिसमें हर तकरीर करने वाला अपनी-अपनी तालीम और टेस्ट के मुताबिक जबान का एक ढंग इख्तयार कर लेता है और अपना मतलब हजारों आदमियों को समझा देता है। उर्दू बोलने वाले उर्दू बोलते हैं। हिंदी बोलने वाले हिंदी बोलते हैं। बम्बई का मुकर्रर बम्बई की हिंदुस्तानी बोलेगा। बंगाल का मुकर्रर बंगाली लहजे की हिंदुस्तानी काम में लाएगा। हिंदुस्तानी का आम और फैला हुआ नाम इस सबको अपने दायरा में ले लेता है और सबके लिए जगह रखता है। जरूरत है कि हम जबान की यह वुसअत कायम रखें और इसे फैलने और संवरने दें। इसे किसी एक तंग दायरे में महदूद न कर दें। हमें अंग्रेजी जैसी वसीह और इल्मी जबान की जगह एक कौमी जबान पैदा करनी है। वह इसी तरह पैदा हो सकती है कि जबान का दामन ज्यादा-से-ज्यादा वसीह हो। तंग और सिमटा हुआ न हो। अगर आप इसे उर्दू कहेंगे तो यकीनन इसका दायरा वसीह नहीं रहेगा। इसी तरह अगर हिंदी करार देंगे तो यकीनन एक तंग दायरे में वह सिमट कर रह जाएगी। सिर्फ हिंदुस्तानी ही का लफ्ज है जिसने एक वसीह मफहूम पैदा कर लिया है और जो जबान की हकीकी सूरत हाल को ठीक-ठीक वाजेह कर देता है।

यही वजूह है जिनकी बिना पर मेरी वर्षों से यह राय रही है कि कौमी जबान को हिंदुस्तानी के नाम से ताबीर करना चाहिए और यह याद दिलाना जरूरी नहीं कि अपनी जिंदगी के आखिरी दिन तक गांधीजी की भी यही राय थी। इस गर्ज से उन्होंने हिंदुस्तानी प्रचार सभा कायम की और इसलिए वह हिंदी साहित्य सम्मेलन से अलग हो गए। अब जब कांस्टीट्यूशन के सिलसिले में यह सवाल कांग्रेस पार्टी के सामने

आया तो कुदरती तौर पर मैंने इसी राय पर जोर दिया। मुझे तवक्को थी कि कम से कम कांग्रेस के पुराने साथी अपनी जगह से न हिले होंगे, और गांधीजी के सिद्धांतों पर जमे होंगे, मगर मैं आपसे अपना यह खयाल छिपाना नहीं चाहता कि मुझे सख्त मायूसी हुई। मैंने देखा कि चंद गिने हुए कदमों के सिवाय और सारे कदम अपनी जगह से हट गए हैं।

पार्टी में जैसा कि आपको मालूम है कि कई दिन तक बहसें होती रहीं, मगर कोई नतीजा नहीं निकला। बहस का ज्यादा जोर इस बात पर था कि कब तक अंग्रेजी रखी जाए और कब से नई तब्दीली अमल में आए। जबान (भाषा) के सिलसिले में चंद नई तजवीजें भी पेश की गईं। एक तजवीज (प्रस्ताव) यह थी कि कांस्टीट्यूशन में हिंदी ही का लफ्ज (शब्द) रखा जाए। लेकिन इसके साथ यह तशरीह बढ़ा दी जाए कि हिंदी में जबान की वह सूरत भी दाखिल है, जिसे उर्दू कहते हैं। मतलब यह था कि जो फैलाव हिंदुस्तानी के नाम में बतलाया जाता है, वह हिंदी में पैदा कर दिया जाए। आखिर में ड्राफ्टिंग कमेटी के सुपुर्द यह मामला किया गया और उससे दरख्वास्त की गई कि कांस्टीट्यूशन के इस हिस्से का एक नया मसौदा इख्तयार करके पेश करे, और इन तमाम तजवीजों को भी पेश नजर रखे जो बहस के दौरान पेश की गई हैं। कमेटी में चंद नए मेम्बर भी बढ़ाए गए। उन मेम्बरों में एक मेम्बर मैं भी था।

कमेटी के पहले इजलास में मैं शरीक हुआ। मगर मैंने महसूस किया कि अकसरियत एक खास राय पर पहले से जमी हुई है और वह किसी तरह इस पर राजी नहीं हो सकती कि हिंदी की जगह हिंदुस्तानी को इख्तयार किया जाए या हिंदी की कोई ऐसी तशरीह की जाए कि जिससे उसके मफहूम में कुछ फैलाव पैदा हो सके। चूंकि इस हालत में मेरा कमेटी में रहना बेकार था, इसलिए मैंने इस्तीफा दे दिया और कमेटी से अलग हो गया।

मेरे मुस्तफी होने के बाद फिर नए सिरे से यह मामला कमेटी में उठाया गया और इसकी कोशिश की गई कि मामला में एक खास हद तक बसअत पैदा की जाए। इसी कोशिश का नतीजा वह तरमीम है जो आयंगर साहब ने पार्टी के इजलास में रखी थी और अब आपके सामने आई है।

इसी तरमीम ने मामले में कई तब्दीलियां पैदा की हैं, जो काबिल गौर हैं :

(1) जहां तक जबान के नाम का ताल्लुक है, हिंदी ही का नाम रखा गया लेकिन फिर एक दफा बढ़ा कर हिंदी की नोईयत वाजेह करने की कोशिश की है और इस बात पर जोर दिया गया है कि हिंदुस्तानी भी इसके मफहूम में दाखिल है।

(2) इस बात पर भी जोर दिया गया है कि हिंदुस्तानी कल्चर एक कम्पोजिट 'कल्चर है और हिंदुस्तान की कौमी जबान ऐसी होनी चाहिए जो इस कम्पोजिट कल्चर को नुमायां करती हो।

(3) उर्दू जबान के बारे में यह बात साफ कर दी गई है कि मुल्क की रिकगनाइज्ड जबानों में से एक जबान वह भी है।

जहां तक उर्दू जबानं का ताल्लुक है, मामले ने अचानक एक ऐसी सूरत इख्तयार कर ली थी जो आगे चल कर लाखों-करोड़ों वाशिंदों के हकूक पर असल डाल सकती थी, लेकिन इस तरमीम ने बहुत हद तक इसका इलाज कर दिया। उर्दू जबान अगर्चे तमाम शुमाली हिंदुस्तान में फैल गई थी, लेकिन इस पैदाइश और तरक्की का असली घर यू. पी. का सूबा था। दिल्ली के बाद लखनऊ उसका मरकजी मकाम बना और अठारहवीं और उन्नीसवीं सदी में तमाम मुल्क को उसने एक बनी-बनाई जबान दे दी। अगर कांग्रेस के पिछले फैसले के मुताबिक हिंदुस्तानी को इसके दोनों खतों के साथ इख्तयार कर लिया जाता तो उर्दू का अलग सवाल पैदा नहीं होता; क्योंकि हिंदुस्तानी के आम मफहूम में उर्दू भी आ जाती और फिर कुछ अरसे के बाद जबान का रूप मिल-जुल कर एक ही हो जाता। मगर ऐसा नहीं किया गया और हिंदुस्तानी की जगह हिंदी को इख्तयार कर लिया गया। ऐसी हालत में हकीकत और इंसाफ का तकाजा यह था कि कम-से-कम उर्दू को उसी जन्मभूमि यानी यू. पी. में सरकारी जगह दे दी जाती, मगर नहीं दी गई और हिंदी सिर्फ एक खत के साथ सरकारी जबान तस्लीम कर ली गई। अब कुदरती तौर पर यह सवाल पैदा हो गया था कि उर्दू की कोई जगह इंडियन यूनियन में बाकी भी रहेगी या नहीं। यह सच है कि अगर एक जबान लाखों-करोड़ों आदमी रात-दिन बोल रहे हैं तो इसकी जिंदगी हुकूमत के मानने या न मानने पर मौकूफ नहीं हो सकती। जब तक लोग खुद अपनी मर्जी से उसे न छोड़ें, कोई भी उन्हें छोड़ने पर मजबूर नहीं कर सकता। ताहम मुल्क के जमहूरी कांस्टीट्यूशन के लिए यह बात बहुत ही नामौजूं होती कि वह मुल्क की एक ऐसी जबान का एतराफ न करे, जिसे लाखों-करोड़ों हिंदू-मुसलमान बोल रहे हैं और जो उनकी मादरी जबान है। अब इस तरमीम ने यह बात बिल्कुल साफ कर दी कि मुल्क की मानी हुई जबानों में एक जबान उर्दू भी है। उसके साथ भी हुकूमत का वही तर्ज अमल रहेगा जो तमाम मानी हुई जबानों के साथ रहना चाहिए।

मैं आपको यह बतला दूं कि इस दफा में जबान की जो तशरीह की गई है, पहले उसे कांस्टीट्यूशन की दफात में नहीं रखा गया था, डायरेक्टिव में रखा गया था।

लेकिन फिर उसे कांस्टीट्यूशन की एक मुस्तकिल दफा बना दिया गया। इस तब्दीली की वजह से मामला के मजबूती ज्यादा वाजेह हो गई।

जहां तक रस्मुलखत यानी लिपि का सवाल है, कांग्रेस का फैसला यही था कि दोनों लिपियां हमें इख्तयार कर लेनी चाहिए यानी देवनागरी भी और उर्दू भी। इसके खिलाफ यह एतराज किया जाता था कि अगर दोनों लिपियों को मान लेने का यह मतलब समझा गया है कि सरकारी दफ्तरों के तमाम कागजात यकसां तौर पर दोनों लिपियों में लिखे जाएंगे तो इस ढंग का निभाना बहुत मुश्किल हो जाएगा और दफ्तरों का काम, खर्च और मेहनत बहुत बढ़ जाएगी। मैंने इस एतराज का वजन महसूस किया था और इसलिए इससे एत्तफाक किया था कि सरकारी दफ्तर के कागजात के लिए सिर्फ देवनागरी ही को इख्तयार कर लिया जाए। लेकिन इस पर जोर दिया था कि हुकूमत के तमाम ऐलान, रेजूल्यूशन और इसी किस्म की तमाम चीजें दोनों लिपियों में निकलनी चाहिए दफ्तरों और अदालतों में हर तरह की दरख्वास्तें दोनों रस्मुलखतों में मंजूर होनी चाहिए। मैंने इस पर जोर दिया था कि यह बात कांस्टीट्यूशन में आ जाए, लेकिन इससे भी एत्तफाक नहीं किया गया। अलबत्ता यह बात तस्लीम की गई है कि इंडियन यूनियन की जितनी मानी हुई जबानें हैं, इन सब में लोगों को हक होगा कि दरख्वास्त दें और दरख्वास्त का जवाब हासिल करें।

मैं नहीं चाहता कि आपसे उस असर को जरा भी छुपाऊं, जो इस तमाम बहस के दौरान में मुझ पर हुआ है। मुझे यह देख कर बड़ी ही मायूसी हुई कि एक तरफ से ले कर दूसरी तरफ तक हर तरफ तंग खयाली छाई हुई है। तंग खयाली, आप समझें नेरोमाइंडेडनेस-दिमाग का छोटा और सिमटा हुआ होना और हर तरह के फैलाव और ऊंचाई से इंकार करना। मैं आपसे कहूंगा कि हम ऐसा तंग दिमाग ले कर दुनिया की बड़ी कौम नहीं बन सकते। हिंदुस्तान की कदीम बड़ाई और तरक्की को इसी तंग खयाली ने जो बाद में पैदा हुई, तारीकी में डाल दिया था। यह बड़ी ही खतरनाक बात है कि हम फिर इसी तरफ झुक रहे हैं। हिंदुस्तानी के खिलाफ जो कुछ कहा गया है, इसमें सबसे ज्यादा जोर इस बात पर दिया गया है कि हिंदुस्तानी का नाम इख्तयार करने से उर्दू के लिए भी गुंजाइश निकल आएगी, लेकिन मैं आपसे कहना चाहता हूं कि अगर निकल आएगी तो कौन-सी कयामत टूट पड़ेगी। आखिर उर्दू हिंदुस्तान ही की जबान है। हिंदुस्तान ही की मिट्टी से बनी है। हिंदुस्तान ही में फूली-फली है और हिंदुस्तान के ही करोड़ों हिंदू-मुसलमानों की मादरी जबान है। आज भी यही जबान है जिसके जरिए मुख्तलिफ सूबों के बाशिंदे एक-दूसरे से बातचीत करते हैं

और इंटर प्राविन्शियल ताल्लुकात का तन्हा हिंदुस्तानी जरिया है। क्यों हम अपने देश की एक जबान के खिलाफ अपने दिमागों को यहां तक मुखालिफ होने दें? क्यों हमारी दिमागी तंग दिली हमें इतनी दूर तक बहा ले जाए?

मेरे दोस्त मुझे माफ करेंगे अगर मैं कहूं कि इसी दिमागी तंग खयाली का एक दूसरा मंजर मैंने आदाद यानी न्यूमरल की बहस में देखा कि मैं समझ सकता हूं कि एक शख्स की राय इसके खिलाफ हो कि देवनागरी आदाद की जगह इंटरनेशनल आदाद इख्तयार किए जाएं। लेकिन यह बात मेरी समझ में नहीं आती कि इतने तेज जज्बे इसके खिलाफ क्यों पैदा हो जाएं और इतनी सख्त मुखालिफत इसकी क्यों की जाए। आखिर जो कुछ भी हो यह एक मामूली-सी बात है। इस बात पर बार-बार जोर दिया गया है कि हम एक-दूसरे मुल्क की चीज क्यों लें जबकि खुद हमारी चीज मौजूद है। हालांकि यह खयाल सिरे से बेअसल है। यह अदद जो आज तमाम यूरोप की कौमों में रायज है, दरअसल हम हिंदुस्तानियों का ही एक अतया है जो आज से सदियों पहले हमने दुनिया को दिया था। आज अगर हम इसे इख्तयार कर लेते हैं तो अपनी ही चीज को फिर वापस लेना चाहते हैं। यह हिंदुस्तानी आदाद पहले अरब में गए थे फिर अरब से यूरोप में गए। यही वजह है कि इनका नाम यूरोप में अरबी आदाद मशहूर हो गया। हालांकि इनकी पैदाइश हिंदुस्तान में हुई थी। आदाद का यह ढंग हिंदुस्तान की सबसे बड़ी इल्मी ईजाद है। जिस पर इसे बजा तौर पर फख्र करना चाहिए और आज तमाम दुनिया इसका एतराफ कर रही है। यह आदाद जिस तरह अरब में पहुंचे उसकी दास्तान तारीख के सफों पर महफूज कर ली है।

आठवीं सदी मसीह में जब दूसरा अबासी खलीफा अलमंसूर बगदाद में हुक्मरान था तो हिंदुस्तान के वैद तबीबों की एक जुमाअत बगदाद पहुंची थी और अलमंसूर के दरबार में बारयाब हुई थी। इसी जुमाअत में एक तबीब अस्ट्रानोमी का माहर था और ब्रह्मगुप्त की किताब 'सिद्धांत' इसके साथ थी। अलमंसूर को जब यह मालूम हुआ तो उसने एक अरब हकीम इब्राहीम अलगजारी को हुक्म दिया कि हिंदुस्तानी आलम की मदद से 'सिद्धांत' का तरजमा अरबी में करे। इसी तरजमा के सिलसिले में बयान किया जाता है कि हिंदुस्तान के आदाद के तरीके से अरब वाकिफ हुए और इसका अजीम उलशान फायदा देख कर उन्होंने फौरन इसे अरबी में इख्तयार कर लिया। लेटिन की तरह अरबी में भी आदाद शुमार करने के लिए खास शकलें न थीं। हर नम्बर और अदद को लफ्जों में अदा किया जाता था और अगर इख्तेसार की जरूरत होती थी जो मुख्तलिफ हर्फी से काम लेते थे, जिनके

खास-खास अदद ठहरा लिए गए थे। अब हिंदुस्तानी आदाद ने इनके आगे हिसाब की एक निहायत आसान सूरत पेश कर दी है और अरबी आदाद के नाम से वह मशहूर हो गए। फिर यूरोप पहुंच कर उन्होंने यह रूप पैदा कर लिया जो आज इंटरनेशनल आदाद का हम देख रहे हैं।

मैंने इस पर जोर दिया कि यह आदाद खुद हिंदुस्तान ही की चीज है, बाहर की नहीं है लेकिन फर्ज कर लीजिए कि यह तमाम तर यूरोप ही की ईजाद होती, लेकिन अगर हिसाब-किताब में वह ज्यादा साफ, ज्यादा वाजेह, ज्यादा कारआमद है तो क्यों हम बिला ताम्मुल उन्हें इख्तयार न कर लें? क्यों महज इस वजह से कि वे किसी दूसरे मुल्क से ताल्लुक रखते हैं हमारे लिए इनका इस्तेमाल काबिल एतराज हो जाए? आप यकीनन इससे इंकार नहीं कर सकते कि देवनागरी आदाद की जो शकल है, इससे ज्यादा साफ और वाजेह शकल इन आदाद की बन गई है। यह ज्यादा आसानी से पहचान लिए जा सकते हैं और अपनी मजमुई शकल में ज्यादा नुमायां, साफ और खुशनुमा मालूम होते हैं। हर शख्स तस्लीम करेगा कि हिसाब में दूसरी शकलों से ज्यादा कारआमद यह शक्लें हैं।

जसपत राय कपूर : कब से यह बात तजर्बे में आई?

मौलाना अबुल कलाम आजाद : जबसे यह आदाद मशहूर हुए हैं, उस वक्त से इनकी यह खसूसियत भी मशहूर हो गई। मैं आपके दूसरे मशरकी मुल्कों का हाल बतलाऊंगा। तकरीबन तमाम मशरकी मुल्कों में यह आदाद हिसाब-किताब में इख्तयार कर लिए गए हैं। जो लोग यूरोपीय जबानें नहीं जानते उन्होंने भी यह आदाद सीख लिए हैं और लिखने-पढ़ने में इनसे काम लेते हैं।

बहरहाल जहां तक आदाद के सवाल का ताल्लुक है, मुझे मिस्टर आयंगर की तरमीम से पूरा इत्तफाक है। मैं खुश हूं कि यह जरूरी इसलाह अमल में लाई जा रही है।

जहां तक जबान के मसले का ताल्लुक है, मैंने आप पर वाजेह कर दिया कि मेरी राय क्या थी और मेरी राय अब भी क्या है। मुझे अफसोस है कि जबान का मसला उस तरीके पर तय नहीं किया गया जिस तरह तय करना था। मैंने कोशिश की। मेरे बाज रुफिका ने भी कोशिश की लेकिन बिलआखिर हमने महसूस किया कि मौजूदा आबहवा में इससे ज्यादा लचक नहीं पैदा की जा सकती, जिस कदर मिस्टर आयंगर की तरमीम में पैदा हो गई है।

आज आप यह फैसला करेंगे कि इंडियन यूनियन की सरकारी जबान हिंदी होगी। यह फैसला कीजिए हिंदी के नाम में कुछ धरा नहीं है। असली सवाल जबान

की नोईयत का है। हम हिंदुस्तानी कह कर उसे उसकी हकीकी सूरत का कायम रखना चाहते थे। आपकी अकसरियत ने इससे इत्तेफाक नहीं किया लेकिन अब भी यह मुल्क के इख्तयार में है कि हिंदी की नोईयत को बिगड़ने न दें और उसे एक बनावटी जबान बनाने की जगह एक वाकई बोलचाल की आसान और आम फहम जबान रहने दें। हमें उम्मीद करनी चाहिए कि मौजूदा तंग खयाली की आबहवा जो पिछली बदकिस्मत सूरत हाल का बाकिया है, अब ज्यादा अरसे तक कायम नहीं रहेगी और बहुत जल्द ऐसी आबहवा पैदा हो जाएगी जिसमें लोग हर तरह के वक्ती जज्बों से आजाद हो कर जबान के मसले को उसकी सही और सच्ची सूरत में देखेंगे।

जनाव सदर, मैंने हाउस का काफी वक्त लिया। अब मैं और ज्यादा बोझ दोस्तों की तवज्जह पर नहीं डालूंगा। मैं अपनी तकरीर खत्म करता हूं।

डॉ. रघुवीर : अध्यक्ष महोदय, अब तक भाषा के प्रश्न पर उन लोगों ने विचार किया है जिन पर मुख्यत: राजनैतिक विचारों का प्रभाव था। ऐसी समस्याओं पर गर्मी उत्पन्न हो गयी है, जिन पर पूर्ण ठंडक से विचार किया जाना चाहिए था और इन पर मतभेद या समझौते से कोई अंतर नहीं पड़ता या नहीं पड़ना चाहिए। मेरे पूर्व वक्ता माननीय मौलाना साहिब ने हमें महत्वपूर्ण नामों का ध्यान दिलाया है, वे हैं हिंदी और हिंदुस्तानी। साधारणत: इन नामों का अत्यधिक महत्व शायद न हो। किंतु कम-से-कम डेढ़ शताब्दी के इतिहास में इन दोनों शब्दों, हिंदी और हिंदुस्तानी का बहुत भिन्न अर्थ हो गया है। दुर्भाग्य से देश के विरोधी दलों ने इनको लेकर उनके भिन्न-भिन्न अर्थ बना दिये हैं। उन्होंने हिंदुस्तानी शब्द के अर्थ को बदलने का प्रयत्न किया है और अब हिंदी और उर्दू के विषय में भी बहुत मतभेद प्रतीत होता है।

इस अंतर का ठीक विवेचन एक यूरोपीय शब्द-वैज्ञानिक श्री ग्राउज ने किया था, और देखिए उन्होंने बहुत समय पहले उर्दू के विषय में ये शब्द कहे थे। इन पर कोई मतभेद नहीं है। "उर्दू" एक तुर्की शब्द है और इस शब्द से हम एक और रूप में परिचित हैं, अंग्रेजी शब्द 'horde' (होर्द) है जैसे 'military hordes'। उर्दू शब्द का अर्थ स्पष्ट है। मैं इधर-उधर की बातें न बना कर स्पष्ट कहता हूं कि उर्दू के प्रवर्[illegible] र एक उत्तरदायित्व यह है कि उन्होंने उन्नीसवीं शताब्दी में विभाजन [illegible]।

[illegible] ी उर्दू का अंतर बड़ा नहीं था। यदि समय होता तो मैं आपको [illegible] उद्धरण तथा प्राधिकारयुक्त निर्देश देता। उन्नीसवीं शताब्दी में [illegible] ग्रम बना लिया था अथवा अपना धर्म समझ लिया था कि

भारतीय स्रोत से कोई भी साहित्यक शब्द न लिया जाए। उन्होंने भाषा का व्याकरण तथा रचना तो भारत से ली, पर साहित्यिक प्रेरणा तथा अन्य बातें अरब और फारस से ली थीं। उन्नीसवीं शताब्दी में उन्होंने यह अनुभव किया था कि फारसी के उड़ जाने से उन्हें जो हानि हुई थी, उसकी कमी को उर्दू का पोषण करके पूरा करना है। उन्नीसवीं शताब्दी के यूरोपीय लेखकों के असंख्य उद्धरण हैं, जिनमें यह संदेह से परे स्पष्ट किया गया है कि फारसी की समाप्ति मुस्लिम विजेताओं की हानि थी। सम्राटों की भाषा की हानि थी। अत: उस हानि को पूरा करना था। कहा जाता था कि लखनऊ के बाजारों को फारस के इस्पहान के बाजार बनाना था।

अत: उन्नीसवीं शताब्दी में यह परम्परा बन गई जिससे उर्दू, फारसी और अरबी शब्दों तथा संस्कृति का कोष बना। उसी उन्नीसवीं शताब्दी में उसकी प्रतिक्रिया हुई और उसके फलस्वरूप हिंदी साहित्य का विकास हुआ जिसका आधार और ढांचा उसी भाषा पर आश्रित था जो उर्दू का आधार बनी थी, पर उसकी साहित्यक परम्परा देशीय थी। यह अंतर बढ़ता ही गया और आज हम देखते हैं कि ये दो साहित्य भिन्न-भिन्न रूपों में विकसित हो गए हैं यद्यपि उनका आधार एक ही था।

फिर एक तीसरा शब्द है 'हिंदुस्तानी'। इस शब्द के विभिन्न लेखकों ने विभिन्न निर्वचन किए हैं। भाषाओं का अभ्यासी होने के नाते मैंने स्वयं निर्णय करने का प्रयत्न किया है कि क्या हम हिंदुस्तानी का एक अर्थ में और केवल एक ही अर्थ में प्रयोग कर सकते हैं या नहीं। मैंने देखा कि यह असम्भव है। यह ऐसा मामला नहीं है जहां एक शब्द का, जो विविध अर्थों में प्रयुक्त होता रहा है, सभा सुनिश्चित अर्थ बना दे। भारतीय सेना में हिंदुस्तानी शब्द का विस्तृत प्रयोग होता था, इसका प्रयोग उर्दू शब्द से अधिक होता था। सैकड़ों पुस्तकें प्रकाशित हो चुकी हैं। कुछ दिनों पहले मैंने बहुत-सी पुस्तकें एकत्र की थीं, जिनका शीर्षक हिंदुस्तानी था। मैं दिल्ली के बाजार में गया और जो पुस्तकें मिल सकीं, मैंने चयन कीं और यहां मेरे पास एक अत्यन्त महत्वपूर्ण पुस्तक है जो जर्मनी में जर्मनों द्वारा प्रकाशित है। यह 'हिंदुस्तानी बातचीत व्याकरण' है। आदि से अंत तक यह उर्दू है, उर्दू के अतिरिक्त कुछ नहीं है। सहस्रों उद्धरण हैं, जिनमें हिंदुस्तानी का अर्थ उर्दू के अतिरिक्त कुछ नहीं है। अन्य स्थल हैं जो कम मिलते हैं और महत्वपूर्ण हैं जहां हिंदुस्तानी शब्द का प्रयोग ऐसा सामान्य हुआ है कि उसमें हिंदी और उर्दू दोनों समाविष्ट हैं। किन्तु एक बात स्पष्ट है और बिल्कुल स्पष्ट है कि वह भाषा, जिसे हम साहित्यिक हिंदी कहते हैं, हिंदुस्तानी शब्द में समाविष्ट नहीं हो सकती।

मैं न हिंदी की हिमायत कर रहा हूं और न उर्दू की, वरन् मैं तो आपके समक्ष केवल नामकरण की समस्या पेश कर रहा हूं। यदि हम इस मामले को किसी निष्पक्ष न्यायाधिकरण के पास ले जाएं, जिसमें उच्च न्यायालयों के न्यायाधीश हों, उनके समक्ष हिंदुस्तानी शब्द तथा उसके संबंध में सब साक्ष्य पेश करें तो न्यायाधिकरण केवल एक ही निर्णय पर पहुंच सकता है और कोई दूसरा निर्णय नहीं हो सकता कि हिंदुस्तानी उर्दू ही है। कोई इस बात से इन्कार नहीं कर सकता कि साहित्यिक तथा उच्च उर्दू अरबीनिष्ठ तथा फारसीनिष्ठ होती है। दूसरी ओर हिंदुस्तानी में वह भाषा समाविष्ट हो सकती है, जिसे सादा हिंदी कहते हैं, ग्रामों की हिंदी जिसे खड़ी बोली कहते हैं। मेरा निवेदन है कि साहित्यिक हिंदी को हिंदुस्तानी में शामिल नहीं किया जा सकता। हमारे समक्ष यह कठिनाई है किन्तु हम जो विनिश्वय करेंगे वह अलग मामला होगा। जब हिंदुस्तानी शब्द का निर्वचन भिन्न-भिन्न लोग भिन्न-भिन्न कर सकते हैं तो एक स्पष्ट शब्द का प्रयोग करना सदा अच्छा रहता है। माननीय मौलाना साहिब के प्रति मेरे मन में महान आदर है और मुझे साहित्य के विनम्र विद्यार्थी के रूप में निवेदन करना है कि यदि आप हिंदी को संकीर्ण भाषा कहते हैं तो वह उपयुक्त शब्द नहीं है। वह सीमाकरण विशेषण आप कम-से-कम हिंदी के लिए प्रयोग कर ही नहीं सकते। हिंदी का आधार बहुत विस्तृत है, उर्दू से अधिक। उर्दू तो हद-से-हद उस लोकभाषा पर आधारित है जो के अनुसार दिल्ली और मेरठ के बीच में बोली जाती है। उन्होंने हिंदुस्तानी लोकभाषा के लिए बावन लाख की संख्या बताई है। साहित्यिक हिंदी का आधार बंगाल की सीमा से लेकर पंजाब की सीमा तक, नेपाल की सीमा से लेकर गुजरात की सीमा तक की बोलियां हैं। जब आप विश्वविद्यालयों की परीक्षाओं को लेते हैं तो आपको पता लगेगा कि साहित्यिक हिंदी में प्राचीन राजपूताना की भाषा-डिंगल का साहित्य है, अवधी का तथा अन्य उपभाषाओं का, यथा ब्रज और भोजपुरी का साहित्य भी समाविष्ट है। यदि आप उर्दू के एम.ए. का साहित्य पढ़ेंगे तो आपको भारत की किसी उपभाषा का साहित्य नहीं पढ़ना पड़ेगा। क्यों? क्योंकि उर्दू का भारत की उपभाषाओं से कोई संबंध नहीं है।

सर्वप्रथम हिंदी का आधार बहुत विस्तृत है और राष्ट्रभाषा का आधार सचमुच बहुत विस्तृत होना चाहिए। दूसरी बात यह है कि उर्दू में अरबी और फारसी के शब्दों का बाहुल्य है। मेरी प्रथम पाठ्य भाषा उर्दू थी और दूसरी भाषा फारसी थी और मुझे अरबी भी पढ़ने का अवसर मिला था। भाषाओं का अभ्यासी होने के नाते मेरे लिए किसी भाषा विशेष से घृणा करना सम्भव नहीं है और इसलिए घृणा का प्रश्न ही नहीं उठता। आप किसी भाषा के सौंदर्य का प्रेम द्वारा ही आनन्द ले सकते हैं।

मेरे पास भारत सरकार द्वारा प्रकाशित एक उर्दू पत्रिका बिसाते आलम है। अरबी में यह अत्यन्त सुंदर शीर्षक है और कोई इस शब्द के अर्थ पर आपत्ति नहीं कर सकता। यह एक साहित्यिक शब्द है जिसमें बहुत अर्थ सन्निहित हैं। किन्तु क्या भारतीय जनता के लिए उसका कोई अर्थ है। यदि आप इस पुस्तक के अंदर देखें तो प्रथम पंक्ति यही है :

"बेनुल अकवामी सियासियात व कैफियात के हामिल माहनामा बिसाते आलम का सालनामा।"

यह इस पत्रिका की शीर्ष रेखा है। यह फारस या अरब में पूर्णत: बोधगम्य हो सकता है, पर भारत के किसी भाग में वह बोधगम्य नहीं होगा। मैं मौलाना साहिब की सुंदर वक्तृता को बहुत ध्यान से सुनता रहा हूं। मैंने कुछ शब्द लिख लिए हैं, जिनके स्थान पर यदि भारतीय शब्दों को रख दिया जाता तो वे अधिक बोधगम्य हो जाते। उदाहरण के लिए उन्होंने 'रियाजी' शब्द का प्रयोग किया था। मेरे समीप बैठे हुए मित्र ने पूछा, "उसका क्या अर्थ है?" मैंने उन्हें बताया "इसका अर्थ है 'गणितम'। चाहे तमिल हो, उड़िया हो, असमिया, बांग्ला या गुजराती हो, हमारी एक सामान्य शब्दावली है, एक सामान्य विचारधारा है और सामान्य जीवन-मूल्य हैं। विगत में प्रयत्न किया गया था कि उर्दू को सरल बनाया जाए। मुझे आशा है कि भविष्य में इसके लिए और भी प्रयत्न किया जाएगा, किन्तु हम उर्दू को सरल बना कर हिंदुस्तानी कह दें, तब भी हम उसमें उस पदावली का प्रयोग नहीं कर सकते जो अन्य भाषाओं में प्रयुक्त होगी। हिंदी और उर्दू भाषाओं पर तथा उनके दावों पर विचार करते समय, कई अग्रिम नेताओं ने, जिनका नाम तथा सम्मान बहुत था, कहा था कि कोई बीच की भाषा होनी चाहिए जो दोनों भाषाओं को एक-दूसरे के निकट ला सके। किन्तु आज हिंदी और उर्दू के बीच का अंतर मिटाने की समस्या नहीं है, वरन् ऐसी भाषा ढूंढ़ने की समस्या है जो भारत की सब भाषाओं-हिंदी, बांग्ला, गुजराती, मराठी, तेलुगू, तमिल, असमिया, उड़िया, पंजाबी के बीच का अंतर मिटा दे। हमें ऐसी भाषा ढूंढ़नी है जो केवल हिंदी और उर्दू की आवश्यकताओं को ही पूरा न करे, अपितु उत्तर और दक्षिण की समस्त भाषाओं की आवश्यकताओं को भी पूरा करे...

पण्डित बालकृष्ण शर्मा: क्या मैं आपकी अनुमति से प्रस्ताव कर सकता हूं कि इस भाषा-संबंधी प्रश्न पर वाद-विवाद समाप्त कर दिया जाए और यदि डॉ. रघुवीर कुछ शब्द और कह कर अपनी वक्तृता समाप्त करना चाहते हैं तो समाप्ति-प्रस्ताव को सदन में पेश करने से पूर्व उन्हें ऐसा कर लेने दिया जाए।

अध्यक्ष : यदि डॉ. रघुवीर बोलना उपयोगी समझते हैं तो वे दो मिनट ले सकते हैं।

डॉ. रघुवीर : अध्यक्ष महोदय, मैं सदन के अन्य सदस्यों के साथ अपना महान संतोष अभिव्यक्त करना चाहता हूं कि अंकों के विषय पर दोनों विभिन्न दृष्टिकोणों में संतोषजनक समझौता हो गया है। अब वाद-विवाद मैत्री भाव से चल सकता है। इस मामले में मैं सदन को बधाई देना चाहता हूं। अब क्योंकि कोई विवाद नहीं है, अत: वाद-विवाद को समाप्त कर दिया जाए।

अध्यक्ष : समाप्ति प्रस्ताव पेश हो चुका है। मैं मान लेता हूं कि सदन इसे स्वीकार करता है।

मौलाना हसरत मोहानी : श्रीमान, आपने समाप्ति-प्रस्ताव स्वीकार कर लिया है। मैं अपना संशोधन वापस लेना चाहता हूं, जिसकी मैंने सूचना दी थी। क्योंकि कल हमारे प्रधानमंत्री ने जो रुख अपनाया था, उस पर मुझे अत्यन्त निराशा है तथा मौलाना अबुल कलाम आजाद ने आज जो तोषण नीति अपनाई थी, उस पर मुझे अत्यन्त खेद है। मैं इस मामले पर भाषण देने के अपने अधिकार का भी परित्याग करता हूं। मैं समस्त बात का ही विरोध करूंगा।

अध्यक्ष : मुझे केवल आपके प्रस्ताव वापस लेने से मतलब है उसके कारणों से नहीं।

अब मैं जानना चाहता हूं कि मुझे प्रश्न को सदन के समक्ष किस रूप में रखना चाहिए। लगभग तीन सौ संशोधन हैं।

घनश्याम सिंह गुप्त : श्रीमान्, श्री गोपालस्वामी आयंगर कुछ संशोधनों को स्वीकार करने वाले हैं। इन संशोधनों को फिर सदन के समक्ष रखा जाना चाहिए। अन्य सब संशोधनों के विषय में समझ लेना चाहिए कि वे वापस ले लिए गए हैं।

के.एम. मुंशी : अध्यक्ष महोदय, क्या मैं आपसे प्रार्थना कर सकता हूं कि आप सदन को लगभग आधा घण्टे के लिए स्थगित कर दें? मुझे आपको यह बताने में बहुत खुशी है कि भाषा-संबंधी इस अति कठिन प्रश्न पर हममें से अधिकांश सदस्य एकमत हो गए हैं। एक-दो छोटी-छोटी बातें रह गई हैं, जिनके विषय में संशोधन तैयार किया जा रहा है। उस पर कुछ मिनट लगेंगे। यदि सदन को आपत्ति नही है और यदि आप मुझे अनुमति दें तो श्रीमान्, हम लगभग आधे घण्टे के लिए स्थगित हो सकते हैं।

अध्यक्ष : सदन के कुछ समय के लिए स्थगित होने पर मुझे कोई आपत्ति नहीं है।

नजीरुद्दीन अहमद : कोई नया संशोधन पेश हो तो मुझे उसकी सूचना मिलनी चाहिए।

अध्यक्ष : इस समय कोई संशोधन पेश नहीं किया जाएगा। मेरे विचार में वे इस बात पर विचार कर रहे हैं कि किन-किन संशोधनों को स्वीकार किया जाए। उसमें कुछ समय लग जाएगा।

महावीर त्यागी : सब संशोधन मसौदा समिति पर ही छोड़ दिया जाए।

पंडित हृदयनाथ कुंजरू : मेरा विश्वास है दो-तीन मिनट पहले ही समाप्ति-प्रस्ताव पेश हुआ था और आपने उसे स्वीकार कर लिया था। यदि सदन की अनुमति से समाप्ति-प्रस्ताव वापस नहीं लिया जाता तो मैं नहीं समझ पाता कि श्री मुंशी या कोई भी नया संशोधन कैसे पेश कर सकते हैं।

अध्यक्ष : डॉ. कुंजरू ने औचित्य प्रश्न उठा दिया है।

घनश्याम सिंह गुप्त : क्या मैं औचित्य प्रश्न के विषय में कुछ शब्द कह सकता हूं? कार्यावलि में कई संशोधन हैं। मुख्य प्रस्ताव के प्रस्तावक श्री गोपालस्वामी आयंगर उनमें से किसी को चुन सकते हैं या स्वीकार कर सकते हैं या अस्वीकार कर सकते हैं। समाप्ति के पश्चात उन्हें बोलने का अधिकार है। अतएव वे बोल सकते हैं तथा बोलते समय किसी संशोधन को स्वीकार कर सकते हैं। समाप्ति का यह अर्थ नहीं है कि समस्त संशोधन जो पेश हुए थे, अस्वीकृत या रद्द हो गए हैं। यदि वे यहां-वहां कुछ शाब्दिक संशोधन करें तो सदन के मत द्वारा उन्हें अनुमति मिल सकती है?

नजीरुद्दीन अहमद : क्या मैं कुछ शब्द कह सकता हूं, श्रीमान् ?

अध्यक्ष : हां, श्री नजीरुद्दीन अहमद बोल सकते हैं। इस बीच में मैं आशा करता हूं कि श्री गोपालस्वामी आयंगर तथा श्री के.एम. मुंशी उस चीज को तैयार कर लें। हम औचित्य के प्रश्न पर विचार करते हैं, उतनी देर में वे उसे तैयार कर लें।

पंडित रविशंकर शुक्ल: मेरी प्रस्थापना यह है कि पण्डित बालकृष्ण शर्मा अपने समाप्ति-प्रस्ताव को वापस ले लें।

नजीरुद्दीन अहमद : अध्यक्ष महोदय, बहुत परिश्रम के पश्चात हम लगभग एकमत हो गए हैं। किन्तु हमें एक महत्वपूर्ण सांविधानिक प्रश्न का स्मरण रखना है। हम देश के लिए, केवल देश के ही लिए नहीं, अन्य देशों के लिए भी सांविधानिक सिद्धांतों का उदाहरण पेश कर रहे हैं। पंडित हृदयनाथ कुंजरु ने एक औचित्य प्रश्न उठाया है कि समाप्ति-प्रस्ताव के स्वीकार होने के पश्चात कोई नए संशोधन प्रस्थापित नहीं किए जा सकते। श्री गुप्त ने इस प्रश्न का उत्तर नहीं दिया, अपितु

केवल यही कहा कि समाप्ति प्रस्ताव के पश्चात मुख्य प्रस्ताव के प्रस्तावक को उत्तर देने का अधिकार होगा और वे कुछ संशोधनों को स्वीकार कर सकते हैं। मुझे उस पर आपत्ति नहीं है। किन्तु पंडित कुंजरू ने यह प्रश्न उठाया था कि समाप्ति प्रस्ताव की स्वीकृति के पश्चात कोई नया संशोधन पेश नहीं किया जा सकता, जब तक कि समाप्ति प्रस्ताव वापस न ले लिया जाए। सदन द्वारा स्वीकृत समाप्ति प्रस्ताव को वापस लेने का कोई नियम या पूर्वोदाहरण या परम्परा नहीं है। ये कठिनाइयां हैं।

मेरा निवेदन है, यद्यपि मुझे प्रसन्नता है कि मैत्रीभाव से समझौता तथा निपटारा हो गया है, फिर भी कुछ अमहत्वपूर्ण अल्पसंख्यक हैं, और उन्हें भी अधिकार है कि वे प्रस्थापित नए संशोधनों पर विचार करके अपनी सम्मति व्यक्त कर सकें। अतएव जो भी संशोधन पेश किया जाए, उसकी उचित सूचना सदस्यों को दी जानी चाहिए जिससे वे उस पर विचार कर सकें। यदि कोई संशोधन पेश किया जाना है तो उस पर निर्णय स्थगित करने से कोई हानि नहीं होगी। हम मामले पर कल विचार करके निर्णय कर सकते हैं।

अध्यक्ष : मेरे विचार में शायद वे लोग, जिन्होंने इस समस्या का कोई समझौता-सा कर लिया है, इस चीज को ठीक रूप में रखने में कुछ समय लगाएंगे, यह आवश्यक नहीं है कि वे नए संशोधन ही पेश करें, वरन् वे शायद कार्यावलि के संशोधनों में से कुछ को स्वीकार कर लें और कुछ को स्वीकार न करें। यदि वे ऐसा करेंगे तो शायद जो औचित्य का प्रश्न उठाया गया है वह उठेगा ही नहीं, किन्तु मुझे पता नहीं है कि परिस्थितियां कैसी होंगी? इस समय तो मेरे विचार में उन्हें कुछ समय देना ही ठीक रहेगा जिससे कि वे समूचे प्रश्न पर उन सब संशोधनों के निर्देश से विचार कर सकें जो पेश हो चुके हैं, और यह देख सकें कि उन संशोधनों को कहां तक स्वीकार कर सकते हैं और कार्यावलि पर जो संशोधन हैं, उनको सहमत-सूत्र में कहां तक जमाया जा सकता है। यदि सदन को आपत्ति न हो तो मैं चाहता हूं कि...

घनश्याम सिंह गुप्त : सारी बात को आज समाप्त कर दिया जाए।

एन. गोपालस्वामी आयंगर: क्या में एक शब्द कह सकता हूं?

के. संतानम् : इस बीच में क्या आप औचित्य प्रश्न पर विचार कर रहे हैं?

अध्यक्ष : मैंने औचित्य प्रश्न पर कुछ भी नहीं कहा है और मैंने सदन को स्थगित अभी नहीं किया है। मैं अभी तक विचार-विमर्श ही कर रहा हूं और मुझे श्री गोपालस्वामी आयंगर की बात सुनने का अधिकार है।

गोपालस्वामी आयंगर: मैं चार-पांच वाक्यों में समझा देना चाहता हूं। उस दिन मैंने जो मसौदा पेश किया था, उसमें जो भी परिवर्तन किए जाने चाहिए, उनके

संबंध में मेरा खयाल है कि हम सदन के बाहर बातचीत करके उन परिवर्तनों के सारांश पर सहमत हो गए हैं। वे अधिक नहीं हैं। मुझे विश्वास है कि केवल चार-पांच परिवर्तन ही किए जाने हैं। उनमें से दो तो केवल शाब्दिक हैं। अन्य दो-तीन मामले ऐसे हैं, जिनमें कुछ सार अंतर्ग्रस्त हैं। वास्तव में हमने इसका कच्चा मसौदा बना लिया है, और यदि आप हमें बीस-तीस मिनट दे दें तो हम उस मसौदे को सदन के समक्ष ऐसे रूप में पेश कर सकेंगे जिसे वह स्वीकार कर सके। मेरा यह सुझाव है कि हमें लगभग आधा घंटे पश्चात समवेत होना चाहिए।

माननीय सदस्यगण : हम छह बजे समवेत हो सकते हैं।

पंडित गोविन्द मालवीय : हम संविधान-सभा हैं। हम अपने नियम स्वयं बनाते हैं और कोई ऐसी वस्तु जिससे आपके विचार में वह कार्य पूरा होगा जिसके लिए हम यहां हैं और जिस पर समस्त सदन सहमत हो, नि:संदेह सम्भव होनी चाहिए और वह हो सकती है। मेरा निवेदन है कि हमें नियमों के केवल वैधानिक निर्वचनों पर ही नहीं बढ़ना चाहिए और हमें सदन को आधा घंटे के लिए स्थगित कर देना चाहिए, जिसकी प्रार्थना की गई है।

अध्यक्ष : नहीं, नहीं। जो औचित्य प्रश्न उठाया गया है, उस पर मैं कोई विनिश्चय या निर्णय नहीं दे रहा हूं। मेरे विचार में हमें सदन को लगभग पौन घण्टे के लिए स्थगित कर देना चाहिए। हम पुन: छह बजे समवेत होंगे।

तत्पश्चात् सभा छह बजे तक के लिए स्थगित हो गई।

सभा सायंकाल छह बजे, अध्यक्ष महोदय (माननीय डॉ. राजेन्द्र प्रसाद) के सभापतित्व में समवेत हुई।

के.एम. मुंशी : अध्यक्ष महोदय, मैं समझता हूं कि समाप्ति प्रस्ताव पेश हो चुका है और स्वीकार किया जा चुका है। इसे ध्यान में रखते हुए, श्रीमान्, मेरा निवेदन है कि वाद-विवाद पुन: आरम्भ किया जाए जिससे कि मैं कुछ संशोधन सदन के समक्ष पेश कर सकूं। अतएव मेरा प्रस्ताव है, श्रीमान्, कि वाद-विवाद पुन: आरम्भ किया जाए।

अध्यक्ष : श्री मुंशी ने सदन के समक्ष जो प्रस्ताव रखा है वह यह है कि जो समाप्ति-प्रस्ताव स्वीकार किया गया था, उसका निरसन कर दिया जाए तथा वाद-विवाद पुन: आरम्भ कर दिया जाए। मैं मानता हूं कि नियमों के अधीन यदि सदस्यों का कुछ प्रतिशत भाग किसी संकल्प या विनिश्चय पर पुन: विचार करना चाहे तो उसका वाद-विवाद पुन: आरम्भ हो सकता है। मैं नहीं समझता कि उस आधार पर

कोई कठिनाई है। मैं जानना चाहता हूं कि क्या सदन वाद-विवाद को पुनः आरम्भ करना चाहता है।

माननीय सदस्यगण : हां।

नजीरुद्दीन अहमद : अध्यक्ष महोदय, कुछ नए संशोधन अभी मुझे दिए गए हैं। मुझे उनको पढ़ने के लिए भी पर्याप्त समय नहीं मिला है। मैं केवल यही चाहता हूं कि हमें अवसर दिया जाए जिससे कि नए संशोधनों का परीक्षण हो सके और उनका प्रभाव क्या होगा? इस पर ध्यानपूर्वक विचार हो सके। हमें यह सोचना होगा कि अपने किन संशोधनों पर बल दें और किन्हें हम वापस लें। (बाधा) हमें ऐसा अवसर देने के लिए, मेरे विचार में हमें थोड़ा बहुत समय मिलना चाहिए। नियम 13 (0) है... (बाधा)।

सी. सुब्रह्मण्यम : श्रीमान, प्रस्ताव यह है कि वाद-विवाद पुनः आरम्भ हो। अब हम किसी संशोधन पर विचार कर रहे हैं। यदि माननीय सदस्य ऐसी कोई चीज पेश करना चाहते हैं तो वे कह सकते हैं। माननीय सदस्य कुछ ऐसे संशोधनों के विषय में निवेदन करना चाहते हैं जो सदन के समक्ष नहीं है।

नजीरुद्दीन अहमद : मेरा निवेदन है कि मुझे अभी कुछ संशोधन दिए गए हैं। मुझे समय नहीं मिला है कि...

अध्यक्ष : हम इस समय वाद-विवाद को पुनः आरम्भ करने के प्रश्न पर हैं।

नजीरुद्दीन अहमद : उसके संबंध में मुझे कुछ भी आपत्ति नहीं है।

अध्यक्ष : जो वाद-विवाद पुनः आरम्भ करने के पक्ष में हैं, वे 'हां' कहेंगे। प्रस्ताव स्वीकार कर लिया गया।

के.एम. मुंशी : श्रीमान्, मैं प्रस्ताव करता हूं :

"कि अनुच्छेद 301-क के खण्ड (1) के स्थान पर निम्न रख दिया जाए: (1) संघ की राजभाषा देवनागरी लिपि में हिंदी होगी। संघ के राजकीय प्रयोजनों के लिए प्रयुक्त होने वाले अंकों का रूप भारतीय अंकों का अंतर्राष्ट्रीय रूप होगा।)"

महावीर त्यागी : (1) का अर्थ है जबकि (2) है ही नहीं?

के.एम. मुंशी : एक वाक्य के दो भाग कर दिए गए हैं, और 'और' शब्द हटा दिया गया है। यह केवल शाब्दिक परिवर्तन है।

पंडित बालकृष्ण शर्मा : श्री त्यागी का कहना यह है कि केवल एक ही उप-खण्ड है और उसे 1 (1) क्यों रखा जाए।

के.एम. मुंशी : एक उपखण्ड। (1) है, क्योंकि मूल अनुच्छेद में अन्य उप-खंडिकाएं (2) तथा (3) हैं। यह (2) नहीं, अपितु दूसरे (2) और (3) हैं।

अध्यक्ष : मैं समस्त संशोधनों को देखना चाहता हूं।

के.एम. मुंशी : मैं दूसरा संशोधन पेश करता हूं, श्रीमान्।

"कि अनुच्छेद 301-क के खण्ड (3) के स्थान पर, निम्न रख दिया जाये:

[(3) इस अनुच्छेद में किसी बात के होते हुए भी संसद उक्त पंद्रह साल की कालावधि के पश्चात् विधि द्वारा-

(क) अंग्रेजी भाषा का, अथवा...]"

कुछ माननीय सदस्यगण : यहां 'और' होना चाहिए।

के.एम. मुंशी : 'अथवा' शब्द उपयुक्त है; इसका अर्थ 'और' ही है। किन्तु मसौदा समिति उस पर ध्यान से विचार करेगी। हम पैंतालीस मिनट तक जो कुछ कर सके। वह हमने किया। हम समझते हैं कि 'अथवा' शुद्ध है। यदि हम देखेंगे कि 'अथवा' अशुद्ध है तो हम उसे बदल देंगे।

एच.वी. कामत: क्या मैं सुझाव दे सकता हूं, श्रीमान्, कि...

अध्यक्ष : वे खड़े हैं। उन्हें समाप्त क्यों नहीं कर लेने देते ?

के.एम. मुंशी :

[(ख) अंकों के देवनागरी रूप का, ऐसे प्रयोजनों के लिए प्रयोग उपबंधित कर सकेगी जैसे कि ऐसी विधि में उल्लिखित हों।]

मेरा अगला संशोधन है :

"कि अनुच्छेद 301-च को अनुच्छेद 301-च का खण्ड (1) बना दिया जाए, और उसमें निम्न खण्ड जोड़ दिया जाए :

[(2) खण्ड (1) के उपखण्ड (क) में किसी बात के होते हुए भी किसी राज्य का राज्यपाल या राज्य प्रमुख राष्ट्रपति की पूर्व सम्मति से हिंदी भाषा का या

[(2) खण्ड (1) के उपखण्ड (क) में किसी बात के होते हुए भी किसी राज्य का राज्यपाल या राज्य प्रमुख राष्ट्रपति की पूर्व सम्मति से हिंदी भाषा का या उस राज्य में राजकीय प्रयोजन के लिए प्रयोग होने वाली किसी अन्य भाषा का प्रयोग उस राज्य में मुख्य स्थान रखने वाले उच्च न्यायालय में निर्णय, आज्ञप्ति अथवा आदेश के अतिरिक्त अन्य कार्यवाहियों के लिये प्राधिकृत कर सकेगा।]

इसके बाद दूसरा खंड आता है :

[(3) खण्ड (1) के उपखण्ड (ख) में किसी बात के होते हुए भी जहां किसी राज्य के विधान मण्डल ने, उस विधान मण्डल में पुर्नस्थापित विधेयकों या उसके

द्वारा पारित अधिनियमों में अथवा उस राज्य के राज्यपाल या राजप्रमुख द्वारा प्रख्यापित अध्यादेशों में अथवा उस उपखण्ड की खण्डिका (उ) में निर्दिष्ट किसी आदेश, नियम, विनियम या उपविधि में प्रयोग के लिए अंग्रेजी भाषा से अन्य किसी भाषा के प्रयोग को विहित किया है वहाँ उस राज्य के राजकीय सूचना-पत्र में उस राज्य के राज्यपाल या राजप्रमुख के प्राधिकार से प्रकाशित अंग्रेजी भाषा में उसका अनुवाद उस खण्ड के अभिप्रायों के लिए उसका अंग्रेजी भाषा में प्राधिकृत पाठ समझा जाएगा।]

फिर अगला संशोधन है :

"अनुसूची में 'कनरीज़' के स्थान पर 'कन्नड़' शब्द रख दिया जाए और 'पंजाबी' के पश्चात 'संस्कृत' शब्द रख दिया जाए।"

महावीर त्यागी : क्या राज्य विधानमंडलों द्वारा पारित होने वाले विधेयकों और अधिनियमों की भाषा के बारे में कोई संशोधन नहीं है?

के. एम. मुंशी: और कोई संशोधन नहीं है।

महावीर त्यागी : तो फिर यह समझौते का सच्चा निर्वचन नहीं है।

एच.वी. कामत: अध्यक्ष महोदय, क्या मैं एक मौखिक परिवर्तन का सुझाव दे सकता हूं?

श्री नजीरुद्दीन अहमद : एक औचित्य प्रश्न है। सारा सवाल यह है कि हमें इन संशोधनों पर विचार करने के लिए कुछ तो समय मिलना ही चाहिए। वह तो किसी सदस्य के प्रति सामान्य न्याय ही है। हो सकता है कि सदस्यों की अत्यधिक बहुसंख्या में कोई समझौता हो गया हो किन्तु उससे मामला समाप्त नहीं होता। प्रत्येक सदस्य को अवसर मिलना चाहिए।

अध्यक्ष : मेरे विचार में समूचे प्रश्न पर विचार होता रहा है और हम इस पर सब दृष्टिकोणों से पूरा-पूरा विचार कर चुके हैं। ये संशोधन नये इसलिए दिखाई देते हैं क्योंकि हमें जो अनेक संशोधन प्राप्त हुए हैं उनमें कोई भी संशोधन बिल्कुल इसी भाषा में नहीं है। मुझे पता नहीं है कि इनमें से किसी संशोधन में वास्तव में अन्य इतने संशोधनों का सार आ जाता है जो पेश हुए हैं और सदन के समक्ष रखे गए हैं? अतएव, प्रश्न केवल यही है कि क्या हमें इन संशोधनों पर पुनः विचार करने की औपचारिकता को पूरा करना होगा या हम संशोधनों को स्वीकार कर लेंगे जैसे कि वे पेश किए जा रहे हैं क्योंकि वे अन्य संशोधनों के सार हैं जो कार्यावलि में हैं और क्योंकि वे बहुत से सदस्यों की भावना के प्रतीक हैं, जिनमें आपस में समझौता

हो गया है। यदि यह कोई नया प्रश्न होता जो बिल्कुल नया उठाया गया होता तो शायद सूचना मांगने का कोई औचित्य होता। अतएव नियम 38 (ओ) के अधीन, जिसमें लिखा है :

(यदि प्रस्थापित संशोधन की सूचना उस दिन से दो दिन पूर्व न दी जाए जिस दिन संविधान या विधेयक पर विचार होना है, तो कोई सदस्य संशोधन के पेश होने पर आपत्ति कर सकता है, और ऐसी आपत्ति ठीक होगी, जब तक कि अध्यक्ष स्वविनेक से उस संशोधन को पेश करने की अनुमति न दे दे।)

मैं समझता हूं कि यही ऐसा उपयुक्त मामला है कि इन संशोधनों के पक्ष में अध्यक्ष के स्वविवेक का प्रयोग किया जाना चाहिए।

एच.वी. कामत : मैं इस प्रस्ताव का पूरे दिल से सदन की स्वीकृति के लिए समर्थन करता हूं, किन्तु क्या मैं शुद्धतः एक शाब्दिक परिवर्तन का सुझाव दे सकता हूँ।

अध्यक्ष : अच्छा हो आप प्रस्तावक को ही वह सुझाव दे दें। मैं एक दो मिनट ठहर सकता हूं।

एच.वी. कामत : धन्यवाद, श्रीमान्। मैं ऐसा ही करूंगा।

प्रो. शिब्बन लाल सक्सेना : क्या मैं इस संशोधन पर बोल सकता हूं?

अध्यक्ष : निस्संदेह।

घनश्याम सिंह गुप्त : अध्यक्ष महोदय, इस पर कोई वाद-विवाद नहीं हो सकता, क्योंकि आपने कहा है कि श्री मुंशी ने जो संशोधन पेश किए हैं, वे उन संशोधनों में आ जाते हैं जो पहले भेजे गए थे। मैं वे संख्या भी बता सकता हूं, जिनमें ये संशोधन आ जाते हैं। यदि हम सारे वाद-विवाद को पुनः आरम्भ करें तो मेरा नम्र निवेदन है कि उन्हें इस प्रस्ताव पर वाद-विवाद के रूप में बोलने का अधिकार नहीं है। यदि उन्हें किसी शाब्दिक संशोधन का सुझाव देना है तो वह दूसरी बात है।

एक माननीय सदस्य : हममें से कुछ को तीसरा पन्ना नहीं मिला है।

अध्यक्ष : मिल जाएगा। इस बीच श्री सक्सेना इस पर बोलना चाहते हैं। उन्हें बोलने दीजिए।

शिब्बन लाल सक्सेना : श्रीमान्, यह प्रश्न...

नजीरुद्दीन अहमद : श्रीमानु, हमें अभी तक चौथे संशोधन की प्रति नहीं मिली है।

शिब्बन लाल सक्सेना : श्रीमान्, यह राष्ट्रभाषा का प्रश्न दो दिनों से गरमागरम वाद-विवाद का विषय बना हुआ है, और इन संशोधनों का सुझाव श्री मुंशी ने समझौते के रूप में दिया है और उन्होंने यह मान लिया है कि सदन के सदस्य इन संशोधनों पर सहमत हैं। श्रीमान्, मैं बहुत खेद के साथ इनका विरोध करने आया हूं और यह कहना चाहता हूं कि मैं उनसे सहमत नहीं हूं और मैं तथाकथित समझौते के संशोधनों को स्वीकार नहीं करता। मैंने स्वयं अपना संशोधन सं. 70 पेश किया है. किन्तु समझौते के रूप में गें श्री पुरुषोत्तम दास टंडन के संशोधन का समर्थन कर सकता हूँ। अब जो संशोधन पेश किए गए हैं, उन्हें समझौता बताया जाता है किन्तु वे किसी प्रकार सुधार नहीं है और उनसे मेरी या टंडन जी की कोई बात पूरी नहीं होती। वास्तव में हिंदी के समर्थक इस मूल बात पर जोर दे रहे हैं कि अंग्रेजी अंक हमारी राष्ट्रभाषा का स्थायी अंग नहीं बनेंगे। किन्तु अब जो संशोधन पेश किया गया है, उससे ये तथाकथित अंतर्राष्ट्रीय अंक, जो अंग्रेजी अंक ही हैं, इस संविधान द्वारा हमारी भाषा का स्थायी अंग बन जाएंगे, और मैं इसे स्वीकार कर ही नहीं सकता। समझौते में केवल यही स्वीकार किया गया है कि पंद्रह वर्ष पश्चात संसद देवनागरी अंकों का ऐसे प्रयोजनों के लिए प्रयोग उपबंधित कर सकेंगी जैसे कि ऐसी विधि में उल्लिखित हों। इसका अर्थ यह है कि देवनागरी अंकों को कुछ प्रयोजनों के लिए रखा जा सकता है, किन्तु मुख्य अंक अंग्रेजी अंक ही होंगे और इस संविधान को स्वीकार करके हम इस सदन को और हमारे देश की भावी संतति को बांध रहे हैं कि वे इस संविधान अधिनियम द्वारा अंग्रेजी अंकों को हमारी भाषा का स्थायी अंग स्वीकार करें और मैं इस बात को कभी नहीं मानूंगा। मेरा ऐसा करने का कारण है। में श्री गोपालस्वामी के इस मसौदे को हिंदी के समर्थकों के साथ धोखा और संविधान के साथ भी धोखा समझता हूं। सचमुच इस मसौदे से अंग्रेजी बहुत वर्षों के लिए स्थिर बन जाएगी, जैसा कि श्री आयंगर ने स्वयं स्वीकार किया है। राष्ट्रपिता ने राष्ट्र को इस खतरे से आगाह कर दिया है, जिसे उन्होंने 21 सितम्बर, 1947 को ही देख लिया था, जब उन्होंने उस तारीख के 'हरिजन' में सम्पादकीय लेख लिखा था।

अन्य संशोधन भी हैं, जिन्हें टंडनजी ने समझौते के रूप में पेश किया था और मैंने भी समझौते के रूप में स्वीकार कर लिया था। किन्तु क्योंकि वास्तविक समझौता सम्भव नहीं हो सका है, अत: मैं अपने संशोधन पर बल दूंगा जो निम्नलिखित है:

"कि उपरोक्त संशोधन 65 में, प्रस्थापित नवीन भाग 14-क के स्थान

अध्याय 1-संघ की भाषा

301 क. (1) संघ की राज्य भाषा देवनागरी लिपि में लिखी गई हिंदी होगी।

(2) इस अनुच्छेद के खण्ड (1) में किसी बात के होते हुए भी, संक्रमण काल में जो पांच वर्ष से अधिक नहीं होगा संघ के सरकारी प्रयोजनों के लिए अंग्रेजी भाषा का प्रयोग होता रह सकता है, परंतु राज्य भाषा का प्रयोग प्रगति पूर्वक होगा जब तक कि वह पांच वर्ष के संक्रमण काल के अंत में पूर्णत: अंग्रेजी का स्थान ले ले।

301 ख. (1) संविधान के आरम्भ से तीन मास के भीतर 30 सदस्यों की एक समिति बनाई जाएगी, जिनमें से लोकसभा के 20 सदस्य होंगे तथा राज्य परिषद् के 10 सदस्य होंगे जो क्रमश: उन सदस्यों द्वारा आनुपातिक प्रतिनिधित्व पद्धति के अनुसार एकल संक्रमणीय मत द्वारा निर्वाचित होंगे।

(2) समिति का यह कर्तव्य होगा कि वह राष्ट्रपति को सिफारिश करे कि संघ के सब राजकीय प्रयोजनों के लिए हिंदी के उत्तरोतर अधिक प्रयोग तथा पांच वर्षों के संक्रमण काल के पश्चात अंग्रेजी के स्थान पर हिंदी लिखने के लिए क्या उपाय तथा साधन अपनाए जाएं।

(3) समिति अपनी नियुक्ति की तारीख से 6 माह के भीतर ही अपना प्रतिवेदन पेश कर देगी।

(4) समिति द्वारा प्रतिवेदन पेश करने के पश्चात तीन माह में ही राष्ट्रपति समिति की प्रत्येक सिफारिश को सदन के समक्ष रखवायेंगे।

(5) (क) जब लोकसभा या राज्य परिषद का कोई सदस्य उस समय उस सदन में प्रयोग होने वाली भाषा में अपनी पर्याप्त अभिव्यक्ति नहीं कर सकता, तब लोकसभा का अध्यक्ष या राज्य परिषद् का सभापति उसे अपनी मातृभाषा में सदन को सम्बोधित करने की अनुमति दे सकता है।

(ख) राज्य परिषद् का सभापति या लोकसभा का अध्यक्ष, जब भी वह उपयुक्त समझे, यथास्थिति राज्य परिषद् में या लोकसभा में ऐसी वक्तृता का जो किसी सदस्य ने अन्य भाषा में दी हो हिंदी में अथवा उस समय सदन में प्रयोग होने वाली अन्य भाषा में संक्षेप उपलब्ध कराने की व्यवस्था कर सकता है। वह संक्षेप उस सदन की कार्यवाही के अभिलेखन में समाविष्ट होगा, जिसमें वह वक्तृता दी गई है।

अध्याय 2-प्रादेशिक भाषा

301-ग. (1) कोई राज्य विधि द्वारा उस राज्य के राजकीय प्रयोजनों में से सब या किसी के लिए प्रयोग के अर्थ हिंदी को या उस राज्य में प्रयुक्त होने वाली किसी एक या अनेक को अंगीकार कर सकेगा।

(2) (क) जब राज्य के विधान मंडल का कोई सदस्य उस समय उस सदन में प्रयोग होने वाली भाषा में अपनी पर्याप्त अभिव्यक्ति नहीं कर सकता, तब विधान परिषद् का सभापति या विधान सभा का अध्यक्ष उसे अपनी मातृभाषा में सदन को सम्बोधित करने की अनुमति दे सकता है।

(ख) विधान परिषद् का सभापति या विधान सभा का अध्यक्ष, जब भी वह उपयुक्त समझे, यथास्थिति विधान परिषद् या विधान सभा में ऐसी वक्तृता का, जो किसी सदस्य ने अन्य भाषा में दी हो, हिंदी में अथवा उस सदन में प्रयोग होने वाली अन्य भाषा में संक्षेप उपलब्ध कराने की व्यवस्था कर सकता है, यह संक्षेप उस सदन की कार्यवाही के अभिलेख में समाविष्ट होगा, जिसमें वह वक्तृता दी गई है।

301-घ. (1) (क) संघ में राजकीय प्रयोजनों के लिए होने वाली तत्सम् प्राधिकृत भाषा, किसी राज्य और संघ के बीच में संचार के लिए राजभाषा होगी।

(ख) यदि संघ में प्रयोगार्थ प्राधिकृत भाषा किसी राज्य की राजभाषा भी है तो संघ की राजभाषा ही उस राज्य और अन्य किसी राज्य के बीच संचार की राजभाषा होगी।

किन्तु यदि हो या अधिक राज्य करार करते हैं कि ऐसे राज्यों के बीच में संचार के लिए राजभाषा हिंदी भाषा होगी तो ऐसे संचार के लिए वह भाषा प्रयोग की जा सकेगी।

(2) (क) विधेयक अथवा उन पर प्रस्तावित किए जाने वाले जो संशोधन राज्य के विधान मण्डल के किसी सदन में पुर्नस्थापित किए जाएं, उन सबके प्राधिकृत पाठ;

(ख) अधिनियम जो राज्य के विधान-मंडल द्वारा पारित किए जाएं, तथा जो अध्यादेश राज्यपाल या शासक द्वारा प्रख्यापित किए जाएं, उन सबके प्राधिकृत पाठ:

(ग) आदेश, नियम, विनियम और उपविधि, जो इस संविधान के अधीन, अथवा राज्य के विधान-मंडल द्वारा निर्मित किसी विधि के अधीन निकाले जाएं, उन सबके प्राधिकृत पाठ उस राज्य की राजभाषा में होंगे।

किन्तु यदि उस राज्य की राजभाषा हिंदी नहीं है तो, उनके साथ हिंदी में, उनका प्राधिकृत पाठ प्रकाशित किया जाएगा :

किन्तु वह भी इस संविधान के आरम्भ से पांच वर्ष के संक्रमण काल में यदि उस राज्य की राजभाषा अंग्रेजी नहीं है तो उनके साथ अंग्रेजी में भी उनका प्राधिकृत पाठ प्रकाशित किया जाएगा।

301. ड्. तद्विषयक मांग की जाने पर यदि राष्ट्रपति का समाधान हो जाए कि किसी राज्य के जनसमुदाय का पर्याप्त अनुपात जो बीस प्रतिशत से कम नहीं हो, चाहता है कि उनके द्वारा बोली जाने वाली कोई भाषा राज्य द्वारा अभिज्ञात की जाए तो यह निर्देश दे सकेगा कि ऐसी भाषा को उस राज्य में सर्वत्र अथवा उसके किसी भाग में ऐसे प्रयोजन के लिए जैसा कि वह उल्लिखित करे, राजकीय अभिज्ञा दी जाए।

अध्याय 3-निर्देशक तत्व

301. च. किसी व्यथा के निवारण के लिए संघ या राज्य के किसी पदाधिकारी या प्राधिकारी को यथास्थिति संघ में या राज्य में प्रयोग होने वाली किसी भाषा में अभिवेदन देने का हक होगा।

301. छ. हिंदी भाषा की प्रसाद वृद्धि करना, उसका विकास करना ताकि वह भारत की सामाजिक संस्कृति के सब तत्वों की अभिव्यक्ति का माध्यम हो सके, तथा अन्य भारतीय भाषाओं के रूप, शैली और पदावलि को आत्मसात करते हुए तथा जहां आवश्यक या वांछनीय हो, वहां उसके शब्द-भंडार के लिए मुख्यत: संस्कृत से शब्द ग्रहण करते हुए उसकी समृद्धि सुनिश्चित करना संघ का कर्त्तव्य होगा।

301. ज. भारत के समस्त राज्य क्षेत्र में देवनागरी लिपि के प्रयोग को प्रोत्साहन देना संघ का कर्त्तव्य होगा।

301. झ. भारत के समस्त राज्य क्षेत्र में संस्कृत के अध्ययन को प्रोत्साहन देना संघ का कर्त्तव्य होगा, क्योंकि वह भारत की अन्य भाषाओं में अधिकांश का स्रोत है।

ब्रजेश्वर प्रसाद : श्रीमान्, मैं कुछ शब्द कहना चाहता हूं।

अध्यक्ष : इसकी अपेक्षा नहीं है।

घनश्याम सिंह गुप्त : श्रीमान्, वाद-विवाद समाप्त हो।

मोहम्मद इस्माइल : अध्यक्ष महोदय, मैं इन संशोधनों पर बोलना चाहता हूं।

जगत नारायण लाल : श्रीमान् मैं इन संशोधनों पर कुछ शब्द कहना चाहता हूं जो अभी पेश किए गए हैं और जिनकी रचना में मेरा हाथ था।

अध्यक्ष : क्या यह आवश्यक है? यदि हम अब वाद-विवाद आरम्भ कर देंगे तो पता नहीं वह कब तक चलता रहेगा। यदि कोई सदस्य इन संशोधनों के विरुद्ध है तो मैं उसे अवसर दे दूंगा। मैं नहीं चाहता कि जो सदस्य संशोधनों के पक्ष में हैं, वे सदन का समय लें। मैंने श्री सक्सेना को अवसर दे दिया, क्योंकि मुझे पता चला था कि वे इन संशोधनों के विरुद्ध थे। यदि आप उनका विरोध करना चाहते हैं तो मैं आपको बोलने की अनुमति दे दूंगा।

जगत नारायण लाल : में उसका विरोध नहीं करना चाहता।

अध्यक्ष : तो कृपया इसे रहने दीजिए।

महावीर त्यागी : श्रीमान...

अध्यक्ष : आप विरोध करना चाहते हैं?

महावीर त्यागी : मैं इस संशोधन पर संशोधन पेश करना चाहता हूं।

अध्यक्ष : खण्डों की संख्याओं के विषय में?

महावीर त्यागी : हां, श्रीमान्, मैं चाहता हूं कि...

अध्यक्ष : मेरे विचार में उसकी चिन्ता मसौदा समिति कर लेगी।

महावीर त्यागी : श्रीमान्, अधिक वाद-विवाद नहीं होगा तथा मैं बोलना भी नहीं चाहता। मैं यही निवेदन करना चाहता हूं कि मौलिक खण्ड में दो वाक्यों के बीच में 'और' शब्द था, और अब वह प्रस्थापना है कि 'देवनागरी लिपि' के पश्चात 'और' को हटा कर 'पूर्ण विराम' रख दिया जाए और कंडिका के दो भाग कर दिए गए हैं। मेरा निवेदन है कि प्रथम वाक्य को (क) और दूसरे को (ख) कर दिया जाए।

अध्यक्ष : मेरे समक्ष उसका जो मसौदा है, उसमें दो भिन्न कंडिकाएं हैं।

मोहम्मद इस्माइल : अध्यक्ष, अब वाद-विवाद पुनः आरम्भ कर दिया गया है तथा समाप्ति-प्रस्ताव को मिटा दिया गया है, अतः मेरे विचार में मैं उन संशोधनों का निर्देश कर सकता हूं जो मैंने भेजे थे और अब सदन के समक्ष हैं।

एक माननीय सदस्य : अन्य संशोधन?

मोहम्मद इस्माइल : नहीं, वे ही संशोधन जिनकी मैंने सूचना दी थी; अब समाप्ति-प्रस्ताव मिटा दिया गया है और वाद-विवाद पुनः आरम्भ हो गया है, अतः मेरे विचार में मुझे संशोधनों पर बोलने का अधिकार है।

अध्यक्ष : मूलतः वे ठीक हैं।

मोहम्मद इस्माइल : श्रीमान्, मैं सर्वप्रथम यह कहना चाहता हूं कि मैं उन संशोधनों का विरोध करना चाहता हूं जो अभी श्री के.एम. मुंशी ने सदन के समक्ष पेश किए हैं। मैंने जो संशोधन भेजे हैं उनका आशय यह है कि सदन संघ भाषा के रूप में हिंदुस्तानी को, जो देवनागरी तथा उर्दू लिपियों में लिखी जाए, तथा भारतीय अंकों के अंतर्राष्ट्रीय रूप को स्वीकार कर ले। मेरे एक संशोधन में यह भी प्रस्थापना है कि अंग्रेजी भाषा, जो संघ के प्रयोजन के लिए पंद्रह वर्ष तक रहेगी, उसे उन पंद्रह वर्षों के पश्चात भी जारी रहने दिया जाए, जब तक संसद, दोनों सदनों के कुल सदस्यों के बहुमत से अन्यथा निर्णय न कर दे। मेरे संशोधन का यही आशय है।

अध्यक्ष : संख्या ?

मोहम्मद इस्माइल : श्रीमान, कल माननीय प्रधानमंत्री ने अपनी वक्तृता में कई बातें कहीं, जिनमें तीन मुख्य बातें ये थीं-सर्वप्रथम उन्होंने महात्मा गांधी के विचारों का उद्धरण दिया। दूसरी बात उन्होंने यह कही कि हमें पीछे नहीं हटना चाहिए और बहुत ज्यादा पीछे की ओर देखना भी नहीं चाहिए, नहीं तो हम अपनी प्रगति में पीछे रह जाएंगे। तीसरी बात वे चाहते थे कि हम इस बात को समझें कि संसार छोटा होता जा रहा है और इसलिए हमें यह समझना चाहिए कि संसार का भार हमारे ऊपर प्रति घंटा बढ़ता जा रहा है। यदि हम इन सब सिद्धांतों का ध्यान रखें तो मेरे विचार में हमारे विचाराधीन विषय का बहुत सरल समाधान हो जाएगा।

सब सहमत हैं कि संघ की राजभाषा कोई भारतीय भाषा ही होनी चाहिए और वह भाषा ऐसी होनी चाहिए जिसे संघ के लोग बोलते हों।

यह भी मान लिया गया है कि वह भाषा ऐसी होनी चाहिए जो हमारे राष्ट्रीय जीवन की आधुनिक प्रवृत्तियों और आधुनिक स्थितियों को आत्मसात कर सके। इन बातों के विषय में मैं नहीं समझता कि कोई मतभेद है। किन्तु वाद-विवाद का विषय केवल यही है कि इन सब शर्तों को पूरी करने वाली भाषा कौन सी है? इस मामले में मैं महात्मा गांधी के शब्दों को उद्धृत कर सकता हूं। महात्मा गांधी ने 10 अगस्त, सन् 1947 के एक लेख में कहा था :

"मेरा प्रतिदिन हिंदुओं और मुसलमानों से सम्पर्क होता है। हिंदुओं की संख्या अधिक है। उनमें से अधिकांश ऐसी भाषा बोलते हैं, जिसमें बहुत कम संस्कृत शब्द होते हैं और फारसी तथा अरबी के शब्द भी अधिक नहीं होते। वे अधिकांश देवनागरी लिपि नहीं जानते। वे मुझे अंग्रेजी में लिखते हैं और जब मैं उन्हें अंग्रेजी

में लिखने पर डांटता हूं तो वे उर्दू लिपि में लिखते हैं। यदि राष्ट्रभाषा हिंदी हो और लिपि केवल देवनागरी हो तो उन हिंदुओं की क्या दशा होगी?"

यह प्रश्न गांधीजी ने पूछा था, बहुत वर्षों पहले नहीं, अभी अगस्त सन् 1947 में ही। यह कहा जा सकता है कि उन्होंने केवल दिल्ली और निकटवर्ती भागों का ही निर्देश दिया है। किन्तु बाद में उसी लेख में कहते हैं-मैं उनके ही शब्दों का ठीक उद्धरण दे रहा हूं :

"भारत के करोड़ों ग्रामीणों को पुस्तकों से कोई मतलब नहीं है। वे हिंदुस्तानी बोलते हैं जिसे मुस्लिम उर्दू लिपि में लिखते हैं तथा हिंदू उर्दू लिपि या नागरी लिपि में लिखते हैं। अतएव मेरे और आप जैसे लोगों का कर्तव्य है कि दोनों लिपियों को सीखें।"

श्रीमान, महात्मा गांधी के ये ही विचार हैं। यहां वे स्पष्ट कहते हैं कि लोगों की बहुत बड़ी संख्या हिंदुस्तानी भाषा ही बोलती है और उनके अनुसार उर्दू तथा देवनागरी लिपि का ही प्रयोग करती है। अतएव मैं और मेरे कुछ मित्र इस सदन से अनुरोध करते हैं कि आप संघ की राजभाषा की लिपि के रूप में उर्दू तथा देवनागरी दोनों को स्वीकार कर लें।

आप सब जानते हैं कि यह भाषा हिंदुस्तानी, विदेशी भाषा नहीं है। यह देशी भाषा है। यह इसी देश में उत्पन्न हुई और उन्नत बनी। इस भाषा के विषय में एक और लाभ है कि यह भाषा आधुनिक परिस्थितियों में उत्पन्न हुई थी और इसका आधुनिक परिस्थितियों के अंतर्गत तथा उनके अनुरूप विकास हुआ है। अत: मैं कहता हूं कि आधुनिक विचारों, भावनाओं तथा आवश्यकताओं की अभिव्यक्ति के लिए वह सर्वोत्तम भाषा है। जैसा कि मैं पहले ही कह चुका हूं, यह हिंदुस्तानी ही ऐसी भाषा है जिसे इस देश के अधिक-से-अधिक लोग बोलते हैं।

भूत की ओर जाने के प्रश्न पर मुझे कहना है कि यदि हम पीछे लौटना चाहते हैं तो हमें उसके विषय में तर्कसंगत होना चाहिए। हम भूत की ओर क्यों लौटना चाहते हैं? क्योंकि हमारे कुछ मित्र एक प्राचीन भाषा को राजभाषा बनाना चाहते हैं–केवल एक भारतीय भाषा ही नहीं, वरन् देश की प्राचीन भाषा को ही संघ की राजभाषा बनाना चाहते हैं। यदि इस बात को स्वीकार किया जाए तो मैं साहसपूर्वक कह सकता हूं कि तमिल, या व्यापक रूप में द्रविड़ भाषाएं ही इस देश में बोली जाने वाली भाषाओं में प्राचीनतम हैं। कोई इतिहासकार या पुरातत्ववेत्ता मेरी इस बात से इन्कार नहीं कर सकता कि इस देश में प्राचीनतम द्रविड़ भाषा ही है। तमिल भाषा में

उच्च कोटि का साहित्य है। यह अत्यन्त प्राचीन भाषा है। मैं कह सकता हूं कि यह मेरी मातृभाषा है। मुझे उससे प्रेम है और उस भाषा पर मुझे गर्व है। किन्तु मैं और अन्य तमिल लोग भी इतने समझदार हैं कि वे इस बात पर जोर नहीं देते कि यह देश की प्राचीनतम भाषा देश की राजभाषा बननी चाहिए, क्योंकि हम जानते हैं कि इसे बोलने वाले इतने अधिक नहीं हैं जितने दूसरी भाषा के बोलने वाले हैं, यदि हम प्राचीन की बात करें तो जैसा कि मैंने कहा है, यही भाषा देश की राजभाषा बननी चाहिए, किन्तु उस भाषा के वक्ता यह दावा नहीं करते।

हां, हमारा अपने अतीत से संबंध है। हम उस बात को भूल नहीं सकते, जैसा कि टंडन जी ने समझाया है। किन्तु मेरा कहना है कि यदि हमें अतीत की श्रृंखला से बंधा रहना है तो वह श्रृंखला कठोर नहीं होनी चाहिए, लचकदार होनी चाहिए। हमें मूल ही बनने का प्रयत्न नहीं करना चाहिए, हमें शाखाएं बनने का प्रयत्न करना चाहिए, जिस पर नवपल्लव, फल और फूल लगें। अतएव हमें आधुनिक स्थितियों पर भी विचार करना चाहिए।

रामनाथ गोयनका : श्रीमान्, मैं पहले ही समाप्ति प्रस्ताव कर चुका हूं, और मैं माननीय सदस्य के भाषण के विषय में भी समाप्ति प्रस्ताव कर सकता हूं।

अध्यक्ष : मैं माननीय सदस्य को समाप्त करने का अवसर दूंगा।

मोहम्मद इस्माइल : श्रीमान्, मैं स्वीकार करता हूं कि यदि समाप्ति प्रस्ताव पेश किया जाए और स्वीकृत हो जाए तो मैं यहां कुछ भी नहीं कह सकता। किन्तु क्योंकि ऐसा नहीं हुआ है और वाद-विवाद जारी है, अत: मेरे विचार में मुझे बोलने का अधिकार है।

रामनाथ गोयनका : वे तर्क को दोहरा रहे हैं।

अध्यक्ष : माननीय सदस्य अपनी वक्तृता को समाप्त कर सकते हैं।

मोहम्मद इस्माइल : श्रीमान्, अंकों के विषय में मैं कुछ शब्द कहना चाहता हूं। मैं अंकों के अंतर्राष्ट्रीय रूप को चाहता हूं, क्योंकि देश की कई भाषाओं ने उन अंकों को अपना लिया है। यह प्रश्न उठाया गया है कि क्या अंकों का प्रश्न देश के समक्ष इतने काल से है, जितने काल से राजभाषा का प्रश्न है। मैं प्रश्न पूछता हूं कि क्या लोग नहीं जानते कि यह अंकों का प्रश्न राजभाषा के प्रश्न से सर्वथा भिन्न है। अब अंग्रेजी संघ की राजभाषा है। वह जनता तक नहीं पहुंची। किन्तु अंकों का प्रश्न दूसरा है। जनसाधारण तथाकथित अंग्रेजी अंकों का, जो वास्तव में भारतीय अंक हैं, प्रतिदिन प्रयोग करते हैं। मैंने ठेलेवालों, मजदूरों को इन अंकों का प्रयोग करते देखा है। अब लाखों लोग इन अंकों का प्रयोग करते हैं। अतएव मेरे मित्र चाहते हैं

कि इन अंकों को संघ की राजभाषा का स्थायी अंग बना दिया जाए। वे जनता की भावनाओं को ही व्यक्त कर रहे हैं। वे केवल उसी बात का समर्थन कर रहे हैं जो देश में पहले ही विद्यमान है।

यदि अंकों के रूप में परिवर्तन करते हैं तो इससे शक्ति की बरबादी तथा अपव्यय के अतिरिक्त बहुत-सी गड़बड़ पैदा हो जाएगी। जैसा बहुधा बताया जा चुका है कि वे आखिर हमारे ही अंक हैं, अतएव मैं सदन से अब भी अनुरोध करता हूं कि इन अंकों को राजभाषा का स्थायी अंग बना देना चाहिए और कितने ही वर्षों पश्चात भी उन्हें नहीं बदलना चाहिए।

संक्षेप में मेरी प्रस्थापना है कि उर्दू और देवनागरी लिपियों में लिखित हिंदुस्तानी को संघ की राजभाषा स्वीकार करनी चाहिए और भारतीय अंकों के अंतर्राष्ट्रीय रूप को उस राजभाषा का स्थायी अंग बना देना चाहिए।

सत्यनारायण सिन्हा : श्रीमान्, प्रश्न पर अब मत लिए जाएं।

मौलाना हसरत मोहानी: श्रीमान्, मैं आपसे प्रार्थना करता हूं कि मुझे अवसर दिया जाए।

अध्यक्ष : समाप्ति प्रस्ताव पेश किया जा चुका है।

नजीरुद्दीन अहमद : श्रीमान्, मेरा निवेदन है कि मुझे संशोधन सं. 4 में कुछ खास बातें बतानी हैं।

मौलाना हसरत मोहानी: श्रीमान्, मैं आपसे प्रार्थना करता हूं...

अध्यक्ष : समाप्ति प्रस्ताव पेश हो चुका है और मैं आपको बोलने की अनुमति नहीं दे सकता। मेरे विचार में आपने पहले वचन दिया था कि आप बोलेंगे नहीं।

नजीरुद्दीन अहमद : श्रीमान्, समाप्ति प्रस्ताव की स्वीकृति पूर्णतः अध्यक्ष के हाथ में है। मैं संशोधन सं. 4 के विषय में कुछ शब्द कहना चाहता हूं।

अध्यक्ष : आप संशोधन का विरोध चाहते हैं।

नजीरुद्दीन अहमद : हां, श्रीमान्। समाप्ति प्रस्ताव की स्वीकृति इस बात पर निर्भर है कि राष्ट्रपति को संतोष हो जाए कि काफी बहस हो चुकी है।

माननीय सदस्यगण: समाप्ति, समाप्ति !

अध्यक्ष : मुझे समाप्ति प्रस्ताव पर मत लेने हैं। मेरे विचार में सदन अधिक वाद-विवाद करना नहीं चाहता।

नजीरुद्दीन अहमद : क्या आपका यह निर्णय है कि समाप्ति प्रस्ताव स्वीकृत हो जाना चाहिए।

अध्यक्ष : मुझे इस पर सदन का मत लेना है।

नजीरुद्दीन अहमद : नहीं, श्रीमान्, यह आवश्यक नहीं है। मेरा निवेदन है कि आप इस पर मत लेने के लिए बाध्य नहीं है।

अध्यक्ष : मैं यह नहीं कहता कि मैं बाध्य हूं, किन्तु मेरा विचार उस पर सदन का मत लेने का है।

नजीरुद्दीन अहमद : मैं कुछ शब्द कहना चाहता था। इस संशोधन में गम्भीर त्रुटियां हैं।

माननीय सदस्यगण : नहीं, नहीं (शाति, शांति)।

अध्यक्ष : प्रश्न यह है :

"कि प्रश्न पर मत लिए जाएं।"

प्रस्ताव स्वीकृत हो गया।

अध्यक्ष : श्री आयंगर, क्या आप समूचे वाद-विवाद के उत्तर स्वरूप कुछ कहना चाहते हैं।

एन. गोपालस्वामी आयंगर : श्रीमान्, इस समय सब प्रसन्नता की मुद्रा में हैं और मैं लम्बी-सी वक्तृता देकर इस हर्ष-मुद्रा को भंग नहीं करना चाहता। मुझे बड़े संशोधन का प्रस्तावक होने के नाते औपचारिक रूप में उन संशोधनों को स्वीकार करना है जो मेरे माननीय मित्र श्री मुंशी ने उस संशोधन पर पेश किए हैं। मैं उन्हें पूरी तरह स्वीकार करता हूं।

मुझे एक बात और कहनी है जिसके विषय में मैंने कुछ मित्रों को वचन दिया था जिन्होंने कल कुछ संशोधन पेश किए थे, विशेषत: वह संशोधन जिसका समर्थन श्री एस.वी. कृष्णमूर्ति राव ने बहुत युक्तियुक्त भाषण द्वारा किया था। उन्होंने यह सुझाव दिया था कि हिंदी भाषा की अस्थिर अवस्था के कारण, विशेषत: राजनैतिक, सांविधानिक, वैज्ञानिक, आदि शब्दों की कमी के कारण यह वांछनीय है कि एक परिषद् या आयोग संविधान के प्रारम्भ होते ही स्थापित होना चाहिए और वह देश के विभिन्न भागों में इस भाषा की समीक्षा करे और शब्दों तथा अभिव्यक्तियों को निश्चित रूप दे। मेरे विचार में श्रीमान, देश की वर्तमान दशा में यह बहुत अच्छा सुझाव है। उन्होंने उस आशय का एक प्रस्ताव पेश किया था, किन्तु मैं नहीं समझता कि इस बात को पूरा करने के लिए इस मसौदे में कुछ बढ़ाना जरूरी है। उस भाग में एक अनुच्छेद है, जिसमें राज्य को यह निर्देश दिया गया है कि वह हिंदी भाषा के विकास के लिए कदम उठाए, उसे उन्नत करने के लिए कदम उठाए, जिससे वह

हिंदुस्तानी तथा देश की अन्य भाषाओं की शैलियों, पदावलियों आदि को आत्मसात कर सके और अपनी शब्दावली की उन्नति के लिए मुख्यत: संस्कृत से तथा गौणत: संसार की अन्य सब भाषाओं से शब्द ले सके। यह एक व्यापक निर्देश है जो हमने इस भाग 16-क में रखा है और मुझे विश्वास है इस संविधान के प्रवर्तन में आने के पश्चात चाहे कोई भी सरकार हो, वह इस उद्देश्य विशेष को पूरा करने के लिए आवश्यक कदम उठाएगी और श्री कृष्णमूर्ति के सुझाव पर, मुझे संदेह नहीं है, अवश्य अमल किया जाएगा।

अध्यक्ष : मुझे अब संशोधनों पर मत लेना है। हमारे पास बहुत ज्यादा संशोधन हैं। मैं संशोधनों की संख्या बोलता जाऊंगा और जो सदस्य वापस लेना चाहें, वे कह दें और मैं मान लूंगा कि सदन उन्हें वापस लेने की अनुमति देता है।

घनश्याम सिंह गुप्त : श्रीमान्, क्या मैं कुछ सुझाव दे सकता हूं? यदि कोई सदस्य विशेषत: यह चाहता है कि उसके संशोधन पर मत लिया जाए तो वह कह देगा। अन्यथा यदि आप प्रत्येक संशोधन को लेंगे तो इसमें बहुत समय लग जाएगा। मैं समझता हूं कि हमने निश्चय कर लिया है कि केवल कुछ संशोधनों को स्वीकार किया जाएगा, अत: यदि आप कृपया उन्हीं माननीय सदस्यों से पूछें जो अपने संशोधनों पर मतदान चाहते हैं तो इससे बहुत समय बच जाएगा।

अध्यक्ष : क्या सदन की यही इच्छा है?

माननीय सदस्यगण : हां।

अध्यक्ष : तो मैं चाहता हूं कि सदस्य मुझे बता दें कि वे किन-किन संशोधनों पर मतदान करवाना चाहते हैं।

नजीरुद्दीन अहमद : श्रीमान्, मैं चाहता हूं कि मेरे संशोधन पर मतदान हो।

अध्यक्ष : उसकी संख्या क्या है?

नजीरुद्दीन अहमद : सं. 277।

जेड. एच. लारी : श्रीमान्, क्या प्रक्रिया है?

अध्यक्ष : मुझे यह सुझाव दिया गया है कि बजाय इसके कि मैं प्रत्येक संशोधन पर मत लूं और जिस सदस्य ने उसे पेश किया है उसे वापस ले, और सदन से वापस लेने की अनुमति मांगे, इन बातों के बजाय मुझे केवल उन संशोधनों पर मत ले लेना चाहिए जिन पर उनके प्रस्तावक मतदान करवाना चाहें।

जेड. एच. लारी : इससे गड़बड़ होगी। उचित तरीका यह है कि जो अपने संशोधन वापस लेना चाहें पहले वापस ले लें।

महबूब अली बेग साहिब बहादुर : जब कोई संशोधन पेश हो तब उसके प्रस्तावक खड़े हो कर कहें कि वे उसे वापस लेते हैं और सदन उसे वापस लेने को स्वीकार करे। हमारे नियमों में तो यही प्रक्रिया लिखी हुई है।

अल्लादी कृष्णस्वामी अय्यर : प्रत्येक सदस्य को खड़ा होकर कहने की अपेक्षा नहीं है कि वह संशोधन को वापस लेता है। जिन संशोधनों पर प्रस्तावक जोर नहीं देना चाहते, उन्हें समझा जाए कि वे वापस ले लिए गए हैं। नियमों के अनुसार ऐसी प्रक्रिया का कोई निषेध नहीं है।

पुरुषोत्तमदास टंडन : मैं यही जानना चाहता हूं कि इस मामले में आपका विनिश्चय क्या है।

बी.आर. अम्बेडकर : जिन सदस्यों ने संशोधन पेश किए हैं और उन पर मतदान नहीं करवाना चाहते, उनके विषय में मान लिया जाए कि उन्होंने आपको प्राधिकार दे दिया है कि वे उन पर जोर देना नहीं चाहते।

अध्यक्ष : इस मामले में मुझे एक सुझाव देना है। मेरे पास उन सदस्यों की सूची है जिनके नाम से संशोधन हैं। मैं प्रत्येक सदस्य का नाम पुकारूंगा और यदि वह चाहे कि किसी विशेष संशोधन पर मतदान होना चाहिए तो मैं उस पर मत ले लूंगा। मेरे विचार में उससे समस्या सुलझ जाएगी। शेष के विषय में में समझ लूंगा कि सदस्य अपने संशोधनों को वापस लेते हैं और सदन उन्हें इसकी अनुमति देता है।

निम्न सदस्यों ने अपने नाम के संशोधनों को वापस लेने की अनुमति मांगी :

सेठ गोविंददास, पंडित रविशंकर शुक्ल, श्री अलगू राय शास्त्री, श्री लक्ष्मीकांत मैत्र, श्री. एच.वी. कामत, मौलाना हसरत मोहानी, श्री एल.के. कृष्णास्वामी भारती, श्री एच.आर. गुरुव रेड्डी, श्री अरुण चंद्र गुहा, श्री महबूब अली वेग, डॉ. पी. सुब्बारायन, श्री एस.के. नागप्पा।

संशोधन, सभा की अनुमति से वापस ले लिए गए।

अध्यक्ष : प्रश्न यह है :

"कि उपरोक्त संशोधन 65 में प्रस्थापित नवीन भाग 16 क के स्थान पर निम्न रख दिया जाए :

भाग 14 क

अध्याय 1 संघ की भाषा

301 क (1) संघ की राज्य भाषा देवनागरी लिपि में लिखी गई हिंदी होगी।

(2) इस अनुच्छेद के खण्ड (1) में किसी बात के होते हुए भी संक्रमण काल

में जो पांच वर्ष से अधिक नहीं होगा, संघ के सरकारी प्रयोजनों के लिए अंग्रेजी भाषा का प्रयोग होता रह सकता है, परन्तु राज्य भाषा का प्रयोग प्रगतिपूर्वक होगा जब तक कि वह पांच वर्ष के संक्रमण काल के अंत में पूर्णत: अंग्रेजी का स्थान ले ले।

301.ख. (1) संविधान के आरम्भ से तीन मास के भीतर 30 सदस्यों की एक समिति बनाई जाएगी, जिनमें से 20 लोकसभा के सदस्य होंगे तथा 10 राज्य परिषद् के सदस्य, जो क्रमश: उन सदनों द्वारा आनुपातिक प्रतिनिधित्व पद्धति के अनुसार एकल संक्रमणीय मत द्वारा निर्वाचित होंगे।

(2) समिति का यह कर्त्तव्य होगा कि वह राष्ट्रपति को सिफारिश करे कि संघ के सब राजकीय प्रयोजनों के लिए हिंदी के उत्तरोत्तर अधिक प्रयोग तथा पांच वर्षों के संक्रमण काल के पश्चात अंग्रेजी के स्थान पर हिंदी रखने के लिए क्या उपाय तथा साधन अपनाए जाएं।

(3) समिति अपनी नियुक्ति की तारीख से 6 मास के भीतर ही अपना प्रतिवेदन पेश कर देगी।

(4) समिति द्वारा प्रतिवेदन पेश करने के पश्चात तीन मासों में ही राष्ट्रपति समिति की प्रत्येक सिफारिश को, व्याख्यात्मक स्मरणपत्र के साथ कि उस पर क्या कार्यवाही की गई है अथवा की जानी है, संसद के प्रत्येक सदन के समक्ष रखवाएगा।

(5) (क) जब लोकसभा या राज्य परिषद् का कोई सदस्य उस समय उस सदन में प्रयोग होने वाली भाषा में अपनी पर्याप्त अभिव्यक्ति नहीं कर सकता, तब लोकसभा का अध्यक्ष या राज्य परिषद् का सभापति उसे अपनी मातृभाषा में सदन को सम्बोधित करने की अनुमति दे सकता है।

(ख) राज्य परिषद् का सभापति या लोकसभा का अध्यक्ष, जब भी वह उपयुक्त समझे, यथास्थिति राज्य परिषद् में या लोकसभा में ऐसी वक्तृता का जो किसी सदस्य ने अन्य भाषा में दी हो, हिंदी में अथवा उस समय सदन में प्रयोग होने वाली भाषा में संक्षिप्त उपलब्ध कराने की व्यवस्था कर सकता है। वह संक्षेप उस सदन की कार्यवाही के अभिलेख में समाविष्ट होगा, जिसमें वह वक्तृता दी गई है।

अध्याय 2-प्रादेशिक भाषाएं

301.ग. (1) कोई राज्य विधि द्वारा उस राज्य के राजकीय प्रयोजनों में से सब या किसी के लिए प्रयोग के अर्थ हिंदी को या उस राज्य में प्रयुक्त होने वाली किसी एक या अनेक को अंगीकार कर सकेगा।

(2) (क) जब राज्य के विधान मण्डल का कोई सदस्य उस समय उस सदन में प्रयोग होने वाली भाषा में अपनी पर्याप्त अभिव्यक्ति नहीं कर सकता, तब विधान-परिषद् का सभापति या विधानसभा का अध्यक्ष उसे अपनी मातृभाषा में सदन को सम्बोधित करने की अनुमति दे सकता है।

(ख) विधान परिषद् का सभापति या विधानसभा का अध्यक्ष, जब भी वह उपयुक्त समझे, यथास्थिति विधान परिषद् या विधानसभा में ऐसी वक्तृता का, जो किसी सदस्य ने अन्य भाषा में दी हो, हिंदी में अथवा उस सदन में प्रयोग होने वाली अन्य भाषा में संक्षेप उपलब्ध कराने की व्यवस्था कर सकता है, वह संक्षेप उस सदन की कार्यवाही के अभिलेख में समाविष्ट होगा, जिसमें वह वक्तृता दी गई है।

301.घ. (1) (क) संघ में राजकीय प्रयोजनों के लिए प्रयुक्त होने के लिए तत्सम प्राधिकृत भाषा, किसी राज्य और संघ के बीच में संचार के लिए राजभाषा होगी।

(ख) यदि संघ में प्रयोगार्थ प्राधिकृत भाषा किसी राज्य की राजभाषा भी है, तो संघ की राजभाषा ही उस राज्य और अन्य किसी राज्य के बीच संचार की राजभाषा होगी।

किन्तु यदि दो या अधिक राज्य करार करते हैं कि ऐसे राज्यों के बीच में संचार के लिए राजभाषा हिंदी भाषा होगी तो ऐसे संचार के लिए वह भाषा प्रयोग की जा सकेगी।

(2) (क) विधेयक अथवा उन पर प्रस्तावित किए जाने वाले जो संशोधन राज्य के विधान-मंडल के किसी सदन में पुर्नस्थापित किए जाएं, उन सबके प्राधिकृत पाठ।

(ख) अधिनियम जो राज्य के विधान-मंडल द्वारा पारित किए जाएं, तथा जो अध्यादेश राज्यपाल या शासक द्वारा प्रख्यापित किए जाएं, उन सबके प्राधिकृत पाठ।

(ग) आदेश, नियम, विनियम और उपविधि, जो इस संविधान के अधीन, अथवा राज्य के विधान-मंडल द्वारा निर्मित किसी विधि के अधीन निकाले जाएं, उन सबके प्राधिकृत पाठ, उस राज्य की राजभाषा में होंगे।

किन्तु यदि उस राज्य की राजभाषा हिंदी नहीं है तो उनके साथ हिंदी में उनका प्राधिकृत पाठ प्रकाशित किया जाएगा :

किन्तु यह भी कि इस संविधान के आरम्भ से पांच वर्ष के संक्रमण काल में, यदि उस राज्य की राजभाषा अंग्रेजी नहीं है तो उनके साथ अंग्रेजी में भी उनका प्राधिकृत पाठ प्रकाशित किया जाएगा।

301. ङ्. तद्विषयक मांग की जाने पर यदि राष्ट्रपति का समाधान हो जाए कि किसी राज्य के जनसमुदाय का पर्याप्त अनुपात, जो बीस प्रतिशत से कम नहीं हो, चाहता है कि उसके द्वारा बोली जाने वाली कोई भाषा राज्य द्वारा अभिज्ञात की जाए तो वह निर्देश दे सकेगा कि ऐसी भाषा को उस राज्य में सर्वत्र अथवा उसके किसी भाग में ऐसे प्रयोजन के लिए जैसा कि वह उल्लिखित करे राजकीय अभिज्ञा दी जाए।

अध्याय 3-निर्देशक तत्व

301. छ. किसी व्यथा के निवारण के लिए संघ या राज्य के किसी पदाधिकारी या प्राधिकारी को यथास्थिति संघ में या राज्य में प्रयोग होने वाली किसी भाषा में अभिवेदन देने का, प्रत्येक व्यक्ति को हक होगा।

301. ज. हिंदी भाषा की प्रसार वृद्धि करना, उसका विकास करना ताकि वह भारत की सामासिक संस्कृति के सब तत्वों की अभिव्यक्ति का माध्यम हो सके, तथा अन्य भारतीय भाषाओं के रूप, शैली और पदावलि को आत्मसात करते हुए तथा जहां आवश्यक या वांछनीय हो, वहां उसके शब्द-भण्डार के लिए मुख्यत: संस्कृत के शब्द ग्रहण करते हुए उसकी समृद्धि सुनिश्चित करना संघ का कर्त्तव्य होगा।

301. झ. भारत के समस्त राज्य क्षेत्र में देवनागरी लिपि के प्रयोग को प्रोत्साहन देना संघ का कर्तव्य होगा।

301. अ. भारत के समस्त राज्य क्षेत्र में संस्कृत के अध्ययन को प्रोत्साहन देना संघ का कर्तव्य होगा, क्योंकि वह भारत की अन्य भाषाओं में अधिकांश का स्रोत है।

संशोधन स्वीकृत हो गए।

अध्यक्ष : प्रश्न यह है :

*कि उपरोक्त संशोधन सं. 65 में प्रस्थापित नए अनुच्छेद 301-क के खण्ड (1) में, 'हिंदी' शब्द के स्थान पर 'हिंदुस्तानी' शब्द रख दिया जाए।"

सभा में मत विभाजन हुआ। (हाथ उठा कर)

हां : चौदह

नहीं : शेष।

संशोधन अस्वीकृत हो गया।

मोहम्मद ताहिर : मैं अपने संशोधन सं. 1 को वापस लेने के लिए अनुमति चाहता हूं।

संशोधन सभा की अनुमति से वापस ले लिया गया।

अध्यक्ष : प्रश्न यह है।

"कि उपरोक्त संशोधन सं. 65 में, प्रस्थापित नए अनुच्छेद 301-क के खण्ड (1) में 'देवनागरी' शब्द के पश्चात 'और उर्दू' ये शब्द प्रविष्ट कर दिए जाएं।"

सभा में मत विभाजन हुआ। (हाथ उठा कर)

हां : बारह

नहीं : शेष।

संशोधन अस्वीकृत हो गया।

अध्यक्ष : श्री युधिष्ठिर मिश्र अपने आसन पर नहीं हैं। श्री फूल सिंह अपने संशोधन को वापस लेते हैं। श्री वी.आई. मुनिस्वामी पिल्लै, शंकर राव देव और श्री आर.वी. धुलेकर अपने संशोधनों को वापस लेते हैं।

अब श्री रामलिंगम् चेट्टियार का संशोधन है।

टी.ए. रामलिंगम् चेट्टियार : मेरे संशोधन सं. 105 पर मतदान हो।

अध्यक्ष : प्रश्न यह है :

"कि उपरोक्त संशोधन सं. 65 में प्रस्थापित नए अनुच्छेद 301-ख के स्थान पर निम्न रख दिया जाए :

[301-ख. राष्ट्रपति, संविधान के आरम्भ से वर्ष की समाप्ति पर, ऐसा उपाय निश्चित करेगा जिससे अंग्रेजी के स्थान पर हिंदी को रखने का कार्य हो सके।]

संशोधन अस्वीकृत हो गया।

टी.ए. रामलिंगम् चेट्टियार: मत ले लिए जाएं, श्रीमान्।

सभा में मत विभाजन हुआ। (हाथ उठा कर)

हां : छह

नहीं : शेष।

संशोधन अस्वीकृत हो गया।

वैकल्पिक संशोधन, सभा की अनुमति से वापस ले लिया गया।

सतीशचन्द्र सामंत : मैं अपने संशोधन को वापस लेने की अनुमति चाहता

संशोधन, सभा की अनुमति से वापस ले लिया गया।

महबूब अली बेग : मेरे संशोधन सं. 98 का क्या हुआ?

अध्यक्ष : मैंने माननीय सदस्य का नाम पुकारा था और उस समय उन्होंने अपने संशोधन पर मतदान के लिए मुझे नहीं कहा। यदि वे अब उस पर मतदान चाहते हैं तो मैं मत ले लूंगा।

प्रश्न यह है :

"कि उपरोक्त संशोधन सं. 65 में, प्रस्थापित नए अनुच्छेद 301 क के खण्ड (2) का परन्तुक हटा दिया जाए।"

संशोधन अस्वीकृत हो गया।

निम्नलिखित सदस्यों ने अपने संशोधनों को वापस लेने की अनुमति चाही:

श्री राम सहाय, श्री महावीर त्यागी, श्री एस.वी. कृष्णमूर्ति राव, श्रीमती पूर्णिमा बनर्जी, श्री कृष्णचन्द्र शर्मा, श्री युधिष्ठिर मिश्र

संशोधन, सभा की अनुमति से वापस ले लिए गए।

डॉ. पी.एस. देशमुख : में अपने संशोधनों को वापस लेता हूं। किन्तु मुझे आशा है कि मसौदा समिति उन पर विचार करेगी। मेरे मसौदे उनके मसौदों से अच्छे

अध्यक्ष : आप उन्हें मसौदा समिति को दे दीजिए। डॉ. पी.एस. देशमुख और श्री जसपत राय कपूर के संशोधन, सभा की अनुमति से वापस ले लिए गए।

जेड.एच. लारी: मैं अपने संशोधन सं. 258 और 310 पर मतदान चाहता हूँ।

अध्यक्षः प्रश्न यह है:

'कि चतुर्थ सूची के संशोधन नं. 65 में, प्रस्थापित नए अनुच्छेद 301-घ के विद्यमान परन्तुक के पश्चात, निम्न जोड़ दिया जाए :

[किन्तु यदि कोई भारतीय भाषा, जी अनुसूची में उल्लिखित हो भारतीय स्वतंत्रता दिवस, 15 अगस्त 1947 को किसी राज्य में राजभाषा के रूप में प्रयुक्त होती हो तो वह भाषा भी इस संविधान के आरम्भ से पन्द्रह वर्ष तक और यदि राष्ट्रपति निर्देश दे तो बाद में भी, उस राज्य की राज्य भाषा के रूप में मान्य होगी।]

संशोधन अस्वीकृत हो गया।

अध्यक्ष : मैं श्री लारी के अगले संशोधन पर मत लेता हूँ:

प्रश्न यह है :

"कि चतुर्थ सूची के संशोधन सं. 65 में, प्रस्थापित नए अनुच्छेद 30-ज के अंत में निम्न खण्ड जोड़ दिया जाए :

[इस भाग के पूर्ववर्ती उपबंधों में किसी बात के होते हुए भी, प्राथमिक शिक्षा बच्चे की मातृभाषा में दी जाएगी, जहां किसी पाठशाला में 30 विद्यार्थी या किसी एक श्रेणी में 8 विद्यार्थी ऐसी मांग करें।]

संशोधन अस्वीकृत हो गया।

श्री बसंत कुमार दास और श्री बी. सिद्धपीरप्पा ने अपने संशोधनों को वापस लेने की अनुमति चाही।

संशोधन, सभा की अनुमति से, वापस ले लिए गए।

अध्यक्ष : श्री जयपाल सिंह। मेरे विचार में सदस्य महोदय सदन में नहीं हैं।

महावीर त्यागी : श्रीमान्, उनके संशोधन पर मत ले लिए जाएं।

अध्यक्ष : श्री लकरा, आप क्या कहते हैं?

बोनीफेस लकरा: मैं वापस लेता हूं।

संशोधन, सभा की अनुमति से, वापस ले लिया गया।

अध्यक्ष: श्री नजीरुद्दीन अहमद।

नजीरुद्दीन अहमद : मैं अपने संशोधन सं. 277 और 282 के अतिरिक्त सबको वापस लेता हूं।

संशोधन सं. 277 और 282 के अतिरिक्त श्री नजीरुद्दीन अहमद के समस्त संशोधन सभा की अनुमति से वापस ले लिए गए।

निम्नलिखित सदस्यों ने अपने नाम के संशोधनों को वापस लेने के लिए सदन की अनुमति मांगी :

श्री हरगोविन्द पन्त, श्री प्रभुदयाल हिम्मतसिंहका, श्री बी.एम. गुप्ते, आचार्य जुगलकिशोर, श्री सुरेशचन्द्र मजूमदार, डॉ. रघुवीर, श्री गोकुलभाई दौलतराम भट्ट, मास्टर नन्द लाल, श्री बी.पी. झुनझुनवाला।

संशोधन सभा की अनुमति से वापस ले लिए गए।

अध्यक्ष : श्री ब्रजेश्वर प्रसाद !

ब्रजेश्वर प्रसाद : मैं संशोधन सं. 322 पर मतदान चाहता हूं। मैं चाहता हूं कि खण्ड (2) के अंतिम परन्तुक को हटा दिया जाए। वे शब्द निरर्थक हैं।

अध्यक्ष : मैं तो समूचे संशोधन पर ही मत ले सकता हूं।

प्रश्न यह है : "कि चतुर्थ सूची के संशोधन सं. 65 में, प्रस्थापित नए अनुच्छेद 301-क के स्थान पर निम्न रख दिया जाए :

[301-क (1) संघ की राजभाषा देवनागरी लिपि में हिंदी होगी और संघ के राजकीय प्रयोजनों के लिए देवनागरी अंकों का प्रयोग होगा।

(2) इस अनुच्छेद के खण्ड (1) में किसी बात के होते हुए भी, इस संविधान के प्रारम्भ से 5 वर्षों तक अंग्रेजी भाषा और भारतीय अंकों का अंतर्राष्ट्रीय रूप ही संघ के उन सब राजकीय प्रयोजनों के लिये प्रयुक्त होते रहेंगे, जिनके लिए वे संविधान के आरम्भ पर प्रयुक्त होते थे :

किन्तु उक्त कालावधि में ही राष्ट्रपति आदेश द्वारा प्राधिकृत कर सकता है कि संघ के किसी राजकीय प्रयोजन के लिए अंग्रेजी भाषा के अतिरिक्त हिंदी भाषा तथा देवनागरी अंकों का प्रयोग और देवनागरी अंकों के अतिरिक्त भारतीय अंकों के अंतर्राष्ट्रीय रूप का प्रयोग भी हो सकेगा।

(3) इस अनुच्छेद में किसी बात के होते हुए भी, राष्ट्रपति आदेश द्वारा प्राधिकृत कर सकता है कि उन प्रयोजनों के लिए जो उक्त आदेश में उल्लिखित हों, पांच वर्ष की उपरोक्त कालावधि के पश्चात भी अंग्रेजी भाषा तथा भारतीय अंकों के अंतर्राष्ट्रीय रूप का प्रयोग हो सकेगा।]

संशोधन अस्वीकृत हो गया।

अध्यक्ष : सरदार हुकम सिंह !

सरदार हुकम सिंह : मैं संशोधन सं. 330 पर मतदान करवाना चाहता हूं।

अध्यक्ष : प्रश्न यह है :

"कि चतुर्थ सूची के संशोधन संख्या 65 में प्रस्थापित नए अनुच्छेद 301-ग के स्थान पर निम्न रख दिया जाए :

[301-ग. अनुच्छेद 301-घ और 301-ङ के उपबंधों के अधीन रहते हुए कोई राज्य, विधि द्वारा, उस भाषा को उस राज्य के सरकारी प्रयोजनों के लिए उपयुक्त होने वाली भाषा के रूप में स्वीकार कर सकता है, जो भाषा, उस प्रयोजन के लिए उपलब्ध अंतिम जनगणना अंकों के अनुसार, अधिकांश जनता द्वारा बोली जाती हो।]

संशोधन अस्वीकृत हो गया।

डॉ. मनमोहन दास का संशोधन, सभा की अनुमति से वापस ले लिया गया।

अध्यक्ष : श्री पुरुषोत्तमदास टंडन !

पुरुषोत्तमदास टंडन : आप किस संशोधन के विषय में कह रहे हैं, श्रीमान् ?

अध्यक्ष : संख्या 333।

पुरुषोत्तमदास टंडन : मैं इस पर मतदान करवाना चाहता हूं। मैं इसे वापस नहीं ले रहा हूं।

अध्यक्ष : प्रश्न यह है :

"कि चतुर्थ सूची के संशोधन सं. 65 में प्रस्थापित नए अनुच्छेद 301 के स्थान पर निम्न रख दिया जाए :

[301-क (1) (क) संघ की राजभाषा देवनागरी में लिखित हिंदी होगी।

(ख) इस खण्ड के उपखण्ड (क) में किसी बात के होते हुए भी देवनागरी लिपि के लिए भारतीय अंकों के देवनागरी और अंतर्राष्ट्रीय दोनों रूप मान्य होंगे।

(ग) राष्ट्रपति, संघ के एक या अनेक प्रयोजनों के लिए देवनागरी अंकों या अंतर्राष्ट्रीय अंकों या दोनों के प्रयोग को प्राधिकृत कर सकेगा।

(घ) इस खण्ड के पूर्ववर्ती उपखण्डों में किसी बात के होते हुए भी इस संविधान के आरम्भ से पन्द्रह वर्षों की समाप्ति पर संसद विधि द्वारा, संघ के एक या अनेक उल्लिखित प्रयोजनों के लिए देवनागरी अंकों या अंतर्राष्ट्रीय अंकों या दोनों के प्रयोग को निर्धारित कर सकती है।

(2) इस अनुच्छेद के खण्ड (1) में किसी बात के होते हुए भी, इस संविधान के आरम्भ से पंद्रह वर्षों की कालावधि में, अंग्रेजी भाषा संघ के उन सब राजकीय प्रयोजनों के लिए प्रयुक्त होती रहेगी जिनके लिए वह संविधान के आरम्भ पर प्रयुक्त होती थी :

किन्तु राष्ट्रपति उक्त कालावधि में, आदेश द्वारा प्राधिकृत कर सकता है कि लेखा, लेखा-परीक्षण तथा बैंक व्यवसाय के अतिरिक्त संघ के किसी राजकीय प्रयोजनों के लिए अंग्रेजी के अतिरिक्त हिंदी का भी प्रयोग होगा।

(3) इस अनुच्छेद में किसी बात के होते हुए भी संसद, विधि द्वारा उपबंध कर सकती है कि पंद्रह वर्ष की उक्त कालावधि के पश्चात भी ऐसे प्रयोजनों के लिए जो उस विधि में उल्लिखित हों, अंग्रेजी भाषा का प्रयोग होता रहेगा।]"

संशोधन अस्वीकृत हो गया।

अध्यक्ष : संशोधन संख्या 346।

पुरुषोत्तमदास टंडन : उसे में वापस लेता हूं, श्रीमान्।

अध्यक्ष : संशोधन सं. 348।

पुरुषोत्तमदास टंडन : उसे भी मैं वापस लेता हूं।

संशोधन, सभा की अनुमति से, वापस ले लिए गए।

अध्यक्ष : श्री फ्रैंक ऐंथनी।

फ्रैंक ऐंथनी : मैं सभा से अपने संशोधन को वापस लेने की अनुमति मांगता हूं।

संशोधन, सभा की अनुमति से, वापस ले लिया गया।

अध्यक्ष : मेरे खयाल में सब संशोधन आ चुके हैं। यदि किसी सदस्य का संशोधन रह गया है तो वे मुझे अब बता सकते हैं।

मोहम्मद इस्माइल साहिब : मेरे संशोधन सं. 336, 341, 342 और 344।

टी.टी. कृष्णमाचारी : वे अन्य संशोधनों में आ जाते हैं।

अध्यक्ष : मेरे विचार में संशोधन 336 एक संशोधन में आ जाता है जो गिर गया है। अगला संशोधन 341 है।

मोहम्मद इस्माइल साहिब : मैं इसे वापस लेता हूं, श्रीमान्।

अध्यक्ष : संशोधन संख्या 342।

टी.टी. कृष्णमाचारी : वह भी आ जाता है, श्रीमान्।

अध्यक्ष : वह भी हो गया। संशोधन सं. 344।

मोहम्मद इस्माइल साहिब : मैं उसे भी वापस लेता हूं, श्रीमान्।

संशोधन, सभा की अनुमति से, वापस ले लिए गए।

अध्यक्ष : मेरे विचार में इतने ही संशोधन हैं। यदि किसी सदस्य का संशोधन रह गया है तो वे बता दें, अन्यथा ऐसा समझा जाएगा कि वे सभा की अनुमति से वापस ले लिए गए हैं।

अब मैं श्री मुंशी के संशोधनों पर मत लेता हूं। किन्तु श्री त्यागी का एक संशोधन कण्डिकाओं की संख्या के विषय में है।

डॉ. बी.आर अम्बेडकर : इस मामले पर तो हम बाद में विचार करेंगे।

महावीर त्यागी : वह स्वीकृत हो गया, श्रीमान्।

अध्यक्ष : इसका यह मतलब नहीं है कि उसे स्वीकृत कर लिया गया है। वे उस पर विचार करेंगे।

के. एम. मुंशी : मैं उसे स्वीकार नहीं कर रहा हूं।

अध्यक्ष : क्या आप उस पर जोर दे रहे हैं?

महावीर त्यागी : यदि आप उसे मसौदा समिति को भेज रहे हैं तो मैं उस पर जोर नहीं देता। मैं उसे मसौदा समिति की सद्बुद्धि पर छोड़ देता हूं।

अध्यक्ष : प्रश्न यह है :

"कि अनुच्छेद 301-क के खण्ड (1) के स्थान पर निम्न रख दिया जाए :

[(1) संघ की राजभाषा हिंदी और लिपि देवनागरी होगी। संघ के राजकीय प्रयोजनों के लिए प्रयोग होने वाले अंकों का रूप भारतीय अंकों का अंतर्राष्ट्रीय रूप होगा।]"

संशोधन स्वीकृत हो गया।

अध्यक्ष : प्रश्न यह है :

"कि अनुच्छेद 301-क के खण्ड (3) के स्थान पर निम्न रख दिया जाए :

[(3) इस अनुच्छेद में किसी बात के होते हुए भी संसद उक्त पंद्रह साल की कालावधि के पश्चात विधि द्वारा–

(क) अंग्रेजी भाषा का; अथवा

(ख) अंकों के देवनागरी रूप का।

ऐसे प्रयोजनों के लिए प्रयोग उपबंधित कर सकेंगी जैसे कि ऐसी विधि में उल्लिखित हों।]"

संशोधन स्वीकृत हो गया।

टी.टी. कृष्णमाचारी : अन्य दोनों संशोधनों पर एक साथ मत ले लिए जाएं।

अध्यक्ष : प्रश्न यह है :

"कि अनुच्छेद 301-च को अनुच्छेद 301-च का खण्ड (1) बना दिया जाए, और उसमें निम्न खण्ड जोड़ दिया जाए :

[(2) खण्ड (1) में किसी बात के होते हुए भी किसी राज्य का राज्यपाल या राजप्रमुख राष्ट्रपति की पूर्व सहमति से हिंदी भाषा का या उस राज्य में राजकीय प्रयोजन के लिए प्रयोग होने वाली किसी अन्य भाषा का प्रयोग उस राज्य में मुख्य स्थान रखने वाले उच्च न्यायालय में निर्णय, आज्ञप्ति अथवा आदेश के अतिरिक्त अन्य की कार्यवाहियों के लिए प्राधिकृत कर सकेगा।]"

"कि प्रस्थापित अनुच्छेद 301-च के खण्ड (2) के पश्चात, निम्न जोड़ दिया जाए :

[(3) खण्ड (1) के उपखण्ड (ख) में किसी बात के होते हुए भी जहां किसी राज्य के विधान मण्डल ने, उस विधान मण्डल में पुर्नस्थापित विधेयकों या उसके

द्वारा पारित अधिनियमों में अथवा उस राज्य के राज्यपाल या राजप्रमुख द्वारा प्रख्यापित अध्यादेशों में अथवा उस उपखण्ड की कंडिका (घ) में निर्दिष्ट किसी आदेश, नियम, विनियम या उपविधि में प्रयोग के लिए अंग्रेजी भाषा से अन्य किसी भाषा के प्रयोग को विहित किया है वहां उस राज्य के राजकीय सूचना पत्र में उस राज्य के राज्यपाल या राजप्रमुख के प्राधिकार से प्रकाशित अंग्रेजी भाषा में उसका अनुवाद उस खण्ड के अभिप्रायों के लिए उसका अंग्रेजी भाषा में प्राधिकृत पाठ समझा जाएगा।]"

संशोधन स्वीकृत हो गए।

भारतीय संविधान सभा में हिंदी (राजभाषा खण्ड) पर हुई बहस का पाठ 'भारतीय संविधान सभा के वाद-विवाद की सरकारी रिपोर्ट हिं. सं. खण्ड 7 (क) पुस्तक नं. 3 (4-11-1948-30-11-1948) तथा खण्ड १ (ख) पुस्तक सं. 8 (1-9-1949-18-9-1949) लोकसभा सचिवालय, नई दिल्ली, प्र. सं. 1994 से लिया गया है।

अध्याय-3

राजभाषा संबंधी संवैधानिक उपबंध

संघ की राजभाषा नीति

भारत का संविधान-भाग 5 (120), भाग 6 (210) और भाग 17

भाग 5

संसद में प्रयुक्त होने वाली भाषा

120. (1) भाग 17 में किसी बात के होते हुए भी, किन्तु अनुच्छेद 348 के उपबंधों के अधीन रहते हुए संसद में कार्य हिंदी में या अंग्रेजी में किया जाएगा :

परंतु, यथास्थिति, राज्य सभा का सभापति या लोक सभा का अध्यक्ष अथवा उस रूप में कार्य करने वाला व्यक्ति किसी सदस्य को, जो हिंदी में या अंग्रेजी में अपनी पर्याप्त अभिव्यक्ति नहीं कर सकता है, अपनी मातृ-भाषा में सदन को संबोधित करने की अनुज्ञा दे सकेगा।

(2) जब तक संसद विधि द्वारा अन्यथा उपबंध न करे तब तक इस संविधान के प्रारम्भ से 15 वर्ष की कालावधि की समाप्ति के पश्चात यह अनुच्छेद ऐसे प्रभावी होगा मानो कि "या अंग्रेजी में" ये शब्द उसमें से लुप्त कर दिए गए हैं।

भाग 6

विधान-मण्डल में प्रयुक्त होने वाली भाषा

210. (1) भाग 17 में किसी बात के होते हुए भी, किंतु अनुच्छेद 348 के उपबंधों के अधीन रहते हुए, राज्य के विधान-मंडल में कार्य राज्य की राजभाषा या राजभाषाओं में या हिंदी में या अंग्रेजी में किया जाएगा परंतु, यथास्थिति, विधान सभा का अध्यक्ष

या विधान परिषद का सभापति अथवा उस रूप में कार्य करने वाला व्यक्ति किसी सदस्य को, जो पूर्वोक्त भाषाओं में से किसी भाषा में अपनी पर्याप्त अभिव्यक्ति नहीं कर सकता है, अपनी मातृभाषा में सदन को संबोधित करने की अनुज्ञा दे सकेगा।

(2) जब तक राज्य का विधान-मंडल विधि द्वारा अन्यथा उपबंध न करे तब तक इस संविधान के प्रारंभ से पंद्रह वर्ष की अवधि की समाप्ति के पश्चात यह अनुच्छेद ऐसे प्रभावी होगा मानो " या अंग्रेजी में " शब्दों का उसमें से लोप कर दिया गया हो :

"परंतु हिमाचल प्रदेश, मणिपुर, मेघालय और त्रिपुरा के राज्य विधान-मंडलों के संबंध में यह खंड इस प्रकार प्रभावी होगा मानो कि उसमें आने वाले "पंद्रह वर्ष" शब्दों के स्थान पर "पच्चीस वर्ष" शब्द रख दिए गए हों"।

परंतु यह और कि अरूणाचल प्रदेश, गोवा और मिजोरम राज्यों के विधान-मंडलों के संबंध में यह खंड इस प्रकार प्रभावी होगा मानो इसमें आने वाले " पंद्रह वर्ष " शब्दों के स्थान पर " चालीस वर्ष " शब्द रख दिए गए हों।

संघ की राजभाषा

343 (1) संघ की राजभाषा हिंदी और लिपि देवनागरी होगी।
संघ के शासकीय प्रयोजनों के लिए प्रयोग होने वाले अंकों का रूप भारतीय अंकों का अंतरराष्ट्रीय रूप होगा।

(2) खंड (1) में किसी बात के होते हुए भी, इस संविधान के प्रारम्भ से पंद्रह वर्ष की अवधि तक संघ के उन शासकीय प्रयोजनों के लिए अंग्रेजी भाषा का प्रयोग किया जाता रहेगा जिनके लिए उसका ऐसे प्रारम्भ से ठीक पहले प्रयोग किया जा रहा था :

परंतु राष्ट्रपति उक्त अवधि के दौरान, आदेश द्वारा संघ के शासकीय प्रयोजनों में से किसी के लिए अंग्रेजी भाषा के अतिरिक्त हिंदी भाषा का और भारतीय अंकों के अंतरराष्ट्रीय रूप के अतिरिक्त देवनागरी रूप का प्रयोग प्राधिकृत कर सकेगा।

(3) इस अनुच्छेद में किसी बात के होते हुए भी, संसद उक्त पंद्रह वर्ष की अवधि के पश्चात विधि द्वारा–

(क) अंग्रेजी भाषा का, या

(ख) अंकों के देवनागरी रूप का,

ऐसे प्रयोजनों के लिए प्रयोग का उपबन्ध कर सकेगी जो ऐसी विधि में विनिर्दिष्ट किए जाएं।

राजभाषा के लिए आयोग और संसद की समिति

344. (1) राष्ट्रपति, इस संविधान के प्रारम्भ से पाँच वर्ष की समाप्ति पर और तत्पश्चात ऐसे प्रारम्भ से दस वर्ष की समाप्ति पर आदेश द्वारा एक आयोग गठित करेगा जो एक अध्यक्ष और आठवीं अनुसूची में विनिर्दिष्ट विभिन्न भाषाओं का प्रतिनिधित्व करने वाले ऐसे अन्य सदस्यों से मिलकर बनेगा जिनको राष्ट्रपति नियुक्त करे और आदेश में आयोग द्वारा अनुसरण की जाने वाली प्रक्रिया परिनिश्चित की जाएगी।

2. आयोग का यह कर्तव्य होगा कि वह राष्ट्रपति को–

(क) संघ के शासकीय प्रयोजनों के लिए हिंदी भाषा के अधिकाधिक प्रयोग :

(ख) संघ के सभी या किन्हीं शासकीय प्रयोजनों के लिए अंग्रेजी भाषा के प्रयोग पर निर्बन्धनों :

(ग) अनुच्छेद 348 में उल्लिखित सभी या किन्हीं प्रयोजनों के लिए प्रयोग की जाने वाली भाषा :

(घ) संघ के किसी एक या अधिक विनिर्दिष्ट प्रयोजनों के लिए प्रयोग किए जाने वाले अंकों के रूप :

(ङ) संघ की राजभाषा तथा संघ और किसी राज्द के बीच या एक राज्य और दूसरे राज्य के बीच पत्रादि की भाषा और उनके प्रयोग के संबंध में राष्ट्रपति द्वारा आयोग को निर्दिष्ट किए गए किसी अन्य विषय के बारे में सिफ़ारिश करे।

(3) खंड (2) के अधीन अपनी सिफ़ारिशें करने में, आयोग भारत की औद्योगिक, सांस्कृतिक और वैज्ञानिक उन्नति का और लोक सेवाओं के संबंध में अहिंदी भाषी क्षेत्रों के व्यक्तियों के न्यायसंगत दावों और हितों का सम्यक ध्यान रखेगा।

(4) एक समिति गठित की जाएगी जो तीस सदस्यों से मिलकर बनेगी जिनमें से बीस लोक सभा के सदस्य होंगे और दस राज्य सभा के सदस्य होंगे जो क्रमश: लोक सभा के सदस्यों और राज्य सभा के सदस्यों द्वारा आनुपातिक प्रतिनिधित्व पद्धति के अनुसार एकल संक्रमणीय मत द्वारा निर्वाचित होंगे।

(5) समिति का यह कर्तव्य होगा कि वह खंड (1) के अधीन गठित आयोग की सिफ़ारिशों की परीक्षा कर और राष्ट्रपति को उन पर अपनी राय के बारे में रिपोर्ट दे।

(6) अनुच्छेद 343 में किसी बात के होते हुए भी, राष्ट्रपति खंड (5) में निर्दिष्ट रिपोर्ट पर विचार करने के पश्चात उस सम्पूर्ण रिपोर्ट के या उसके किसी भाग के अनुसार निर्देश जारी कर सकेगा।

प्रादेशिक भाषाएं

राज्य की राजभाषा या राजभाषाएं

345:अनुच्छेद 346 और अनुच्छेद 347 के उपबंधों के अधीन रहते हुए, किसी राज्य का विधान-मंडल, विधि द्वारा, उस राज्य में प्रयोग होने वाली भाषाओं में से किसी एक या अधिक भाषाओं को या हिंदी को उस राज्य के सभी या किन्हीं शासकीय प्रयोजनों के लिए प्रयोग की जाने वाली भाषा या भाषाओं के रूप में अंगीकार कर सकेगा।

परंतु जब तक राज्य का विधान-मंडल, विधि द्वारा अन्यथा उपबंध न करे तब तक राज्य के भीतर उन शासकीय प्रयोजनों के लिए अंग्रेजी भाषा का प्रयोग किया जाता रहेगा जिनके लिए उसका इस संविधान के प्रारम्भ से ठीक पहले प्रयोग किया जा रहा था।

एक राज्य और दूसरे राज्य के बीच में अथवा राज्य और संघ के बीच में संचार के लिए राजभाषा

346 संघ में शासकीय प्रयोजनों के लिए प्रयोग किए जाने के लिए तत्समय प्राधिकृत भाषा, एक राज्य और दूसरे राज्य के बीच तथा किसी राज्य और संघ के बीच पत्रादि की राजभाषा होगी :

परंतु यदि दो या अधिक राज्य यह करार करते हैं कि उन राज्यों के बीच पत्रादि की राजभाषा हिंदी भाषा होगी तो ऐसे पत्रादि के लिए उस भाषा का प्रयोग किया जा सकेगा।

किसी राज्य के जनसमुदाय के किसी भाग द्वारा बोली जाने वाली भाषा के संबंध में विशेष उपबंध

347 यदि इस निमित्त मांग किए जाने पर राष्ट्रपति का यह समाधान हो जाता है कि किसी राज्य की जनसंख्या का पर्याप्त भाग यह चाहता है कि उसके द्वारा बोली जाने वाली भाषा को राज्य द्वारा मान्यता दी जाए तो वह निर्देश दे सकेगा कि ऐसी भाषा को भी उस राज्य में सर्वत्र या उसके किसी भाग में ऐसे प्रयोजन के लिए जो वह विनिर्दिष्ट करे, शासकीय मान्यता दी जाए।

उच्चतम न्यायालय और उच्च न्यायालयों आदि की भाषा

उच्चतम न्यायालय और उच्च न्यायालयों में तथा अधिनियमों, विधेयकों आदि में प्रयोग की जाने वाली भाषा

348 (1) इस भाग के पूर्वगामी उपबंधों में किसी बात के होते हुए भी, जब तक संसद विधि द्वारा अन्यथा उपबंध न करे तब तक–

(क) उच्चतम न्यायालय और प्रत्येक उच्च न्यायालय में सभी कार्यवाहियाँ :

(i) संसद के प्रत्येक सदन या किसी राज्य के विधानमंडल के सदन या प्रत्येक सदन में पुर: स्थापित किए जाने वाले सभी विधेयकों या प्रस्तावित किए जाने वाले उनके संशोधनों के,

(ii) संसद या किसी राज्य के विधान-मंडल द्वारा पारित सभी अधिनियमों के और राष्ट्रपति या किसी राज्य के राज्यपाल द्वारा प्रख्यापित सभी अध्यादेशों के, और

(iii) इस संविधान के अधीन अथवा संसद या किसी राज्य के विधान मंडल द्वारा बनाई गई किसी विधि के अधीन जारी किए गए सभी आदेशों, नियमों, विनियमों और उपविधियों के :

(या राजप्रमुख संविधान" (सप्तम संशोधन) अधिनियम, 1956, धारा 29 और अनुसूची द्वारा लुप्त कर दिए गए)

प्राधिकृत पाठ अंग्रेजी भाषा में होंगे।

(2) खंड (1) के उपखंड (क) में किसी बात के होते हुए भी, किसी राज्य का राज्यपाल राष्ट्रपति की पूर्व सहमति से उस उच्च न्यायालय की कार्यवाहियों में जिसका मुख्य स्थान उस राज्य में है, हिंदी भाषा का या उस राज्य के शासकीय प्रयोजनों के लिए प्रयोग होने वाली किसी अन्य भाषा का प्रयोग प्राधिकृत कर सकेगा :

परंतु इस खंड की कोई बात ऐसे उच्च न्यायालय द्वारा दिए गए निर्णय, डिक्री या आदेश को लागू नहीं होगी।

(3) खंड (1) के उपखंड (ख) में किसी बात के होते हुए भी, जहां किसी राज्य के विधान-मंडल ने, उस विधान-मण्डल में पुर:स्थापित विधेयकों या उसके द्वारा पारित अधिनियमों में अथवा उस राज्य के राज्यपाल द्वारा प्रख्यापित अध्यादेशों में अथवा उस उपखंड के पैरा (iii) में निर्दिष्ट किसी आदेश, नियम, विनियम या उपविधि में प्रयोग के लिए अंग्रेजी भाषा से भिन्न कोई

भाषा विहित की है वहां उस राज्य के राजपत्र में उस राज्य के राज्यपाल के प्राधिकार से प्रकाशित अंग्रेजी भाषा में उसका अनुवाद इस अनुच्छेद के अधीन उसका अंग्रेजी भाषा में प्राधिकृत पाठ समझा जाएगा।

भाषा संबंधी कुछ विधियों को अधिनियमित करने के लिए विशेष प्रक्रिया

349. इस संविधान के प्रारम्भ से पंद्रह वर्ष की अवधि के दौरान, अनुच्छेद 348 के खंड (1) में उल्लिखित किसी प्रयोजन के लिए प्रयोग की जाने वाली भाषा के लिए उपबंध करने वाला कोई विधेयक या संशोधन संसद के किसी सदन में राष्ट्रपति की पूर्व मंजूरी के बिना पुर:स्थापित या प्रस्तावित नहीं किया जाएगा और राष्ट्रपति किसी ऐसे विधेयक को पुर:स्थापित या किसी ऐसे संशोधन को प्रस्तावित किए जाने की मंजूरी अनुच्छेद 344 के खंड (1) के अधीन गठित आयोग की सिफ़ारिशों पर और अनुच्छेद के खंड (4) के अधीन गठित समिति की रिपोर्ट पर विचार करने के पश्चात ही देगा, अन्यथा नहीं।

विशेष निर्देश

अनुच्छेद 350. व्यथा के निवारण के लिए अभ्यावेदन में प्रयोग की जाने वाली भाषा-

प्रत्येक व्यक्ति किसी व्यथा के निवारण के लिए संघ या राज्य के किसी अधिकारी या प्राधिकारी को, यथास्थिति, संघ में या राज्य में प्रयोग होने वाली किसी भाषा में अभ्यावेदन देने का हकदार होगा।

अनुच्छेद 350 क. प्राथमिक स्तर पर मातृभाषा में शिक्षा की सुविधाएं-

प्रत्येक राज्य और राज्य के भीतर प्रत्येक स्थानीय प्राधिकारी भाषाई अल्पसंख्यक-वर्गों के बालकों को शिक्षा के प्राथमिक स्तर पर मातृभाषा में शिक्षा की पर्याप्त सुविधाओं की व्यवस्था करने का प्रयास करेगा और राष्ट्रपति किसी राज्य को ऐसे निर्देश दे सकेगा जो वह ऐसी सुविधाओं का उपबंध सुनिश्चित कराने के लिए आवश्यक या उचित समझता है।

अनुच्छेद 350 ख. भाषाई अल्पसंख्यक-वर्गों के लिए विशेष अधिकारी-

भाषाई अल्पसंख्यक-वर्गों के लिए एक विशेष अधिकारी होगा जिसे राष्ट्रपति नियुक्त करेगा।

विशेष अधिकारी का यह कर्तव्य होगा कि वह इस संविधान के अधीन भाषाई अल्पसंख्यक-वर्गों के लिए उपबंधित रक्षोपायों से संबंधित सभी विषयों का अन्वेषण करे और उन विषयों के संबंध में ऐसे अंतरालों पर जो राष्ट्रपति निर्दिष्ट करे, राष्ट्रपति को प्रतिवेदन दे और राष्ट्रपति ऐसे सभी प्रतिवेदनों को संसद् के प्रत्येक सदन के समक्ष रखवाएगा और संबंधित राज्यों की सरकारों को भिजवाएगा।

हिंदी भाषा के विकास के लिए निर्देश

351 संघ का यह कर्तव्य होगा कि वह हिंदी भाषा का प्रसार बढ़ाए, उसका विकास करे ताकि वह भारत की सामासिक संस्कृति के सभी तत्वों की अभिव्यक्ति का माध्यम बन सके और उसकी प्रकृति में हस्तक्षेप किए बिना हिंदुस्तानी के और आठवीं अनुसूची में विनिर्दिष्ट भारत की अन्य भाषाओं के प्रयुक्त रूप, शैली और पदों को आत्मसात करते हुए और जहां आवश्यक या वांछनीय हो वहाँ उसके शब्द-भण्डार के लिए मुख्यत: संस्कृत से और गौणत: अन्य भाषाओं से शब्द ग्रहण करते हुए उसकी समृद्धि सुनिश्चित करे।

अष्टम अनुसूची

[अनुच्छेद 344 (1) और 351]

1. असमिया	2. उड़िया	3. उर्दू	4. कन्नड़
5. कश्मीरी	6. गुजराती	7. तमिल	8. तेलुगु
9. पंजाबी	10. बंगला	11. मराठी	12. मलयालम
13. संस्कृत	14. सिन्धी	15. हिंदी	16. मणिपुरी
17. नेपाली	18. कोंकणी	19. मैथिली	20. संथाली
21. बोडो	22. डोगरी		

हिंदी के प्रयोग के बारे में राष्ट्रपति के आदेश

(क) राष्ट्रपति का आदेश, 1952

विधि मंत्रालय की दिनांक 27 मई, 1952 की अधिसूचना संख्या एस.आर.ओ. 938 ए की प्रतिलिपि

राष्ट्रपति का निम्नलिखित आदेश आम जानकारी के लिए प्रकाशित किया जाता है :-

सी.ओ. 41

भारत के संविधान के अनुच्छेद 343 के खंड (2) के परंतुक द्वारा दी गई शक्तियों का प्रयोग करते हुए राष्ट्रपति ने अंग्रेजी भाषा के अतिरिक्त हिंदी भाषा का और भारतीय अंकों के अंतरराष्ट्रीय स्वरूप के अतिरिक्त अंकों के देवनागरी स्वरूप का प्रयोग संघ के निम्नलिखित राजकीय प्रयोजनों के लिए, अर्थात–

(1) राज्यों के राज्यपालों,

(2) उच्चतम न्यायालय के न्यायाधीशों, और

(3)उच्च न्यायालयों के न्यायाधीशों

की नियुक्तियों के अधिपत्रों के लिए प्राधिकृत कर दिया है।

(ख) राष्ट्रपति का आदेश, 1955

गृह मंत्रालय की दिनांक 3 दिसम्बर, 1955, की अधिसूचना संख्या 59/2/54 -पत्र की प्रतिलिपि

अधिसूचना

राष्ट्रपति का निम्नलिखित आदेश आम जानकारी के लिए प्रकाशित किया जाता है:-

आदेश

भारत के संविधान के अनुच्छेद 343 के खंड (2) के परन्तुक द्वारा दी गई शक्तियों का प्रयोग करते हुए राष्ट्रपति ने निम्नलिखित आदेश दिया है, अर्थात:-

(1) यह आदेश संविधान (राजकीय प्रयोजनों के लिए हिंदी भाषा) आदेश, 1955 कहलाएगा।

(2) संघ के जिन राजकीय प्रयोजनों के लिए अंग्रेजी भाषा के अतिरिक्त हिंदी भाषा का प्रयोग किया जाएगा, वे इससे संलग्न अनुसूची में दिए गए हैं।

अनुसूची

(1) जनता के साथ पत्र-व्यवहार।

(2) प्रशासनिक रिपोर्टें, राजकीय पत्रिकाएं और संसद को दी जाने वाली रिपोर्टें।

(3) सरकारी संकल्प और विधायी अधिनियमितियां।

(4) जिन राज्य सरकारों ने अपनी राजभाषा के रूप में हिंदी को अपना लिया है उनसे पत्र-व्यवहार।

(5) सन्धियाँ और करार।

(6) अन्य देश की सरकारों और उनके दूतों तथा अंतरराष्ट्रीय संगठनों से पत्र-व्यवहार।

(7) राजनयिक और कौंसिलिय पदाधिकारियों और अंतरराष्ट्रीय संगठनों में भारतीय प्रतिनिधियों के नाम किए जाने वाले औपचारिक दस्तावेज़।

गृह मंत्रालय के दिनांक 8 दिसम्बर, 1955 के कार्यालय ज्ञापन संख्या 59/2/54-पत्र. I की प्रतिलिपि

विषय : संविधान (सरकारी प्रयोजनों के लिए हिंदी भाषा) आदेश, 1955।

मुझे यह कहने का निर्देश हुआ है कि संविधान के अनुच्छेद 343 के अनुसार अंग्रेजी भाषा के स्थान पर धीरे-धीरे हिंदी भाषा का प्रयोग करने के संबंध में जो सुझाव दिए गए थे, उन पर अप्रैल, 1954 में एक अंतर्विभागीय बैठक में विचार किया गया। भारत सरकार के मंत्रालयों में हिंदी में काम शुरू करने के लिए जो प्रबंध तत्काल करने का विचार है उसका ब्यौरा संक्षेप में इस प्रकार हैं :-

(1) जनता से हिंदी में जो पत्रादि मिलें उनके उत्तर भरसक हिंदी में ही दिए जाने चाहिए। ये उत्तर सरल हिंदी में दिए जाने चाहिए।

(2) प्रशासनिक रिपोर्टें, सरकारी पत्रिकाएँ, ससंद को दी जाने वाली रिपोर्टें आदि जहां तक संभव हों, अंग्रेजी के साथ-साथ हिंदी में भी प्रकाशित की जानी चाहिए।

(3) सरकारी संकल्पों और विधायी अधिनियमों में धीरे-धीरे अंग्रेजी के स्थान पर हिंदी का प्रयोग करने और जनता की सहायता करने के विचार से जहां तक संभव हो उन्हें अंग्रेजी के साथ-साथ हिंदी में भी निकाला जाए किन्तु इन पर यह बात स्पष्ट रूप से लिख देनी चाहिए कि अंग्रेजी पाठ ही प्रामाणिक माना जाएगा।

(4) जिन राज्य सरकारों ने हिंदी को अपनी राजभाषा के रूप में अपना लिया है उनके साथ पत्र-व्यवहार अंग्रेजी में होना चाहिए किन्तु यदि हो सके तो भारत सरकार द्वारा भेजे गए सभी पत्रादि के साथ उनका हिंदी अनुवाद भी भेजा जाना चाहिए ताकि सांविधानिक कठिनाइयों का सामना न करना पड़े।

(5) संविधान के उपबंधों का पालन करने के लिए ऊपर बताए गए तरीके के अनुसार काम शुरू करने से पहले राष्ट्रपति का आदेश ले लेना उचित होगा।

भारत सरकार ने ये निर्णय स्वीकार कर लिए है किन्तु हर मंत्रालय स्वयं इस बात का निश्चय करेगा कि उसका कितना काम हिंदी में हो सकता है और इसके

लिए उसे कितने और कर्मचारियों की जरूरत होगी। इस कार्यक्रम को अमल में लाने के लिए भारत सरकार के सभी मंत्रालयों और सम्बद्ध तथा अधीनस्थ कार्यालयों में सम्भवत: कर्मचारियों की संख्या बढ़ानी पड़ेगी और इस तरह उन्हें अधिक पैसा खर्च करना पड़ेगा। कार्यक्रम के वित्तीय पहलुओं पर वित्त मंत्रालय से सलाह करके विचार करना होगा। फिर भी सामान्य नीति के रूप में इस विषय पर निर्णय कर लिया गया है और हिंदी में काम करने के लिए आवश्यक अतिरिक्त कर्मचारी मंत्रालय स्वयं रख सकते है, और आवश्यकता पड़ने पर वित्त मंत्रालय से इस संबंध में सलाह भी कर सकते है।

2. ऊपर के पैरा 1(5) में बताए गए निश्चय के अनुसार राष्ट्रपति ने एक संविधान (राजकीय प्रयोजनों के लिए हिंदी भाषा) आदेश, 1955 जारी किया है। जानकारी और मार्गदर्शन के लिए इस आदेश की एक प्रति साथ लगी है।
3. विदेश मंत्रालय की इच्छानुसार इस आदेश में संधियों और करारों में तथा दूसरे देशों की सरकारों आदि तथा अंतरराष्ट्रीय संगठनों के साथ पत्र-व्यवहार में तथा राजनयिक अधिकारियों आदि को भेजे जाने वाले औपचारिक कागज-पत्रों में भी हिंदी का प्रयोग करने के लिए कहा गया है।

(ग) राष्ट्रपति का आदेश, 1960

[गृह मंत्रालय की दिनांक 27 अप्रैल, 1960 की अधिसूचना संख्या 2/8/60- रा.भा. की प्रतिलिपि]

अधिसूचना

राष्ट्रपति का निम्नलिखित आदेश आम जानकारी के लिए प्रकाशित किया जाता है :-

नई दिल्ली, दिनांक 27 अप्रैल, 1960

आदेश

लोक सभा के 20 सदस्यों और राज्य सभा के 10 सदस्यों की एक समिति प्रथम-राजभाषा आयोग की सिफ़ारिशों पर विचार करने के लिए और उनके विषय में अपनी राय राष्ट्रपति के समक्ष पेश करने के लिए संविधान के अनुच्छेद 344 के खंड (4) के उपबंधों के अनुसार नियुक्त की गई थी। समिति ने अपनी रिपोर्ट राष्ट्रपति के समक्ष 8 फरवरी, 1959 को पेश कर दी। नीचे रिपोर्ट की कुछ मुख्य बातें दी जा रही हैं जिनसे समिति के सामान्य दृष्टिकोण का परिचय मिल सकता है–

(क) राजभाषा के बारे में संविधान में बड़ी समन्वित योजना दी हुई है। इसमें योजना के दायरे से बाहर जाए बिना स्थिति के अनुसार परिवर्तन करने की गुंजाइश है।

(ख) विभिन्न प्रादेशिक भाषाएँ राज्यों में शिक्षा और सरकारी काम-काज के माध्यम के रूप में तेजी से अंग्रेजी का स्थान ले रही हैं। यह स्वाभाविक ही है कि प्रादेशिक भाषाएं अपना उचित स्थान प्राप्त करें। अत: व्यावहारिक दृष्टि से यह बात आवश्यक हो गई है कि संघ के प्रयोजनों के लिए कोई एक भारतीय भाषा काम में लाई जाए। किन्तु यह आवश्यक नहीं है कि यह परिवर्तन किसी नियत तारीख को ही हो। यह परिवर्तन धीरे-धीरे इस प्रकार किया जाना चाहिए कि कोई गड़बड़ी न हो और कम से कम असुविधा हो।

(ग) 1965 तक अंग्रेजी मुख्य राजभाषा और हिंदी सहायक राजभाषा रहनी चाहिए। 1965 में हिंदी संघ की मुख्य राजभाषा हो जाएगी किन्तु उसके उपरांत अंग्रेजी सहायक राजभाषा के रूप में ही चलती रहनी चाहिए।

(घ) संघ के प्रयोजनों में से किसी के लिए अंग्रेजी के प्रयोग पर कोई रोक इस समय नहीं लगाई जानी चाहिए और अनुच्छेद 343 के खंड (3) के अनुसार इस बात की व्यवस्था की जानी चाहिए कि 1965 के उपरांत भी अंग्रेजी का प्रयोग इन प्रयोजनों के लिए, जिन्हें संसद विधि द्वारा उल्लिखित करे तब तक होता रहे जब तक वैसा करना आवश्यक रहे।

(ङ) अनुच्छेद 351 का यह उपबंध कि हिंदी का विकास ऐसे किया जाए कि वह भारत की सामाजिक संस्कृति के सब तत्वों की अभिव्यक्ति का माध्यम बन सके, अत्यंत महत्वपूर्ण है और इस बात के लिए पूरा प्रोत्साहन दिया जाना चाहिए कि सरल और सुबोध शब्द काम में लाए जाएँ।

रिपोर्ट की प्रतियां संसद के दोनों पटल पर 1959 के अप्रैल मास में रख दी गई थीं और रिपोर्ट पर विचार-विमर्श लोक सभा में 2 सितम्बर से 4 सितम्बर, 1959 तक और राज्य सभा में 8 और 9 सितम्बर, 1959 को हुआ था। लोक सभा में इस पर विचार-विमर्श के समय प्रधान मंत्री ने 4 सितम्बर, 1959 को एक भाषण दिया था। राजभाषा के प्रश्न पर सरकार का जो दृष्टिकोण है उसे उन्होंने अपने इस भाषण में मोटे तौर पर व्यक्त कर दिया था।

2. अनुच्छेद 344 के खंड (6) द्वारा दी गई शक्तियों का प्रयोग करते हुए राष्ट्रपति ने समिति की रिपोर्ट पर विचार किया है और राजभाषा आयोग की

सिफ़ारिशों पर समिति द्वारा अभिव्यक्त राय को ध्यान में रखकर, उसके बाद निम्नलिखित निर्देश जारी किए हैं।

3. **शब्दावली**–आयोग की जिन मुख्य सिफ़ारिशों को समिति ने मान लिया वे ये हैं–(i) शब्दावली तैयार करने में मुख्य लक्ष्य उसकी स्पष्टता यथार्थता और सरलता होनी चाहिए, (ii) अंतरराष्ट्रीय शब्दावली अपनाई जाए, या जहां भी आवश्यक हो, अनुकूलन कर लिया जाए : (iii) सब भारतीय भाषाओं के लिए शब्दावली का विकास करते समय लक्ष्य यह होना चाहिए कि उसमें जहां तक हो सके अधिकतम एकरूपता हो : और (iv) हिंदी और अन्य भारतीय भाषाओं की शब्दावली के विकास के लिए जो प्रयत्न केंद्र और राज्यों में हों रहे हैं उनमें समन्वय स्थापित करने के लिए समुचित प्रबंध किए जाने चाहिए। इसके अतिरिक्त समिति का यह मत है कि विज्ञान और प्रोद्योगिकी के क्षेत्र में सब भारतीय भाषाओं में जहां तक हो सके एकरूपता होनी चाहिए और शब्दावली लगभग अंग्रेजी या अंतरराष्ट्रीय शब्दावली जैसी नहीं होनी चाहिए। इस दृष्टि से समिति ने यह सुझाव दिया है कि वे इस क्षेत्र में विभिन्न संस्थाओं द्वारा किए गए काम में समन्वय स्थापित करने और उसकी देखरेख के लिए और सब भारतीय भाषाओं को प्रयोग में लाने की दृष्टि से एक प्रामाणिक शब्दकोश निकालने के लिए ऐसा स्थाई आयोग कायम किया जाए जिसके सदस्य मुख्यत: वैज्ञानिक और प्रद्योगिकी हों।

शिक्षा मंत्रालय निम्नलिखित विषय में कार्रवाई करें–

(क) अब तक किए गए काम पर पुनर्विचार और समिति द्वारा स्वीकृत सामान्य सिद्धांतों के अनुकूल शब्दावली का विकास/विज्ञान और प्रोद्योगिकी के क्षेत्र में वे शब्द जिनका प्रयोग अन्तरराष्ट्रीय क्षेत्र में होता है, कम से कम परिवर्तन के साथ अपना लिए जाएं, अर्थात मूल शब्द वे होने चाहिए जो कि आजकल अंतरराष्ट्रीय शब्दावली में काम आते हैं। उनसे व्युत्पन्न शब्दों का जहां भी आवश्यक हो भारतीयकरण किया जा सकता है;

(ख) शब्दावली तैयार करने के काम में समन्वय स्थापित करने के लिए प्रबंध करने के विषय में सुझाव देना : और

(ग) विज्ञान और तकनीकी शब्दावली के विकास के लिए समिति के सुझाव के अनुसार स्थाई आयोग का निर्माण।

4. **प्रशासनिक संहिताओं और अन्य कार्य-विधि साहित्य का अनुवाद-** इस आवश्यकता को दृष्टि में रख कर कि संहिताओं और अन्य कार्यविधि साहित्य के अनुवाद में प्रयुक्त भाषा में किसी हद तक एकरूपता होनी चाहिए, समिति ने आयोग की यह सिफ़ारिश मान ली है कि सारा काम एक अभिकरण को सौंप दिया जाए।

शिक्षा मंत्रालय सांविधिक नियमों, विनियम और आदेशों के अलावा बाकी सब संहिताओं और अन्य कार्यविधि साहित्य का अनुवाद करे। सांविधिक नियमों, विनियम और आदेशों का अनुवाद संविधियों के अनुवाद के साथ घनिष्ठ रूप से सम्बद्ध है, इसलिए यह काम विधि मंत्रालय करे। इस बात का पूरा प्रयत्न होना चाहिए कि सब भारतीय भाषाओं में इन अनुवादों की शब्दावली में जहां तक हो सके एकरूपता रखी जाए।

5. **प्रशासनिक कर्मचारी वर्ग को हिंदी का प्रशिक्षण-**(क) समिति द्वारा अभिव्यक्त मत के अनुसार 45 वर्ष से कम आयु वाले सब केंद्रीय कर्मचारी के लिए सेवा कालीन हिंदी प्रशिक्षण प्राप्त करना अनिवार्य कर दिया जाना चाहिए। तृतीय श्रेणी के ग्रेड से नीचे के कर्मचारियों और औद्योगिकी संस्थाएं और कार्य प्रभारित कर्मचारियों के संबंध में यह बात लागू न होगी। इस योजना के अंतर्गत नियत तारीख तक विहित योग्यता प्राप्त न कर सकने के लिए कर्मचारियों को कोई दंड नहीं दिया जाना चाहिए। हिंदी भाषा की पढ़ाई के लिए सुविधाएं प्रशिक्षार्थियों को मुफ्त मिलती रहनी चाहिए।

(ख) गृह मंत्रालय उन टंककों और आशुलिपिकों के हिंदी टाइपराइटिंग और आशुलिपि प्रशिक्षण देने के लिए आवश्यक प्रबंध करे जो केंद्रीय सरकार की नौकरी में हैं।

(ग) शिक्षा मंत्रालय हिंदी टाइपराइटरों के मानक कीबोर्ड (कुंजी पटल) के विकास के लिए शीघ्र कदम उठाए।

6. **हिंदी प्रचार**

(क) आयोग की इस सिफ़ारिश से कि यह काम करने की ज़िम्मेदारी सरकार उठाए, समिति सहमत हो गई है। जिन क्षेत्रों में प्रभावी रूप से काम करने वाली गैर-सरकारी संस्थाएं पहले से ही विद्यमान हैं, उनमें उन संस्थाओं को वित्तीय और अन्य प्रकार की सहायता दी जाए और जहां ऐसी संस्थाओं नहीं है वहां सरकार आवश्यक संगठन कायम करे।

शिक्षा मंत्रालय इस बात की समीक्षा करे कि हिंदी प्रचार के लिए जो वर्तमान व्यवस्था है वह कैसी चल रही है? साथ ही वह समिति द्वारा सुझाई गई दिशाओं में आगे कार्रवाई करे।

(ख) शिक्षा मंत्रालय व वैज्ञानिक अनुसंधान और सांस्कृतिक कार्य मंत्रालय परस्पर मिलकर भारतीय भाषा विज्ञान, भाषा शास्त्र और साहित्य संबंध अध्ययन और अनुसंधान को प्रोत्साहन देने के लिए समिति द्वारा सुझाए गए तरीके से आवश्यक कार्रवाई करे और विभिन्न भारतीय भाषाओं को परस्पर निकट लाने के लिए अनुच्छेद 351 में दिए गए निर्देश के अनुसार हिंदी का विकास करने के लिए आवश्यक योजना तैयार करे।

7. केंद्रीय सरकारी विभाग के स्थानीय कार्यालयों के लिए भर्ती

(क) समिति की राय है कि केंद्रीय सरकारी विभागों के स्थानीय कार्यालय अपने आंतरिक कामकाज के लिए हिंदी का प्रयोग करें और जनता के साथ पत्र-व्यवहार में उन प्रदेशों की प्रादेशिक भाषाओं का प्रयोग करें। अपने स्थानीय कार्यालयों में अंग्रेजी के अतिरिक्त हिंदी का उत्तरोत्तर अधिक प्रयोग करने के वास्ते योजना तैयार करने में केन्द्रीय सरकारी विभाग इस आवश्यकता को ध्यान में रखें कि यथासंभव अधिक से अधिक मात्रा में प्रादेशिक भाषाओं में फार्म और विभागीय साहित्य उपलब्ध करा कर वहां की जनता को पूरी सुविधाएं प्रदान की जानी चाहिए।

(ख) समिति की राय है कि केन्द्रीय सरकार के प्रशासनिक अभिकरणों और विभागों में कर्मचारियों की वर्तमान व्यवस्था पर पुनर्विचार किया जाए, कर्मचारियों का प्रादेशिक आधार पर विकेन्द्रीकरण कर दिया जाए, इसके लिए भर्ती के तरीकों और अर्हताओं में उपयुक्त संशोधन करना होगा।

स्थानीय कार्यालयों में जिन कोटियों के पदों पर कार्य करने वालों की बदली मामूली तौर पर प्रदेश के बाहर नहीं होती उन कोटियों के सम्बन्ध में यह सुझाव, कोई अधिवास सम्बन्धी प्रतिबन्ध लगाए बिना, सिद्धान्ततः मान लिया जाना चाहिए।

(ग) समिति आयोग की इस सिफ़ारिश से सहमत है कि केंद्रीय सरकार के लिए यह विहित कर देना न्यायसम्मत होगा कि उसकी नौकरियों में लगने के लिए अर्हता यह भी होगी कि उम्मीदवार को हिंदी भाषा का सम्यक ज्ञान हो। पर ऐसा तभी किया जाना चाहिए जबकि इसके लिए काफी पहले से ही सूचना

दे दी गई हो और भाषा-योग्यता का विहित स्तर मामूली हो और इस बारे में जो भी कमी हो उसे सेवाकालीन प्रशिक्षण द्वारा पूरा किया जा सकता है।

यह सिफ़ारिश अभी हिंदी-भाषी क्षेत्रों के केंद्रीय सरकारी विभागों में ही कार्यन्वित की जाए, हिंदीतर भाषा-भाषी क्षेत्रों के स्थानीय कार्यालय में नहीं। (क), (ख) और (ग) में दिए गए निर्देश भारतीय लेखा-परीक्षा और लेखा विभाग के अधीन कार्यालयों के संबंध में लागू नहीं होंगे।

8. **प्रशिक्षण संस्थान-**(क) समिति ने यह सुझाव दिया है कि नेशनल डिफेंस एकेडमी जैसे प्रशिक्षण संस्थानों में शिक्षा का माध्यम अंग्रेजी ही बना रहे किन्तु शिक्षा सम्बन्धी कुछ या सभी प्रयोजनों के लिए माध्यम के रूप में हिंदी का प्रयोग शुरू करने के लिए उचित कदम उठाए जाएं।

रक्षा मंत्रालय अनुदेश पुस्तिकाओं इत्यादि के हिंदी प्रकाशन आदि के रूप में समुचित प्रारम्भिक कार्रवाई करें, ताकि जहां भी व्यवहार्य हो शिक्षा के माध्यम के रूप में हिंदी का प्रयोग संभव हो जाए।

(ख) समिति ने सुझाव दिया कि प्रशिक्षण संस्थानों में प्रवेश के लिए, अंग्रेजी और हिंदी दोनों ही परीक्षा के माध्यम हों, किन्तु परीक्षार्थियों का यह विकल्प रहे कि वे सब या कुछ परीक्षा पत्रों के लिए उनमें से किसी एक भाषा को चुन लें और एक विशेष समिति यह जांच करने के लिए नियुक्त की जाए कि नियत कोटा प्रणाली अपनाए बिना प्रादेशिक भाषाओं का प्रयोग परीक्षा के माध्यम के रूप में कहां तक शुरू किया जा सकता है।

रक्षा मंत्रालय को चाहिए कि वह प्रवेश परीक्षाओं में वैकल्पिक माध्यम के रूप में हिंदी का प्रयोग शुरू करने के लिए आवश्यक कार्रवाई करें और कोई नियत कोटा प्रणाली अपनाए बिना परीक्षा के माध्यम के रूप में प्रादेशिक भाषाओं का प्रयोग आरम्भ करने के प्रश्न पर विचार करने के लिए एक विशेषज्ञ समिति नियुक्त करे।

9. **अखिल भारतीय सेवाओं और उच्चतर केंद्रीय सेवाओं में भर्ती**

(क) परीक्षा का माध्यम-समिति की राय है कि (i) परीक्षा का माध्यम अंग्रेज़ी बना रहे और कुछ समय पश्चात हिंदी वैकल्पिक माध्यम के रूप में अपना ली जाए। उसके बाद जब तक आवश्यक हो अंग्रेजी और हिंदी दोनों ही परीक्षार्थी के विकल्पानुसार परीक्षा के माध्यम के रूप में अपनाने की छूट हो; और (ii) किसी प्रकार की नियत कोटा प्रणाली अपनाए बिना परीक्षा

के माध्यम के रूप में विभिन्न प्रादेशिक भाषाओं का प्रयोग शुरू करने की व्यवहार्यता की जांच करने के लिए एक विशेषज्ञ समिति नियुक्त की जाए। कुछ समय के पश्चात वैकल्पिक माध्यम के रूप में हिंदी का प्रयोग शुरू करने के लिए संघ लोक सेवा आयोग के साथ परामर्श कर गृह मंत्रालय आवश्यक कार्रवाई करे। वैकल्पिक माध्यम के रूप में विभिन्न प्रादेशिक भाषाओं का प्रयोग करने से गम्भीर कठिनाइयाँ पैदा होने की संभावना है, इसलिए वैकल्पिक माध्यम के रूप में विभिन्न प्रादेशिक भाषाओं का प्रयोग शुरू करने की व्यवहार्यता की जांच करने के लिए विशेषज्ञ समिति नियुक्त करना आवश्यक नहीं है।

(ख) भाषा विषयक प्रश्न-पत्र-समिति की राय है कि सम्यक सूचना के बाद समान स्तर के दो अनिवार्य प्रश्न-पत्र होने चाहिए जिनमें से एक हिंदी और दूसरा हिंदी से भिन्न किसी भारतीय भाषा का होना चाहिए और परीक्षार्थी को यह स्वतंत्रता होनी चाहिए कि वह इनमें से किसी एक को चुन ले।

अभी केवल एक ऐच्छिक हिंदी परीक्षा पत्र शुरू किया जाए। प्रतियोगिता के फल पर चुने गये जो परीक्षार्थी इस परीक्षा पत्र में उत्तीर्ण हो गए हों, उन्हें भर्ती के बाद जो विभागीय हिंदी परीक्षा देनी होती है, उसमें बैठने और उसमें उत्तीर्ण होने की शर्त से छूट दी जाए।

10. अंक-जैसा कि समिति का सुझाव है, केंद्रीय मंत्रालयों का हिंदी प्रकाशनों में अंतरराष्ट्रीय अंकों के अतिरिक्त देवनागरी अंकों के प्रयोग के संबंध में एक आधारभूत नीति अपनाई जाए, जिसका निर्धारण इस आधार पर किया जाए कि वे प्रकाशन किस प्रकार की जनता के लिए है और उसकी विषयवस्तु क्या है? वैज्ञानिक, औद्योगिक और सांख्यिकीय प्रकाशनों में, जिसमें केंद्रीय सरकार का बजट संबंधी साहित्य भी शामिल है, बराबर अंतरराष्ट्रीय अंकों का प्रयोग किया जाए।

11. अधिनियमों, विधेयकों इत्यादि की भाषा-(क) समिति ने राय दी है कि संसदीय विधियां अंग्रेजी में बनती रहें किन्तु उनका प्रामाणिक हिंदी अनुवाद उपलब्ध कराया जाए।

(क) संसदीय विधियां अंग्रेजी में तो रहें पर उसके प्रामाणिक हिंदी अनुवाद की व्यवस्था करने के वास्ते विधि मंत्रालय आवश्यक विधेयक उचित समय पर पेश करे। संसदीय विधियों का प्रादेशिक भाषाओं में अनुवाद कराने का प्रबंध भी विधि मंत्रालय करे।

(ख) समिति ने राय जाहिर की है जहां कहीं राज्य विधान मण्डल में पेश किए गए विधेयकों या पास किए गए अधिनियमों का मूल पाठ हिंदी में से भिन्न किसी भाषा में हैं, वहाँ अनुच्छेद 348 के खण्ड (3) के अनुसार अंग्रेजी अनुवाद के अलावा उसका हिंदी अनुवाद भी प्रकाशित किया जाए।

राज्य की राजभाषा में पाठ के साथ-साथ राज्य विधेयकों अधिनियमों और अन्य सांविधिक लिखतों के हिंदी अनुवाद के प्रकाशन के लिए आवश्यक विधेयक उचित समय पर पेश किया जाए।

12. **उच्चतम न्यायालय और उच्च न्यायालय की भाषा-**राजभाषा आयोग ने सिफ़ारिश की थी कि जहां तक उच्चतम न्यायालय की भाषा का सवाल है उसकी भाषा इस परिवर्तन का समय आने पर अन्तत: हिंदी होनी चाहिए। समिति ने यह सिफ़ारिश मान ली है।

आयोग ने उच्च न्यायालयों की भाषा के विषय में प्रादेशिक भाषाओं और हिंदी के पक्ष-विपक्ष में विचार किया और सिफ़ारिश की कि जब भी इस परिवर्तन का समय आए, उच्च न्यायालयों के निर्णयों, आज्ञप्तियों (डिक्रियों) और आदेशों की भाषा सब प्रदेशों में हिंदी होनी चाहिए किन्तु समिति की राय है कि राष्ट्रपति की पूर्व सम्मति से आवश्यक विधेयक पेश करके यह व्यवस्था करने की गुंजाइश रहे कि उच्च न्यायालयों के निर्णयों, आज्ञप्तियों (डिक्रियों) और आदेशों के लिए उच्च न्यायालय में हिंदी और राज्यों की राजभाषाएं विकल्पत : प्रयोग में लाई जा सकेंगी।

समिति की राय है कि उच्चतम न्यायालय अंतत: अपना सब काम हिंदी में करे, यह सिद्धान्त रूप मे स्वीकार्य है और इसके संबंध में समुचित कार्यवाही उसी समय अपेक्षित होगी जबकि इस परिवर्तन के लिए समय आ जाएगा। जैसा कि आयोग की सिफ़ारिश की तरमीम करते हुए समिति ने सुझाव दिया है, उच्च न्यायालयों की भाषा के विषय में यह व्यवस्था करने के लिए आवश्यक विधेयक विधि मंत्रालय उचित समय पर राष्ट्रपति की पूर्व सम्मति से पेश करे कि निर्णयों आज्ञप्तियों (डिक्रियों) और आदेशों के प्रयोजनों के लिए हिंदी और राज्यों की राजभाषाओं का प्रयोग विकल्पत: किया जा सकेगा।

13. **विधि क्षेत्र में हिंदी में काम करने के लिए आवश्यक आरम्भिक कदम-**मानक विधि शब्दकोश तैयार करने, केंद्र तथा राज्य के विधान

निर्माण से संबंधित सांविधिक ग्रंथ का अधिनियम करने, विधि शब्दावली तैयार करने की योजना बनाने और जिस संक्रमण काल में सांविधिक ग्रंथ और साथ ही निर्णयविधि अंशत: हिंदी और अंग्रेजी में होंगे, उस अवधि में प्रारम्भिक कदम उठाने के बारे में आयोग ने जो सिफ़ारिश की थी उन्हें समिति ने मान लिया है। साथ ही समिति ने यह सुझाव भी दिया है कि संविधियों के अनुवाद और विधि शब्दावली तथा कोशों से संबंधित सम्पूर्ण कार्यक्रम की समुचित योजना बनाने और उसे कार्यान्वित करने के लिए भारत की विभिन्न राष्ट्रभाषाओं का प्रतिनिधित्व वाले विशेषज्ञों का एक स्थाई आयोग या इस प्रकार कोई उच्च स्तरीय निकाय बनाया जाए। समिति ने यह राय भी जाहिर की कि राज्य सरकारों को परामर्श दिया जाए कि वे भी केंद्रीय सरकार से राय लेकर इस संबंध में आवश्यक कार्रवाई करें।

समिति के सुझाव को दृष्टि में रखकर विधि मंत्रालय (यथासंभव सब भारतीय भाषाओं में प्रयोग के लिए) सर्वमान्य विधि शब्दावली की तैयारी और संविधियों के हिंदी में अनुवाद संबंधी पूरे काम के लिए समुचित योजना बनाने और पूरा करने के लिए विधि विशेषज्ञों के एक स्थाई आयोग का निर्माण करे।

14. **हिंदी के प्रगामी प्रयोग के लिए योजना का कार्यक्रम-**समिति ने यह सुझाव दिया है कि संघ की राजभाषा के रूप में हिंदी के प्रगामी प्रयोग की योजना संघ सरकार बनाए और कार्यान्वित करें। संघ के राजकीय प्रयोजनों में से किसी के लिए अंग्रेजी के प्रयोग पर इस समय कई रोक न लगाई जाए। तदनुसार गृह मंत्रालय एक योजना कार्यक्रम तैयार करे और उसे अमल में लाने के संबंध में आवश्यक कार्रवाई करे। इस योजना का उद्देश्य होगा संघीय प्रशासन में बिना कठिनाई के हिंदी के प्रगामी प्रयोग के लिए प्रारम्भिक कदम उठाना और संविधान के अनुच्छेद 343 खण्ड (2) में दिए गए उपबंध के अनुसार संघ के विभिन्न कार्यों में अंग्रेजी के एसटीएच साथ-साथ हिंदी के प्रयोग को बढ़ावा देना, अंग्रेजी के अतिरिक्त हिंदी का प्रयोग कहां तक किया जा सकता है? यह बात इन प्रारम्भिक कार्रवाइयों की सफलता पर बहुत कुछ निर्भर करेगी। इस बीच प्राप्त अनुभव के आधार पर अंग्रेजी के अतिरिक्त हिंदी के वास्तविक प्रयोग की योजना पर समय-समय पर पुर्नविचार और उसमें हेर-फेर करना होगा।

राजभाषा अधिनियम, 1963 (यथासंशोधित, 1967)
(1963 का अधिनियम संख्यांक)
(1963 का अधिनियम संख्यांक 19)

उन भाषाओं का, जो संघ के राजकीय प्रयोजनों, संसद में कार्य के संव्यवहार, केन्द्रीय और राज्य अधिनियमों और उच्च न्यायालयों में कतिपय प्रयोजनों के लिए प्रयोग में लाई जा सकेंगी,उपबन्ध करने के लिए अधिनियम। भारत गणराज्य के चौदहवें वर्ष में संसद द्वारा निम्नलिखित रूप में यह अधिनियमित हो:-

1. संक्षिप्त नाम और प्रारम्भ-

1. यह अधिनियम राजभाषा अधिनियम, 1963 कहा जा सकेगा।
2. धारा 3, जनवरी 1965 के 26 वें दिन को प्रवृत्त होगी और इस अधिनियम के शेष उपबन्ध उस तारीख को प्रवृत्त होंगे जिसे केन्द्रीय सरकार,शासकीय राजपत्र में अधिसूचना द्वारा नियत करे और इस अधिनियम के विभिन्न उपबन्धों के लिए विभिन्न तारीखें नियत की जा सकेंगी।

2. **परिभाषाएं-इस अधिनियम में जब तक कि संदर्भ से अन्यथा अपेक्षित न हो,**

(क) 'नियत दिन' से, धारा 3 के सम्बन्ध में, जनवरी, 1965 का 26वां दिन अभिप्रेत है और इस अधिनियम के किसी अन्य उपबन्ध के सम्बन्ध में वह दिन अभिप्रेत है जिस दिन को वह उपबन्ध प्रवृत्त होता है;

(ख) 'हिंदी' से वह हिंदी अभिप्रेत है जिसकी लिपि देवनागरी है।

3. संघ के राजकीय प्रयोजनों के लिए और संसद में प्रयोग के लिए अंग्रेजी भाषा का रहना-संविधान के प्रारम्भ से पन्द्रह वर्ष की कालावधि की समाप्ति हो जाने पर भी, हिंदी के अतिरिक्त अंग्रेजी भाषा, नियत दिन से ही,

(क) संघ के उन सब राजकीय प्रयोजनों के लिए जिनके लिए वह उस दिन से ठीक पहले प्रयोग में लाई जाती थी ; तथा

(ख) संसद में कार्य के संव्यवहार के लिए प्रयोग में लाई जाती रह सकेगी:

परंतु संघ और किसी ऐसे राज्य के बीच, जिसने हिंदी को अपनी राजभाषा के रूप में नहीं अपनाया है, पत्रादि के प्रयोजनों के लिए अंग्रेजी भाषा प्रयोग में लाई जाएगी :

परन्तु यह और कि जहां किसी ऐसे राज्य के, जिसने हिंदी को अपनी राजभाषा के रूप में अपनाया है और किसी अन्य राज्य के, जिसने हिंदी को

अपनी राजभाषा के रूप में नहीं अपनाया है, बीच पत्रादि के प्रयोजनों के लिए हिंदी को प्रयोग में लाया जाता है, वहां हिंदी में ऐसे पत्रादि के साथ-साथ उसका अनुवाद अंग्रेजी भाषा में भेजा जाएगा :

परन्तु यह और भी कि इस उपधारा की किसी भी बात का यह अर्थ नहीं लगाया जाएगा कि वह किसी ऐसे राज्य को, जिसने हिंदी को अपनी राजभाषा के रूप में नहीं अपनाया है, संघ के साथ या किसी ऐसे राज्य के साथ, जिसने हिंदी को अपनी राजभाषा के रूप में अपनाया है, या किसी अन्य राज्य के साथ, उसकी सहमति से, पत्रादि के प्रयोजनों के लिए हिंदी को प्रयोग में लाने से निवारित करती है, और ऐसे किसी मामले में उस राज्य के साथ पत्रादि के प्रयोजनों के लिए अंग्रेजी भाषा का प्रयोग बाध्यकर न होगा।

(2) उपधारा (1) में अन्तर्विष्ट किसी बात के होते हुए भी, जहां पत्रादि के प्रयोजनों के लिए हिंदी या अंग्रेजी भाषा–

(i) केन्द्रीय सरकार के एक मंत्रालय या विभाग या कार्यालय के और दूसरे मंत्रालय या विभाग या कार्यालय के बीच ;

(ii) केन्द्रीय सरकार के एक मंत्रालय या विभाग या कार्यालय के और केन्द्रीय सरकार के स्वामित्व में के या नियंत्रण में के किसी निगम या कम्पनी या उसके किसी कार्यालय के बीच ;

(iii) केन्द्रीय सरकार के स्वामित्व में के या नियंत्रण में के किसी निगम या कम्पनी या उसके किसी कार्यालय के और किसी अन्य ऐसे निगम या कम्पनी या कार्यालय के बीच;

प्रयोग में लाई जाती है वहां उस तारीख तक, जब तक पूर्वोक्त संबंधित मंत्रालय, विभाग, कार्यालय या विभाग या कम्पनी का कर्मचारीवृद हिंदी का कार्यसाधक ज्ञान प्राप्त नहीं कर लेता, ऐसे पत्रादि का अनुवाद, यथास्थिति, अंग्रेजी भाषा या हिंदी में भी दिया जाएगा।

3. उपधारा (1) **में अन्तर्विष्ट किसी बात के होते हुए भी हिंदी और अंग्रेजी भाषा दोनों ही–**

(i) संकल्पों, साधारण आदेशों, नियमों, अधिसूचनाओं, प्रशासनिक या अन्य प्रतिवेदनों या प्रेस विज्ञप्तियों के लिए, जो केन्द्रीय सरकार द्वारा या उसके किसी मंत्रालय, विभाग या कार्यालय द्वारा या केन्द्रीय सरकार के स्वामित्व में के या नियंत्रण में के किसी निगम या कम्पनी द्वारा या ऐसे निगम या कम्पनी के किसी कार्यालय द्वारा निकाले जाते हैं या किए जाते हैं।

(ii) संसद के किसी सदन या सदनों के समक्ष रखे गए प्रशासनिक तथा अन्य प्रतिवेदनों और राजकीय कागज-पत्रों के लिए;

(iii) केन्द्रीय सरकार या उसके किसी मंत्रालय, विभाग या कार्यालय द्वारा या उसकी ओर से या केन्द्रीय सरकार के स्वामित्व में के या नियंत्रण में के किसी निगम या कम्पनी द्वारा या ऐसे निगम या कम्पनी के किसी कार्यालय द्वारा निष्पादित संविदाओं और करारों के लिए तथा निकाली गई अनुज्ञप्तियों,अनुज्ञापत्रों, सूचनाओं और निविदा-प्रारूपों के लिए, प्रयोग में लाई जाएगी।

4. उपधारा (1)या उपधारा (2) या उपधारा (3) के उपबन्धों पर प्रतिकूल प्रभाव डाले बिना यह है कि केन्द्रीय सरकार धारा 8 के अधीन बनाए गए नियमों द्वारा उस भाषा या उन भाषाओं का उपबन्ध कर सकेगी जिसे या जिन्हें संघ के राजकीय प्रयोजन के लिए, जिसके अन्तर्गत किसी मंत्रालय, विभाग, अनुभाग या कार्यालय का कार्यकरण है, प्रयोग में लाया जाना है और ऐसे नियम बनाने में राजकीय कार्य के शीघ्रता और दक्षता के साथ निपटारे का तथा जन साधारण के हितों का सम्यक ध्यान रखा जाएगा और इस प्रकार बनाए गए नियम विशिष्टतया यह सुनिश्चित करेंगे कि जो व्यक्ति संघ के कार्यकलाप के सम्बन्ध में सेवा कर रहे हैं और जो या तो हिंदी में या अंग्रेजी भाषा में प्रवीण हैं, वे प्रभावी रूप से अपना काम कर सकें और यह भी कि केवल इस आधार पर कि वे दोनों ही भाषाओं में प्रवीण नहीं है उनका कोई अहित नहीं होता है।

5. उपधारा (1)के खंड (क) के उपबन्ध और उपधारा (2), उपधारा (3) और उपधारा (4), के उपबन्ध तब तक प्रवृत्त बने रहेंगे जब तक उनमें वर्णित प्रयोजनों के लिए अंग्रेजी भाषा का प्रयोग समाप्त कर देने के लिए ऐसे सभी राज्यों के विधान मण्डलों द्वारा, जिन्होंने हिंदी को अपनो राजभाषा के रूप में नहीं अपनाया है, संकल्प पारित नहीं कर दिए जाते और जब तक पूर्वोक्त संकल्पों पर विचार कर लेने के पश्चात ऐसी समाप्ति के लिए संसद के हर एक सदन द्वारा संकल्प पारित नहीं कर दिया जाता।

4. **राजभाषा के सम्बन्ध में समिति**

(1) जिस तारीख को धारा 3 प्रवृत्त होती है उससे दस वर्ष की समाप्ति के पश्चात, राजभाषा के सम्बन्ध में एक समिति, इस विषय का संकल्प संसद के किसी भी सदन में राष्ट्रपति की पूर्व मंजूरी से प्रस्तावित और दोनों सदनों द्वारा पारित किए जाने पर, गठित की जाएगी।

(2) इस समिति में तीस सदस्य होंगे जिनमें से बीस लोक सभा के सदस्य होंगे तथा दस राज्य सभा के सदस्य होंगे, जो क्रमशः लोक सभा के सदस्यों तथा राज्य सभा के सदस्यों द्वारा आनुपातिक प्रतिनिधित्व पद्धति के अनुसार एकल संक्रमणीय मत द्वारा निर्वाचित होंगे।

(3) इस समिति का कर्तव्य होगा कि वह संघ के राजकीय प्रयोजनों के लिए हिंदी के प्रयोग में की गई प्रगति का पुनर्विलोकन करें और उस पर सिफारिशें करते हुए राष्ट्रपति को प्रतिवेदन करें और राष्ट्रपति उस प्रतिवेदन को संसद के हर एक सदन के समक्ष रखवाएगा और सभी राज्य सरकारों को भिजवाएगा।

(4) राष्ट्रपति उपधारा (3) में निर्दिष्ट प्रतिवेदन पर और उस पर राज्य सरकारों ने यदि कोई मत अभिव्यक्त किए हों तो उन पर विचार करने के पश्चात उन समस्त प्रतिवेदन के या उसके किसी भाग के अनुसार निर्देश निकाल सकेगा : परन्तु इस प्रकार निकाले गए निर्देश धारा 3 के उपबन्धों से असंगत नहीं होंगे।

5. केन्द्रीय अधिनियमों आदि का प्राधिकृत हिंदी अनुवाद-

1. नियत दिन को और उसके पश्चात शासकीय राजपत्र में राष्ट्रपति के प्राधिकार से प्रकाशित–

क. किसी केन्द्रीय अधिनियम का या राष्ट्रपति द्वारा प्रख्यापित किसी अध्यादेश का, अथवा

ख. संविधान के अधीन या किसी केन्द्रीय अधिनियम के अधीन निकाले गए किसी आदेश, नियम, विनियम या उपविधि का हिंदी में अनुवाद उसका हिंदी में प्राधिकृत पाठ समझा जाएगा।

नियत दिन से ही उन सब विधेयकों के, जो संसद के किसी भी सदन में पुर्नस्थापित किए जाने हों और उन सब संशोधनों के, जो उनके संबंध में संसद के किसी भी सदन में प्रस्तावित किए जाने हों, अंग्रेजी भाषा के प्राधिकृत पाठ के साथ-साथ उनका हिंदी में अनुवाद भी होगा जो ऐसी रीति से प्राधिकृत किया जाएगा, जो इस अधिनियम के अधीन बनाए गए नियमों द्वारा विहित की जाए।

6. कतिपय दशाओं में राज्य अधिनियमों का प्राधिकृत हिंदी अनुवाद- जहां किसी राज्य के विधानमण्डल ने उस राज्य के विधानमण्डल द्वारा पारित अधिनियमों में अथवा उस राज्य के राज्यपाल द्वारा प्रख्यापित अध्यादेशों में प्रयोग के लिए हिंदी से भिन्न कोई भाषा विहित की है वहां, संविधान के अनुच्छेद 348

के खण्ड (3) द्वारा अपेक्षित अंग्रेजी भाषा में उसके अनुवाद के अतिरिक्त, उसका हिंदी में अनुवाद उस राज्य के शासकीय राजपत्र में, उस राज्य के राज्यपाल के प्राधिकार से, नियत दिन को या उसके पश्चात प्रकाशित किया जा सकेगा और ऐसी दशा में ऐसे किसी अधिनियम या अध्यादेश का हिंदी में अनुवाद हिंदी भाषा में उसका प्राधिकृत पाठ समझा जाएगा।

7. उच्च न्यायालयों के निर्णयों आदि में हिंदी या अन्य राजभाषा का वैकल्पिक प्रयोग-

नियत दिन से ही या तत्पश्चात किसी भी दिन से किसी राज्य का राज्यपाल, राष्ट्रपति की पूर्व सम्मति से, अंग्रेजी भाषा के अतिरिक्त हिंदी या उस राज्य की राजभाषा का प्रयोग, उस राज्य के उच्च न्यायालय द्वारा पारित या दिए गए किसी निर्णय, डिक्री या आदेश प्रयोजनों के लिए प्राधिकृत कर सकेगा और जहां कोई निर्णय, डिक्री या आदेश (अंग्रेजी भाषा से भिन्न) ऐसी किसी भाषा में पारित किया या दिया जाता है वहां उसके साथ-साथ उच्च न्यायालय के प्राधिकार से निकाला गया अंग्रेजी भाषा में उसका अनुवाद भी होगा।

8. नियम बनाने की शक्ति-

(1) केन्द्रीय सरकार इस अधिनियम के प्रयोजनों को कार्यान्वित करने के लिए नियम, शासकीय राजपत्र में अधिसूचना द्वारा, बना सकेगी।

(2) इस धारा के अधीन बनाया गया हर नियम, बनाए जाने के पश्चात यथाशीघ्र, संसद के हर एक सदन के समक्ष, जब वह सत्र में हो, कुल तीस दिन की अवधि के लिए रखा जाएगा। वह अवधि एक सत्र में, अथवा दो या अधिक आनुक्रमिक सत्रों में पूरी हो सकेगी। यदि उस सत्र के या पूर्वोक्त आनुक्रममिक सत्रों के ठीक बाद के सत्र के अवसान के पूर्व दोनों सदन उस नियम में कोई परिवर्तन करने के लिए सहमत हो जाएं तो तत्पश्चात वह ऐसे परिवर्तित रुप में ही प्रभावी होगा। यदि उक्त अवसान के पूर्व दोनों सदन सहमत हो जाएं कि वह नियम नहीं बनाया जाना चाहिए तो तत्पश्चात यह निस्प्रभावी हो जाएगा। किन्तु नियम के ऐसे परिवर्तित या निस्प्रभावी होने से उसके अधीन पहले की गई किसी बात की विधिमान्यता पर प्रतिकूल प्रभाव नहीं पड़ेगा।

9. कतिपय उपबन्धों का जम्मू-कश्मीर को लागू न होना-

धारा 6 और धारा 7 के उपबन्ध जम्मू-कश्मीर राज्य को लागू न होंगे।

राजभाषा संकल्प, 1968

गृह मंत्रालय
नई दिल्ली, दिनांक 18 जनवरी, 1968

संसद के दोनों सदनों द्वारा पारित निम्नलिखित सरकारी संकल्प आम जानकारी के लिए प्रकाशित किया जाता है–

संकल्प

"जबकि संविधान के अनुच्छेद 343 के अनुसार संघ की राजभाषा हिंदी रहेगी और उसके अनुच्छेद 351 के अनुसार हिंदी भाषा का प्रसार, वृद्धि करना और उसका विकास करना ताकि वह भारत की सामासिक संस्कृति के सब तत्वों की अभिव्यक्ति का माध्यम हो सके, संघ का कर्तव्य है :

यह सभा संकल्प करती है कि हिंदी के प्रसार एवं विकास की गति बढ़ाने हेतु तथा संघ के विभिन्न राजकीय प्रयोजनों के लिए उत्तरोत्तर इसके प्रयोग हेतु भारत सरकार द्वारा एक अधिक गहन एवं व्यापक कार्यक्रम तैयार किया जाएगा और उसे कार्यान्वित किया जाएगा और किए जाने वाले उपायों एवं की जाने वाली प्रगति की विस्तृत वार्षिक मूल्यांकन रिपोर्ट संसद की दोनों सभाओं के पटल पर रखी जाएगी और सब राज्य सरकारों को भेजी जाएगी।

2. जबकि संविधान की आठवीं अनुसूची में हिंदी के अतिरिक्त भारत की 14 मुख्य भाषाओं का उल्लेख किया गया है और देश की शैक्षणिक एवं सांस्कृतिक उन्नति के लिए यह आवश्यक है कि इन भाषाओं के पूर्ण विकास हेतु सामूहिक उपाय किए जाने चाहिए :

   यह सभा संकल्प करती है कि हिंदी के साथ-साथ इन सब भाषाओं के समन्वित विकास हेतु भारत सरकार द्वारा राज्य सरकारों के सहयोग से एक

कार्यक्रम तैयार किया जाएगा और उसे कार्यान्वित किया जाएगा ताकि वे शीघ्र समृद्ध हो और आधुनिक ज्ञान के संचार का प्रभावी माध्यम बनें।

3. जबकि एकता की भावना के संवर्धन तथा देश के विभिन्न भागों में जनता में संचार की सुविधा हेतु यह आवश्यक है कि भारत सरकार द्वारा राज्य सरकारों के परामर्श से तैयार किए गए त्रि-भाषा सूत्र को सभी राज्यों में पूर्णत: कार्यान्वित करने के लिए प्रभावी किया जाना चाहिए :

   यह सभा संकल्प करती है कि हिंदी-भाषी क्षेत्रों में हिंदी तथा अंग्रेजी के अतिरिक्त एक आधुनिक भारतीय भाषा के, दक्षिण भारत की भाषाओं में से किसी एक को तरजीह देते हुए, और अहिंदी भाषी क्षेत्रों में प्रादेशिक भाषाओं एवं अंग्रेजी के साथ-साथ हिंदी के अध्ययन के लिए उस सूत्र के अनुसार प्रबंध किया जाना चाहिए।

4. और जबकि यह सुनिश्चित करना आवश्यक है कि संघ की लोक सेवाओं के विषय में देश के विभिन्न भागों के लोगों के न्यायोचित दावों और हितों का पूर्ण परित्राण किया जाए :

यह सभा संकल्प करती है :-

(1) कि उन विशेष सेवाओं अथवा पदों को छोड़कर जिनके लिए ऐसी किसी सेवा अथवा पद के कर्तव्यों के संतोषजनक निष्पादन हेतु केवल अंग्रेजी अथवा केवल हिंदी अथवा दोनों जैसी कि स्थिति हो, का उच्च स्तर का ज्ञान आवश्यक समझा जाए, संघ सेवाओं अथवा पदों के लिए भर्ती करने हेतु उम्मीदवारों के चयन के समय हिंदी अथवा अंग्रेजी में से किसी एक का ज्ञान अनिवार्यत: अपेक्षित होगा: और

(2) कि परीक्षाओं की भावी योजना, प्रक्रिया संबंधी पहलुओं एवं समय के विषय में संघ लोक सेवा आयोग के विचार जानने के पश्चात अखिल भारतीय एवं उच्चतर केंद्रीय सेवाओं संबंधी परीक्षाओं के लिए संविधान की आठवीं अनुसूची में सम्मिलित सभी भाषाओं तथा अंग्रेजी को वैकल्पिक माध्यम के रूप में रखने की अनुमति होगी।"

(ह.)

आर.डी. थापर,

संयुक्त सचिव, भारत सरकार

राजभाषा नियम, 1976 राजभाषा

(संघ के शासकीय प्रयोजनों के लिए प्रयोग) नियम, 1976
(यथा संशोधित, 1987, 2007 तथा 2011)

सा.का.नि. 1052 राजभाषा अधिनियम, 1963 (1963 का 19) की धारा 3 की उपधारा (4) के साथ पठित धारा 8 द्वारा प्रदत्त शक्तियों का प्रयोग करते हुए, केन्द्रीय सरकार निम्नलिखित नियम बनाती है, अर्थात:-

1. संक्षिप्त नाम, विस्तार और प्रारम्भ-

क. इन नियमों का संक्षिप्त नाम राजभाषा (संघ के शासकीय प्रयोजनों के लिए प्रयोग) नियम, 1976 है।

ख. इनका विस्तार, तमिलनाडु राज्य के सिवाय सम्पूर्ण भारत पर है।

ग. ये राजपत्र में प्रकाशन की तारीख को प्रवृत्त होंगे।

2. परिभाषाएं-इन नियमों में, जब तक कि संदर्भ से अन्यथा अपेक्षित न होः-

(क) 'अधिनियम' से राजभाषा अधिनियम, 1963 (1963 का 19) अभिप्रेत है;

(ख) केन्द्रीय सरकार के कार्यालय' के अन्तर्गत निम्नलिखित भी है, अर्थात:-

(ग) केन्द्रीय सरकार का कोई मंत्रालय, विभाग या कार्यालय;

(घ) केन्द्रीय सरकार द्वारा नियुक्त किसी आयोग, समिति या अधिकरण का कोई कार्यालय; और

(ङ) केन्द्रीय सरकार के स्वामित्व में या नियंत्रण के अधीन किसी निगम या कम्पनी का कोई कार्यालय;

(च) 'कर्मचारी' से केन्द्रीय सरकार के कार्यालय में नियोजित कोई व्यक्ति अभिप्रेत है;

(छ) 'अधिसूचित कार्यालय' से नियम 10 के उपनियम (4) के अधीन अधिसूचित कार्यालय, अभिप्रेत है;

(ज) 'हिंदी में प्रवीणता' से नियम 9 में वर्णित प्रवीणता अभिप्रेत है ;

(झ) 'क्षेत्र क' से बिहार, हरियाणा, हिमाचल प्रदेश, मध्य प्रदेश, छत्तीसगढ़, झारखंड़, उत्तराखंड राजस्थान और उत्तर प्रदेश राज्य तथा अंडमान और निकोबार द्वीप समूह, दिल्ली संघ राज्य क्षेत्र अभिप्रेत है;

(ञ) 'क्षेत्र ख' से गुजरात, महाराष्ट्र और पंजाब राज्य तथा चंडीगढ़, दमण और दीव तथा दादरा और नगर हवेली संघ राज्य क्षेत्र अभिप्रेत हैं;

(ट) 'क्षेत्र ग' से खंड (च) और (छ) में निर्दिष्ट राज्यों और संघ राज्य क्षेत्रों से भिन्न राज्य तथा संघ राज्य क्षेत्र अभिप्रेत है;

(ठ) हिंदी का कार्यसाधक ज्ञान' से नियम 10 में वर्णित कार्यसाधक ज्ञान अभिप्रेत है।

3. राज्यों आदि और केन्द्रीय सरकार के कार्यालयों से भिन्न कार्यालयों के साथ पत्रादि-

1. केन्द्रीय सरकार के कार्यालय से क्षेत्र 'क' में किसी राज्य या संघ राज्य क्षेत्र को या ऐसे राज्य या संघ राज्य क्षेत्र में किसी कार्यालय (जो केन्द्रीय सरकार का कार्यालय न हो) या व्यक्ति को पत्रादि असाधारण दशाओं को छोड़कर हिंदी में होंगे और यदि उनमें से किसी को कोई पत्रादि अंग्रेजी में भेजे जाते हैं तो उनके साथ उनका हिंदी अनुवाद भी भेजा जाएगा।

2. केन्द्रीय सरकार के कार्यालय से–

   (क) क्षेत्र 'ख' में किसी राज्य या संघ राज्यक्षेत्र को या ऐसे राज्य या संघ राज्य क्षेत्र में किसी कार्यालय (जो केन्द्रीय सरकार का कार्यालय न हो) को पत्रादि सामान्यतया हिंदी में होंगे और यदि इनमें से किसी को कोई पत्रादि अंग्रेजी में भेजे जाते हैं तो उनके साथ उनका हिंदी अनुवाद भी भेजा जाएगा: परन्तु यदि कोई ऐसा राज्य या संघ राज्य क्षेत्र यह चाहता है कि किसी विशिष्ट बर्ग या प्रबर्ग के पत्रादि या उसके किसी कार्यालय के लिए आशयित पत्रादि संबद्ध राज्य या संघ राज्यक्षेत्र की सरकार द्वारा विनिर्दिष्ट अवधि तक अंग्रेजी या हिंदी में भेजे जाएं और उसके साथ दूसरी भाषा में उसका अनुवाद भी भेजा जाए तो ऐसे पत्रादि उसी रीति से भेजे जाएंगे ;

   (ख) क्षेत्र 'ख' के किसी राज्य या संघ राज्य क्षेत्र में किसी व्यक्ति को पत्रादि हिंदी या अंग्रेजी में भेजे जा सकते हैं।

3. केन्द्रीय सरकार के कार्यालय से क्षेत्र 'ग' में किसी राज्य या संघ राज्यक्षेत्र को या ऐसे राज्य में किसी कार्यालय (जो केन्द्रीय सरकार का कार्यालय न हो)या व्यक्ति को पत्रादि अंग्रेजी में होंगे।

4. उप नियम (1) और (2) में किसी बात के होते हुए भी, क्षेत्र 'ग' में केन्द्रीय सरकार के कार्यालय से क्षेत्र 'क'या'ख'में किसी राज्य या संघ राज्यक्षेत्र को या ऐसे राज्य में किसी कार्यालय (जो केन्द्रीय सरकार का कार्यालय न हो) या व्यक्ति को पत्रादि हिंदी या अंग्रेजी में हो सकते हैं। परन्तु हिंदी में पत्रादि ऐसे अनुपात में होंगे जो केन्द्रीय सरकार ऐसे कार्यालयों में हिंदी का कार्यसाधक ज्ञान रखने वाले व्यक्तियों की संख्या,हिंदी में पत्रादि भेजने की सुविधाओं और उससे आनुषंगिक बातों को ध्यान में रखते हुए समय-समय पर अवधारित करे।

4. केन्द्रीय सरकार के कार्यालयों के बीच पत्रादि-

क. केन्द्रीय सरकार के किसी एक मंत्रालय या विभाग और किसी दूसरे मंत्रालय या विभाग के बीच पत्रादि हिंदी या अंग्रेजी में हो सकते हैं;

ख. केन्द्रीय सरकार के एक मंत्रालय या विभाग और क्षेत्र 'क' में स्थित संलग्न या अधीनस्थ कार्यालयों के बीच पत्रादि हिंदी में होंगे और ऐसे अनुपात में होंगे जो केन्द्रीय सरकार, ऐसे कार्यालयों में हिंदी का कार्यसाधक ज्ञान रखने वाले व्यक्तियों की संख्या, हिंदी में पत्रादि भेजने की सुविधाओं और उससे संबंधित आनुषंगिक बातों को ध्यान में रखते हुए, समय-समय पर अवधारित करे;

ग. क्षेत्र 'क' में स्थित केन्द्रीय सरकार के ऐसे कार्यालयों के बीच, जो खण्ड (क) या खण्ड (ख) में विनिर्दिष्ट कार्यालयों से भिन्न हैं, पत्रादि हिंदी में होंगे;

घ. क्षेत्र 'क' में स्थित केन्द्रीय सरकार के कार्यालयों और क्षेत्र 'ख' या 'ग'में स्थित केन्द्रीय सरकार के कार्यालयों के बीच पत्रादि हिंदी या अंग्रेजी में हो सकते हैं;

परन्तु ये पत्रादि हिंदी में ऐसे अनुपात में होंगे जो केन्द्रीय सरकार ऐसे कार्यालयों में हिंदी का कार्यसाधक ज्ञान रखने वाले व्यक्तियों की संख्या,हिंदी में पत्रादि भेजने की सुविधाओं और उससे आनुषंगिक बातों को ध्यान में रखते हुए समय-समय पर अवधारित करे;

ङ. क्षेत्र 'ख' या 'ग' में स्थित केन्द्रीय सरकार के कार्यालयों के बीच पत्रादि हिंदी या अंग्रेजी में हो सकते हैं;

परन्तु ये पत्रादि हिंदी में ऐसे अनुपात में होंगे जो केन्द्रीय सरकार ऐसे कार्यालयों में हिंदी का कार्यसाधक ज्ञान रखने वाले व्यक्तियों की संख्या, हिंदी में पत्रादि भेजने की सुविधाओं और उससे आनुषंगिक बातों को ध्यान में रखते हुए समय-समय पर अवधारित करे ;

परन्तु जहां ऐसे पत्रादि–

iii. क्षेत्र 'क' या क्षेत्र 'ख' किसी कार्यालय को संबोधित हैं वहां यदि आवश्यक हो तो, उनका दूसरी भाषा में अनुवाद, पत्रादि प्राप्त करने के स्थान पर किया जाएगा;

iv. क्षेत्र 'ग' में किसी कार्यालय को संबोधित है वहां, उनका दूसरी भाषा में अनुवाद, उनके साथ भेजा जाएगा;

परन्तु यह और कि यदि कोई पत्रादि किसी अधिसूचित कार्यालय को संबोधित है तो दूसरी भाषा में ऐसा अनुवाद उपलब्ध कराने की अपेक्षा नहीं की जाएगी।

1.1 हिंदी में प्राप्त पत्रादि के उत्तर–

नियम 3 और नियम 4 में किसी बात के होते हुए भी, हिंदी में पत्रादि के उत्तर केन्द्रीय सरकार के कार्यालय से हिंदी में दिए जाएंगे।

1.2 हिंदी और अंग्रेजी दोनों का प्रयोग–

अधिनियम की धारा 3 की उपधारा (3) में निर्दिष्ट सभी दस्तावेजों के लिए हिंदी और अंग्रेजी दोनों का प्रयोग किया जाएगा और ऐसे दस्तावेजों पर हस्ताक्षर करने वाले व्यक्तियों का यह उत्तरदायित्व होगा कि वे यह सुनिश्चित कर लें कि ऐसे दस्तावेज हिंदी और अंग्रेजी दोनों में ही तैयार की जाते हैं, निष्पादित किए जाते हैं और जारी किए जाते हैं।

1.3 आवेदन, अभ्यावेदन आदि–

1. कोई कर्मचारी आवेदन, अपील या अभ्यावेदन हिंदी या अंग्रेजी में कर सकता है।
2. जब उपनियम (1) में विनिर्दिष्ट कोई आवेदन, अपील या अभ्यावेदन हिंदी में किया गया हो या उस पर हिंदी में हस्ताक्षर किए गए हों, तब उसका उत्तर हिंदी में दिया जाएगा।

3. यदि कोई कर्मचारी यह चाहता है कि सेवा संबंधी विषयों (जिनके अन्तर्गत अनुशासनिक कार्यवाहियां भी हैं) से संबंधित कोई आदेश या सूचना,जिसका कर्मचारी पर तामील किया जाना अपेक्षित है, यथास्थिति, हिंदी या अंग्रेजी में होनी चाहिए तो वह उसे असम्यक विलम्ब के बिना उसी भाषा में दी जाएगी।

1.4 केन्द्रीय सरकार के कार्यालयों में टिप्पणी का लिखा जाना-

1. कोई कर्मचारी किसी फाइल पर टिप्पण या कार्यवृत्त हिंदी या अंग्रेजी में लिख सकता है और उससे यह अपेक्षा नहीं की जाएगी कि वह उसका अनुवाद दूसरी भाषा में प्रस्तुत करे।
2. केन्द्रीय सरकार का कोई भी कर्मचारी, जो हिंदी का कार्यसाधक ज्ञान रखता है, हिंदी में किसी दस्तावेज के अंग्रेजी अनुवाद की मांग तभी कर सकता है, जब वह दस्तावेज विधिक या तकनीकी प्रकृति का है, अन्यथा नहीं।
3. यदि यह प्रश्न उठता है कि कोई विशिष्ट दस्तावेज विधिक या तकनीकी प्रकृति का है या नहीं तो विभाग या कार्यालय का प्रधान उसका विनिश्चय करेगा।
4. उपनियम (1) में किसी बात के होते हुए भी, केन्द्रीय सरकार, आदेश द्वारा ऐसे अधिसूचित कार्यालयों को विनिर्दिष्ट कर सकती है जहां ऐसे कर्मचारियों द्वारा,जिन्हें हिंदी में प्रवीणता प्राप्त है, टिप्पण, प्रारूपण और ऐसे अन्य शासकीय प्रयोजनों के लिए, जो आदेश में विनिर्दिष्ट किए जाएं, केवल हिंदी का प्रयोग किया जाएगा।

1.4 हिंदी में प्रवीणता-

यदि किसी कर्मचारी ने–

1. मैट्रिक परीक्षा या उसकी समतुल्य या उससे उच्चतर कोई परीक्षा हिंदी के माध्यम से उत्तीर्ण कर ली है;या
2. स्नातक परीक्षा में अथवा स्नातक परीक्षा की समतुल्य या उससे उच्चतर किसी अन्य परीक्षा में हिंदी को एक वैकल्पिक विषय के रूप में लिया हो; या
3. यदि वह इन नियमों से उपाबद्ध प्रारूप में यह घोषणा करता है कि उसे हिंदी में प्रवीणता प्राप्त है;

   तो उसके बारे में यह समझा जाएगा कि उसने हिंदी में प्रवीणता प्राप्त कर ली है।

10. हिंदी का कार्यसाधक ज्ञान-

1. क. यदि किसी कर्मचारी ने-

(i) मैट्रिक परीक्षा या उसकी समतुल्य या उससे उच्चतर परीक्षा हिंदी विषय के साथ उत्तीर्ण कर ली है; या

(ii) केन्द्रीय सरकार की हिंदी परीक्षा योजना के अन्तर्गत आयोजितज्ञान परीक्षा या यदि उस सरकार द्वारा किसी विशिष्ट प्रवर्ग के पदों के सम्बन्ध में उस योजना के अन्तर्गत कोई निम्नतर परीक्षा विनिर्दिष्ट है, वह परीक्षा उत्तीर्ण कर ली है; या

(iii) केन्द्रीय सरकार द्वारा उस निमित्त विनिर्दिष्ट कोई अन्य परीक्षा उत्तीर्ण कर ली है; या

ख. यदि वह इन नियमों से उपाबद्ध प्रारूप में यह घोषणा करता है कि उसने ऐसा ज्ञान प्राप्त कर लिया है;

तो उसके बारे में यह समझा जाएगा कि उसने हिंदी का कार्यसाधक ज्ञान प्राप्त कर लिया है।

2. यदि केन्द्रीय सरकार के किसी कार्यालय में कार्य करने वाले कर्मचारियों में से अस्सी प्रतिशत ने हिंदी का ऐसा ज्ञान प्राप्त कर लिया है तो उस कार्यालय के कर्मचारियों के बारे में सामान्यत: यह समझा जाएगा कि उन्होंने हिंदी का कार्यसाधक ज्ञान प्राप्त कर लिया है।

3. केन्द्रीय सरकार या केन्द्रीय सरकार द्वारा इस निमित्त विनिर्दिष्ट कोई अधिकारी यह अवधारित कर सकता है कि केन्द्रीय सरकार के किसी कार्यालय के कर्मचारियों ने हिंदी का कार्यसाधक ज्ञान प्राप्त कर लिया है या नहीं।

4. केन्द्रीय सरकार के जिन कार्यालयों में कर्मचारियों ने हिंदी का कार्यसाधक ज्ञान प्राप्त कर लिया है उन कार्यालयों के नाम राजपत्र में अधिसूचित किए जाएंगे;

परन्तु यदि केन्द्रीय सरकार की राय है कि किसी अधिसूचित कार्यालय में काम करने वाले और हिंदी का कार्यसाधक ज्ञान रखने वाले कर्मचारियों का प्रतिशत किसी तारीख में से उपनियम (2) में विनिर्दिष्ट प्रतिशत से कम हो गया है, तो वह राजपत्र में अधिसूचना द्वारा घोषित कर सकती है कि उक्त कार्यालय उस तारीख से अधिसूचित कार्यालय नहीं रह जाएगा।

11. मैनुअल, संहिताएं, प्रक्रिया संबंधी अन्य साहित्य, लेखन सामग्री आदि-

1. केन्द्रीय सरकार के कार्यालयों से संबंधित सभी मैनुअल, संहिताएं और प्रक्रिया संबंधी अन्य साहित्य, हिंदी और अंग्रेजी में द्विभाषिक रूप में यथास्थिति, मुद्रित या साइक्लोस्टाइल किया जाएगा और प्रकाशित किया जाएगा।
2. केन्द्रीय सरकार के किसी कार्यालय में प्रयोग किए जाने वाले रजिस्टरों के प्रारूप और शीर्षक हिंदी और अंग्रेजी में होंगे।
3. केन्द्रीय सरकार के किसी कार्यालय में प्रयोग के लिए सभी नामपट्ट, सूचना पट्ट, पत्रशीर्ष और लिफाफों पर उत्कीर्ण लेख तथा लेखन सामग्री की अन्य मदें हिंदी और अंग्रेजी में लिखी जाएंगी, मुद्रित या उत्कीर्ण होंगी;
   परन्तु यदि केन्द्रीय सरकार ऐसा करना आवश्यक समझती है तो वह, साधारण या विशेष आदेश द्वारा, केन्द्रीय सरकार के किसी कार्यालय को इस नियम के सभी या किन्हीं उपबन्धों से छूट दे सकती है।

12. अनुपालन का उत्तरदायित्व-

a. केन्द्रीय सरकार के प्रत्येक कार्यालय के प्रशासनिक प्रधान का यह उत्तरदायित्व होगा कि वह–

i. यह सुनिश्चित करे कि अधिनियम और इन नियमों के उपबंधों और उपनियम (2) के अधीन जारी किए गए निर्देशों का समुचित रूप से अनुपालन हो रहा है; और

ii. इस प्रयोजन के लिए उपयुक्त और प्रभावकारी जांच के लिए उपाय करे।

2. केन्द्रीय सरकार अधिनियम और इन नियमों के उपबन्धों के सम्यक अनुपालन के लिए अपने कर्मचारियों और कार्यालयों को समय-समय पर आवश्यक निर्देश जारी कर सकती है।

[भारत का राजपत्र, भाग-2, खंड 3, उपखंड (i) में प्रकाशनार्थ]

भारत सरकार

गृह मंत्रालय

राजभाषा विभाग

नई दिल्ली, दिनांक: अगस्त, 2007

अधिसूचना

का.आ. (अ).–केन्द्रीय सरकार, राजभाषा अधिनियम, 1963 (1963 का 19) की धारा 3 की उपधारा (4) के साथ पठित धारा 8 द्वारा प्रदत्त शक्तियों का प्रयोग

करते हुए, राजभाषा (संघ के शासकीय प्रयोजनों के लिए प्रयोग) नियम, 1976 का और संशोधन करने के लिए निम्नलिखित नियम बनाती है, अर्थात:-

1. i. इन नियमों का संक्षिप्त नाम राजभाषा (संघ के शासकीय प्रयोजनों के लिए प्रयोग) संशोधन नियम, 2007 है।

ii. ये राजपत्र में प्रकाशन की तारीख को प्रवृत्त होंगे।

2. राजभाषा (संघ के शासकीय प्रयोजनों के लिए प्रयोग) नियम, 1976 में– नियम 2 के खंड (च) के स्थान पर निम्नलिखित खंड रखा जाएगा, अर्थात्:- "क्षेत्र क" से बिहार, छत्तीसगढ, हरियाणा, हिमाचल प्रदेश, झारखंड, मध्यप्रदेश, राजस्थान, उत्तर प्रदेश, उत्तराखंड और राष्ट्रीय राजधानी क्षेत्र दिल्ली तथा अंडमान और निकोबार द्वीप समूह संघ राज्य क्षेत्र' अभिप्रेत हैं;' [(फा.सं. I/14034/02/2007-रा.भा.(नीति-1)]

अध्याय-4

राजभाषा विभाग एवं अधीनस्थ कार्यालय

राजभाषा विभाग का गठन और कार्य–राजभाषा संबंधी सांविधानिक और कानूनी उपबंधों का अनुपालन सुनिश्चित करने और संघ के सरकारी काम-काज में हिंदी के प्रयोग को बढ़ावा देने के लिए गृह मंत्रालय के एक स्वतंत्र विभाग के रूप में जून, 1975 में राजभाषा विभाग की स्थापना की गई थी। उसी समय से यह विभाग संघ के सरकारी काम-काज में हिंदी का प्रगामी प्रयोग बढ़ाने के लिए प्रयासरत है। भारत सरकार (कार्य आवंटन) नियम, 1961 के अनुसार, राजभाषा विभाग को निम्न कार्य सौंपे गए हैं–

1. संविधान में राजभाषा से संबंधित उपबंधों तथा राजभाषा अधिनियम, 1963 (1963 का 19) के उपबंधों का कार्यान्वयन, उन उपबंधों को छोड़कर जिनका कार्यान्वयन किसी अन्य विभाग को सौंपा गया है।
2. किसी राज्य के उच्च न्यायालय की कार्यवाही में अंग्रेजी भाषा से भिन्न किसी अन्य भाषा का सीमित प्रयोग प्राधिकृत करने के लिए राष्ट्रपति का पूर्व अनुमोदन।
3. केंद्र सरकार के कर्मचारियों के लिए हिंदी शिक्षण योजना और पत्र-पत्रिकाओं और उससे संबंधित अन्य साहित्य के प्रकाशन सहित संघ की राजभाषा के रूप में हिंदी के प्रगामी प्रयोग से संबंधित सभी मामलों के लिए केंद्रीय उत्तरदायित्व।
4. संघ की राजभाषा के रूप में हिंदी के प्रगामी प्रयोग से संबंधित सभी मामलों में समन्वय, जिनमें प्रशासनिक शब्दावली, पाठ्य विवरण, पाठ्य पुस्तकें, प्रशिक्षण पाठ्यक्रम और उनके लिए अपेक्षित उपस्कर (मानकीकृत लिपि सहित) शामिल हैं।
5. केंद्रीय सचिवालय राजभाषा सेवा का गठन और संवर्ग प्रबंधन।

6. केंद्रीय हिंदी समिति से संबंधित मामले।
7. विभिन्न मंत्रालयों/विभागों द्वारा स्थापित हिंदी सलाहकार समितियों से संबंधित कार्य का समन्वय।
8. केंद्रीय अनुवाद ब्यूरो से संबंधित मामले।
9. हिंदी शिक्षण योजना सहित केंद्रीय हिंदी प्रशिक्षण संस्थान से संबंधित मामले।
10. क्षेत्रीय कार्यान्वयन कार्यालयों से संबंधित मामले।
11. संसदीय राजभाषा समिति से संबंधित मामले।

विभाग द्वारा समय समय पर राजभाषा के प्रभावी कार्यान्वयन संबंधी आदेश/कार्यालय ज्ञापन/निर्देश जारी किए गए हैं। केंद्र सरकार के विभिन्न मंत्रालय/विभाग इन आदेशों की पालना करते हुए राजभाषा का कार्यान्वयन सुनिश्चित करते हैं। विभाग द्वारा पूर्व के सभी नियमों को संकलित करते हुए 31 जुलाई 2023 तक संशोधित नियम पुस्तिका जारी की है जो निम्नानुसार है (किसी भी त्रुटि या संदेह की स्थिति में राजभाषा विभाग की वेबसाइट से मिलान किया जाना अपेक्षित होगा)–

अध्याय 1
राजभाषा संबंधी संवैधानिक तथा विधिक उपबंध

सामान्य-संघ की राजभाषा देवनागरी लिपि में हिंदी है। परन्तु हिंदी के अतिरिक्त अंग्रेजी भाषा का प्रयोग भी सरकारी कामकाज में किया जा सकता है। [संविधान अनुच्छेद 343 (1) तथा राजभाषा अधिनियम की धारा 3]

1.1 संसद में प्रयुक्त होने वाली भाषा

संविधान के अनुच्छेद 348 के उपबंधों के अधीन रहते हुए संसद में कार्य हिंदी में या अंग्रेजी में किया जा सकता है। परन्तु राज्य सभा का सभापति या लोकसभा का अध्यक्ष अथवा ऐसे रूप में कार्य करने वाला व्यक्ति सदन के किसी सदस्य को अपनी मातृभाषा में सदन को संबोधित करने की अनुमति दे सकता है।

1.2 किन प्रयोजनों के लिए केवल हिंदी का प्रयोग किया जाना है, किनके लिए हिंदी और अंग्रेजी दोनों भाषाओं का प्रयोग आवश्यक है, किनके लिए अंग्रेजी भाषा का प्रयोग किया जाना है और किन कार्यों के लिए हिंदी या अंग्रेजी दोनों भाषाओं का प्रयोग किया जा सकता है यह राजभाषा अधिनियम, 1963, राजभाषा नियम, 1976 और उनके अन्तर्गत समय-समय पर राजभाषा विभाग गृह मंत्रालय की ओर से जारी किए गए निर्देशों द्वारा निर्धारित किया गया है।

1.3 राज्य सरकारों, केंद्रीय सरकार के कार्यालयों को छोड़कर दूसरे कार्यालयों या व्यक्तियों से पत्र व्यवहार

केंद्रीय सरकार के क्षेत्र "क" क्षेत्र "ख" में स्थित कार्यालयों से क्षेत्र "क" में किसी राज्य या संघ राज्य क्षेत्र के कार्यालय को या ऐसे राज्य या संघ राज्य क्षेत्र में केंद्रीय सरकार के कार्यालय को छोड़कर किसी अन्य कार्यालय या व्यक्ति को पत्र आदि असाधारण दशा को छोड़कर, हिंदी में भेजे जाएं। यदि उनमें से किसी को कोई पत्र आदि अंग्रेजी में भेजा जाता है तो उसके साथ उसका हिंदी अनुवाद भी भेजा जाए।

[राजभाषा नियम 3(1) व 3(4)]

1.4 केंद्रीय सरकार के क्षेत्र "क" क्षेत्र "ख" में स्थित कार्यालयों से क्षेत्र "ख" में किसी राज्य या संघ राज्य क्षेत्र के कार्यालय को या ऐसे राज्य या संघ राज्य क्षेत्र में स्थित केंद्रीय सरकार के कार्यालय को छोड़कर किसी अन्य कार्यालय या व्यक्ति को पत्र आदि को आम तौर पर हिंदी में भेजा जाए। यदि उनमें से किसी को पत्र आदि अंग्रेजी में भेजे जाते हैं तो उनके साथ उनका हिंदी अनुवाद भी भेजा जाए।

[राजभाषा नियम 3(2) व 3(4)]

1.5 क्षेत्र "ग" में स्थित केंद्रीय सरकार के कार्यालय से क्षेत्र "क" या क्षेत्र "ख" में स्थित किसी राज्य या संघ राज्य क्षेत्र के कार्यालय को या केंद्रीय सरकार कार्यालय के क्षेत्र को छोड़कर ऐसे राज्य में स्थित किसी अन्य कार्यालय या व्यक्ति को पत्र आदि हिंदी या अंग्रेजी में भेजे जा सकते हैं। राजभाषा विभाग द्वारा प्रतिवर्ष वार्षिक कार्यक्रम में निर्धारित किया जाता है कि इस पत्र आदि में हिंदी का प्रयोग किस अनुपात से किया जाए।

[नियम 3(4)]

1.6 केंद्रीय सरकार के किसी भी कार्यालय से क्षेत्र "ग" में किसी राज्य या संघ राज्य क्षेत्र को या ऐसे राज्य में केंद्रीय सरकार के कार्यालय को छोड़कर किसी अन्य कार्यालय या व्यक्ति को पत्र आदि अंग्रेजी में भेजे जाएं।

[नियम 3(3)]

1.7 केंद्रीय सरकार के कार्यालयों के बीच पत्र व्यवहार

केंद्रीय सरकार के किसी एक मंत्रालय या विभाग और किसी दूसरे मंत्रालय या विभाग के बीच पत्र आदि हिंदी या अंग्रेजी में हो सकते हैं।

[नियम 4(क)]

1.8 केंद्रीय सरकार के मंत्रालय या विभाग को छोड़कर क्षेत्र "क" में स्थित केंद्रीय सरकार के कार्यालयों के बीच पत्र आदि हिंदी में भेजे जाएं।

[नियम 4(ग)]

1.9 केंद्रीय सरकार के किसी मंत्रालय या विभाग और क्षेत्र "क" में स्थित संबद्ध या अधीनस्थ कार्यालयों के बीच पत्र आदि हिंदी में उस अनुपात से भेजे जाने है, जो राजभाषा विभाग प्रत्येक वर्ष वार्षिक कार्यक्रम में निर्धारित करता है।

[नियम 4 (ख)]

1.10 क्षेत्र "ख" और क्षेत्र "ग" में स्थित कार्यालयों का आपस में और क्षेत्र "क" में स्थित केंद्रीय सरकार के कार्यालयों के साथ पत्र व्यवहार हिंदी या अंग्रेजी में हो सकता है। यह पत्र व्यवहार किस अनुपात में हिंदी में किया जाए, यह राजभाषा विभाग द्वारा हर वर्ष जारी किए गए वार्षिक कार्यक्रम में निर्धारित किया जाता है।

[नियम 4 (घ) व (ङ)]

1.11 क्षेत्र "क" या क्षेत्र "ख" में स्थित किसी केंद्रीय सरकार के कार्यालय को संबोधित पत्र आदि का दूसरी भाषा में अनुवाद भेजने की आवश्यकता नहीं। इसका दूसरी भाषा में अनुवाद, पत्र आदि प्राप्त करने के स्थान पर किया जाएगा।

[नियम 4 का परन्तुक (1)]

1.12 क्षेत्र "ग" में स्थित केंद्रीय सरकार के किसी कार्यालय को यदि कोई पत्र हिंदी में भेजा जाता है और "ग" क्षेत्र में स्थित वह कार्यालय राजभाषा नियम 10 (4) के अधीन अधिसूचित है तब उसे अंग्रेजी में अनुवाद भेजने की आवश्यकता नहीं। क्षेत्र "ग" में स्थित केंद्रीय सरकार के दूसरे कार्यालयों को यदि पत्र हिंदी में भेजा जाता है तो उसका अंग्रेजी भाषा में अनुवाद उसके साथ भेजा जाए

[नियम 4 परन्तुक 2]

1.13 हिंदी में प्राप्त पत्रादि का उत्तर

हिंदी में पत्र आदि का उत्तर केंद्रीय सरकार के कार्यालय से हिंदी में दिया जाए , चाहे वे किसी भी क्षेत्र से प्राप्त हों और किसी भी राज्य सरकार, व्यक्ति या केंद्रीय सरकार के कार्यालय से प्राप्त हों।

[नियम 5]

1.14 आवेदन, अभ्यावेदन आदि का उत्तर

कोई कर्मचारी आवेदन, अपील या अभ्यावेदन हिंदी या अंग्रेजी में कर सकता है।

यदि कोई कर्मचारी अपना आवेदन, अपील या अभ्यावेदन हिंदी में करता है या उस पर हिंदी में हस्ताक्षर करता है तो उसका उत्तर हिंदी में दिया जाए।

[नियम 7]

1.15 सेवा संबंधी आदेश या सूचना

यदि कोई कर्मचारी यह चाहता है कि सेवा संबंधी विषयों (जिनके अन्तर्गत अनुशासनिक कार्यवाही भी हैं) से संबंधित कोई आदेश या सूचना, जिसको कर्मचारी पर तामील किया जाना अपेक्षित है, हिंदी या अंग्रेजी में होना चाहिए तो वह उसे अविलम्ब उसी भाषा में दिया जाए।

[नियम 7 (3)]

1.16 दस्तावेज मैनुअल आदि जो द्विभाषी होने चाहिए

निम्नलिखित दस्तावेज आदि हिंदी और अंग्रेजी दोनों भाषाओं में जारी किए जाएं :-

(1) संकल्प, साधारण आदेश, नियम, अधिसूचनाएं, प्रशासनिक या अन्य प्रतिवेदन या प्रेस विज्ञप्ति।

(2) संसद के किसी सदन या सदनों के समक्ष रखे गए प्रशासनिक तथा अन्य प्रतिवेदन और राजकीय कागज पत्र।

(3) संविदाओं और करारों का निष्पादन लाइसेंस, परमिट और टेंडर के लिए नोटिस और प्रारूप।

[अधिनियम धारा 3 (3)]

1.17 (क) सभी मैनुअल संहिता और प्रक्रिया संबंधी अन्य साहित्य हिंदी और अंग्रेजी में द्विभाषी रूप में मुद्रित या साइक्लोस्टाइल या प्रकाशित किया जाए।

(ख) केंद्रीय सरकार के किसी कार्यालय में प्रयोग किए जाने वाले रजिस्टरों के प्रारूप और शीर्षक हिंदी और अंग्रेजी दोनों भाषाओं में हो।

(ग) केंद्रीय सरकार के किसी कार्यालय में प्रयोग के लिए सभी नामपट्ट, सूचना पट्ट, पत्र शीर्ष और लिफाफों पर उत्कीर्ण लेख तथा लेखन सामग्री की अन्य मदें हिंदी और अंग्रेजी दोनों भाषा में लिखी, मुद्रित या उत्कीर्ण की जाएं।

यदि केंद्रीय सरकार ऐसा करना आवश्यक समझती है तो वह साधारण या विशेष आदेश द्वारा केंद्रीय सरकार के किसी कार्यालय को इस नियम के सभी या किन्हीं उपबंधों से छूट दे सकती है।

[नियम 11]

इस परन्तुक के अधीन छूट के लिए कोई प्रस्ताव उसका पूरा औचित्य दिखाते हुए राजभाषा विभाग को भेजा जाए।

1.18 (क) कार्यसाधक ज्ञान

यह समझा जाएगा कि किसी कर्मचारी को हिंदी का कार्यसाधक ज्ञान प्राप्त है, यदि उसने:-

(1) मैट्रिक परीक्षा या उसके समतुल्य या ऊँची परीक्षा हिंदी विषय के साथ उत्तीर्ण कर ली है या

(2) केंद्रीय सरकार के हिंदी शिक्षण योजना के अंतर्गत आयोजित प्राज्ञ परीक्षा उत्तीर्ण कर ली है या यदि केंद्रीय सरकार द्वारा किसी विशिष्ट पद के संबंध में उस योजना के अन्तर्गत कोई निम्नतर परीक्षा विनिर्दिष्ट है तो यह परीक्षा उत्तीर्ण कर ली है या

(3) केंद्रीय सरकार द्वारा इस बारे में विनिर्दिष्ट कोई अन्य परीक्षा उत्तीर्ण कर ली है, या

(4) वह राजभाषा नियम के संलग्न प्रारूप में यह घोषणा करता है कि उसने हिंदी का कार्यसाधक ज्ञान प्राप्त कर लिया है।

[नियम10]

1.18 (ख) प्रवीणता

किसी कर्मचारी के बारे में यह समझा जाएगा कि उसने हिंदी में प्रवीणता प्राप्त कर ली है, यदि उसने:-

(1) मैट्रिक परीक्षा या उसके समतुल्य या उससे ऊंची कोई परीक्षा हिंदी के माध्यम से उत्तीर्ण कर ली है या

(2) स्नातक परीक्षा में अथवा स्नातक परीक्षा के बराबर या उससे ऊंची किसी परीक्षा में हिंदी को एक वैकल्पिक विषय के रूप में लिया था, या

(3) वह राजभाषा नियम में संलग्न प्रारूप में यह घोषणा करता है कि उसे हिंदी में प्रवीणता प्राप्त है।

[नियम 9]

1.18 (ग) कार्यालयों में टिप्पण आदि

केंद्रीय सरकार ऐसे कार्यालयों को जिनमें कार्य करने वाले कर्मचारियों में से 80 प्रतिशत ने हिंदी का कार्यसाधक ज्ञान प्राप्त कर लिया है और जो राजभाषा नियम 10 (4) के अधीन अधिसूचित किए जा चुके हैं, विनिर्दिष्ट कर सकती है कि उनमें ऐसे कर्मचारियों द्वारा 'जिन्हें हिंदी में प्रवीणता प्राप्त है, टिप्पण, प्रारूपण और ऐसे अन्य शासकीय प्रयोजनों के लिए, जो आदेश में विनिर्दिष्ट किए जाएं केवल हिंदी का प्रयोग किया जाएगा।

[नियम 8(4), 10(2) और 10(4)]

1.19 उपर्युक्त को छोड़कर कोई कर्मचारी किसी फाइल पर टिप्पणी या कार्यवृत्त हिंदी या अंग्रेजी में लिख सकता है और उससे यह अपेक्षा नहीं की जाएगी कि वह उसका अनुवाद दूसरी भाषा में प्रस्तुत करे।

[नियम 8(1)]

1.20 कर्मचारी द्वारा अंग्रेजी अनुवाद की मांग

केंद्रीय सरकार का कोई भी कर्मचारी जो हिंदी का कार्यसाधक ज्ञान रखता है, हिंदी में किसी दस्तावेज के अंग्रेजी अनुवाद की मांग तभी कर सकता है जब वह दस्तावेज विधिक या तकनीकी प्रकृति के हों, अन्यथा नहीं। यदि यह प्रश्न उठता है कि कोई दस्तावेज विधिक या तकनीकी प्रकृति का है या नहीं, तो विभाग या कार्यालय का प्रधान उसका निर्णय करेगा।

[नियम 8(2) और (3)]

1.21 अनुपालन का उत्तरदायित्व

पैरा 1.16 में दिए गए दस्तावेजों पर हस्ताक्षर करने वाले व्यक्ति का यह उत्तरदायित्व है कि वह यह सुनिश्चित कर ले कि वह दस्तावेज हिंदी और अंग्रेजी दोनों ही में तैयार, निष्पादित या जारी किया गया है।

[नियम 6]

1.22 केंद्रीय सरकार के प्रत्येक कार्यालय के प्रशासनिक प्रधान का यह उत्तरदायित्व है कि वह यह सुनिश्चित करे कि राजभाषा अधिनियम और राजभाषा नियम के उपबंधों का समुचित रूप से अनुपालन हो रहा है और इस प्रयोजन के लिए उपयुक्त और प्रभावकारी जांच के उपाय करें।

[नियम 12 (1)]

1.23 केंद्रीय सरकार (राजभाषा विभाग) द्वारा राजभाषा अधिनियम और राजभाषा नियम के उपबंधों के पूरी तरह अनुपालन के लिए अपने कर्मचारियों और कार्यालयों को समय-समय पर आवश्यक निर्देश जारी किए जाते हैं। कार्यालय के प्रशासनिक प्रधान का यह भी उत्तरदायित्व है कि वह इन निर्देशों का पालन सुनिश्चित करें।

[नियम 12 (1) और (2)]

1.24 अंक

संघ के शासकीय प्रयोजनों के लिए भारतीय अंकों का अन्तरराष्ट्रीय रूप (1, 2, 3, 4, 5, 6, 7, 8, 9, 0) प्रयोग में लाया जाए।

[संविधान का अनुच्छेद 343(1)]

1.25 राष्ट्रपति, संघ के शासकीय प्रयोजनों में से किसी प्रयोजन के लिए भारतीय अंकों के अन्तरराष्ट्रीय रूप के अतिरिक्त देवनागरी रूप (1, 2, 3, 4, 5, 6, 7, 8, 9, 0) का प्रयोग प्राधिकृत कर सकते हैं। इसके अधीन राज्यों के राज्यपालों', उच्चतम न्यायालय के न्यायाधीशों और उच्च न्यायालयों के न्यायाधीशों की नियुक्ति के अधिपत्रों के लिए भारतीय अंकों के अंतरराष्ट्रीय स्वरूप के अतिरिक्त अंकों के देवनागरी स्वरूप का प्रयोग करने की अनुमति दी गई है।

[संविधान का अनुच्छेद 343 (2) और विधि मंत्रालय की अधिसूचना सं. एस. आर. ओ. 938 ए. दिनांक 27 मई 1952]

1.26 उपर्युक्त पैरा 1.25 को छोड़कर केंद्रीय सरकार के कामकाज में जहां कहीं भी अंकों का प्रयोग करना हो वहां केवल भारतीय अंकों के अंतरराष्ट्रीय रूप का ही प्रयोग किया जाए।

[गृह मंत्रालय, राजभाषा विभाग का.ज्ञा.सं. 1/14034/382-रा.भा.(क-1) दिनांक 6-9-1982]

1.27 संसद में कार्य

संसद में कार्य के लिए हिंदी या अंग्रेजी कोई भी भाषा प्रयोग में लाई जा सकती है।

[संविधान अनुच्छेद 120 और अधिनियम 3(1ख)]

1.28 (1) संसद के किसी सदन या सदनों के समक्ष रखे गए प्रशासनिक तथा अन्य प्रतिवेदन और राजकीय कागज पत्र हिंदी और अंग्रेजी दोनों भाषाओं में होने अनिवार्य हैं।

[अधिनियम 3(3) ii]

(2) उपर्युक्त प्रावधान के अंतर्गत मंत्रियों द्वारा लिखित वक्तव्य जैसे कि ध्यानाकर्षण प्रस्ताव के उत्तर में, स्थगन प्रस्ताव के उत्तर में अपने आप दिए जाने वाले वक्तव्य आदि सदन में द्विभाषी रूप में ही परिचालित किए जाएं।

[गृह मंत्री का अ.शा. पत्र सं. 12021/3/87-रा.भा.(ख-1) दिनांक 18 दिसंबर, 1987]

1.29 विधेयक, अधिनियम आदि का प्राधिकृत पाठ

(1) संसद के प्रत्येक सदन में पुर्नस्थापित किए जाने वाले किसी विधेयक या प्रस्तावित किए जाने वाले किसी संशोधन का,

(2) संसद द्वारा पारित किसी अधिनियम और राष्ट्रपति द्वारा प्रख्यापित किसी अध्यादेश का, और

(3) संविधान या किसी विधि के अधीन जारी किए गए किसी आदेश, नियम, विनियम और उपविधि का प्राधिकृत पाठ अंग्रेजी भाषा में माना जाता है।

[संविधान अनुच्छेद 348(1ख)]

1.30 केंद्रीय अधिनियम आदि का प्राधिकृत हिंदी पाठ

शासकीय राज-पत्र में राष्ट्रपति के प्राधिकार से प्रकाशित प्राधिकृत पाठ-

(क) किसी केंद्रीय अधिनियम का या राष्ट्रपति द्वारा प्रख्यापित किसी अध्यादेश का अथवा

(ख) संविधान के अधीन या किसी केंद्रीय अधिनियम के अधीन निकाले गए किसी आदेश, नियम, विनियम या किसी उपविधि का शासकीय राजपत्र में राष्ट्रपति के प्राधिकार से प्रकाशित हिंदी में अनुवाद, उसका हिंदी में प्राधिकृत पाठ माना जाता है।

[अधिनियम धारा 5 (1)]

(ग) संसद के किसी भी सदन में पुर्नस्थापित किए जाने वाले विधेयकों, संशोधनों के अंग्रेजी भाषा में प्राधिकृत पाठ का हिंदी में अनुवाद, सरकारी विधेयक या किसी विधेयक के संबंध में सरकार द्वारा प्रस्तावित संशोधन होने पर संबंधित मंत्री द्वारा और प्राइवेट सदस्य के विधेयक या प्राइवेट सदस्य द्वारा प्रस्तावित संशोधन होने पर राज्य सभा/लोक सभा के सचिवालय के प्राधिकृत अधिकारी के हस्ताक्षरों से प्राधिकृत किया जाता है।

[अधिनियम 5(2) तथा राजभाषा अधिसूचना सं. 11011/2/72-रा.भा.(क-1) दिनांक 1 जनवरी, 1976]

1.31 राज्यों के अधिनियमों, अध्यादेशों के प्राधिकृत हिंदी पाठ

जहां किसी राज्य के विधान मंडल ने उस राज्य के विधान मंडल द्वारा पारित अधिनियमों में अथवा उस राज्य के राज्यपाल द्वारा प्रख्यापित अध्यादेशों में प्रयोग के लिए हिंदी से भिन्न कोई भाषा निर्धारित की है, वहां उस राज्य के राज्यपाल के प्राधिकार से उस राज्य के शासकीय राजपत्र में उस अधिनियम या अध्यादेश का हिंदी में प्रकाशित अनुवाद हिंदी भाषा में उसका प्राधिकृत पाठ समझा जाता है।

[अधिनियम धारा 6]

1.32 उच्चतम / उच्च न्यायालय की भाषा

उच्चतम न्यायालय और प्रत्येक उच्च न्यायालय में सभी कार्यवाहियाँ अंग्रेजी भाषा में की जानी अपेक्षित हैं :

[संविधान अनुच्छेद 348(1)(क)]

परन्तु, किसी राज्य का राज्यपाल, राष्ट्रपति की पूर्व सहमति से, उस उच्च न्यायालय जिसका मुख्य स्थान उस राज्य में है, की कार्यवाहियों में (उच्च न्यायालय द्वारा दिए गए निर्णय, डिक्री, या आदेश को छोड़कर), हिंदी भाषा का या उस राज्य के शासकीय प्रयोजनों के लिए प्रयोग में आने वाली किसी अन्य भाषा का प्रयोग प्राधिकृत कर सकता है।

[संविधान अनुच्छेद 348 (2)]

इस प्रावधान के अधीन उत्तर प्रदेश, मध्य प्रदेश, बिहार और राजस्थान में स्थित इलाहाबाद, जबलपुर, पटना और जोधपुर उच्च न्यायालयों में हिंदी का प्रयोग प्राधिकृत किया गया है।

1.33 (1) किसी राज्य का राज्यपाल, राष्ट्रपति की पूर्व सहमति से, अंग्रेजी भाषा के अतिरिक्त, हिंदी या उस राज्य की राजभाषा का प्रयोग उस राज्य के उच्च न्यायालय द्वारा पारित या दिए गए किसी निर्णय, डिक्री या आदेश के प्रयोजन के लिए भी प्राधिकृत कर सकता है, पर ऐसी स्थिति में उसके साथ-साथ उच्च न्यायालय के अधिकार से निकाला गया अंग्रेजी भाषा में उसका अनुवाद भी साथ लगाया जाएगा।

[अधिनियम धारा 7]

इस प्रावधान के अधीन उत्तर प्रदेश, मध्यप्रदेश, बिहार और राजस्थान में स्थित इलाहाबाद, जबलपुर, पटना और जोधपुर उच्च न्यायालय में निर्णय, डिक्री या आदेश के लिए हिंदी का प्रयोग प्राधिकृत किया गया है।

(2) इन उच्च न्यायालयों द्वारा हिंदी में दिए गए निर्णय, डिक्री या आदेश को प्राधिकृत और अधिप्रमाणित माना जाएगा। यह अपेक्षा कि ऐसे निर्णयों के साथ उच्च न्यायालय के प्राधिकार से निकाले गए अंग्रेजी भाषा में अनुवाद सम्मिलित किया जाए, एक अतिरिक्त सांविधिक अपेक्षा है, इससे हिंदी में दिए गए निर्णय का अधिप्रमाणित या प्राधिकृत स्वरूप समाप्त नहीं होता।

[राजभाषा विभाग का.ज्ञा. सं. 1 /21011/12/76-रा.भा.(क-1),
दिनांक 6-4-1976]

1.34 राजभाषा अधिनियम की धारा 4 के अधीन संसदीय राजभाषा समिति गठित की गई है। इस समिति में 30 सदस्य हैं, जिसमें से 20 लोक सभा के तथा 10 राज्य सभा के सदस्य हैं, जो क्रमश: लोक सभा के सदस्य तथा राज्य सभा के सदस्यों द्वारा अनुपातिक प्रतिनिधित्व प्रणाली के अनुसार एकल संक्रमणीय मत द्वारा निर्वाचित किए गए हैं। इस समिति का कर्तव्य है कि वह संघ के राजकीय प्रयोजनों

के लिए हिंदी के प्रयोग में की गई प्रगति का पुनर्विलोकन करे और उस पर सिफारिश करते हुए राष्ट्रपति को प्रतिवेदन करे। राष्ट्रपति उस प्रतिवेदन को संसद के हर सदन के समक्ष रखवाएंगे और सभी राज्य सरकारों को भिजवाएंगे। राष्ट्रपति इस प्रतिवेदन पर और उस पर राज्य सरकारों ने यदि कोई मत व्यक्त किए हों तो उन पर विचार करने के पश्चात उस प्रतिवेदन के या उसके किसी भाग के अनुसार निर्देश निकाल सकेंगे, पर इस प्रकार निकाले गए निर्देश राजभाषा अधिनियम की धारा 3 के उपबंधों से असंगत नहीं होंगे।

[अधिनियम धारा 4]

1.35 हिंदी का प्रसार और विकास

केंद्रीय सरकार का यह कर्तव्य है कि वह हिंदी भाषा का प्रसार बढ़ाए, और उसका विकास करे ताकि वह भारत की सामासिक संस्कृति के सभी तत्वों की अभिव्यक्ति का माध्यम बन सके और हिंदी भाषा की प्रकृति में हस्तक्षेप किए बिना हिन्दुस्तानी के और संविधान की आठवीं अनुसूची में विनिर्दिष्ट भारत की अन्य भाषाओं के प्रयुक्त रूप, शैली और पदों को उसमें मिलाते हुए और जहां आवश्यक या वांछनीय हो उसके शब्द भंडार के लिए मुख्यतः संस्कृत से और गौणतः अन्य भाषाओं से शब्द ग्रहण करते हुए उसकी समृद्धि सुनिश्चित करे। इस प्रावधान के अनुपालन की जिम्मेवारी मुख्यतः केंद्रीय सरकार के शिक्षा विभाग की है।

[संविधान अनुच्छेद 351]

1.36 केंद्रीय सरकार के कार्यालयों की परिभाषा

राजभाषा नियम 2 (ख) के अनुसार केंद्रीय सरकार के कार्यालय के अन्तर्गत निम्नलिखित भी शामिल हैं:-

(1) केंद्रीय सरकार का कोई मंत्रालय या विभाग या कार्यालय :

(2) केंद्रीय सरकार द्वारा नियुक्त किसी आयोग, समिति या अधिकरण का कोई कार्यालय और

(3) केंद्रीय सरकार के स्वामित्व या नियंत्रण के अधीन किसी निगम या कंपनी का कोई कार्यालय।

इसलिए राजभाषा अधिनियम तथा राजभाषा नियम सरकारी उपक्रमों और भारतीय रिजर्व बैंक, राष्ट्रीय बैंक और ग्रामीण विकास बैंक, भारतीय औद्योगिक विकास बैंक सहित सभी राष्ट्रीयकृत बैंकों पर उसी तरह लागू होते हैं जिस प्रकार

केंद्रीय सरकार के अन्य कार्यालयों पर लागू होते है। संघ की राजभाषा नीति उन पर भी लागू होती है।

[राजभाषा विभाग का कार्यालय ज्ञापन सं. 1/14013/35/85-रा.भा.(क-1) दिनांक 6-6-1985]

[का.ज्ञा. सं. 12027/77/86 रा.भा.(ख-2). दिनांक 6-8-1987]

1.37 संघ शासित क्षेत्रों में राजभाषा नीति का कार्यान्वयन

(1) संघ राज्य क्षेत्र दिल्ली और अण्डमान निकोबार द्वीप समूह में केंद्रीय सरकार की राजभाषा नीति को लागू करने की उसी प्रकार की व्यवस्था की जाए जिस प्रकार केंद्रीय सरकार के मंत्रालयों / विभागों तथा अन्य कार्यालयों आदि के बारे में की गई है।

[फाइल सं. 1/14034/12/88-रा.भा.(क-1) दिनांक 4-7-1989]

(2) दादरा व नगर हवेली प्रशासन, लक्षद्वीप प्रशासन और दमण व दीव प्रशासन में राजभाषा नीति के अनुपालन की व्यवस्था उसी प्रकार की जाए जिस प्रकार केंद्रीय सरकार के मंत्रालयों/विभागों तथा अन्य कार्यालयों आदि के बारे में की गई है।

[फाइल सं. 20034/811/91-1 रा.भा.(अ.वि.) दिनांक 16-10-1991]

अध्याय 2
राजभाषा नीति संबधी आदेश

2.1 सामान्य आदेश की परिभाषा

स्थायी प्रकार के सभी आदेश, निर्णय, अनुदेश परिपत्र जो विभागीय प्रयोग के लिए हों तथा ऐसे सभी आदेश, अनुदेश, पत्र, ज्ञापन, नोटिस, परिपत्र आदि जो सरकारी कर्मचारियों के समूह अथवा समूहों के संबंध में या उनके लिए हों, राजभाषा अधिनियम की धारा 3 (3) के अधीन सामान्य आदेश कहलाते हैं।

[का.ज्ञा.सं. 1/14013/2/78-रा.भा. (क-1), दिनांक 19-5-78]

2.2 सांविधिक नियमों आदि का भारत के राजपत्र में हिंदी और अंग्रेजी में प्रकाशन

राजभाषा अधिनियम 1963 की धारा 3 (3) के अनुसरण में संसद में प्रस्तुत किए जाने वाले सांविधिक नियमों, आदेशों आदि का हिंदी रूपान्तर विधि मंत्रालय का विधायी विभाग (राजभाषा खंड) तैयार करता है। संबंधित मंत्रालय/विभाग को

चाहिए कि उल्लिखित प्रलेख (दस्तावेज) की दो प्रतियाँ तैयार करके, एक प्रति विधायी विभाग को और दूसरी उसके राजभाषा खंड को उसी पृष्ठांकन और उसी तारीख और क्रम संख्या के अन्तर्गत भेजे। विधायी विभाग नियम, आदेश, अधिसूचना के अंग्रेजी रूप को अंतिम रूप देगा और जांच तथा कानूनी समीक्षा के बाद संबंधित विभाग को लौटाएगा। विधायी विभाग ने नियम, आदेश, अधिसूचना आदि को जिस रूप में अंतिम रूप दिया है, उसका हिंदी रूपांतर राजभाषा खंड द्वारा करके संबंधित विभाग को लौटा दिया जाएगा। संबंधित मंत्रालय/विभाग दोनों रूपों पर विधिवत हस्ताक्षर करके राजपत्र में प्रकाशनार्थ मुद्रणालय को एक साथ एक ही तारीख में भेजना सुनिश्चित करे।

[आदेश सं. 2/18/68-. भा. दि. 200-3-1970]

2.3 केंद्रीय अधिनियमों, नियमों, विनियमों आदि का प्राधिकृत हिंदी अनुवाद

केंद्रीय अधिनियमों, नियमों और विनियमों का प्राधिकृत हिंदी अनुवाद विधि मंत्रालय (विधायी विभाग) के राजभाषा खंड द्वारा किया जाता है। कभी-कभी प्राधिकृत हिंदी पाठ की 3 या 4 प्रतियाँ भी छपवाने की मांग की जाती है। परिश्रम तो लगता ही है, खर्च भी होता है। इसलिए प्राधिकृत हिंदी अनुवाद को छपवाए जाने वाली प्रतियों की संख्या की सूचना जनता द्वारा मांगी जाने वाली और कार्यालयों में प्रयोग की जाने वाली संख्या को ध्यान में रख कर ही विधि विभाग के राजभाषा खंड को भेजी जाए।

[का.ज्ञा.सं.1/14011/2/81-रा.भा. (क-1) दि. 21-11-1981]

2.4 भारत में हस्ताक्षर किए जाने वाले अन्तरराष्ट्रीय करारों और संधियों का हिंदी-अंग्रेजी दोनों भाषाओं में तैयार किया जाना

(1) मंत्रालय/विभाग संधियों और करारों के अंग्रेजी पाठों का अनुवाद तैयार करें और विदेश मंत्रालय के विधि और संधि प्रभाग से जांच कराएं। भारत में हस्ताक्षर की जाने वाली सभी अन्तरराष्ट्रीय संधियों और करारों के लिए अंग्रेजी के अतिरिक्त हिंदी का प्रयोग किया जाए किन्तु निम्नलिखित को हिंदी में निष्पादित न करने की छूट है।

- (क) विदेशों में की गई संधियां और करार:
- (ख) तत्काल प्रकार की संधियां और करार जिनका समयाभाव के कारण हिंदी अनुवाद तैयार करना संभव नहीं:
- (ग) बहुपक्षीय अभिसमय: और
- (घ) रक्षा मंत्रालय की संधियां और करार।

किन्तु (क), (ख), (ग) में उल्लिखित कागज का हिंदी अनुवाद अभिलेखों में रखने के लिए करवाया जाएगा।

(2) राजभाषा अधिनियम 1963 के अधीन सब करारों और संधियों में अंग्रेजी के अलावा हिंदी का प्रयोग आवश्यक है। फिर भी निर्वचन के संबंध में कोई मतभेद न हो, इसके लिए केवल मात्र किसी एक पाठ को प्रामाणिक समझना वांछनीय होगा। इसलिए अंग्रेजी से भिन्न भाषा-भाषी देशों के साथ उनकी अपनी भाषा, अंग्रेजी और हिंदी में किए जाने वाले करारों और संधियों में यह व्यवस्था करना उचित होगा कि विवाद की स्थिति में अंग्रेजी पाठ प्रामाणिक होगा। अंग्रेजी भाषी देशों के साथ किए जाने वाले करार और संधियों में हिंदी और अंग्रेजी दोनों ही भाषाओं का प्रयोग कराने और दोनों पाठों को प्रामाणिक मनवाने के प्रयत्न किए जाएं। हां, यदि दूसरा पक्ष इस बात पर आग्रह करे कि केवल अंग्रेजी के पाठ को प्रामाणिक माना जाए तो उसे फिलहाल स्वीकार कर लिया जाए।

[का.ज्ञा.सं. 16/21/70 रा.भा. दि. 31-12-1970]

[का.ज्ञा.सं. 16/21/70 रा.भा.दि. 24-2-1972]

2.5 "क" क्षेत्र में चैक/ड्राफ्ट हिंदी में तैयार किया जाना

"क" क्षेत्र में स्थित केंद्रीय सरकार के कार्यालयों द्वारा सभी चैक यथासंभव हिंदी में तैयार किए जाएं। "क" क्षेत्र में स्थित सरकारी बैंकों द्वारा "क" क्षेत्र के लिए तैयार किए गए चैक और डाफ्ट यथासंभव हिंदी में जारी किए जाएं।

[का.ज्ञा.सं. 1/14011/3/79-रा.भा.(क-1). दि. 7-2-1981]

2.6 लिफाफों पर पते हिंदी में लिखना और पता लिखाने, बिल बनाने आदि में मशीनों का प्रयोग

दिल्ली में' स्थानीय कार्यालयों और व्यक्तियों तथा अन्य हिंदी भाषी क्षेत्रों को भेजे जाने वाले पत्रों के लिफाफों पर पते हिंदी में लिखे जाएं। गुजरात, महाराष्ट्र तथा पंजाब राज्यों में स्थित केंद्रीय कार्यालयों को भेजे जाने वाले पत्रों के पते भी हिंदी में लिखे जाएं।

1. "क" तथा "ख" क्षेत्रों में स्थित कार्यालयों में पतालेखी मशीन के साथ देवनागरी एम्बॉसिंग मशीनें 'लगाई जाए और चूंकि "ग" क्षेत्रों में स्थित कार्यालयों में भी कई बड़े-बड़े कार्यालय ऐसे हैं जिनमें काफी पत्र-व्यवहार "क" तथा "ख" क्षेत्रों के कार्यालयों से होता है। अत: "ग" क्षेत्र में स्थित कार्यालयों में भी द्विभाषी पतालेखी मशीनों का प्रावधान किया जाए।

2. इन मशीनों पर कार्यरत कर्मचारियों के लिए हिंदी तथा अंग्रेजी दोनों भाषाओं में प्रशिक्षण देने की व्यवस्था की जाए। पतालेखी मशीनों पर कार्यरत कर्मचारियों को हिंदी भाषा का ज्ञान होना चाहिए। अत: ऐसे कर्मचारियों को पतालेखी मशीनों पर हिंदी भाषा में काम करने के लिए आवश्यक प्रशिक्षण देने के लिए पतालेखी मशीन कम्पनियों से अनुरोध किया जाए।

[का.ज्ञा.सं. 15/50/62-रा. भा.. दि. 30-7-1962]
[का.ज्ञा.सं. 6/50/69-रा. भा., दि. 24-11-1969]
[का.ज्ञा.सं. 11015/51/72- रा.भा.(ख), दि. 27-6-1973]
[का.ज्ञा.सं. 12015/9/76-रा.भा.(ख), दि. 16-11-1976]
[का.ज्ञा.सं. 12024/4/90-रा.भा.(ख-2), दि. 16-5-1990]

2.7 मंत्रालयों/विभागों द्वारा उनके अधीनस्थ कार्यालयों व निगमों की द्विभाषी सूची प्रकाशित करना

पत्रों के लिफाफों पर पता हिंदी में लिखने में प्रेषण अनुभाग की सुविधा के लिए प्रत्येक मंत्रालय/विभाग अपने अधीन कार्यालयों/निगमों की सूची द्विभाषी रूप में बनवाएं और अपने सभी कार्यालयों में इसे वितरित कर दें। सूची के एक कालम में कार्यालयों आदि के अंग्रेजी में नाम और पता और दूसरे कालम में उनके हिंदी नाम व पता देवनागरी लिपि में रहे। जहां किसी कार्यालय का हिंदी नाम मालूम न हो तो अंग्रेजी नाम ही देवनागरी लिपि में लिखा जा सकता है।

कहीं-कहीं बहुधा काम आने वाले पतों की सूचियां साइक्लोस्टाइल करवा ली जाती हैं और उनके अंश काटकर लिफाफों पर चिपका दिए जाते हैं। ऐसे पते जो हिंदी भाषी क्षेत्रों और गुजरात, महाराष्ट्र व पंजाब में स्थित कार्यालयों से संबंधित हों उनके अंश हिंदी में टाइप कराके साइक्लोस्टाइल कराके प्रेषण अनुभाग को देना सुविधाजनक रहेगा ताकि उन्हें काटकर लिफाफों पर चिपकाया जा सके।

[का.ज्ञा.सं. 12015/5/75/-रा.भा.(ख) दिनांक 12-3-1975. क्रम सं. 25]

2.8 नाम पट्ट, रबड़ की मोहरें, कार्यालय की मुद्राएं, पत्र शीर्ष और लोगो (प्रतीक)

(1) भारत सरकार के सभी मंत्रालयों/विभागों तथा अन्य कार्यालयों में प्रयोग में आने वाली सभी रबड़ की मोहरें और कार्यालय की मुद्राएं द्विभाषिक रूप में हिंदी के शब्द ऊपर रखते हुए प्रयोग की जाएं।

(2) पदनाम, कार्यालय का नाम, पता आदि के बारे में जो मोहरें वर्तमान आदेशों के अनुसार द्विभाषी रूप में बनाई जाती हैं, वे इस प्रकार बनाई जाएं कि उनमें एक पंक्ति हिंदी की और फिर एक पंक्ति अंग्रेजी की हो या एक ही पंक्ति में हिंदी और उसके बाद अंग्रेजी में लिखा हो। ये निर्देश नई बनाई जाने वाली मोहरों पर लागू किए जाएं।

(3) बैंकों के चैकों पर यदि द्विभाषी मोहरें लगाने के लिए पर्याप्त स्थान उपलब्ध न हो तो "क" और "ख" क्षेत्रों के कार्यालयों आदि में चैकों पर मोहरें केवल हिंदी में और "ग" क्षेत्र के कार्यालयों में केवल हिंदी या अंग्रेजी में लगा दी जाएं।

(4) जो मोहरें टिप्पणी आदि की जगह पर बनाई जाती हैं वे या तो द्विभाषी बनाई जाएं या "क" और "ख" क्षेत्र के कार्यालयों आदि में केवल हिंदी में और "ग" क्षेत्र के कार्यालयों में केवल हिंदी या अंग्रेजी में बनवा ली जाएं।

(5) रबड़ की मोहरें तैयार करते समय सभी भाषाओं के अक्षर समान आकार के होने चाहिए।

(6) 'क' और 'ख' क्षेत्रों में स्थित कार्यालयों में नाम पट्ट, रबड़ की मोहरें, पत्र शीर्ष, लोगो (प्रतीक) आदि द्विभाषी रूप में बनवाएं जाएं।

(7) 'ग' क्षेत्रों में स्थित कार्यालयों में नाम पट्टे, रबड़ की मोहरें, पत्र शीर्ष लोगो (प्रतीक) आदि त्रिभाषी रूप में बनवाएं जाएं।

[का.ज्ञा.सं.. 559/68-रा.भा.(क-1) दिनांक 17-10-1968]
[का ज्ञा. स. 1/14013/18/85- रा.भा.(क-1) दिनांक 14-1-1985]
[का.ज्ञा.सं. 1/14034/1/87-रा.भा.(क-1), दिनांक 30-12-1987]
[का.ज्ञा.सं. 12024/2/92-रा.भा.(ख-2), दिनांक 21-7-1992]

2.8.1 सार्वजनिक स्थलों पर लगाए जाने वाले "होर्डिंगों" में भाषाओं का प्रयोग

भारत सरकार के सार्वजनिक क्षेत्र के उपक्रमों/कंपनियों/संगठनों, द्वारा मार्केट में अपनी सेवाओं के विस्तारण के लिए बनवाये जाने वाले "होर्डिंग" राजभाषा नीति के अनुसार द्विभाषिक या त्रिभाषिक रूप में, जहां जैसी स्थिति हो, बनवा कर लगवाए जाएं। जहां हर "होर्डिंग" को त्रिभाषी बनवाना संभव न हो तो यह सुनिश्चित किया जाए कि किसी क्षेत्र/नगर/उप-नगर इत्यादि में लगाये जाने वाले "होर्डिंग" दोनों या तीनों भाषाओं में बनवा कर लगवाए जाएं और उनकी संख्या **समान हो**। यदि आवश्यकता न हो तो अंग्रेजी भाषा का होर्डिंग में प्रयोग न किया जाए, परन्तु

संबंधित राज्य की राजभाषा और देवनागरी हिंदी में अनिवार्यत: होर्डिंग बनवा कर लगवाए जाएं।

3. केन्द्र सरकार के सभी मंत्रालयों/विभागों आदि से अनुरोध है कि वे उपर्युक्त आदेशों के कार्यान्वयन को सुनिश्चित करवाने के लिए इनको केन्द्र के स्वामित्व में सभी कंपनियों, उपक्रमों, राष्ट्रीयकृत बैंकों, वित्तीय संस्थाओं आदि के ध्यान में ला दें। इस संबंध में जारी किए गए अनुदेशों की प्रति इस विभाग को सूचनार्थ भेज दें।

[का.ज्ञा.सं. I/14013/2/96-रा.भा. (नीति-1) दिनांक 6.5.1996]

2.9 नाम पट्टों, रबड़ की मोहरों आदि पर देवनागरी रूप में नाम लिखने की विधि

देवनागरी के नाम पट्टों, मोहरों आदि पर पूरा नाम तो एक रीति से लिखा जा सकता है, परन्तु संक्षिप्त नाम लिखने के लिए अनेक पद्धतियां प्रचलित हैं। उदाहरण के लिए, यदि किसी व्यक्ति का नाम दीनानाथ शर्मा है, तो देवनागरी लिपि में उसका संक्षिप्त नाम नीचे दिये हुए विकल्प में से किसी एक के अनुसार लिखा जा सकता है–

(1) देवनागरी वर्णमाला के अनुसार, मात्राओं का प्रयोग करते हुए, आद्य अक्षर लिख कर जैसे दी. ना. शर्मा।

(2) देवनागरी वर्णमाला के अनुसार, बिना मात्राओं के प्रयोग के आद्य अक्षर लिखकर जैसे द. न. शर्मा।

(3) नाम के आद्य अक्षर रोमन वर्णमाला के अनुसार देवनागरी लिपि में लिखकर जैसे डी. एन. शर्मा।

यह प्रत्येक की अपनी रुचि पर निर्भर करता है कि वह अपना नाम किस प्रकार लिखे। यदि कोई व्यक्ति अपना नाम किसी एक रीति से लिखना चाहता है तो उसे दूसरी रीति से नाम लिखने को बाध्य नहीं किया जा सकता।

[का.ज्ञा.सं. 1/14013/3/76 रा.भा.(क-1), दि. 10-6-1976]

2.10 केंद्रीय सरकार द्वारा स्थापित और अनुदान प्राप्त संस्थाओं के नाम-पट्ट, आम नोटिस, आदि

यह उचित होगा कि केंद्रीय सरकार द्वारा स्थापित और अनुदान पाने वाली संस्थाएं, जिनके कार्यालय हिंदी भाषी क्षेत्र में स्थित हैं, उदाहरणार्थ, संगीत नाटक अकादमी, साहित्य अकादमी, नेशनल स्कूल ऑफ ड्रामा आदि के हिंदी भाषी क्षेत्र में स्थित कार्यालयों में नाम पट्ट अंग्रेजी और हिंदी दोनों ही भाषाओं में हों तथा वे अपने आम

नोटिस दोनों ही भाषाओं में जारी करें। ऐसा करने से उन क्षेत्रों में रहने वाली जनता को सुविधा होगी।

'क' और 'ख' क्षेत्रों में स्थित संस्थाओं में नाम-पट्ट, रबड़ की मोहरें, पत्र-शीर्ष लोगो (प्रतीक) आदि द्विभाषी रूप में बनवाए जाएं।

'ग' क्षेत्रों में स्थित संस्थाओं में नाम-पट्ट, रबड़ की मोहरें, पत्र-शीर्ष, लोगो (प्रतीक) आदि त्रिभाषी रूप में बनवाए जाएं।

[का.ज्ञा. सं. 11020/12/72-36 रा. भा., दि. 7-6-1972]

[का.ज्ञा. सं. 12024/2/92-रा.भा.(ख-2), दिनांक 21-7-1972]

2.11 सम्मेलनों में साइन बोर्डों के लिए हिंदी और अंग्रेजी दोनों का प्रयोग

विभिन्न मंत्रालयों द्वारा आयोजित सभी सम्मेलनों और बैठकों में विशेषकर दिल्ली में, सभी साइन बोर्डों आदि पर दोनों भाषाओं का प्रयोग होना चाहिए।

[का.ज्ञा.सं. 6/52/69-रा.भा.दिनांक 29-12-1969]

2.12 अहिंदी भाषी क्षेत्रों में स्थित केंद्रीय कार्यालयों में बोर्डों, नाम-पट्टों आदि में भाषाओं का प्रयोग

अहिंदी भाषी क्षेत्रों में स्थित केंद्रीय कार्यालयों में जनता की सूचना के लिए लगाए जाने वाले नामों के बोर्डों, नाम-पट्टों तथा उनके द्वारा जनता की सूचना के लिए लगाए जाने वाले नोटिस बोर्डों आदि में क्षेत्रीय भाषा, हिंदी तथा अंग्रेजी का प्रयोग किया जाए जिसका क्रम भी इसी रूप में हो और सभी भाषाओं की लिपियों के अक्षरों का आकार बराबर हो। कार्यालयों के आंतरिक प्रयोग के लिए नाम-पट्ट, सूचना पट्ट, पत्र शीर्ष आदि हिंदी और अंग्रेजी में तैयार किए जाएं। तमिलनाडु में यथास्थिति रखी जाए।

[का. ज्ञा.सं. 1/14013/5/76-रा.भा.(क-1). दिनांक 18-6-1977]

[का. ज्ञा.सं. 1/44013/2/86- रा.भा.(क-1) दिनांक 26-2-1986]

2.12.1 अहिंदी भाषी क्षेत्रों में स्थित कार्यालयों में बोर्डों, नाम-पट्टों आदि में भाषाओं का प्रयोग तथा पदनामों में एकरूपता

अहिंदी भाषी क्षेत्रों में स्थित कार्यालयों में बोर्डों, नाम-पट्टों आदि में पदनाम, कार्यालय नाम आदि क्षेत्रीय भाषा में लिखने के लिए मानव संसाधन विकास मंत्रालय (शिक्षा विभाग) के वैज्ञानिक तथा तकनीकी शब्दावली आयोग द्वारा प्रकाशित समेकित प्रशासन 'शब्दावली में दिए गए पदनामों और कार्यालय नामों का प्रयोग किया जाए ताकि एकरूपता बनी रहे।

यदि किसी कार्यालय के नाम या पदनाम के लिए संबंधित राज्य सरकार द्वारा क्षेत्रीय भाषा में नाम रखा गया है तो क्षेत्रीय भाषा में कोई नाम या पदनाम लिखते समय उसी नाम/पदनाम का प्रयोग किया जा सकता है। यदि विभाग/ उपक्रम, बैंक आदि चाहे तो संबंधित के अनुसार उसे बदल सकता है।

[का. ज्ञा.सं. 11034/13/87-अ.वि.एकक दिनांक 4-1-1988]

2.12.2 हिंदी को शासकीय प्रयोजन के लिए प्रथम भाषा के रुप में प्रयोग करने वाले राज्यों में बोर्डों, साइन बोर्डों, नाम पट्टों और दिशा-संकेतकों पर हिंदी और अंग्रेज़ी के अतिरिक्त उन भाषाओं का प्रयोग, जिन्हें इन राज्य सरकारों द्वारा शासकीय प्रयोजनों के लिए प्रयोग हेतु प्राधिकृत किया गया है।

1. हिंदी भाषी राज्यों अर्थात् 'क' क्षेत्र में स्थित राज्यों (जिन राज्यों की राजभाषा हिंदी है) में बोर्डों, साइन बोर्डों, नाम पट्टों और दिशा-संकेतकों पर हिंदी और अंग्रेज़ी के अतिरिक्त उन भाषाओं, जो कि शासकीय प्रयोजनों के लिए प्रयोग हेतु प्राधिकृत है, के प्रयोग संबंधी प्रकरण पर सभी प्रासंगिक पहलुओं को ध्यान में रखकर गंभीरता से विचार किया गया है।
2. इन राज्यों में रहने वाली आम जनता की सुविधा और समाज के विशाल वर्गों के कल्याण को ध्यान में रखते हुए यह निर्णय लिया गया है कि केंद्र सरकार के सभी कार्यालय, सार्वजनिक क्षेत्र के बैंक तथा उपक्रम बोर्डों, नाम पट्टों और दिशा-संकेतकों पर हिंदी और अंग्रेज़ी के अतिरिक्त उन भाषाओं जो राज्य सरकारों द्वारा शासकीय प्रयोजनों के प्रयोग हेतु प्राधिकृत की गयी हैं, में सूचना/सामग्री लिखेंगे/मुद्रित करेंगे/पेंट करेंगे/उत्कीर्ण करेंगे/उकेरेंगे। सभी भाषाओं के शब्दों का आकार समान होगा।
3. बोर्ड, साइन बोर्ड नामपट्ट और दिशा-संकेतक सर्वप्रथम हिंदी में लिखे/ उकेरे जाएंगे अथवा मुद्रित/पेंट/उत्कीर्ण किए जायेंगे। राज्यों की राजभाषाओं, तथा अंग्रेज़ी भाषा का क्रम संबंधित विभाग या राज्य सरकार द्वारा निर्धारित किया जाएगा।
4. हिंदीतर भाषी राज्यों अर्थात 'ख' और 'ग' क्षेत्रों में स्थित राज्यों में बोर्डों, साइन बोर्डों, नाम पट्टों और दिशा-संकेतकों के लिए दिनांक 18.06.1977 के कार्यालय ज्ञापन संख्या 1/14013/5/76-रा.भा.(क-1) में निहित निर्देश,

जिनके अनुसार क्षेत्रीय भाषा, हिंदी तथा अंग्रेज़ी इसी क्रम में प्रयोग की जानी है, यथावत रहेंगे।

का.ज्ञा.सं. 1/14013/07/2010-रा.भा. (नीति-1) दिनांक 7.4.2011

2.13 सरकारी समारोहों के लिए निमन्त्रण-पत्र

सभी सरकारी समारोहों के निमंत्रण-पत्र हिंदी और अंग्रेजी दोनों भाषाओं में जारी किए जाएं। कार्ड के एक ओर अंग्रेजी होनी चाहिए और दूसरी ओर हिंदी। आवश्यकता के अनुसार इनमें हिंदी और अंग्रेजी के अतिरिक्त प्रादेशिक भाषाओं का भी उपयोग किया जा सकता है। त्रिभाषिक निमंत्रण-पत्र किस प्रकार छापे जाएं, यह बात संयोजक पर छोड़ दी गई है।

[का.ज्ञा. सं. 12/9/60-रा.भा.दिनांक 21-5-1960]
[का.ज्ञा सं. 5/56/70-रा.भा.दिनांक 19-5-1970]
[का.ज्ञा. सं. 11015/80/72-रा.भा.दिनांक 10-6-1974]

2.14 फाइल कवरों पर विषय-हिंदी में

मंत्रालयों/विभागों और हिंदी भाषी क्षेत्रों में स्थित उनके संबद्ध व अधीनस्थ कार्यालयों में निम्नलिखित प्रकार की सभी फाइलों के फाइल कवरों पर विषय हिंदी और अंग्रेजी दोनों भाषाओं में लिखे जाए :-

(1) जिन फाइलों में टिप्पण तथा पत्र हिंदी में है,
(2) उन अनुभागों की फाइलों पर जिनमें 80 प्रतिशत या उससे ज्यादा कर्मचारी हिंदी जानते हैं,
(3) हिंदी जानने वाले या हिंदी में प्रशिक्षित कर्मचारियों द्वारा निपटाई जाने वाली फाइलें।

अन्य मामलों में भी जहाँ तक हो सके स्वैच्छिक रूप से इसी प्रकार की पद्धति अपनाई जाए। अहिंदी भाषी क्षेत्रों में स्थित संबद्ध और उन कार्यालयों में हिंदी जानने वाले या हिंदी सीखे कर्मचारियों को उपलब्धता के आधार पर यह पद्धति अपनाई जाए।

[का.ज्ञा.सं. 11015/2/73 रा. भा., दिनांक 19-1-1974]

2.15 स्टाफ कार की प्लेटों पर नाम

मंत्रालयों, विभाग और हिंदी भाषी क्षेत्रों में स्थित संबद्ध और अधीनस्थ कार्यालयों में स्टाफ कारों की प्लेटों पर कार्यालयों के नाम अंग्रेजी और हिंदी दोनों भाषाओं में लिखवाए जाएं। हिंदी में नाम ऊपर हो और अंग्रेजी में उसके नीचे।

[का.ज्ञा.सं.11015/49/72-रा.भा.दिनांक 7-9-1972]

2.16 अंतरराष्ट्रीय सम्मेलनों/समारोहों में राजभाषा हिंदी के प्रयोग संबंधी- अंतरराष्ट्रीय सम्मेलनों/समारोहों आदि में राजभाषा हिंदी के प्रयोग के संबंध में सरकार द्वारा समय-समय जारी सभी पुराने निर्देशों का अधिक्रमण करते हुए इस विषय पर नए व्यापक मार्गदर्शी सिद्धांत जारी करते हुए यह निर्देश हुआ है कि विभाग द्वारा उपर्युक्त वर्णित पुराने संदर्भों को तत्काल प्रभाव से वापिस लेकर नए मार्गदर्शी सिद्धांतों का निम्नलिखित पैराओं के अनुसार पालन किया जाए:-

(i) **संयुक्त राष्ट्र निकाय तथा इससे सम्बद्ध निकायों द्वारा आयोजित किए जाने वाले सम्मेलन/बैठक :** भारतीय प्रतिनिधिमंडल के नेता द्वारा अपना भाषण/उद्बोधन द्विभाषी भाषण (हिंदी-अंग्रेजी) रूप में परिचालित करवाया जाएगा और अगर वे हिंदी जानते हैं तो अपना भाषण/उद्बोधन, हिंदी में देंगे, इस शर्त के साथ कि दुभाषिए की सेवाएं, मांग के अनुसार उपलब्ध कराई गई हैं।

(ii) **औपचारिक रूप से विश्वव्यापी अथवा क्षेत्रीय संगठनों द्वारा आयोजित सम्मेलन/बैठक :** अगर सम्मेलन/बैठक भारत में आयोजित होते हैं तथा भारत सरकार इसकी मेजबानी करती है तो उपर्युक्त पैरा 3(1) में वर्णित उपायों के अतिरिक्त बैनरों, बैज, नामपट्टों सूचनापट्टों आदि में हिंदी और अंग्रेजी दोनों भाषाओं का प्रयोग सुनिश्चित किया जाए। अगर इस संबंध में कोई औपचारिक तथा विधिक प्रतिबंध नहीं है तो साहित्य, परिपत्र, कार्यसूची, कार्यवृत्त, प्रेसनोट आदि भी द्विभाषी (हिंदी-अंग्रेजी) रूप में होने चाहिए।

(iii) **अंतरराष्ट्रीय संघ/संगठनों तथा निकाय जिनमें भारत एक भाग लेने वाला सदस्य है, द्वारा आयोजित की जाने वाली सम्मेलन/बैठके:** भारतीय प्रतिनिधिमंडल के नेता द्वारा अपना भाषण/उद्बोधन द्विभाषी (हिंदी-अंग्रेजी) रूप में परिचालित करवाया जाएगा तथा अगर वे हिंदी जानते हैं तो अपना भाषण/उद्बोधन हिंदी में देंगे। इस शर्त के साथ कि द्विभाषिए की सेवाएं मांग के अनुसार उपलब्ध कराई गई है।

अगर सम्मेलन/बैठक भारत में आयोजित होते हैं तथा भारत सरकार इनकी मेजबानी करती है तो बैनरों, बैज, नामपट्टों तथा सूचनापट्टों आदि में हिंदी अंग्रेजी दोनों भाषाओं का प्रयोग सुनिश्चित किया जाए।

अगर इस संबंध में कोई औपचारिक तथा विधिक प्रतिबंध नहीं है तो साहित्य, परिपत्र, कार्यसूची, कार्यवृत्त, प्रेसनोट आदि भी द्विभाषी (हिंदी-अंग्रेजी) रूप में होने चाहिए।

(iv) **दूसरे देशों के साथ द्विपक्षीय बैठक/चर्चा/समझौते आदिः** उपर्युक्त पैरा 3(i) तथा 3(ii) में वर्णित निर्देशों का, जहाँ तक लागू हो, पालन किया जाए। इसके अतिरिक्त द्विपक्षीय समझौते द्विभाषी (हिंदी-अंग्रेजी) रूप में तैयार किए जाएं व हस्ताक्षरित किए जाएं।

भारतीय प्रतिनिधिमंडल के सदस्य जहाँ तक व्यावहारिक हो, अपने साथियों तथा समकक्ष सहयोगियों के साथ ऐसे मौकों पर बातचीत में हिंदी का प्रयोग करें।

भारत द्वारा आयोजित सम्मेलनों/ बैठकों के दौरान हुए पत्रकार सम्मेलन में संबोधन हिंदी और अंग्रेजी दोनों भाषाओं में हो।

भारत सरकार के सभी मंत्रालयों/विभागों से यह अनुरोध है कि उपर्युक्त वर्णित मार्गदर्शी सिद्धांतों के अनुसार सभी आवश्यक सचिवालयीय सहायता प्रदान की जाए तथा अनुवादकों, दुभाषियों आदि की व्यवस्था की जाए।

[का ज्ञा सं. 1/14034/7/79- रा.भा (क-1), दिनांक 27.7.1979]
[का.ज्ञा.सं. 1/14034/6/85-रा.भा (क-1), दिनांक 28.1.1986]
[का.ज्ञा सं. 1/2024/6/87- रा.भा (ख-2), दिनांक 20.4.1987]
[का.ज्ञा सं. 1/14013/8/94-0- रा.भा (क-1), दिनांक 24.5.1995)]
[का.ज्ञा सं. 1/15016/4/97- रा.भा (नी 1), दिनांक 9.6.1998)]

2.17 प्रदर्शनियों में हिंदी का प्रयोग

हिंदी भाषी क्षेत्रों में या उन क्षेत्रों में जहां की अधिकांश जनता हिंदी समझती है, प्रदर्शनियों में प्रचार माध्यम के रूप में हिंदी का अधिकाधिक इस्तेमाल किया जाए। इन क्षेत्रों में प्रदर्शनियों में प्रचार सामग्री भी यथासंभव हिंदी में उपलब्ध कराई जाए। ट्रेड फेयर अथॉरिटी आफ इंडिया द्वारा आयोजित प्रदर्शनियों में भाग लेने वाली सरकारी तथा सार्वजनिक क्षेत्र के संस्थानों द्वारा प्रदर्शनियों आदि में हिंदी का उपयुक्त प्रयोग किया जाए और अपने मंडपों में वस्तुओं के नाम / परिचय आदि देने में हिंदी का समुचित प्रयोग किया आए।

[का.ज्ञा. सं.1/14011/1/75-रा. भा (क-1) दिनांक 3-5-1973]
[का.ज्ञा.सं. 1/12021/3/84-रा. भा (क-1) दिनांक 23-8-1984]

2.18 विदेश यात्रा के दौरान बातचीत में हिंदी का प्रयोग

जब भी अधिकारी तथा भारतीय शिष्टमंडल विदेशों की यात्रा पर जाएं तो अपने साथियों और समकक्ष सहयोगियों के साथ बातचीत में हिंदी का प्रयोग करें तो इससे देश का गौरव बढ़ेगा।

[का.ज्ञा.सं. 1/1403/4/6/85-रा.भा.(क-1) दिनांक 28-1-1986]
[का.ज्ञा.सं.-1/14034/2/2000- रा.भा. (नीति 1), दिनांक 16.3.2000]
[का.ज्ञा.सं. 1/15016/04/97-रा.भा. (नीति-1), दिनांक 09.06.1998]

2.19 नियम-पुस्तकों, फार्मों, कोडों आदि की हिंदी-अंग्रेजी द्विभाषी (डिगलॉट रूप में) छपाई

मैनुअल, फार्म, कोड आदि हिंदी-अंग्रेजी (डिगलॉट रूप में) द्विभाषी छपवाए जाएं। फार्मों आदि के हिंदी शीर्षक पहले दिए जाएं और अंग्रेजी शीर्षक बाद में। हिंदी अक्षरों के टाइप अंग्रेजी से छोटे न हो।

सभी मंत्रालय/विभाग अपने नियंत्रणाधीन प्रेस तथा अन्य कार्यालयों को आवश्यक अनुदेश जारी करें कि वे कोई भी सामग्री केवल अंग्रेजी में छापने के लिए स्वीकार न करें।

शहरी विकास मंत्रालय की ओर से प्रकाशन निर्देशालय को अनुदेश है कि कोड/मैनुअल आदि को छपाई के लिए तभी स्वीकार किया जाए जब वे द्विभाषी रूप में हों।

ऐसा देखने में आया है कि कई मंत्रालयों/विभागों एवं उनके सम्बद्ध/अधीनस्थ कार्यालयों, उपक्रमों, राष्ट्रीयकृत बैंकों आदि द्वारा केवल अंग्रेजी के फार्म ही प्रयोग में लाए जा रहे हैं, जो कि राजभाषा नियम 1976 के नियम 11 के अनुदेशों के प्रतिकूल हैं।

इस सम्बन्ध में राजभाषा नियम, 1976 के नियम 12 की ओर ध्यान आकृष्ट किया जाता है, जिसके अन्तर्गत प्रत्येक कार्यालय के प्रशासनिक प्रधान का उत्तरदायित्व निहित है कि वह राजभाषा अधिनियम और राजभाषा नियम के उपबंधों का समुचित अनुपालन करवाए। अतः सभी मंत्रालयों/विभागों से पुनः अनुरोध है कि वे अपने सभी सम्बद्ध/अधीनस्थ कार्यालयों, उपक्रमों, बैंकों आदि में प्रयोग हो रहे सभी फार्म आदि अनिवार्यतः द्विभाषी रूप में उपलब्ध व प्रयोग कराना सुनिश्चित करें।

अभी भी कुछ सरकारी प्रकाशन अंग्रेज़ी और हिंदी में अलग अलग छापे जा रहे हैं। अतः शहरी विकास मंत्रालय तथा अन्य सभी मंत्रालयों/विभागों से अनुरोध है कि सरकारी प्रकाशनों को द्विभाषी रूप में छपवाने से संबंधित उपर्युक्त नियम और आदेशों का मंत्रालयों/विभागों, संबंद्ध और अधीनस्थ कार्यालयों तथा बैंकों/उपक्रमों आदि में पूरी तरह से अनुपालन सुनिश्चित करें।

[का.ज्ञा.सं. 12012/5/76-रा.भा.(ख), दिनांक 31-8-1976]
[का.ज्ञा.सं. 1/14034/8/88-रा.भा.(क-1) दिनांक 31-5-1988]
[का.ज्ञा.सं. 12021/5/95-रा. भा., (का-2) दिनांक 24-11-1995]
[का. ज्ञा. सं. 1/14013/05/2011-रा.भा.(नीति) दिनांक 12.4.2012]

2.19.1 नियम पुस्तकों, प्रक्रिया साहित्य आदि की राज्य की राजभाषा में उपलब्धता

सभी नियम पुस्तकें, प्रक्रिया साहित्य आदि राज्य की राजभाषा में उपलब्ध हों।

2. राज्य सरकारों केंद्र शासित प्रदेशों से अनुरोध है कि आदेशों को कार्यान्वित करने के लिए आवश्यक कार्रवाई करने का कष्ट करें।

[का.ज्ञा.सं. 11011/4/2005- रा.भा.(अनु), दिनांक 17.3.2003]

2.20 फार्मों का द्विभाषी उपलब्ध करवाना

यह सुनिश्चित किया जाए कि कोई भी फार्म न तो एक भाषा में छपे, न ही एक भाषा में जारी किया जाए। यदि किसी विशेष स्थिति में कोई फार्म हिंदी तथा अंग्रेजी दोनों भाषाओं में अलग-अलग छपे तो उस फार्म के हिंदी और अंग्रेजी रूपान्तर सभी जगह उपलब्ध रहने चाहिए और इस बात का ध्यान रखा जाना चाहिए कि जनता का कोई व्यक्ति इनमें से जिस भाषा का फार्म मांगे वह फार्म उस भाषा में उसे मिल सके। अनुदेश जारी किया जाए कि बाहर से खरीदे जाने वाले फार्म द्विभाषिक ही हों।

[का.ज्ञा.सं.12013/5/88- रा.भा.(ख-1) दिनांक 20-7-1988]

2.20 (क) मनीआर्डर फार्म और जनता द्वारा इस्तेमाल में लाए जाने वाले इसी प्रकार के अन्य फार्मों का प्रादेशिक भाषाओं में मुद्रण

(i) जहां अनावश्यक रूप से फार्मों का आकार बढ़ाए बिना संभव हो वहां ऐसे फार्मों को हिंदी, अंग्रेजी और प्रादेशिक भाषा (यदि वह हिंदी के अलावा हो) में छापा जाए। ऐसे मामलों में होने वाले अतिरिक्त व्यय को महत्व न दिया जाए।

(ii) 'यदि ऐसे फार्मों का कोई खंड सरकारी कार्यालय में भरा जाने वाला हो या उसकी लेखा परीक्षा कार्यालय में आवश्यकता हो तो ऐसे खंडो को प्रादेशिक भाषाओं में अनूदित करना आवश्यक नहीं है और उन्हें केवल हिंदी / अंग्रेजी में छापा जाना चाहिए।

(iii) लम्बे फार्म, जैसे आयकर और सीमा शुल्क के फार्म, हिंदी, अंग्रेजी और प्रादेशिक भाषाओं में अलग-अलग रूप से छापे जाने चाहिए। इन फार्मों के लिए भी उपर्युक्त (ii) में उल्लिखित विकल्प लागू होगा।

[का.ज्ञा.सं. 12012/11/78-रा.भा.(ख-1) दिनांक 8-9-1978]

[का.ज्ञा.सं. 7/9/65- रा .भा., दिनांक 25-3-1968, अनुपूरक]

2.21 सम्मेलनों, बैठकों की कार्यसूची/कार्यसूची की टिप्पणियाँ/कार्यवृत्त हिंदी-अंग्रेजी द्विभाषी रूप में

मंत्रालयों/विभागों तथा हिंदी भाषी क्षेत्रों में स्थित केंद्रीय सरकार के संबद्ध तथा अधीनस्थ कार्यालयों और उनके नियंत्रण में या स्वामित्व में काम करने वाली कंपनियों तथा निगमों की अंतर- विभागीय तथा विभागीय बैठकों व सम्मेलनों की कार्यसूची, कार्यसूची की टिप्पणियों और कार्यवृत्त को हिंदी तथा अंग्रेजी दोनों भाषाओं में जारी किया जाए। जो विषय बहुत बाद में कार्यसूची में शामिल किए जाने आवश्यक है, उनके लिए अपवाद हो सकता है।

[का.ज्ञा.सं. 14-3-69- रा.भा. दिनांक 13-8-1970 क्रम सं. 46]

[का.ज्ञा.सं. 11018/9/74- रा.भा. दिनांक 12-3-1974, कम सं. 47]

[का.ज्ञा.सं. 11018/9/74- रा.भा. दिनांक 12-3-1974. क्रम सं० 48]

2.21 (क) 'क' क्षेत्र में स्थित मंत्रालयों/विभागों ओर कार्यालयों/उपक्रमों आदि की बैठकों की कार्यसूची तथा कार्यवृत्त केवल हिंदी में जारी करना

केवल "क" क्षेत्र में परिचालित होने वाली कार्यसूची, कार्यवृत्त आदि एवं उससे संबंधित पत्राचार केवल हिंदी में परिचालित किए जा सकते हैं।

[का.ज्ञा.सं.1/14034/6/88-रा.भा.(क-1). दिनांक 20-6-1988]

[का.ज्ञा.सं. 1/20012/3/92-रा.भा.(क-1) दिनांक 30-7-1992]

2.21 (ख) हिंदीतर भाषी क्षेत्र में स्थित केन्द्र सरकार के कार्यालयों द्वारा जनता के प्रयोग के लिए फार्म तथा उनकी सूचना को क्षेत्रीय भाषा, हिंदी तथा अंग्रेजी में लगाया जाए

विभाग के दिनांक 25.3.1968 के का.ज्ञा.सं.7/9/65 – रा.भा द्वारा हिंदीतर भाषी क्षेत्रों में स्थित भारत सरकार के मंत्रालयों/ विभागों आदि द्वारा प्रशासनिक अपेक्षाओं

और जनता की आवश्यकताओं को ध्यान में रखते हुए, जनता के इस्तेमाल में लाए जाने वाले फॉर्म, जैसे मनीआर्डर फॉर्म आदि हिंदी और प्रादेशिक भाषा में मुद्रित कराए जाने के निर्देश दिए गए है। इसी प्रकार राजभाषा विभाग के दिनांक 18.6.77 के का.ज्ञा. सं. I/14013/5/76-रा.भा (क-1) में हिंदीतर राज्यों में स्थित केंद्रीय सरकार के कार्यालयों द्वारा जनता की सूचना के लिए लगाए जाने वाले नोटिस बोर्डों आदि में क्षेत्रीय भाषा हिंदी अंग्रेजी के प्रयोग के निर्देश जारी किए गए हैं।

2. वित्त मंत्रालय आदि से अनुरोध है कि स्वयं उपर्युक्त आदेशों का अनुपालन सुनिश्चित करें तथा पूरे देश में फैले अपने अधीन कार्यालयों और अपने नियंत्रणाधीन अथवा स्वामित्व वाले निगमों, उपक्रमों, बैंकों आदि द्वारा भी इन आदेशों का अनुपालन सुनिश्चित कराएं।

(का.ज्ञा.सं. 14034/34/97- रा.भा. (नीति एवं समन्वय) दिनांक 4.1.2002

2.22 बिल्लों पर हिंदी का प्रयोग

केंद्रीय सरकार के अधिकारी/कर्मचारी अपनी सेवा अथवा कार्यालय नाम के बिल्ले अंग्रेजी के साथ-साथ हिंदी में भी लगाएं। टोपी और कन्धे पर लगाए जाने वाले प्रतीक चिह्न और सेवा संबंधी बिल्ले, जो संगठन और सेवा के प्रतीक होते हैं, केवल देवनागरी में तैयार किए जा सकते हैं। वर्दियों पर काढ़े जाने वाले नाम भी दोनों भाषाओं में काढ़े जाएं। ये आदेश सभी राज्यों में काम कर रहे वर्दी पहनने वाले केंद्रीय सरकार के कर्मचारियों/अधिकारियों पर लागू होते हैं।

[का.ज्ञा.सं. 1/14011/5/77-रा.भा. (क-1) दिनांक 15-7-1977]

[का.ज्ञा.सं. 1/14011/5/77-रा.भा. (क-1) दिनांक 29-12-1977]

[का.ज्ञा.सं. 1/14011/5/77- रा.भा. (क-1) दिनांक 22-7-1978]

2.23 कर्मचारियों की सेवा पुस्तिकाओं/रजिस्टरों में प्रविष्टियां

"क" व "ख" क्षेत्रों में स्थित केंद्रीय सरकार के कार्यालयों में रखे जाने वाले रजिस्टरों/सेवा पुस्तिकाओं में प्रविष्टियां हिंदी में भी की जाएं। "ग" क्षेत्र में स्थित कार्यालयों में ऐसी प्रविष्टियां यथासंभव हिंदी में की जाएं।

[का.ज्ञा.सं. 12024/2/92-रा.भा.(ख-2), दिनांक 21-7-1992]

2.24 पियन बुकों में प्रविष्टियां

"क" और "ख" क्षेत्रों में स्थित कार्यालयों द्वारा पियन बुक में प्रविष्टियां हिंदी में की जाएं।

[का.ज्ञा.सं. 11015/14/74-1 रा.भा.(-1), दिनांक 30-10-1974]

2.25 सरकारी उद्यमों द्वारा तैयार किए जाने वाले माल पर विवरण हिंदी में भी देना

सरकार के विभिन्न उद्यमों द्वारा तैयार किए गए माल पर विवरण अंग्रेजी के साथ-साथ हिंदी में भी दिए जाएं।

[का.ज्ञा.सं. 14011/1/76-रा.भा, (क-1), दिनांक 27-2-1976]

2.26 सरकारी कंपनियों, निगमों आदि की वार्षिक बैठकों में प्रस्तुत रिपोर्टों का हिंदी में भी प्रकाशन

सरकारी कंपनियों/निगमों आदि के शेयर होल्डरों की वार्षिक बैठकों में अध्यक्षों आदि द्वारा प्रस्तुत की जाने वाली रिपोर्ट हिंदी में भी प्रकाशित की जाएं और जहां बैठक की कार्यवाही तथा वार्षिक रिपोर्ट का सारांश समाचार पत्रों में प्रकाशित किया जाता है, वहां उनके हिंदी पाठ को हिंदी समाचार पत्रों में भी प्रकाशित कराया जाए।

[का.ज्ञा.सं. 11015/8/73-रा. भा., दिनांक 8-8-1974]

2.27 अधिसूचित कार्यालयों को हिंदी का प्रयोग करने के लिए विनिर्दिष्ट करना

1. "क" और "ख" क्षेत्रों में स्थित केंद्रीय सरकार के सभी कार्यालयों, जो राजभाषा नियम 10(4) के अन्तर्गत अधिसूचित किए गए हैं, में हिंदी में प्रवीणता प्राप्त सभी कर्मचारी 1-4-1988 से निम्नलिखित पत्र आदि का प्रारूप केवल हिंदी में प्रस्तुत करें:-
   (1) "क" तथा "ख" क्षेत्र की राज्य सरकारों या संघ राज्य क्षेत्र के प्रशासन और इन क्षेत्रों में स्थित केंद्रीय सरकार के कार्यालयों, उपक्रमों आदि और गैर सरकारी व्यक्तियों को जाने वाले सभी पत्रादि।
   (2) हिंदी में प्राप्त सभी पत्र आदि के उत्तर।
   (3) किसी कर्मचारी द्वारा हिंदी में दिए गए या हस्ताक्षर किए गए आवेदन अपील या अभ्यावेदन का उत्तर।
   (4) संबंधित पत्रावलियों पर टिप्पणियां।
2. ये आदेश राजभाषा नियम, 1976 के नियम 2 (ख) में केंद्रीय सरकार के कार्यालय की परिभाषा के अनुसार केंद्रीय सरकार के सभी मंत्रालय विभाग/संबद्ध या अधीनस्थ कार्यालय और केंद्रीय सरकार के स्वामित्व में या नियंत्रण के अधीन सभी निगमों, कम्पनियों या राष्ट्रीयकृत बैंकों आदि पर लागू होंगे।

3. केंद्रीय सरकार के मंत्रालय/विभाग/कार्यालय /उपक्रम/बैंक आदि अपने विभाग/कार्यालय आदि के काम और परिस्थिति को देखते हुए यदि ऊपर पैरा 1 में दिए गए प्रयोजनों के अलावा अपने विभाग/कार्यालय आदि में हिंदी प्रवीणता प्राप्त कर्मचारियों द्वारा किसी प्रयोजन के लिए हिंदी में काम करने का निर्देश देना चाहें तो इस बारे में आदेश नियम 8(4) के अधीन स्वयं जारी करेंगे।

4. सभी मंत्रालय/विभाग/कार्यालय/उपक्रम/राष्ट्रीयकृत बैंक आदि उपरोक्त आदेश को कार्यान्वित करने के लिए अपने कार्यालयों आदि में हिंदी में प्रवीणता प्राप्त कर्मचारियों/अधिकारियों और उनके ऊपर काम देखने वाले अधिकारियों के लिए कार्यशालाओं का दिनांक 1-4-1988 के पहले आयोजन कर लें, जिससे इन कर्मचारियों/अधिकारियों को हिंदी में प्रारूप प्रस्तुत करने और उनका अनुमोदन करने का आवश्यक अभ्यास हो जाए।

[का.ज्ञा.सं. 1/14013/9/87- रा.भा. (-1). दिनांक 23-11-1987]

[का.ज्ञा.सं. 1/14013/9/87- रा. मा. (क-1). दिनांक 5-9-1988]

2.28 प्रशिक्षण संस्थानों में हिंदी का प्रयोग

केंद्रीय सरकार के प्रशिक्षण संस्थानों में पढ़ाने की व्यवस्था इस प्रकार की जाए:

(1) केंद्रीय सरकार के सभी प्रशिक्षण संस्थानों में चाहे वे किसी भी क्षेत्र में स्थित हों, प्रशिक्षण सामग्री दोनों भाषाओं में तैयार कराई जाए और प्रशिक्षणार्थियों की मांग के अनुसार हिंदी या अंग्रेजी में उन्हें उपलब्ध कराई जाए।

(2) यदि प्रशिक्षण के दौरान या अंत में परीक्षा ली जाती हो तो ऐसी परीक्षा में प्रश्न पत्र दोनों भाषाओं में तैयार कराए जाएं तथा प्रशिक्षणार्थियों को इस बात की छूट दी जाए कि ये प्रश्नों का उत्तर हिंदी या अंग्रेजी में दे सकते हैं।

(3) यदि किसी प्रशिक्षण पाठ्यक्रम में केवल "क" तथा "ख" क्षेत्र से प्रशिक्षणार्थी आते हैं तो वहां सामान्यतया हिंदी में प्रशिक्षण दिया जाए। परन्तु यदि पर्याप्त मात्रा में प्रशिक्षणार्थी अंग्रेजी में प्रशिक्षण लेना चाहें तो उनके लिए अंग्रेजी में भी प्रशिक्षण देने की व्यवस्था की जाए ।

(4) जिन प्रशिक्षण पाठ्यक्रमों के लिए "ग" क्षेत्र से या सभी क्षेत्रों से प्रशिक्षणार्थी आते हैं, वहां अंग्रेजी में प्रशिक्षण दिया जा सकता है। परन्तु यदि पर्याप्त संख्या में प्रशिक्षणार्थी हिंदी में प्रशिक्षण लेना चाहें, तो उनके लिए हिंदी में प्रशिक्षण देने की व्यवस्था की जाए।

(5) जहाँ पर्याप्त संख्या में हिंदी में प्रशिक्षण पाने के इच्छुक प्रशिक्षणार्थी न हो वहां भी, जहां तक संभव हो सके, ऐसे व्यक्तियों को भाषण के लिए बुलाया जाए जो हिंदी व अंग्रेजी दोनों भाषाओं का ज्ञान रखते हों, ताकि प्रशिक्षणार्थी अपनी सुविधानुसार हिंदी या अंग्रेजी में प्रश्न पूछ सकें।

(6) प्रशिक्षण संस्थाओं के प्रशिक्षकों को हिंदी और अंग्रेजी दोनों भाषाओं का कार्यसाधक ज्ञान होना चाहिए। जिन प्रशिक्षकों को हिंदी का कार्यसाधक ज्ञान प्राप्त न हो, उन्हें हिंदी भाषा का प्रशिक्षण दिलाया जाए। राजभाषा विभाग के अधीन केंद्रीय हिंदी प्रशिक्षण संस्थान में इसके लिए अल्पकालीन गहन पाठ्यक्रम चलाने की व्यवस्था की जाएगी।

(7) यदि किसी प्रशिक्षण संस्थान में जिसमें उपर्युक्तानुसार हिंदी में प्रशिक्षण दिया जाना चाहिए, हिंदी में प्रशिक्षण देने के लिए योग्य प्रशिक्षक उपलब्ध न हों वहां पर प्रशिक्षण अंग्रेजी व हिंदी की मिलीजुली भाषा में भी दिया जा सकता है।

ये निर्देश केंद्रीय सरकार के स्वामित्व या नियंत्रणाधीन उपक्रमों व बैंकों आदि पर भी लागू होंगे।

ये निर्देश 1 जनवरी, 1989 के बाद आरंभ किए जाने वाले प्रशिक्षण कोर्सों पर लागू होंगे। प्रशिक्षण संस्थाएं इस दौरान इन निर्देशों के अनुपालन के लिए आवश्यक तैयारी कर लें, जैसे प्रशिक्षण सामग्री का हिंदी में अनुवाद और प्रशिक्षकों को हिंदी का कार्यसाधक ज्ञान दिलाना, इत्यादि।

[का.ज्ञा.सं. 13034/50/87- रा. भा.(ग) दिनांक 6-11-1987]

[का.ज्ञा.सं. 14012/8/88-रा.भा.(ग), दिनांक 7-9-1988]

2.29 हिंदी का कार्यसाधक ज्ञान प्राप्त कर्मचारियों की संख्या का पता लगाना और कार्यालयों को राजपत्र में अधिसूचित करना

ऐसे कर्मचारियों के आंकड़े इकट्ठे किए जाएं जिन्हें हिंदी का कार्यसाधक ज्ञान प्राप्त है और ऐसे कार्यालयों को, जहां के 80% या अधिक कर्मचारियों को (समूह "घ को छोड़कर) हिंदी का कार्यसाधक ज्ञान हो गया है राजपत्र में राजभाषा नियम 10(4) के अन्तर्गत अधिसूचित किया जाए। अधिसूचना की प्रतिलिपि राजभाषा विभाग को भेजी जाए।

[का.ज्ञा.सं. 1/14011/18/76-रा.भा.(क-1) दिनांक 24-1-1977]

2.30 सरकारी प्रकाशनों आदि का द्विभाषी रूप में प्रकाशन

राजभाषा अधिनियम, 1963 की धारा 4 के अनुसरण में गठित संसदीय राजभाषा समिति के प्रतिवेदन खण्ड-4 में उपर्युक्त विषय में निम्नलिखित संस्तुति की गई है:-

1. "भारत सरकार के मंत्रालयों/विभागों/कार्यालयों/संगठनों आदि द्वारा केवल अंग्रेजी में ही नहीं बल्कि द्विभाषी रूप में ही प्रकाशन निकाले जाएं। हिंदी प्रकाशनों की मुद्रित संख्या अंग्रेजी प्रकाशनों की तुलना में कम न हो और द्विभाषिक प्रकाशनों में हिंदी के पृष्ठों की संख्या अंग्रेजी के पृष्ठों की संख्या से कम न हो और हिंदी में नए मौलिक प्रकाशन निकालें जाएं"।
2. राजभाषा विभाग के 28-1-1992 के संकल्प सं.- 12019/10/91- रा.भा. (भा.) के अनुसार समिति की उक्त संस्तुति स्वीकार कर ली गई है।
3. इस संबंध में उल्लेखनीय है कि राजभाषा नियम, 1976 के नियम 11 में किए गए प्रावधान के अनुसार, प्रक्रिया संबंधी सभी साहित्य हिंदी और अंग्रेजी में द्विभाषी (डिग्लॉट) रूप में यथास्थिति मुद्रित, साइक्लोस्टाइल और प्रकाशित किया जाना अपेक्षित है। इसके अतिरिक्त राजभाषा अधिनियम, 1963 [यथासंशोधित 1967 की धारा 3(3)] में प्रावधान है कि सभी प्रशासनिक या अन्य प्रतिवेदन अनिवार्य रूप से हिंदी और अंग्रेजी दोनों भाषाओं में ही निकाले जाएं।
4. इस परिप्रेक्ष्य में कृपया संसदीय राजभाषा समिति की संस्तुति पर किए गए निर्णय का पूरी तरह अनुपालन सुनिश्चित किया जाए और आवश्यक जांच बिन्दु भी निश्चित कर दिए जाएं ताकि राजभाषा अधिनियम की धारा 3(3) में उल्लिखित प्रकाशन डिगलॉट फॉर्म में ही छपे और अन्य कोई भी प्रकाशन न तो केवल अंग्रेजी में प्रकाशित किया जाए और न ही उसके हिंदी रूप की मुद्रण संख्या अंग्रेजी रूप की मुद्रण संख्या से कम हो।

2.31 'क' क्षेत्र में स्थित केंद्रीय सरकार के कार्यालयों में अधिकारियों/कर्मचारियों से संबंधित अनुशासनात्मक कार्रवाई हिंदी में करना

"क" क्षेत्र में सभी अधिकारियों/कर्मचारियों के विरुद्ध की जाने वाली अनुशासनात्मक कार्रवाई हिंदी में की जाए। अपवादस्वरूप, यदि जाँच अधिकारी को हिंदी का कार्यसाधक ज्ञान न हो या यदि संबंधित अधिकारी/कर्मचारी माँग करे तो यह कार्रवाई अंग्रेजी में की जा सकती है।

[का.ज्ञा.सं. 1/14013/15/87-रा.भा.(क-1). दिनांक 30-10-1987]

2.32 राजभाषा (संघ के शासकीय प्रयोजनों के लिए प्रयोग) नियम 1976 के नियम 10(4) के अन्तर्गत मंत्रालयों/विभागों को अधिसूचित करना-स्पष्टीकरण

राजभाषा नियम 10(4) के अन्तर्गत सभी मंत्रालयों/विभागों को अधिसूचित करने की कार्रवाई गृह मंत्रालय, राजभाषा विभाग द्वारा की जाएगी। मंत्रालयों/विभागों के अधीनस्थ/संबद्ध कार्यालयों, उपक्रमों, निगमों, बैंकों आदि के कार्यालयों को अधिसूचित करने की कार्रवाई उनके संबंधित मंत्रालय/विभाग द्वारा ही की जाएगी। ऐसा करते समय राजभाषा विभाग की पूर्वानुमति की आवश्यकता नहीं है केवल अधिसूचना की एक प्रति राजभाषा विभाग को सूचनार्थ भेज देना ही पर्याप्त है। यदि मंत्रालय/विभाग अपने किसी अधिसूचित अधीनस्थ/संबद्ध कार्यालय, उपक्रम, निगम, बैंक आदि के कार्यालय की अधिसूचना को रद्द करें तो इसके लिए उन्हें राजभाषा विभाग की पूर्व सहमति अवश्य ले लेनी चाहिए।

[का.ज्ञा.सं. 12014/1/87-रा.भा.(ख-2), दिनांक 11-3-1988]

2.33 देवनागरी टंकण व आशुलिपि में प्रशिक्षित कर्मचारियों की सेवाओं का समुचित उपयोग

देवनागरी टंकण व आशुलिपि में प्रशिक्षित कर्मचारियों की सेवाओं का हिंदी के काम में समुचित उपयोग किया जाए। जहाँ उनकी संख्या के अनुरूप टाइपराइटर उपलब्ध नहीं है वहां तुरन्त देवनागरी टाइपराइटर खरीदे जाएं। यदि किसी अन्य कारण से प्रशिक्षित कर्मचारियों की सेवाओं का हिंदी के काम में उपयोग नहीं हो पा रहा है तो उन कारणों को तुरन्त हटाया जाए।

हिंदी टंकण/आशुलिपि के लिए वर्तमान में शेष रहे सभी प्रशिक्षणार्थी कर्मचारियों को समयबद्ध योजना के अनुसार वर्ष 1994-95 के अंत तक प्रशिक्षित करा लिया जाए. इसके लिए प्रतिवर्ष प्रशिक्षण के लक्ष्य में 20% वृद्धि सुनिश्चित की जाए।

[का.ज्ञा.सं. 13015/1/90- रा.भा. (घ) दिनांक 17-7-1990]

2.34 वैज्ञानिक तथा तकनीकी संगोष्ठियों, सम्मेलनों आदि में हिंदी में शोध पत्र आदि प्रस्तुत करने को बढ़ावा दिया जाना और वैज्ञानिक पत्रिकाओं में उनका प्रकाशन।

कृपया उपर्युक्त विषय पर राजभाषा विभाग का दिनांक 10 मई, 1988 का कार्यालय ज्ञापन संख्या 20034/5/88- अनु- एवं वि. एकक, (परिपत्र संख्या 37/88 देखें)। उसमें यह प्रावधान किया गया था कि भारत सरकार के मंत्रालयों, विभागों,

कार्यालयों, उपक्रमों, निगमों, आयोगों और बैंकों आदि द्वारा आयोजित की जाने वाली सभी प्रकार की संगोष्ठियों, परिचर्चाओं, सम्मेलन आदि में न केवल राजभाषा हिंदी में शोधपत्र आदि पढ़ने की छूट दी जाए बल्कि वैज्ञानिकों/ तकनीशियनों और अन्य कार्मिकों को हिंदी में पेपर पढ़ने के लिए प्रेरित और प्रोत्साहित किया जाए। जिन संगोष्ठियों आदि में हिंदी में भी शोध पत्र पढ़े जाएं, उनमें हिंदी-अंग्रेजी दुभाषिए की व्यवस्था की जाए और हिंदी के शोध पत्र की एक प्रति उसे पढ़ने दी जाए ताकि वह साथ के साथ शोधपत्र का अंग्रेजी अनुवाद संगोष्ठी में भाग लेने वालों को सीधे उपलब्ध करवा सकें। केवल हिंदी में संगोष्ठियां भी आयोजित करने का प्रयत्न किया जाए।

2. उक्त कार्यालय ज्ञापन में वैज्ञानिक तथा तकनीकी विभागों से यह भी अनुरोध किया गया था कि सेमिनार की सिफारिश के अनुसार वे हिंदी में वैज्ञानिक और तकनीकी विषयों पर पेपर छापने के लिए या तो आगे निकलने वाली पत्रिकाओं में ही उन्हें छापने के प्रबन्ध करें या उनके लिए अलहदा वैज्ञानिक पत्रिका निकाले। उन पत्रिकाओं को एक प्रति राजभाषा विभाग को भी सूचना के लिए भेजने का अनुरोध किया गया था।
3. इसके पश्चात् दिनांक 21.12.1988 को कार्यालय ज्ञापन संख्या 20034/5/88- अवि एकक द्वारा पुनः दिनांक 10 मई, 1988 के कार्यालय ज्ञापन में दिए गए अनुदेशों को दोहराते हुए एक निर्धारित प्रोफार्मा में वैज्ञानिक और तकनीकी संगोष्ठियों और सम्मेलनों आदि में पढ़े गए और पढ़े जाने वाले शोध पत्रों का विवरण मांगा गया था। प्राप्त विवरणों के अनुसार, संबंधित विभागों आदि का ध्यान इस विभाग के दिनांक 10 मई, 1988 के कार्यालय ज्ञापन के प्रावधानों की ओर भी आकृष्ट किया था।
4. वह देखने में आया है कि अभी भी कई वैज्ञानिक और तकनीकी विभागों/ अनुसंधानशालाओं/प्रयोगशालाओं आदि में जो वैज्ञानिक और तकनीकी संगोष्ठियां/सम्मेलन आदि किए जा रहे हैं, उनमें राजभाषा हिंदी में शोधपत्र लेखन को बढ़ावा देने के बारे में वांछित कदम नहीं उठाए गए हैं। इस संबंध में यह उल्लेखनीय है कि विज्ञान और प्रौद्योगिकी की लोकप्रियता के लिए और नई-नई तकनीकों को जन मानस तक पहुंचाने के लिए यह नितान्त आवश्यक है कि इस विभाग के दिनांक 10 मई, 1988 के कार्यालय

ज्ञापन में दिए गए प्रावधानों का पूरी तरह से पालन सुनिश्चित किया जाए। इस बारे में यह भी आवश्यक होगा कि ऐसे वैज्ञानिकों, इंजीनियरों और तकनीशियनों आदि का पता लगाया जाए, जो हिंदी में शोध पत्र तैयार करें, विभिन्न संगोष्ठियों और सम्मेलनों आदि में उन्हें पढ़ें और परिचर्चाओं में भाग लें। अनुरोध है कि प्रौद्योगिकी के क्षेत्रों में दिन प्रतिदिन हो रहे नए-नए अनुसंधानों और विभिन्न क्षेत्रों में हुई प्रगति का लाभ जनता तक पहुंचाने के लिए उनको अधिकतम और नवीनतम जानकारी हिंदी माध्यम में उपलब्ध कराने के प्रयास भी किए जाएं और उन प्रयासों की जानकारी समय-समय पर इस विभाग को भी देने की व्यवस्था की जाए।

[का.ज्ञा.सं. 20034/5/88 अ.वि. दिनांक 10-5-1988,
21-12-1988 तथा 20-8-1990]

[का.ज्ञा.सं. 20034/23/92-रा.भा. (अ. वि.) दिनांक 31-3-1992]

का.ज्ञा.सं-20034/5/88-रा.भा. (अनु), दिनांक 20.8.1990

2.35 हिंदी टेलीफोन डायरेक्टरी का प्रयोग

यह वांछनीय है कि दिल्ली में स्थित केंद्रीय सरकार के मंत्रालयों/विभागों/कार्यालयों द्वारा हिंदी टेलीफोन डायरेक्टरी का अधिक से अधिक प्रयोग किया जाए।

[का.ज्ञा.सं. 6/57/70- रा.भा.दिनांक 7-10-1970]

[का.ज्ञा.सं. 1/38/70-रा.भा.दिनांक 22-7-1971]

2.36 राजभाषा अधिनियम, 1963 (यथासंशोधित 1967) के प्रावधानों का अनुपालन सुनिश्चित करना- टेलीफोन निर्देशिकाओं को हिंदी और अंग्रेजी दोनों भाषाओं में प्रकाशित करने की अनिवार्यता

दूरसंचार विभाग द्वारा प्रकाशित की जाने वाली टेलीफोन निर्देशिकाओं के हिंदी संस्करण भी अनिवार्य रूप से साथ ही प्रकाशित किए जाएं। विभिन्न नगरों के दूर-संचार कार्यालय "क" और "ख" क्षेत्रों में टेलीफोन निर्देशिकाओं के हिंदी संस्करण अंग्रेजी संस्करणों से पहले जारी करें। एक कूपन, जैसा कि अब लगाया जाता है, वैसा ही अलग रंग के कागज में हिंदी और अंग्रेजी दोनों भाषाओं में तैयार करके निर्देशिका के दोनों रूपों में लगाया जाए, जिसमें यह पूछा जाए कि उपभोक्ता अगली टेलीफोन डायरेक्टरी हिंदी में अथवा अंग्रेजी में प्राप्त करना चाहेगा। "क" और "ख" क्षेत्रों में प्रारंभ से ही दोनों संस्करण समान संख्या में अथवा हिंदी : अंग्रेजी

40 : 60 के अनुपात में प्रकाशित किए जाएं और "ग" क्षेत्र में प्रारंभ में हिंदी : अंग्रेजी 30 : 70 के अनुपात में प्रकाशित किए जाएं (और बाद में आवश्यकता के अनुसार "ग" क्षेत्र में भी दोनों संस्करणों की संख्या समान की जा सकती हैं।)

[का.ज्ञा.सं. 14034/4/92-रा.भा.(क-1). दिनांक 26-8-1992]

2.37 हिंदी में प्राप्त पत्रों को नेमी नोट पर हिंदी अधिकारी, हिंदी/अनुभाग को न भेजा जाना

बहुत से अधिकारियों/कार्यालय द्वारा हिंदी में प्राप्त सभी पत्रों को बिना उनके विषय आदि देखे सीधे हिंदी अधिकारी/हिंदी अनुभाग को आवश्यक कार्रवाई के लिए भेज दिया जाता है। सामान्यत: पहले ऐसे पत्रों को उनके विषय से संबंधित अधिकारी को भेजा जाना चाहिए, बाद में यदि उनके अंग्रेजी या हिंदी में अनुवाद की आवश्यकता हो तो हिंदी अधिकारी की सहायता की जा सकती है। यह भी देखा गया है कि कई कार्यालयों में हिंदी में प्राप्त प्रत्येक पत्र को उसके अंग्रेजी अनुवाद के लिए हिंदी अधिकारी को भेज दिया जाता है। नियमानुसार हिंदी में प्राप्त ऐसे पत्रों को ही अनुवाद के लिए भेजा जाना चाहिए जो तकनीकी या विधिक प्रकृति के हों। प्रयास यह किया जाना चाहिए कि साधारणतया हिंदी पत्रों का अंग्रेजी अनुवाद न मांगा जाए और उनके उत्तर भी सीधे हिंदी में ही तैयार किए और भेजे जाएं। पत्रों का हिंदी अनुवाद उसी स्थिति में मांगा जाना उचित समझा जा सकता है जबकि उन पर आवश्यक कार्रवाई करने वालों को हिंदी का कार्यसाधक ज्ञान भी न हो।

[का.ज्ञा.सं. 20014/2/80-रा.भा.(ख-2) दिनांक 14-4-1981]

2.38 राजभाषा अधिनियम और नियमों के अधीन जारी किए गए निर्देशों की अवहेलना करने पर कार्रवाई

केंद्रीय सरकार के प्रत्येक कार्यालय के प्रशासनिक प्रधान का यह उत्तरदायित्व है कि वह सुनिश्चित करे कि राजभाषा अधिनियम और राजभाषा नियमों के अधीन जारी किए गए निर्देशों का समुचित अनुपालन हो। यदि कोई कर्मचारी या अधिकारी जानबूझकर राजभाषा के बारे में लागू प्रावधानों की अवहेलना करता है तो प्रकरण में संबंधित नियमों एवं आदेशों के उल्लंघन होने के आधार पर कार्रवाई की जा सकती है।

भारत सरकार के सभी मंत्रालयों/विभागों तथा उनके संबद्ध/अधीनस्थ कार्यालयों/उपक्रमों आदि के लिए यह अनिवार्य है। कि वे राजभाषा अधिनियम 1963 की धारा 3(3) के अन्तर्गत जारी होने वाले सभी कागजात द्विभाषी रूप में

अर्थात हिंदी और अंग्रेजी में साथ-साथ जारी करें। परन्तु इस विधान की ओर बार-बार ध्यान दिलाये जाने पर भी कई मंत्रालय/ विभाग/कार्यालय आदि सम्बन्धित आदेश, अधिसूचनाएं, केवल अंग्रेजी में ही जारी कर रहे हैं। अधिनियम अनुपालन की यह त्रुटि गम्भीर बात है। अतः निर्देश दिए जाते हैं कि सभी मंत्रालय/विभाग/कार्यालय आदि सभी संकल्प, नियम, अधिनियम, अधिसूचनाएं करार, संविदाएं लाइसेंस, परमिट, कार्यालय ज्ञापन आदि की अंग्रेजी के साथ-साथ हिंदी प्रति अवश्य तैयार कर जारी करवाएं।

उपर्युक्त के परिप्रेक्ष्य में यह भी निर्णय लिया गया है कि प्रत्येक मंत्रालय/विभाग का हिंदी अनुभाग उस मंत्रालय/विभाग द्वारा राजभाषा अधिनियम की धारा 3(3) में उल्लिखित सभी कागजातों की एक-एक प्रति अपने यहां उपलब्ध रखें और यह सुनिश्चित करें कि इन कागजातों को द्विभाषी जारी किया गया है।

सभी मंत्रालयों/विभागों आदि से अनुरोध है कि वे कागजात द्विभाषी रूप में जारी कराते समय यह ध्यान रखें कि हिंदी रूपान्तर अंग्रेजी के ऊपर रहे।

सभी मंत्रालयों/विभागों की विभागीय राजभाषा कार्यान्वयन समितियों के अध्यक्षों (संयुक्त सचिवों) से यह अनुरोध है कि ये अपने मंत्रालय/विभाग के सभी अनुभागों/ डेस्कों आदि में धारा 3(3) का अनुपालन सुनिश्चित करवाएं और उन्हें यह निर्देश दें कि धारा 3(3) के अन्तर्गत जारी किए गए सभी कागजातों की एक-एक प्रति मंत्रालय/विभाग के हिंदी अधिकारी को अनिवार्य रूप से भिजवाएं।

ऐसी ही व्यवस्था मंत्रालयों/विभागों के अधीनस्थ सभी संगठनों के मुख्यालयों में भी कृपया अनिवार्यतः बनवायें। इसके अतिरिक्त जहां-जहां क्षेत्रीय/आंचलिक कार्यालयों में हिंदी अधिकारी का पद सृजित हैं, वहां भी इसी व्यवस्था को लागू करने की कार्रवाई करें।

[का.ज्ञा.सं.12019/3/89-रा. भा.(भा.) दिनांक 22-8-1989]
[का.ज्ञा.सं. 14012/6/92-रा. भा., (ग) दिनांक 19-5-1992]
[का.ज्ञा.सं. 12024 / 24/95-रा.भा.(का.-2) दिनांक 27-11-1995]
[का.ज्ञा.सं. 12021/1/2004-रा.भा. (का-2), दिनांक 31.12.04]
[का.ज्ञा.सं. 14011/01/2016-रा.भा.(नीति) दिनांक 29.1.2016]

2.39 हिंदी में मूल रूप से काम करना

राजभाषा नियम 1976 के नियम 10(4) के अंतर्गत अधिसूचित किए गए कार्यालयों में हिंदी में प्रवीणता प्राप्त कर्मचारी अनिवार्यतः और हिंदी में कार्यसाधक ज्ञान रखने वाले कर्मचारी यथासंभव राजभाषा अधिनियम 1963 की धारा 3(3) के अंतर्गत

द्विभाषी रूप से जारी किए जाने वाले दस्तावेजों और राजभाषा नियम 1976 के अंतर्गत केवल हिंदी में जारी किए जाने वाले पत्रों का प्रारूपण मूल रूप से हिंदी में करें और आवश्यकतानुसार उनका अनुवाद अंग्रेजी में कराया जाए। साथ ही हिंदी में प्रवीणता प्राप्त सभी कर्मचारियों से अपेक्षा की जाती है कि उक्त विषयों से संबंधित टिप्पण भी वे मूल रूप में हिंदी में करेंगे।

[का.ज्ञा.सं. 12021/1/94 रा.भा (ख-2) दिनांक 20-7-1995]

2.40 राजभाषा हिंदी के प्रारंभिक प्रयोग से संबंधित सामग्री को राष्ट्रीय अभिलेखागार में सुरक्षित रखने के विषय में

भारत के संविधान ने हिंदी को संघ की राजभाषा का दर्जा दिया है। जब से भारत का संविधान प्रभावी हुआ है तब से अब तक हिंदी को राजभाषा के स्थान पर पदस्थ करने के लिए अनेकानेक महत्वपूर्ण कार्रवाईयां तथा गतिविधियां हुई हैं। केन्द्र की विभिन्न कार्यालय व्यवस्थाओं में राजभाषा हिंदी का स्थान बना है तथा शुरू से धीरे-धीरे यह स्थान पुष्ट होता रहा है। गत समय से संघ के कार्यकलापों के अन्य क्षेत्रों में भी राजभाषा का व्यवहार बढ़ता रहा है। इस पूरे क्रम में अनेकानेक कार्रवाईयां केन्द्र सरकार के शीर्षस्थ कार्यालयों में हुई हैं। इनमें से कुछ कार्रवाईयां चिरगामी और ऐतिहासिक महत्व की है।

2. कुछ समय से राजभाषा विभाग, राजभाषा हिंदी के प्रतिपादन/प्रारम्भिक प्रयोग एवं तत्संबंधी चिरगामी गतिविधियों/निर्णयों से संबंधित समग्र अभिलेख के संरक्षण करने की आवश्यकता पर विचार कर रहा था। ऐसा करने के लिए इस विभाग को सुझाव भी प्राप्त हुए हैं। इस पूरे मामले पर विचार करते हुए अब यह निर्णय लिया गया है कि राजभाषा हिंदी के प्रयोग से संबंधित संघ सरकार में सभी महत्वपूर्ण दस्तावेजों और अभिलेखों को सुरक्षित कर लिया जाए। तदनुसार सभी मंत्रालयों/विभागों से अनुरोध है कि वे अपने यहां उपलब्ध राजभाषा हिंदी के प्रयोग संबंधी प्रारम्भिक प्रमुख अभिलेखों यथा महत्त्वपूर्ण स्वायत या नीतिगत/कार्यकारी निर्णयों से संबंधित सभी प्रमुख दस्तावेजों/अभिलेखों को राष्ट्रीय अभिलेखागार को हस्तांतरित कर दें। केन्द्र सरकार के सभी मंत्रालयों/विभागों से अनुरोध है कि वे इन आदेशों का पालन सुनिश्चित करवाते हुए अपने सभी अधीनस्थ/संबद्ध शीर्ष कार्यालयों/उपक्रमों/संस्थाओं आदि से भी इसका अनुपालन करवाने की कृपा करें।

[फा. सं. 1/14011/1/95 रा.भा.(नीति- 1) दिनांक 12-2-1996]

2.41 **सचिवों की समिति के विचारार्थ भेजे जाने वाले नोट/टिप्पण द्विभाषी प्रस्तुत किए जाएं**

मंत्रालयों/विभागों द्वारा सचिवों की समिति के विचारार्थ भेजी जाने वाली टिप्पणियाँ व कागज़ात द्विभाषी रूप से भिजवाई जाएँ।

2. सभी मंत्रालयों/विभागों से अनुरोध है कि वे सुनिश्चित करें कि सचिवों की समिति के विचारार्थ तैयार किए जाने वाले सभी नोट/टिप्पण हिंदी और अंग्रेजी में तैयार और परिचालित हों।

(का.ज्ञा.सं. I/16034/2/97-रा.भा. (नीति) दिनांक 5.5.1997)

2.42 **सरकारी कामकाज में "अहिंदी भाषी" शब्दों के प्रयोग के स्थान पर "अन्य भाषा-भाषी" अथवा 'हिंदीतर भाषी" शब्दों का प्रयोग।**

भारत सरकार के सभी मंत्रालय/विभाग सरकारी कामकाज में तथा गृह-पत्रिकाओं आदि में "अहिंदी भाषी" शब्दों के प्रयोग के स्थान पर "अन्य भाषा-भाषी" अथवा "हिंदीतर भाषी" शब्दों का प्रयोग करें तथा अपने संबद्ध/अधीनस्थ कार्यालयों, उपक्रमों, बैंकों आदि को भी तदनुसार कार्रवाई करने के लिए अनुरोध करें।

(का.ज्ञा.सं. I/14013/01/2004- रा.भा. (नी-1), दिनांक 31.12.2004)

2.43 **राजभाषा संबंधी सुझाव / स्पष्टीकरण**

विभिन्न मंत्रालयों/विभागों के सम्बद्ध/अधीनस्थ कार्यालयों, उपक्रमों और अन्य संगठनों से समय-समय पर राजभाषा नीति के संबंध में प्रस्ताव/सुझाव प्राप्त होते रहते हैं और इस विभाग द्वारा जारी किए गए आदेशों की व्याख्या और स्पष्टीकरण भी मांगा जाता है। इस बारे में इस विभाग में विस्तार से विचार किया गया है और यह निर्णय लिया गया है कि विभिन्न कार्यालयों आदि के सुझावों का परीक्षण, प्रथमत: संबंधित मंत्रालय/विभाग स्तर पर किया जाए और उसके बाद ही आवश्यकतानुसार उसको राजभाषा विभाग को परीक्षण/स्पष्टीकरण हेतु भेजा जाए।

2. संदर्भ में यह भी स्पष्ट रूप से उल्लेख होना चाहिए कि मामले का परीक्षण राजभाषा अधिकारी अर्थात् संयुक्त सचिव प्रभारी राजभाषा के स्तर पर किया गया है।

[का.ज्ञा.सं.-II/20013/1/98- रा.भा. (नीति-2), दिनांक 9.2.1998]

2.44 केंद्रीय सरकार के कार्यालयों/सरकारी उपक्रमों/ स्वायत्त निकायों इत्यादि में राजभाषा नीति का कार्यान्वयन

राजभाषा विभाग से समय-समय पर इस संबंध में स्पष्टीकरण मांगे गए हैं कि क्या स्वायत्त संस्थाओं पर राजभाषा नीति लागू होती है अथवा नहीं? इस संबंध में राजभाषा विभाग में गहन विचार के उपरांत यह निर्णय लिया गया है कि जो स्वायत्त संस्थाएं सरकार स्वयं पहल करके स्थापित करवाती है, उनके संदर्भ में सरकारी तंत्र का यह दायित्व है कि वे संस्थाएं सरकार की राजभाषा नीति सहित सरकार की सभी नीतियों के प्रति संवेदनशील हों। अत: सरकारी तंत्र को चाहिए कि सरकार की राजभाषा नीति की उपेक्षा न हो और स्वायत्त संस्थाओं में भाषा संबंधी नीति इसके समरूप हो।

3. मंत्रालयों से यह अनुरोध है कि उपर्युक्त पैरा-2 के अनुसार कार्रवाई सुनिश्चित करवाएं।

[का. ज्ञा. सं. 1/14013/7/96-रा. भा. (नी-1), दिनांक 27.1.1997]

2.44.1 भारत सरकार की राजभाषा नीति का स्वायत्त निकायों आदि पर लागू होने के संबंध में स्पष्टीकरण।

भारत सरकार द्वारा प्रोन्नत अथवा स्थापित स्वायत्त निकाय पंजीकृत सोसाइटियाँ संघ के अधिकरण हैं तथा संविधान के अनुच्छेद 343 के कार्यक्षेत्र में आती हैं। इसलिए राजभाषा हिंदी की प्रोन्नति, विकास तथा क्रियान्वयन संबंधी संविधान में की गई व्यवस्थाओं को ध्यान में रखते हुए संविधान के भाग 17 में की गई व्यवस्था के अनुसरण में भारत सरकार की राजभाषा नीति तथा आदेश भारत सरकार की पहल पर स्थापित स्वायत्त निकाय तथा पंजीकृत सोसाइटियों पर लागू होंगे।

भारत सरकार द्वारा प्रोन्नत अथवा स्थापित स्वायत्त निकाय/पंजीकृत सोसाइटियाँ संविधान के अनुच्छेद 343 (1) में की गई व्यवस्थाओं के अंतर्गत आते हैं राजभाषा अधिनियम में संशोधन किए बिना उन्हें अपना सरकारी कामकाज राजभाषा हिंदी के माध्यम से करने हेतु भारत सरकार की नीति तथा आदेशों का क्रियान्वयन करना आवश्यक है।

का.ज्ञा.सं. 1/14013/09/99 रा. भा. (नीति-1), दिनांक 9.12.1999

2.45 राजभाषा नीति के अनुपालन संबंधी दिशा निर्देश

राजभाषा नियम, 1976 के नियम 12 के अनुसार केंद्र सरकार के प्रत्येक कार्यालय के मुख्य प्रशासनिक अधिकारी का यह उत्तरदायित्व होगा कि वे यह सुनिश्चित करें

कि राजभाषा अधिनियम और नियमों तथा समय समय पर जारी निर्देशों का न केवल अनुपालन किया जाए बल्कि इस प्रयोजन हेतु उपयुक्त और प्रभावी व्यवस्था भी की जाए। तदनुसार आपके द्वारा निम्नलिखित कार्रवाई आवश्यक होगी।

(क) सरकारी दस्तावेज एवं पत्राचार

- राजभाषा अधिनियम, 1963 की धारा 3 (3) के तहत बताए गए 14 प्रकार के दस्तावेज हिंदी एवं अंग्रेजी दोनों भाषाओं में साथ-साथ जारी हों। साथ ही सभी नामपट्ट, सूचनापट्ट, पत्र शीर्ष, लिफाफों और लेखन सामग्री आदि पर शीर्षों को हिंदी और अंग्रेजी दोनों भाषाओं में लिखा जाए।
- रजिस्टरों और सेवा-पुस्तिकाओं में विषय पहले हिंदी और फिर अंग्रेजी में लिखे जाएं और आवश्यक प्रविष्टियां भी हिंदी में दर्ज हों।
- हिंदी में प्राप्त या हस्ताक्षरित पत्रों का उत्तर हिंदी में ही दिया जाना अपेक्षित है। साथ ही, 'क' और 'ख' क्षेत्रों में राज्य सरकार एवं गैर सरकारी व्यक्तियों से अंग्रेजी में प्राप्त पत्रों के उत्तर भी हिंदी में भिजवाये एवं लिफाफों पर पते भी हिंदी में लिखें।
- हिंदी में प्रवीणता प्राप्त सभी कार्मिकों को टिप्पणियाँ और प्रारूप को मूल रूप से हिंदी में लिखने का निर्देश दिया जाए।

(ख) लक्ष्य, समीक्षा एवं निरीक्षण

- राजभाषा विभाग द्वारा प्रतिवर्ष राजभाषा के कार्यान्वयन हेतु वार्षिक कार्यक्रम जारी किया जाता है। वार्षिक कार्यक्रम में निर्धारित क्षेत्रवार लक्ष्यों को प्राप्त करने हेतु आपके मंत्रालय एवं अधीनस्थ/सम्बद्ध और स्वायत्त कार्यालयों द्वारा सघन प्रयास किए जाएं।
- कार्यालय प्रमुख द्वारा ली जाने वाली समीक्षा बैठकों में हिंदी संवाद एवं हिंदी के प्रयोग की मद भी रखी जाए।
- संगठन एवं प्रबंधन (ओ एण्ड एम) तथा प्रशासनिक /वित्तीय निरीक्षणों के समय निरीक्षण दल द्वारा राजभाषा नीति के अनुपालन की समीक्षा की जाए।
- राजभाषा हिंदी के प्रयोग की समीक्षा हेतु तिमाही रिपोर्ट सही आंकड़ों सहित प्रत्येक तिमाही के समाप्त होने के 10 दिन के अन्दर भिजवायें।

(ग) प्रोत्साहन

- राजभाषा हिंदी के प्रचार-प्रसार हेतु राजभाषा विभाग द्वारा संचालित विभिन्न प्रोत्साहन योजनाओं का प्रभावी उपयोग करें।

- विभागीय पत्रिकाओं में अपने कार्यालयों से संबधित विषयों पर गंभीर एवं शोधपरक लेख प्रकाशित करवाए जाएं।
- शोधपत्र/प्रस्तुतियां/वक्तव्य यथा सम्भव हिंदी में दिए जाएं। संगोष्ठी की कार्यवाही को पुस्तक के रूप में भी छपवाएं। वर्ष में कम से कम एक तकनीकी संगोष्ठी हिंदी में अवश्य हो।

(घ) वरिष्ठ पदाधिकारी द्वारा उदाहरण

- यदि वरिष्ठ अधिकारी फाइलों पर कम से कम छोटी-छोटी टिप्पणियॉ एवं पत्र हिंदी में लिखें तो अधीनस्थ कार्मिकों को हिंदी में कार्य करने की प्रेरणा मिलेगी। उल्लेखनीय है कि फोनेटिक का प्रयोग कर, रोमन स्क्रिप्ट के माध्यम से, हिंदी का टंकण अत्यंत आसानी से स्वयं कर सकते हैं।

(ङ) हिंदी आई टी टूल्स का प्रयोग

- कंप्यूटर पर हिंदी में कार्य को सुगम बनाने एवं उसमें एकरूपता लाने के लिए हिंदी का यूनीकोड समर्थित फौन्ट एवं इन्स्क्रिप्ट की बोर्ड ही इस्तेमाल करें।
- राजभाषा विभाग द्वारा विकसित सॉफ्टवेयरों यथा "लीला", "मंत्र, "श्रुतलेखन राजभाषा", "ई-महाशब्द कोश" आदि की जानकारी एवं अभ्यास हेतु सरकारी कर्मियों को केंद्रीय हिंदी प्रशिक्षण संस्थान द्वारा संचालित किए जाने वाले कम्प्यूटर पर हिंदी के आई.टी.टूल्स प्रशिक्षण कार्यक्रम में भेजें।

(च) नराकास (नगर राजभाषा कार्यान्वयन समिति)

- सम्बद्ध/अधीनस्थ कार्यालय के प्रधान अपने-अपने नगर की नराकास के सदस्य बनें तथा इसकी बैठकों में सक्रिय रुप से भाग लें।

(छ) हिंदी के पद

- हिंदी कार्य के निष्पादन हेतु निर्धारित मानकों के अनुरूप हिंदी पदों का सृजन करें एवं अधीनस्थ/सम्बद्ध कार्यालयों में भी राजभाषा संवर्ग बनवाएं।

(ज) प्रशिक्षण

- हिंदी भाषा, हिंदी टंकण एवं हिंदी आशुलिपि के प्रशिक्षण के लिए सभी पात्र कर्मचारियों का रोस्टर अद्यतन करवाकर उन्हे केंद्रीय हिंदी प्रशिक्षण संस्थान एवं केंद्रीय अनुवाद ब्यूरो के कार्यक्रमों में प्रशिक्षण हेतु नामित करें एवं भेजें।

अ.शा. पत्र संख्या 12019/01/2011-रा.भा. दिनांक 24.2.2012

2.46 डाक तार की स्टेशनरी, लिफाफे, अंतर्देशीय पत्रों, पोस्टकार्डों आदि पर राजभाषा हिंदी के प्रयोग को बढ़ावा देने के संबंध में स्लोगन लिखवाए जाएं।

राजभाषा हिंदी के संवर्धन, विकास एवं प्रसार हेतु डाक विभाग, संचार व सूचना प्रौद्योगिकी मंत्रालय द्वारा डाक तार की स्टेशनरी, लिफाफे, अंतर्देशीय पत्रों, पोस्टकार्डों आदि पर राजभाषा हिंदी के प्रयोग को बढ़ावा देने के संबंध में स्लोगन लिखवाने की समुचित कार्रवाई की जाए।

का.ज्ञा.सं. 11011/4/2005- रा.भा.(अनु), दिनांक 16.3.2005

2.47 दूरदर्शन/ आकाशवाणी के विभिन्न कार्यक्रमों के बीच-बीच में राजभाषा हिंदी का प्रयोग बढ़ाने संबंधी स्लोगन छोटे-छोटे वृत्तचित्र आदि का प्रसारण किया जाए और इनमें विभिन्न राष्ट्रीय नेताओं द्वारा हिंदी के प्रयोग को बढ़ाने संबंधी प्रकट विचारों का उल्लेख भी किया जाए।

सभी मंत्रालयों/विभागों से पुन: अनुरोध है कि संसदीय राजभाषा समिति द्वारा की गई उपर्युक्त सभी सिफारिशों पर राष्ट्रपति जी के आदेशों के अनुरूप कार्रवाई सुनिश्चित की जाए और की गई कार्रवाई से तदनुसार राजभाषा विभाग को अवगत करवाया जाए।

का.ज्ञा.सं. 11011/4/2005- रा.भा.(अनु), दिनांक 16.3.2005

2.48 हिंदी कार्यशालाओं / संगोष्ठियों/सम्मेलनों तथा अखिल भारतीय राजभाषा सम्मेलनों का आयोजन संसदीय राजभाषा समिति की सिफारिश पर अनुवर्ती कार्रवाई।

राजभाषा अधिनियम धारा 4 के अनुसरण में गठित राजभाषा समिति के प्रतिवेदन के खंड-4 के अन्तर्गत उपर्युक्त विषय पर निम्नलिखित संस्तुतियां की गई है:-

संस्तुति संख्या 2(क): अधिकारियों/कर्मचारियों की मनोवृत्ति बदलने हेतु और उन्हें राजभाषा नीति की व्यापक जानकारी कराने हेतु समय-समय पर गोष्ठियां, कार्यशालाएं आदि आयोजित की जाएं।"

संस्तुति संख्या 2 (ग): "प्रत्येक मंत्रालय/विभाग वर्ष में एक बार अखिल भारतीय राजभाषा सम्मेलन आयोजित करें।"

2. राजभाषा विभाग के दिनांक 28.1.1992 के संकल्प संख्या 12019/10/91-राभा (भा) के अनुसार समिति की उक्त संस्तुतियां स्वीकार की ली गई है। वर्ष 1967 में संसद के दोनों सदनों में पारित भाषा नीति संबंधित संकल्प के पैरा के अनुसार हिंदी के प्रसार तथा विकास और संघ के विभिन्न सरकारी प्रयोजनों के लिए इसके उत्तरोत्तर प्रयोग में गति लाने हेतु प्रत्येक वर्ष एक गहन और विस्तृत कार्यक्रम तैयार करने और उसे कार्यान्वित करने का दायित्व केंद्रीय सरकार को सौंपा गया था। इसके अनुपालन में

राजभाषा विभाग द्वारा हर वर्ष एक वार्षिक कार्यक्रम तैयार किया जाता है और केंद्रीय सरकार के सभी मंत्रालयों/विभागों आदि को भेजा जाता है। इस वार्षिक कार्यक्रम में केंद्रीय सरकार के सभी मंत्रालयों/विभागों/कार्यालयों/उपक्रमों/ निगमों/बैंकों/ संस्थानों आदि द्वारा वर्ष भर के लिए हिंदी के प्रगामी प्रयोग संबंधी लक्ष्य निर्धारित किए जाते हैं। इस हेतु राजभाषा नीति का सफल कार्यान्वयन सुनिश्चित करने के लिए राजभाषा हिंदी के प्रति सरकारी अधिकारियों और कर्मचारियों में जागरूकता उत्पन्न करना और उनकी मानसिकता का सकारात्मक दिशा में अनुकूलन करना अत्यंत आवश्यक है ताकि वे अपना अधिकाधिक कार्य हिंदी में ही करें और उक्त वार्षिक कार्यक्रम में निर्धारित लक्ष्यों को प्राप्त करने की दिशा में तेजी के साथ आगे बढ़ें। इसी प्रयोजन को दृष्टि में रखते हुए सभी अधिकारियों और कर्मचारियों की मानसिकता में गुणात्मक अन्तर लाने, उनकी मनोवृत्ति बदलने हेतु और उन्हें राजभाषा नीति की व्यापक जानकारी कराने हेतु निहायत जरूरी है कि समय-समय पर गोष्ठियां, सम्मेलन, कार्यशालाएं आदि आयोजित की जाएं।

3. साथ ही इस संबंध में यह भी उल्लेखनीय है कि वित्त मंत्रालय द्वारा यद्यपि सम्मेलनों/संगोष्ठियों के आयोजन पर लगाए गए प्रतिबंध अभी भी हटाए नहीं गए हैं, किन्तु फिर भी इन सम्मेलनों के महत्व को देखते हुए कुछ मंत्रालय/विभाग अभी भी सम्मेलन आदि आयोजित कर रहे हैं। अत: सभी मंत्रालयों/विभागों/कार्यालयों आदि से अनुरोध है कि वे वर्ष में एक बार अखिल भारतीय राजभाषा सम्मेलन आयोजित करें।

4. इस परिपेक्ष्य में भारत सरकार के सभी मंत्रालय/विभाग/कार्यालय/उपक्रम/निगम/बैंक/संस्थान आदि से अनुरोध है कि वे संसदीय राजभाषा समिति द्वारा की गई उक्त संस्तुतियों पर अनुपालनात्मक कार्रवाई करें और इस संबंध में लिए गए निर्णयों का अनुपालन करें। सभी मंत्रालयों/विभागों आदि से अनुरोध है कि वे कृपया इन निर्देशों को अपने सभी संबद्ध अधीनस्थ कार्यालयों/उपक्रमों/बैंकों/संस्थानों आदि को अनुपालन के लिए भिजवा दें और उन आदेशों की एक प्रति इस विभाग को भी सूचनार्थ भेजने की व्यवस्था करें।

20034/33/93-रा.भा. (अ एवं वि.), दिनांक 31.5.1993

2.49 भारत सरकार के नियंत्रणाधीन सरकारी या अर्धसरकारी सभी कंपनियों/संगठन/संस्थान के उत्पादों के नाम लेखन के संबंध में

भारत सरकार के अंतर्गत सरकारी या अर्धसरकारी सभी कंपनियों/संगठन/संस्थान द्वारा बनाए गए उत्पादों जो भारतीय बाज़ार में बेचे जाते हों तथा निर्यात किए जाते हों, पर हिंदी में विवरण दिये जायें और उनके नाम देवनागरी में भी लिखे जायें।

का.ज्ञा.सं. 14013/01/2018-रा.भा. (नीति) दिनांक 16.1.2018

2.50 **हिंदी में कार्यान्वयन की समीक्षा और अनुपालन**

(क) हर माह में एक बार सचिव/अध्यक्ष अपनी अध्यक्षता में जब वरिष्ठ अधिकारियों की बैठक करते हैं तब इसमें हिंदी में काम-काज की प्रगति और राजभाषा नियमों के कार्यान्वयन का मद भी अवश्य रखें और चर्चा करें।

(ख) अपने मंत्रालय/विभाग/संस्थान में अपने संयुक्त सचिव (प्रशासन)/ प्रशासनिक प्रमुख को ही हिंदी कार्यान्वयन का उत्तरदायित्व दें और हर तिमाही में उनकी अध्यक्षता में विभागीय राजभाषा कार्यान्वयन समिति (OLIC) की बैठक करें।

अ.शा.प. सं. : 14011/01/2021-रा.भा. (नीति) दिनांक 20.01.2021

अध्याय 3

राजभाषा संबंधी विभिन्न समितियां

3.1 राजभाषा कार्यान्वयन समितियां

1. सभी मंत्रालयों/विभागों के लिए यह अनिवार्य है कि वे अपने प्रत्येक छोटे बड़े कार्यालय में चाहे उनमें कार्यरत स्टाफ की संख्या 25 से अधिक हो या कम, राजभाषा कार्यान्वयन समितियों का गठन करवाएं और संबंधित कार्यालय के कार्यालयाध्यक्ष को इस समिति के अध्यक्ष के रूप में नामित किया जाए।

   केंद्रीय सरकार के कार्यालय से तात्पर्य राजभाषा नियम 1976 के नियम (2) के अन्तर्गत परिभाषित कार्यालय से है।

[रा.भा.पत्र 20001/35/88- रा.भा.-2), दिनांक 24-5-1989]

[का.ज्ञा.सं. 6/6364-रा.भा.दिनांक 10-12-1964]

[का.ज्ञा.सं. 11015/57/72. रा.भा.दिनांक 29-12-1972]

[का.ज्ञा.सं. ई. 11013/8/73- रा.भा.दिनांक 5-9-1973]
[का.ज्ञा.सं. 11015/26/73-. रा.भा.दिनांक 29-1-1974]
[का.ज्ञा.सं. 12017/14/75-रा.भा.(ख) दिनांक 24-2-1975]
[का.ज्ञा.सं. 12024/2/92-रा.भा.(ख-2). दिनांक 21-7-1992]

2. मंत्रालयों/विभागों के वे संयुक्त सचिव जिन्हें हिंदी से सम्बन्धित कार्य की देखभाल करने की जिम्मेदारी सौंपी गई है उन्हें मंत्रालय/विभाग की समिति का अध्यक्ष बनाया जाए और इसमें विभिन्न प्रभागों के प्रतिनिधित्व करने वाले उप सचिव, अवर सचिव और अनुभाग अधिकारी और दिल्ली स्थित कार्यालयों और विभागों के अधीन कंपनियों और निगमों के अध्यक्ष सदस्य बनाए जाएं। मंत्रालय/विभाग के हिंदी अधिकारी इस समिति के सचिव के रूप में काम करेंगे। संबद्ध तथा अधीनस्थ कार्यालयों, निगमों, उपक्रमों आदि की कार्यान्वयन समितियों में कार्यालय के वरिष्ठ अधिकारी अध्यक्ष बनाए जाएं और विभिन्न प्रभागों का प्रतिनिधित्व करने वाले अधिकारी सदस्य हों। दिल्ली स्थित कार्यालयों निगमों, कंपनियों आदि की राजभाषा कार्यान्वयन समिति से सम्बन्धित मंत्रालय या विभाग के प्रतिनिधि को भी सहयोजित किया जाए, जिससे उन कार्यालयों और उनके मुख्यालयों में राजभाषा कार्यान्वयन के लिए एक समन्वित कार्यक्रम बनाया जा सके। इन समितियों में उचित अनुपात में अहिंदी भाषी अधिकारियों को भी प्रतिनिधित्व दिया जाए। जहां तक हो सके, कोशिश की जाए कि किसी भी समिति में आधे सदस्य अहिंदी भाषी हो।

3. हर समिति की तिमाही में कम-से-कम एक बैठक अवश्य की जाए और उसके कार्यवृत्त की प्रतिलिपि गृह मंत्रालय (राजभाषा विभाग) को भेजी जाए।

4. समिति के कार्य सामान्य रूप से निम्नलिखित होंगे:
   (i) हिंदी के प्रयोग सम्बन्धी आदेशों के कार्यान्वयन की समीक्षा करना और उस बारे में कारवाई करना;
   (ii) तिमाही प्रगति रिपोर्टों की समीक्षा तथा समय पर भेजना सुनिश्चित करना
   (iii) कार्यान्वयन में आने वाली कठिनाइयों की समीक्षा करके यथावश्यकता सुझाव भेजना:

(iv) हिंदी, हिंदी टंकण और आशुलिपि प्रशिक्षण के लिए उपयुक्त संख्या में कर्मचारी भेजना सुनिश्चित करना।

[का.ज्ञा.सं. 569/69-रा.भा.दिनांक 25-10-1969]

[का.ज्ञा.सं. 4/41/70-रा.भा.दिनांक 12-10-1970]

[का.ज्ञा.सं. 1/14011/17/76, दिनांक 7-2-1977]

[का.ज्ञा.सं. 1/14011/1/77-रा. भा (क-1), दिनांक 19-5-1977]

3.2(1) जिन कार्यालयों में केंद्रीय सचिवालय हिंदी परिषद की शाखा काम कर रही है, वहां परिषद को उस मंत्रालय/विभाग/कार्यालय में काम कर रही परिषद की शाखा का एक प्रतिनिधि राजभाषा कार्यान्वयन समिति में शामिल किया जाए। परिषद के प्रतिनिधि को विचारणीय विषयों की कार्यसूची और अन्य सामग्री बैठक की तारीख से पूर्व भेजी जाए और कार्यवृत्त की प्रतिलिपि केंद्रीय सचिवालय हिंदी परिषद को भी भेजी जाए।

[का.ज्ञा.सं. 5/2/71-रा.भा.(एकक) दिनांक 23-6-1972: संकलन, 1974]

[का.ज्ञा.सं. 11015/82/72-रा.भा.दिनांक 28-11-1972 : संकलन, 1974]

(2) जो कर्मचारी हिंदी संबंधी प्रतियोगिताओं में पुरस्कृत किए जाते हैं उन्हें राजभाषा कार्यान्वयन समिति की बैठकों में आमंत्रित किया जाए।

[का. ज्ञा. सं. 1/14013/10/79-रा.भा.(क- 1) दिनांक 200-9-1979]

(3) दिल्ली के बाहर के कार्यालयों की राजभाषा कार्यान्वयन समितियों की बैठकों में हिंदी शिक्षण योजना के अधिकारियों (उपनिर्देशक या सहायक निर्देशक और जहां कोई ऐसे अधिकारी न हों वहां प्राध्यापक) को आमंत्रित किया जाए।

(4) समिति की बैठक की सूचना राजभाषा विभाग के संबंधित क्षेत्रीय कार्यान्वयन कार्यालय को भी दी जाए।

[का.ज्ञा.सं. 1/1401176 रा.भा.(क-1) दि. 24-4-1976]

[का.ज्ञा.सं. 1/14011/2/85 रा.भा.(क- 1), दि. 22-4-1985]

[का. ज्ञा. स.1712016/5/87 रा.भा.(ख-1). दि. 2-12-1987]

[का.ज्ञा.सं. 12018/3/87 रा.भा.(ख-2) दि 8-8 1987]

3.3 अधीनस्थ कार्यालयों में राजभाषा अधिकारी का नामांकन करना और उसके कर्तव्य

मंत्रालयों/विभागों के अधीन प्रत्येक कार्यालय में एक उच्च स्तरीय अधिकारी को राजभाषा अधिकारी के रूप में नामित कर दिया जाए। अपने अन्य प्रशासनिक

कार्यों के अलावा उस अधिकारी को यह देखने की भी जिम्मेदारी होगी कि उस कार्यालय में राजभाषा संबंधी आदेशों का ठीक रूप से कार्यान्वयन हो और राजभाषा कार्यान्वयन समिति की बैठक नियमित रूप से की जाए।

[का.ज्ञा.सं. 1/14011/12776 रा. भा (क-1) दि. 22-11-1976]

3.4 राजभाषा कार्यान्वयन समितियों में गैर-सरकारी व्यक्तियों को प्रेक्षक के रूप में आमंत्रित करना

राजभाषा कार्यान्वयन समितियों में किसी गैर-सरकारी व्यक्ति को सदस्य न बनाया जाए। इन समितियों में संबंधित मंत्रालयों की हिंदी सलाहकार समिति के एक आसानी से उपलब्ध गैर-सरकारी सदस्य को प्रेक्षक के रूप में आमंत्रित किया जा सकता है। इस संबंध में अन्तिम रूप से आवश्यक निर्णय संबंधित विभाग को स्वयं लेना होगा।

उक्त निर्देश सभी मंत्रालयों/विभागों की मुख्य राजभाषा कार्यान्वयन समितियों और उनके अधीनस्थ कार्यालयों की क्षेत्रीय स्तर की राजभाषा कार्यान्वयन समितियों पर लागू होते हैं। क्षेत्रीय स्तर की समितियों से तात्पर्य क्षेत्रीय मुख्यालयों की समितियों से है। अर्थात् यदि मंत्रालय चाहे तो वह अपनी हिंदी सलाहकार समिति के एक गैर-सरकारी सदस्य को मंत्रालय स्तर की कार्यान्वयन समिति, संबद्ध एवं अधीनस्थ कार्यालयों और उद्यमों के मुख्यालय स्तर की समितियों और क्षेत्रीय मुख्यालय स्तर की समितियों में आमंत्रित कर सकता है।

[का.ज्ञा.सं. 1/14011/10/76 रा.भा.(क-1). दि 8-6-1976]

[का.ज्ञा.सं. 11/20034/4/79 रा.भा.(क-2), दि. 19-4-1979]

[का.ज्ञा.सं. 11/20034/8/87 रा.भा.(क-2), दि. 31-1-1988]

3.4.1 हिंदी सलाहकार समिति के गैर-सरकारी सदस्यों के लिए परिचय पत्र,पार्किंग कार्ड, विजिटिंग कार्ड आदि जारी किए जाने के संबंध में।

विभिन्न मंत्रालयों/विभागों में हिंदी सलाहकार समितियों में गैर सरकारी सदस्यों को नामित किया जाता है। इस संबंध में प्राय: ऐसी मांग आती रहती है कि हिंदी सलाहकार समिति के गैर सरकारी सदस्यों को पहचान पत्र आदि जारी किया जाए।

2. इस संबंध में यह निर्णय लिया गया है कि विभिन्न मंत्रालयों की हिंदी सलाहकार समितियों के गैर सरकारी सदस्यों का कार्य संबंधित मंत्रालय के माननीय मंत्री को हिंदी के प्रयोग के संबंध में सलाह देना है, न कि मंत्रालय

के अधीनस्थ विभागों/कार्यालयों का निरीक्षण करना अथवा निचले स्तर पर अधिकारियों/कर्मचारियों को सलाह देना। हिंदी सलाहकार समिति की बैठकें वर्ष में आमतौर पर दो बार होती हैं। साथ ही समिति के गैर सरकारी सदस्यों को मंत्रालयों/विभागों अथवा कार्यालयों के निरीक्षण का अधिकार नहीं है। इसलिए समिति के गैर सरकारी सदस्यों के लिए किसी प्रकार के स्थायी परिचय पत्र आदि की आवश्यकता नहीं महसूस की जाती है।

3. अत: हिंदी सलाहकार समिति के गैर सरकारी सदस्यों को परिचय पत्र, पार्किंग कार्ड एवं विजिटिंग कार्ड आदि जारी नहीं किया जा सकता है।

का.ज्ञा.सं. 12011/01/2017-रा.भा.(नीति) दिनांक 7.9.2017

3.4.2 हिंदी सलाहकार समिति की बैठक दिल्ली में ही आयोजित की जाने के संबध मे।

माननीय प्रधानमंत्री जी की अध्यक्षता में गठित केंद्रीय हिंदी समिति की दिनांक 06-09-2018 को हुई 31वीं बैठक में लिए गए निर्णय के अनुसार सभी मंत्रालयों/विभागों को सूचित किया जाता है कि हिंदी सलाहकार समिति की बैठक का आयोजन दिल्ली क्षेत्र में ही किया जाना अपेक्षित है।

का.ज्ञा. 14013/01/2019-रा.भा.(नीति) दिनांक 21-1-2019

3.4.3 हिंदी सलाहकार समिति के संदर्भ में केंद्रीय सचिवालय हिंदी परिषद का अद्यतित पता।

सूचित किया जाता है कि केंद्रीय सचिवालय हिंदी परिषद का वर्तमान अद्यतित पता आदि निम्नानुसार है :-

केंद्रीय सचिवालय हिंदी परिषद
प्रधान–श्री उपेंद्र प्रसाद सिंह
महामंत्री–श्री राकेश कुमार वर्मा

पता :-

केंद्रीय सचिवालय हिंदी परिषद
प्रधान कार्यालय–116, टाइप-IV
लक्ष्मीबाई नगर, नई दिल्ली–110023
दूरभाष/फैक्स संख्या 011-24672716

4. सभी मंत्रालयों/विभागों से अनुरोध किया जाता है कि वे प्रधान, केंद्रीय सचिवालय हिंदी परिषद, प्रधान कार्यालय-प्रधान कार्यालय–116, टाइप-

IV लक्ष्मीबाई नगर, नई दिल्ली–110023 दूरभाष/फैक्स संख्या 011-24672716 द्वारा नामित सदस्य को ही अपनी हिंदी सलाहकार समिति में गैर-सरकारी सदस्य के रूप में स्वीकार करें।

[का.ज्ञा. सं. 11034/15/2021-रा.भा.(नीति), दिनांक 12-01-2022]

3.5 क्षेत्रीय कार्यान्वयन कार्यालयों का कार्यक्षेत्र और कार्य

राजभाषा के कार्यान्वयन की स्थिति का जायजा लेने के लिए तथा कार्यान्वयन सुनिश्चित करने के लिए 8 क्षेत्रीय कार्यालयों की स्थापना की जा चुकी है। इन क्षेत्रीय कार्यालयों में उप निर्देशक (कार्या.) मुख्य अधिकारी हैं। ये क्षेत्रीय कार्यालय अपने-अपने क्षेत्र में स्थित केंद्रीय सरकार के कार्यालयों में राजभाषा अधिनियम, 1963 तथा नियम, 1976 के कार्यान्वयन का कार्य देखेंगे जिसमें तिमाही प्रगति रिपोर्टों की समीक्षा, तिमाही बैठकों में भाग लेना, कार्यालयों का निरीक्षण करना तथा कार्यालयों को प्रशिक्षण आदि में सहयोग देना शामिल है।

राजभाषा से संबंधित तिमाही प्रगति रिपोर्ट की प्रति, संबंधित क्षेत्रीय कार्यालय को प्रेषित करें तथा राजभाषा कार्यान्वयन समिति की बैठकों की सूचना इन कार्यालयों को दें जिससे कि इन कार्यालयों के प्रतिनिधि उनकी बैठकों में भाग ले सकें। राजभाषा से संबंधित अन्य कार्यों में सहायता, जैसे कार्यशाला आदि के आयोजन के लिए भी इन क्षेत्रीय कार्यालयों से सम्पर्क करें। क्षेत्रीय कार्यान्वयन कार्यालयों के मुख्यालय मुम्बई, बैंगलोर, कलकत्ता, गुवाहाटी, कोच्चि, भोपाल, गाजियाबाद तथा नई दिल्ली में है।

[का.ज्ञा.सं. 12016/5/87 रा.भा.(ख-1) दि. 2-12-1987]

[का.ज्ञा.सं. 12024/6/89 रा.भा.(ख-2), दि. 20-12-1989]

[का.ज्ञा.सं. 12024/1/91 रा.भा.(ख-2), दि. 6-8-1991]

3.5.1 नराकास की बैठकों को अधिक प्रभावशाली बनाने के लिए क्षेत्रीय कार्यान्वयन कार्यालयों के लिए दिशा-निर्देश

नगर राजभाषा कार्यान्वयन समितियों का गठन इस उद्देश्य से किया गया है कि संबंधित नगर स्थित कार्यालयों/उपक्रमों/बैंकों द्वारा राजभाषा नीति के कार्यान्वयन में आ रही कठिनाइयों को दूर करने के लिए एक संयुक्त मंच उपलब्ध हो। इस मंच से यह अपेक्षा की जाती है कि नराकास की बैठक में राजभाषा हिंदी के प्रयोग को बढ़ाने के लिए प्रभावशाली चर्चा हो और उत्कृष्ट कार्य प्रणाली की जानकारी का

आदान-प्रदान हो सके। साथ ही, जिन कार्यालयों को राजभाषा के प्रयोग में कठिनाई हो रही हो उनकी कठिनाइयों के समाधान का भी हल निकाला जा सके। किंतु विगत कुछ समय से ऐसा देखा जा रहा है कि समितियों की बैठक अपने मूल उद्देश्य की पूर्ति के लिए बहुत प्रभावशाली नहीं हो रही है। कई समितियों की बैठकें तो अब औपचारिक आयोजन जैसी रह गई हैं।

अत: नराकास की बैठक के आयोजन हेतु निम्नलिखित निर्देश दिए जाते हैं:-

(1) नराकास की बैठकों का आयोजन राजभाषा विभाग द्वारा जारी निर्देशों के आधार पर होना अपेक्षित है। क्षेत्रीय कार्यान्वयन कार्यालयों द्वारा यह सुनिश्चित किया जाए कि नराकास की बैठकों की कार्यसूची में सभी अपेक्षित मदें शामिल हों। यदि कार्यसूची विधिवत रूप में नहीं है, तो दोबारा बनवा लें।

(2) नई समितियों का गठन, संचालन, उद्देश्य, संरचना व अन्य प्रासंगिक क्रियात्मक पक्ष से संबंधित राजभाषा विभाग द्वारा जारी दिशा निर्देशों में कुछ संशोधन किए गए हैं इसकी प्रति संलग्न है।

(3) दिशा-निर्देशों में मुख्य संशोधन निम्नांकित हैं:-

  (i) नराकास की प्रत्येक बैठक से पूर्व सदस्य सचिव सभी सदस्य कार्यालयों से उनकी समस्याओं पर चर्चा करें और उनसे सुझाव मांगे। प्राप्त सुझावों पर बैठक में चर्चा जरूर हो।

  (ii) सदस्य कार्यालयों से प्राप्त रिपोर्टों के आधार पर नई पहल करने वाले कार्यालयों में से किसी एक कार्यालय की ओर से बैठक के दौरान, उनके द्वारा राजभाषा कार्यान्वयन हेतु की गई नई पहल पर आधारित प्रस्तुतीकरण दिया जाए ताकि अन्य कार्यालय भी उसका अनुकरण कर सकें। साथ ही, अपेक्षा के अनुरूप कार्य निष्पादन न कर पाने वाले कार्यालयों में राजभाषा कार्यान्वयन में सुधार के लिए कार्य-योजना तैयार की जाए तथा उनके द्वारा की गई कार्रवाई/कार्य में प्रगति की समीक्षा अगली बैठक के दौरान की जाए।

कृपया उपर्युक्त दिशा-निर्देशों का अनुपालन सुनिश्चित करने के लिए संबंधित नराकास के सदस्य सचिवों को अनुदेश जारी करें।

अनुलग्नक

नगर राजभाषा कार्यान्वयन समितियों का गठन, संचालन, उद्देश्य, संरचना व अन्य प्रासंगिक क्रियात्मक पक्ष

1. (i) **गठन**:- राजभाषा विभाग के दिनांक 22.11.1976 के का.ज्ञा.सं 1/14011/12/76-रा.भा.(का.-1) के अनुसार देश के उन सभी नगरों में जहां केंद्रीय सरकार के 10 या 10 से अधिक कार्यालय हों, नगर राजभाषा कार्यान्वयन समिति का गठन किया जा सकता है। समिति का गठन राजभाषा विभाग के क्षेत्रीय कार्यान्वयन कार्यालयों से प्राप्त प्रस्ताव के आधार पर भारत सरकार के सचिव, राजभाषा विभाग की अनुमति से किया जाता है।

(ii) **उद्देश्य**:- नगर राजभाषा कार्यान्वयन समितियों को बनाने का उद्देश्य केंद्र सरकार के देशभर में फैले कार्यालयों/उपक्रमों/बैकों आदि में राजभाषा के प्रयोग को बढ़ावा देने और राजभाषा नीति के कार्यान्वयन के मार्ग में आई कठिनाईयों को दूर करने के लिए एक संयुक्त मंच प्रदान करता है। इस मंच पर कार्यालयों/उपक्रमों/बैकों आदि के अधिकारी हिंदी के प्रयोग बढ़ाने के लिए चर्चा तथा उत्कृष्ट कार्यप्रणालियों की जानकारी का आदान-प्रदान कर अपनी अपनी उपलब्धि स्तर में सुधार ला सकते हैं।

(iii) **अध्यक्षता**:-इन समितियों की अध्यक्षता नगर विशेष में स्थिति केंद्रीय सरकार के कार्यालयों/उपक्रमों/बैकों आदि के वरिष्ठतम अधिकारियों में से किसी एक के द्वारा की जाती है। समिति के गठन का प्रस्ताव भेजते समय, प्रस्तावित अध्यक्ष अपनी लिखित सहमति विभाग को भेजते हैं जिस पर सचिव, राजभाषा विभाग के अनुमोदन के पश्चात उन्हें अध्यक्ष नियुक्त किया जाता है।

(iv) **सदस्य सचिव**:-समिति के सचिवालय के संचालन के लिए समिति के अध्यक्ष अपने कार्यालय अथवा किसी अन्य सदस्य कार्यालय से एक हिंदी विशेषज्ञ को उसकी सहमति से समिति का सदस्य सचिव मनोनीत करते हैं। समिति के कार्यकलाप, अध्यक्ष की अनुमति से, सदस्य सचिव द्वारा किए जाते हैं।

(v) **बैठकें**:-वर्ष में समिति की दो बैठकें आयोजित की जाती हैं। प्रथम बैठक गठन के दो माह के अंदर व दूसरी उसके छह माह पश्चात की जानी अपेक्षित है। समिति की बैठकों के लिए समय का निर्धारण राजभाषा विभाग

द्वारा जारी कैलेंडर के अनुसार किया जाता है। बैठकों के आयोजन की सूचना नियत तिथि से कम से कम 15 दिन पूर्व राजभाषा विभाग के संबंधित क्षेत्रीय कार्यान्वयन कार्यालय को अवश्य दी जाए ताकि उनमें तैनात अधिकारी बैठक में विभाग का प्रतिनिधित्व सुनिश्चित कर सकें।

(vi) **प्रतिनिधित्व**:-समिति की बैठकों में नगर विशेष में स्थित केंद्रीय सरकार के कार्यालयों/उपक्रमों/बैंको आदि के कार्यालय प्रमुखों द्वारा स्वयं भाग लेना अपेक्षित है, क्योंकि राजभाषा नियम, 1976 के नियम 12 के तहत संघ की राजभाषा नीति के कार्यान्वयन और इस संबंध में समय समय पर जारी कार्यकारी आदेशों के अनुपालन का उत्तरदायित्व कार्यालय प्रमुख को सौंपा गया है। राजभाषा विभाग (मुख्यालय) क्षेत्रीय कार्यान्वयन कार्यालयों के अधिकारी भी इन बैठकों में भाग लेते हैं। इनके अलावा इन बैठकों में केंद्रीय हिंदी प्रशिक्षण संस्थान व केंद्रीय अनुवाद ब्यूरो के अधिकारियों तथा नगर में स्थित केंद्रीय सचिवालय हिंदी परिषद की शाखाओं में से किसी एक प्रतिनिधि को भी बैठक में आमंत्रित किया जाए।

ज्ञातव्य है कि राजभाषा हिंदी के कार्य को विशेष महत्व देने और कार्मिकों को प्रोत्साहित करने के लिए उसका उल्लेख कार्मिकों के वार्षिक एपीएआर के पेन पिक्चर संबंधी कॉलम में किए जाने का प्रावधान है।

(vii) **समितियों का वर्गीकरण एवं बैठकों हेतु प्रतिपूर्ति राशि:-** सदस्य कार्यालयों की संख्या के आधार पर सामेतियों को तीन श्रेणियों में विभाजित किया गया है। 10-50 सदस्य कार्यालयों वाली समितियों को रुपए 3000/- प्रति बैठक, 51-100 सदस्य कार्यालयों वाली समितियों को रुपए 5000/- प्रति बैठक, और 101 या इससे अधिक सदस्य कार्यालयों वाली समितियों को रुपए 6000/-प्रति बैठक व्यय की प्रतिपूर्ति की जाती है। सरकारी क्षेत्र के बैंकों एवं उपक्रमों के लिए पृथक रूप से गठित समितियों को कोई व्यय राशि प्रदान नहीं की जाती। समिति की बैठक पर हुए व्यय का एक उपयोग प्रमाणपत्र (राजभाषा विभाग द्वारा निर्धारित प्रोफार्मा में) समिति के अध्यक्ष के हस्ताक्षर से राजभाषा विभाग के संबंधित क्षेत्रीय कार्यान्वयन कार्यालय को बैठक के आयोजन के 15 दिन के अंदर भेजा जाना चाहिए।

II. (1) नराकास की अध्यक्षता-परिवर्तन के प्रस्ताव की भूमिका

(i) राजभाषा विभाग के पूर्वानुमोदन से ही अध्यक्षता में परिवर्तन सम्भव होगा।

(ii) विभाग को अध्यक्षता में परिवर्तन संबंधी प्रस्ताव क्षेत्रीय कार्यान्वयन कार्यालय के माध्यम से प्रेषित किया जाएगा।

(iii) प्रस्तावित अध्यक्ष की लिखित सहमति प्रस्ताव के साथ भेजी जाएगी।

(iv) नराकास की अध्यक्षता का एक कार्यालय से दूसरे कार्यालय में स्थानीय स्तर पर पारस्परिक रजामन्दी से परिवर्तन स्वीकार्य नहीं होगा।

III. न.रा.का.स. की बैठकों में विचारार्थ बिंदुओं की चैक लिस्ट:-

(i) **नगर राजभाषा कार्यान्वयन समिति की बैठकों का आयोजन:-**बैठक नियमित रूप से राजभाषा विभाग द्वारा निर्धारित कैलेंडर माह में प्रतिवर्ष दो बार आयोजित करना और बैठक में सदस्य कार्यालयों के प्रशासनिक प्रमुखों का प्रतिनिधित्व सुनिश्चित करना।

(ii) **वार्षिक कार्यक्रम की समीक्षा**:- राजभाषा अधिनियम/नियम और सरकारी कामकाज में हिंदी के प्रयोग को बढ़ाने के संबंध में भारत सरकार द्वारा जारी किए गए आदेशों और हिंदी के प्रयोग से सबंधित वार्षिक कार्यक्रप के कार्यान्वयन की समीक्षा करना।

(iii) **तिमाही पत्राचार की समीक्षा:**- सदस्य कार्यालयों की हिंदी की पिछली दो तिमाही प्रगति रिपोर्ट की विस्तृत रूप से समीक्षा करना।

सदस्य कार्यालयों से प्राप्त रिपोर्टों के आधार पर नई पहल करने वाले कार्यालयों में से किसी एक कार्यालय की ओर से बैठक के दौरान उनके द्वारा राजभाषा कार्यान्वयन हेतु की गई नई पहल पर आधारित प्रस्तुतीकरण दिया जाए ताकि अन्य कार्यालय भी उसका अनुकरण कर सके। साथ ही , अपेक्षा के अनुसार कार्य निष्पादन न कर पाने वाले कार्यालयों में राजभाषा कार्यान्वयन में सुधार के लिए कार्य योजना तैयार की जाए तथा उनके द्वारा की गई कार्रवाई/कार्य में प्रगति की समीक्षा अगली बैठक के दौरान की जाए।

(iv) नराकास की प्रत्येक बैठक से पूर्व सदस्य सचिव, सदस्य कार्यालयों से उनकी समस्याओं/कठिनाइयों पर रिपोर्ट मंगवाए। बैठक के दौरान इन समस्याओं/कठिनाइयों को दूर करने के लिए निर्णय लिए जाएं और निर्णयों को लागू करने की कार्य योजना बनाई जाए।

(v) **सूचना प्रबंधन प्रणाली:** राजभाषा विभाग की वेबसाइट में नराकास की बैठकों सबंधी विवरण यथा समय अपलोड करना तथा सूचनाएं अद्यतित रखना।

(vi) **प्रशिक्षण को प्राथमिकता:-**हिंदी भाषा,हिंदी टंकण और हिंदी आशुलिपि के प्रशिक्षण आदि से संबंधित समस्याओं पर विचार करना। अधिकारियों/कर्मचारियों को प्रशिक्षण हेतु कार्यमुक्त रखना।

(vii) प्रत्येक सदस्य कार्यालयों के प्रमुख द्वारा ली जाने वाली समीक्षा बैठकों में हिंदी के प्रयोग की प्रगति संबंधी मद स्थायी रूप से शामिल करवाना।

(viii) **सूचना प्रौद्योगिकी-** कम्प्यूटर पर हिंदी के कार्य को सुगम बनाने के उद्देश्य से प्रत्येक कार्यालय में यूनिकोड का उपयोग सुनिश्चित करवाना एवं सरकारी कामकाज में प्रयोग किए जाने वाले सिस्टम साफ्टवेयर में हिदी में कार्य करने की सुविधा एवं उसका प्रयोग सुनिश्चित करना। इस क्षेत्र में हुई नई प्रगति व नए आईटी टूल्स के बारे में सदस्य कार्यालयों को अवगत कराना।

(ix) **वेबसाइट को संवर्धित व द्विभाषी बनाना:-**सदस्य-कार्यालयों की वेबसाइट को द्विभाषी बनवाने और उसे अद्यतित रखने के लिए प्रोत्साहित करना।

(x) **सूचना प्रौधोगिकी में प्रशिक्षण:-**सूचना प्रौद्योगिकी विभाग और राजभाषा विभाग द्वारा विकसित तथा उपलब्ध कराए गए ई टूल्स/साफ्टवेयरों के बारे में जागरूकता पैदा करके अधिकारियों/कर्मचारियों को नियमित रुप से प्रशिक्षण दिलवाना।

(xi) तिमाही प्रगति रिपोर्ट को ऑनलाइन भेजना सुनिश्चित करना।

(xii) **पदों का सृजन, रिक्तियों को भरना व संवर्ग का पिरामिडीकल ढांचा सुनिश्चित करवाना:-**सदस्य कार्यालयों में हिंदी कार्य के निष्पादन के लिए निर्धारित मानकों के अनुरूप न्यूनतम हिंदी पदों का सृजन करवाना, पिरामिडीकल ढांचा सुनिश्चित करवाना तथा रिक्त पद भरवाना।

(xiii) राजभाषा नियम 11 का अनुपालन-राजभाषा नियम,1976 के नियम 11 के अंतर्गत यह व्यवस्था है कि केंद्र सरकार के कार्यालय से संबधित मैनुअल संहिताएं प्रक्रिया संबंधी साहित्य,रजिस्टर, नामपट्ट, सूचना पट्ट, पत्र शीर्ष और लिफाफों पर हिंदी और अंग्रेज़ी रूप में मुद्रण अथवा उत्कीर्ण सुनिश्चित करवाना।

(xiv) **हिंदी टंककों और आशुलिपिकों की तैनाती:-**हिंदी टंककों और आशुलिपिकों की हिंदी जानने वाले अधिकारियों के साथ तैनाती सुनिश्चित करवाना।

(xv) **संगोष्ठियां**-हिंदी से संबंधित सेमिनार/संगोष्ठियां आयोजित करना तथा राजभाषा नीति के अनुपालन में सर्वोत्कृष्ट कार्य करने वाले कार्यालयों आदि को पुरस्कार/प्रशस्ति पत्र प्रदान करना।

(xvi) **पत्रिकाओं का प्रकाशन**-नराकास स्तर पर पत्रिका प्रकाशन करना तथा सदस्य कार्यालयों को हिंदी की पत्र पत्रिकाओं के प्रकाशन के लिए प्रोत्साहित करना और प्रकाशित करने वाले सदस्य कार्यालयों को सम्मानित करना।

अनुरोध है कि दिशा-निर्देशों के अनुसार समिति की बैठकों की कार्यवाही चलाई जाए। इस संबंध में अन्य किसी प्रकार के मार्गदर्शन के लिए राजभाषा विभाग (मुख्यालय), नई दिल्ली अथवा संबंधित क्षेत्रीय कार्यान्वयन कार्यालय से संपर्क किया जा सकता है।

का.ज्ञा. सं. 12024/2/97-रा.भा. (का-2) दिनांक फरवरी, 1997

का.ज्ञा.सं. 12024/12/2015-रा.भा. (का. -2) दिनांक 29.2.2016

3.5.2 विदेशों में नगर राजभाषा कार्यान्वयन समितियों का गठन, कार्यकलाप, कार्यविधि एवं मूल लक्ष्य।

विदेशों में नगर राजभाषा कार्यान्वयन समितियों के गठन, कार्यकलापों, कार्यविधियों एवं मूल लक्ष्यों के संबंध में निम्नलिखित दिशा-निर्देश जारी किए जाते हैं-

1. **उद्देश्य :** भारत सरकार के विदेशों में स्थित कार्यालयों/उपक्रमों/बैंकों आदि में राजभाषा के प्रगामी प्रयोग को बढ़ावा देने और राजभाषा नीति के कार्यान्वयन के मार्ग में आने वाली कठिनाइयों को दूर करने के लिए एक संयुक्त मंच की आवश्यकता महसूस की गई है ताकि सभी कार्यालय/उपक्रम/बैंक आदि साथ मिलकर चर्चा कर सकें। फलतः विदेशों में नगर राजभाषा कार्यान्वयन समितियों के गठन का निर्णय लिया गया है।
2. **गठन :** विदेशों के उन सभी नगरों में जहाँ भारत सरकार के 07 या इससे अधिक कार्यालय हों तो वहाँ नगर राजभाषा कार्यान्वयन समिति का गठन किया जा सकता है। समिति का गठन विदेश मंत्रालय के साथ समन्वय के उपरांत माननीय गृह मंत्री जी के अनुमोदन से किया जाएगा।
3. **अध्यक्षता :** इन समितियों के अध्यक्ष संबंधित देश के दूतावास/मिशन के राजदूत/उच्चायुक्त आदि नामित किए जाएंगे। नामित किए जाने से पूर्व प्रस्तावित अध्यक्ष से समिति की अध्यक्षता के संबंध में लिखित सहमति प्राप्त की जाएगी।

4. **सदस्य-सचिव :** नगर राजभाषा कार्यान्वयन समिति के संचालन के लिए समिति के अध्यक्ष द्वारा दूतावास/मिशन के अताशे या राजभाषा हिंदी से जुड़े वरिष्ठ अधिकारी या किसी सदस्य कार्यालय से एक हिंदी विशेषज्ञ को उसकी सहमति से समिति का सदस्य-सचिव मनोनीत किया जा सकता है। अध्यक्ष की अनुमति से समिति का कार्यकलाप सदस्य-सचिव द्वारा किया जाएगा।
5. **सदस्यता :** नगर में स्थित भारत सरकार के कार्यालय/उपक्रम/बैंक आदि अनिवार्य रूप से इस समिति के सदस्य होंगे।
6. **अध्यक्ष/सदस्य-सचिव का परिवर्तन :** किसी समिति के अध्यक्ष के स्थानांतरण/सेवानिवृत्त आदि हो जाने पर उनके स्थान पर आने वाले नए अधिकारी स्वतः ही समिति के अध्यक्ष माने जाएंगे। समिति के इन पदों पर होने वाले परिवर्तनों की सूचना अनिवार्य रूप से समिति के अध्यक्ष द्वारा राजभाषा विभाग को उपलब्ध कराई जानी अपेक्षित है।
7. **बैठकें :** इस समिति की बैठक वर्ष में कम से कम एक बार आयोजित की जानी अपेक्षित है।
8. **प्रतिनिधित्व :** इन समितियों की बैठकों में सदस्य कार्यालयों के वरिष्ठतम अधिकारियों/प्रशासनिक प्रधानों से यह अपेक्षा की जाती है कि वे समिति की बैठकों में नियमित रूप से भाग लें। इन बैठकों में राजभाषा विभाग के उच्चाधिकारी (सचिव, संयुक्त सचिव, निर्देशक या उप सचिव) यथासंभव भाग लेंगे।
9. **कार्यकलाप :** इन समितियों के मुख्यतः निम्नलिखित कार्य निर्धारित किए जाते हैं–
   i. राजभाषा हिंदी से संबंधित संवैधानिक उपबंधों, राजभाषा अधिनियम, राजभाषा नियम और सरकारी काम काज में राजभाषा हिंदी के प्रयोग को बढ़ाने के संबंध में भारत सरकार द्वारा जारी किए गए आदेशों और हिंदी के प्रयोग से संबंधित वार्षिक कार्यक्रम (विशेषकर विदेशों में स्थित भारत सरकार के कार्यालयों के लिए निर्धारित कार्यक्रम) के कार्यान्वयन की स्थिति की समीक्षा करना;
   ii. नगर में स्थित भारत सरकार के कार्यालयों आदि में हिंदी के प्रयोग को बढ़ाने के संबंध में किए जाने वाले उपायों पर विचार-विमर्श करना और उन्हें क्रियान्वित करना;

iii. राजभाषा हिंदी में कार्य करने हेतु संदर्भ साहित्य, तकनीकी अवसंरचना, आशुलिपिकों आदि की उपलब्धता की समीक्षा करना;

iv. हिंदी भाषा, हिंदी टंकण और हिंदी आशुलिपि के प्रशिक्षण से संबंधित समस्याओं का समाधान करना;

v. इसके साथ साथ नगर राजभाषा कार्यान्वयन समितियों द्वारा राजभाषा हिंदी के प्रगामी प्रयोग को प्रोत्साहन देने हेतु हिंदी संबंधी विभिन्न प्रतियोगिताएं, हिंदी दिवस/माह/पखवाड़ा, सेमिनार/संगोष्ठियां आदि भी आयोजित किए जा सकते हैं;

vi. समिति का समस्त कार्य अध्यक्ष के निर्देशन में किया जाएगा। विदेश मंत्रालय के माध्यम से समिति के कार्यों की समीक्षा रिपोर्ट राजभाषा विभाग को उपलब्ध कराई जाएगी; और

vii. समिति द्वारा किसी भी प्रकार के मार्गदर्शन के लिए विदेश मंत्रालय के माध्यम से राजभाषा विभाग (मुख्यालय), नई दिल्ली को संपर्क किया जा सकता है।

10. बैठक की कार्यसूची की महत्वपूर्ण मदें : राजभाषा हिंदी के कार्यान्वयन संबंधी चर्चा को परिणामकारक बनाने के लिए समिति की बैठक की कार्यसूची में निम्नलिखित मदें अवश्य रखी जानी अपेक्षित हैं-

i. नगर स्थित कार्यालयों/उपक्रमों/बैंकों आदि की सूची।

ii. कार्यसूची की मदें।

iii. विगत बैठक के कार्यवृत्त की पुष्टि।

iv. विगत बैठक में लिए गए निर्णयों पर की गई अनुवर्ती कार्यवाही।

v. सदस्य कार्यालयों द्वारा वार्षिक कार्यक्रम (विशेषकर विदेशों में स्थित भारत सरकार के कार्यालयों के लिए निर्धारित कार्यक्रम) के अनुपालन की स्थिति।

vi. आयोजित की गईं हिंदी संबंधी प्रतियोगिताएं, हिंदी दिवस/माह/पखवाड़ा, सेमिनार/संगोष्ठियां आदि का विवरण।

vii. अध्यक्ष की अनुमति से अन्य कोई मद।

11. बैठक का कार्यवृत्त : समिति की बैठकों का कार्यवृत्त विदेश मंत्रालय के माध्यम से राजभाषा विभाग को उपलब्ध कराया जाना अपेक्षित है।

12. **बैठकों हेतु प्रतिपूर्ति राशि :** समिति की बैठक आयोजित करने हेतु व्यय विभाग, वित्त मंत्रालय के कार्यालय ज्ञापन सं. 19(36)/ई.कॉर्ड/2018 दिनांक 30.05.2018 द्वारा जारी दिशा-निर्देशों का पालन किया जाना अपेक्षित है। समिति की बैठकों के आयोजन हेतु मूलभूत सुविधाओं जैसे बैठक सभागार का किराया, बैठक के दौरान जल-पान की व्यवस्था आदि पर हुए व्यय के संबंध में समिति अध्यक्ष द्वारा हस्ताक्षरित खर्च-उपयोग प्रमाण पत्र राजभाषा विभाग को बैठक के आयोजन के 15 दिन के अंदर भेजा जाएगा जिसकी प्रतिपूर्ति राजभाषा विभाग द्वारा की जाएगी। सक्षम प्राधिकारी के अनुमोदन से बैठक में भाग लेने वाले पात्र उच्चाधिकारियों को यात्रा भत्ता और दैनिक भत्ता व्यय विभाग, वित्त मंत्रालय द्वारा जारी नियमों के आधीन किया जाएगा।

फ़ा. सं. 14011/01/2022-रा.भा. (नीति)

3.6 राजभाषा कार्यान्वयन समितियों की बैठकों का नियमित आयोजन

राजभाषा कार्यान्वयन समितियों की बैठकें' दर तिमाही में नियमित रूप से आयोजित की जाएं और उसकी पूर्व सूचना राजभाषा विभाग को कम से कम एक सप्ताह पूर्व दी जाए ताकि इसमें राजभाषा विभाग के अधिकारी भाग ले सकें तथा नीति संबंधी मामलों का स्पष्टीकरण दे सकें एवं तिमाही रिपोर्टों की समीक्षा कर सकें।

राजभाषा कार्यान्वयन समितियों की बैठकों में होने वाली चर्चा को और अधिक प्रभावी और परिणामपरक बनाने के लिए निम्नलिखित कदम उठाए जाने अपेक्षित हैं:-

(1) बैठकों का आयोजन नियमित रूप से प्रति तिमाही हो तथा बैठक की अध्यक्षता सम्बन्धित मंत्रालय/विभाग के संयुक्त सचिव स्वयं करें। यदि अपरिहार्य कारणवश वे अध्यक्षता न कर सकें, तो इसकी अध्यक्षता का भार किसी समकक्ष या उच्च अधिकारी को ही सौंपा जाए। संबद्ध/अधीनस्थ कार्यालयों आदि की रा.भा.का.स. की अध्यक्षता विभागाध्यक्ष करें।

(2) बैठक में तिमाही प्रगति रिपोर्ट पर प्रभागवार/अनुभागवार/कार्यालयवार विस्तृत रूप से चर्चा की जाए तथा वार्षिक कार्यक्रम में दिए गए लक्ष्यों की प्राप्ति पर जोर दिया जाए।

(3) बैठक की सूचना बैठक की तिथि से कम से कम 15 दिन पूर्व सभी संबंधितों एवं राजभाषा विभाग अथवा इसके संबंधित क्षे.का.का. को अवश्य भिजवा दी जाए। (यथासंभव फोन पर भी इसकी पुष्टि कर ली जाए)

(4) बैठक में मंत्रालय/विभाग के सभी प्रभागों का प्रतिनिधित्व, उपसचिव/अवर सचिव/अनुभाग अधिकारी स्तर पर हो। संबद्ध/अधीनस्थ कार्यालयों के संबंध में भी इसी प्रकार से सभी प्रभागों का प्रतिनिधित्व सुनिश्चित किया जाए।

(5) बैठकों का कार्यवृत्त समय पर जारी किया जाए और उस पर अनुवर्ती कार्रवाई यथाशीघ्र (अगली बैठक से पर्याप्त समय से पूर्व) कर ली जाए।

(6) सभी मंत्रालय/विभाग अपने सभी संबद्ध/अधीनस्थ कार्यालयों/उपक्रमों आदि की राजभाषा कार्यान्वयन समितियों की बैठकें भी उपर्युक्त प्रकार से आयोजित कराने की व्यवस्था करें। जिन कार्यालयों में राजभाषा कार्यान्वयन समितियों गठित न हुई हों, वहाँ इन समितियों को गठित कराने की कार्रवाई की जाए तथा इनकी अध्यक्षता कार्यालयों के वरिष्ठतम अधिकारी करें।

(7) संसदीय राजभाषा समिति ने अपने प्रतिवेदन के चौथे खंड में सिफारिश की है कि प्रत्येक छोटे-बड़े कार्यालय में, चाहे उनमें कार्यरत स्टाफ की संख्या 25 से कम हो या अधिक अनिवार्य रूप से राजभाषा कार्यान्वयन समिति का गठन किया जाए और कार्यालयाध्यक्ष को इस समिति के अध्यक्ष के रूप में नामित किया जाए। सरकार ने यह सिफारिश मान ली है। अत: अब सभी कार्यालयों में ये समितियां गठित की जानी अपेक्षित हैं।

[का.ज्ञा.सं. 12024/59/85 रा.भा.(क-2), दि. 27-9-1985]

[का.ज्ञा.सं.. 12024/3/93 रा.भा.(ख-II). दि. 15-4-1993]

3.6.1 मंत्रालयों/विभागों की राजभाषा कार्यान्वयन समिति की बैठकों हेतु विचारणीय मुद्दे

राजभाषा विभाग द्वारा जारी किए गए का.ज्ञा सं. 12024/1/87-रा.भा (ख-2) दिनांक 21-01-88 के अंतर्गत राजभाषा कार्यान्वयन समिति की बैठकें नियमित रूप से कराने के लिए समुचित निर्देश दिए गए थे। राजभाषा विभाग के संज्ञान में आया है कि इन समितियों की बैठकों में राजभाषा नीति के कार्यान्वयन के संबंध में अपेक्षित एवं प्रभावशाली चर्चा नहीं हो पा रही है।

2. उपरोक्त स्थिति के संबंध में राजभाषा विभाग ने यह निर्णय लिया है कि सभी मंत्रालयों/विभागों आदि से अनुरोध किया जाए कि वे उक्त बैठकों में निम्नलिखित बिन्दुओं पर चर्चा अवश्य करें : -

(i) धारा 3 (3) के अंतर्गत सभी कागजात द्विभाषी जारी करना

(ii) हिंदी के पत्राचार की स्थिति

(iii) हिंदी में प्राप्त पत्रों का उत्तर हिंदी में दिया जाना

(iv) फाइलों पर हिंदी में टिप्पण लिखना

(v) हिंदी (भाषा, टंकण व आशुलिपि) का प्रशिक्षण

(vi) वेबसाइट पूरी तरह से द्विभाषी बनाना और अद्यतित रखना

(vii) विभागीय आई. टी. सिस्टमों में हिंदी में कार्य करने की सुविधा व इसका प्रयोग सुनिश्चित कराना।

(viii) कोड/मैनुअल आदि पूरी तरह से द्विभाषी बनाना।

(ix) सभी कंप्यूटरों पर द्विभाषी सुविधा (यूनिकोड में) उपलब्ध कराना।

(x) राजभाषाई निरीक्षणों की स्थिति।

(xi) अनुभागों को अपना पूरा काम हिंदी में करने के लिए अधिसूचित करना।

(xii) मंत्रालय/विभाग से संबंधित अन्य विशेष मुद्दे।

3. राजभाषा विभाग की वेबसाइट पर यह सुविधा उपलब्ध कराई जा रही है कि मंत्रालय/विभाग समिति की हुई बैठक की तिथि, कार्यवृत्त तथा बैठक में लिए गए निर्णयों पर टिप्पण अपलोड कर सकते हैं और आगामी बैठक की प्रस्तावित तिथि भी भर सकते हैं।

का.ज्ञा. सं. 12019/86/2014-रा.भा. (का.-2) दिनांक 10.6.2014

3.7 नगर राजभाषा कार्यान्वयन समितियों का गठन, सदस्यों का नामांकन व बैठक

दिल्ली के बाहर प्रमुख नगरों में जहां केंद्रीय सरकार के 10 या इससे अधिक कार्यालय हैं, केंद्रीय सरकार के कार्यालयों में राजभाषा हिंदी के कार्यान्वयन के लिए नगर राजभाषा कार्यान्वयन समितियां गठित की जाती हैं। इन समितियों के अध्यक्ष राजभाषा विभाग द्वारा नामित किए जाते हैं जो सामान्यत: नगर के वरिष्ठतम अधिकारी होते हैं। नगर स्थित सभी केंद्रीय कार्यालयों के प्रतिनिधि इसके सदस्य होते हैं। इनकी बैठके वर्ष में दो बार होनी अपेक्षित हैं। उस नगर में विभिन्न कार्यालयों में काम कर रहे केंद्रीय सचिवालय हिंदी परिषद की शाखाओं से भी किसी एक प्रतिनिधि को आमंत्रित किया जाए।

समितियों की बैठक आयोजित करने संबंधी सूचना, कार्यसूची, कार्यवृत्त तथा खर्च की प्रतिपूर्ति आदि के संबंध में विवरण केवल राजभाषा विभाग के संबंधित क्षेत्रीय कार्यान्वयन कार्यालय को ही भेजा जाए! राजभाषा विभाग (मुख्यालय) नई दिल्ली को इस संदर्भ में कोई सूचना आदि भेजने की आवश्यकता नहीं है।

संबंधित कार्यालयों में राजभाषा कार्यान्वयन की प्रगति की जानकारी निर्धारित प्रोफार्मा में बैठक से एक सप्ताह पूर्व अध्यक्ष के पास दो-दो प्रतियों में भेजी जाए। एक प्रति राजभाषा विभाग को भिजवा दी जाए या उस विभाग के जो अधिकारी बैठक में शामिल हो उन्हें दे दी जाए। पैरा 3.3 के अनुसार नामित राजभाषा अधिकारी या कार्यालय अध्यक्ष इन बैठकों में स्वयं भाग लें। यदि किसी विशेष स्थिति में वे या राजभाषा अधिकारी स्वयं भाग न ले पाएं, तो वे अन्य वरिष्ठ अधिकारी को ही भाग लेने के लिए भेजें।

हिंदी अधिकारियों आदि को तभी बैठक में भाग लेने की अनुमति दी जाए जब वे अपने कार्यालय अध्यक्ष या किसी ऐसे अधिकारी के साथ आएं जो अध्यक्ष की अनुपस्थिति में उनका कार्यभार औपचारिक रूप से ग्रहण करने की क्षमता रखते हों। जिन कार्यालयों से निर्धारित प्रोफार्मे में प्रगति रिपोर्ट यथासमय प्राप्त नहीं होती, ऐसे कार्यालयों की सूची और जिन कार्यालयों के अध्यक्ष लगातार बैठकों में शामिल नहीं होते, उनका विवरण संबद्ध क्षेत्रीय कार्यान्वयन कार्यालय तथा राजभाषा विभाग को भिजवाई जाए ताकि यह मामला संबंधित विभाग के साथ भी उठाया जा सके। समिति के अध्यक्ष भी इस विषय में संबंधित कार्यालय अध्यक्ष का ध्यान आकर्षित करें।

यह देखने में आया है कि कई समितियों के अध्यक्ष/सदस्य सचिवों के परिवर्तन की सूचना राजभाषा विभाग को उपलब्ध नहीं होती। राजभाषा विभाग में नगर राजभाषा कार्यान्वयन समितियों के अध्यक्षों/सचिवों के सही नाम-पते आदि उपलब्ध न होने के कारण उनको पत्र/अनुस्मारक आदि भेजने में भी कठिनाई होती है। इस संबंध में अनुरोध है कि:-

(1) नगर राजभाषा कार्यान्वयन समितियों के वर्तमान अध्यक्ष/सदस्य सचिव, दोनों के पूरे पते, टेलीफोन (कार्यालय तथा आवासीय) आदि राजभाषा विभाग को भी तत्काल सूचित किए जाएं।

(2) भविष्य में इन पदों पर होने वाले परिवर्तनों की सम्पूर्ण सूचना भी राजभाषा विभाग (मुख्यालय) को नया पदभार ग्रहण करने वाले सदस्य सचिवों द्वारा तत्काल भिजवा दी जाए। यथासंभव टेलीफोन पर भी इसकी सूचना दे दी जाए।

[का.ज्ञा.सं. 1/14011/12/76-रा.भा.(क-1), दि. 24-8-1976]
[का.ज्ञा.सं. 1/14011/12/76 रा.भा.(क-1), दि. 24-8-1977]
[का.ज्ञा.सं. 12027/2/79-रा.भा.(ख-1). दि. 3-9-1979]
[का.ज्ञा.सं. 12027/1/83-रा.भा.(ख-2), दि. 22-1-1983]
[का.ज्ञा.सं. 12027/4/87-रा.भा.(ख-2), दि. 22-9-1987]
[का.ज्ञा.सं. 12024/6/89-रा.भा.(ख-2) दि. 20-12-1989]
[का.ज्ञा.सं. 12024/4/91-ए. भा. (ख-2), दि. 6-8-1991]
[का.ज्ञा.सं. 12024/12/93-रा.भा.(ख-2), दि. 7-2-1994]

3.8 नगर राजभाषा कार्यान्वयन समिति के कार्य

नगर राजभाषा कार्यान्वयन समितियों के मुख्यतः निम्नलिखित कार्य होंगे

(1) राजभाषा अधिनियम/नियम और सरकारी कामकाज में हिंदी का प्रयोग बढ़ाने के संबंध में भारत सरकार द्वारा जारी किए गए आदेशों और हिंदी के प्रयोग से संबंधित वार्षिक कार्यक्रम के कार्यान्वयन की स्थिति की समीक्षा।

(2) नगर के केंद्रीय सरकार के कार्यालयों में हिंदी का प्रयोग बढ़ाने के संबंध में किए जाने वाले उपायों पर विचार।

(3) हिंदी के संदर्भ साहित्य, टाइपराइटरों, टाइपिस्टों, आशुलिपिकों आदि की उपलब्धता की समीक्षा।

(4) हिंदी, हिंदी टाइपिंग और हिंदी आशुलिपि के प्रशिक्षण से संबंधित समस्याओं पर विचार ।

कार्यान्वयन संबंधी चर्चा को परिणामकारक बनाने के लिए समितियों की बैठक की कार्यसूची में निम्नलिखित मदें अवश्य रखी जाएं :-

(1) नगर स्थित कार्यालयों/सरकारी उपक्रमों/राष्ट्रीयकृत बैंकों की सूची

(2) कार्यसूची की मदें

(3) गत बैठक के कार्यवृत्त की पुष्टि

(4) गत बैठक में लिए निर्णयों पर की गई कार्रवाई

(5) विभिन्न कार्यालयों द्वारा भेजे गए आंकड़ों की समीक्षा-निर्धारित लक्ष्यों को दृष्टिगत रखते हुए निम्नानुसार:

   (क) कर्मचारियों का हिंदी ज्ञान एवं प्रशिक्षण

   (ख) हिंदी टाइप/हिंदी आशुलिपि के प्रशिक्षण की स्थिति

   (ग) हिंदी टाइपराइटरों की स्थिति

   (घ) धारा 3(3) के अंतर्गत जारी किए गए कागजात की स्थिति

(ङ) हिंदी में प्राप्त पत्रों की स्थिति

(च) पत्राचार की स्थिति

(छ) हिंदी कार्यशालाओं के आयोजन की स्थिति

(ज) हिंदी पदों की स्थिति

(घ) कार्यालय के प्रयोग में आने वाली सामग्री-फार्म, मोहरों, नामपट्टों आदि की स्थिति

(6) वर्ष...में हिंदी दिवस/सप्ताह तथा अन्य हिंदी प्रतियोगिताओं की स्थिति

(7) वार्षिक कार्यक्रम के अनुपालन की स्थिति

(8) अन्य कोई मद-अध्यक्ष की अनुमति से

यह जरूरी है कि नगर राजभाषा कार्यान्वयन समिति के अध्यक्ष तथा सदस्य कार्यालयों को राजभाषा संबंधी आदेशों की जानकारी रहे। इसलिए राजभाषा के सम्बन्ध में जारी किए गए आदेशों की एक-एक प्रति नगर राजभाषा कार्यान्वयन समिति के अध्यक्षों को सीधी भेज दी जाए ताकि वे नगर में समिति के सदस्य कार्यालयों को इनकी जानकारी दे दें। इन आदेशों की प्रतियां संबद्ध मंत्रालयों के माध्यम से उनके अधीनस्थ कार्यालयों के पास विधिवत भी आती रहेंगी।

3.8 (क) नगर राजभाषा कार्यान्वयन समितियों की बैठक पर होने वाले खर्च की प्रतिपूर्ति

भारत सरकार ने तत्काल प्रभाव से नगर राजभाषा कार्यान्वयन समतियों की बैठकों पर होने वाले खर्च के संबंध में 10 से 50 तक के सदस्य कार्यालयों वाली समिति को रुपए 3000/- प्रति बैठक (रु. 6000/- वार्षिक), 51 से 100 सदस्यों वाली समितियों को रुपए 5000/- प्रति बैठक (रू 10,000/-वार्षिक)और 101 से अधिक सदस्य संख्या वाली समिति को रुपए 6000/- प्रति बैठक (रू 12,000/- वार्षिक) करने की स्वीकृति प्रदान कर दी है। इन समितियों की सदस्य संख्या में कोई परिवर्तन होने पर इसकी सूचना राजभाषा विभाग को दी जाए ताकि तदनुसार उनकी प्रतिपूर्ति की राशि में अपेक्षित परिवर्तन किया जा सके।

[का.ज्ञा.सं. 12027/2/79-रा.भा.(ख-1), दि. 3-9-1979]

[का.ज्ञा.सं. 12024/9/87- रा.भा.(ख-2), दि. 30-6-1988]

[का.ज्ञा.सं. 12027/39/88- रा.भा.(ख-2), दि. 22-9-1988]

[का.ज्ञा.सं 12024/16/2011-रा.भा. (का.-2) दिनांक मई, 2012]

3.8.क.1 नगर राजभाषा कार्यान्वयन समितियों की बैठकों पर हुए व्यय की प्रतिपूर्ति तथा हिंदी के प्रयोग को बढ़ावा देने के लिए नराकासों के कुछ विशेष कार्य के संबंध में।

राजभाषा विभाग द्वारा अब नराकासों की बैठक पर हुए व्यय की प्रतिपूर्ति के संबंध में सदस्य-सचिव के हस्ताक्षर भी स्वीकार किए जाएंगे, क्योंकि कई स्थितियों में अध्यक्ष के हस्ताक्षर प्राप्त करने में काफी समय लग जाता है।

नराकासों के कुछ विशेष कार्य, उदाहरणार्थ: विकलांगों के लिए किए जाने वाले कार्यों, मेडिकल साइंस, रोबोटिक्स इत्यादि में भी हिंदी के प्रयोग को बढ़ावा देने के संबंध में नराकासें विचार कर सकती हैं।

का.ज्ञा.सं. 12027/03/2017-रा.भा.(का.-2) दिनांक 26.09.2018

3.8 (ख) नगर राजभाषा कार्यान्वयन समितियों की बैठकों की सूचना, कार्यसूची, कार्यवृत्त आदि इस विभाग को न भेज कर इसके क्षेत्रीय कार्यालयों को भेजा जाना।

1. यह निर्णय लिया गया है कि नगर राजभाषा कार्य समिति की बैठकों में राजभाषा विभाग (मुख्यालय) के वरिष्ठ अधिकारी यथासंभव भाग लेंगे, जैसा कि पूर्व में इस विभाग के दिनांक 3-9-1979 के कार्यालय ज्ञापन सं. 12027/2/79-रा.भा.(ख-1), में उल्लेख किया गया था। अतएव अनुरोध है कि इन बैठकों को आयोजित करने संबंधी सूचना कम से कम दो सप्ताह पूर्व इस विभाग को उपलब्ध कराई जाए जिससे कि संबंधित अधिकारीगण इन बैठकों में भाग ले सकें। कृपया इन बैठकों की कार्यसूची और कार्यवृत्त भी यथासमय इस विभाग को भिजवाने की व्यवस्था करें।
2. आपसे यह भी अनुरोध है कि नगर राजभाषा कार्यान्वयन समिति की बैठकें वर्ष में निर्धारित कैलेंडर के अनुसार दो बार आयोजित की जाएं और इन बैठकों में उपर्युक्त संदर्भित का.ज्ञा. दिनांक 3-4-1979 में इंगित विषयों पर प्रभावपरक चर्चा की जाए, जिससे कि समिति राजभाषा हिंदी के प्रगामी प्रयोग को बढ़ाने की दिशा में सार्थक भूमिका निभा सके।
3. ऐसा देखा गया है कि अधिकांश बैठक छमाहियों के अंत में बुलाई जाती हैं। राजभाषा विभाग के अधिकारी इन बैठकों में भाग ले सकें, इसके लिए यह आवश्यक है कि विभिन्न नगरों में बैठकों की तिथियां सारी छमाही में समरूप से निर्धारित की जाएं।

[का. ज्ञा.. सं. 12024/7/92-रा.भा.(ख-2) दि. 20-12-1993]

3.8 (ग) नगर राजभाषा कार्यान्वयन समितियों की अध्यक्षता बदले जाने के सम्बन्ध में कार्रवाई

(1) किसी नगर राजभाषा कार्यान्वयन समिति के अध्यक्ष के स्थानान्तरण/सेवानिवृत्त आदि हो जाने पर उनके स्थान पर आने वाले नए अधिकारी स्वत: ही नगर राजभाषा कार्यान्वयन समिति के अध्यक्ष माने जाएंगे। इस सम्बन्ध में राजभाषा विभाग द्वारा विशेष रूप से किसी नामांकन/कार्यालय ज्ञापन आदि जारी करने की आवश्यकता नहीं है, केवल इस परिवर्तन की सूचना यथाशीघ्र राजभाषा विभाग तथा इसके सम्बन्धित क्षेत्रीय कार्यान्वयन कार्यालय को भेजी जानी ही पर्याप्त है।

(2) समिति की अध्यक्षता एक कार्यालय से दूसरे कार्यालय को सौंपे जाने के मामले में राजभाषा विभाग की पूर्वानुमति आवश्यक है। यदि किसी विशेष कारण से किसी नगर राजभाषा कार्यान्वयन समिति की अध्यक्षता में परिवर्तन करना आवश्यक हो तो इसकी सूचना राजभाषा विभाग को दी जाए। राजभाषा विभाग द्वारा ही उस समिति विशेष के लिए नए अध्यक्ष का नामांकन किया जाएगा। आपसी स्तर पर ही समिति की अध्यक्षता एक कार्यालय से दूसरे कार्यालय को न सौंपी जाए।

[का. ज्ञा. सं. 12024/7/91- रा.भा.(ख-2), दि. 19-7-1991]

3.8 (घ) नगर राजभाषा कार्यान्वयन समितियों के सदस्य सचिवों को टेलीफोन सुविधा उपलब्ध कराना

1. वर्तमान में 165*[6] राजभाषा कार्यान्वयन समितियां देश के विभिन्न नगरों में कार्य कर रही हैं। इन समितियों के अध्यक्ष नगर में स्थित केंद्रीय सरकार के कार्यालयों आदि के वरिष्ठतम अधिकारियों में से कोई एक होते हैं जबकि समिति के सदस्य सचिव प्राय: वरिष्ठ हिंदी अधिकारी/हिंदी अधिकारी एवं राजभाषा से जुड़े अधिकारी होते हैं।
2. यह बात राजभाषा विभाग के ध्यान में लाई गई है कि समितियों के सदस्य सचिवों के पास टेलीफोन सुविधा प्राय: उपलब्ध नहीं होती। नगर राजभाषा कार्यान्वयन समितियों के सदस्य सचिव के रूप में हिंदी अधिकारी के कार्य काफी बढ़ जाते हैं क्योंकि समिति की बैठकों के आयोजन आदि के संबंध में उन्हें नगर में स्थित विभिन्न कार्यालयों आदि से तथा राजभाषा विभाग

6. वर्तमान में नराकासों की कुल संख्या 531 है।

के क्षेत्रीय कार्यान्वयन कार्यालय एवं राजभाषा विभाग (मुख्यालय) से भी सम्पर्क करना होता है। अत: यह आवश्यक हो जाता है कि इन्हें कार्यालय में सीधी टेलीफोन लाइन और यदि सम्भव हो तो उनके निवास पर भी टेलीफोन सुविधा उपलब्ध कराई जाए।

3. इस संबंध में मन्त्रालयों/विभागों का ध्यान राजभाषा विभाग के दिनांक 21-11-1984 के कार्यालय ज्ञापन संख्या 10/10/84-रा.भा. (सेवा) की ओर आकृष्ट किया जाता है जिसमें वरिष्ठ हिंदी अधिकारियों/हिंदी अधिकारियों को टेलीफोन सुविधा देने के बारे में अनुरोध किया गया था। इसी क्रम में मंत्रालयों/विभागों से पुन: अनुरोध है कि नगर राजभाषा कार्यान्वयन समितियों के सदस्य सचिवों/वरिष्ठ हिंदी अधिकारियों/हिंदी अधिकारियों को उनके कार्यालय एवं निवास स्थान पर टेलीफोन सुविधा दिए जाने के प्रस्तावों पर सहानुभूतिपूर्वक विचार करें।
4. अनुरोध है कि इस कार्यालय ज्ञापन में दिए गए निर्देशों को अपने सभी सम्बद्ध/अधीनस्थ कार्यालयों/उपक्रमों/बैंकों आदि के ध्यान में ला दें।

का.ज्ञा. सं. 12024/25/96-रा.भा. (का-2) दिनांक 1996

3.8.1 नगर राजभाषा कार्यान्वयन समितियों के माध्यम से राजभाषा नीति को प्रभावशाली ढंग से लागू करने के लिए दिशा-निर्देश।

नराकास के सदस्य कार्यालयों के पंजीकरण, तिमाही प्रगति रिपोर्ट की ऑनलाइन प्राप्ति, कार्यालय की श्रेणी निर्धारण आदि के संबंध में दिशा निर्देश इस प्रकार हैं:-

1. यदि एक ही नगर में एक कार्यालय की बहुत सी शाखाएं होती हैं जहां पर कार्मिकों की संख्या 8 या 8 से अधिक है, को सदस्य के रूप में स्वीकार किया जाए किन्तु कुल नराकासों की संख्या यथावत बनी रहेगी। जहां पर्याप्त प्रतिनिधित्व नहीं है अर्थात किसी जिले में जहां नराकास गठन के लिए 10 से कम सदस्य वाला कार्यालय हों, वहां 8 से कम कार्मिक होने पर भी वैसे कार्यालय/बैंक/उपक्रम जिनके अधिकारी वरिष्ठ हों, को नराकास का सदस्य कार्यालय बनाना प्रतिनिधित्व की दृष्टि से अनिवार्य होगा।
2. क्षेत्रीय कार्यावन्यन कार्यालयों को यह सुनिश्चित करना होगा कि सभी सदस्य कार्यालयों (जहां पर कार्मिकों की संख्या 8 या 8 से अधिक है) का पंजीकरण 15 दिन में पूर्ण हो तथा पंजीकृत कार्यालय तिमाही प्रगति रिपोर्ट नियमित रूप से भेजें।

3. विभाग द्वारा नराकासों के संबंध में जारी मार्गदर्शिका के साथ संलग्न 16/10/2017 को इस विषय पर हुई बैठक के कार्यवृत्त (अनुलग्नक 2 की पृ.सं. 2) की मद संख्या 12 में आंशिक संशोधन करते हुए पंजीकरण के लिए किसी भी स्तर के कार्यालय के स्थान पर कम से कम 8 स्टाफ संख्या होना अनिवार्य कर दिया गया है।

4. बोर्डों आदि के मामले में उनके मुख्यालय को छोड़कर शेष सभी कार्यालय (office) की श्रेणी में आएंगे। आकाशवाणी, दूरदर्शन, कर्मचारी राज्य बीमा निगम तथा राष्ट्रीय सहकारी विकास निगम कार्यालयों की श्रेणी में पंजीकरण करवाएंगे। भारतीय विमानपत्तन प्राधिकरण उपक्रमों की श्रेणी में आता है। केंद्रीय विद्यालय संगठन, सीएसआईआर (CSIR) तथा आईसीएआर (ICAR) अधीनस्थ कार्यालय ऑफिस की श्रेणी में पंजीकरण करवाएंगे।

5. वर्तमान में भारतीय रिजर्व बैंक के क्षेत्रीय कार्यालयों को केंद्र सरकार के कार्यालयों की श्रेणी में रखा गया है और इसी श्रेणी में उन्हें क्षेत्रीय पुरस्कार भी दिए जाते हैं। राजभाषा विभाग द्वारा निर्णय लिया गया है कि वर्ष 2018-19 से क्षेत्रीय राजभाषा पुरस्कारों के लिए भारतीय रिजर्व बैंक को बैंक की श्रेणी में रखा जाएगा।

का.ज्ञा.सं. 12027/03/2018-रा.भा.(का.-2) दिनांक 19.12.2018

3.9 हिंदी सलाहकार समितियां-गठन और कार्य

1. सरकार की राजभाषा नीति के सुचारू कार्यान्वयन के बारे में सलाह देने के उद्देश्य से विभिन्न मंत्रालयों/विभागों में हिंदी सलाहकार समितियों की व्यवस्था की गई है। इन समितियों के अध्यक्ष संबंधित मंत्री होते हैं और इनका गठन केंद्रीय हिंदी समिति (जिसके अध्यक्ष प्रधानमंत्री हैं) की सिफारिशों के आधार पर बनाये गए मार्गदर्शी सिद्धान्तों के अनुसार किया जाना अपेक्षित है। इनके मुख्य कार्य राजभाषा संबंधी संविधान, राजभाषा अधिनियम व नियम में निर्धारित सिद्धांतों तथा केंद्रीय हिंदी समिति और राजभाषा विभाग द्वारा सरकारी कामकाज के लिए हिंदी के प्रयोग के संबंध में निर्धारित नीतियों और निर्देशों के कार्यान्वयन में सलाह देना है।

2. संसदीय राजभाषा समिति ने यह सुझाव दिया था कि प्रत्येक विभाग में अलग हिंदी सलाहकार समिति बनाई जानी चाहिए। इस विभाग ने इस सुझाव पर

विचार करने के बाद और विभिन्न मंत्रालयों/विभागों के प्रतिनिधियों से केंद्रीय राजभाषा कार्यान्वयन समिति की बैठक में विचार-विमर्श के बाद इस मुद्दे को केंद्रीय हिंदी समिति की 2 दिसम्बर, 1987 को हुई बैठक में विचारार्थ रखा था। इस मुद्दे पर विस्तार से विचार करने के बाद समिति ने इस प्रस्ताव का अनुमोदन किया कि जिन विभागों के अधीन कार्यालय/उपक्रमों की संख्या काफी है, उनमें अलग-अलग सलाहकार समितियां बनाई जाएं। इस सिद्धान्त के अनुसार यह निर्णय लिया गया है कि विभिन्न मंत्रालयों/विभागों में निर्धारित व्यवस्था के अनुसार 43*[7] हिंदी सलाहकार समितियां गठित की जाएं। जिन मंत्रालयों में निर्धारित व्यवस्था के अनुसार एक से अधिक सलाहकार समितियां बनेंगी वहां संबंधित राज्यमंत्री/उपमंत्री को उपाध्यक्ष बनाया जाए ताकि मंत्री जी की अनुपस्थिति में वे समिति की अध्यक्षता कर सकें।

3. मौजूदा आर्थिक परिस्थिति में मितव्ययता की जरूरत को ध्यान में रखते हुए गैर-सरकारी सदस्यों के यात्राभत्ता आदि पर होने वाले खर्च में किफायत करने के उद्देश्य से केंद्रीय हिंदी समिति में यह भी निर्णय लिया गया कि सलाहकार समितियों में गैर-सरकारी सदस्यों की संख्या 15 से अधिक नहीं होनी चाहिए। इन गैर-सरकारी सदस्यों में मौजूदा प्रावधान के अनुसार दो संसद सदस्य लोकसभा से और दो राज्यसभा से होंगे तथा दो प्रतिनिधि संसदीय राजभाषा समिति से होंगे एक अखिल भारतीय हिंदी स्वैच्छिक संगठन का प्रतिनिधि और एक केंद्रीय सचिवालय हिंदी परिषद का प्रतिनिधि सदस्य रखे जाएं। किसी सलाहकार समिति के गठन/पुनर्गठन के प्रस्ताव के बारे में राजभाषा विभाग की औपचारिक सहमति संबंधित मंत्री के अंतिम आदेश लेने से पहले ली जानी चाहिए।

हिंदी सलाहकार समितियों के गठन के लिए मार्गदर्शी सिद्धांत

1. **सदस्य संख्या :-** वैसे कोई निश्चित सदस्य संख्या 'निर्धारित नहीं की जा सकती, क्योंकि प्रत्येक मंत्रालय को अपने कार्य के स्वरूप और क्षेत्र को देखते हुए यह संख्या निश्चित करनी होगी। सामान्यत: किसी भी समिति में 30 से अधिक सदस्य नहीं होने चाहिए, क्योंकि एक तो इससे विचार-विमर्श में सुविधा होगी और दूसरे, यात्रा और दैनिक भत्तों पर भी अधिक व्यय नहीं होगा।

---

7. वर्तमान में इनकी कुल संख्या 59 है।

2. **वर्गवार विभाजन :-**

(क) सरकारी सदस्य : स्पष्ट है कि मंत्रालय के मंत्री समिति के अध्यक्ष होंगे। राज्यमंत्री, उपमंत्री, सचिव, अपर सचिव तथा संबंधित संयुक्त सचिव समिति के पदेन सदस्य होंगे। साथ ही संबंद्ध और अधीनस्थ कार्यालयों के अध्यक्ष/महानिर्देशक, निगमों/आयोगों/उपक्रमों आदि के अध्यक्ष/प्रबंध निर्देशक/निर्देशक, आदि को भी समिति का पदेन सदस्य रखा जाए। (यदि मंत्री जी चाहें तो वे राज्यमंत्री/उपमंत्री को समिति का उपाध्यक्ष नामित कर दें, ताकि उनकी अनुपस्थिति में वे बैठक की अध्यक्षता कर सकें)।

राजभाषा विभाग के सचिव तथा भारत सरकार के हिंदी सलाहकार सभी समितियों के पदेन सदस्य रहेंगे। राजभाषा विभाग का एक अन्य प्रतिनिधि भी सभी समितियों में अवश्य रखा जाना चाहिए।

(ख) गैर सरकारी सदस्य : ऐसे व्यक्तियों को ही सदस्य नामित करना चाहिए जिन्हें हिंदी के प्रचार-प्रसार तथा विकास में विशेष रूचि हो और जो संबंधित मंत्रालय के कार्यकलाप की अच्छी जानकारी रखते हों।

समिति के सदस्यों को चुनते समय नीचे लिखी बातों का ध्यान रखा जाना चाहिए

(i) **संसद सदस्यों की संख्या:-** समिति के सामान्यत: संसद के 4 सदस्य हों-2 लोकसभा से और 2 राज्यसभा से। दो सदस्य (प्रतिनिधि) संसदीय राजभाषा समिति से हों।

(ii) **अन्य गैर सरकारी सदस्य:-**मंत्रालयों के कार्यक्षेत्र से संबंधित और हिंदी में रुचि रखने वाले व्यक्तियों के अतिरिक्त नीचे लिखी अखिल भारतीय हिंदी संस्थाओं से भी एक या दो प्रतिनिधि रखे जाने चाहिए:-

(1) अखिल भारतीय हिंदी संस्था संघ

(2) नागरी प्रचारणी सभा,

(3) राष्ट्रभाषा प्रचार समिति, वर्धा तथा

(4) हिंदी साहित्य सम्मेलन, प्रयाग।

केंद्रीय सचिवालय हिंदी परिषद के एक प्रतिनिधि को भी गैर-सरकारी सदस्य नामित किया जाए।

जहां तक हो सके दिल्ली के बाहर के सदस्यों की संख्या कम ही रखी जाए ताकि यात्रा और दैनिक भत्तों में मितव्ययता बरती जा सके।

(iii) जब कभी राजभाषा विभाग को ऐसा प्रतीत हो कि किसी खास वर्ग या क्षेत्र को किसी समिति में समुचित प्रतिनिधित्व नहीं मिल पाया है, तो वह उस समिति में अधिक से अधिक 3 व्यक्तियों को सदस्य नामित कर सकता है।

3. **राजभाषा विभाग से परामर्श :** सभी मंत्रालयों और विभागों को अपनी सलाहकार समितियों के गठन के बारे में राजभाषा विभाग से पूर्व परामर्श कर लेना चाहिए। इस बात का ध्यान रखा जाना चाहिए कि परामर्श संबंधित मंत्री के आदेश लेने से पहले किया जाए।

4. **समिति का कार्यक्षेत्र :** विभिन्न मंत्रालयों और विभागों की हिंदी सलाहकार समितियों का काम राजभाषा संबंधी संविधान, राजभाषा अधिनियम व नियम के उपबंधों, केंद्रीय हिंदी समिति के निर्णयों तथा गृह मंत्रालाय/राजभाषा विभाग द्वारा जारी किए गए निर्देशों/अनुदेशों के कार्यान्वयन के बारे में और संबंधित मंत्रालय विभाग के कामकाज में हिंदी के प्रगामी प्रयोग को बढ़ाने के बारे में सलाह देना है। यदि कोई हिंदी सलाहकार समिति राजभाषा नीति या उसके संबंध में जारी किये गये किसी निर्देश/अनुदेश में कोई परिवर्तन सुझाती है तो मंत्रालय/विभाग को चाहिए कि वे ऐसे सुझाव को राजभाषा विभाग को भेज दें और राजभाषा विभाग की पूर्व सहमति प्राप्त किए बिना उस पर अमल न करें।

5. **समिति का कार्यकाल:-** समिति का कार्यकाल सामान्यत: 3 वर्ष का होगा। किसी समिति से कार्यकाल की अवधि में यदि किसी व्यक्ति को समिति का सदस्य नामित किया जाता है तो वह उस समिति के कार्यकाल की शेष अवधि के लिए सदस्य होगा। विशेष परिस्थितियों में समिति का कार्यकाल संबंधित मंत्रालय, विभाग द्वारा कम या ज्यादा किया जा सकेगा।

6. **सलाहकार समिति में संसद सदस्यों की रिक्तियों को भरने के लिए तुरन्त कार्रवाई:-** हिंदी सलाहकार समितियां संबंधित मंत्री की अध्यक्षता में गठित उच्च स्तरीय समितियां है और ये संबंधित मंत्रालय/विभाग को महत्वपूर्ण सलाह देती है। इसलिए ऐसी समितियों में संसद सदस्यों के प्रतिनिधित्व का अभाव अधिक समय तक नहीं रहना चाहिए। इसलिए जब भी किसी संसद सदस्य के त्यागपत्र/मृत्यु या संसद में कार्यकाल समाप्त होने

आदि से रिक्ति की सूचना उन्हें संसदीय कार्य मंत्रालय से मिले तो वे अपनी हिंदी सलाहकार समिति में नए सदस्य नामित करवाने के लिए संसदीय कार्य मंत्रालय से शीघ्र अनुरोध करें। संसदीय कार्य मंत्रालय ने यह बताया है कि यदि कोई मंत्रालय/विभाग ऐसी परिस्थितियों में नये सदस्य के नामांकन के लिए उस मंत्रालय के पत्र का उत्तर 15 दिन तक नहीं देता तो संसदीय कार्य मंत्रालय स्वयं ऐसी रिक्ति भरने के लिए नये संसद सदस्य को मनोनीत करने की कार्रवाई शुरू कर लेगा।

[का. ज्ञा. सं. 11/20015/45/87-रा.भा.(क-2), दि. 15-3-1988]
[का. ज्ञा. सं. 11/20015/23/88-रा.भा.(क-2). दि. 29-6-1988]
[का. ज्ञा. सं. 11/20015/6/92- रा.भा.(क-2). दि. 10-6-1992]

7. संसदीय राजभाषा समिति ने अपने प्रतिवेदन (खंड-4) में निम्नलिखित सिफारिशें की हैं:-

हिंदी सलाहकार समितियां : समिति ने सिफारिश की है कि प्रत्येक मंत्रालय/विभाग के लिए अलग-अलग हिंदी सलाहकार समिति का गठन किया जाए। उनका समय-समय पर पुनर्गठन किया जाए। वर्ष में इनकी कम से कम 4 बैठकें आयोजित की जाएं तथा समितियों की सिफारिशों पर ठोस रूप से यथासमय अनुवर्ती कार्रवाई की जाए।

2. संसदीय राजभाषा समिति की यह सिफारिश इस संशोधन के साथ मान ली गई है कि जो बहुत छोटे-छोटे मंत्रालय/विभाग हैं, उनमें संयुक्त रूप से हिंदी सलाहकार समिति गठित की जाएं। शेष मंत्रालयों/विभागों की अलग-अलग हिंदी सलाहकार समितियां गठित की जाएं।
3. जिन मंत्रालयों/विभागों में हिंदी सलाहकार समितियों का कार्यकाल समाप्त हो चुका है या जिनका पुनर्गठन अन्यथा अपेक्षित है, वे इस संबंध में पुनर्गठन संबंधी प्रस्ताव राजभाषा विभाग को औपचारिक सहमति के लिए भेजने की कार्रवाई करें।

[का.ज्ञा.सं. 11/20015/6/92- रा.भा.(क-2). दि. 10-6-1992]

3.10 हिंदी सलाहकार समितियां, बैठकें, विचार, विषय

इन समितियों की बैठकें हर तिमाही में नियमित रूप से की जानी चाहिए। इन बैठकों में सदस्यों द्वारा भेजी गई मदों के अलावा राजभाषा विभाग द्वारा निर्धारित प्रोफार्मा में मंत्रालय/विभाग तथा संबद्ध/अधीनस्थ कार्यालयों/उपक्रमों आदि में हिंदी

के प्रयोग के बारे में विवरण, पिछली बैठक के कार्यवृत्त की पुष्टि और उस पर की गई अनुवर्ती कार्रवाई के तत्काल बाद, जानकारी और समीक्षा के लिए प्रस्तुत किया जाए।

विचारार्थ कुछ विशिष्ट मदें

केंद्रीय अधिनियमों के अन्तर्गत बनाए गए नियमों के हिंदी अनुवाद की स्थिति

केंद्रीय अधिनियमों के अन्तर्गत बनाए गए सभी नियमों के हिंदी अनुवाद समय पर उपलब्ध करवाने के उद्देश्य से इन नियमों के हिंदी अनुवाद और उनकी छपाई के काम पर निरन्तर निगरानी रखी जाए। यह निगरानी हिंदी सलाहकार समितियों के माध्यम से रखी जाएगी। अतः सभी मंत्रालय/विभाग अपने हिंदी सलाहकार समितियों की बैठकों की कार्य सूची में निम्नलिखित मद भी चर्चा के लिए रखेंगे :-

(1) केंद्रीय अधिनियमों के अन्तर्गत कुल कितने नियम हैं

(2) इनमें से कितनों का हिंदी अनुवाद हो चुका है,

(3) इनमें से कितने छप गए व वितरित किए गए हैं।

सेवा-कालीन विभागीय तथा पदोन्नति परीक्षाओं में हिंदी के विकल्प के बारे में स्थिति

1. निर्देश है कि केंद्रीय सरकार के सभी मंत्रालयों/विभागों, उनके संबंध और अधीनस्थ कार्यालयों और केंद्रीय सरकार के स्वामित्व में या नियंत्रणाधीन निगमों, उपक्रमों तथा बैंकों आदि में, चाहे वे किसी भी क्षेत्र में स्थित हों, सभी सेवाकालीन विभागीय तथा पदोन्नति परीक्षाओं में जिनमें अखिल भारतीय स्तर पर ली जाने वाली परीक्षाएं भी शामिल हैं, अभ्यार्थियों को इस बात की छूट दी जाए कि वे प्रश्न पत्रों के उत्तर हिंदी या अंग्रेजी में दे सकते हैं। ये भी निर्देश दिए गए हैं कि इन परीक्षाओं में सभी प्रश्न पत्रों को हिंदी तथा अंग्रेजी दोनों भाषाओं में तैयार कराया जाए और जहां साक्षात्कार लिया जाना अपेक्षित हो, वहां अभ्यर्थियों को पूछे गए प्रश्नों के उत्तर हिंदी में देने की छूट दी जाए।
2. मंत्रालय/विभाग कृपया निर्धारित प्रोफार्मा में इस बारे में वर्तमान स्थिति अपनी हिंदी सलाहकार समिति के सामने रखें। जिन परीक्षाओं में अभी तक उपरोक्त अनुसार हिंदी का विकल्प नहीं दिया गया है, उनमें ऐसा करने के लिए एक समयबद्ध कार्यक्रम बनाकर उस बारे में भी समिति को सूचित किया जाए और प्रगति समिति की हर बैठक में सदस्यों की जानकारी के लिए प्रस्तुत की जाए।

द्विभाषी इलेक्ट्रॉनिक टेलीप्रिन्टर/टेलेक्स तथा प्रशिक्षण संस्थानों में हिंदी के प्रयोग के बारे में स्थिति

उपर्युक्त विषय पर निम्नलिखित दो मदों को नियमित रूप से मंत्रालयों/विभागों की हिंदी सलाहकार समितियों की बैठकों की कार्यसूची में शामिल किया जाए :-

(क) **इलेक्ट्रॉनिक टेलीप्रिन्टर/टेलेक्स को द्विभाषी टेलीप्रिन्टर/टेलेक्स में परिवर्तित करना:-** केंद्रीय सरकार के सभी कार्यालयों, उपक्रमों, राष्ट्रीयकृत बैंकों आदि में केवल द्विभाषी टेलीप्रिन्टर/टेलेक्स ही खरीद या लीज पर लिए जाएं तथा जिन कार्यालयों में इस समय रोमन टेलीप्रिन्टर/टेलेक्स लीज पर लिए हैं, तो दूरसंचार विभाग को तुरन्त इनके बदले द्विभाषी इलेक्ट्रॉनिक टेलीप्रिन्टर/टेलेक्स लगाने के लिए अनुरोध करें। 'इस बात की पुष्टि की जाए कि इन अनुदेशों के अनुसार मंत्रालय/विभाग और उसके अधीन सभी कार्यालयों, उपक्रमों आदि ने दूरसंचार विभाग को लिख दिया है। इस बारे में सूचना समिति की बैठक में निर्धारित प्रोफार्मा में दी जाए।

(ख) **प्रशिक्षण संस्थानों में प्रशिक्षण में हिंदी के प्रयोग के लिए प्रारम्भिक कार्रवाई:-**निर्देश है कि सभी प्रशिक्षण संस्थानों में चाहे वो किसी भी क्षेत्र में स्थित हो, प्रशिक्षण सामग्री दोनों भाषाओं में तैयार कराई जाएं और प्रशिक्षणार्थियों की मांग के अनुसार हिंदी या अंग्रेजी में उन्हें उपलब्ध कराई जाए, और जिन प्रशिक्षकों को हिंदी का कार्यसाधक ज्ञान प्राप्त न हो, उन्हें हिंदी भाषा का प्रशिक्षण दिलाया जाए। इस संबंध में प्रगति पर विचार किया जाए। मंत्रालय/विभाग और उसके अधीन सभी उपक्रमों के प्रशिक्षण संस्थानों के बारे में सूचना निर्धारित प्रोफार्मे में समिति की बैठक में पेश की जाए। प्रशिक्षण संस्थान के प्रतिनिधि को भी इस मद पर और प्रकाश डालने के लिए समिति की बैठक में आमंत्रित किया जाए।

मंत्रालय/विभाग तथा उनके संबद्ध/अधीनस्थ कार्यालयों/उपक्रमों में हिंदी के प्रयोग की स्थिति की जानकारी प्रस्तुत करना

मंत्रालय/विभाग द्वारा निर्धारित प्रोफार्मों में अपने-अपने कार्यालयों की तथा संबद्ध अधीनस्थ कार्यालयों/उपक्रमों आदि में हिंदी के प्रयोग से संबंधित जानकारी प्रस्तुत की जाए।

[का.ज्ञा.सं. 11/20034/3/75-रा. भा.(क-2), दि. 18-9-1975]

[का.ज्ञा.सं. 11/20034/3/78-रा.भा.(क-2), दि. 8-9-1978]

[का.ज्ञा.सं.11/20034/5/79-रा.भा.(क-2). दि. 19-4-1979]
[का.ज्ञा.सं. 11/20034/3/86- रा.भा.(क-2). दि. 29-7-1987]
[का.ज्ञा.सं. 11/20034/1/87-रा.भा.(क-2) दि. 10-9-1987]
[का.ज्ञा.सं. 11/20034/4/87रा.भा.(क-2), दि. 13-1-1988]
[का.ज्ञा.सं.11/20034/2/88-रा.भा.(क-2), दि. 20-4-1988]
[का.ज्ञा.सं. 11/20034/3/86- रा.भा.(क-2), दि. 12-7-1988]

3.11 हिंदी सलाहकार समितियों की बैठकों में सरकारी सदस्यों की अनिवार्य व्यक्तिगत उपस्थिति

हिंदी सलाहकार समितियों में संबंधित मंत्रालयों के सम्बद्ध और अधीनस्थ कार्यालयों के अध्यक्ष, महानिर्देशक निर्देशक, महाप्रबंधक, प्रबंधक आदि भी सदस्य रखे जाते हैं। ये सदस्य कई बार बैठकों में स्वयं उपस्थित नहीं होते और न ही अपनी अनुपस्थिति के बारे में अग्रिम सूचना देते हैं। कई बार ऐसे कनिष्ठ अधिकारियों को बैठकों में भेज दिया जाता है जो सदस्य नहीं होते। विभागाध्यक्षों, महाप्रबंधकों आदि के स्वयं बैठक में न होने से उनके संगठनों में राजभाषा नीति के कार्यान्वयन की चर्चा के समय असुविधा होती है। इसलिए जो अधिकारी समिति के सदस्य नामित किए गए हैं वे बैठकों में स्वयं उपस्थित रहें। यदि अपरिहार्य कारणों से कोई सरकारी सदस्य स्वयं शामिल नहीं हो सकता तो उपयुक्त स्तर का अपना प्रतिनिधि भेज दें किन्तु उसकी सूचना बैठक से पहले विभाग के सचिव या/समिति के सदस्य सचिव को दे दी जानी चाहिए ।

[का.ज्ञा.सं.11/20034/2/87 -रा. भा. (क-2), दिनांक 17-11-1987]

3.12 हिंदी सलाहकार समितियों की उप-समितियां/निरीक्षण समितियां गठित न करना

केंद्रीय हिंदी समिति के निर्णय के अनुसार हिंदी सलाहकार समितियों की निरीक्षण उप-समितियां गठित न की जाएं।

[का.ज्ञा.सं. 11/20034/4/79- रा.भा.(क-2). दिनांक 19-4-1979]
[का.ज्ञा.सं. 1/20015/20/84-रा.भा.(क-2). दिनांक 17-10-1984]

3.13 हिंदी सलाहकार समितियों के गैर-सरकारी सदस्यों को दैनिक भत्ता

वित्त मंत्रालय के दिनांक 23-6-1986 के का. ज्ञा. सं 19020/1/84-स्था-IV के अन्तर्गत विभिन्न प्रकार की समितियों/आयोगों के गैर-सरकारी सदस्यों को देय दैनिक भत्तों की दरों में संशोधन किया गया है। इन आदेशों के अन्तर्गत हिंदी

सलाहकार समितियों' के गैर-सरकारी सदस्यों को भते देने के प्रयोजन के लिए इन समितियों को उच्च स्तरीय समितियां माना जाए।

[का. ज्ञा. सं 11/20034/4/86- रा. भा.(क-2). दिनांक 22-1-1987]

3.14 मंत्रालयों/विभागों की पूर्व हिंदी सलाहकार समिति की अंतिम बैठक के विचार-विमर्श तथा विचार विमर्श के दौरान लिए गए निर्णयों की पुनर्गठित हिंदी सलाहकार समिति की पहली बैठक में समीक्षा

हिंदी सलाहकार समितियों की सेवाएं मंत्रालयों/विभागों को राजभाषा नीति को चलाने के लिए चिरकाल तक उपलब्ध करवाई गई हैं। इसलिए आवश्यक है कि सलाहकार समितियों के पुनर्गठन के बावजूद भी इनकी सलाह और निर्णयों पर कार्रवाई लगातार होती रहे। अत: पूर्व समिति की आखिरी बैठक के कार्यवृत्त पर नई समिति की प्रथम बैठक में कार्रवाई की समीक्षा करवाई जाए। सभी मंत्रालयों/विभागों से अनुरोध है कि वे अपनी हिंदी सलाहकार समितियों की बैठकों के लिए उपरोक्त प्रक्रिया अपनाने की कृपा करें।

[का.ज्ञा.सं. 11/20015/43/94 रा.भा.(क.-2) दिनांक 17-10-1994]

3.15 हिंदी सलाहकार समितियों के गठन/पुनर्गठन के संबंध में संशोधित व्यवस्था।

यह निर्णय लिया गया है कि मंत्रालयों/विभागों द्वारा हिंदी सलाहकार समितियों में नामित 4 गैर-सरकारी सदस्यों में से हर प्रस्तावित सदस्य को निम्नलिखित दो शर्तें पूरी करनी होंगी :-

(i) प्रस्तावित गैर-सरकारी सदस्य को संबंधित विभाग मंत्रालय द्वारा निष्पादित विषय तथा उसके कार्यक्षेत्र का अच्छा एवं पर्याप्त परिचय या ज्ञान होना चाहिए, और

(ii) उपरोक्त के साथ-साथ नामित सदस्य, राजभाषा हिंदी में लेखन या/प्रचार-प्रसार या प्रकाशन या और राजभाषा नीति के कार्यान्वयन से निष्ठा के साथ जुड़ा होना चाहिए।

2. यह भी निर्णय लिया गया है कि हिंदी सलाहकार समिति के पुनर्गठन की प्रस्तावना भेजते समय मंत्रालयों/विभागों की ओर से प्रस्तावित गैर-सरकारी सदस्यों का संक्षिप्त परिचय तथा किस प्रकार वे उपर्युक्त दोनों शर्तों को पूरा करते हैं, के बारे में राजभाषा विभाग को जानकारी देना अनिवार्य होगा।

3. सभी मंत्रालयों/विभागों से अनुरोध है कि तत्काल प्रभाव से, पुनर्गठन का

प्रस्ताव, उपर्युक्त बातों को ध्यान में रखकर ही भेजें, ताकि पुनर्गठन की प्रक्रिया में अनावश्यक देरी से बचा जा सके।

(का.ज्ञा.सं. II/20015/9/97-रा.भा. (नीति-II), दिनांक 30.4.1997)

3.15.1 विभिन्न मंत्रालयों/विभागों की हिंदी सलाहकार समितियों में गैर-सरकारी सदस्य नामित करने के लिए सूची तैयार करना।

विभिन्न मंत्रालयों/विभागों की हिंदी सलाहकार समिति में राजभाषा विभाग की ओर से अधिक से अधिक तीन-तीन गैर-सरकारी सदस्यों को नामित करने का प्रावधान है। इन गैर-सरकारी सदस्यों की योग्यता मुख्य रूप से निम्न प्रकार होनी चाहिए :

i. किसी मंत्रालय/विभाग द्वारा निष्पादित विषय तथा उसके कार्यक्षेत्र का अच्छा एवं पर्याप्त परिचय या ज्ञान, और

ii. राजभाषा हिंदी में लेखन का प्रचार-प्रसार या प्रकाशन या/और राजभाषा नीति के कार्यान्वयन से निष्ठा के साथ जुड़े हुए हों, और

iii. वांछनीय हिंदी में स्नातक या स्नातकोत्तर डिग्री

(का.ज्ञा.सं. II/21034/3/98-रा.भा. (नीति-2), दिनांक 19.4.1999)

3.15.2 हिंदी सलाहकार समितियों के गैर-सरकारी सदस्यों को हवाई जहाज से आने जाने का मार्ग व्यय

वित्त मंत्रालय के दिनांक 8 अक्टूबर, 1982 के कार्यालय ज्ञापन संख्या एफ 19024/7/22-ई-iV में दिए गए प्रावधानों के अनुसार मंत्रालयों/विभागों के सचिवों को अधिकार दिया गया है कि वे निम्नलिखित गैर-सरकारी सदस्यों को हवाई जहाज की सुविधा दे सकते हैं–

(i) सेवानिवृत्त सरकारी कर्मचारी, जो सेवाकाल में विमान यात्रा के पात्र थे,

(ii) विश्वविद्यालयों, संस्थाओं व स्वायत्तशासी संस्थाओं के हवाई यात्रा के पात्र कर्मचारी

(iii) अपने विषय के विशेषज्ञ गैर-सरकारी व्यक्ति।

हिंदी सलाहकार समिति के गैर-सरकारी सदस्य उपर्युक्त उप पैरा (iii) की श्रेणी में आते हैं। इससे यह स्पष्ट है कि ऐसे गैर-सरकारी सदस्यों को संबंधित सचिव की आज्ञा से हवाई यात्रा की सुविधा प्रदान किए जाने के बारे में प्रावधान पहले से ही मौजूद है। सभी मंत्रालय विभाग इसी प्रावधान के अनुसार अपने सचिव की अनुमति

से विशेषज्ञ गैर-सरकारी सदस्यों को हवाई यात्रा की सुविधा गुण-दोष के आधार पर तथा उपरोक्त आदेश में निहित पूर्व शर्तों को ध्यान में रख प्रदान कर सकते हैं।

(का.ज्ञा.सं. 20015/7/96- रा.भा. (नीति-2), दिनांक 2.6.1998)

3.15.3 हिंदी सलाहकार समितियों की बैठकों में राजभाषा नीति के कार्यान्वयन संबंधी सही आंकड़े प्रस्तुत करना।

सभी मंत्रालय/विभाग राजभाषा हिंदी के प्रयोग के संबंध में त्रैमासिक प्रगति रिपोर्ट आदि के माध्यम से जो आंकड़े भेजते हैं, उनकी सत्यता प्रमाणित करने का दायित्व विभागाध्यक्ष का है। अत: विभागाध्यक्ष इस प्रकार की रिपोर्टों पर हस्ताक्षर करने से पूर्व उनमें दिए गए आंकड़ों की सत्यता सुनिश्चित कर लें ताकि हिंदी सलाहकार समिति आदि को सही सूचना दी जा सके और उनकी बैठकों में लाभकारी विचार-विमर्श/मंत्रणा हो सके।

का.ज्ञा.सं.-11/20015/9/2000-रा.भा. (नीति- 2), दिनांक 30.3.2000

3.15.4 हिंदी सलाहकार समितियों द्वारा अपनी बैठकों में विचार किए जाने वाली मदें

मंत्रालयों/विभागों द्वारा हिंदी सलाहकार समितियों की बैठकों को पूरी तैयारी के साथ आयोजित किया जाए और उनमें निम्नलिखित विषयों पर चर्चा की जाए और समिति का मार्गदर्शन प्राप्त किया जाए-

(i) राजभाषा नीति के कार्यान्वयन संबंधी तिमाही प्रगति रिपोर्ट की मदों पर चर्चा।

(ii) केंद्रीय अधिनियम/नियमों के हिंदी अनुवाद की स्थिति

(iii) सेवाकालीन विभागीय तथा पदोन्नति परीक्षाओं में हिंदी का विकल्प देने के बारे में स्थिति।

(iv) द्विभाषी इलेक्ट्रानिक उपकरणों के प्रयोग की स्थिति।

(v) प्रशिक्षण संस्थानों में प्रशिक्षण सामग्री द्विभाषी रूप में उपलब्ध कराना तथा प्रशिक्षकों को हिंदी का कार्यसाधक ज्ञान उपलब्ध कराना

(vi) सम्बद्ध/अधीनस्थ कार्यालयों/उपक्रमों आदि में हिंदी के प्रयोग की स्थिति

(vii) पिछली बैठक के कार्यवृत्त की पुष्टि।

(viii) उस पर की गई अनुवर्ती कार्रवाई।

(ix) उच्च अधिकारियों द्वारा हिंदी में टिप्पणी।

(x) पत्रिकाओं में मंत्रालयों/विभागों से संबंधित विषय वस्तुओं पर लेख।

(xi) विभागीय बैठकों में हिंदी का प्रयोग।

(xii) मंत्रालयों/विभागों से संबंधित विषय वस्तुओं पर कार्यशालाओं/संगोष्ठियों का आयोजन।

(xiii) तकनीकी विषयों पर हिंदी में लेख तैयार करवाना।

(xiv) वेबसाइट के द्विभाषीकरण तथा उस पर हिंदी में उपलब्ध कराई गई जानकारी की स्थिति।

2. सदस्यों से लाभकारी सलाह प्राप्त करने के उद्देश्य से, इन मदों के बारे में समिति के सदस्यों को सूचित किया जाना चाहिए ताकि इन विषयों पर विचार-विमर्श करके वे अपनी सलाह दे सकें। इस पत्र की एक प्रतिलिपि सलाहकार समितियों के सभी सदस्यों को उनकी सूचना के लिए भी भेजी जाए।

का.ज्ञा.सं. II/20015/8/2000 रा.भा. (नीति-2), दिनांक 7.4.2000

3.15.5.1 केंद्रीय मंत्रालयों/विभागों में गठित हिंदी सलाहकार समितियों की बैठकों में माननीय सदस्यों के विचारार्थ महत्वपूर्ण बिंदुओं की चैक लिस्ट।

केन्द्र सरकार के मंत्रालयों/विभागों में राजभाषा नीति के सुचारू कार्यान्वयन एवं राजभाषा हिंदी के प्रगामी प्रयोग हेतु सलाह देने के उद्देश्य से हिंदी सलाहकार समितियों के गठन की व्यवस्था की गयी है।

2. संघ सरकार की राजभाषा नीति के प्रभावी अनुपालन के लिए विभिन्न मंत्रालयों/विभागों में गठित हिंदी सलाहकार समितियां एक अत्यंत सशक्त मंच हैं। इस उद्देश्य की प्राप्ति के लिए राजभाषा विभाग ने व्यापक चिंतन के पश्चात हिंदी सलाहकार समिति की बैठक में हिंदी सलाहकार समितियों के माननीय सदस्यों के विचारार्थ महत्वपूर्ण बिंदुओं की सूची (चैकलिस्ट) तैयार की है। बैठक में सदस्यों के विचारार्थ कुछ महत्वपूर्ण राजभाषा संबंधी बिंदुओं को सूचीबद्ध किया है जो कि संलग्न है।

3. भारत सरकार के सभी मंत्रालयों/विभागों से अनुरोध है कि वे हिंदी सलाहकार समिति की बैठकों में चैक लिस्ट में उल्लिखित बिंदुओं पर आवश्यक रूप से विचार कर मंत्रालय/विभाग को उपयुक्त मार्गदर्शन देने की कृपा करें। यह मार्गदर्शक सूची है न कि स्वतः संपूर्ण सूची। मंत्रालयों/विभागों में संबंधित संयुक्त सचिव, इंचार्ज राजभाषा/निर्देशक, इंचार्ज राजभाषा तथा

निर्देशक/संयुक्त निर्देशक/उप निर्देशक/सहायक निर्देशक, राजभाषा इकाई, इन बिंदुओं पर चर्चा सुनिश्चित कराएंगे।

विभिन्न मंत्रालयों/विभागों की हिंदी सलाहकार समितियों की बैठकों के लिए चेक लिस्ट (अधोलिखित सुझावित समीक्षा बिंदुओं में मंत्रालय/विभाग के अधीनस्थ/संबद्ध एवं स्वायत्त इकाइयों को भी शामिल किया जाये)

हिंदी पदों की स्थिति व हिंदी अधिकारियों के पदोन्नति के अवसर

1. क्या न्यूनतम हिंदी पदों के सृजन के लिए निर्धारित मानकों के अनुसार पद सृजित हैं और भरे हुए हैं या नहीं? तो इस संबंध में की जा रही/की गई कार्रवाई।
2. मंत्रालयों/विभाग के संबद्ध कार्यालयों में हिंदी का कामकाज कर रहे कार्मिकों के लिए संवर्ग की स्थापना व उसका विवरण या अन्य उपायों द्वारा उन्हें पदोन्नति के पर्याप्त अवसर प्रदान करना।
3. कनिष्ठ अनुवादकों को सेवा प्रदाता के माध्यम से आउटसोर्स कर रिक्तियों को भरने की स्थिति।

राजभाषा नीति का कार्यान्वयन

i. क्या राजभाषा अधिनियम की धारा 3(3) के अंतर्गत द्विभाषी स्वरूप में जारी होने वाले अभिलेखों को सुनिश्चित ढंग से सूचीबद्ध किया गया है? यदि हां तो ऐसे कुल अभिलेखों की संख्या।

   (राजभाषा अधिनियम, 1963 की धारा 3(3): उपधारा (1) में अन्तर्विष्ट किसी बात के होते हुए भी हिंदी और अंग्रेज़ी भाषा दोनों ही–

   (i) संकल्पों, साधारण आदेशों, नियमों, अधिसूचनाओं, प्रशासनिक या अन्य प्रतिवेदनों या प्रेस विज्ञप्तियों के लिए, जो केन्द्रीय सरकार द्वारा या उसके किसी मंत्रालय, विभाग या कार्यालय द्वारा या केन्द्रीय सरकार के स्वामित्व या नियंत्रण में के किसी निगम या कंपनी द्वारा या ऐसे निगम या कम्पनी के किसी कार्यालय द्वारा निकाले जाते है या किए जाते हैं;

   (ii) संसद के किसी सदन या सदनों के समक्ष रखे गए प्रशासनिक तथा अन्य प्रतिवेदनों और राजकीय कागज-पत्रों के लिए;

   (iii) केंद्रीय सरकार या उसके किसी मंत्रालय, विभाग या कार्यालय द्वारा या उसकी ओर से या केन्द्रीय सरकार के स्वामित्व में के या नियंत्रण में के किसी निगम या कंपनी द्वारा या ऐसे निगम या कंपनी के

किसी कार्यालय द्वारा निष्पादित संविदाओं और करारों के लिए तथा निकाली गई अनुज्ञप्तियों, अनुज्ञापत्रों, सूचनाओं और निविदा-प्रारूपों के लिए, प्रयोग में लाई जाएगी।

I. राजभाषा नियम 1976 के नियम 5 के अंतर्गत मंत्रालय/विभाग द्वारा निर्धारित प्रपत्र में दी गई सूचना की विस्तृत समीक्षा हो।
(नियम 5:- हिंदी में प्राप्त पत्रादि के उत्तर केन्द्रीय सरकार के कार्यालय से हिंदी में दिए जाएंगे।

II. राजभाषा नियम 1976 के नियम 11 के अंतर्गत मंत्रालय/विभाग द्वारा निर्धारित प्रपत्र में दी गई सूचना की विस्तृत समीक्षा हो।
नियम 11:- (मैनुअल, संहिताएं, प्रक्रिया संबंधी अन्य साहित्य लेखन सामग्री आदि)
   (1) केन्द्रीय सरकार के कार्यालयों से संबंधित सभी मैनुअल, संहिताएं और प्रक्रिया संबंधी अन्य साहित्य, हिंदी और अंग्रेज़ी में द्विभाषिक रूप में यथास्थिति, मुद्रित या साइक्लोस्टाइल किया जाएगा और प्रकाशित किया जाएगा।
   (2) केन्द्रीय सरकार के किसी कार्यालय में प्रयोग किए जाने वाले रजिस्टरों के प्रारूप और शीर्षक हिंदी और अंग्रेज़ी में होंगे।
   (3) केन्द्रीय सरकार के किसी कार्यालय में प्रयोग के लिए सभी नामपट्ट, सूचना पट्ट, पत्र शीर्ष और लिफाफों पर उत्कीर्ण लेख तथा लेखन सामग्री की अन्य मदें हिंदी और अंग्रेज़ी में लिखी जाएंगी, मुद्रित या उत्कीर्ण होंगी)

5. हिंदी प्रयोग संबंधी वार्षिक लक्ष्यों की प्राप्ति के आंकडों के लक्ष्यों एवं पिछले वर्ष के आंकड़ों से तुलना करते हुए उपलब्धियों को आगे बढ़ाने के लिए किए जा रहे प्रयासों की समीक्षा।
6. तिमाही प्रगति रिपोर्ट में दिये गए आंकड़ों के तथ्यपरक होने संबंधी औचक जांच परिणाम।
7. संसदीय राजभाषा समिति के सभी 08 खंडों में की गई संस्तुतियों पर पारित वे आदेश जिन पर संबंधित मंत्रालयों द्वारा कार्रवाई की जानी अपेक्षित थी, लेकिन अभी तक नहीं की गई है।
8. उपक्रमों द्वारा हिंदी के प्रसार कार्य में किए गए योगदान की स्थिति।
9. मंत्रालय/विभाग में प्रोत्साहन योजनाओं की स्थिति

कंप्यूटर एवं वेबसाइट

10. (क) वेबसाइट अनिवार्य रूप से द्विभाषी हैं या नहीं;
    (ख) क्या हिंदी की वेबसाइट भी अंग्रेज़ी की वेबसाइट की तरह पूर्ण है और समय-समय पर अद्यतित की जाती है।
    (ग) वेबसाइट के रख रखाव की व्यवस्था
11. (क) सभी कंप्यूटरों पर यूनिकोड में हिंदी कार्य करने की सुविधा सक्रिय कराने एवं कंप्यूटर पर हिंदी कार्य करने के लिए उपलब्ध सॉफ्टवेयरों के प्रयोग संबंधी जानकारी/प्रशिक्षण की स्थिति।
    (ख) सी-डैक व एन.आई.सी. से उपलब्ध तकनीकी सहायता
12. विभाग (मंत्रालय में सामान्यत: प्रयोग होने वाले पत्रों/कार्यालय ज्ञापन/फार्म) के दस्तावेजों के हिंदी प्रारूप को वेबसाइट पर उपलब्ध कराने की स्थिति

प्रशिक्षण

13. हिंदी भाषा, टाइपिंग, स्टेनोग्राफी, अनुवाद के प्रशिक्षण की स्थिति की समीक्षा। जिन कर्मचारियों/अधिकारियों को हिंदी का कार्यसाधक ज्ञान नहीं है उनको वर्ष 2025 तक हिंदी भाषा का प्रशिक्षण दिलाने के लिए नामित किये जाने की कार्ययोजना की स्थिति।

शब्द कोश/संचय

14. (क) संबंधित कार्यक्षेत्र की अंग्रेज़ी हिंदी शब्दावली तैयार करने एवं उसके उपलब्ध कराने (वेबसाइट पर रखने सहित) की स्थिति।
    (ख) वैज्ञानिक एवं तकनीकी शब्दावली आयोग, मानव संसाधन विकास मंत्रालय द्वारा तैयार किए गए शब्द-संचय की उपलब्धता की स्थिति
    (ग) सी डैक द्वारा तैयार किए ई-महाशब्दकोष की उपलब्धता व उपयोगिता की स्थिति।

अन्य

15. संबंधित मंत्रालय/विभाग/कार्यालय से प्राप्त मामला, जो राजभाषा विभाग में लंबित है या राजभाषा विभाग द्वारा उनके साथ उठाया गया कोई मुद्दा।

का.ज्ञा.सं. II/20015/03/2011-रा.भा. (नीति-2) दिनांक मई 2011

3.15.6 हिंदी सलाहकार समितियों में गैर-सरकारी सदस्यों के चयन के लिए मार्गदर्शी सिद्धांत

विभिन्न मंत्रालयों/विभागों की हिंदी सलाहकार समिति में संबंधित मंत्रालय/विभाग द्वारा हिंदी व राजभाषा के विद्वान गैर-सरकारी सदस्य के रूप में नामित किए जाते हैं। दिनांक 30.04.1997 के का.ज्ञा. सं-II/20015/9/97-राभा (नीति-2) द्वारा जारी हिंदी सलाहकार समितियों के गठन पुनर्गठन से संबंधित मार्गदर्शी सिद्धांतों में यह स्पष्ट किया गया है कि ऐसे गैर-सरकारी सदस्यों को नामित करते समय निम्नलिखित शर्तों का ध्यान रखा जाना चाहिए:-

(i) प्रस्तावित गैर-सरकारी सदस्य को संबंधित मंत्रालय/विभाग द्वारा निष्पादित विषय तथा उसके कार्यक्षेत्र का अच्छा एवं पर्याप्त ज्ञान होना चाहिए।

(ii) उपरोक्त के साथ-साथ नामित सदस्य राजभाषा हिंदी में लेखन या प्रचार-प्रसार या प्रकाशन और राजभाषा नीति के कार्यान्वयन से निष्ठा से जुड़ा होना चाहिए।

2. यह देखने में आया है कि कुछ व्यक्ति एक साथ कई मंत्रालयों/विभागों की समितियों के लिए गैर सरकारी सदस्य के रूप में नामित हो जाते हैं जिससे वे अपने कार्य के साथ न्याय नहीं कर पाते। फलस्वरूप कई अन्य उच्च कोटि के विद्वान जिनकी सेवाओं से मंत्रालयों/विभागों की सलाहकार समितियां लाभान्वित हो सकती है, गैर-सरकारी सदस्य के रूप में नामित न हो पाने के कारण इनमें अपना सहयोग नहीं दे पाते। अत: इस संदर्भ में पहले से जारी शर्तों में निम्नलिखित शर्तें भी जोड़ने का निर्णय लिया गया है:-

   (i) कोई भी व्यक्ति एक समय में दो से अधिक हिंदी सलाहकार समितियों में गैर-सरकारी सदस्य के रूप में नामित न किया जाए (इसे सुनिश्चित करने के लिए प्रत्येक मंत्रालय/विभाग गैर-सरकारी सदस्यों के नामांकन से पूर्व उनसे यह जानकारी ले लें कि क्या वे इससे पूर्व किसी मंत्रालय विभाग की हिंदी सलाहाकार समिति के सदस्य हैं या नहीं और यदि हां तो मंत्रालय विभाग का नाम तथा तिथि जब से वे सदस्य हैं)

   (ii) गैर-सरकारी सदस्य ऐसे हों जिनकी समाज में छवि अच्छी हो तथा जो नि:स्वार्थ भाव से राजभाषा हिंदी के प्रचार-प्रसार हेतु उपयोगी एवं व्यावहारिक सुझाव दे सकें।

(iii) मंत्रालय/विभाग द्वारा नामित किए जाने वाले गैर-सरकारी सदस्यों के लिए लोक सभा/राज्य सभा के सदस्यों तथा राज्यों की विधान सभाओं/विधान परिषदों के सदस्यों को नामित न किया जाए।

(iv) राजभाषा विभाग द्वारा नामित किए जाने वाले सदस्य सामान्यत: उन राज्यों से होंगे जिन्हें उस समिति में समुचित प्रतिनिधित्व नहीं मिला हो।

3. सभी मंत्रालयों/विभागों से अनुरोध है कि वे अपनी हिंदी सलाहकार समिति के गठन/पुनर्गठन करते समय उपर्युक्त बातों का ध्यान रखें।

(का.ज्ञा.सं.-II/20015/4/2000- रा.भा. (नीति-2), दिनांक 31.5.2000)

(का.ज्ञा.सं. 11/20015/8/2000- रा.भा. (नीति-2), दिनांक 7.4.2000)

3.16 हिंदी दिवस/पखवाड़ा/मास आदि के अवसर पर नगर राजभाषा कार्यान्वयन समितियों की बैठकों/समारोहों में स्वैच्छिक संस्थाओं के प्रतिनिधियों को भी आमन्त्रित किया जाना

नगर राजभाषा कार्यान्वयन समितियों की बैठकों में केंद्रीय सचिवालय हिंदी परिषद को प्रतिनिधित्व देने के संबंध में राजभाषा विभाग के कार्यालय ज्ञापन संख्या 1/14011/12/76-रा.भा.(क-1). दिनांक 22 नवंबर 76 की निरंतरता में यह निर्णय लिया गया है कि नगर राजभाषा कार्यान्वयन समितियों द्वारा हिंदी दिवस/पखवाड़ा/मास आदि के अवसर पर आयोजित की जाने वाली बैठकों/समारोहों में केंद्रीय सचिवालय हिंदी परिषद के साथ-साथ उस नगर या क्षेत्र में कार्यरत अन्य हिंदी संस्थाओं एवं हिंदी से जुड़ी स्वैच्छिक संस्थाओं जैसे अखिल भारतीय हिंदी संस्था संघ, नागरी प्रचारिणी सभा, राष्ट्रभाषा प्रचार समिति हिंदी, साहित्य सम्मेलन, केरल हिंदी प्रचार सभा तथा दक्षिण भारत हिंदी प्रचार सभा आदि के प्रतिनिधियों को (यदि नगर में इनके कार्यालय हों) आमन्त्रित करना भी उचित होगा।

[का.ज्ञा.सं. 12024/14/94-रा.भा.(ख-2) दिनांक 6-6-1994]

3.17 क्षेत्रीय कार्यान्वयन कार्यालयों द्वारा आयोजित कार्यक्रमों तथा नगर राजभाषा कार्यान्वयन समितियों की बैठकों में हिंदी शिक्षण योजना के अधिकारियों को बुलाने के संबंध में

यह देखा गया है कि विभिन्न नगरों में स्थित नगर राजभाषा कार्यान्वयन समितियों की बैठकों एवं क्षेत्रीय कार्यान्वयन कार्यालयों द्वारा आयोजित सम्मेलनों, सेमिनारों, संगोष्ठियों आदि में हिंदी शिक्षण योजना के अधिकारियों की प्रभावी रूप से

सहभागिता प्राप्त नहीं की जाती, जिससे हिंदी प्रशिक्षण की समस्याओं पर विचार नहीं हो पाता है। उल्लेखनीय है कि सरकारी कर्मचारियों के सेवाकालीन प्रशिक्षण की राजभाषा नीति के कार्यान्वयन में अहम भूमिका है। उपर्युक्त के परिप्रेक्ष्य में निर्णय लिया गया है कि उक्त बैठकों, सम्मेलनों, सेमिनारों आदि में हिंदी शिक्षण योजना के अधिकारियों और प्राध्यापकों को भी निमंत्रित किया जाए।

[का.ज्ञा.सं.20001/58/93-रा.भा.(ख-2) दिनांक 13-6-1994]

3.17.1 नगर राजभाषा कार्यान्वयन समितियों की स्थानीय बैठकों में केंद्रीय हिंदी प्रशिक्षण संस्थान/उपसंस्थानों तथा केंद्रीय अनुवाद ब्यूरो के अधिकारियों को आमंत्रित किया जाना

यह निर्णय लिया गया है कि नगर राजभाषा कार्यान्वयन समितियों की स्थानीय बैठकों में क्षेत्रीय कार्यान्वयन कार्यालयों के अधिकारियों के अतिरिक्त हिंदी शिक्षण योजना, केंद्रीय हिंदी प्रशिक्षण संस्थान तथा केंद्रीय अनुवाद ब्यूरो के अधिकारी भी सदस्य के रूप में भाग लेंगे। अत: सभी नगर राजभाषा कार्यान्वयन समितियों के अध्यक्षों से अनुरोध है कि समिति की अर्ध-वार्षिक बैठकों में केंद्रीय अनुवाद ब्यूरो/केंद्रीय हिंदी प्रशिक्षण संस्थान के स्थानीय उपकेन्द्रों के अधिकारियों को भी सदस्य के रूप में आमंत्रित किया जाए।

का.ज्ञा. सं. 12024/8/95-रा.भा. (का-1), दिनांक 16.6.1995

3.18 राजभाषा विभाग द्वारा विद्वानों की सूची तैयार करने संबंधी मार्गदर्शी सिद्धांत।

राजभाषा विभाग द्वारा राजभाषा हिंदी के प्रभावी कार्यान्वयन की दिशा में हिंदी के विद्वानों की सूची तैयार की जाती है, जिसको एक समिति के माध्यम से विभिन्न स्रोतों से प्राप्त विद्वानों के जीवन-वृत्तों का मूल्यांकन कर इस सूची में डाला जाता है। राजभाषा हिंदी के विद्वानों को गैर सरकारी सदस्य के रूप में शामिल करने के लिए अब निम्नलिखित मापदंड निर्धारित किए जाते हैं, जो इस कार्यालय ज्ञापन को जारी करने की तिथि से प्रभावी होंगे।

i. आवेदन एवं जीवन वृत्त हिंदी भाषा में होने चाहिए।

ii. न्यूनतम स्नातक स्तर तक हिंदी एक विषय के रूप में पढ़ी गई हो।

एवं

हिंदी लेखन/अनुवाद/अध्यापन/शोध का न्यूनतम पांच वर्ष का अनुभव हो

अथवा

समाचार पत्रों/पत्रिकाओं के संपादन का न्यूनतम पांच वर्ष का अनुभव हो

अथवा

केंद्रीय सरकार/बैंक/सार्वजनिक क्षेत्र उपक्रम आदि में राजभाषा के कार्यान्वयन का दो वर्ष का अनुभव हो।

अथवा

राजभाषा विभाग/राजभाषा सेवा से अवकाश प्राप्त अधिकारी हो

iii. सूची में शामिल विद्वानों का कार्यकाल पांच वर्ष होगा और हर पांच वर्ष के बाद सूची की समीक्षा होगी।

iv. शैक्षणिक योग्यता एवं उपरोक्त अनुभव का प्रमाण-पत्र आवेदन के साथ अनिवार्य रूप से संलग्न होना चाहिए।

v. राजभाषा विभाग इस संबंध में एक प्रोफार्मा बनाकर वेबसाइट पर डालेगा ताकि आवेदन करने के तरीके और मूल्यांकन करने में पारदर्शिता एवं एकरूपता बनी रहे।

vi. प्रपत्र में यह उल्लिखित होगा कि यदि किसी आवेदक के द्वारा मिथ्या सूचना दी जाएगी,तो भारतीय दंड संहिता के अध्याय 11 में उल्लिखित धाराओं के तहत दंडात्मक कार्रवाई की जाएगी।

इन मापदंडों के आधार पर विद्वानों की एक नई सूची तैयार की जाएगी जिसके लिए राजभाषा विभाग की वेबसाइट के माध्यम से ही आवेदन प्राप्त किए जाएंगे,किंतु वर्तमान विद्वानों की सूची में से जो विद्वान किसी मंत्रालय/विभाग की हिंदी सलाहकार समिति के सदस्य बनाए गए हैं, उनके वर्तमान कार्यकाल तक उन्हें विद्वानों की सूची में यथावत बनाए रखा जाएगा।

वर्तमान विद्वानों की सूची में जो लोग किसी भी मंत्रालय/विभाग में हिंदी सलाहकार समिति के सदस्य नहीं हैं, उनसे पुन: उपरोक्त संशोधित मापदंडों के आधार पर आवेदन करने का अनुरोध किया जाता है ताकि एक नई सूची उपरोक्त संशोधित मापदंडों के अनुसार बनाई जा सके।

इसे माननीय गृह मंत्री जी, भारत सरकार के अनुमोदन से जारी किया जाता है।

3.19 राजभाषा विभाग द्वारा विद्वानों की सूची तैयार करने संबंधी मार्गदर्शी सिद्धांत।

उपर्युक्त विषय पर जारी समसंख्यक कार्यालय ज्ञापन दिनांक 23 मई, 2018 के परिप्रेक्ष्य में विद्वानों की सूची तैयार करने में पारदर्शिता एवं एकरूपता रखने हेतु

राजभाषा विभाग द्वारा निर्धारित संलग्न प्रोफार्मा में इच्छुक एवं पात्र व्यक्ति अपना जीवन-वृत्त एवं विशेष योग्यताएं भरकर इस कार्यालय ज्ञापन के जारी होने की तिथि से 30 दिन के भीतर राजभाषा विभाग को ऑनलाइन jsol@nic.in पर आवेदन करें।

का.ज्ञा.सं. 20034/04/2018-रा.भा.(अनु.) दिनांक 7.6.2018 एवं संशोधित
का.ज्ञा.सं. 11011/04/2024-रा.भा.(अनु.) दिनांक 29.09.2024

अध्याय 4
विभागीय बैठकें और आवधिक रिपोर्टें

4.1 बकाया मामलों पर अधिकारियों के साथ की जाने वाली मासिक बैठकों में हिंदी के प्रयोग की प्रगति की समीक्षा करना

प्रभाग अध्यक्ष, संयुक्त सचिव अपने शाखा अधिकारियों के साथ बैठकों में एक मास से अधिक बकाया मामलों की समीक्षा करते समय अपने स्कंध/प्रभाग के प्रत्येक अनुभाग में हिंदी के प्रयोग के संबंध में हुई प्रगति की समीक्षा भी करें जिससे हिंदी के प्रयोग को प्रोत्साहन मिलेगा और सीधी सूचना प्राप्त करने का अवसर मिलेगा। इसी प्रकार संबद्ध और अधीनस्थ कार्यालयों की मासिक बैठकों में हिंदी के प्रयोग के संबंध में प्रगति की समीक्षा की जाए।

[का.ज्ञा.सं. 11015/1/73-रा. भा. दिनांक 4-6-1973]
[का.ज्ञा.सं. 1/14011/14/76-रा.भा. (क-1), दिनांक 17-1-1977]

4.2 राज्यों से केन्द्र में आए अधिकारियों की बैठकें रखना और उन्हें हिंदी में काम करने के लिए प्रेरित करना

मंत्रालय/विभाग अपने भारतीय प्रशासनिक सेवा आदि के उन अधिकारियों की, जो पहले राज्य सरकारों में हिंदी में कार्य करते रहे हैं, समय-समय पर बैठकें मंत्रालय के सचिव/अपर सचिव की अध्यक्षता में आयोजित करें और उन्हें केन्द्र में भी हिंदी में काम करना जारी रखने के लिए प्रेरित करें। ऐसी बैठकों में राजभाषा विभाग के प्रतिनिधि को भी बुलाया जाए ताकि यदि राजभाषा संबंधी नीति या नियमों के बारे में किसी स्पष्टीकरण की आवश्यकता हो तो वह वहीं दिया जा सके। बैठकों के आयोजन की जिम्मेदारी उस संयुक्त सचिव को सौंपी जा सकती है जिसे राजभाषा हिंदी के प्रयोग सम्बन्धी अनुदेशों के कार्यान्वयन की जिम्मेदारी सौंपी गई है।

[का.ज्ञा.सं. 12017/5/78-रा.भा.(ख-1) दिनांक 10-7-1978]

4.3 क्षेत्रीय अधिकारियों के सम्मेलनों की कार्यसूची में राजभाषा नीति के कार्यान्वयन का विषय शामिल करना और उस पर चर्चा करना

सभी मंत्रालयों/विभागों द्वारा कार्यालयों के क्षेत्रीय अधिकारियों के सम्मेलनों की कार्यसूची में राजभाषा नीति का कार्यान्वयन विषय शामिल किया जाए और उस संबंध में चर्चा की जाए जिससे राजभाषा के प्रयोग में गति आ सके। राजभाषा विभाग के प्रतिनिधि को भी निमन्त्रित कर लिया जाए ताकि वे नीति संबंधी मामलों का स्पष्टीकरण वहीं दे सकें और कार्यान्वयन में कठिनाइयों को किस प्रकार दूर किया जा सकता है इसके बारे में भी सुझाव या जानकारी दे सकें।

का.ज्ञा.सं. 12017/6/78 रा. भा. (ख-1), दिनांक 21-7-1978]

4.4 वार्षिक रिपोर्ट में हिंदी के प्रगामी प्रयोग संबंधी सूचना देना

मंत्रालय/विभाग और केंद्रीय सरकार के स्वामित्व या नियंत्रणाधीन निगमों, उपक्रमों की वार्षिक रिपोर्टों में हिंदी के प्रगामी प्रयोग के बारे में विवरण अलग अध्याय में दिया जाए। विवरण में निम्नलिखित को शामिल किया जाए :-

(1) हिंदी के उत्तरोत्तर प्रयोग के लिए वार्षिक कार्यक्रम की मदों के कार्यान्वयन के लिए की गई कार्रवाई और प्रगति।

(2) राजभाषा संबंधी आदेशों को निगमों/कंपनियों तथा नीचे के कार्यालयों तक पहुंचाने के प्रबंध और कार्यान्वयन की व्यवस्था।

(3) हिंदी आशुलिपिकों टंककों, टाइपराइटरों यंत्रों और अनुवाद की व्यवस्था।

(4) राजभाषा सम्बन्धी समितियां और उनकी बैठकें।

(5) हिंदी शिक्षण तथा टिप्पण और आलेखन के प्रशिक्षण के लिए कार्यशालाओं के बारे में प्रगति।

(6) फार्मों के दोनों भाषाओं में उपलब्ध होने की स्थिति।

(7) हिंदी के प्रयोग के सम्बन्ध में विशेष प्रकार के कार्य और कार्यक्रम आदि।

[का.ज्ञा.सं. 11015/76/72-रा.भा. दिनांक 25-8-1973

[का.ज्ञा.सं. 1/14011/9/76-रा.भा.(क-1), दिनांक 7-2-1977

[का. ज्ञा.सं. 1/14011/2/80 रा.भा. (क-1) दिनांक 20-8-1980

4.4 (क) मंत्रालयों/विभागों की राजभाषा कार्यान्वयन समिति की नियमानुसार बैठकों का आयोजन

(i) विभागीय राजभाषा कार्यान्वयन समितियों की बैठकें नियमित रूप से हर तिमाही में एक बार अवश्य करवाएं। मंत्रालयों/विभागों/कार्यालयों में

राजभाषा अधिकारी (संयुक्त सचिव) स्वयं इन बैठकों के आयोजन की जिम्मेदारी लें।

(ii) विभागीय राजभाषा कार्यान्वयन समितियों की बैठकों में राजभाषा विभाग तथा मंत्रालय/विभाग में काम कर रही केंद्रीय सचिवालय हिंदी परिषद् की शाखा के प्रतिनिधि को आवश्यक सूचना समय से भेजी जाए ताकि वे इस बैठक में भाग ले सकें।

(iii) हर तिमाही में आयोजित विभागीय राजभाषा कार्यान्वयन समिति की बैठक में नियमित रूप से पिछली बैठक में लिए गए निर्णयों पर की गई कार्रवाई का ब्यौरा प्रस्तुत किया जाए और उस पर विस्तृत रूप से चर्चा की जाए। इस आदेश का पूर्ण रूप से अनुपालन हो।

मंत्रालय/विभाग उपर्युक्त निर्देशों के अनुसार विभागीय स्तर पर राजभाषा कार्यान्वयन समितियों की बैठकें आयोजित करने के लिए स्वयं आवश्यक कार्रवाई करें तथा अपने संबद्ध/अधीनस्थ कार्यालयों एवं उपक्रमों आदि को भी इसी प्रकार के आदेश दें। जहां तक संभव हो, अधीनस्थ कार्यालयों आदि की विभागीय राजभाषा कार्यान्वयन समितियों की बैठकों में मंत्रालय/विभाग के प्रतिनिधि स्वयं भाग लें। संबद्ध कार्यालय आदि की राजभाषा कार्यान्वयन समिति की बैठकों को हर तिमाही में नियमित रूप से आयोजित कराने के लिए मंत्रालय/विभाग, प्राप्त तिमाही प्रगति रिपोर्ट के आधार पर, प्रगति पर स्वयं निगरानी रखें।

[का.ज्ञा.सं. 12024/11/87-रा.भा.(ख-2), दिनांक 21-1-1988]

4.5 विभागीय कार्यान्वयन समितियों की बैठकों के लिए दी जाने वाली सूचना

विभिन्न मंत्रालयों/विभागों की राजभाषा संबंधी तिमाही कार्यान्वयन समिति की बैठक के समय जो सूचना उपलब्ध करवाई जाती है उसमें कई बार कुछ महत्वपूर्ण विषयों पर सूचना चर्चा के लिए उपलब्ध नहीं होती। सभी मंत्रालयों/विभागों तथा अन्य कार्यालयों आदि में विभागीय तिमाही कार्यान्वयन समिति की बैठक के समय सूचना एक निर्धारित प्रोफार्मा में एकत्रित करके सभी सदस्यों को उपलब्ध करवाई जाए ताकि चर्चा के समय सभी महत्वपूर्ण मदों पर आंकड़े उपलब्ध हों और उनके आधार पर स्थिति को देखते हुए निर्णय लिए जा सकें। अनुमोदित प्रोफार्मा की एक प्रति संलग्न है। मंत्रालय/विभाग अपनी तिमाही कार्यान्वयन समिति की बैठकों के लिए सूचना एकत्रित करते समय इस प्रोफार्मा का प्रयोग करें।

2. मंत्रालय आदि अपने संबद्ध/अधीनस्थ कार्यालयों व उपक्रमों आदि को भी यह निर्देश दें कि वे भी विभागीय कार्यान्वयन समितियों की तिमाही बैठकों में सूचना देने के लिए इसी प्रोफार्मा का उपयोग करें।
3. मंत्रालयों/विभागों की कार्यान्वयन समिति की बैठकें नियमित रूप से हर तिमाही में बुलाई जाएं और इसकी सूचना राजभाषा विभाग को कम से कम 10 दिन पूर्व भेजी जाए। राजभाषा विभाग से उप सचिव स्तर के अधिकारी इस बैठक में भाग लेंगे और समीक्षा के समय यह देखा जाएगा कि वार्षिक कार्यक्रम में निर्धारित लक्ष्यों की प्राप्ति पर क्या प्रगति हो रही है। हर बैठक में उससे पिछली बैठक में बताई गई कमियों पर की गई कार्रवाई पर विशेष ध्यान दिया जाना चाहिए।

मंत्रालयों/विभागों की विभागीय कार्यान्वयन समितियों की तिमाही बैठक में कुछ महत्वपूर्ण मदों पर आंकड़े प्रस्तुत करने का प्रोफार्मा

1. धारा 3(3) और पत्राचार वाले तिमाही प्रगति रिपोर्ट के आंकड़ों की यथातथ्यता पर विचार

क्रमांक	मंत्रालय/ विभाग
(i)	आंकड़ें किस रिकॉर्ड के आधार पर दिए गए है?
(ii)	क्या ओ. एण्ड एम. मैनुअल में निर्धारित डायरी और प्रेषण रजिस्टर रखे जाते हैं और उनमें संबंधित कॉलम पूरी तरह से भरे जाते हैं

2. मंत्रालय/ विभाग में हिंदी से संबंधित पदों की स्थिति

विभाग का नाम	पदनाम	पदों की संख्या		कब से रिक्त है	रिक्त पदों को भरने के लिए की गई	निर्धारित मानक के अनुसार अतिरिक्त पदों की आवश्यकता	अतिरिक्त पद सृजित कराने के बारे में वर्तमान स्थिति
		स्वीकृत	रिक्त				
1	2	3	4	5	6	7	8

3.संबद्ध और अधीनस्थ कार्यालयों में हिंदी से संबंधित पदों की स्थिति

कार्यालय का नाम	पदनाम	पदों की संख्या		कब से रिक्त है	रिक्त पदों को भरने के	निर्धारित मानक के अनुसार अतिरिक्त	अतिरिक्त पद सृजित कराने के बारे में वर्तमान स्थिति
		स्वीकृत	रिक्त				
1	2	3	4	5	6	7	8

4. मंत्रालय/विभाग में देवनागरी टाइपराइटरों की खरीद

रोमन	हिंदी	हिंदी टंकणों का प्रतिशत	वार्षिक कार्यक्रम में लक्ष्य
1	2	3	4

(क) कुल टाइपराइटर
(ख) तिमाही में खरीद की संख्या

5. संबद्ध और अधीनस्थ कार्यालयों में देवनागरी टाइपराइटरों की खरीद

कार्यालय का नाम	कुल टाइपराइटर			तिमाही में खरीदे गए			वार्षिक कार्यक्रम में लक्ष्य
	रोमन	हिंदी	हिंदी टंककों का प्रतिशत	रोमन	हिंदी	हिंदी टंककों का प्रतिशत	
1	2	3	4	5	6	7	8

6. मंत्रालय/विभाग में हिंदी प्रशिक्षण की स्थिति

विभाग का नाम	जिन्हें अभी प्रशिक्षण दिया जाना है		कितने इस समय प्रशिक्षण पा रहे है	
	कर्मचारी	अधिकारी	कर्मचारी	अधिकारी
1	2	3	4	5

7. संबद्ध/अधीनस्थ कार्यालयों में हिंदी प्रशिक्षण की स्थिति

विभाग का नाम	जिन्हें अभी प्रशिक्षण दिया जाना है		कितने इस समय प्रशिक्षण पा रहे है	
	कर्मचारी	अधिकारी	कर्मचारी	अधिकारी
1	2	3	4	5

8. मंत्रालय/विभाग में हिंदी टंकण व आशुलिपि के प्रशिक्षण की स्थिति

विभाग का नाम	कुल टंकक	हिंदी में प्रशिक्षित टंकक	कितनों को हिंदी टंकण का प्रशिक्षण दिया जा रहा है	कुल आशुलिपिक	कितने हिंदी आशुलिपि में प्रशिक्षित हैं	जितनों को हिंदी आशुलिपि का प्रशिक्षण दिया जा रहा है	तिमाही में कितने पर आशुलिपिक भर्ती किए गए	उनमें से कितने हिंदी आशुलिपि जानते हैं
1	2	3	4	5	6	7	8	9

10.मंत्रालयों/विभागों और संबद्ध/अधीनस्थ कार्यालयों में कंप्यूटर और दूसरे इलेक्ट्रोनिक उपकरणों की खरीद			
मंत्रालय/विभाग/ कार्यालय का नाम	तिमाही में लगाए गए कम्प्यूटर, वर्ड प्रोसेसर, इलैक्ट्रानिक टाइपराइटर आदि का विवरण	क्या सभी द्विभाषी लगाए गए	अगर कोई उपकरण द्विभाषी नहीं लगाया गया तो उसका विवरण और क्या राजभाषा विभाग से अनुमति ली गई
1	2	3	4
11.विभागीय परीक्षाओं में हिंदी माध्यम का विकल्प-"क" तथा "ख" क्षेत्रों में स्थित कार्यालयों के लिए			
"क" तथा "ख" क्षेत्रों में स्थित कार्यालय का नाम	विभागीय भर्ती/पदोन्नति की परीक्षा का नाम	क्या अंग्रेजी विषय के अतिरिक्त अन्य प्रश्न पत्रों के उत्तर हिंदी में देने का विकल्प है	अगर नहीं, तो क्या कारण है और इस बारे में क्या कार्रवाई की जा रही है
1	2	3	4

[का.ज्ञा.सं. 20013/3/87-रा.भा. ख-1), दिनांक 21-9-1987]

4.6 हिंदी के प्रगामी प्रयोग से संबंधित तिमाही प्रगति रिपोर्ट के प्रोफ़ार्मे में संशोधन

हिंदी के प्रगामी से संबंधित तिमाही प्रगति रिपोर्ट के प्रोफार्मे में संशोधन किया गया है। संशोधित प्रोफार्मे की प्रति संलग्न है। अब यह प्रोफार्मा https://rajbhashaqpr.gov.in/PublicPages/Help.aspx पर भी उपलब्ध है।

[का.ज्ञा.सं. 20034/1/95-रा.भा., दिनांक 16-6-95]

केंद्र सरकार के मंत्रालयों/विभागों/संबद्ध एवं अधीनस्थ कार्यालयों/सार्वजनिक क्षेत्र के उपक्रमों/स्वायत्त निकायों आदि में राजभाषा हिंदी के प्रगामी प्रयोग से संबंधित तिमाही प्रगति रिपोर्ट

..................को समाप्त तिमाही

भाग – 1 (प्रत्येक तिमाही की समाप्ति पर भरा जाए)

कार्यालय का नाम और पूरा पता ....संबंधित राजभाषा अधिकारी का फोन नं. एस.टी.डी. कोड ....फोन नं............ई-मेल..............

1. राजभाषा अधिनियम, 1963 की धारा 3(3) के अंतर्गत जारी कागजात

(क) जारी कागजात की कुल संख्या ....

(ख) द्विभाषी रूप में जारी कागजात की संख्या ....

(ग) केवल अंग्रेजी में जारी किये जाए कागजात ....

(घ) केवल हिंदी में जारी किये गए कागजात ....

2. हिंदी में प्राप्त पत्र (राजभाषा नियम 5)

(क) हिंदी में प्राप्त पत्रों की कुल संख्या ....

(ख) इनमें से कितनों के उत्तर हिंदी में दिए गए ....

(ग) इनमें से कितनों के उत्तर अंग्रेजी में दिए गए ....

(घ) इनमें से कितनों के उत्तर दिए जाने अपेक्षित नहीं थे ....

3. अंग्रेजी में प्राप्त पत्रों के उत्तर हिंदी में दिए जाने की स्थिति (केवल 'क' एवं 'ख' क्षेत्र में स्थित कार्यालयों के लिए)

	अंग्रेजी में प्राप्त पत्रों की संख्या	इनमें से कितनों के उत्तर हिंदी में दिए गए	इनमें से कितने के उत्तर अंग्रेजी में दिए गए	इनमें से कितनों के उत्तर अपेक्षित नहीं थे
	1	2	3	4
'क' क्षेत्र				
'ख' क्षेत्र				

4. भेजे गये मूल पत्रों का ब्यौरा

	हिंदी में	अंग्रेजी में	भेजे गए पत्रों की कुल संख्या
	1	2	3
'क' क्षेत्र			
'ख' क्षेत्र			
'ग' क्षेत्र			

5. फाइलों/दस्तावेजों पर टिप्पण लेखन का ब्यौरा*[8]

हिंदी में लिखी गई टिप्पणियों के पृष्ठों की संख्या ....

अंग्रेजी में लिखी गई टिप्पणियों के पृष्ठों की संख्या ....

टिप्पणियों के पृष्ठों की कुल संख्या ....

6. हिंदी कार्यशालाएं

तिमाही के दौरान पूर्ण दिवसीय आयोजित	**इनमें प्रशिक्षित कार्मिकों की कुल संख्या**	
कार्यशालाओं की संख्या	**अधिकारी**	**कर्मचारी**
1	2	3

नोट : कार्यक्रम के समस्त कार्मिकों को 2 वर्ष में कम से कम एक बार प्रशिक्षित किया जाना अपेक्षित है।

7. राजभाषा कार्यान्वयन समिति की बैठक

(क) राजभाषा कार्यान्वयन समिति की बैठक की तिथि ....

(ख) अधीनस्थ कार्यालयों में गठित राजभाषा कार्यान्वयन समितियों की संख्या ....

(ग) तिमाही में आयोजित बैठकों की संख्या ....

(घ) बैठकों से संबंधित कार्यसूची और कार्यवृत्त क्या हिंदी में जारी किए गए ? ....

8. हिंदी सलाहकार समिति की बैठक के आयोजन की तिथि (केवल मंत्रालयों/विभागों के लिए) ....

8. हिंदी में टिप्पण-पृष्ठों की गणना करते समय आधे से कम लिखे हुए पृष्ठ को आधा पृष्ठ तथा आधे से अधिक लिखे हुए पृष्ठ को पूरा पृष्ठ समझा जाए।

9. तिमाही में किए गए उल्लेखनीय कार्य/उपलब्धियों का संक्षिप्त विवरण (अधिकतम 250 करेक्टर)

10. **उल्लिखित आंकडों की सत्यता के संबंध में प्रमाण-पत्र संलग्न है।**

मंत्रालय/विभाग/संगठन की राजभाषा कार्यान्वयन समिति के अध्यक्ष का नाम

पदनाम ....

एसटीडी कोड सहित फोन नम्बर ....

फैक्स नम्बर ....

ई-मेल का पता ....

नोट : कोई भी कॉलम खाली न छोड़ा जाए और सूचना स्पष्ट रूप से दी जाए।

संलग्नक

प्रमाण-पत्र

कार्यालय कोड : .... **वित्तीय वर्ष ....**

"मैं यह प्रमाणित करता हूं कि संलग्न......को समाप्त तिमाही प्रगति रिपोर्ट (भाग-I/II) में दी गई सूचना उपलब्ध अभिलेखों के आधार पर बनाई गई है तथा मेरी जानकारी के अनुसार पूर्णतः सत्य है। मैं यह अच्छी तरह समझता हूं कि राजभाषा अधिनियम, 1963 एवं राजभाषा नियम, 1976 के उपबंधों में दिए गए निर्देशों के समुचित अनुपालन की ज़िम्मेदारी अधोहस्ताक्षरी की है। यदि किसी स्टेज पर रिपोर्ट में भरे गए आंकड़े असत्य अथवा बढ़ा-चढ़ा कर दिखाए गए पाए जाते हैं तो इस कार्यालय को आगे 03 वर्षों के लिए राजभाषा पुरस्कार से वंचित कर दिया जाएगा तथा गलत

सूचना देने के लिए कार्रवाई हेतु मामला मेरे नियंत्रक कार्यालय/मंत्रालय के संज्ञान में भी लाया जाएगा।

(मोहर सहित हस्ताक्षर)
मंत्रालय/विभाग/संगठन की राजभाषा कार्यान्वयन समिति के
अध्यक्ष का नाम ....
पदनाम ....
एसटीडी कोड सहित फोन नम्बर ....
फैक्स नम्बर ....
ई-मेल का पता ....

तिथि :-
स्थान :-
नोट-उक्त हस्ताक्षरित प्रमाण-पत्र की पी.डी.एफ़. सॉफ्टकॉपी तिमाही प्रगति रिपोर्ट के साथ अनिवार्य रूप से लोड की जाए अन्यथा आपकी रिपोर्ट अधूरी समझी जाएगी।

भाग-II

(इसे केवल 31 मार्च को समाप्त तिमाही रिपोर्ट के भाग-I के साथ भरा जाए)

1. (i)	क्या कार्यालय राजभाषा नियम, 1976 के नियम 10(4) (अर्थात कार्यालय के कुल स्टाफ में से 80% को हिंदी का कार्यसाधक ज्ञान है) के अंतर्गत अधिसूचित है ?	हां/नहीं

(ii) नियंत्रणाधीन कार्यालयों (यदि हां) की राजभाषा नियम, 1976 के नियम 10(4) के अंतर्गत अधिसूचना का विवरण:-

कुल कार्यालयों की संख्या	अधिसूचित कार्यालयों की संख्या
1	2

2. (i) अधिकारियों/कर्मचारियों को राजभाषा हिंदी का ज्ञान

		अधिकारी	कर्मचारी	कुल संख्या
		1	2	3

(क)	अधिकारियों तथा कर्मचारियों की कुल संख्या					
(ख)	उपर्युक्त (क) में से हिंदी का ज्ञान प्राप्त अधिकारी/ कर्मचारी					
(ग)	कितने कर्मी हिंदी भाषा का प्रशिक्षण ले रहे हैं?					
(घ)	हिंदी में प्रशिक्षण के लिए शेष					

2 (ii) हिंदी आशुलिपि/टंकण का ज्ञान

		कुल संख्या	हिंदी में प्रशिक्षित कार्मिकों की संख्या	प्रशिक्षितों में से कितने हिंदी में काम करते हैं।	प्रशिक्षण के लिए शेष
		1	2	3	4
(क)	आशुलिपिक				
(ख)	टंकक/लिपिक/ सहायक अनुभाग अधिकारी				
(ग)	कर/पोस्टल सहायक आदि				

2 (iii) अनुवाद का ज्ञान

		अधिकारी	कर्मचारी	कुल संख्या
(क)	कुल अधिकारी/कर्मचारी जो अनुवाद कार्य करते हैं।			
(ख)	उक्त (क) में से अनुवाद संबंधी प्रशिक्षण प्राप्त।			
(ग)	कितनों को प्रशिक्षण दिया जाना शेष है।			

3. कंप्यूटर पर हिंदी में काम करने के लिए प्रशिक्षण

कुल अधिकारियों/ कर्मचारियों की संख्या	कंप्यूटर पर हिंदी में प्रशिक्षितों की संख्या	कंप्यूटर पर हिंदी में काम करने वालों की संख्या
1	2	3

4. कंप्यूटर/लैपटाप से संबंधित विवरण

कम्प्यूटर/लैपटाप की कुल संख्या	हिंदी सक्षम (enabled) कम्प्यूटर/ लैपटाप की संख्या
1	2

5. कोड, मैनुअल, मानकीकृत प्रपत्र आदि

	कुल संख्या	द्विभाषी
	1	2
(क) अधिनियम/नियम/कार्यालयीन कोड/मैनुअल/ प्रक्रिया साहित्य आदि		
(ख) मानकीकृत प्रपत्र		

6. राजभाषा नियम, 1976 के नियम 8(4) के अंतर्गत सम्पूर्ण कार्य हिंदी में करने हेतु कितने कार्मिकों को व्यक्तिश: आदेश जारी किए गए

7. प्रशिक्षण कार्यक्रम (केवल प्रशिक्षण संस्थानों के लिए)

प्रशिक्षण की अवधि (सभी प्रशिक्षण कार्यक्रमों की कुल अवधि)	प्रशिक्षण की अवधि (घंटों में)		
	हिंदी में दिए गए प्रशिक्षण	अंग्रेजी में दिए गए प्रशिक्षण	मिली जुली भाषा में दिए गए प्रशिक्षण
1	2	3	4

8. वर्ष के दौरान किए गए राजभाषा से संबंधित निरीक्षण

(क) (i) अनुभागों की कुल संख्या ....

(ii) इनमें से निरीक्षित अनुभागों की संख्या ....

(ख) (i) अधीनस्थ कार्यालयों इत्यादि (यदि कोई हो) की कुल संख्या ....

(ii) इनमें से निरीक्षित कार्यालयों की संख्या ....

9. पत्रिकाओं आदि का प्रकाशन

कुल संख्या	हिंदी में	अंग्रेजी में
1	2	3

10. हिंदी पुस्तकों की खरीद (सीडी, डीवीडी, डाक्यूमेंट्री तथा ई-बुक सहित)

(i) वर्ष के दौरान पुस्तकों की खरीद पर कुल व्यय ....

(ii) हिंदी की पुस्तकों की खरीद पर व्यय ....

11.उप सचिव/समकक्ष एवं उनसे स्तर के अधिकारियों द्वारा हिंदी में कार्य

अधिकारियों की कुल संख्या	हिंदी जानने वाले अधिकारियों की संख्या	कॉलम (2) में से हिंदी में कार्य करने वालों की संख्या					
		नहीं करते हैं	25 प्रतिशत तक करते हैं	26 से 50 प्रतिशत तक करते हैं	51 से 75 प्रतिशत तक हैं	76 प्रतिशत से अधिक तक हैं	शत-प्रतिशत करते हैं
1	2	3	4	5	6	7	8

12.हिंदी जानने वाली (प्रवीणता या कार्यसाधक ज्ञान प्राप्त) उप सचिव/समकक्ष से नीचे के स्तर के कार्मिकों द्वारा हिंदी में कार्य

कार्मिकों की कुल संख्या	हिंदी जानने वाले कार्मिकों की संख्या	कॉलम (2) में से हिंदी में कार्य करने वालों की संख्या					
		नहीं करते हैं	25 प्रतिशत तक करते हैं	26 से 50 प्रतिशत तक करते हैं	51 से 75 प्रतिशत तक हैं	76 प्रतिशत से अधिक तक हैं	शत-प्रतिशत करते हैं
1	2	3	4	5	6	7	8

13.हिंदी के पद

पदनाम	पदों की संख्या	
	स्वीकृत	रिक्त
1	2	3

14.वेबसाइट (संगत स्थान पर √ चिन्हित करें)

वेबसाइट का पता	केवल अंग्रेजी में	आंशिक रूप से द्विभाषी	पूरी तरह से द्विभाषी
1	2	3	4

15.वर्ष के दौरान राजभाषा नीति के कार्यान्वयन से संबंधित अन्य विशिष्ट उपलब्धियों का संक्षिप्त विवरा :-

(क) हिंदी दिवस/सप्ताह/पखवाड़ा/माह (कब से कब तक) ....

(ख) हिंदी संगोष्ठी की तिथि और विषय ....

(ग) उपर्युक्त (क) के अलावा हिंदी में अन्य आयोजन की तिथि और विषय (यदि कोई हो) ....

16.उल्लिखित आंकड़ों की सत्यता के संबंध में प्रमाण-पत्र संलग्न है।

मंत्रालय/विभाग/संगठन की विभागीय राजभाषा कार्यान्वयन समिति के

अध्यक्ष का नाम ....

पदनाम ....

दूरभाष नम्बर ....

फैक्स नम्बर ....

ई-मेल का पता ....

नोट : कोई भी कॉलम खाली न छोड़ा जाए और सूचना स्पष्ट रूप से दी जाए।

संलग्नक

प्रमाण-पत्र

कार्यालय कोड : .... **वित्तीय वर्ष ....**

"मैं यह प्रमाणित करता हूं कि संलग्न .... को समाप्त तिमाही प्रगति रिपोर्ट (भाग-I/II) में दी गई सूचना उपलब्ध अभिलेखों के आधार पर बनाई गई है तथा मेरी जानकारी के अनुसार पूर्णतः सत्य है। मैं यह अच्छी तरह समझता हूं कि राजभाषा अधिनियम, 1963 एवं राजभाषा नियम, 1976 के उपबंधों में दिए गए निर्देशों के समुचित अनुपालन की ज़िम्मेदारी अधोहस्ताक्षरी की है। यदि किसी स्टेज पर रिपोर्ट में भरे गए आंकड़े असत्य अथवा बढ़ा-चढ़ा कर दिखाए गए पाए जाते हैं तो इस कार्यालय को आगे 03 वर्षों के लिए राजभाषा पुरस्कार से वंचित कर दिया जाएगा तथा गलत

सूचना देने के लिए कार्रवाई हेतु मामला मेरे नियंत्रक कार्यालय/मंत्रालय के संज्ञान में भी लाया जाएगा।

(मोहर सहित हस्तक्षार)

मंत्रालय/विभाग/संगठन की राजभाषा कार्यान्वयन समिति के अध्यक्ष का नाम ....

पदनाम ....

एसटीडी कोड सहित फोन नम्बर ....

फैक्स नम्बर ....

ई-मेल का पता ....

तिथि :-

स्थान :-

नोट-उक्त हस्ताक्षरित प्रमाण-पत्र की पी.डी.एफ़. सॉफ्टकॉपी तिमाही प्रगति रिपोर्ट के साथ अनिवार्य रूप से लोड की जाए अन्यथा आपकी रिपोर्ट अधूरी समझी जाएगी।

4.6.1.क तिमाही प्रगति रिपोर्ट में विभागाध्यक्ष का प्रमाण-पत्र

राजभाषा विभाग द्वारा लिए गए निर्णयानुसार राजभाषा हिंदी के प्रगामी प्रयोग से संबंधित तिमाही रिपोर्ट के प्रोफार्मा में संशोधन/परिवर्तन किया गया है। हिंदी से संबंधित तिमाही प्रगति रिपोर्ट में केंद्र सरकार के मंत्रालयों/विभागों/उपक्रमों/बैंको आदि द्वारा तथ्यपरक आंकड़ों को सुनिश्चित करने के लिए प्रत्येक कार्यालय आदि को विभागाध्यक्ष द्वारा हस्ताक्षरित निम्नलिखित प्रमाणपत्र भी देना होगा:-

"मैं यह प्रमाणित करता हूं कि संलग्न...........को समाप्त तिमाही प्रगति रिपोर्ट (भाग 1/2) में दी गई सूचना उपलब्ध अभिलेखों के आधार पर बनाई गई है तथा मेरी जानकारी के अनुसार पूर्णत: सत्य है। मैं यह अच्छी तरह से समझता हूं कि राजभाषा अधिनियम एवं राजभाषा नियम 1976 के उपबंधों में दिए गए निर्देशों के समुचित अनुपालन की जिम्मेदारी अधोहस्ताक्षरी की है। यदि किसी स्टेज पर रिपोर्ट में भरे गए आंकड़े असत्य अथवा बढ़ा चढ़ा कर दिखाए गए पाए जाते हैं तो इस कार्यालय को अगले 03 वर्षों के लिए राजभाषा पुरस्कार से वंचित कर दिया जाएगा तथा गलत सूचना देने के लिए कार्रवाई हेतु मामला मेरे नियंत्रक कार्यालय/मंत्रालय के संज्ञान में भी लाया जाएगा।

2. उक्त प्रमाणपत्र संबंधित कार्यालय के प्रधान द्वारा हस्ताक्षरित होगा और पीडीएफ फॉर्म में अपलोड करना अनिवार्य होगा। इस प्रमाणपत्र के बिना कोई तिमाही प्रगति रिपोर्ट स्वीकार्य नहीं होगी।
3. उक्त प्रमाणपत्र राजभाषा विभाग की वेबसाइट www.rajbhasha.nic.in पर सूचना प्रबंधन प्रणाली में भी उपलब्ध है और यह 31 दिसंबर, 2018 को समाप्त तिमाही की प्रगति रिपोर्ट से लागू होगा।

का.ज्ञा.सं. 12016/07/2018-रा.भा.(का.2) दिनांक 10.01.2019

4.6.2 छमाही प्रगति रिपोर्ट

सम्बद्ध/अधीनस्थ कार्यालयों/कंपनियों/निगमों आदि की समेकित प्रगति रिपोर्टें मंत्रालय/विभाग द्वारा राजभाषा विभाग को छमाही भेजी जाए तथा उस रिपोर्ट की प्रतिलिपि संबंधित कार्यालयों द्वारा रा.भा. विभाग को भेजने की आवश्यकता नहीं। राजभाषा से संबंधित तिमाही प्रगति रिपोर्ट की प्रति राजभाषा विभाग के संबंधित क्षेत्रीय कार्यान्वयन कार्यालय को भी भेजें।

[का.ज्ञा.सं.20035/1/85-रा.भा.(ख-1), दिनांक 15-4-86]
[का.ज्ञा.सं.I/14011/22/75-रा.भा.(क-1), दिनांक 27-1-76]
[का.ज्ञा.सं.I/14011/6/77-रा.भा.(क-1), दिनांक 27-7-77]
[का.ज्ञा.सं.12016/5/87-रा.भा.(ख-1), दिनांक 2-12-87]

4.6.3 हिंदी पत्रों के लिए अलग डायरी रजिस्टर रखना और प्रेषण रजिस्टर में स्पष्ट रूप से दर्ज करना

तिमाही प्रगति रिपोर्ट तैयार करने के लिए अलग रजिस्टर रखे जाएं जिसमें तिमाही प्रगति रिपोर्ट तैयार करने के लिए सूचनाएँ रहें। हिंदी में प्राप्त पत्रों का अलग अनुभाग डायरी रजिस्टर केंद्रीय सचिवालय कार्यालय पद्धति मैनुअल के अनुसार नीचे दिए प्रोफार्मा में रखा जाए जिससे यह पता चल सके कि उनका उत्तर हिंदी में दिया गया है कि नहीं। प्रेषण रजिस्टर में भी उपरोक्त मैनुअल के परिशिष्ट 14क में निर्धारित नीचे दिए प्रोफ़ार्मा में प्रविष्टियां नियमित रूप से की जाएं।

परिशिष्ट 3

केंद्रीय सचिवालय कार्यालय पद्धति मैनुअल के अनुसार अनुभाग डायरी का प्रोफ़ार्मा

क्रम सं.	डायरी संख्या	संख्या और तारीख	कहां से आई	संक्षिप्त विषय	किसको अंकित किया गया	मिसिल संख्या	कैफियत
1	2	3	4	5	6	7	8

अनुदेश :- हिंदी में प्राप्त पत्रों आदि की क्रम संख्या से पहले खाना एक में "हि" अक्षर का प्रयोग किया जाए।

परिशिष्ट 14क

अनुभाग का प्रेषण रजिस्टर

[देखिए पैरा 64(1) (घ)]

तारीख ....

क्रम सं.	प्रेषित पत्रादि की संख्या	पाने वाले का पता	जारी किया गया			कैफियत, जारी किए गए पत्रादि की प्रकृति अर्थात पत्र, तार आदि
			हिंदी में	अंग्रेजी में	द्विभाषी रूप में	
1	2	3	4	5	6	7

टिप्पणी: 4 से 6 तक खानों में संगत खाने में * का निशान लगाए।

[का.ज्ञा.सं. 20033/1/83-रा.भा.(ख-1), दिनांक 10-2-83]

4.7 तमिलनाडु में स्थित केंद्रीय सरकार के कार्यालयों के काम-काज में राजभाषा अधिनियम के आवश्यक प्रावधानों के अनुपालन से संबंधित तिमाही प्रगति रिपोर्ट

तारीख .... को समाप्त तिमाही

कार्यालय का नाम ....

भाग I- हिंदी प्रशिक्षण की जानकारी		
16. कर्मचारियों का हिंदी ज्ञान (समूह "घ" कर्मचारियों को छोड़कर) (क) कर्मचारियों की कुल संख्या (ख) हिंदी का कार्यसाधक ज्ञान प्राप्त कर्मचारियों की संख्या	राजपत्रित	अराजपत्रित
17. कर्मचारी जिन से टाइपिंग तथा आशुलिपि का काम अपेक्षित है या लिया जाता है (क) कुल संख्या (ख) हिंदी टाइपिंग/हिंदी आशुलिपि जानने वाले	टाइपिस्ट	आशुलिपि

<table>
<tr><td colspan="3">भाग II- हिंदी संबंधी स्टाफ तथा देवनागरी टाइपराइटरों की उपलब्धता की स्थिति</td></tr>
<tr><td>18. (क) हिंदी अधिकारियों की संख्या
(ख)अनुवादकों की संख्या</td><td></td><td></td></tr>
<tr><td></td><td>देवनागरी</td><td>रोमन</td></tr>
<tr><td>19. टाइपराइटरों की संख्या</td><td></td><td></td></tr>
<tr><td colspan="3">भाग III–राजभाषा अधिनियम, 1963 के अनुपालन की स्थिति</td></tr>
<tr><td>20. राजभाषा अधिनियम की धारा 3(3) के अधीन जारी किए गए कागजात</td><td>हिंदी-अंग्रेजी में द्विभाषी रूप में जारी</td><td>केवल अंग्रेजी में जारी</td></tr>
<tr><td>(क) सामान्य आदेश, अनुदेश, परिपत्र आदि
(ख) संकल्प, अधिसूचनाएं, नियम
(ग) प्रशासनिक व अन्य प्रतिवेदन
(घ) प्रेस विज्ञप्तियाँ
(ङ) लाइसेंस तथा परमिट
(च) टेंडर नोटिस, टेंडर फॉर्म, निविदा तथा करार
(छ) संसद के समक्ष प्रस्तुत किए गए कागजात</td><td></td><td></td></tr>
<tr><td colspan="3">भाग IV–सामान्य जानकारी</td></tr>
<tr><td>21. मंत्रालय/विभाग/मुख्यालय द्वारा जारी निर्धारित किए गए कोड, मैनुअल, फॉर्म, प्रक्रिया साहित्य को द्विभाषिक रूप में उपलब्ध होना। (यह जानकारी वर्ष में केवल एक बार-जनवरी से मार्च की तिमाही में दी जाए)
(क) कुल संख्या
(ख) कितने द्विभाषिक रूप में (हिंदी-अंग्रेजी में) उपलब्ध है ?</td><td></td><td></td></tr>
</table>

22. मोहरें, नामपट्ट तथा साइन बोर्ड (जनवरी से मार्च की तिमाही की स्थिति)	द्विभाषिक हिंदी-अंग्रेजी में	केवल अंग्रेजी में
(क) रबड़ की मोहरें (ख) नामपट्ट तथा साइनबोर्ड		
23. राजभाषा कार्यान्वयन समिति का गठन (क) क्या राजभाषा अधिनियम के अनुपालन तथा हिंदी शिक्षण की स्थिति पर निगरानी रखने के लिए राजभाषा कार्यान्वयन समिति स्थापित की गई है? (ख) यदि हाँ, तो क्या उसकी बैठकें नियमित रूप से हो रही है?		
24. राजभाषा से संबंधित अधिकारियों के नाम, पदनाम और टेलीफोन नंबर (क) विभागाध्यक्ष (ख) राजभाषा अधिकारी (ग) हिंदी अधिकारी		

4.8 संसदीय राजभाषा समिति को प्रस्तुत की जाने वाली सामग्री की समीक्षा और कमियाँ दूर करना

राजभाषा अधिनियम, 1963 की धारा 4 के अधीन गठित संसदीय राजभाषा समिति को उपसमितियों द्वारा निरीक्षण के दौरान उपसमिति की प्रश्नवाली (समिति की वेबसाइट https://rajbhashasamiti.gov.in/ पर उपलब्ध) के उत्तर में संबद्ध तथा अधीनस्थ कार्यालयों द्वारा प्रस्तुत की गई सूचना संबंधित मंत्रालय/विभाग उस कार्यालय से मंगवाकर उसकी स्वयं भी समीक्षा करें और कमियाँ दूर करने के लिए कदम उठाए जाएँ। उपसमिति के द्वारा कार्यालयों के निरीक्षणों के समय मंत्रालय/विभाग के प्रतिनिधि को वहां उपस्थित रहना चाहिए जिससे कमियाँ दूर करने के लिए कार्रवाई की जा सके।

[का.ज्ञा.सं.I/20034/1/78-रा.भा.(क-1), दिनांक 24-4-1978]

4.9 विदेश में स्थित भारतीय कार्यालयों/दूतावासों/मिशनों इत्यादि में हिंदी के प्रगामी प्रयोग से संबंधित तिमाही प्रगति रिपोर्ट

यह सुनिश्चित करना चाहिए कि रिपोर्ट निर्धारित प्रोफ़ार्मा में भेजी गयी है।

<table>
<tr><td colspan="3">कार्यालय/दूतावास/मिशन का नाम
संबंधित मंत्रालय/विभाग का नाम
हिंदी के प्रगामी प्रयोग से संबंधित तिमाही प्रगति रिपोर्ट दिनांक.......को समाप्त तिमाही रिपोर्ट।</td></tr>
<tr><td>1. लेखन सामग्री, नामपट्ट, सूचनापट्ट, फॉर्म, प्रक्रिया सम्बन्धी साहित्य, मोहरों आदि का विवरण
(क) सभी नामपट्ट, सूचनापट्ट, बैनर, डिस्प्ले बोर्ड, मोहरें आदि
(ख) लेखन सामग्री जैसे लिफाफे, पत्रशीर्ष सभी प्रकार के फॉर्म, प्रक्रिया सम्बन्धी साहित्य आदि
(ग) समारोहों, आयोजनों आदि के निमंत्रण पत्र</td><td>कुल संख्या</td><td>हिंदी में उपलब्ध</td></tr>
<tr><td>2. टाइपराइटरों सम्बन्धी ब्यौरा
(क) टाइपराइटरों की कुल संख्या
(ख) हिंदी टाइपराइटरों की संख्या</td><td></td><td></td></tr>
</table>

3. आशुलिपिक/टाइपिस्ट (क) आशुलिपिकों/टाइपिस्टों की कुल संख्या (ख) इनमें से हिंदी आशुलिपि/टाइपिंग जानने वालों की संख्या	आशुलिपिक	टाइपिस्ट
4. पत्रिकाओं में हिंदी खण्ड की व्यवस्था (क) क्या कार्यालय द्वारा प्रकाशित पत्र-पत्रिकाओं में हिंदी खण्ड का प्रावधान रखा गया है? (ग) यदि हां, तो पत्रिकाओं की संख्या तथा उनमें हिंदी खण्ड के पृष्ठों का प्रतिशत		
5. शब्दावलियों की व्ययस्था (क) क्या प्रत्येक अधिकारी को प्रशासनिक और अन्य उपयोगी मानक हिंदी शब्दावलियां उपलब्ध कराई गई है? (ख) यदि हां, तो उपलब्ध शब्दावलियों की संख्या		

6. दुभाषियों की व्यवस्था (केवल मिशन/दूतावासों के लिए लागू) क्या कार्यालय में स्थानीय भाषा से हिंदी में और विलोमत: निर्वचन की व्यवस्था करा ली गई है?				
7. राजभाषा अधिनियम की धारा 3(3) के अंतर्गत तिमाही में जारी कागजात (क) संकल्प, सामान्य आदेश, नियम, अधिसूचनाएं प्रशासनिक या अन्य प्रतिवेदन तथा प्रेस विज्ञप्तियाँ (ख) संविदाएँ, करार, अनुज्ञप्तियाँ, अनुज्ञापत्र, निविदा सूचनाएँ तथा निविदा प्रारूप (ग) संसद के किसी सदन या दोनों सदनों के समक्ष रखे जाने वाले प्रशासनिक तथा अन्य प्रतिवेदन और राजकीय कागजात	कुल संख्या		हिंदी में जारी	
8. हिंदी पत्राचार	जारी किए गए कुल पत्र	हिंदी में जारी	हिंदी में जारी पत्रों का प्रतिशत	लक्ष्य 100%
(क) भारत स्थित अन्य कार्यालयों को भेजे गए पत्र (ख) कार्यालयों द्वारा अन्य देशों को, जिनकी भाषा अंग्रेजी नहीं है, भेजे गए पत्र				

9. **कार्यालय का राजभाषा के प्रगामी प्रयोग सम्बन्धी निरीक्षण** (क) क्या इस तिमाही में या इससे पहले हिंदी जे प्रगामी प्रयोग से संबंधित निरीक्षण कभी हुआ है? (ख) यदि हां, तो क्या निरीक्षण रिपोर्ट पर अनुवर्ती कार्रवाई पूरी कर ली गई है, यदि नहीं तो कृपया स्थिति स्पष्ट करें				

हस्ताक्षर ....
भेजने वाले अधिकारी का नाम ....
पदनाम ....
पता ....
दूरभाषा नं. ....

दिनांक ....

[का.ज्ञा.सं. 20003/1/90-रा.भा.(ख-2), दिनांक 8-1-1991]

4.10 राजभाषा हिंदी के कार्यान्वयन से संबंधित वर्ष 2021-22 की वार्षिक मूल्यांकन रिपोर्ट ऑनलाइन प्रेषित करने के संबंध में।

राजभाषा संकल्प 1968 के अनुपालन में हिंदी के प्रसार एवं विकास की गति बढ़ाने के लिए संघ के विभिन्न शासकीय प्रयोजनों में उसके उत्तरोत्तर प्रयोग हेतु राजभाषा विभाग, भारत सरकार द्वारा सभी मंत्रालयों/विभागों की समेकित वार्षिक मूल्यांकन रिपोर्ट संसद के दोनों सदनों के पटल पर रखी जाती है। राजभाषा विभाग द्वारा जारी 2021-22 के वार्षिक कार्यक्रम में निर्धारित लक्ष्यों के कार्यान्यन संबंधी मूल्यांकन रिपोर्ट के आंकड़े प्रति वर्ष 30 जून तक अवश्य उपलब्ध कराने का उल्लेख किया गया था। किंतु आपके मंत्रालय/अधीनस्थ कार्यालयों की वर्ष 2021-22 की समेकित रिपोर्ट अभी तक राजभाषा विभाग को प्राप्त नहीं हुई है।

2. उल्लेखनीय है कि मंत्रालयों/विभागों को निर्धारित प्रपत्र में अलग-अलग 04 वार्षिक मूल्यांकन रिपोर्ट भिजवानी होती है। पहली रिपोर्ट मुख्यालय के लिए और शेष 03 रिपोर्टें क्षेत्र-वार रूप से क्रमश: क, ख, ग क्षेत्र में स्थित संबद्ध/अधीनस्थ कार्यालयों के लिए होती है। उपर्युक्त रिपोर्ट में ही अपने सभी अधीनस्थ कार्यालयों/उपक्रमों/स्वायत्तशासी निकायों तथा अन्य कार्यालयों के आंकड़े भी समेकित करके भेजना अनिवार्य है, साथ ही, क, ख और ग क्षेत्र में स्थित सभी अधीनस्थ कार्यालयों/उपक्रमों/स्वायत्तशासी निकायों तथा अन्य कार्यालयों के आंकड़े सीधे राजभाषा विभाग को भिजवाने से पूर्व इन्हें क्षेत्रवार समेकित करके ही राजभाषा विभाग को भेजा जाना चाहिए।

3. अत: अनुरोध है कि 01 अप्रैल, 2021 से 31 मार्च, 2022 तक की मंत्रालय (मुख्यालय)/क, ख, ग क्षेत्रों में स्थित अधीनस्थ कार्यालयों की समेकित वार्षिक मूल्यांकन रिपोर्ट पूर्ण रूप से निर्धारित प्रोफॉर्मा में भरकर **दिनांक 15 फरवरी, 2023** तक ऑनलाइन/ऑफलाइन राजभाषा विभाग को भिजवाने के लिए संबंधित अधिकारियों को निर्देश दें ताकि राजभाषा विभाग, गृह मंत्रालय में रिपोर्ट तैयार करने संबंधी आगे का कार्य तत्काल पूरा किया जा सके। आपके इस सकारात्मक सहयोग से राजभाषा विभाग, गृह मंत्रालय द्वारा समय पर वार्षिक मूल्यांकन रिपोर्ट संसद के दोनों सदनों के पटलों पर प्रस्तुत की जा सकेगी।

राजभाषा हिंदी के प्रयोग संबंधी वार्षिक मूल्यांकन रिपोर्ट का संशोधित प्रोफ़ार्मा

मंत्रालय/विभाग का नाम :

सम्बद्ध/अधीनस्थ कार्यालय/उपक्रम का नाम:

संबंधित राजभाषा अधिकारी का दूरभाष नं.

क्षेत्र (क, ख या ग)

1. **राजभाषा अधिनियम की धारा 3(3) के अधीन जारी किए गए कागजात:**

   (क) जारी कागजात की कुल संख्या

   (ख) इनमें से केवल अंग्रेजी में जारी किए गए कागजात

2. **हिंदी में पत्राचार (राजभाषा नियम-5)**

   (क) हिंदी में प्राप्त कुल पत्र

   (ख) कितनों का उत्तर हिंदी में दिया गया

   (ग) कितनों का उत्तर अंग्रेजी में दिया गया

   (यह सूचना कार्यालय पद्धति मैनुअल अध्याय-4 पैरा 12(1) द्वारा निर्धारित डायरी रजिस्टर से दी जाए।)

3. **मूल पत्राचार-पत्रादि**

   (क) वर्ष के दौरान लिखी गई टिप्पणियों की कुल संख्या

   (ख) हिंदी में लिखी गई टिप्पणियों की संख्या

   (ग) अंग्रेजी में लिखी गई टिप्पणियों की संख्या

4. **फाइलों पर हिंदी में कार्य**

   (क) वर्ष के दौरान लिखी गई टिप्पणियों की कुल संख्या

   (ख) हिंदी में लिखी गई टिप्पणियों की संख्या

   (ग) अंग्रेजी में लिखी गई टिप्पणियों की संख्या

5. **फाइलों पर हिंदी में कार्य**

   (क) अधिकारियों/कर्मचारियों की कुल संख्या

   (ख) उपर्युक्त (क) में से हिंदी का कार्यसाधक या उच्च स्तर का ज्ञान प्राप्त अधिकारियों/कर्मचारियों की संख्या

(ग) उपर्युक्त (ख) में से हिंदी में प्रवीणता प्राप्त अधिकारियों/कर्मचारियों की संख्या

(घ) उपर्युक्त (क) में से कितने अधिकारी/कर्मचारी हिंदी का प्रशिक्षण पा रहे हैं

(ङ) हिंदी में प्रशिक्षण के लिए शेष अधिकारियों/कर्मचारियों की संख्या

6. टंकक/आशुलिपि

(क) कुल संख्या

(ख) जो दोनों भाषाओं (हिंदी-अंग्रेजी) में टंकण/आशुलिपि करना जानते हैं

(ग) जो अंग्रेजी टंकण/आशुलिपि का कार्य करना जानते हैं

(घ) कार्यालय में कुल टंकण/आशुलिपि कार्य की तुलना में हिंदी टंकक/आशुलिपि कार्य की प्रतिशता

7. कंप्यूटर/लैपटॉप आदि से संबंधित विवरण तथा कंप्यूटर प्रशिक्षण की स्थिति

(क) कंप्यूटर/लैपटॉप की कुल संख्या

(ख) हिंदी में काम करने की सुविधायुक्त

(ग) यूनिकोड समर्थित कंप्यूटर/लैपटॉप की संख्या

(घ) केवल अंग्रेजी में काम करने की सुविधायुक्त

(ङ) कुल अधिकारियों और कर्मचारियों की संख्या

(च) कंप्यूटर पर हिंदी में काम करने के लिए प्रशिक्षित अधिकारियों/कर्मचारियों की संख्या

8. वेबसाइट की उपलब्धता

(क) वेबसाइट आंशिक रूप से हिंदी में - हां/नहीं

(ख) वेबसाइट पूरी तरह से द्विभाषी रूप में - हां/नहीं

(ग) वेबसाइट केवल अंग्रेजी में - हां/नहीं

9. संपूर्ण कार्य हिंदी में करने के लिए अनुभागों की विनिर्दिष्ट करने से संबंधित स्थिति

(क) कुल अनुभागों की संख्या

(ख) हिंदी में कार्य करने के लिए विनिर्दिष्ट अनुभागों की संख्या

10. राजभाषा कोड/मैनुअल की उपलब्धता

(सांविधिक/कार्यालयीन/तकनीकी साहित्य)

क्रं. सं.	श्रेणी	कुल संख्या	द्विभाषी	केवल अंग्रेजी में	केवल हिंदी में	द्विभाषी अथवा हिंदी में न होने के कारण
1	अधिनियम/ नियम					
2	कार्यालयीन कोड/मैनुअल					
3	मानक फॉर्म					
4	तकनीकी साहित्य					
5	प्रशिक्षण साहित्य/सामग्री					
6	अन्य प्रकाशन					
	कुल योग					

11. शीर्षस्थ प्रशासनिक बैठकें

(क) वर्ष के दौरान हुई शीर्षस्थ प्रशासनिक बैठकों की संख्या

(ख) ऐसी कितनी बैठकों में वार्तालाप/कार्रवाई पूरी तरह से हिंदी में की गई

12. मंत्रालय/विभाग आदि की राजभाषा कार्यान्वयन समिति की बैठकें :

वर्ष के दौरान कितनी बैठकें आयोजित की गई

13. वर्ष के दौरान राजभाषा नीति के कार्यान्वयन से संबंधित अन्य विशिष्ट उपलब्धियों/कार्यों का संक्षिप्त द्विभाषी विवरण

मंत्रालय/विभाग/संगठन की राजभाषा कार्यान्वयन समिति के अध्यक्ष के

हस्ताक्षर ....

अध्यक्ष का नाम ....

पदनाम ....

दूरभाष नम्बर ....

फैक्स नम्बर ....

ई-मेल ....

विशेष टिप्पणी : यह रिपोर्ट राजभाषा कार्यान्वयन समिति के अध्यक्ष से हस्ताक्षरित न होने की दशा में लौटा दी जाएगी। कोई भी कॉलम खाली न छोड़ा जाए और सूचना स्पष्ट रूप से दी जाए।

अध्याय 5
कार्यान्वयन प्रगति-निरीक्षण व्यवस्था

5.1 राजभाषा संबंधी अनुदेशों के पालन के बारे में विभागीय अधिकारियों द्वारा निरीक्षण और उसकी रिपोर्ट

जो भी विभागीय अधिकारी अपने कार्यालयों के निरीक्षण के लिए जाएं वे हिंदी के प्रयोग संबंधी आदेशों के अनुपालन की भी जांच करें। निरीक्षण रिपोर्ट में यह बताएं कि किसी कर्मचारी को हिंदी का प्रयोग करने से रोकने का कोई मामला तो नहीं हुआ है।

निरीक्षण रिपोर्ट दिए गए निर्धारित प्रोफार्मा में दी जाए किन्तु संबंधित कार्यालय उसमें अपने कार्य के स्वरूप के अनुसार आवश्यक परिवर्तन कर सकते हैं।

निरीक्षण रिपोर्ट के बारे में निम्नलिखित कार्रवाई की जाए :-

1. हिंदी के प्रयोग से संबंधित निरीक्षण रिपोर्ट मंत्रालय/विभाग के हिंदी के कार्य से संबंधित वरिष्ठ अधिकारी को भेजी जाए।
2. राजभाषा कार्यान्वयन समिति की बैठकों में निरीक्षण रिपोर्ट की समीक्षा की जाए और उसमें राजभाषा संबंधी आदेशों के कार्यान्वयन में जो कमियां दिखाई दें उन्हें दूर करने के लिए व्यावहारिक उपाय किए जाएं।
3. निरीक्षण रिपोर्ट पर की गई समीक्षा और कार्यान्वयन के संबंध में अनुभव की जाने वाली कठिनाइयों की सूचना राजभाषा विभाग, गृह मंत्रालय को भेजी जाए।

[का.ज्ञा.सं. 5/20/71-रा.भा. दिनांक 21-10-1971]
[का.ज्ञा.सं. 11015/145/73-रा.भा. दिनांक 16-3-1974]
[का.ज्ञा.सं. 12020/1/78-रा.भा. (ख-1) दिनांक 17-7-1978]

मंत्रालयों/विभागों के निरीक्षण का प्रोफ़ार्मा

भाग- 1

1. मंत्रालय/विभाग का नाम
2. निरीक्षण की तिथि
3. (क) राजभाषा अधिकारी का नाम, पदनाम, दूरभाष
   (ख) हिंदी अधिकारी का नाम, दूरभाष

भाग- 2

1. पिछले निरीक्षण की तिथि

पिछले निरीक्षण में पाई गई कमियों पर की गई अनुवर्ती कार्रवाई- उन मदों का ब्यौरा जिन पर कार्रवाई अभी पूरी नहीं की गई।

भाग 3 हिंदी सलाहकार समिति/कार्यान्वयन समिति की बैठकों की जानकारी

1. वर्ष में अब तक हुई हिंदी सलाहकार समिति की बैठकों की संख्या और आखिरी बैठक की तारीख

वर्ष में अब तक हुई राजभाषा कार्यान्वयन समिति की बैठकों की संख्या और आखिरी बैठक की तारीख (अगर हिंदी सलाहकार समिति/राजभाषा कार्यान्वयन समिति की बैठकें नियमित रूप में नहीं हुई तो उसका कारण)

भाग 4–राजभाषा अनुभाग/एकक का कार्य

1. मंत्रालय/विभाग में उपलब्ध अद्यतन तिमाही प्रगति रिपोर्ट की अवधि..... से.....तक
2. मंत्रालय/विभाग में उपलब्ध समस्त संबद्ध/अधीनस्थ कार्यालयों व उपक्रमों के बारे में छमाही रिपोर्ट की अवधि.....से.....तक
3. क. किन संबद्ध/अधीनस्थ कार्यालयों व उपक्रमों से अद्यतन रिपोर्ट नहीं आई।

ख. उनसे रिपोर्ट मँगवाने के क्या उपाय किए गए हैं?

ग. क्या इन कार्यालयों/उपक्रमों से प्राप्त रिपोर्टों की समीक्षा की गई और कमियों के बारे में उन्हें लिखा गया?

घ. क्या कमियां दूर करने के बारे में अनुवर्ती कार्रवाई की जा रही है?

4. क. कुल अनुभाग जिनसे तिमाही प्रगति रिपोर्ट अपेक्षित थी

ख. कितने अनुभागों से रिपोर्ट प्राप्त हुई?

ग. जिन अनुभागों से रिपोर्ट प्राप्त नहीं हुई उनसे लेने के लिए क्या उपाय किए गये?

5. क्या राजभाषा अनुभाग द्वारा अनुभागों/एककों आदि से प्राप्त रिपोर्टों की समीक्षा, समेकित करने से पहले की जाती है और यदि हां, तो उस संबंध में क्या कार्रवाई की जाती है?
6. क्या सभी कोड, मैनुअल, फॉर्म आदि द्विभाषी रूप में तैयार किए गए है, कृपया पूरा विवरण दें।

7. क. अधीनस्थ/सम्बद्ध कार्यालयों आदि के संबंध में किए गए निरीक्षण से संबंधित सूचना का आधार और निरीक्षण की गुणवत्ता के बारे में रिपोर्ट देखने के बाद टिप्पण।

ख. क्या निरीक्षण में पाई गई कमियों को दूर करने के लिए अनुवर्ती कार्रवाई की जा रही है?

भाग 5–निरीक्षण अधिकारी द्वारा राजभाषा अधिनियम/नियम/वार्षिक कार्यक्रम और अन्य आदेशों के अनुपालन से संबंधित रिपोर्ट

1. क. क्या धारा 3(3) का अनुपालन शत-प्रतिशत हो रहा है?
अगर नहीं, तो उसके कारण क्या इसके लिए कोई चेक पॉइंट निर्धारित किया गया है?
अगर नहीं, तो चेक पॉइंट सम्बन्धी सुझाव (अधिकारियों से चर्चा के पश्चात)

2. क. क्या हिंदी में प्राप्त पत्रों का उत्तर शत-प्रतिशत हिंदी में दिया जाता है? यदि नहीं तो कारण

ख. क्या कोई चेक पॉइंट निर्धारित किया गया है? यदि नहीं तो चेक पॉइंट सम्बन्धी सुझाव (अधिकारियों से चर्चा के पश्चात)

3. क. हिंदी में पत्राचार की स्थिति:- क्या निश्चित लक्ष्य प्राप्त कर लिया गया है? यदि नहीं, तो उसके कारण

ख. क्या इसके लिए कोई चेक पॉइंट है? यदि नहीं, तो सुझाव (अधिकारियों से चर्चा के पश्चात)

ग. पत्राचार में हिंदी पत्रों के प्रतिशत के बारे में लक्ष्य प्राप्ति के लिए क्या प्रयत्न किए जा रहे हैं और इस बारे में सुझाव (अधिकारियों से चर्चा के पश्चात)

अधिकारी कर्मचारी

4. क. कुल कितने अधिकारियों/कर्मचारियों को हिंदी का कार्यसाधक ज्ञान नहीं है?

ख. कितने अधिकारियों/कर्मचारियों को हिंदी शिक्षण के लिए नामित किया गया है?

ग. कितने अधिकारी/कर्मचारी पत्राचार पाठ्यक्रम से शिक्षण ले रहे हैं?

घ. क्या शेष अधिकारियों/कर्मचारियों के शिक्षण के लिए रोस्टर बना लिया गया है?

टाइपिस्ट आशुलिपिक

4. क. क्या मंत्रालय/विभाग में 45% टाइपिस्ट/आशुलिपिक हिंदी टाइपिंग/आशुलिपि में प्रशिक्षित हैं?

ख. कितने टाइपिस्टों/आशुलिपिकों को हिंदी टाइपिंग/आशुलिपि के प्रशिक्षण के लिए नामित किया गया?

ग. 45% टाइपिस्टों/आशुलिपिकों के प्रशिक्षण का लक्ष्य प्राप्त करने के लिए क्या उपाय किए जा रहे है?

घ. क्या 20-8-87 के बाद कोई आशुलिपिक भर्ती किया गया? यदि हां, तो क्या वह हिंदी आशुलिपि में प्रशिक्षित था? यदि हिंदी आशुलिपिकों को भर्ती नहीं किया गया तो उसका कारण?

6. क. क्या टाइपराइटरों में से 45% टाइपराइटर देवनागरी के हैं?

ख. अगर नहीं, तो क्या 27-11-87 के बाद केवल देवनागरी टाइपराइटर ही खरीदे गए है?

7. मंत्रालय/विभाग में हिंदी टिप्पण/प्रारूप लेखन की स्थिति।

(क) कौन-कौन से अनुभाग हिंदी में शत-प्रतिशत कार्य करने के लिए चुने गए है?

(ख) क्या इन अनुभागों में वास्तव में "ग" क्षेत्र के राज्य सरकार व संघ राज्य क्षेत्र के कार्यालयों और वहां रहने वाले व्यक्तियों से पत्राचार को छोड़कर बाकी शत-प्रतिशत कार्य हिंदी में हो रहा है?

(ग) यदि नहीं, तो किस हद तक हिंदी में काम हो रहा है और बढ़ाने के क्या प्रयत्न किए जा रहे है?

9. क. क्या मंत्रालय/विभाग नियम 10(4) के अधीन अधिसूचित है?

ख. यदि नहीं, तो हिंदी का कार्यसाधक ज्ञान रखने वाले कर्मचारियों का प्रतिशत क्या है?

ग. 80% कर्मचारियों को हिंदी का कार्यसाधक ज्ञान दिलाने और कार्यालय को अधिसूचित करने के लिए क्या उपाय किए जा रहे है?

अधिकारी कर्मचारी

10. क. कुल कितने अधिकारी/कर्मचारी हिंदी में प्रवीणता प्राप्त है?

ख. कितने राजभाषा विभागा द्वारा विनिर्दिष्ट विषयों पर प्राप्त पत्रों के प्रारूप हिंदी में प्रस्तुत करते है?

ग. यदि सभी प्रवीणता प्राप्त कर्मचारी विनिर्दिष्ट विषयों पर प्रारूप हिंदी में प्रस्तुत नहीं करते तो इस बारे में आदेशों का अनुपालन सुनिश्चित करने के लिए क्या कार्रवाई की जा रही है?

11.

(क) कुल कितने अधिकारी/कर्मचारी हिंदी का कार्यसाधक ज्ञान रखते हैं?

(ख) उनमें से कितनों को अभी कार्यशालाओं में प्रशिक्षण नहीं दिया गया?

(ग) इस वर्ष में कितने अधिकारियों/कर्मचारियों ने हिंदी कार्यशालाओं में भाग लिया?

12. (क) निरीक्षण से संबंधित अवधि में कितने इलैक्ट्रोनिक टाइपराइटर खरीदे गए?

(ख) क्या ये सब द्विभाषी थे? यदि नहीं, तो कारण

(ग) निरीक्षण से संबंधित अवधि में कुल कितने कम्प्यूटर खरीदे गए?

(घ) क्या इन सब में हिंदी में काम करने की सुविधा उपलब्ध है?

(ङ) यदि नहीं, तो इस बारे में क्या उपाय किए जा रहे है?

13. क. क्या मंत्रालय/विभाग के सभी नाम-पट्ट, सूचना, बोर्ड आदि द्विभाषी हैं?

(घ) क्या मंत्रालय/विभाग में प्रयोग होने वाली सभी मोहरें आदि द्विभाषी हैं?

14. क. क्या मंत्रालय/विभाग द्वारा आयोजित की जाने वाली विभागीय या पदोन्नति परीक्षाओं में प्रश्न-पत्र द्विभाषी बनाए जा रहे हैं और उनका उत्तर हिंदी में देने का विकल्प है?

(ख) अगर नहीं, तो उन परीक्षाओं का ब्यौरा जिनमें यह सुविधा नहीं और और उनमें यह सुविधा उपलब्ध करने के लिए क्या कार्रवाई की जा रही है?

15. क. हिंदी के श्रेणीवार कितने पद रिक्त हैं तथा कब से रिक्त हैं?

ख. रिक्त पदों को भरने के लिए क्या कार्रवाई की जा रही है?

16. क. क्या हिंदी में मूल काम पर प्रोत्साहन योजना लागू कर दी गई है?

ख. कितने कर्मचारी इस योजना में भाग ले रहे हैं?

17. क. क्या मंत्रालय/विभाग व सम्बद्ध/अधीनस्थ कार्यालय और उपक्रमों के लिए शील्ड योजना चालू की गई है?

ख. क्या "ख" व "ग" वर्ग के कर्मचारियों की सेवा पंजी में प्रविष्टियाँ हिंदी में की जा रही हैं?

भाग 6-मंत्रालय/विभाग द्वारा हिंदी के कार्यान्वयन के क्षेत्र में उठाए गए अन्य उल्लेखनीय कदम

भाग 7- अनुभागों का विस्तृत निरीक्षण

a. कुल अनुभागों की संख्या

b. कितने अनुभागों का विस्तृत निरीक्षण किया गया (अनुभागों के निरीक्षण की रिपोर्ट अलग से निर्धारित प्रोफ़ार्मा में अनुभाग-वार संलग्न की जाएगी)

c. निरीक्षण अधिकारी की अभ्युक्ति

निरीक्षण अधिकारी के हस्ताक्षर ....

निरीक्षण अधिकारी का नाम ....

[सं. 12020/4/87-ओ.एल. (B-II) दिनांक 25-10-89 द्वारा परिचालित

5.2 उपक्रमों आदि के निरीक्षण की व्यवस्था

भारत सरकार के मंत्रालय/विभाग अपने उपक्रमों का भी नियमित रूप से राजभाषा प्रगति सम्बन्धी निरीक्षण वर्ष में एक बार किया करें तथा राजभाषा विभाग को भी इन निरीक्षणों के प्रोग्राम से अवगत करा दिया करें।

[का.ज्ञा.सं. 20014/2/81-रा.भा.(ख-2), दिनांक 8-9-1981]

सम्बद्ध/अधीनस्थ कार्यालयों/उपक्रमों/बैंकों के निरीक्षण का प्रोफार्मा

भाग 1- सामान्य

1. कार्यालय/उपक्रम/बैंक का नाम एवं पता
2. सम्बन्धित मंत्रालय/विभाग का नाम
3. निरीक्षण की तिथि
4. राजभाषा अधिकारी का नाम, पदनाम व दूरभाष नम्बर
5. हिंदी अधिकारी का नाम पदनाम व दूरभाष नम्बर

भाग 2- पिछले निरीक्षण की जानकारी

1. पिछले निरीक्षण की तिथि

पिछले निरीक्षण में पाई गई कमियों पर की गई अनुवर्ती कार्रवाई-उन मदों का ब्यौरा जिन पर कार्रवाई अभी पूरी नहीं की गई

भाग 3- राजभाषा अनुभाग/एकक का कार्य

2. कार्यालय/उपक्रम/बैंक में उपलब्ध अद्यतन तिमाही प्रगति रिपोर्ट अवधि.........से.........तक

2. कार्यालय/उपक्रम में उपलब्ध समस्त सम्बद्ध/अधीनस्थ कार्यालयों आदि के बारे में अद्यतन छमाही रिपोर्ट अवधि.........से.........तक

3. क. किन सम्बद्ध/अधीनस्थ कार्यालयों आदि से अद्यतन रिपोर्टें नहीं आई

ख. उनसे रिपोर्ट मँगवाने के क्या उपाय किए गए?

ग. क्या इन कार्यालयों आदि से प्राप्त रिपोर्टों की समीक्षा की गई और कमियों के बारे में लिखा गया?

4. क.कुल कितने अनुभाग/एकक/विभाग/प्रभाग आदि हैं जिनसे तिमाही रिपोर्ट अपेक्षित थी?

ख.कितनों से रिपोर्ट प्राप्त हुई?

ग. जिनसे रिपोर्ट प्राप्त नहीं हुई उनसे रिपोर्ट मंगवाने के लिए क्या उपाय किए गए?

5. क्या राजभाषा अनुभाग/एकक द्वारा अनुभागों/एककों आदि से प्राप्त रिपोर्टों की समीक्षा, समेकित करने से पहले की जाती है और यदि हां तो उस संबंध में क्या कार्रवाई की जाती है?

6. क्या सभी कोड, मैनुअल, फार्म आदि द्विभाषी रूप में तैयार किए गए है? कृपया पूरा विवरण दें

7. क. अधीनस्थ कार्यालय आदि के संबंध में किए गए निरीक्षण से संबंधित सूचना का आधार और निरीक्षण गुणवत्ता के बारे में रिपोर्ट देखने के बाद टिप्पणी।

ख. क्या निरीक्षण में पाई गए कमियों को दूर करने के लिए अनुवर्ती काईवाई की जा रही है?

भाग 4- निरीक्षण अधिकारी की रिपोर्ट-राजभाषा अधिनियम/नियम, वार्षिक कार्यक्रम और अन्य आदेशों के अनुपालन के संबंध में

1. क.क्या धारा-3(3) का अनुपालन शत-प्रतिशत हो रहा है? अगर नहीं, तो उसके कारण

ख.क्या इसके लिए कोई चेक पॉइंट निर्धारित किया गया है? अगर नहीं, तो चेक पॉइंट सम्बन्धी सुझाव (अधिकारियों से चर्चा के पश्चात)

2. क.क्या हिंदी में प्राप्त पत्रों का उत्तर शत-प्रतिशत हिंदी में दिया जाता है? अगर नहीं, तो कारण

ख.क्या इसके लिए कोई चेक पॉइंट निर्धारित किया गया है? अगर नहीं, तो चेक पॉइंट सम्बन्धी सुझाव (अधिकारियों से चर्चा के पश्चात)

3. क.हिंदी पत्राचार की स्थिति- क्या निश्चित लक्ष्य प्राप्त कर लिया है? अगर नहीं, तो उसका कारण

ख.क्या इसके लिए कोई चेक पॉइंट निर्धारित किया गया है? अगर नहीं, तो सुझाव (अधिकारियों से चर्चा के पश्चात)

ग. पत्राचार में हिंदी पत्रों के प्रतिशत के बारे में लक्ष्य प्राप्ति के लिए क्या प्रयत्न किए जा रहे है और इस बारे में सुझाव (अधिकारियों से चर्चा के पश्चात)

अधिकारी कर्मचारी

4. क. कुल कितने अधिकारियों/कर्मचारियों को हिंदी का कार्यसाधक ज्ञान नहीं है?

ख. कितने अधिकारियों/कर्मचारियों को हिंदी प्रशिक्षण के लिए नामित किया गया है?

ग. कितने अधिकारी/कर्मचारी पत्राचार पाठ्यक्रम से प्रशिक्षण ले रहे हैं? क्या शेष अधिकारियों/कर्मचारियों के लिए रोस्टर बना लिया गया है?

टाइपिस्ट आशुलिपिक

5. क. क्या कार्यालय/उपक्रम में 70%, 35%, 15% (क्रमश: "क", "ख", "ग" क्षेत्र हेतु) टाइपिस्ट/आशुलिपिक हिंदी टाइपिंग/आशुलिपि में प्रशिक्षित हैं?

ख. कितने टाइपिस्टों/आशुलिपिकों को हिंदी टाइपिंग/आशुलिपि के लिए नामित किया गया?

ग. 70%, 35%, 15% (क्षेत्रानुसार) टाइपिस्ट/आशुलिपिकों के प्रशिक्षण का लक्ष्य प्राप्त करने के लिए क्या उपाय किए जा रहे हैं?

घ. क्या 20-8-87 के बाद कोई आशुलिपि भर्ती किया गया, यदि हां, तो क्या वह हिंदी आशुलिपि में प्रशिक्षित था? यदि हिंदी आशुलिपिकों को भर्ती नहीं किया गया तो कारण।

6. क. क्या कुल टाइपराइटरों में से 70%, 35% या 15% (क्षेत्रानुसार) देवनागरी के हैं?

ख. अगर नहीं, तो क्या 27-11-1987 के बाद केवल देवनागरी टाइपराइटर ही खरीदे गए?

7. कार्यालय/उपक्रम में हिंदी टिप्पण/प्रारूप लेखन की स्थिति

8. क. कौन-कौन से अनुभाग हिंदी में शत-प्रतिशत कार्य करने के लिए चुने गए हैं? क्या इन अनुभागों में "ग" क्षेत्र के राज्य सरकार व संघ सरकार के कार्यालयों और वहाँ रहने वाले व्यक्तियों से पत्राचार को छोड़कर बाकी शत-प्रतिशत कार्य हिंदी में हो रहा है?

अगर नहीं, तो किस हद तक हिंदी में कार्य हो रहा है और बढ़ाने के लिए क्या प्रयत्न किए जा रहे हैं?

अधिकारी कर्मचारी

क्या कार्यालय नियम 10(4) के अधीन अधिसूचित है?

अगर नहीं, तो हिंदी का कार्यसाधक ज्ञान रखने वाले कर्मचारियों का प्रतिशत 80% कर्मचारियों को हिंदी का कार्यसाधक ज्ञान दिलाने और कार्यालय को अधिसूचित करने के क्या उपाय किए जा रहे हैं?

कुल कितने अधिकारी/कर्मचारी हिंदी में प्रवीणता प्राप्त हैं?

कितने राजभाषा विभाग द्वारा विनिर्दिष्ट विषयों पर प्रारूप हिंदी में प्रस्तुत करते हैं?

यदि सभी प्रवीणता प्राप्त कर्मचारी विनिर्दिष्ट विषयों पर प्रारूप हिंदी में प्रस्तुत नहीं करते तो इस बारे में आदेशों का अनुपालन सुनिश्चित करने के लिए क्या कार्रवाई की जा रही है?

कुल कितने अधिकारी/कर्मचारी हिंदी का कार्यसाधक ज्ञान रखते हैं?

उनमें से कितने को अभी कार्यशालाओं में प्रशिक्षण नहीं दिया गया?

इस वर्ष में कितने अधिकारियों/कर्मचारियों ने हिंदी कार्यशालाओं में भाग लिया?

निरीक्षण से संबंधित अवधि में कितने इलेक्ट्रॉनिक टाइपराइटर खरीदे गए?

क्या ये सब द्विभाषी थे? अगर नहीं, तो कारण

निरीक्षण से संबंधित अवधि में कुल कितने कम्प्यूटर खरीदे गए?

क्या इन सब में हिंदी में कम करने की सुविधा उपलब्ध है?

अगर नहीं, तो इस बारे में क्या उपाय किए गए?

क्या कार्यालय/उपक्रम के सभी नामपट्ट, सूचना बोर्ड आदि द्विभाषी हैं?

क्या कार्यालय/उपक्रम में प्रयोग होने वाली सभी मुहरें आदि द्विभाषी हैं?

क्या कार्यालय/उपक्रम द्वारा आयोजित विभागीय पदोन्नति परीक्षाओं में प्रश्न-पत्र द्विभाषी बनाए जा रहे हैं और उनका उत्तर हिंदी में देने का विकल्प है?

अगर नहीं, तो उन परीक्षाओं का ब्यौरा जिनमें यह सुविधा नहीं है और उनमें यह सुविधा उपलब्ध कराने के लिए क्या उपाय किए जा रहे है?

हिंदी के श्रेणीवार कितने पद रिक्त हैं और कब से रिक्त हैं?

रिक्त पदों को भरने के लिए क्या कार्रवाई की जा रही है?

क्या हिंदी में मूल काम करने के लिए कोई प्रोत्साहन योजना है?

इस योजना में कितने कर्मचारी भाग ले रहे हैं?

क्या कार्यालय/उपक्रम के नियंत्रणाधीन सम्बद्ध/अधीनस्थ कार्यालयों आदि के लिए शील्ड योजना चालू की गई है?

क्या “ग” व “ख” वर्ग के कर्मचारियों की सेवापंजी में प्रविष्टियाँ हिंदी में की जा रही है?

भाग 5-कार्यालय/उपक्रम द्वारा हिंदी के कार्यान्वयन के क्षेत्र में लिए गए अन्य उलेखनीय कदम

भाग 6-अनुभागों/एककों का विस्तृत निरीक्षण

कुल अनुभागों/एककों की संख्या

कितने अनुभागों/एककों का विस्तृत निरीक्षण किया गया?

(अनुभागों/एककों के निरीक्षण की रिपोर्ट अलग से निर्धारित प्रोफ़ार्मा में अनुभाग-वार संलग्न की जाएगी)

निरीक्षण अधिकारी की अभ्युक्ति

निरीक्षण अधिकारी के हस्ताक्षर ....

निरीक्षण अधिकारी का नाम ....

[का.ज्ञा.सं. 12020/4/87-रा.भा. (ख-2) दिनांक 25-10-1989]

5.3 निरीक्षण समिति का गठन

निरीक्षणों के लिए निरीक्षण समिति को गठित किया जाए। इस में सम्बन्धित मंत्रालय/विभाग हिंदी से संबंधित वरिष्ठ अधिकारी के अलावा प्रशासन के उपसचिव मुख्यालय के वरिष्ठ अधिकारी और राजभाषा विभाग के अधिकारी को शामिल किया जाए।

[का.ज्ञा.सं. 12012/6/84-रा.भा.(ख-1), दिनांक 9-4-1984]

5.4 राजभाषा विभाग के क्षेत्रीय कार्यान्वयन कार्यालयों द्वारा निरीक्षण और उनके कार्यकलाप

सभी सम्बद्ध, अधीनस्थ कार्यालय, उपक्रम बैंक आदि राजभाषा विभाग के क्षेत्रीय कार्यान्वयन कार्यालयों को तिमाही रिपोर्टों की प्रतियां भेंजे। राजभाषा कार्यान्वयन समिति की बैठकों की सूचना और कार्यसूचियां भेजी जाएं जिससे उपनिर्देशक बैठकों में शामिल हो सकें। कार्यशालाओं के संचालन में सहायता आदि के लिए उनसे संपर्क किया जाए।

क्षेत्रीय कार्यान्वयन कार्यालयों के अधिकारियों द्वारा कार्यालयों के निरीक्षण भी किए जाएंगे, रिपोर्टों की समीक्षा की जाएगी और वे संबंधित क्षेत्र की नगर राजभाषा कार्यान्वयन समिति की बैठकों में भाग लेंगे।

क्षेत्रीय कार्यान्वयन कार्यालयों का पता तथा कार्यक्षेत्र इस प्रकार हैं :-

राजभाषा विभाग के अंतर्गत स्थापित क्षेत्रीय कार्यान्वयन कार्यालयों के नाम, पता एवं कार्यक्षेत्र

क्रम सं.	क्षेत्रीय कार्यान्वयन कार्यालय का नाम एवं पता	कार्यक्षेत्र
1.	उपनिर्देशक (कार्यान्वयन), क्षेत्रीय कार्यान्वयन कार्यालय (पश्चिम), राजभाषा विभाग, गृह मंत्रालय, केंद्रीय सदन, कमरा नं. 601ए, सेक्टर 10, 6वां तल, सीबीडी, बेलापुर, नवी मुम्बई-400614 दूरभाष एवं फैक्स- 022-27560225 ई-मेल : ddimpol-mum[at] nic[dot]in, ddriomum-dol[at] nic[dot]in	1. महाराष्ट्र 2. गुजरात 3. गोवा 4. दादरा एवं नगर हवेली 5. दमन एवं दीव
2.	उपनिर्देशक (कार्यान्वयन), क्षेत्रीय कार्यान्वयन कार्यालय (पूर्व), राजभाषा विभाग, गृह मंत्रालय, निजाम पैलेस, 18वां तल, 234/4, आचार्य जे. सी. बोस रोड़, कोलकाता-700030 दुरभाष-033-22875305 ,फैक्स-033-22800356 ई-मेल : ddriokol-dol[at] nic[dot]in	1. पश्चिम बंगाल 2. उड़ीसा 3. बिहार 4. झारखण्ड 5. अण्डमान एवं निकोबार द्वीप समूह

3.	उप निर्देशक (कार्यान्वयन) क्षेत्रीय कार्यान्वयन कार्यालय (दक्षिण) गृह मंत्रालय, राजभाषा विभाग, केंद्रीय सदन, 5वां तल,डी विंग, कोरमंगला, बेंगलूरू-560034 दूरभाष/फैक्स 080-25536232 ई-मेल : ddriobng-dol[at]nic[dot]in	1. आंध्र प्रदेश 2. कर्नाटक
4.	उपनिर्देशक (कार्यान्वयन), क्षेत्रीय कार्यान्वयन कार्यालय –II (गाजियाबाद), राजभाषा विभाग, गृह मंत्रालय, कमरा नाम. 302, तृतीय तल, सी.जी.ओ. भवन, कमला नेहरू नगर, गाजियाबाद- 201001 (उ.प्र.) दूरभाष/फैक्स- 0120-2719356 ई-मेल : ddriogzb-dol[at]nic[dot]in	1. उत्तर प्रदेश 2. उत्तराखण्ड
5.	उप निर्देशक (कार्यान्वयन) क्षेत्रीय कार्यान्वयन कार्यालय (पूर्वोत्तर) गृह मंत्रालय, राजभाषा विभाग, राजगढ़ रोड़, वाई लेन नं 1 पोस्ट -शिलपुखरी,गुवाहाटी-781003 दूरभाष व फैक्स 0361-2524686 ई-मेल : ddrioguw-dol[at]nic[dot]in	1. असम 2. त्रिपुरा 3. मिजोरम 4. नागालैण्ड 5. मणिपुर 6. मेघालय 7. सिक्किम 8. अरुणाचल प्रदेश

6.	उप निर्देशक (कार्यान्वयन) क्षेत्रीय कार्यान्वयन कार्यालय (दक्षिण-पश्चिम) गृह मंत्रालय, राजभाषा विभाग, केंद्रीय भवन, ब्लॉक सी-।, सातवां तल, सेस पी-ओ, कोच्चि-682037, केरल ई-मेल : ddriokoc-dol[at] nic[dot]in	केरल तमिलनाडु पांडिचेरी लक्षद्वीप
7.	उपनिर्देशक (कार्यान्वयन), क्षेत्रीय कार्यान्वयन कार्यालय (मध्य), राजभाषा विभाग, गृह मंत्रालय, कमरा नम्बर 206, निर्माण सदन, 52 ए, अरेरा हिल्स, भोपाल-462011 दूरभाष-0755-25531490755-2553149 ई-मेल पता-ddimplbho-mp[at] nic[dot]in, ddriobho-dol[at] nic[dot]in	मध्य प्रदेश छत्तीसगढ़
8.	उपनिर्देशक (कार्यान्वयन), क्षेत्रीय कार्यान्वयन कार्यालय-I (दिल्ली), राजभाषा विभाग, गृह मंत्रालय, तृतीय तल, त्रिकुट-2, भीकाजी कामा प्लेस, आर.के. पुरम, नई दिल्ली-110066 दूरभाष/फैक्स-011-26102445/46 ई-मेल : ddriodel-dol[at] nic[dot]in	1. दिल्ली संघ राज्य क्षेत्र 2. पंजाब 3. हरियाणा 4. हिमाचल प्रदेश 5. जम्मू व कश्मीर 6. चण्डीगढ़ 7. राजस्थान

क्षेत्रीय कार्यालय अपने क्षेत्र में स्थित केंद्रीय सरकार के कार्यालयों की राजभाषा से संबंधित समस्याओं पर अपने सुझाव देंगे तथा मार्गदर्शन करेंगे।

[का.ज्ञा.सं. 12012/6(2)/84-रा.भा.(ख-1), दिनांक 18-1-1985]
[का.ज्ञा.सं. 12016/5/87-रा.भा.(ख-1), दिनांक 2-12-1987]
[का.ज्ञा.सं. 12011/18/88-रा.भा.(ख-1), दिनांक 6-9-1991]
[का.ज्ञा.सं. 12024/7/92-रा.भा.(ख-2), दिनांक 21-7-1992]

अध्याय 6

हिंदी में कार्य करने के लिए यांत्रिक/इलेक्ट्रॉनिक उपकरणों का प्रयोग

6.1 देवनागरी में पते लिखने और बिल बनाने आदि की मशीन का प्रयोग

हिंदी भाषी क्षेत्र में जाने वाले बीमा संबंधी नोटिसों, बिजली, पानी के बिलों, पहचान टोकनों और लिफाफों आदि पर पते लिखने के लिए देवनागरी पतालेखी मशीनों का प्रबंध किया जाए।

(1) "क" तथा "ख" क्षेत्रों में स्थित कार्यालयों में पतालेखी मशीन के साथ देवनागरी एम्बॉसिंग मशीनें लगाई जाएं और चूंकि "ग" क्षेत्रों में स्थित कार्यालयों में भी कई बड़े-बड़े कार्यालय ऐसे हैं जिनमें काफी पत्र व्यवहार "क" तथा "ख" क्षेत्रों के कार्यालयों से होता है। अत: "ग" क्षेत्र में स्थित कार्यालयों में भी द्विभाषी पतालेखी मशीनों का प्रावधान किया जाए।

(2) इन मशीनों पर कार्यरत कर्मचारियों के लिए हिंदी तथा अंग्रेजी दोनों भाषाओं में प्रशिक्षण देने की व्यवस्था की जाए। पतालेखी मशीनों पर कार्यरत कर्मचारियों को हिंदी भाषा का ज्ञान होना चाहिए। अत: ऐसे कर्मचारियों को, पतालेखी मशीनों पर हिंदी भाषा में काम करने के लिए आवश्यक प्रशिक्षण देने के लिए पतालेखी मशीन कम्पनियों से अनुरोध किया जाए।

[का.ज्ञा.सं. 12015/9/76-रा.भा. (ख) दिनांक 16-11-1976]
[का.ज्ञा.सं. 12024/4/90-रा.भा. (ख-2) दिनांक 16-5-1990]

6.2 देवनागरी टाइपराइटरों का न्यूनतम अनुपात

(क) "क" क्षेत्र में स्थित मंत्रालयों तथा विभागों के मुख्यालयों में कुल टाइपराइटरों में से कम से कम 45 प्रतिशत टाइपराइटर देवनागरी में उपलब्ध होने चाहिए।

(ख) "क" क्षेत्र में स्थित मंत्रालयों/विभागों के मुख्यालयों को छोड़कर शेष कार्यालयों में यह अनुपात 70 प्रतिशत होना चाहिए।

(ग) "ख" क्षेत्र में स्थित मंत्रालयों/विभागों तथा अन्य कार्यालयों में उपलब्ध समस्त टाइप राइटरों में कम से कम 45 प्रतिशत टाइप राइटर देवनागरी के होने चाहिए।

(घ) "ग" क्षेत्र में स्थित मंत्रालयों तथा विभागों और दूसरे कार्यालयों में कुल टाइप राइटरों में कम से कम 18 प्रतिशत देवनागरी के टाइप राइटर होने चाहिए।

6.2.1 जब तक किसी मंत्रालय/विभाग/कार्यालय आदि में देवनागरी टाइप राइटरों का अनुपात उपरोक्त अनुपात के बराबर नहीं हो जाता है तब तक मंत्रालय/विभाग/कार्यालय में केवल देवनागरी के टाइप राइटर ही खरीदे जाएं और रोमन का कोई टाइप राइटर न खरीदा जाए। अगर रोमन का कोई मौजूदा टाइप राइटर नकारा हो जाए तो उसकी जगह भी देवनागरी का टाइप राइटर ही खरीदा जाए।

6.2.2 यदि किसी कार्यालय में इससे अधिक अनुपात में देवनागरी टाइपराटरों की जरूरत महसूस की जाए तो इस अनुपात से अधिक देवनागरी टाइपराइटर खरीदने में कोई आपत्ति नहीं है।

6.2.3. जो अधिकारी टाइपराइटरों की खरीद का आर्डर देता है उसका उत्तरदायित्व है कि यह सुनिश्चित करें कि जब तक ऊपर दर्शाए गए अनुपात में' देवनागरी टाइपराइटर उपलब्ध नहीं हो जाते तब तक केवल देवनागरी के टाइपराइटर ही खरीदे जाएं।

6.2.4 ये निर्देश सरकार के स्वामित्व में या नियंत्रणाधीन उपक्रमों/बैंकों आदि पर भी लागू होंगे।

6.2.5 यह सुनिश्चित करना आवश्यक है कि हिंदी आशुलिपिकों/टंककों का निर्धारित प्रतिशत पूरा किया जाए। जो अधिकारी इन आदेशों का उल्लंघन करते हैं उनके विरुद्ध राजभाषा विभाग के दिनांक 22-8-1989 के का.ज्ञा.सं. 12019/3/89- रा.भा. (भा.) के अनुसार कार्रवाई की जाए।

[का.ज्ञा.सं. 1/14013/12/87- रा.भा. (क-1) दिनांक 27-11-1987]

[का.ज्ञा.सं. 1/14013/9/89-रा.भा. (क-1) दिनांक 9-2-1990]

[का.ज्ञा.सं. 141012/6/92-रा.भा. (ग). दिनांक 12-2-1992]

[का.ज्ञा.सं. 14012/6/92- रा.भा. (ग). दिनांक 19-5-1992]

6.3 रोमन लिपि के टाइपराइटरों को देवनागरी लिपि के टाइपराइटरों में बदलवाना

कार्यालयों को सरकार द्वारा निर्धारित नीति के अनुसार देवनागरी लिपि के नए टाइपराइटर मंगाते रहना चाहिए। साथ-साथ देवनागरी टाइपराइटरों की कमी दूर करने के लिए रोमन लिपि के टाइपराइटरों के कुंजीपटल भी देवनागरी लिपि में बदलवाए जाएं। 46 कुंजीवाले टाइपराइटरों के कुंजीपटल को देवनागरी में बदलवाना अधिक सुविधाजनक रहेगा।

[का.ज्ञा.सं. 12015/1/77- रा.भा.(ख) दिनांक 5-9-1977]

6.4 केवल द्विभाषिक इलेक्ट्रॉनिक उपकरणों का प्रयोग

राजभाषा अधिनियम 1963 तथा उसके अन्तर्गत जारी किए गए, नियमों का अनुपालन सुनिश्चित करने के लिए यह आवश्यक है कि केंद्रीय सरकार के मंत्रालयों/विभागों एवं उसके संबध तथा अधीनस्थ कार्यालयों, सरकारी उपक्रमों तथा राष्ट्रीयकृत बैंकों आदि में' खरीदे जाने वाले सभी इलेक्ट्रॉनिक उपकरणों में रोमन के साथ-साथ देवनागरी लिपि के प्रयोग की सुविधा प्राप्त हो।

इसलिए इलेक्ट्रॉनिक उपकरणों को प्राप्त करते समय निम्नलिखित निर्देशों को पूरी तरह से ध्यान में रखा जाए :-

(1) इलेक्ट्रॉनिक टाइपराइटर तथा सभी प्रकार की कम्प्यूटर प्रणालियां (जिनमें कम्प्यूटर, वर्ड प्रोसेसर, एडवांस लेजर, पोस्टिंग मशीनें डेटा एन्ट्री उपकरण आदि शामिल हैं) केवल द्विभाषी रूप में खरीदी जाएं।

(2) ये आदेश केंद्रीय सरकार के सभी मंत्रालयों/विभागों, अधीनस्थ तथा संबद्ध कार्यालयों, केंद्रीय सरकार के स्वामित्व या नियंत्रण के अधीन सभी निगमों, कम्पनियों या बैंकों आदि के कार्यालयों या केंद्रीय सरकार द्वारा नियुक्त किसी आयोग, समिति या प्राधिकरण के कार्यालयों पर लागू हैं।

(3) किसी कम्प्यूटर आदि को द्विभाषी तभी माना जाएगा जबकि :-

1. इसमें अंग्रेजी के साथ हिंदी में भी डेटा एन्ट्री की व्यवस्था हो।
2. कोई भी कर्मचारी इसको अंग्रेजी या हिंदी, जिस भाषा में प्रयोग करना चाहे कर सके। इसके लिए आवश्यक है कि यंत्र में ऐसा प्रबंध हो जिससे स्क्रीन पर उस कर्मचारी की इच्छानुसार अंग्रेजी या हिंदी में लि़खा जा सके।
3. कम्प्यूटर आदि से तैयार होने वाली सामग्री (विवरण, पत्र, लेख आदि) कम्प्यूटर पर काम करने वाले कर्मचारी की इच्छानुसार हिंदी या अंग्रेजी में प्रिंट हो सके।

(4) इन उपकरणों का प्रयोग करते समय यह सुनिश्चित किया जाए कि राजभाषा अधिनियम 1963, राजभाषा नियम 1976 और राजभाषा विभाग से समय-समय पर जारी किए गए निर्देशों के अनुसार जो काम हिंदी में होना चाहिए, वह अनिवार्य तौर पर केवल हिंदी में और जो काम द्विभाषी होना चाहिए, वह द्विभाषी ही किया जाए।

(5) यदि किसी विशेष कारणवश किसी कार्यालय, उपक्रम, बैंक आदि में उपर्युक्त निर्देशों में किसी ढील की आवश्यकता हो तो उसके लिए राजभाषा विभाग से विशेष अनुमति प्राप्त की जाए। सम्बद्ध एवं अधीनस्थ कार्यालयों, उपक्रमों, बैंकों आदि से ऐसे प्रस्ताव संबंधित विभाग के माध्यम से आने चाहिए। राजभाषा विभाग को प्रस्ताव भेजने से पहले संबंधित विभाग, इलेक्ट्रॉनिकी विभाग से परामर्श कर लेगा और यह प्रस्ताव तभी किया जाए यदि इलेक्ट्रॉनिकी विभाग यह प्रमाणित कर दे कि जो उपकरण खरीदा जा रहा है उसे द्विभाषी बनाना संभव नहीं है और उसकी जगह किसी ऐसे उपकरण के प्रयोग से काम नहीं चलाया जा सकता जो द्विभाषी उपलब्ध है।

(6) कुछ सरकारी कार्यालय, उपक्रम, बैंक, कम्प्यूटर खरीदने की बजाए विभिन्न संस्थाओं एवं निर्माताओं से लम्बी अवधि के लिए किराए पर ले लेते हैं। ये सभी निर्देश उन कम्प्यूटरों पर भी पूरी तरह से लागू होते हैं।

(7) कम्प्यूटर आदि विदेश से आयात करते समय भी ऐसा प्रबन्ध किया जाए कि उन पर हिंदी भाषा में भी काम किया जा सके।

(8) देवनागरी सुविधा वाले यांत्रिक उपकरणों का पूरा-पूरा प्रयोग करने हेतु सक्षम कर्मचारियों को ऐसे उपकरणों को संचालित करने का समुचित प्रशिक्षण दिया जाए।

(9) जिन कार्यालयों में व्यक्तिगत कम्प्यूटर खरीदे गए हैं जो आई बी एम के अनुरूप (कम्पैटिबल) और एमएसडॉस या पीसीडॉस आपरेटिंग सिस्टम पर आधारित है तथा जो इस समय केवल रोमन में काम करते हैं, इस आदेश के जारी होने की तिथि के 6 महीने के अन्दर अन्दर उनके कुंजीपटल को द्विभाषी (हिंदी-अंग्रेजी) रूप में परिवर्तित कर दिया जाए और उनमें द्विभाषी शब्द संसाधन की सुविधा उपलब्ध कराई जाए। द्विभाषी शब्द संसाधनों के कुछ पैकेज बाजार में उपलब्ध हैं। इनके बारे में जानकारी इलेक्ट्रॉनिकी

विभाग या राजभाषा विभाग के तकनीकी कक्ष से प्राप्त की जा सकती है। पहले से लगे मिनी, मेनफ्रेम तथा अन्य कम्प्यूटरों को द्विभाषी (हिंदी-अंग्रेजी) रूप में परिवर्तित करने के बारे में अलग आदेश जारी किए जाएं।

(10) द्विभाषी कम्प्यूटर के सम्बन्ध में निम्नलिखित स्पष्टीकरण दिया जाता है :- "यदि किसी कार्यालय में कम्प्यूटर पर मात्र शब्द- संसाधन अथवा मात्र डाटा-संसाधन अथवा दोनों प्रकार का कार्य हो रहा है और यदि उसे किसी साफ्टवेयर अथवा हार्डवेयर ("जिस्ट कार्ड"/"जिस्ट टर्मिनल") अथवा दोनों के मिले-जुले उपायों से, जो भी उपयुक्त समझा जाए राजभाषा नियमों के अनुसार हिंदी अथवा हिंदी/अंग्रेजी में करने की क्षमता उपलब्ध है तो ऐसे कम्प्यूटर को द्विभाषी क्षमता युक्त कम्प्यूटर माना जाएगा। ऐसे कम्प्यूटर के साथ द्विलिपीय कुंजीपटल तथा प्रिंटिंग के लिए उस उपाय के साथ कार्य करने वाला डॉट मैट्रिक्स प्रिंटर अथवा लेज़र प्रिंटर का होना भी आवश्यक है।"

(11) सभी मंत्रालयों/विभागों आदि से यह अनुरोध किया जाता है कि द्विभाषी इलेक्ट्रॉनिक टाइपराइटरों की खरीद के समय यह भी सुनिश्चित कर लें कि उनके कुंजीपटलों की कुंजियों पर देवनागरी लिपि के वर्ण ऊपर तथा रोमन लिपि के वर्ण नीचे दिए गए हों तथा कुंजीपटल पर आदेश कुंजियों पर हिंदी में भी आदेश उत्कीर्ण किए गए हों।

[का.ज्ञा.सं. 12015/1/84- रा.भा. (ख-1). दिनांक 30-5-1985]
[का.ज्ञा.सं. 12015/20/87- रा.भा. (त.क.), दिनांक 15-5-1987]
[का.ज्ञा.सं. 12015/12/84 रा.भा. (त.क.). दिनांक 31-8-1987]
[का.ज्ञा.सं. 12015/33/87-रा.भा. (त.क.) दिनांक 14-9-1987]
[का.ज्ञा.सं. 12015/12/84-रा.भा. (त.क.). दिनांक 14-1-1988]
[का.ज्ञा.सं. 12015/15/90-रा.भा. (त.क.) दिनांक 13-12-1993]
[का.ज्ञा.सं. 12015/41/93- रा.भा. (त.क.) दिनांक 1-2-1994]

6.5 राष्ट्रीय सूचना विज्ञान केन्द्र के नेटवर्क पर आंकड़े द्विभाषी रूप में भरना

राष्ट्रीय सूचना विज्ञान केन्द्र, लोदी रोड, नई दिल्ली द्वारा स्थापित कम्प्यूटर नेटवर्क के टर्मिनल बहुत से मंत्रालयों आदि में लगे हैं। उस नेटवर्क पर सूचना हिंदी और

अंग्रेजी में भरे जाने की सुविधा है। सरकार की राजभाषा नीति के अनुपालन के लिए आवश्यक है कि कम्प्यूटर नेटवर्क पर आंकड़ों के अलावा सभी सामग्री देवनागरी और रोमन लिपियों में उपलब्ध हो। इसलिए कम्प्यूटर नेटवर्क पर सभी सूचनाएं केवल द्विभाषी रूप में भरी जाएं।

[का.ज्ञा.सं. 12015/32/87- रा.भा. (त.क.). दिनांक 7-10-1987

6.6 कम्प्यूटरों के द्विलिपीय प्रयोग के लिए प्रशिक्षण की सुविधा

कम्प्यूटरों पर द्विलिपीय रूप में शब्द संसाधन/डाटा एंट्री के लिए जो साफ्टवेयर बाजार में उपलब्ध हैं उनके प्रयोग के लिए आरम्भिक प्रशिक्षण उनके निर्माता ही देते हैं। ऐसे सॉफ्टवेयर विशेष के प्रयोगकर्ता केंद्रीय सरकार के कार्यालयों को चाहिए कि वे उसकी खरीद के समय उसके निर्माता द्वारा अपने कुछ कर्मचारियों को उसके प्रयोग के लिए प्रशिक्षण दिलाने के अलावा अपने एक ऐसे कर्मचारी को भी प्रशिक्षण दिलवाएं जो कि बाद में आवश्यकता पड़ने पर प्रशिक्षक के रूप में, उस साफ्टवेयर का प्रयोग करने के लिए, अन्य कर्मचारियों को स्वयं प्रशिक्षित कर सके।

2. हार्डवेयर उपायों (जिस्ट तकनीक पर आधारित) के द्वारा कम्प्यूटरों पर द्विलिपीय रूप में कार्य करने के लिए प्रशिक्षण राष्ट्रीय सूचना विज्ञान केन्द्र द्वारा दिल्ली में दिया जा रहा है। दिल्ली से बाहर स्थित केंद्रीय सरकार के कार्यालयों के कर्मचारियों की सुविधा के लिए राष्ट्रीय सूचना विज्ञान केन्द्र प्रशिक्षण कार्यक्रम 'मांग और आवश्यकता' के आधार पर दिल्ली से बाहर भी विभिन्न राज्यों की राजधानियों में चला सकते हैं। इच्छुक कार्यालय इस संदर्भ में अपनी मांग रा.सू.वि. केन्द्र को निम्न पते पर भेज सकते है :-

राष्ट्रीय सूचना विज्ञान केन्द्र, प्रशिक्षण संभाग,
ए-ब्लॉक, सी.जी.ओ. कॉम्प्लेक्स, लोधी रोड, नई दिल्ली-110003.

[का.ज्ञा.सं. 12015/42/90-रा.भा. (त.क.). दिनांक 12-8-1991]

6.6.1 कंप्यूटर पर हिंदी में कार्य करने हेतु प्रशिक्षण

राजभाषा विभाग प्रयास करता रहा है कि कंप्यूटर पर हिंदी में कार्य किया जाए। इसके लिए आवश्यक है कि इस विषय में प्रशिक्षण की सुविधाएं भी उपलब्ध हों। राजभाषा विभाग स्वयं भी राष्ट्रीय सूचना विज्ञान केन्द्र के माध्यम से इस तरह के प्रशिक्षण कार्यक्रम प्रायोजित कर रहा है।

देश की संपर्क भाषा हिंदी है। बहुसंख्यक जन की मातृभाषा भी हिंदी है। इसलिए कंप्यूटर का ज्ञान आम व्यक्ति तक पहुंचाने के लिए यह आवश्यक है कि

कंप्यूटर पर हिंदी में कार्य करने की सुविधाओं के विषय में प्रशिक्षण दिया जाए। यदि आपका विभाग कंप्यूटर पर प्रशिक्षण दे रहा है अथवा अन्य संस्थाओं विभागों को कंप्यूटर पर प्रशिक्षण के लिए सहायता एवं प्रोत्साहन देता है तो यह आवश्यक है कि ऐसे प्रशिक्षण हिंदी में भी दिये जायें। अब डाटा प्रोसेसिंग, वर्ड प्रोसेसिंग, डीटीपी के विषय में कंप्यूटर पर हिंदी में प्रशिक्षण दिया जा सकता है।

इसमें आपका सहयोग राजभाषा नियमों के अनुपालन में भी सहायक होगा। कृपया इस विषय में की गई कार्रवाई से इस विभाग को अवगत करायें।

12015/43/95-रा.भा. (त.क), दिनांक 12.3.1996

6.7 केंद्रीय सरकार के मंत्रालयों, विभागों एवं उनके अधीनस्थ व सम्बद्ध कार्यालयों, उपक्रमों आदि में केवल द्विभाषी इलेक्ट्रॉनिक टेलीप्रिंटर/टैलेक्स लगाना

केवल द्विभाषी (हिंदी-अंग्रेजी) टेलीप्रिंटर/टैलेक्स ही खरीदें या वे लीज पर लें। जिन कार्यालयों में इस समय रोमन टेलीप्रिंटर/टेलेक्स लीज पर लिए हुए हैं, या दूरसंचार विभाग को तुरंत इनके बदले द्विभाषी इलेक्ट्रॉनिक टेलीप्रिंटर/टैलेक्स लगाने के लिए अनुरोध करें।

2. जिन कार्यालयों में केवल देवनागरी इलेक्ट्रो-मैकेनिकल टेलीप्रिंटर लगे हुए हैं, वे इन द्विभाषी इलेक्ट्रॉनिक टेलीप्रिंटरों के साथ संदेशों के आदान-प्रदान का काम नहीं कर सकेंगे। यदि इन टेलीप्रिंटरों द्वारा द्विभाषिक इलेक्ट्रॉनिक टेलीप्रिंटरों को संदेश दिए जाने हैं या उनके संदेश प्राप्त किए जाने हैं तो इन देवनागरी इलेक्ट्रो-मैकेनिकल टेलीप्रिंटरों को भी, यदि ये लीज़ पर लिए गए हैं, तो, द्विभाषी इलेक्ट्रॉनिक टेलीप्रिंटरों से बदलने के लिए दूरसंचार विभाग से अनुरोध किया जाए।

[का.ज्ञा.सं. 12015/9/88-रा. भा. (त.क.), दिनांक 28-3-1988]

6.8 इलेक्ट्रॉनिक टेलीप्रिंटर/टेलेक्स में देवनागरी में कार्य करने के लिए प्रशिक्षण की व्यवस्था

टेलेक्स/टेलीप्रिंटर संचालकों को देवनागरी लिपि में कार्य करने का प्रशिक्षण सुविधानुसार संबंधित केन्द्र से सीधे संपर्क करके दिलवाएं।

[का.ज्ञा.सं. 12015/44/90-रा.भा. (त.क.) दिनांक 28-11-1990]

[का.ज्ञा.सं. 12015/44/90-रा.. भा० (त.क.). दिनांक 19-3-1991]

6.9 कम्प्यूटरों के द्विलिपीय प्रयोग के लिए द्विभाषी साफ्टवेयर/हार्डवेयर का प्रयोग।

सभी केंद्रीय सरकार के कार्यालयों आदि से यह अनुरोध है कि वे उपयुक्त द्विभाषी साफ्टवेयर/हार्डवेयर का चयन कर उसका प्रयोग राजभाषा नियमों के अनुसार कार्य करने के लिए तुरन्त करें ताकि जहां एक ओर कम्प्यूटरों पर राजभाषा के प्रयोग को बल मिलेगा, दूसरी ओर विभिन्न द्विभाषी साफ्टवेयर/हार्डवेयर निर्माताओं को उनके उत्पाद के उत्तरोत्तर प्रयोग से प्रोत्साहन मिलेगा तथा वे उसमें और अधिक सुधार करने के लिए प्रेरित होकर उनके विकसित संस्करण उपलब्ध करा सकेंगे।

[का.ज्ञा.सं. 12015/26/92-रा.भा. (त.क.) दिनांक 15-10-1992]

6.10 राजभाषा हिंदी के बारे में अनेक प्रकार की सूचना की "निक नेट" पर उपलब्धता।

राजभाषा विभाग द्वारा समय-समय पर जारी की गई राजभाषा हिंदी के बारे में अनेक प्रकार की सूचना की उपलब्धता को आसान करने तथा सूचना भंडारण एवं प्राप्ति के क्षेत्र में उपलब्ध सुविधाओं का समुचित प्रयोग करने तथा कागजों का प्रयोग कम से कम करने के उद्देश्य से निम्न विषयों पर जानकारी "निक-नेट" के कम्प्यूटर 'टर्मिनलों पर उपलब्ध कराने का निर्णय लिया गया है:-

1. केंद्रीय सचिवालय राजभाषा सेवा की वरीयता सूची।
2. राजभाषा नीति के कार्यान्वयन के लिए वार्षिक कार्यक्रम।
3. राजभाषा हिंदी के प्रयोग संबंधी नियम पुस्तिका।

देश के विभिन्न क्षेत्रों में स्थित केंद्रीय सरकार के कार्यालय एनआईसी के केन्द्रों पर उपरोक्त के संदर्भ में सूचना हिंदी अथवा अंग्रेजी में प्राप्त कर सकेंगे। यह प्रोग्राम मीनू प्रचालित है तथा "ऑपरेशन मैनुअल" की एक प्रति सुलभ संदर्भ के लिए संलग्न है। सिस्टम को चलाने के लिए कर्मचारियों को विशेष प्रशिक्षण की आवश्यकता नहीं है तथा एन आई सी० केन्द्र के सूचना अधिकारी से भी इस संदर्भ में सहायता ली जा सकती है। इस सूचना को समय- समय पर इस विभाग द्वारा अद्यतित किया जाएगा। अपेक्षा की जाती है कि उपरोक्त जानकारी को प्राप्त करने के लिए "निक-नेट" सिस्टम का प्रयोक्ताओं द्वारा पर्याप्त उपयोग किया जाएगा।

[का.ज्ञा.सं. 12015/14/92-रा.भा. (त.क.) दिनांक 20-3-1995]

6.11 **केंद्र सरकार एवं उनके अधीनस्थ/सम्बद्ध कार्यालयों एवं उपक्रमों में हिंदी में और राज्यों में राज्य की भाषा (राजभाषा) में कंप्यूटरों पर कार्य करना।**

सरकारी कार्यों में सामान्यतः अभी की प्रवृत्ति अंग्रेज़ी की तरफ है। कंप्यूटरों के माध्यम से राज्य की राजभाषा में कार्य करने में राजभाषा को प्रोत्साहन मिलेगा। हिंदी में काम करने की पूरी व्यवस्था हो ताकि कर्मियों को हिंदी में काम करने में आसानी हो। इस प्रसंग में निम्न कार्रवाई आवश्यक होगी:-

यूनिकोड एनकोडिंग:-

2. राज्य की राजभाषा में कार्य करने में एक गंभीर समस्या है विभिन्न सॉफ्टवेयरों में प्रयुक्त (used) फौन्टस का कम्पैटिबल (compatilite) न होना। इस कारण राजभाषा की फाइलों को, अंग्रेज़ी की तरह आसानी से एक कंप्यूटर से (used) दूसरे कंप्यूटर पर आदान-प्रदान नहीं कर पाते हैं। **राजभाषा पाठ** (font) को दूसरे सॉफ्टवेयर में जोड़ने (paste करने में) भी समस्या आती है। अत: भारत सरकार ने यूनिकोड एनकोडिंग को मान्यता दी है जो अन्तरराष्ट्रीय मानक है। इससे हिंदी तथा अन्य भारतीय भाषाओं में कंप्यूटर पर अंग्रेज़ी की तरह ही सरलता से सभी कार्य किये जा सकते हैं, जैसे- वर्ड प्रोसेसिंग, डाटा प्रोसेसिंग, ई-मेल, वेबसाइट निर्माण आदि। राजभाषा में बनी फाइलों का आसानी से आदान प्रदान तथा राजभाषा की वर्ड पर गूगल या किसी अन्य सर्च इंजन में सर्च कर सकते हैं।
3. अत: केवल यूनिकोड कम्पलाएन्ट फौन्टस प्रयोग करें एवं यूनिकोड के अनुरूप सॉफ्टवेयर का ही प्रयोग करें। यूनिकोड को इंस्टाल करना बहुत आसान है। इसकी जानकारी राजभाषा विभाग की साइट (www.rajbhasha.gov.in) पर उपलब्ध है।

इंस्क्रिप्ट की –बोर्ड

4. कंप्यूटरों पर राजभाषा में कार्य करने के लिए तीन की-बोर्ड विकल्प हैं– रेमिंग्टन, इंस्क्रिप्ट तथा फोनेटिक हालांकि अभी तक रेमिंग्टन की-बोर्ड पूर्व से प्रचलित होने के कारण popular है, इसकी तुलना में इंस्क्रिप्ट में टंकण सीखना बहुत आसान है। इंस्क्रिप्ट ले-आउट भारत सरकार का मानक होने की वजह से सभी ऑपरेटिंग सिस्टम में डिफाल्ट में, यानी पहले से मौजूद रहता है। साथ ही किसी भी एक भाषा में इंस्क्रिप्ट की-बोर्ड सीखने पर, सभी भारतीय भाषाओं में आसानी से टंकण कर सकते हैं। अत: मात्र रेमिंग्टन की-बोर्ड पर प्रशिक्षित पुराने कर्मचारी, जिनका सेवाकाल केवल 2 वर्ष बचा

हो, रेमिग्टन में टंकण करें। शेष सभी इंस्क्रिप्ट का ही प्रयोग करें। (http://ildc.in) पर इंस्क्रिप्ट सीखने के लिए ट्यूटर उपलब्ध है।

5. सभी कंप्यूटरों के साथ केवल द्विभाषी की-बोर्ड की ही खरीद की जाए, जिसमें इंस्क्रिप्ट की-बोर्ड ले-आउट अवश्य हो।
6. उल्लेखनीय है कि फोनेटिक की-बोर्ड में, हिंदी टंकण से अनभिज्ञ अधिकारी, रोमन स्रिप्ट का उपयोग करते हुए हिंदी में आसानी से टंकण कर सकते है।

द्विभाषी सॉफ्टवेयर एवं वेबसाइट

7. सॉफ्टवेयर खरीदते या विकसित करवाते समय यह सुनिश्चित करें कि अपरिहार्य परिस्थितियों को छोड़कर उसमें राजभाषा में कार्य करने की पूर्ण सुविधा हो। किन्ही अपरिहार्य कारणों से, जैसे वैज्ञानिक कार्यों के लिए, हिंदी सॉफ्टवेयर उपलब्ध न हो सके तो ऐसे मामले राजभाषा विभाग की जानकारी में लाएं।
8. सभी मंत्रालय अपनी एवं अपने अधीनस्थ कार्यालयों/उपक्रमों की वेबसाइट द्विभाषी करायें तथा उनका अपडेशन हिंदी में भी यूनिकोड कम्पलाएन्ट फौंट में करायें

लीला सॉफ्टवेयर (हिंदी स्वयं शिक्षण)

9. इंटरनेट पर लीला (LILA-LEARN Indian Languages through Artificial Intelligence) हिंदी स्वयं-शिक्षण पैकेज के पाठ्यक्रम कई भाषाओं (अंग्रेज़ी, कन्नड़, मलयालयम, तमिल, तेलुगु, बंगला, असमी, उड़िया, मणिपुरी, मराठी, पंजाबी, कश्मीरी, गुजराती, नेपाली तथा बोडो) के माध्यम से हिंदी सीखने के लिए, नि:शुल्क उपलब्ध (http://Rajbhasha.gov.in) हैं।
10. लीला से हिंदी सीखने के लिए मात्र एक मल्टीमीडिया कंप्यूटर और इंटरनेट कनेक्शन आवश्यक है। पहली बार रजिस्ट्रेशन कराना पर्याप्त है। हिंदी अक्षर लिखने का पाठ ग्राफिक्स के जरिये है। 'रिकार्ड एंड कंपेयर' सुविधा से प्रयोगकर्ता अपना उच्चारण मानक उच्चारण से मिलान कर सकता है। टीचर माड्यूल के जरिये संशोधित उत्तर प्राप्त किए जा सकते हैं। 'फ्री एवं कंट्रोल लर्निंग' का विकल्प भी है।

श्रुतलेखन-राजभाषा (हिंदी में डिक्टेशन)

11. श्रुतलेखन-राजभाषा, एक स्पीकर-एनडिपेंडेंट, हिंदी स्पीच रिकग्निशन सिस्टम है, जो बोली गई भाषा को (dictation) (डिजिटाइज) करके इनपुट के रूप में लेता है और आउटपुट एक 'स्ट्रीम ऑफ टेक्स्ट' (यूनिकोड के अनुरूप) के रुप में देता है। इसका प्रयोग करें एवं फीडबैक दें।

मंत्र राजभाषा (अंग्रेज़ी से हिंदी में अनुवाद)

12. मंत्र राजभाषा की सहायता से प्रशासनिक, वित्तीय, कृषि, लघु उद्योग, स्वास्थ्य, सुरक्षा, सूचना प्रौद्योगिकी, बैंकिग तथा शिक्षा क्षेत्र में अंग्रेज़ी के परिपत्रों, आदेशों, कार्यालय ज्ञापनों, संकल्प आदि का हिंदी अनुवाद कर सकते हैं। "मंत्र-राजभाषा" इंटरनेट (http://rajbhasha.gov.in) तथा स्टैडअलोन दोनों वर्जन में उपलब्ध है। स्टैंडअलोन वर्जन को डाउनलोड करने की सुविधा भी है।
13. प्राप्त फीडबैक के अनुसार इस पैकेज द्वारा अनुवाद का स्तर आशा के अनुरूप नहीं है। इसका एक कारण शब्दों एवं वाक्यों का व्यापक कार्पस का न होना है। अत: इस पैकेज को इस्तेमाल करें और फीड बैक दें, ताकि मंत्र को बेहतर बनाया जा सके।

ई-महाशब्दकोश

14. प्रशासनिक, वित्तीय एवं बैकिंग, कृषि, उद्योग, स्वास्थ्य सुरक्षा, सूचना प्रौद्योगिकी, विधि, पर्यटन तथा शिक्षा क्षेत्र के शब्दकोश नि:शुल्क http://rajbhasha.gov.in पर उपलब्ध है। इसकी मुख्य विशेषताएँ है-अर्थ एवं संबंधित जानकारी, द्विभाषी एवं द्विआयामी उच्चारण सहित शब्दकोश खोजे गये शब्द का उच्चारण तथा संबंधित जानकारी, यूनीकोड कंप्लायंट फौंट। इसका उपयोग करें एवं फीडबैक दें।
15. राजभाषा विभाग तिमाही रिपोर्ट एवं वार्षिक मूल्यांकन रिपोर्ट को ऑनलाइन करने के लिए MIS सॉफ्टवेयर बना रहा है। इससे देशभर के कार्यालयों से ऑनलाइन रिपोर्ट प्राप्त होंगी एवं समय पर MIS मिल सकेगी। उल्लेखनीय है कि कई नराकास (नगर राजभाषा कार्यान्वयन समितियां) ऐसे MIS स्वयं विकसित कर व्यवहार में ला रही हैं।

16. सभी मंत्रालयों/विभागों से अनुरोध है कि उपर्युक्त के अनुसार त्वरित कार्रवाई करें तथा अपने सम्बद्ध/अधीनस्थ कार्यालयों एवं उपक्रमों, राष्ट्रीयकृत बैंको आदि द्वारा इनका पालन सुनिश्चित कराएं ताकि उपर्युक्त आई.टी.टूल्स के अधिक उपयोग एवं फीडबैक से, इनमें निरंतर सुधार लाया जा सके। आपकी सुविधा के अनुसार राजभाषा विभाग आपके समक्ष प्रेजेन्टेशन देगा।

सं.12015/13/2011-रा.भा.(तक) दिनांक 17.2.2012

6.12-मंत्रालयों/विभागों की वेबसाइट द्विभाषी होने के संबंध में।

संसदीय राजभाषा समिति की 9 वे खंड की संस्तुतियों पर माननीय राष्ट्रपति जी के आदेश संकल्प के रूप में दिनांक 31.03.2017 को जारी किए गए थे।

2. समिति ने संस्तुति सं. 87 में प्रतिवेदन किया है कि मंत्रालयों और इनके सभी नियंत्रणाधीन कार्यालयों की वेबसाइट द्विभाषी रूप में होनी चाहिए और वेबसाइट को अद्यतन करते समय हिंदी के पृष्ठों को भी अनिवार्य रूप से अपलोड किया जाना चाहिए। यह संस्तुति माननीय राष्ट्रपति जी ने स्वीकार कर ली है।

3. समिति ने संस्तुति सं 28 में सिफारिश की थी कि एन.आई.सी द्वारा वेबसाइट से संबंधित उसी सामग्री/आंकड़े को ही वेबसाइट पर डालने के लिए स्वीकृत किया जाए, जिसे द्विभाषी रूप में उन्हें उपलब्ध कराया जाए। माननीय राष्ट्रपति जी ने यह संस्तुति इस संशोधन के साथ स्वीकार की है कि वेबसाइट की सामग्री को द्विभाषी रूप में उपलब्ध कराने और उसे अपलोड कराने का कार्य विभिन्न मंत्रालयों/विभागों/कार्यालयों आदि के विभागाध्यक्षों/कार्यालयाध्यक्षों के निर्देशन में वेब इन्फॉर्मेशन मैनेजरों के माध्यम से सुनिश्चित किया जाए।

4. उक्त संस्तुतियॉं संघ के सरकारी कामकाज में हिंदी के प्रयोग को बढ़ावा देने और आम आदमी से संपर्क करने की दृष्टि से की गई हैं तथा इन संस्तुतियों को माननीय राष्ट्रपति जी ने स्वीकार करके अनुपालन के आदेश भी दिये हैं। अत: केंद्र सरकार के मंत्रालय/विभागों, अधीनस्थ कार्यालयों और स्वायत्त निकायों में उक्त संस्तुतियों का अनुपालन और कार्यान्वयन सुनिश्चित किया जाना अपेक्षित है। का.ज्ञा.सं. 20012/10/2017-रा.भा.(नीति) दिनांक 9.8.2017

6.13 संसदीय राजभाषा समिति की रिपोर्ट खंड 6 के अनुसार मंत्रालयों/विभागों के सभी अधिकारियों/कर्मचारियों को हिंदी प्रशिक्षण

संसदीय राजभाषा समिति की रिपोर्ट के खंड 6 में की गई सिफारिशों पर राजभाषा विभाग के संकल्प संख्या 12021/02/2003- भा (का-2) दिनांक 17 सितम्बर, 2004 द्वारा सभी मंत्रालयों/विभागों को आदेश दिया गया कि इंटरनेट के माध्यम से प्रशिक्षण की व्यवस्था नि:शुल्क उपलब्ध कराई जाए। राजभाषा विभाग समुचित कार्यवाही करे।" निर्णय के परिप्रेक्ष्य में सभी मंत्रालयों/विभागों आदि से यह अनुरोध है कि वे अपने कार्यालय के सभी अधिकारियों/कर्मचारियों को हिंदी प्रशिक्षण दिलायें। राजभाषा विभाग के पोर्टल पर प्राज्ञ स्तर तक का नि:शुल्क स्वयं शिक्षण पाठ्यक्रम 'लीला हिंदी प्रबोध, 'लीला हिंदी प्रवीण एवं 'लीला हिंदी प्राज्ञ' अंग्रेजी, मलयालम, तमिल एवं तेलुगू माध्यम से उपलब्ध है। राजभाषा विभाग के पोर्टल का पता https://rajbhasha.gov.in/ है।

का.ज्ञा.सं. 12015/101/2004, रा.भा. (त.क), दिनांक 16.12.2004

6.14 मेमौरी आधारित अनुवाद टूल-कंठस्थ का प्रयोग

राजभाषा विभाग द्वारा सी डैक के माध्यम से "मेमौरी आधारित टूल-कंठस्थ"का निर्माण करवाया गया था। माननीय प्रधानमंत्री जी के विजन "आत्मनिर्भर भारत तथा स्थानीय के लिए मुखर हो (be vocal for local)" से प्रेरणा लेते हुए इस टूल को आधुनिक सुविधाओं (जैसे न्यूरल मशीन अनुवाद, वायस टाइपिंग आदि) के साथ और अधिक उन्नत करने के उद्देश्य से इसका नवीन संस्करण कंठस्थ 2.0 विकसित किया गया है। यह टूल केंद्र सरकार के कामकाज में अत्यधिक मात्रा में नियमित आधार पर किए जाने वाले अनुवाद कार्य में लगने वाले अतिशय मानव संसाधन और समय को बचाने में उपयोगी साबित हो रहा है।

2. राजभाषा विभाग द्वारा यह निर्णय लिया गया है कि सभी केन्द्रीय कार्यालयों द्वारा बृहत स्तर पर कंठस्थ की कार्यशाला आयोजित करवाई जाए। यह कार्यशालाएं किसी भी कार्य दिवस में रखी जा सकती हैं। कंठस्थ 2.0 के लिए आयोजित की जाने वाली कार्यशाला हेतु राजभाषा विभाग में संपर्क किया जा सकता है और इसके लिए राजभाषा विभाग मुख्यालय के अधिकारियों/कर्मचारियों को किसी भी प्रकार का मानदेय देय नहीं होगा।

3. कंठस्थ कार्यक्रम के प्रशिक्षण की आवश्यकता को देखते हुए अनुरोध है कि सभी कार्यालय भी इसके प्रशिक्षक तैयार करें।

4. जिन कार्यालयों में कंठस्थ 2.0 के प्रशिक्षक तैयार हैं, उनकी सूची भी निम्नलिखित प्रारूप में कार्यालय अध्यक्ष के अनुमोदन से राजभाषा विभाग को techcell-ol@nic.in पर भिजवाना सुनिश्चित करवाएं–

क्रम संख्या	अधिकारी/ कर्मचारी का नाम	पदनाम	तैनाती कार्यालय का पता (जनपद एवं राज्य का नाम)	मंत्रालय/ विभाग का नाम	टिप्पणी (यदि कोई हो)

12015/05/2021-रा.भा. (त. क.)/पार्ट

अध्याय 7
प्रोत्साहन योजनाएं

7.1 राजभाषा कीर्ति पुरस्कार

राजभाषा नीति के कार्यान्वयन को प्रोत्साहित करने के लिए विभाग द्वारा जारी संकल्प सं. 11034/48/2014-रा.भा.(नीति) दिनांक 25.03.2015; समसंख्यक संकल्प संख्या दिनांक 20.02.2017 एवं समसंख्यक संकल्प संख्या दिनांक 22.03.2018 का अधिक्रमण करते हुए वर्ष 2022-23 से संशोधित **"राजभाषा कीर्ति पुरस्कार"** योजना जारी की जाती है। इस योजना के अंतर्गत अब निम्नलिखित को पुरस्कृत किया जाएगा:

क. मंत्रालय/विभाग

ख. सार्वजनिक क्षेत्र के उपक्रम

ग. बोर्ड/स्वायत्त निकाय/ट्रस्ट आदि

घ. राष्ट्रीयकृत बैंक

ङ. हिंदी गृह पत्रिका

2. राजभाषा नीति के सर्वश्रेष्ठ कार्यान्वयन के परिणामस्वरूप राजभाषा के प्रयोग में बेहतर प्रगति दर्ज करने वाले मंत्रालयों, विभागों, सार्वजनिक क्षेत्र के उपक्रमों, बोर्डों/स्वायत्त निकायों/ट्रस्टों, राष्ट्रीयकृत बैंकों आदि को पुरस्कार स्वरूप राजभाषा शील्ड देकर सम्मानित किया जाएगा। प्रत्येक क्षेत्र के लिए प्रथम, द्वितीय एवं तृतीय पुरस्कार शील्ड के रूप में दिए जाएंगे।

पुरस्कारों का निर्णय राजभाषा नीति के कार्यान्वयन से संबंधित तिमाही प्रगति रिपोर्टों के आधार पर किया जाएगा। पुरस्कारों के लिए मूल्यांकन सचिव, राजभाषा विभाग के अनुमोदन से गठित एक समिति द्वारा किया जाएगा जिसमें विभाग के अधिकारियों के अतिरिक्त गैर सरकारी सदस्यों को भी शामिल किया जाएगा। इसके अंतर्गत हिंदी दिवस समारोह के अवसर पर निम्नानुसार पुरस्कार दिए जाएंगे:-

श्रेणी	विवरण	पुरस्कार
मंत्रालय/विभाग	300 से कम स्टाफ संख्या वाले मंत्रालय 300 से अधिक स्टाफ संख्या वाले मंत्रालय	03 शील्डें 03 शील्डें
सार्वजनिक क्षेत्र के उपक्रम	क क्षेत्र में स्थित उपक्रम ख क्षेत्र में स्थित उपक्रम ग क्षेत्र में स्थित उपक्रम	03 शील्डें 03 शील्डें 03 शील्डें
बोर्ड, स्वायत्त निकाय, ट्रस्ट आदि	क क्षेत्र में स्थित बोर्ड आदि ख क्षेत्र में स्थित बोर्ड आदि ग क्षेत्र में स्थित बोर्ड आदि	03 शील्डें 03 शील्डें 03 शील्डें
राष्ट्रीयकृत बैंक	800 से अधिक स्टाफ संख्या वाले बैंक 800 से कम स्टाफ संख्या वाले बैंक	06 शील्डें
हिंदी गृह पत्रिका	क, ख तथा ग क्षेत्र के लिए प्रथम तथा द्वितीय पुरस्कार	06 शील्डें

3. (क) राजभाषा कीर्ति पुरस्कार के लिए प्रदान की जाने वाली शील्डों के लिए मंत्रालय/विभाग/उपक्रम/बोर्ड/स्वायत्त निकाय/बैंक आदि के कार्मिकों की संख्या कम से कम 30 होने पर ही पुरस्कार के लिए विचार किया जाएगा। (ख) राजभाषा कीर्ति/क्षेत्रीय पुरस्कार के लिए 60 प्रतिशत से कम अंक पाने वाले को पुरस्कार की श्रेणी में शामिल नहीं किया जाएगा।
4. यदि किसी मंत्रालय/विभाग को लगातार दो वर्षों तक प्रथम पुरस्कार दिया जाता है तो उसे तीसरे वर्ष पुरस्कार न देते हुए अन्य विभाग को अवसर दिया जाएगा।
5. जहाँ तक क्षेत्रीय राजभाषा पुरस्कारों का संबंध है, उनमें नगर राजभाषा कार्यान्वयन समिति के लिए दिए जाने वाले सभी पुरस्कारों का वर्ष 2022-23 से लोप कर दिया गया है। शेष पुरस्कार यथावत रहेंगे। उनके नियम एवं शर्तें (नराकास संबंधी शर्तों को छोड़कर) पूर्ववत रहेंगी।

आदेश

आदेश दिया जाता है कि इस संकल्प की प्रति सभी राज्य सरकारों, संघ राज्य क्षेत्र प्रशासनों, भारत सरकार के सभी मंत्रालयों/विभागों, राष्ट्रपति सचिवालय, प्रधानमंत्री कार्यालय, मंत्रिमंडल सचिवालय, नीति आयोग, भारत के नियंत्रक व महालेखा परीक्षक, लोकसभा सचिवालय और राज्य सभा सचिवालय को भेजी जाए।

यह भी आदेश दिया जाता है कि इस संकल्प को सार्वजनिक सूचना के लिए भारत के राजपत्र में प्रकाशित किया जाए।

सं.11034/01/2023-राजभाषा (नीति)

7.1.1. राजभाषा गौरव पुरस्कार योजना

राजभाषा हिंदी को बढ़ावा देने के उद्देश्य से मौलिक रूप से राजभाषा हिंदी में पुस्तक लेखन को प्रोत्साहित करने के लिए राजभाषा विभाग द्वारा जारी संकल्प संख्या 11034/01/2023-राजभाषा(नीति) दिनांक 21.03.2023 का अधिक्रमण करते हुए वर्ष 2022-23 से संशोधित **"राजभाषा गौरव पुरस्कार योजना"** लागू की जाती है। इस योजना के अंतर्गत अब भारत के नागरिकों को निम्नलिखित पुरस्कार दिए जाएंगे:-

(क) हिंदी में ज्ञान-विज्ञान संबंधी मौलिक पुस्तक लेखन हेतु राजभाषा गौरव पुरस्कार।

(ख) न्यायालयिक विज्ञान, पुलिस, अपराधशास्त्र अनुसंधान और पुलिस प्रशासन पर हिंदी में मौलिक पुस्तक लेखन हेतु राजभाषा गौरव पुरस्कार।

(ग) संस्कृति, धर्म, कला, धरोहर आदि पर हिंदी में मौलिक पुस्तक लेखन हेतु राजभाषा गौरव पुरस्कार।

(घ) विधि के क्षेत्र में हिंदी में मौलिक पुस्तक लेखन हेतु राजभाषा गौरव पुरस्कार।

2. नाम: इस योजना का नाम '**हिंदी में मौलिक पुस्तक लेखन हेतु राजभाषा गौरव पुरस्कार योजना**' है।

3. परिभाषाएँ : इस योजना में, जब तक कि संदर्भ से अन्यथा अपेक्षित न हो:-

(i) **"योजना"** का अभिप्राय है:- तकनीकी, विज्ञान, न्यायालयिक विज्ञान, पुलिस, अपराधशास्त्र अनुसंधान, पुलिस प्रशासन, संस्कृति, धर्म, कला, धरोहर इत्यादि संबंधी विषयों एवं विधि के क्षेत्र में मौलिक रूप से हिंदी भाषा में पुस्तक लेखन को प्रोत्साहित करने के लिए राजभाषा विभाग की पुरस्कार योजना।"

(ii) **"मौलिक"** से अभिप्राय है:- मूल रूप से हिंदी में लिखी गई व प्रथम बार प्रकाशित पुस्तक। पूर्व में प्रकाशित पुस्तकों का अनुवाद इस योजना में शामिल नहीं होगा।

(iii) **"पुस्तक"** से आशय प्रकाशित पुस्तक से है।

(iv) **"वर्ष"** से अभिप्राय है:- (क) योजना वर्ष-वित्तीय वर्ष (ख) प्रकाशन वर्ष-कैलेंडर वर्ष'।

4. उद्देश्य:

(क) केंद्र सरकार के विभिन्न मंत्रालयों/विभागों/कार्यालयों/उपक्रमों/बैंकों आदि में सरकारी कामकाज में तकनीकी विषयों पर भी कार्य किया जाता है। तकनीकी, विज्ञान, न्यायालयिक विज्ञान, पुलिस, अपराधशास्त्र अनुसंधान, पुलिस प्रशासन, संस्कृति, धर्म, कला, धरोहर इत्यादि संबंधी विषयों एवं विधि के क्षेत्र में सरकारी कामकाज में हिंदी के प्रयोग को बढ़ाने में कठिनाई आ रही है क्योंकि इन विषयों पर पुस्तकों की कमी है। साथ ही, इन विषयों की हिंदी शब्दावली से कम परिचित अथवा परिचित नहीं होने के कारण सरकारी कामकाज को हिंदी में करने में कार्मिकों को कठिनाई आती है। उक्त विषयों पर हिंदी में मौलिक पुस्तक लेखन को बढ़ावा देने के उद्देश्य से राजभाषा विभाग यह योजना चला रहा है।

(ख) केंद्र सरकार के विभिन्न मंत्रालयों/विभागों द्वारा राष्ट्रीय स्तर पर हिंदी से संबंधित अलग-अलग पुरस्कार योजनाएँ चलायी जा रही हैं। हिंदी से संबंधित पुस्तक योजना के लिए केवल राजभाषा विभाग को नोडल विभाग बनाया गया है। अत: विभिन्न मंत्रालयों/विभागों द्वारा चलायी जा रही राष्ट्रीय स्तर पर हिंदी से संबंधित पुरस्कार योजनाओं में से प्रासंगिक योजनाओं को इस पुरस्कार योजना में शामिल कर लिया गया है। अन्य पुरस्कार योजनाओं को बंद करने का निर्णय लिया गया है। भविष्य में यदि कोई मंत्रालय/विभाग हिंदी से संबंधित कोई अन्य पुरस्कार योजना शुरू करना चाहता है तो उसे पुरस्कार योजना शुरू करने से पूर्व राजभाषा विभाग से परामर्श करना अनिवार्य होगा, ताकि पुरस्कार योजना की पुनरावृत्ति से बचा जा सके।

5. पुरस्कार

	पुरस्कार योजना का नाम	कुल पुरस्कारों की संख्या	देय राशि, प्रमाण पत्र तथा स्मृति चिंह्न
क.	हिंदी में ज्ञान-विज्ञान संबंधी मौलिक पुस्तक लेखन हेतु राजभाषा गौरव पुरस्कार	प्रथम पुरस्कार (एक)	₹ 2,00,000/ (दो लाख रुपए), प्रमाण पत्र तथा स्मृति चिह्न
		द्वितीय पुरस्कार (एक)	₹ 1,25,000/ (एक लाख पच्चीस हजार रुपए), प्रमाण पत्र तथा स्मृति चिह्न
		तृतीय पुरस्कार (एक)	₹ 75,000/ (पिचहत्तर हजार रुपए), प्रमाण पत्र तथा स्मृति चिह्न
ख.	न्यायालयिक विज्ञान, पुलिस, अपराधशास्त्र अनुसंधान और पुलिस प्रशासन पर हिंदी में मौलिक पुस्तक लेखन हेतु राजभाषा गौरव पुरस्कार	प्रथम पुरस्कार (एक)	₹ 1,50,000/ (एक लाख पचास हजार रुपए), प्रमाण पत्र तथा स्मृति चिह्न
		द्वितीय पुरस्कार (एक)	₹ 1,00,000/ (एक लाख रुपए), प्रमाण पत्र तथा स्मृति चिह्न
ग	संस्कृति, धर्म, कला, धरोहर आदि पर हिंदी में मौलिक पुस्तक लेखन हेतु राजभाषा गौरव पुरस्कार	प्रथम पुरस्कार (एक)	₹ 1,50,000/ (एक लाख पचास हजार रुपए), प्रमाण पत्र तथा स्मृति चिह्न
		द्वितीय पुरस्कार (एक)	₹ 1,00,000/ (एक लाख रुपए), प्रमाण पत्र तथा स्मृति चिह्न
घ	विधि के क्षेत्र में हिंदी में मौलिक पुस्तक लेखन हेतु राजभाषा गौरव पुरस्कार	प्रथम पुरस्कार (एक)	₹ 1,50,000/ (एक लाख पचास हजार रुपए), प्रमाण पत्र तथा स्मृति चिह्न
		द्वितीय पुरस्कार (एक)	₹ 1,00,000/ (एक लाख रुपए), प्रमाण पत्र तथा स्मृति चिह्न

6. पात्रता:

(i) लेखक/सह लेखक भारत का नागरिक होना चाहिए।

(ii) पुस्तक निम्नलिखित विधाओं पर लिखी होनी चाहिए:-

(क) इंजीनियरिंग, इलेक्ट्रानिक्स, कंप्यूटर विज्ञान, भौतिकी, जीव विज्ञान, ऊर्जा, अंतरिक्ष विज्ञान, आयुर्विज्ञान, रसायन विज्ञान, सूचना प्रौद्योगिकी प्रबंधन, मनोविज्ञान... इत्यादि; समसामयिक विषय यथा उदारीकरण, भूमंडलीकरण, उपभोक्तावाद, मानवाधिकार, प्रदूषण... इत्यादि

(ख) न्यायालयिक विज्ञान, पुलिस, अपराध शास्त्र अनुसंधान और पुलिस प्रशासन आदि

(ग) संस्कृति, धर्म, कला, धरोहर आदि

(घ) विधि संबंधी विषय

7. सामान्य शर्तें:

(i) पुस्तक के एक से अधिक लेखक होने की स्थिति में प्रत्येक सह-लेखक द्वारा अलग-अलग प्रपत्र (प्रोफॉर्मा) भरा जाए।

(ii) योजना के अंतर्गत पुरस्कार के लिए केवल वे पुस्तकें ही स्वीकार्य हैं जो लेखक की हिंदी में मौलिक रचना हों। अनूदित पुस्तकें स्वीकार्य नहीं हैं।

(iii) किसी भी सरकारी संगठन द्वारा पूर्व में पुरस्कृत पुस्तकें पात्र नहीं होंगी। उपरि-विषयक योजना के अंतर्गत पुरस्कार की घोषणा से पहले यदि पुस्तक को अन्य किसी पुरस्कार योजना के अंतर्गत पुरस्कृत किया गया हो तो इसकी सूचना लेखक द्वारा तत्काल राजभाषा विभाग को दी जाए।

(iv) योजना के अंतर्गत 1 जनवरी से 31 दिसंबर के दौरान प्रकाशित पुस्तकें स्वीकार्य हैं।

(v) पुस्तक की विषय-वस्तु समीक्षात्मक एवं विश्लेषणयुक्त होनी चाहिए। पीएचडी के लिए लिखे गए शोध, कविता, उपन्यास, कहानी, नाटक आदि के रूप में लिखी गई या पाठ्य पुस्तक के रूप में लिखी गई पुस्तक इस पुरस्कार योजना हेतु पात्र नहीं होगी।

(vi) लेखक/सह-लेखक पुस्तक में दिए गए आँकड़ों एवं तथ्यों के लिए स्वयं उत्तरदायी होंगे और उनके प्रमाण में जहाँ तक संभव हो, संदर्भ देंगे।

(vii) यदि किसी व्यक्ति को राजभाषा विभाग की किसी भी योजना के अंतर्गत पिछले तीन वर्षों में कोई पुरस्कार मिल चुका हो तो उसकी प्रविष्टि विचारणीय नहीं होगी। तथापि, सह-लेखक (यदि कोई हो) योजना में भाग ले सकता है। सह-लेखक को पुरस्कार में आनुपातिक राशि ही प्रदान की जाएगी।

(viii) पुस्तक कम से कम 100 पृष्ठ की हो।

(ix) यदि मूल्यांकन समिति इस निष्कर्ष पर पहुँचती है कि प्राप्त प्रविष्टियों में से कोई भी पुस्तक किसी पुरस्कार के योग्य नहीं है तो इस संबंध में उसका निर्णय अंतिम माना जाएगा।

(x) यदि पुरस्कार के लिए चुनी गई पुस्तक के लेखक एक से अधिक होंगे तो पुरस्कार की राशि उनमें बराबर-बराबर बाँट दी जाएगी।

(xi) पुरस्कार योजना के अंतर्गत केवल आईएसबीएन (ISBN) वाली पुस्तकों को ही शामिल किया जाएगा।

8. प्रविष्टि भेजने की विधि:

(i) प्रविष्टि अनुलग्नक में दिए गए प्रपत्र के साथ भेजी जाए अन्यथा उसे स्वीकार नहीं किया जाएगा।

(ii) कृपया प्रत्येक प्रविष्टि के साथ पुस्तक की तीन प्रतियाँ भेजें। ये प्रतियाँ वापस नहीं की जाएंगी।

(iii) निर्धारित प्रपत्र भरकर प्रविष्टि विभाग द्वारा दी गई अंतिम तिथि तक पहुँच जानी चाहिए।

(iv) एक लेखक केवल एक ही प्रविष्टि भेज सकता है।

9. पुस्तकों की मूल्यांकन प्रक्रिया:

पुस्तकों का मूल्यांकन राजभाषा विभाग द्वारा निर्धारित मानदंडों के आधार पर राजभाषा विभाग द्वारा गठित मूल्यांकन समिति द्वारा किया जाएगा। समिति की अध्यक्षता संयुक्त सचिव, राजभाषा विभाग द्वारा की जाएगी। समिति में आवश्यकतानुसार सरकारी सदस्यों के अतिरिक्त गैर-सरकारी, प्रतिष्ठित विद्वान/विशेषज्ञ भी शामिल किए जा सकते हैं। समिति की संरचना निम्नानुसार होगी:-

(i)	संयुक्त सचिव, राजभाषा विभाग	अध्यक्ष
(ii)	दो गैर सरकारी व्यक्ति, जो राजभाषा विभाग द्वारा प्रत्येक वर्ष नामित किए जाएंगे	सदस्य
(iii)	निर्देशक/उप-निर्देशक (कार्यान्वयन), राजभाषा विभाग	सदस्य-सचिव

(i) प्रविष्टि भेजने वाले लेखकों के निकट संबंधी मूल्यांकन समिति में शामिल नहीं किए जाएंगे।

(ii) प्रविष्टियों के मूल्यांकन हेतु विषय से संबंधित मंत्रालय/विभाग के एक पदाधिकारी को मूल्यांकन समिति में जगह दी जा सकती है।

(iii) मूल्यांकन समिति को यह अधिकार होगा कि वह किसी पुस्तक के बारे में निर्णय देने से पहले संबंधित विषय के विशेषज्ञ/विशेषज्ञों की राय प्राप्त कर ले।

(iv) मूल्यांकन समिति मूल्यांकन के मानदंड स्वयं निर्धारित करेगी।

(v) पुरस्कार देने के बारे में सर्वसम्मति न होने की स्थिति में निर्णय बहुमत द्वारा किया जाएगा। यदि किसी निर्णय के बारे में पक्ष और विपक्ष में बराबर मत हों तो अध्यक्ष को निर्णायक मत देने का अधिकार होगा।

(vi) मूल्यांकन समिति में शामिल सरकारी सदस्यों को यात्रा भत्ता/दैनिक भत्ता उसी स्रोत से मिलेगा, जिस स्रोत से उन्हें वेतन मिलता है। समिति के गैर-सरकारी सदस्य भारत सरकार द्वारा समय-समय पर जारी किए गए और संबंधित अवधि में लागू अनुदेशों के अधीन यात्रा भत्ता और दैनिक भत्ता पाने के अधिकारी होंगे।

(vii) मूल्यांकन समिति के विशेषज्ञ राजभाषा विभाग द्वारा निर्धारित मानदेय के भी अधिकारी होंगे।

(viii) मूल्यांकन समिति की सिफ़ारिशों पर निर्णय राजभाषा विभाग द्वारा किया जाएगा।

10. पुरस्कार के बारे में घोषणा और पुरस्कार वितरण:

(i) पुरस्कार के बारे में निर्णय की सूचना सभी पुरस्कार विजेताओं को पत्र/ईमेल द्वारा भेजी जाएगी तथा उसे राजभाषा विभाग की वेबसाइट पर भी अपलोड किया जाएगा।

(ii) पुरस्कार वितरण राजभाषा विभाग द्वारा निर्धारित तिथि को किया जाएगा।

11. सामान्य सूचना:

(i) पुरस्कृत पुस्तक पर लेखक/प्रकाशक का कॉपीराइट बना रहेगा।

(ii) पुरस्कार वितरण के लिए नियत स्थान से बाहर से आए हुए पुरस्कार विजेताओं को आने-जाने के लिए रेल का द्वितीय श्रेणी वातानुकुलित का किराया तथा भारत सरकार के नियमों के अनुसार दैनिक भत्ता दिया जाएगा। ठहरने की व्यवस्था उन्हें स्वयं के खर्चे पर करनी होगी।

(iii) पुरस्कार प्रदान किए जाने अथवा पुरस्कार के लिए पुस्तक चयन की प्रक्रिया के बारे में कोई पत्र-व्यवहार नहीं किया जाएगा।

12. योजना को शिथिल करने का अधिकार:

जहाँ केंद्र सरकार की यह राय हो कि ऐसा करना आवश्यक या समीचीन है, वहाँ वह उसके लिए जो कारण हैं उन्हें लेखबद्ध करके इस संकल्प के किसी उपबंध को आदेश द्वारा शिथिल कर सकेगी।

आदेश

आदेश दिया जाता है कि इस संकल्प की प्रति भारत सरकार के सभी मंत्रालयों/विभागों, राष्ट्रपति सचिवालय, प्रधानमंत्री कार्यालय, मंत्रिमंडल सचिवालय, नीति आयोग, भारत के नियंत्रक व महालेखा परीक्षक, लोकसभा सचिवालय, राज्य सभा सचिवालय, सभी राज्य सरकारों एवं संघ राज्य क्षेत्र प्रशासनों को भेजी जाए।

यह भी आदेश दिया जाता है कि इस संकल्प को सार्वजनिक सूचना के लिए भारत के राजपत्र में प्रकाशित किया जाए।

सं. 11034/01/2023-राजभाषा(नीति):

अनुलग्नक

"भारत के नागरिकों के लिए हिंदी में मौलिक पुस्तक लेखन हेतु राजभाषा गौरव पुरस्कार योजना"

प्रपत्र

(क)	हिंदी में ज्ञान-विज्ञान संबंधी मौलिक पुस्तक लेखन हेतु राजभाषा गौरव पुरस्कार	
(ख)	न्यायालयिक विज्ञान, पुलिस, अपराध शास्त्र अनुसंधान और पुलिस प्रशासन पर हिंदी में मौलिक पुस्तक लेखन हेतु राजभाषा गौरव पुरस्कार	
(ग)	संस्कृति, धर्म, कला, धरोहर आदि पर हिंदी में मौलिक पुस्तक लेखन हेतु राजभाषा गौरव पुरस्कार	
(घ)	विधि के क्षेत्र में हिंदी में मौलिक पुस्तक लेखन हेतु राजभाषा गौरव पुरस्कार	

कृपया संबंधित पुरस्कार योजना, जिसके लिए आवेदन किया जा रहा है, को चिह्नित करें।

1. पुरस्कार योजना का वर्ष : ....

2. पुस्तक का नाम : ....

3. (i) लेखक/सह लेखक का नाम : ....

(ii) पूरा पता (पिन कोड सहित) :

....

(iii) दूरभाष ....

(iv) मोबाइल नं.................. ईमेल ....

4. (i) प्रकाशक का नाम..

(ii) प्रकाशक का पूरा पता..

(iii) प्रकाशन का वर्ष..

5. क्या पुस्तक को पूर्व में किसी सरकारी संगठन से पुरस्कार प्राप्त हुआ है? हाँ/नहीं

यदि हाँ, तो कृपया पूरा ब्यौरा दें..

....

6. मैं यह प्रमाणित करता/करती हूँ कि–

(i) मैं ....पुत्र/पुत्री श्री .... भारतीय नागरिक हूँ।

(ii) पुस्तक मेरे द्वारा मूल रूप से हिंदी में लिखी गई है।

(iii) मेरी पुस्तक को इस योजना के अंतर्गत प्रविष्ट करने से किसी अन्य व्यक्ति के कॉपीराइट का उल्लंघन नहीं होता है और पुस्तक में दिए गए आँकड़ों एवं तथ्यों के लिए मैं स्वयं उत्तरदायी हूँ।

7. मैं वचन देता हूँ/देती हूँ कि मैं उपर्युक्त मौलिक पुस्तक लेखन हेतु राजभाषा गौरव पुरस्कार योजना के उपबंधों का पालन करूँगा/करूँगी।

स्थान....................

दिनांक ....

लेखक/सह लेखक के हस्ताक्षर

नोट 1. जो लागू न हो, उसे काट दें।

नोट 2. पुस्तक के एक से अधिक लेखक होने की स्थिति में प्रत्येक सह लेखक द्वारा उपर्युक्त प्रपत्र अलग-अलग भरा जाए।

7.2 मंत्रालयों/विभागों द्वारा अपने सम्बद्ध/अधीनस्थ कार्यालयों, निगमों आदि के लिए शील्ड

मंत्रालयों/विभागों द्वारा अपने सम्बद्ध/अधीनस्थ कार्यालयों, निगमों आदि को हिंदी का प्रयोग बढ़ाने हेतु शील्ड देने की व्यवस्था की है। इसके लिए मानदण्ड मंत्रालय/विभाग द्वारा निर्धारित कर लिए जाएं। शील्ड के अतिरिक्त मंत्रालय/विभाग दो विशेष पुरस्कार भी देंगे।

[का.ज्ञा.सं. II/12013/2/76-रा.भा. (क. 2), दिनांक 6-2-1979]
[का.ज्ञा.सं. II/12013/2/76- रा.भा. (क. 2), दिनांक 12-6-1979]
[का.ज्ञा.सं II/12013/2/76- रा.भा. (क. 2), दिनांक 28-2-1980]

7.3 हिंदी में कार्य करने के लिए प्रोत्साहन योजना

अधिकारियों एवं कर्मचारियों के लिए प्रतिवर्ष उनके द्वारा हिंदी में किए गए काम के आधार पर नकद पुरस्कार दिए जाएं।

7.3.1 योजना का विवरण निम्न प्रकार है :

(1) योजना का क्षेत्र

केन्द्रीय सरकार के सभी मंत्रालय, विभाग, सम्बद्ध और अधीनस्थ कार्यालय अपने अधिकारियों/कर्मचारियों के लिए स्वतंत्र रूप से इस योजना को लागू कर सकते हैं।

(2) पात्रता

(क) सभी श्रेणियों के वे अधिकारी/कर्मचारी इस योजना में भाग ले सकते हैं जो सरकारी काम पूर्णतः या कुछ हद तक मूल रूप से हिंदी में करते हैं।

(ख) केवल वे ही अधिकारी/कर्मचारी पुरस्कार के पात्र होंगे जो "क" तथा "ख" क्षेत्र (अर्थात बिहार, छत्तीसगढ़, हरियाणा हिमाचल प्रदेश, झारखंड, मध्य प्रदेश, राजस्थान, उत्तर प्रदेश, उत्तराखंड, गुजरात, महाराष्ट्र, पंजाब, चंडीगढ़, दमन व दीव राज्य तथा दिल्ली,अंडमान और निकोबार द्वीप समूह, दादरा व नगर हवेली संघ राज्य क्षेत्र) में वर्ष में कम से कम 20 हजार शब्द तथा "ग" क्षेत्र (जिसमें "क" व "ख" क्षेत्र के अलावा बाकी सभी राज्य और संघ राज्य क्षेत्र शामिल हैं) में वर्ष में कम से कम 10 हजार शब्द हिंदी में लिखें। इसमें मूल टिप्पण व प्रारूप के अलावा हिंदी में किए गए अन्य कार्य जिनका सत्यापन किया जा सके, जैसे रजिस्टर में इन्दराज, सूची तैयार करना, लेखा का काम आदि भी शामिल किए जाएंगे।

(ग) आशुलिपिक/टाइपिस्ट जो सरकारी कामकाज में हिंदी के प्रयोग को बढ़ावा देने संबंधी किसी अन्य योजना के अंतर्गत आते हैं इस योजना में भाग लेने के पात्र नहीं होंगे।

(घ) हिंदी अधिकारी और हिंदी अनुवादक सामान्यत: अपना काम हिंदी में करते हैं, वे इस योजना में भाग लेने के पात्र नहीं होंगे।

(3) पुरस्कार

भाग लेने वाले कर्मचारियों को प्रति वर्ष उनके द्वारा हिंदी में किए गए काम के आधार पर निम्नलिखित नकद पुरस्कार दिए जाएंगे :-

(क) केन्द्रीय सरकार के प्रत्येक मंत्रालय/विभाग/सम्बद्ध कार्यालय के लिए स्वतंत्र रूप से

पहला पुरस्कार (2 पुरस्कार)-प्रत्येक रु. 2000/-
दूसरा पुरस्कार (3 पुरस्कार)-प्रत्येक रु. 1200/-
तीसरा पुरस्कार (5 पुरस्कार)-प्रत्येक रु. 600/-

(ख) केन्द्रीय सरकार के किसी विभाग के प्रत्येक अधीनस्थ कार्यालय के लिए स्वतंत्र रूप से :

पहला पुरस्कार (2 पुरस्कार)-प्रत्येक रु. 1600
दूसरा पुरस्कार (3 पुरस्कार)-प्रत्येक रु. 800
तीसरा पुरस्कार (5 पुरस्कार)-प्रत्येक रु. 600

(4) योजना के प्रयोजन के लिए प्रत्येक अलग भौगोलिक स्थिति वाले कार्यालय को स्वतंत्र एकक माना जाएगा। उदाहरणार्थ अलग क्षेत्र में स्थित आयकर आयुक्त के अधीन सहायक आयकर आयुक्त आदि का कोई कार्यालय अथवा रेलवे के मंडल रेल प्रबंधक के अधीन क्षेत्रीय अधीक्षक आदि का कार्यालय इस योजना के चलन के लिए एक स्वतंत्र एकक माना जाएगा। रक्षा मंत्रालय या डाकतार विभाग के अधीनस्थ तथा सम्बद्ध कार्यालयों आदि के बारे में भी ऐसी ही स्थिति होगी।

(5) पुरस्कार देने के लिए मापदण्ड

(क) मूल्यांकन करने के लिए कुल 100 अंक रखें। इनमें से 70 अंक हिंदी में किए गए काम की मात्रा के लिए रखें और 30 अंक विचारों की स्पष्टता के लिए होंगे।

(ख) जिन प्रतियोगियों की मातृभाषा तमिल, तेलुगु, कन्नड़, मलयालम, बंगाली, उड़िया या असमिया हो उन्हें 20 प्रतिशत तक अतिरिक्त अंकों का लाभ दिया जाएगा। ऐसे कर्मचारी को दिए जाने वाले वास्तविक अंकों के लाभ का निर्धारण मूल्यांकन समिति द्वारा किया जाएगा। ऐसा करते समय समिति उन अधिकारियों/कर्मचारियों के काम के स्तर को भी ध्यान में रखेगी जो अन्यथा उससे क्रम से ऊपर है।

(ग) प्रतियोगी प्रतिदिन संलग्न प्रपत्र में अपने हिंदी में लिखे गए शब्दों का लेखा-जोखा रखेंगे। प्रत्येक सप्ताह के लेखे-जोखे पर अगले उच्च अधिकारी द्वारा सत्यापन करने के बाद प्रतिहस्ताक्षर किए जाएंगे। यदि अनुभाग का अधिकारी स्वयं लेखा-जोखा रखता है तो कर्मचारी को लेखा-जोखा रखना आवश्यक नहीं होगा।

(घ) एक वर्ष के अंत में प्रत्येक प्रतियोगी हिंदी में किए गए अपने काम का लेखा-जोखा प्रति हस्ताक्षर करने वाले अधिकारी के माध्यम से मूल्यांकन समिति को प्रस्तुत करेगा। यदि प्रति-हस्ताक्षर करने वाला अधिकारी या विभाग प्रमुख स्वयं पूर्णत: निगरानी रखता है और लेखा-जोखा रखता है तो इसकी आवश्यकता नहीं होगी और उसे ब्यौरा देना होगा।

(ङ) **मूल्यांकन समिति**-मंत्रालयों/विभागों में हिंदी प्रभारी संयुक्त सचिव, संगठन और पद्धति के प्रभारी अवर सचिव और वरिष्ठ हिंदी अधिकारी/हिंदी अधिकारी इस समिति के सदस्य हो सकते हैं। सम्बद्ध और अधीनस्थ कार्यालयों में विभाग/कार्यालय के अध्यक्ष, हिंदी अधिकारी और एक अन्य राजपत्रित अधिकारी या राजभाषा अधिकारी इसके सदस्य हो सकते हैं। तथापि विभिन्न कार्यालयों में अधिकारियों की उपलब्धता के अनुसार समिति के गठन में परिवर्तन किया जा सकता है।

7.3.2 पुरस्कार जीतने के बारे में संबंधित अधिकारी/कर्मचारी की सेवा विवरणी में भी समुचित उल्लेख कर दिया जाएगा। पुरस्कार प्राप्त करने वालों की एक सूची कृपया इस विभाग को भी पृष्ठांकित कर दी जाए।

7.3.3. इस योजना के चलाने पर होने वाले खर्च का वहन प्रत्येक मंत्रालय/विभाग/कार्यालय द्वारा अपने बजट प्रावधान में किया जाएगा। विभाग/कार्यालय का अध्यक्ष मूल्यांकन समिति की सिफारिशों पर इस परिपत्र के अधिकार से पुरस्कार स्वीकृत कर सकता है। इस पुरस्कार योजना पर वित्त मंत्रालय, व्यय विभाग ने अपनी सहमति अ.टि.सं.एच-78/ई-II/87, दिनांक 27-1-88] द्वारा दे दी है।

7.3.4 यह योजना 1 अप्रैल, 1988 से लागू है।

7.3.5 समस्त मंत्रालयों/विभागों से अनुरोध है कि वे इस योजना को अपने सभी अधिकारियों/कर्मचारियों में तुरन्त परिचालित करें और अपने मंत्रालय/विभाग में इसे 1 अप्रैल, 1988 से लागू करें। अपने सभी सम्बद्ध और अधीनस्थ कार्यालयों को भी इस योजना के बारे में तुरन्त अवगत कराएं और उन्हें भी अपने सभी कार्यालयों में इसे 1 अप्रैल, 1988 से लागू करने के आदेश दें। वे अपने नियंत्रणाधीन उपक्रमों, निगमों आदि को भी इस योजना के बारे में जानकारी दें और उन्हें इस आधार पर अपने कार्यालयों में प्रोत्साहन योजना आरम्भ करने के लिए प्रेरित करें।

7.3.5.1 ठीक इसी प्रकार इस विभाग के दिनांक 06 मार्च, 1989 के कार्यालय ज्ञापन सं. II/12013/1/89-रा.भा.(क-2) के तहत अधिकारियों को हिंदी में डिक्टेशन देने के लिए प्रोत्साहन योजना के अंतर्गत मार्गदर्शी सिद्धान्त जारी किए गए थे। उक्त मार्गदर्शी सिद्धांतों में पुरस्कार राशि दिनांक 16 सितम्बर, 1998 के कार्यालय ज्ञापन संख्या II/12013/18/93-रा.भा.(नी.2) में दिए गए निर्देशों द्वारा 1000/- रु. कर दी गई थी। इस योजना में दी जाने वाली राशि अब 2000/- रु. कर दी गई है। जोकि तत्काल प्रभाव से लागू मानी जाएगी। उक्त मार्गदर्शी सिद्धान्त में वर्णित सभी शर्तें पूर्ववत रहेंगी।

[का.ज्ञा.सं.II/12013/3/87-रा.भ.(क-2) दिनांक 16.02.1988]

[का.ज्ञा.सं.II/12013/01/2011-रा.भ.(नीति/के.अनु.ब्यूरो) दिनांक 30.10.2012]

7.3.6 इस संबंध में की गई कार्रवाई की सूचना राजभाषा विभाग को कृपया शीघ्रातिशीघ्र दी जाए।

प्रपत्र

<table>
<tr><td colspan="7">श्री/श्रीमती/कुमारी .... की .... को समाप्त होने वाले सप्ताह में हिंदी के मूल काम की साप्ताहिक विवरणी</td></tr>
<tr><td rowspan="2">क्रं. सं.</td><td rowspan="2">तिथि</td><td rowspan="2">कुल फाइलों, रजिस्टरों आदि की संख्या जिन में हिंदी में काम किया गया</td><td rowspan="2">हिंदी में लिखे गए टिप्पणी और आलेखन के शब्दों की संख्या</td><td colspan="2">हिंदी में किए गए और काम</td><td rowspan="2">उच्च अधिकारी के हस्ताक्षर (सप्ताह में एक बार</td></tr>
<tr><td>संक्षिप्त ब्यौरा</td><td>शब्दों की संख्या</td></tr>
<tr><td>1</td><td>2</td><td>3</td><td>4</td><td>5</td><td>6</td><td>7</td></tr>
<tr><td></td><td></td><td></td><td></td><td></td><td></td><td></td></tr>
</table>

7.4 विशिष्ट क्षेत्रों में सरकारी काम हिंदी में करने के लिए पुरस्कार

ऐसे क्षेत्रों में जहाँ टिप्पण/आलेखन, आशुलिपि/टाइपिंग का काम नहीं होता किन्तु हिंदी का प्रयोग किया जाता है जैसे-वैज्ञानिकों, तकनीशियनों और प्रचालन कर्मचारियों द्वारा किए जाने वाले कार्य आदि के लिए भी जिन कार्यालयों में काफी संख्या में कर्मचारी एक ही प्रकार के ऐसे विशिष्ट प्रकृति के कार्य करते हैं, उनके लिए उचित प्रोत्साहन योजनाएं चलाई जाएं।

[का.ज्ञा.सं.II 200/5/35/84- रा. भा. (क-2) दिनांक 20-11-1984]

[का.ज्ञा.सं.II/12013/3/87-रा.भ.(क-2) दिनांक 16.02.1988]

7.4.1 विभिन्न मंत्रालयों/विभागों में राजभाषा हिंदी से संबंधित राष्ट्रीय स्तर/ वृहद स्तर पर चल रही राजभाषा प्रोत्साहन पुरस्कार योजनाओं की समीक्षा के संबंध में।

दिनांक 29 सितम्बर 2022 को गृह मंत्रालय द्वारा जारी कार्यालय ज्ञापन के अनुसार विभिन्न मंत्रालयों/विभागों में राजभाषा हिंदी से संबंधित राष्ट्रीय स्तर/वृहद स्तर पर चल रही राजभाषा प्रोत्साहन पुस्कार योजनाओं की समीक्षा करने के लिए राजभाषा विभाग, गृह मंत्रालय को नोडल विभाग बनाया गया है।

2. इस संबंध में, सभी मंत्रालयों/विभागों को पुनः सूचित किया जाता है कि उनके यहां राष्ट्रीय स्तर वृहद स्तर पर हिंदी मौलिक पुस्तक लेखन/अनुवाद से संबंधित चलने वाली पुरस्कार योजनाओं का संपूर्ण विवरण (योजना का नाम, स्वरूप, अवधि, पुरस्कारों की संख्या एवं राशि आदि) दिनांक 14 अप्रैल, 2023 तक ई-मेल:- Santosh.gupta89@nic.in पर तत्काल भिजवा दें। यदि सूचना निर्धारित अवधि तक नहीं भेजी जाती है तो यह मान लिया जाएगा कि उनके यहाँ हिंदी से संबंधित कोई पुरस्कार योजना नहीं चलाई जा रही है।

3. सभी मंत्रालयों/विभागों के हिंदी से संबंधित राष्ट्रीय स्तर के राजभाषा पुरस्कारों की समीक्षा उपरांत कतिपय योजनाओं को राजभाषा गौरव पुरस्कार योजना में समाहित किया जा सकता है। यहाँ पर यह भी सूचित करना है कि वर्ष 2023 से राजभाषा हिंदी से संबंधित विभिन्न मंत्रालयों/विभागों द्वारा दिये जाने वाले उपरोक्त पुरस्कार समीक्षा उपरांत राजभाषा विभाग द्वारा ही दिये जाएंगे। मंत्रालयों/विभागों में हिंदी माह/पखवाड़े के दौरान चलाई जा रही योजनाएं यथावत जारी रहेंगी।

फा.सं. 12021/02/2022 रा.भा.(का.2)

7.5 अंग्रेजी के अतिरिक्त हिंदी में आशुलिपि और टाइपिंग कार्य के लिए प्रोत्साहन भत्ता

उन आशुलिपिकों और टाइपिस्टों को जो अंग्रेजी टाइप/आशुलिपि जानते हैं और अंग्रेजी के अतिरिक्त हिंदी में भी अपना सरकारी कार्य करते हैं क्रमश: 240/- रुपए और 160/- रुपए प्रतिमास विशेष भत्ता दिया जाए। केवल वे ही अंग्रेजी आशुलिपिक/टाइपिस्ट इस भत्ते के पात्र होंगे जो हिंदी में औसतन 5 टिप्पणियां/प्रारूप पत्र/प्रतिदिन अथवा लगभग 300 टिप्पणियां/प्रारूप पत्र/प्रति तिमाही टंकित करते हैं। केवल एक या दो पंक्तियों के प्रारूप/टिप्पणियां इसमें शामिल नहीं होगी। यह विशेष भत्ता वेतन नहीं माना जाएगा और इस राशि पर महंगाई भत्ता, मकान किराया भत्ता, नगर प्रतिकर भत्ता और अन्य कोई भत्ता देय नहीं होगा।

7.5.1 जिन कर्मचारियों को यह भत्ता दिया जाए उन्हें यह साबित करने के लिए कि ये अपना सरकारी कार्य दोनों भाषाओं में करते हैं, नीचे दिए गए प्रोफार्मा में एक प्रमाणपत्र प्रस्तुत करना होगा। आशुलिपिकों के लिए यह प्रमाणपत्र उस अधिकारी विशेष द्वारा दिया जाएगा जिसके साथ वह काम करता है और टाइपिस्टों के लिए यह प्रमाण पत्र संबंधित अवर सचिव या कार्यालय अध्यक्ष, जैसी भी स्थिति हो, द्वारा दिया जाएगा। जब आशुलिपिक या टाइपिस्ट दोनों भाषाओं में कार्य करना आरंभ करें तब से पहले 6 महीनों के लिए यह प्रमाणपत्र प्रति मास देना आवश्यक है और उसके पश्चात प्रत्येक तीन महीने में एक बार।

7.5.2 वह योजना जिसके अन्तर्गत हिंदी आशुलिपिक और हिंदी टाइपिंग का प्रशिक्षण सफलतापूर्वक प्राप्त करने पर वैयक्तिक वेतन के रूप में अग्रिम वेतन वृद्धियाँ दी जाती हैं, जारी रहेगी। परन्तु जब इस योजना के अन्तर्गत विशेष भत्ते का लाभ मिलने लगेगा तब से अग्रिम वेतन वृद्धियों का लाभ समाप्त कर दिया जाएगा।

7.5.3 कार्यालय अध्यक्ष तथा आशुलिपिकों और टाइपिस्टों पर पर्यवेक्षीय नियंत्रण रखने वाले अधिकारियों का यह उत्तरदायित्व है कि वे यह सुनिश्चित करें कि यह विशेष भत्ता संबंधित आशुलिपिक/टाइपिस्ट द्वारा द्विभाषी रूप में कार्य करने पर ही प्राप्त हो। इन निर्देशों का दुरुपयोग कर वास्तव में कार्य किए बगैर विशेष भत्ते का विनियोग उसी प्रकार का दुरुपयोग माना जाएगा जैसे कि केन्द्रीय सरकार के नियमों के अंतर्गत यात्रा या अन्य भत्तों के विनियोग के संबंध में अनियमितता को समझा जाता है। इस पहलू पर निगरानी रखने के लिए कार्यालय अध्यक्ष यदि चाहें तो अपने हिंदी अधिकारियों की सेवाओं का उपयोग कर सकते हैं।

7.5.4 संसदीय राजभाषा समिति के प्रतिवेदन (खंड-2) में की गई सिफारिश तथा केन्द्र सरकार के मंत्रालयों/विभागों से प्राप्त सुझाव कि उक्त प्रोत्साहन भत्ते को कम्प्यूटर तथा टेलीप्रिंटरों पर अंग्रेजी के साथ-साथ हिंदी में भी कार्य करने वाले कर्मचारियों को दिया जाए, पर राजभाषा विभाग में विचार किया गया। इस संबंध में व्यय विभाग के परामर्श से यह निर्णय लिया गया है कि वे टंकक/आशुलिपिक भी उक्त प्रोत्साहन भत्ते के लिए पात्र होंगे जो कि टाइपराइटर/कम्प्यूटर पर अंग्रेजी के साथ-साथ हिंदी में भी उक्त निर्धारित मात्रा में सरकारी कार्य करते हैं।

हिंदी प्रोत्साहन भत्ता पाने के लिए अपेक्षित प्रमाण पत्र

यह प्रमाणित किया जाता है कि श्री/श्रीमती/कुमारी.............पदनाम............. अनुभाग.............ने.............से.............तक की अवधि में अपने काम का कुछ भाग हिंदी आशुलिपि/हिंदी टाइपिंग में किया। हिंदी में किए गए काम की मात्रा, उपर्युक्त मास में औसतन 5 टिप्पणियों/प्रारूप/पत्र प्रतिदिन/उपर्युक्त तिमाही में लगभग 300 टिप्पणियों/प्रारूप/पत्र से कम नहीं थी

हस्ताक्षर

ब्रांच अधिकारी/कार्यालय अध्यक्ष का नाम

तारीख.............

[का.ज्ञा.सं. 14012/55/76-रा.भा.(ग) दिनांक 12-8-1983]
[का.ज्ञा.सं. 13034/31/85-रा.भा.(ग) दिनांक 11-8-1987]
[का.ज्ञा.सं. 13034/44/90-रा.भा.(ग) दिनांक 25-7-1995]
[का.ज्ञा.सं. 13017/4/90-रा.भा.(ग) दिनांक 28-7-1998]

7.6 हिंदी शिक्षण योजना द्वारा आयोजित हिंदी टंकण एवं हिंदी आशुलिपि परीक्षाएं इलेक्ट्रॉनिक टाइपराइटर, कंप्यूटर/वर्ड प्रोसेसर आदि का प्रयोग करके उत्तीर्ण करने पर वित्तीय प्रोत्साहन देने के संबंध में

उपर्युक्त विषय पर हिंदी शिक्षण योजना द्वारा आयोजित हिंदी टंकण एवं हिंदी आशुलिपि परीक्षाएं उत्तीर्ण करने पर केंद्र सरकार के कर्मचारियों को मिलने वाले वित्तीय प्रोत्साहन यथा वैयक्तिक वेतन नकद पुरस्कार एवं एकमुश्त पुरस्कार से संबंधित राजभाषा विभाग द्वारा जारी सभी आदेश उन कर्मचारियों पर भी लागू होंगे, जो हिंदी शिक्षण योजना दारा आयोजित हिंदी टंकण एवं आशुलिपि की परीक्षाएं इलेक्ट्रानिक टाइपराइटर कंप्यूटर/वर्ड प्रोसेसर का प्रयोग करके उत्तीर्ण करते हैं।

1. वित्तीय प्रोत्साहनों की देयता के संबंध में अन्य सभी शर्ते वही होंगी जो पहले जारी किए गए आदेशों में निहित हैं।
2. यह आदेश जनवरी 1996 से आयोजित होने वाली हिंदी टंकण/आशुलिपि परीक्षाओं से लागू होगा।
3. आन्तरिक वित्त, गृह मंत्रालय को उनके अनौ. टिप्पण सं.185(एच.)/95/ वित्त-II, दिनांक 13-9-95 द्वारा दी गई सहमति से जारी किए गए हैं।

[सं. 22011/44/95 केहिप्रसं/4342, दिनांक 22-11-95]

7.7 हिंदी शिक्षण योजना के अधीन हिंदी भाषा, हिंदी टंकण और आशुलिपि परीक्षाएं उत्तीर्ण करने पर मिलने वाले प्रोत्साहन-नकद पुरस्कार की राशि में वृद्धि तथा निजी प्रयत्नों से हिंदी शिक्षण योजना की हिंदी भाषा, हिंदी टंकण एवं हिंदी आशुलिपि की परीक्षाएं उत्तीर्ण करने पर मिलने वाले एकमुश्त पुरस्कार की राशि में वृद्धि।

उपर्युक्त विषय पर राजभाषा विभाग, गृह मंत्रालय के दिनांक 16.08.2007 के कार्यालय ज्ञापन संख्या 21034/34/2007-रा.भा. (प्रशि.) में आंशिक संशोधन करते हुए नकद पुरस्कारों/एकमुश्त पुरस्कारों की राशि को निम्न दरों से बढ़ाने का निर्णय लिया गया है:-

I	हिंदी शिक्षण योजना की हिंदी भाषा परीक्षा	वर्तमान नकद पुरस्कार की राशि	संशोधित नकद पुरस्कार की राशि
क.	प्रबोध		
1.	70 प्रतिशत या इससे अधिक अंक प्राप्त करने पर	रु. 800/-	रु. 1600/-
2.	60 प्रतिशत या इससे अधिक परन्तु 70 प्रतिशत से कम अंक प्राप्त करने पर	रु. 400/-	रु. 800/-
3.	55 प्रतिशत या इससे अधिक परन्तु 60 प्रतिशत से कम अंक प्राप्त करने पर	रु. 200/-	रु. 400/-
ख.	प्रवीण		
1.	70 प्रतिशत या इससे अधिक अंक प्राप्त करने पर	रु. 1200/-	रु. 1800/-
2.	60 प्रतिशत या इससे अधिक परन्तु 70 प्रतिशत से कम अंक प्राप्त करने पर	रु. 800/-	रु. 1200/-

3.	55 प्रतिशत या इससे अधिक परन्तु 60 प्रतिशत से कम अंक प्राप्त करने पर	रु. 400/-	रु. 600/-
ग.	प्राज्ञ		
1.	70 प्रतिशत या इससे अधिक अंक प्राप्त करने पर	रु. 1200/-	रु. 2400/-
2.	60 प्रतिशत या इससे अधिक परन्तु 70 प्रतिशत से कम अंक प्राप्त करने पर	रु. 800/-	रु. 1600/-
3.	55 प्रतिशत या इससे अधिक परन्तु 60 प्रतिशत से कम अंक प्राप्त करने पर	रु. 400/-	रु. 800/-

II.	हिंदी शिक्षण योजना की हिंदी टंकण और आशुलिपि परीक्षाएं	वर्तमान नकद पुरस्कार की राशि	संशोधित नकद पुरस्कार की राशि
क.	हिंदी टंकण		
1.	97 प्रतिशत या इससे अधिक अंक प्राप्त करने पर	रु. 1200/-	रु. 2400/-
2.	95 प्रतिशत या इससे अधिक परन्तु 97 प्रतिशत से कम अंक प्राप्त करने पर	रु. 800/-	रु. 1600/-
3.	90 प्रतिशत या इससे अधिक परन्तु 95 प्रतिशत से कम अंक प्राप्त करने पर	रु. 400/-	रु. 800/-
ख.	हिंदी आशुलिपि		
1.	95 प्रतिशत या इससे अधिक अंक प्राप्त करने पर	रु. 1200/-	रु. 2400/-
2.	92 प्रतिशत या इससे अधिक परन्तु 95 प्रतिशत से कम अंक प्राप्त करने पर	रु. 800/-	रु. 1600/-
3.	88 प्रतिशत या इससे अधिक परन्तु 92 प्रतिशत से कम अंक प्राप्त करने पर	रु. 400/-	रु. 800/-

III.	निजी प्रयत्नों से हिंदी शिक्षण योजना की हिंदी भाषा, हिंदी टंकण एवं हिंदी आशुलिपि की परीक्षाएं	वर्तमान एकमुश्त पुरस्कार की राशि	संशोधित एकमुश्त पुरस्कार की राशि
1.	हिंदी शिक्षण योजना की प्रबोध परीक्षा	रु. 1000/-	रु. 1600/-
2.	हिंदी शिक्षण योजना की प्रवीण परीक्षा	रु. 1000/-	रु. 1500/-
3.	हिंदी शिक्षण योजना की प्राज्ञ परीक्षा	रु. 1200/-	रु. 2400/-
4.	हिंदी शिक्षण योजना की हिंदी टंकण परीक्षा	रु. 800/-	रु. 1600/-
5.	हिंदी शिक्षण योजना की हिंदी आशुलिपि परीक्षा	रु. 1500/-	रु. 3000/-
6.	स्वैच्छिक हिंदी संस्थाओं द्वारा ली जाने वाली ऐसी हिंदी परीक्षाएं, जिन्हें भारत सरकार (शिक्षा विभाग) द्वारा मैट्रिकुलेशन के समकक्ष या उससे उच्च परीक्षा के रूप में मान्यता दी गई है।	रु. 1200/-	रु. 1200/-
7.	केंद्रीय हिंदी निर्देशालय की "हिंदी डिप्लोमा पाठ्यक्रम" परीक्षा	रु. 1200/-	रु. 1200/-

टिप्पणी–जो प्रशिक्षार्थी निजी प्रयासों से हिंदी शिक्षण योजना की हिंदी भाषा, टंकण और आशुलिपि परीक्षाएं उत्तीर्ण करते हैं, उनको एकमुश्त पुरस्कार के अलावा नकद पुरस्कार प्रदान करते समय निर्धारित किए गए प्रतिशत से 5 प्रतिशत अंक कम प्राप्त करने पर भी नकद पुरस्कार राशि प्रदान की जाएगी।

2. नकद पुरस्कारों एवं एकमुश्त पुरस्कारों की देयता के संबध में अन्य सभी शर्ते वही होंगी, जो पहले जारी किए गए आदेशों में निहित हैं।

3. यह कार्यालय ज्ञापन वित्त मंत्रालय (व्यय विभाग) की सहमति से उनकी दिनांक 29.06.2011 की अंतर्विभागीय टिप्पणी संख्या 14(9)/ई.।।(ए)/2007 के अनुसार जारी किया जा रहा है।

4. यह कार्यालय ज्ञापन जारी होने की तारीख से मान्य होगा।

[का.ज्ञा.सं. 12011/4/8-रा.भा. (प) दिनांक 12-7-1989]

[का.ज्ञा.सं. 18-3-94- हिशियो (मुख्यालय), दिनांक 16 फरवरी, 1995]

[का.ज्ञा.सं. 21034/34/2007-रा.भा. (प्रशि.) दिनांक 16.08.2007]

[का.ज्ञा.सं. 21034/66/2010-रा.भा.(प्रशि.) दिनांक 29.7.2011]

7.8 हिंदी शिक्षण योजना के पूर्णकालिक/अंशकालिक प्रशिक्षण केंद्रों पर नियुक्त सर्वकार्यभारी अधिकारियों को देय मानदेय की दरों का संशोधन।

उपर्युक्त विषय पर इस विभाग के दिनांक 01 जुलाई, 2003 के कार्यालय ज्ञापन संख्या 21034/21/2003-रा.भा.(प्रशि.)/2439 में आंशिक संशोधन करते हुए केंद्र सरकार के उन अधिकारियों, जिन्हें अपनी सामान्य ड्यूटी के अतिरिक्त हिंदी शिक्षण योजना के पूर्णकालिक/अंशकालिक प्रशिक्षण केंद्रों के संचालन अर्थात केंद्र सरकार के कर्मचारियों को हिंदी भाषा, हिंदी टंकण एवं हिंदी आशुलिपि के प्रशिक्षण से संबंधित कार्यों की देख-रेख एवं जिम्मेदारियों के निर्वहन हेतु सर्वकार्यभारी अधिकारी के रूप में अवैतनिक तौर पर नियुक्त किया गया है, को देय मानदेय की दरों में संशोधन करने के लिए राष्ट्रपति की संस्वीकृति सूचित की जाती है। सर्वकार्यभारी अधिकारियों को देय मानदेय की संशोधित दरें निम्न प्रकार होंगी:-

क्र. सं.	विवरण	दिनांक 01.07.2003 को जारी आदेश के तहत स्वीकृत मानदेय	संशोधित विवरण	संशोधित स्वीकृत मानदेय
1	सर्वकार्यभारी अधिकारी जिनकी देखरेख में ऐसे पूर्णकालिक प्रशिक्षण केंद्र हैं जहां 1 से 5 तक नियमित हिंदी प्राध्यापक/सहायक निर्देशक (हिंदी टंकण/आशु.) तैनात हैं।	260/- प्रतिमाह	ऐसे सर्वकार्यभारी अधिकारी जिनकी देखरेख में ऐसे पूर्णकालिक प्रशिक्षण केंद्र हैं जहां 1 से 5 तक नियमित हिंदी प्राध्यापक/सहायक निर्देशक (हिंदी टंकण/आशु0) तैनात हैं।	520/-प्रतिमाह
2	सर्वकार्यभारी अधिकारी जिनकी देखरेख में ऐसे पूर्णकालिक प्रशिक्षण केंद्र हैं जहां 6 से 19 तक नियमित हिंदी प्राध्यापक/सहायक निर्देशक (हिंदी टंकण/आशु0) तैनात हैं।	375/- प्रतिमाह	ऐसे सर्वकार्यभारी अधिकारी जिनकी देखरेख में ऐसे पूर्णकालिक प्रशिक्षण केंद्र हैं जहां 6 से 19 तक नियमित हिंदी प्राध्यापक/सहायक निर्देशक (हिंदी टंकण/आशु0) तैनात हैं।	750/- प्रतिमाह
3	ऐसे सर्वकार्यभारी अधिकारी जिनकी देखरेख में हिंदी शिक्षण योजना के ऐसे अंशकालिक प्रशिक्षण केंद्र हैं जहां 10 या इससे अधिक प्रशिक्षार्थी हैं।	130/- प्रतिमाह	ऐसे सर्वकार्यभारी अधिकारी जिनकी देखरेख में हिंदी शिक्षण योजना के ऐसे अंशकालिक प्रशिक्षण केंद्र जहां पर हिंदी शिक्षण योजना का कोई नियमित हिंदी प्राध्यापक तैनात नहीं है तथा प्रशिक्षण अंशकालिक हिंदी प्राध्यापक द्वारा दिया जाता है और जहां 15 या इससे अधिक प्रशिक्षार्थी नामांकित हैं।	260/- प्रतिमाह

2. इस संबंध में अन्य शर्तें वही लागू होंगी जो शर्तें इस विभाग के उपर्युक्त कार्यालय ज्ञापन में निहित हैं।

3. यह कार्यालय ज्ञापन वित्त प्रभाग, गृह मंत्रालय द्वारा उनकी टिप्पणी डायरी सं. 65243/JS(Fin./Pers)II/2011 दिनांक 15.12.2011 के तहत प्रदान किए गए अनुमोदन से जारी किया गया है।

4. मानदेय की ये संशोधित दरें 1 अप्रैल, 2012 से प्रभावी होंगी।

पत्र सं.12032/1.74- हिंदी-II दिनांक 16-2-74

पत्र सं.12047/2 73-हिंदी-II दिनांक 5-6-73

पत्र सं.12013/23-रा. भा. (ई) दिनांक 12 अगस्त 1983

का.ज्ञा.सं. 49/1/98 हिशियो (मु.)/29 दिनांक 8.2.1999

का.ज्ञा.सं. 21034/21/2003-राभा. (प्रशि.), दिनांक 01 जुलाई, 2003

का.ज्ञा.सं. 21034/66/2009-रा.भा. (प्रशि.) दिनांक 4.4.2012

7.9 हिंदी शिक्षण योजना के अंशकालिक हिंदी प्राध्यापकों को देय मानदेय की दरों में संशोधन के संबंध में।

उपर्युक्त विषय पर राजभाषा विभाग, गृह मंत्रालय के दिनांक 30 सितम्बर, 2005 के कार्यालय ज्ञापन संख्या:- 21034/21/2005-रा.भा.(प्रशि.) का हवाला देते हुए मुझे हिंदी शिक्षण योजना के अंतर्गत अंशकालिक हिंदी प्राध्यापकों को निम्नलिखित संशोधित दरों पर मानदेय देने के लिए मंजूरी देने का निर्देश हुआ है:-

क्र. सं.	विवरण	दिनांक 30.09.2005 को जारी आदेश के तहत स्वीकृत मानदेय	संशोधित विवरण	संशोधित स्वीकृत मानदेय
1.	**एकांतर दिवस की कक्षाओं के लिए** मानदेय/पारिश्रमिक (केवल सरकारी सेवकों के लिए) जहां प्रशिक्षार्थियों की उपस्थिति 10 तक है। यदि प्रशिक्षार्थियों की उपस्थिति 10 से अधिक है तो प्रति अतिरिक्त प्रशिक्षार्थी के लिए।	540/- प्रतिमाह 36/- प्रतिमाह	**एकांतर दिवस की कक्षाओं के लिए** मानदेय/पारिश्रमिक (केवल सरकारी सेवकों के लिए) जहां प्रशिक्षार्थियों की उपस्थिति 10 तक है) यदि प्रशिक्षार्थियों की उपस्थिति 10 से अधिक है तो प्रति अतिरिक्त प्रशिक्षार्थी के लिए।	1080/- प्रतिमाह 70/- प्रतिमाह
2.	**प्रति दिन की कक्षाओं के लिए-** मानदेय/पारिश्रमिक (केवल सरकारी सेवकों के लिए) जहां प्रशिक्षार्थियों की उपस्थिति 10 तक है) यदि प्रशिक्षार्थियों की उपस्थिति 10 से अधिक है तो प्रति अतिरिक्त प्रशिक्षार्थी के लिए।	700/- प्रतिमाह 45/- प्रतिमाह	**प्रति दिन की कक्षाओं के लिए-** मानदेय/पारिश्रमिक (केवल सरकारी सेवकों के लिए) जहां प्रशिक्षार्थी की उपस्थिति कम से कम 10 तक है) यदि प्रशिक्षार्थियों की उपस्थिति 10 से अधिक है तो प्रति अतिरिक्त प्रशिक्षार्थी के लिए।	1400/- प्रतिमाह 90/- प्रतिमाह

नोट:1- पूर्वोतर क्षेत्र, जम्मू-कश्मीर, लेह लद्ददाख, अण्डमान-निकोबार, लक्षद्वीप, दादरा व नगर हवेली, दमन व दीव जैसे दुर्गम क्षेत्रों में जहां पर प्रशिक्षण हेतु पर्याप्त संख्या में प्रशिक्षार्थी नहीं मिलते, वहां पर प्रशिक्षार्थियों की सीमा कम से कम 5 निर्धारित की गयी है। ऐसी स्थिति में इन केंद्रों पर कार्यरत अंशकालिक प्राध्यापकों को एकांतर दिवस की कक्षाओं के लिए 1080/- एवं प्रतिदिन की कक्षाओं के लिए 1400/-रु. प्रतिमाह मानदेय दिया जाएगा।

2. मानदेय के संबध में विभाग के पत्र संख्या -12013/24/83-रा.भा.(ई.) दिनांक 05.08.1985 में दी गई शर्ते यथावत लागू रहेंगी।
3. यह कार्यालय ज्ञापन वित्त प्रभाग, गृह मंत्रालय द्वारा उनकी डायरी संख्या-65243/JS(Fin./Pers) II/2011 दिनांक 15.12.2011 के तहत प्रदान किए गए अनुमोदन से जारी किया गया है।
4. मानदेय की ये संशोधित दरें 1 अप्रैल, 2012 से प्रभावी होगी।
5. सरकारी सेवकों के लिए मानदेय की निर्धारित सीमा सभी प्रकार के मानदेय मिलाकर कुल रूपए 5,000/-(रूपए पांच हजार मात्र) प्रति व्यक्ति प्रति वर्ष से अधिक नहीं होगी।

का.ज्ञा.सं. 21034/66/2009-रा.भा. (प्रशि.) दिनांक 4.4.2012

7.10 हिंदी शिक्षण योजना के अंतर्गत ली जाने वाली हिंदी भाषा, हिंदी टंकण एवं हिंदी आशुलिपि परीक्षाएं निजी प्रयत्नों से उतीर्ण करने पर दिए जाने वाले एकमुश्त पुरस्कार को दिसंबर 2008 से आगे ली जाने वाली परीक्षाओं के लिए जारी रखना।

अधोहस्ताक्षरी को उपर्युक्त विषय पर इस विभाग के दिनांक 14 सिंतबर 2006 के कार्यालय ज्ञापन संख्या 21034/14/2006 रा.भा.(प्रशि.) का हवाला देते हुए हिंदी शिक्षण योजना के अंतर्गत ली जाने वाली हिंदी भाषा, हिंदी टंकण एवं हिंदी आशुलिपि की परीक्षाएं निजी प्रयत्नों से उत्तीर्ण करने पर केंद्र सरकार के कर्मचारियों/अधिकारियों को देय एकमुश्त पुरस्कार को 31 दिसंबर 2008 से आगे 31 दिसम्बर 2015 तक जारी रखने के लिए राष्ट्रपति जी की स्वीकृति सूचित करने का निर्देश हुआ है। बढ़ाई गई यह अवधि **'क' 'ख' एव 'ग'** सभी तीनों क्षेत्रों में स्थित केंद्र सरकार के कार्यालयों में कार्यरत कर्मचारियों/अधिकारियों के लिए समान रूप से लागू होगी। इस पुरस्कार की पात्रता के लिए शर्ते एवं दरें वही होंगी जो इस विभाग के कार्यालय ज्ञापन संख्या 112013/3/76-रा.भा.(घ) दिनांक 21.05.1977, कार्यालय ज्ञापन संख्या 12011/5/83-रा.भा.(घ) दिनांक 29.10.1984 कार्यालय

ज्ञापन संख्या 18/3/94-हि,शि.यो.(मु.) दिनांक 16.02.1995 एवं कार्यालय ज्ञापन संख्या 21034/66/2010-रा.भा.(प्रशि.) दिनांक 29.07.2011 में दी गई हैं।

2. जहां तक भारतीय लेखा परीक्षा तथा लेखा विभाग के कर्मचारियों का संबंध है, ये आदेश भारत के नियंत्रक तथा महालेखा परीक्षक की सहमति से जारी किए जा रहे हैं।

3. इसे वित्त मंत्रालय, व्यय विभाग द्वारा उनकी आ.वि.टिप्पणी संख्या 175743/2011 दिनांक 14 मई, 2013 के तहत दी गई सहमति से जारी किया गया है।

4. यह कार्यालय ज्ञापन सभी संबंधितों के ध्यान में ला दिया जाए।

का. ज्ञा. सं. 21034/62/2009-रा.भा.(प्रशि.) दिनांक 22.8.2013

7.10.1 हिंदी शिक्षण योजना के पूर्णकालिक/अंशकालिक प्रशिक्षण केंद्रों पर तैनात अंशकालिक लिपिकों व चपरासियों को देय मानदेय की दरों में संशोधन।

उपर्युक्त विषय पर इस विभाग के दिनांक 21.4.1999 के का.ज्ञा. सx. 49/1/98 हिशियों (मु)/125-325 में आंशिक संशोधन करते हुए केंद्र सरकार के उन अंशकालिक लिपिकों व चपरासियों को जिन्हें अपनी सामान्य ड्यूटी के अतिरिक्त हिंदी शिक्षण योजना के पूर्णकालिक/अंशकालिक प्रशिक्षण केंद्रों के सर्वकार्यप्रभारी अधिकारियों की सहायता के लिए अवैतनिक तौर पर तैनात किया गया है, को देय मानदेय (पारिश्रमिक) की दरों में संशोधन करने के लिए राष्ट्रपति की संस्वीकृति, सूचित की जाती है। अंशकालिक लिपिकों व चपरासियों को देय मानदेय (पारिश्रमिक) की संशोधित दरें निम्न प्रकार होंगी:-

	अंशकालिक लिपिक	मानदेय की दर प्रति माह
(i)	ऐसे पूर्णकालिक केंद्र पर अंशकालिक लिपिक, जहाँ हिंदी शिक्षण योजना का पूर्णकालिक लिपिक नहीं है।	285/- रुपए (रुपये दो सौ पचासी मात्र)
(ii)	ऐसे पूर्णकालिक केंद्र पर अंशकालिक लिपिक, जहाँ हिंदी शिक्षण योजना का पूर्णकालिक लिपिक है।	160/- रुपए (रुपये एक सौ साठ मात्र

(iii)	ऐसे अंशकालिक केंद्र पर अंशकालिक लिपिक, जहां 20 से 100 तक प्रशिक्षार्थी नामांकित है।	135/- रुपए (रुपये एक सौ पैतीस मात्र)
(iv)	ऐसे अंशकालिक केंद्र पर अंशकालिक लिपिक, जहां 100 से ज्यादा प्रशिक्षार्थी नामांकित है।	200/- रुपए (रुपये दो सौ मात्र)

	अंशकालिक चपरासी	मानदेय की दर प्रति माह
(i)	ऐसे पूर्णकालिक केंद्र पर अंशकालिक चपरासी, जहां हिंदी शिक्षण योजना का पूर्णकालिक चपरासी नहीं है।	115/- रुपए (रुपये एक सौ पंद्रह मात्र)
(ii)	ऐसे पूर्णकालिक केंद्र पर अंशकालिक चपरासी, जहां हिंदी शिक्षण योजना का पूर्णकालिक चपरासी है।	85/- रुपए (रुपये पचासी मात्र
(iii)	ऐसे अंशकालिक केंद्र पर अंशकालिक चपरासी जहां 20 से 100 तक प्रशिक्षार्थी नामांकित है।	85/- रुपए (रुपये पचासी मात्र
(iv)	ऐसे अंशकालिक केंद्र पर अंशकालिक चपरासी, जहां 100 से ज्यादा प्रशिक्षार्थी नामांकित हैं।	115/- रुपए (रुपये एक सौ पंद्रह मात्र)

2. इस संबंध में अन्य शर्तें वही होंगी जो इस विभाग के उपरोक्त कार्यालय ज्ञापन में निहित हैं।
3. यह कार्यालय ज्ञापन वित्त प्रभाग गृहमंत्रालय द्वारा उनकी टिप्पणी डायरी सं.836 एफ ए हिंदी/03 दिनांक 18 जून, 2003 के तहत प्रदान किए गए अनुमोदन से जारी किया गया है।
4. मानदेय की संशोधित दरें 01 जुलाई, 2003 से प्रभावी होगी।

का.ज्ञा.सं. 21034/21/2003-रा.भा. (प्रशि.), दिनांक 29 जुलाई, 2003

7.10.2 हिंदी टंकण और हिंदी आशुलिपि के प्रशिक्षण के लिए हिंदी शिक्षण योजना/विभागीय व्यवस्था के अंतर्गत स्थापित अंशकालिक प्रशिक्षण केंद्रों पर नियुक्त अंशकालिक अनुदेशकों को देय मानदेय (पारिश्रमिक) की दरों में परिशोधन

उपर्युक्त विषय पर इस विभाग के कार्यालय ज्ञापन संख्या 11015/1/79-रा.भा.(घ), दिनांक 20.11.1979, कार्यालय ज्ञापन संख्या-11015/1/86-रा.भा.(घ), दिनांक 19.2.1987 तथा कार्यालय ज्ञापन संख्या 22011/5/95 के.हि.प्र.सं/1075, दिनांक 7.3.1996 का हवाला देते हुए अधोहस्ताक्षरी को हिंदी शिक्षण योजना/विभागीय व्यवस्थाओं के अंतर्गत नियुक्त हिंदी टंकण और हिंदी आशुलिपि के अंशकालिक अनुदेशकों को निम्नलिखित संशोधित दरों पर मानदेय (पारिश्रमिक) देने के लिए राष्ट्रपति जी की मंजूरी सूचित करने का निर्देश हुआ है:-

वर्तमान मानदेय की दरें	**संशोधित मानदेय की दरें**
हिंदी टंकण	
15/- रुपये प्रतिमास प्रति प्रशिक्षार्थी	45/- रुपये प्रतिमास प्रति प्रशिक्षार्थी,
150/- रुपये प्रतिमास यदि प्रशिक्षार्थियों को संख्या 6 से 10 तक हो; और	450/- रुपये प्रतिमास यदि प्रशिक्षार्थियों की संख्या 6 से 10 तक हो और
250/- रुपये यदि प्रशिक्षार्थियों की संख्या 10 से अधिक हो।	750/- रुपये प्रतिमास यदि प्रशिक्षार्थियों की संख्या 10 से अधिक हो
हिंदी आशुलिपि	
30/- रुपये प्रतिमास प्रति प्रशिक्षार्थी	90/- रुपये प्रतिमास प्रति प्रशिक्षार्थी,
250/- रुपये प्रतिमास यदि प्रशिक्षार्थियों की संख्या 6 से 10 तक हो और	750/- रुपये प्रतिमास यदि प्रशिक्षार्थियों की संख्या 6 से 10 तक हो और
350/- रुपये प्रतिमास यदि प्रशिक्षार्थियों की संख्या 10 से अधिक हो	1050/- रुपए प्रतिमास यदि प्रशिक्षार्थियों की संख्या 10 से अधिक हो

2. इस संबंध में अन्य शर्त उसी प्रकार होंगी जैसा कि इस विभाग के दिनांक 7 सितंबर 1977 के कार्यालय ज्ञापन संख्या 12043/56/74-एच-1/रा.भा.(घ) में उल्लेख किया गया है।
3. यह कार्यालय ज्ञापन सभी संबंधितों के ध्यान में लाया जाए।
4. मानदेय की दरों में यह संशोधन सितम्बर, 2000 से लागू होगा।
5. यह वित्त प्रभाग, गृह मंत्रालय द्वारा उनकी अ.वि.वि.सं-एच 116/2000/

वित्त-II दिनांक 16 अगस्त, 2000 के तहत दी गई सहमति से जारी किया गया है।

का.ज्ञा.सं. 14034/29/99-रा.भा. (प्रशि.), दिनांक 14 सितंबर, 2000

7.10.3 हिंदी शिक्षण योजना के अधीन हिंदी परीक्षाओं के आयोजन हेतु प्रश्न-पत्र तैयार करने वाले परीक्षकों, उत्तर पुस्तिकाओं की जांच करने वालों आदि को दिए जाने वाले मानदेय पारिश्रमिक की मंजूरी।

हिंदी शिक्षण योजना के अधीन हिंदी प्रबोध, प्रवीण, प्राज्ञ और हिंदी टंकण तथा हिंदी आशुलिपि की परीक्षाओं के आयोजन हेतु प्रश्न-पत्र तैयार करने वाले परीक्षकों, उत्तर पुस्तिकाओं की जांच करने वालों आदि को दिए जाने वाले मानदेय पारिश्रमिक की दरों में वृद्धि करने का प्रश्न काफी समय से विचारधीन रहा है। अब यह निर्णय लिया गया है कि उपर्युक्त परीक्षाओं के आयोजन हेतु नियुक्त प्रश्न-पत्र तैयार करने वालों, परीक्षकों आदि को देय मानदेय/पारिश्रमिक की दरें निम्नानुसार होगी:

क्र. सं.	कार्य	मानदेय/पारिश्रमिक की दर
1.	प्रश्न पत्र तैयार करने के लिए (हिंदी प्रबोध, प्रवीण, प्राज्ञ)	250/- रुपए प्रति प्रश्न-पत्र
2.	प्रश्न पत्र तैयार करने के लिए (हिंदी टंकण/ आशुलिपि)	175/- रुपए प्रति प्रश्न-पत्र
3.	प्रश्न पत्रों की माडरेशन के लिए	80/- रुपए प्रति प्रश्न-पत्र
4.	प्रश्न पत्रों की प्रूफ रीडिंग के लिए (हिंदी प्रबोध, प्रवीण, प्राज्ञ एवं टंकण आशुलिपि)	50/- रुपए प्रति प्रश्न-पत्र
5.	डिक्टेशन के लिए	80 रुपए प्रति डिक्टेशन
6.	परीक्षा केंद्र अधीक्षक के लिए	100/- रुपए प्रति सत्र
7.	पर्यवेक्षकों के लिए	70/- रुपए प्रति सत्र
8.	परीक्षा केंदों पर नियुक्त लिपिकों के लिए	50/- रुपए प्रति सत्र
9.	परीक्षा केंदों पर नियुक्त चतुर्थी श्रेणी (ग्रुप "डी") कर्मचारियों के लिए	30/- रुपए प्रति सत्र

10.	मुख्य परीक्षक के लिए	150/- रुपए प्रति उप परीक्षक (उप परीक्षकों से प्राप्त जांची गई उत्तर पुस्तिकाओं की पुनः जांच हेतु अथवा उन्हें दिए जाने वाले माडल उत्तर-पत्रों पर अतिरिक्त फीस का भुगतान नहीं, किया जाएगा। प्रत्येक उप परीक्षक को कम से कम 10 माडल उत्तर-पत्र दिए जाएंगे)
11.	उत्तर पुस्तिकाओं की जांच (हिंदी प्रबोध, प्रवीण, प्राज्ञ एवं टंकण/आशुलिपि)	4.50/- रुपए प्रति प्रश्न-पत्र
12.	मौखिक परीक्षा के लिए	प्रत्येक परीक्षार्थी के लिए एक उत्तर पुस्तिका की जांच के बराबर (कम से कम 50/- रुपए)
13.	परीक्षा परिणाम की सारणी तैयार करने के लिए	70/- रुपए प्रति 100 परीक्षार्थी
14.	परीक्षा परिणाम की क्रास-चैकिंग/मिलान के लिए	50/- रुपए प्रति 100 परीक्षार्थी

2. उपर्युक्त दरें इस कार्यालय ज्ञापन के जारी होने की तारीख से प्रभावी होंगी।

3. यह कार्यालय ज्ञापन, वित्त।। गृह मंत्रालय की अ.वि. टिप्पणी संख्या एफ. 695/एफ ए (एच)/03, दिनांक 3 जून, 2003 के तहत दी गई सहमति से तथा इस विभाग के कार्यालय ज्ञापन सं. 22011/28/96 के हिप्र सं/2151 दिनांक 20.5.1996 में आंशिक संशोधन करते हुए जारी किया गया है।

का.ज्ञा.सं. 14034/52/2000 रा.भा. (प्रशि.)/2247, दिनांक 4.7. 2003

7.10.5 भाषा पत्राचार पाठ्यक्रम (प्रबोध/प्रवीण/प्राज्ञ) की उत्तर पुस्तिकाओं (रिस्पांस शीट्स) के मूल्यांकन शुल्क में वृद्धि

उपर्युक्त विषय केंद्रीय हिंदी प्रशिक्षण संस्थान के अंतर्गत भाषा पत्राचार पाठ्यक्रम (प्रबोध/प्रवीण प्राप्त) की उत्तर पुस्तिकाओं (रिस्पांस शीट्स) की जांच की एवज

में मूल्यांककों को दिये जाने वाले मूल्यांकन शुल्क को मौजूदा दर रुपये 3.00 प्रति उत्तर पुस्तिका से बढ़ाकर दर रुपये 4.00 प्रति उत्तर पुस्तिका करने के लिए गृह मंत्रालय के वित्त प्रभाग ने अपनी दिनांक 11 फरवरी, 2004 को अ.वि. टिप्पणी संख्या- ए-3020/एफ/ए (एच) 04 के तहत स्वीकृति प्रदान कर दी है।

2. उपरोक्त संशोधित दरें अप्रैल 2004 से प्रभावी होगी।

का.ज्ञा.सं. 21034/29/2003/रा.भा.(प्रशि) दिनांक 25.2.2005

7.11 सरकारी कामकाज (टिप्पण/आलेखन) मूल रूप से हिंदी से करने तथा अधिकारियों द्वारा हिंदी में डिक्टेशन देने के लिए प्रोत्साहन राशि में वृद्धि।

राजभाषा विभाग के दिनांक 16 फरवरी, 1988 के कार्यालय ज्ञापन संख्या।।/12013/3/87-रा.भा.(क-2) के तहत सरकारी कामकाज में मूल हिंदी में आलेखन/टिप्पण के लिए पहले से चलाई जा रही प्रोत्साहन योजना पर वित्त मंत्रालय, व्यय विभाग की सहमति के आधार पर उक्त कार्यालय ज्ञापन में दर्शाई गयी नगद पुरस्कार राशि को राजभाषा विभाग के दिनांक 16 सितम्बर, 1988 के कार्यालय ज्ञापन संख्या।।/12013/18/93-रा.भा. (नी02) के तहत पहले के मुकाबले दोगुना कर दिया गया था।

2. उपर्युक्त योजना के अंतर्गत दी जाने वाली पुरस्कार राशि को बढ़ाने का प्रस्ताव सरकार के पुनः विचाराधीन था। वित्त मंत्रालय, व्यय विभाग की सहमति के आधार पर पुरस्कार राशि को पुनः दोगुना कर दिया है। बढ़ाई गई पुरस्कार राशि निम्न प्रकार है:-

(क) केंद्रीय सरकार के प्रत्येक मंत्रालय/विभाग/संबद्ध कार्यालय के लिए स्वतंत्र रूप से:

पहला पुरस्कार (2 पुरस्कार)	:	प्रत्येक रू 2000/-
दूसरा पुरस्कार (3 पुरस्कार)	:	प्रत्येक रू 1200/-
तीसरा पुरस्कार (5 पुरस्कार)	:	प्रत्येक रू 600/-

(ख) केंद्रीय सरकार के किसी विभाग के प्रत्येक अधीनस्थ कार्यालय के लिए स्वंतत्र रूप से:

पहला पुरस्कार (2 पुरस्कार)	:	प्रत्येक रू 1600/-
दूसरा पुरस्कार (3 पुरस्कार)	:	प्रत्येक रू 800/-
तीसरा पुरस्कार (5 पुग्स्कार)	:	प्रत्येक रू 600/-

उक्त योजना के बारे में दिनांक 16 फरवरी, 1988 के कार्यालय ज्ञापन के तहत बनाए गए सभी नियम व शर्तें पूर्ववत रहेंगी। पुरस्कार की बढ़ी हुई राशि तत्काल प्रभाव से लागू मानी जाएगी।

3. ठीक इसी प्रकार इस विभाग के दिनांक 06 मार्च, 1989 के कार्यालय ज्ञापन सं. ।।/12013/1/89-रा.भा.(क-2) के तहत अधिकारियों को हिंदी में डिक्टेशन देने के लिए प्रोत्साहन योजना के अंतर्गत मार्गदर्शी सिद्धांत जारी किए गए थे। उक्त मार्गदर्शी सिद्धांतों में पुरस्कार राशि दिनांक 16 सितम्बर, 1998 के कार्यालय ज्ञापन संख्या।।/12013/18/93-रा.भा.(नी02) में दिए गए निर्देशों द्वारा 1000/- रू0 कर दी गई थी। इस योजना में दी जाने वाली राशि अब 2000/- रू0 कर दी गई है। जोकि तत्काल प्रभाव से लागू मानी जाएगी। उक्त मार्गदर्शी सिद्धांत में वर्णित सभी शर्तें पूर्ववत रहेंगी।

4. यह कार्यालय ज्ञापन वित्त मंत्रालय, व्यय विभाग की सहमति से उनके दिनांक 09-11-2011 के यू0ओ0 सं0 1 (18)ई.समन्वय/2011 के अनुसार जारी किया जा रहा है।

का.ज्ञा. सं II/12013/18/93-रा.भा.(नीति-2), दिनांक 16.9.1998
का.ज्ञा. सं II/12013/01/2011-रा.भा.(नीति/के.अनु.ब्यूरो) दिनांक 30.10.2012

7.12 केंद्र सरकार के कर्मचारियों का हिंदी प्रशिक्षण

संकल्प

संसदीय राजभाषा समिति के तीसरे प्रतिवेदन में की गई सिफारिशों के संबंध में राष्ट्रपति के आदेश राजभाषा अधिनियम 1963 (यथा-संशोधित 1967) की धारा 4 (4) के अंतर्गत इस विभाग के दिनांक 4 नवंबर 1991 के संकल्प संख्या 13015/1/91-राभा.(घ) के द्वारा सूचित किए गए थे। इस संकल्प के पैरा 5 के तहत दिए गए आदेश में आंशिक संशोधन करते हुए दिनांक 22 अप्रैल 2008 के संकल्प संख्या 21034/18/2008 –राभा.(प्रशि.) के तहत यह आदेश दिया गया था कि सभी क्षेत्रों (अर्थात क ख एवं ग) में स्थित कार्यालयों के कर्मचारियों को हिंदी का प्रशिक्षण वर्ष 2008 के अंत तक पूरा कर लिया जाए।

2. संकल्प में पुन: आंशिक संशोधन करते हुए राष्ट्रपति ने यह आदेश दिया है कि सभी क्षेत्रों (अर्थात 'क' 'ख' एवं 'ग') में स्थित केंद्रीय सरकार के कार्यालयों के कर्मचारियों को हिंदी का प्रशिक्षण वर्ष 2025 के अंत तक पूरा कर लिया जाए।

आदेश

आदेश दिया जाता है कि इस संकल्प की एक प्रति भारत सरकार के सभी मंत्रालयों/विभागों, सभी राज्य सरकारों, सभी संघ शासित क्षेत्रों, राष्ट्रपति सचिवालय, उप राष्ट्रपति सचिवालय, लोकसभा सचिवालय, राज्य सभा सचिवालय, मंत्रिमंडल सचिवालय, प्रधानमंत्री कार्यालय, संघ लोक सेवा आयोग, नीति आयोग, भारत के नियंत्रक और महालेखा परीक्षक, भारत के उच्चतम न्यायालय के महा रजिस्ट्रार, विश्वविद्यालय अनुदान आयोग, भारत का विधि आयोग, तथा बार काउंसिल ऑफ इंडिया को भेजी जाए।

यह भी आदेश दिया जाता है कि संकल्प सार्वजनिक सूचना के लिए भारत के राजपत्र में प्रकाशित किया जाए।

संकल्प सं. 21034/8/2015 दिनांक 4.6.2015

7.13 केंद्र सरकार के कार्मिकों को सरकारी काम हिंदी में करने में दक्ष बनाने हेतु अभ्यास आधारित नया पाठ्यक्रम "पारंगत" लागू किए जाने के बारे में।

संसदीय राजभाषा समिति के 7 वें प्रतिवेदन के सिफारिश संख्या 16.7 (क) पर पारित राष्ट्रपति के आदेश के अनुपालन में केंद्र सरकार के सभी मंत्रालयों/विभागों तथा उनके संबंद्ध तथा अधीनस्थ कार्यालयों, केंद्र सरकार के स्वामित्व अथवा नियंत्रणाधीन सार्वजनिक क्षेत्र के उपक्रमों/सांविधिक/स्वायत्त निकायों/उद्यमों/अभिकरणों/निगम तथा राष्ट्रीयकृत बैंकों आदि में कार्यरत हिंदी का कार्यसाधक ज्ञान प्राप्त कार्मिकों को सरकारी कामकाज हिंदी में करने में दक्ष बनाने हेतु अभ्यास पर आधारित पाठ्यक्रम पारंगत लागू करने का निर्णय लिया गया है।

2. यह पाठ्यक्रम वित्तीय वर्ष 2015-16 से लागू किया जाएगा। इसकी कक्षाएं कार्यालय समय में केंद्रीय हिंदी प्रशिक्षण संस्थान/हिंदी शिक्षण योजना, राजभाषा विभाग द्वारा संचालित की जाएंगी।

3. **पात्रता**

   केंद्रीय सरकार के सभी मंत्रालयों/विभागों तथा उनके संबद्ध तथा अधीनस्थ कार्यालयों, केंद्र सरकार के स्वामित्व अथवा नियंत्रणाधीन सार्वजनिक क्षेत्र के उपक्रमों/सांविधिक निकायों/उद्यमों/अभिकरणों/निगम तथा राष्ट्रीयकृत बैंकों के हिंदी में कार्यसाधक ज्ञान प्राप्त सभी कार्मिक पारंगत पाठ्यक्रम के प्रशिक्षण हेतु पात्र होंगे।

4. पाठ्यक्रम की विषय वस्तु

I. "पारंगत" पाठ्यक्रम मुख्यत: अभ्यास आधारित होगा जिसमें कुल प्रशिक्षण समय का 80 प्रतिशत समय अभ्यास के लिए एवं 20 प्रतिशत समय सैद्धांतिक पाठ्यक्रम चर्चा के लिए निर्धारित होगा।

II. पाठ्यक्रम में निम्नलिखित विषयों पर केंद्रित पाठ होंगे।

1. प्रशासन 2. वित्त 3. बैंकिंग 4. विज्ञान एवं प्रौद्योगिकी 5. पारिभाषिक शब्दावली।

5. यह पाठ्यक्रम केंद्रीय हिंदी प्रशिक्षण संस्थान द्वारा दो व्यवस्थाओं के अंतर्गत चलाया जाएगा

i. प्रथम व्यवस्था में यह कार्यक्रम गहन रूप में 20 कार्यदिवसों (160 घंटे) में पूरा होगा।

ii. द्वितीय व्यवस्था में इस कार्यक्रम में प्रतिदिन 1 घंटा अथवा एकांतर दिवसों में 1.5 घंटे की कक्षाएं होंगी। इस व्यवस्था में यह पाठ्यक्रम 5 माह में पूरा होगा।

पाठ्यक्रम संबंधी कैलेंडर केंद्रीय हिंदी प्रशिक्षण संस्थान द्वारा जारी किए जाएगा।

6. परीक्षा

पाठयक्रम की समाप्ति पर वर्तमान व्यवस्था के अंतर्गत परंपरागत आधार पर परीक्षा ली जाएगी।

का.ज्ञा.सं. 12012/03/2015-रा.भा.(नीति) दिनांक 22.4.2015

7.14 केंद्र सरकार के कार्मिकों को सरकारी काम-काज राजभाषा हिंदी में करने के दक्ष बनाने हेतु अभ्यास आधारित नए पाठ्यक्रम "पारंगत" के अधीन वित्तीय वर्ष 2021-22 से प्रस्तावित मानदेय (पुरस्कार) लागू करने के संबंध में।

व्यय विभाग, वित्त मंत्रालय की सहमति के आधार पर इस विभाग के दिनांक 21 दिसम्बर, 2020 के समसंख्यक कार्यालय ज्ञापन द्वारा सभी मंत्रालयों/विभागों को अवगत करवाया गया था कि वित्तीय वर्ष 2021-22 से "पारंगत" पाठ्यक्रम को व्यापक व लोकप्रिय बनाने के लिए केंद्र सरकार के कार्मिकों को पारंगत प्रशिक्षण कार्यक्रम में उत्तीर्ण होने पर निम्नानुसार एकमुश्त प्रोत्साहन राशि प्रदान करने का

निर्णय लिया गया है :-

1. 55% से 59% अंक प्राप्त करने पर 4000/- रु.
2. 60% से 69% अंक प्राप्त करने पर 7000/- रु.
3. 70% से अधिक अंक प्राप्त करने पर 10000/- रु.

2. विभिन्न मंत्रालयों/विभागों के माध्यम से इस विभाग में ऐसे अनेक पत्र प्राप्त हो रहे हैं कि केंद्रीय हिंदी प्रशिक्षण संस्थान द्वारा "पारंगत" पाठ्यक्रम की कक्षाएं वर्ष 2015-16 से संचालित की जा रही हैं। अत: पारंगत प्रशिक्षण कार्यक्रम में उत्तीर्ण होने पर एकमुश्त प्रोत्साहन राशि का प्रावधान वर्ष 2015-16 से प्रदान करने हेतु प्रभावी किया जाए।

3. सभी मंत्रालयों/विभागों को पुन: अवगत करवाया जाता है कि व्यय विभाग, वित्त मंत्रालय की दिनांक 17-12-2020 की अंतर्विभागीय टिप्पणी संख्या 14(2)ई. समन्वय 2015(1526920) की सहमति के आधार पर वित्तीय वर्ष 2021-22 पारंगत पाठ्यक्रम को व्यापक व लोकप्रिय बनाने के लिए केंद्र सरकार के कार्मिकों को पारंगत प्रशिक्षण कार्यक्रम के उत्तीर्ण होने पर एकमुश्त प्रोत्साहन राशि प्रदान करने का निर्णय लिया गया है।

[फा.सं. 21034/69/2008-रा.भा.(प्रशि.), दिनांक 05-02-2021]

7.15 केंद्र सरकार के कार्मिकों का सेवाकालीन प्रशिक्षण हिंदी में दिया जाना।

केंद्र सरकार के सभी मंत्रालयों/विभागों/कार्यालयों/उपक्रमों/बैंकों आदि में राजभाषा हिंदी का कार्यान्वयन सुनिश्चित करने तथा हिंदी के प्रयोग संबंधी लक्ष्य निर्धारित करने के लिए राजभाषा विभाग द्वारा प्रति वर्ष वार्षिक कार्यक्रम जारी किया जाता है। केंद्र सरकार के सभी कार्यालयों द्वारा इस वार्षिक कार्यक्रम के अनुसार लक्ष्यों को प्राप्त किया जाना अपेक्षित है।

2. सरकारी कामकाज में राजभाषा हिंदी के प्रयोग को बढ़ाने के लिए अन्य के साथ-साथ यह आवश्यक है कि केंद्र सरकार के सभी प्रशिक्षण संस्थानों में सभी कार्मिकों को हिंदी के माध्यम से प्रशिक्षण दिया जाए। वर्तमान में यह देखा जाता है कि हिंदी प्रशिक्षण सामग्री की उपलब्धता के बावजूद कार्मिकों को प्रशिक्षण अंग्रेज़ी में दिया जा रहा है जिसके कारण वे सरकारी कामकाज हिंदी में नहीं कर पाते हैं। कर्मचारियों तथा अधिकारियों को आरंभिक प्रशिक्षण व सेवाकालीन प्रशिक्षण हिंदी में दिए जाने से वे मूल रूप से हिंदी में काम करने में सक्षम हो सकेंगे।

3. केंद्र सरकार के सभी प्रशिक्षण कार्यक्रमों में अनिवार्य रूप से हिंदी माध्यम से दिए जाने वाले प्रशिक्षण कार्यक्रमों के लिए क क्षेत्र में 70%, ख क्षेत्र में 60% और 'ग' क्षेत्र में 30% निर्धारित किया गया है।
4. केंद्र सरकार के सभी प्रशिक्षण केंद्रों से कर्मचारियों को दिए जाने वाले प्रशिक्षण के माध्यम से संबंधित तिमाही रिपोर्ट निम्नलिखित प्रारूप में राजभाषा विभाग को तिमाही समाप्त होने के 30 दिन के अंदर ऑनलाइन भेजी जाए। यह प्रारूप विभाग की वेबसाइट www.rajbhasha.nic.in पर उपलब्ध कराया जा रहा है।

1. प्रशिक्षण केंद्र का नाम................2.राज्य................ 3. नियंत्रक मंत्रालय/कार्यालय................				
प्रशिक्षण की कुल अवधि (सभी प्रशिक्षण कार्यक्रमों की कुल अवधि)	(प्रशिक्षण की अवधि घंटो में)			लक्ष्य क क्षेत्र 70 प्रतिशत ख क्षेत्र 60 प्रतिशत ग क्षेत्र 30 प्रतिशत
	हिंदी में दिए गए प्रशिक्षण	अंग्रेज़ी में दिए गए प्रशिक्षण	मिली जुली भाषा में दिए गए प्रशिक्षण	हिंदी में आयोजित प्रशिक्षण कार्यक्रमों की प्रतिशतता (लक्ष्य के आधार पर)
क	ख	ग	घ	ङ ङ=ख ÷ कX100

सभी मंत्रालयों/विभागों, राष्ट्रीयकृत बैंकों, वित्तीय संस्थाओं, उपक्रमों, बोर्डों, संस्थानों आदि के मुख्यालयों से अनुरोध है कि वे उपरोक्त निर्देशों के अनुपालन के लिए अधीनस्थ प्रशिक्षण केंद्रों को आवश्यक दिशा-निर्देश जारी करें।

का.ज्ञा.सं. 12019/03/2016-रा.भा.(का.2) दिनांक 18.7.2016

7.16 गैर-सरकारी संस्थाओं द्वारा राजभाषा का प्रशिक्षण

इस विभाग के संज्ञान में आया है कि अनेक गैर सरकारी संस्थाएं केंद्र सरकार के अधिकारियों और कर्मचारियों को राजभाषा का प्रशिक्षण देने के नाम पर महंगे शिविरों व कार्यशालाओं का आयोजन कर रही हैं, तथा विज्ञापन के माध्यम से धन अर्जित कर रहीं हैं। इस विषय पर यह स्पष्ट किया जाता है कि कोई गैर सरकारी

संस्था राजभाषा विभाग, गृह मंत्रालय द्वारा केंद्र सरकार के कर्मचारियों को राजभाषा का प्रशिक्षण देने के लिए अधिकृत नहीं की गई है। राजभाषा विभाग के अंतर्गत पर्याप्त प्रशिक्षण केंद्र पहले से ही देश भर में काम कर रहें है जो केंद्र सरकार के अधिकारियों व कर्मचारियों को नि:शुल्क विभिन्न प्रकार के प्रशिक्षण देते हैं एवं राजभाषा पर विचार विमर्श के लिए कार्यशालाओं का आयोजन करते हैं। (www.ctb.rajbhasha.gov.in और) राजभाषा विभाग के निर्देशों के अनुसार सभी कार्यालय/बैंक/उपक्रम इत्यादि अपने अपने कार्यालयों में राजभाषा के प्रयोग को बढ़ावा देने के लिए कार्यशालाएं आयोजित करते हैं। राजभाषा विभाग की वेबसाइट पर अंग्रेज़ी के अतिरिक्त 14 भारतीय भाषाओं के माध्यम से हिंदी भाषा का प्रशिक्षण ऑनलाइन दिए जाने की सुविधा उपलब्ध है। अत: राजभाषा के प्रशिक्षण एवं कार्यशालाओं में भाग लेने के लिए सरकारी कोष से अनावश्यक धन खर्च करना वांछनीय नहीं है।

ऐसी स्थिति में किसी भी गैर सरकारी संस्था द्वारा आयोजित किए जाने वाले तथा कथित प्रशिक्षण शिविर, चिंतन शिविर व कार्यशालाओं में सरकारी अधिकारियों एवं कर्मचारियों का राजभाषा के प्रचार के नाम पर भाग लेने की आवश्यकता प्रतीत नहीं होती। सभी विभागाध्यक्ष कृपया इस विषय पर जिम्मेदारी समझते हुए समुचित कदम उठाएं।

का.ज्ञा.सं. 12019/04/2016-रा.भा.(शिका.) अन्य शिकायत-4 दिनांक 14.10.2016

7.17 हिंदी, हिंदी टाइपिंग और हिंदी आशुलिपि की परीक्षाएं पास करने पर प्रोत्साहन/वैयक्तिक वेतन संबंधी आदेशों का समेकित किया जाना।

उपरोक्त विषय पर राजभाषा विभाग के दिनांक 02 सितंबर 1976 के कार्यालय ज्ञापन संख्या 12014/2/76-राभा(घ) के पैरा 1(5) क(ख) के मौजूदा प्रावधानों को तत्काल प्रभाव से निम्न प्रकार संशोधित किया जाता है:-

क. हिंदी शिक्षण योजना के तहत आयोजित होने वाली हिंदी आशुलिपि की परीक्षा में अराजपत्रित कर्मचारियों को वैयक्तिक वेतन पाने के लिए 70 प्रतिशत अंक प्राप्त करना अनिवार्य होगा।

ख. हिंदी शिक्षण योजना के तहत आयोजित होने वाली हिंदी आशुलिपि की परीक्षा में राजपत्रित आशुलिपिकों को वैयक्तिक वेतन पाने के लिए 75 प्रतिशत या अधिक अंक प्राप्त करना अनिवार्य होगा

लेकिन जिन कर्मचारियों ने पहले ही आशुलिपि की परीक्षा पास की है अथवा जिनके लिए हिंदी आशुलिपि का प्रशिक्षण अनिवार्य नहीं है, उन्हें हिंदी आशुलिपि की परीक्षा पास करने पर वैयक्तिक वेतन नहीं दिया जाएगा।

2. राजभाषा विभाग के कार्यालय ज्ञापन दिनांक 02 सितंबर 1976 की अन्य शर्तें यथावत रहेंगी।

3. यह कार्यालय ज्ञापन सक्षम प्राधिकारी की मंजूरी से जारी किया जाता है।

का.ज्ञा.सं. 21034/08/2017-रा.भा.(प्रशि) दिनांक 24.7.2017

7.18 केंद्रीय हिंदी प्रशिक्षण संस्थान हिंदी शिक्षण योजना के अंतर्गत हिंदी शब्द संसाधन/हिंदी टंकण तथा हिंदी आशुलिपि प्रशिक्षण में पात्रता-पदनाम बदलने संबंधी।

राजभाषा विभाग के दिनांक 25 जून, 2018 का पत्र संख्या-13035/01/2018-रा. भा(नीति) द्वारा सूचित किया गया है कि "हिंदी शिक्षण योजना/केंद्रीय हिंदी प्रशिक्षण संस्थान के आदेशों में उल्लिखित पदनाम के संबंध में कार्मिक एवं प्रशिक्षण विभाग का आदेश संख्या-21/12/2010- CS.1(p) दिनांक 21-12-2015 समुचित है। इस आदेश को उद्धृत करते हुए पत्राचार आदि किए जा सकते है। ''

अत: कार्मिक एवं प्रशिक्षण विभाग, कार्मिक लोक शिकायत एवं पेंशन मंत्रालय, भारत सरकार के दिनांक 21 दिसंबर 2015 के आदेश संख्या फा.सं 21/12/2010-CS 1 (पी) द्वारा केंद्रीय सचिवालय सेवा (CSS) के सहायक तथा केंद्रीय सचिवालय लिपिकीय सेवा (CSCS) के प्रवर श्रेणी लिपिक (UPPER DIVISION CLERK) तथा अवर श्रेणी लिपिक (lower division clerk) के पद नाम बदले जाने के फलस्वरुप केंद्रीय हिंदी प्रशिक्षण संस्थान/हिंदी शिक्षण योजना के आदेशों में जहां तहां भी सहायक पदनाम उल्लिखित हैं, अब वहां इसके साथ-साथ सहायक अनुभाग अधिकारी भी पढ़ा जाए। इसी तरह उच्च श्रेणी लिपिक/प्रवर श्रेणी लिपिक के साथ-साथ वरिष्ठ सचिवालय सहायक तथा निम्न श्रेणी लिपिक/अवर श्रेणी लिपिक के साथ-साथ कनिष्ठ सचिवालय सहायक भी पढ़ा जाए।

किसी भी समय किसी बिंदु पर भ्रम अथवा विवाद की स्थिति पैदा होने पर कार्यालय ज्ञापन का हिंदी वर्जन निर्णायक माना जाएगा।

का.ज्ञा.सं. 22011/267/2015-केहिप्रसं. दिनांक 3.12.2018

7.19 हिंदी शिक्षण योजना के अधीन हिंदी परीक्षाओं के आयोजन के लिए प्रश्न पत्र निर्धारकों/परीक्षकों उत्तर पुस्तिकाओं के मूल्यांककों आदि को देय मानदेय/पारिश्रमिक में वृद्धि किया जाना।

हिंदी शिक्षण योजना के अंतर्गत हिंदी प्रबोध/प्राज्ञ के मूल्यांककों और हिंदी टंकण एवं हिंदी आशुलिपि परीक्षाओं के आयोजन के लिए प्रश्न पत्र निर्धारकों, परीक्षकों, उत्तर पुस्तिकाओं आदि को देय मानदेय/पारिश्रमिक की दरों के संशोधन से संबंधित मामले में निर्णय लिया गया है कि उपर्युक्त परीक्षाओं के आयोजन के संबंध में नियुक्त प्रश्न पत्र निर्धारकों उत्तर पुस्तिकाओं के मूल्यांककों आदि को देय मानदेय/पारिश्रमिक की दरें निम्नानुसार होंगी।

क्र सं.	कार्य	मानदेय/पारिश्रमिक की दरें
1.	प्रश्न पत्र तैयार करना (हिंदी प्रबोध, प्रवीण, प्राज्ञ एवं पारंगत)	रु 525/-
2.	प्रश्न पत्र तैयार करना (हिंदी टंकण/आशुलिपि)	375/-
3.	प्रश्न पत्रों की मॉडरेशन (हिंदी प्रबोध प्रवीण प्राज्ञ एवं पारंगत)	रु 150/-
4.	प्रश्न पत्रों की मॉडरेशन (हिंदी टंकण/आशुलिपि)	रु 150/-
5.	प्रश्न पत्रों की प्रूफ रीडिंग (हिंदी प्रबोध, प्रवीण, प्राज्ञ, एवं पारंगत)	रु 120/-
6.	प्रश्न पत्रों की प्रूफ रीडिंग (हिंदी टंकण/आशुलिपि)	रु 120/-
7.	आशुलिपि की परीक्षा में डिक्टेशन	रु 150/-
8.	परीक्षा केंद्र अधीक्षक की नियुक्ति	रु 400/- प्रति सत्र
9.	पर्यवेक्षकों (इनविजीलेटर) की नियुक्ति	रु 300/-प्रति सत्र
10.	परीक्षा केंद्रों पर लिपिकों की नियुक्ति	रु 200/- प्रति सत्र
11.	परीक्षा केंद्रों पर चतुर्थ श्रेणी (एमटीएस) कर्मचारी की नियुक्ति	रु 150/- प्रति सत्र

12.	मुख्य परीक्षक (मुख्य परीक्षक को प्रत्येक परीक्षक/जांचकर्ता के कम से कम 10 उत्तर पत्रों की जांच करनी होगी)	रु 300/- प्रति जांच कर्ता
13(क)	उत्तर पुस्तिकाओं का जांच कार्य (हिंदी प्रबोध, प्रवीण,प्राज्ञ एवं पारंगत)	रु 11/- प्रति उत्तरपुस्तिका
13(ख)	पत्राचार माध्यम से किए जाने वाले हिंदी प्रबोध, प्रवीण, प्राज्ञ पाठ्यक्रमों की उत्तर पुस्तिकाओं (आँन्सर किट) का मूल्यांकन	रु 11/- प्रति उत्तरपुस्तिका
14	उत्तर पुस्तिकाओं का जांच कार्य (हिंदी/ टंकण/आशुलिपि)	रु 11/- प्रति उत्तरपुस्तिका
15	मौखिक परीक्षा के लिए	(रु 11/- प्रति प्रशिक्षार्थी (रु 100/- न्यूनतम)
16	परीक्षा परिणाम की सारणी तैयार करना (प्रति 100 प्रशिक्षार्थी)	रु 150/-
17	परीक्षा परिणाम की क्रास चैकिंग/मिलान करना (प्रति 100 प्रशिक्षार्थी)	रु 110/-

2. उपरोक्त दरें इस कार्यालय ज्ञापन के जारी होने की तारीख से प्रभावी होंगी।
3. यह कार्यालय ज्ञापन इस विभाग के दिनांक 27 जनवरी, 2011 के कार्यालय ज्ञापन संख्या 14034 (21034)/50/2010-राभा(प्रशि) में संशोधन करते हुए तथा आंतरिक वित्त-2 (गृह) मंत्रालय की डा.सं. 508 एस.एस.ए.एंड एफ.ए दिनांक 11 दिसंबर 2018 में दी गई सहमति से जारी किया जाता है।

का.ज्ञा.सं. 21034/11/2017-रा.भा. (प्रशि.) दिनांक 14.12.2018

अध्याय 8
कार्यालयीन साहित्य का अनुवाद और अनुवाद प्रशिक्षण की व्यवस्था

8.1 अनुवाद की व्यवस्था

विभिन्न प्रकार के कागजात के अंग्रेजी से हिंदी और हिंदी से अंग्रेजी अनुवाद के लिए निम्नलिखित प्रबंध हैं :-

1. संविधियों, सांविधिक नियमों, विनियमों और अध्यादेश का जिसमें उनसे संबंधित फार्म भी शामिल है, अनुवाद विधि मंत्रालय के विधि विभाग का राजभाषा खंड करता है।
2. असांविधिक मैनुअलों, संहिताओं और अन्य कार्यविधि साहित्य तथा उनसे संबंधित फार्मों का अनुवाद गृह मंत्रालय में राजभाषा के अधीन केंद्रीय अनुवाद ब्यूरो करता है, यदि किसी मैनुअल आदि में कुछ अंश सांविधिक और कुछ असांविधिक हो तो विधि मंत्रालय में विधि विभाग का राजभाषा खंड सांविधिक अंशों का अनुवाद करता है और असांविधिक अंशों का अनुवाद राजभाषा विभाग का केंद्रीय अनुवाद ब्यूरो करता है। परंतु तीनों रक्षा सेवाओं, रेल मंत्रालय और डाक-तार विभाग अपनी असांविधिक सामग्री का अनुवाद स्वयं करते हैं।
3. हर मंत्रालय/विभाग निम्नलिखित प्रकार की सामग्री के अनुवाद के लिए प्रबंध स्वयं करता है :-
   (क) संकल्प, सामान्य आदेश, नियम, अधिसूचनाएं, विनियम, प्रेस विज्ञप्तियां, परिपत्र, विभिन्न प्रकार की योजनाएं, परियोजनाएं और कार्यक्रम आदि और इन कागजात से संबंधित सभी फार्म।
   (ख) संसद के प्रश्नों के उत्तर और संसद के किसी एक सदन या दोनों सदनों के समक्ष प्रस्तुत किए जाने वाले कागजात।
   (ग) संविदाएं, करार, लाइसेंस, परमिट, टेंडरों के नोटिस और फार्म आदि।
4. मंत्रालय/विभाग ऐसे विधिक नियमों की सूची बना लें जो इस समय लागू हैं और जिनका अभी हिंदी अनुवाद नहीं हुआ है। ऐसी सूची की एक प्रति नियमों की अद्यतन प्रति सहित विधायी विभाग के राजभाषा खण्ड को अनुवाद के लिए तुरंत भिजवाएँ।
5. जो कोड, मैनुअल आदि राजभाषा विभाग के केंद्रीय अनुवाद ब्यूरो को अनुवाद के लिए भेजे गए हैं और उनका प्रयोग विभागीय या पदोन्नति परीक्षाओं में बैठने वाले कर्मचारियों द्वारा किया जाना है, उनके बारे में सूचना केंद्रीय अनुवाद ब्यूरो/विधायी विभाग के राजभाषा खण्ड को तुरंत भेज दी जाए ताकि उनका अनुवाद प्राथमिकता के आधार पर किया जाए। ऐसे कोडों, मैनुअलों तथा अन्य प्रक्रिया संबंधी साहित्य को निम्नलिखित प्रकार की प्राथमिकता दी जाएगी :-

1. जिनका प्रशिक्षण कार्यक्रमों के लिए प्रयोग किया जाना है।
2. जिनका विभागीय परीक्षाओं में प्रयोग किया जाना है।
3. जिनके हिंदी अनुवाद उपलब्ध न होने के कारण विभागीय कार्य रुकता है।
4. जिनके हिंदी अनुवाद उपलब्ध न होने के कारण छपाई का काम रुका हुआ है।
5. जिनका संशोधन किया गया है किन्तु संशोधन का अनुवाद नहीं किया गया है।

केंद्रीय सरकार के सभी मंत्रालय तथा विभाग अपने तथा सम्बद और अधीनस्थ कार्यालयों और नियंत्रणाधीन कंपनियों, निगमों, बैंकों आदि में ली जाने वाली विभागीय तथा पदोन्नति परीक्षाओं के लिए जिन कोडों, मैनुअलों या दूसरी पुस्तकों आदि का प्रयोग किया जाता है उनका हिंदी अनुवाद शीघ्र करवाने की व्यवस्था करें। उपलब्ध मैनुअल, कोड तथा अन्य प्रक्रिया संबंधी साहित्य की समीक्षा कर ली जाए और अनुवाद के लिए केंद्रीय अनुवाद ब्यूरो को भिजवा दें। यदि किसी नये बनाये जा रहे या जो कि संशोधित किये जा रहे मैनुअल, कोड आदि को इकट्ठा अनुवाद के लिए भेजना संभव न हो तो एसी सामग्री चैप्टरवाइज़ भी भेजी जा सकती है। भेजी गई सामग्री का ऊपर बताए गए क्रम अनुसार प्राथमिकता के आधार पर ब्यूरो द्वारा अनुवाद किया जाएगा।

[का.ज्ञा.सं. ई-11012/2/72- रा.भा. एकक दिनांक 16-9-1972]
[का.ज्ञा.सं. 13017/2/88- रा.भा.(ग), दिनांक 20-6-1988]
[का.ज्ञा.सं. 14012/11/87- रा.भा.(ग), दिनांक 1-7-1988]

8.1.1 **राजभाषा संबंधी कार्यों को पूरा करने के लिए वैकल्पिक व्यवस्था।**

राजभाषा विभाग, केंद्रीय सचिवालय राजभाषा सेवा संवर्ग में शामिल मंत्रालयों/विभागों/निकायों/कार्यालयों/संगठनों में राजभाषा संबंधी पदों (कनिष्ठ/वरिष्ठ अनुवाद अधिकारी, सहायक/उप/संयुक्त निर्देशक और निर्देशक) पर नियुक्ति/स्थानांतरण आदि का दायित्व संभालता है। संवर्ग में अलग-अलग स्तर के रिक्त पदों को भरने/तैनाती करने के अनुरोध संवर्ग में शामिल कार्यालयों से समय-समय पर प्राप्त होते रहते हैं और अधिकारियों की उपलब्धता के आधार पर इन अनुरोधों पर कार्रवाई की जाती है। फिर भी, संवर्ग के कुछ पद रिक्त रह जाते हैं।

2. इस संबंध में संघ सरकार की राजभाषा नीति के सम्यक् कार्यान्वयन के लिए वैकल्पिक व्यवस्थाओं पर विचार किया गया जिससे राजभाषा सेवा संवर्ग

के अलग-अलग भागीदार कार्यालय, अपनी आवश्यकता और कार्य की प्रकृति के आधार पर, रिक्त पदों के सापेक्ष और राजभाषा विभाग द्वारा पदों को नियमित रूप से भरे जाने तक, वैकल्पिक व्यवस्था कर सकते हैं।

3. उक्त के आलोक में मंत्रालयों/विभागों/निकायों/कार्यालयों/संगठनों के लिए निम्नलिखित व्यवस्थाएँ उपलब्ध हैं-

(क) केंद्र सरकार से सेवानिवृत्त हुए कार्मिकों की सेवाएं, संविदा के आधार पर परामर्शदाता के रूप में प्राप्त की जा सकती हैं। उनकी सेवाओं के भुगतान के लिए व्यय विभाग, वित्त मंत्रालय के कार्यालय ज्ञापन फाइल संख्या 3-25/2020-ई-IIIए दिनांक 09 दिसंबर, 2020 को ध्यान में रखा जा सकता है।

(ख) केंद्र सरकार द्वारा जारी सामान्य वित्तीय नियम, 2017 और समय समय पर जारी दिशा निर्देशों का पालन करते हुए, सेवा प्रदाता (service provider)/एजेंसी के माध्यम से वांछित सेवाएं प्राप्त करने (आउटसोर्स करने) पर विचार किया जा सकता है।

(ग) अनुवाद कार्य, नियत पारिश्रमिक/मानदेय का भुगतान करके पूरा कराया जा सकता है। यह व्यवस्था उन कार्यालयों में भी अपनाई जा सकती है जिनमें राजभाषा संबंधी पद सृजित नहीं हैं। इस संबंध में राजभाषा विभाग के कार्यालय ज्ञापन संख्या 13011/1/2009-रा.भा. (नी.सं.) दिनांक 11.11.2011, संख्या-13034/2/2018/राजभाषा/नीति दिनांक 15 मई, 2018 तथा संख्या-13034/2/2018/राजभाषा/नीति दिनांक 24 जुलाई, 2018 में पारिश्रमिक की तय दरों की सूचना दी गई है। संबंधित मंत्रालयों/विभागों/कार्यालयों में अनुवाद कार्य की तात्कालिकता और आवश्यकता को देखते हुए ये दरें अपनाई जा सकती हैं।

(घ) संवर्ग में शामिल मंत्रालयों/विभागों/कार्यालयों की सुविधा के लिए, केन्द्रीय अनुवाद ब्यूरो के माध्यम से राजभाषा विभाग ने अनुवादकों का एक पैनल तैयार कराया है। पैनल में शामिल अनुवादकों से, अपनी आवश्यकता और अनुवादकों की उपयुक्तता परखने के बाद, अनुवाद कार्य कराया जा सकता है। अनुवादक या अनुवाद कार्य की गुणवत्ता या सेवा/संविदा-शर्तों के संबंध में राजभाषा विभाग की कोई

भूमिका नहीं होगी। इस संबंध में कार्यान्वयन-II अनुभाग, राजभाषा विभाग द्वारा कार्यालय ज्ञापन संख्या 12019/01/2021-राजभाषा (का.-2) जारी किया गया है।

संख्या-14013/09/2022-राजभाषा(नीति)

8.2 असांविधिक कार्यविधि साहित्य का हिंदी अनुवाद और समन्वय

मंत्रालय/विभाग अपने और उनके अंतर्गत आने वाले अन्य कार्यालयों द्वारा प्रकाशित असांविधिक कार्यविधि साहित्य की पूरी सूची तैयार कराएं। जिन प्रकाशनों का हिंदी अनुवाद हो चुका है, उन्हें द्विभाषिक रूप में छपवाएँ और शेष को हिंदी अनुवाद के लिए केंद्रीय अनुवाद ब्यूरो (राजभाषा विभाग) में भेजें। इस कार्य के लिए समन्वय का काम किसी प्रशासनिक अनुभाग को सौंप दिया जाए जिससे कार्य शीघ्रता से हो और प्रगति आंकी जा सके। केंद्रीय अनुवाद ब्यूरो नामित किए गए ऐसे प्रशासनिक अनुभाग से पत्र व्यवहार करेगा।

[का.ज्ञा.सं. 26/46/71- रा.भा., दिनांक 7-12-1971]

[का.ज्ञा.सं. ई-11021/2/72- रा.भा. एकक दिनांक 16-9-1972]

8.3 जहां अनुवाद के लिए कोई कर्मचारी नहीं है वहाँ मानदेय के आधार पर अनुवाद कार्य कराना

जिन कार्यालयों में हिंदी अधिकारी या हिंदी अनुवादक आदि का कोई पद नहीं है वहां जरूरत पड़ने पर अंग्रेजी से हिंदी या हिंदी से अंग्रेजी में अनुवाद, कार्यालय के किसी अन्य व्यक्ति से मानदेय देकर करवा लिया जाए। हिंदी से अंग्रेजी और अंग्रेजी से हिंदी में सामान्य प्रकार की सामग्री के अनुवाद के लिए 15 रुपये प्रति एक हजार शब्द तथा तकनीकी प्रकार की सामग्री के लिए जिसमें मैनुअल, कोड आदि सम्मिलित हैं, 20 रुपए प्रति एक हजार शब्द की दर से मानदेय दिया जाए। इस प्रकार का अनुवाद ऊपर लिखित मानदेय की दरों पर संबंधित कार्यालय के अतिरिक्त अन्य केंद्रीय सरकार के कार्यालयों के कर्मचारियों से भी कराया जा सकता है परंतु गैर-सरकारी व्यक्तियों से न कराया जाए। यह प्रबंध तब तक किया जाए, जब तक कार्यालय में हिंदी अधिकारी या अनुवादक की नियुक्ति नहीं हो जाती।

8.3.1 यह देखना जरूरी है कि इस प्रकार दिए जाने वाले मानदेय का दुरुपयोग न हो। मानदेय देते समय निम्नलिखित बातें ध्यान में रखी जाएं :-

1. यह मानदेय अंतर्विभागीय/अन्तरकार्यालयीन पत्राचार आदि से संबंधित कागजातों के अनुवाद के लिए दिया जाए।

2. कार्यालय का अध्यक्ष यह प्रमाणित करे कि अनुवाद कराना बिल्कुल जरूरी था और वास्तव में इतने शब्दों का अनुवाद किया गया है, जिसके लिए मानदेय मांगा जा रहा है।
3. जो व्यक्ति मानदेय के आधार पर यह काम करेगा वह उसके सामान्य सरकारी काम के अलावा होगा।
4. इसके लिए कार्यालय में योग्य व्यक्तियों का पैनल बनाया जाए जो उसी कार्यालय में काम करते हों।

8.3.2 यदि कोई ऐसा कर्मचारी किसी कार्यालय में न हो जिसे हिंदी और अंग्रेजी दोनों भाषाओं का ज्ञान हो और अनुवाद का काम कर सके तो वहां के किसी रिक्त पद पर एक ऐसे व्यक्ति को नियुक्त कर दिया जाए या दूसरे कार्यालय से स्थानांतरण पर ले लिया जाए जो अंग्रेजी और हिंदी दोनों भाषाएं जानता हो और एक भाषा से दूसरी भाषा में अनुवाद कर सकता हो। ऐसे कर्मचारियों को केंद्रीय अनुवाद ब्यूरो में अनुवाद का प्रशिक्षण प्राथमिक आधार पर दिया जाए। ब्यूरो को नाम भेजते समय यह स्पष्ट उल्लेख किया जाए कि उसकी नियुक्ति दिनांक 15-9-1987 के का. ज्ञा. सं. 13035/12/87 के अधीन की गई है।

[का.ज्ञा.सं.-II/13017/13/75- रा.भा. (ग) दिनांक 21-7-76]
[का.ज्ञा.सं. 20013/2/77- रा.भा. (ग) दिनांक 15-10-79]
[का.ज्ञा.सं. 13035/12/87- रा.भा. (ग) दिनांक 15-9-1987]
[का.ज्ञा.सं. ई-13017/3/87- रा.भा. (ग) दिनांक 19-7-1988]
[का.ज्ञा.सं. II/13017/2/89- रा.भा. (ग) दिनांक 20-11-1991]

8.3.3 जो व्यक्ति पहले से ही हिंदी जानते हैं या जिन्होंने हिंदी की परीक्षा पास करके हिंदी का कार्यसाधक ज्ञान प्राप्त कर लिया है, उन्हें सामान्यत: हिंदी से अंग्रेजी अनुवाद की जरूरत नहीं पड़नी चाहिए। कोशिश यह की जाए कि जो पत्र हिंदी में जाने हैं उनके मसौदे हिंदी जानने वाले अधिकारी और कर्मचारी मूल रूप से हिंदी में ही तैयार करें। जहां ऐसा करने में कोई कठिनाई हो या कोई पत्र, परिपत्र, ज्ञापन आदि हिंदी और अंग्रेजी दोनों भाषाओं में जारी करना हो तभी अनुवाद का सहारा लेने की जरूरत पड़ेगी।

8.4 अंग्रेजी से हिंदी और हिंदी से अंग्रेजी में अनुवाद कार्य के लिए पारिश्रमिक/मानदेय के संबंध में।

अंग्रेजी से हिंदी और हिंदी से अंग्रेजी में अनुवाद कार्य के लिए पारिश्रमिक देने के संबंध में राजभाषा विभाग के दिनांक 25.02.2005 के कार्यालय ज्ञापन सं. 13017/2/96-

रा.भा. (नी0स0) तथा 21/26 जुलाई, 2010 के का.ज्ञा.सं.13017/1/2010-रा.भा.(नी.स.) का अधिक्रमण करते हुए ये आदेश जारी किए जा रहे हैं। राजभाषा अधिनियम, 1963 तथा राजभाषा नियम, 1976 के प्रावधानों तथा इनके अंतर्गत समय-समय पर जारी किए गए आदेशों के अनुसार कई कार्यों में हिंदी और अंग्रेजी दोनों ही भाषाओं का प्रयोग किया जाना है तथा कई कार्य केवल हिंदी में ही किए जाने हैं। कई कार्यालयों में अनुवाद की समस्या के कारण इन आदेशों का अनुपालन सुचारू रूप से नहीं हो पा रहा है। इस समस्या के विभिन्न पहलुओं पर विचार करने के बाद यह तय किया गया है कि केन्द्र सरकार के कार्यालयों, जिनमें अनुवादक के पद नहीं हैं या जिनमें अनुवाद कार्य की अधिकता की वजह से उपलब्ध अनुवादक अनुवाद कार्य पूरा नहीं कर पाते, वहां अनुवाद कार्य परिश्रमिक के आधार पर करवाया जाए तथा पारिश्रमिक की दरें आकर्षक रखी जाएं। संहिताओं, नियम पुस्तकों, आदि के तकनीकी स्वरूप के अनुवाद कार्य सहित सभी प्रकार के अनुवाद कार्य की पारिश्रमिक की नई दरें 300/- रुपए प्रति हजार शब्द देय होगी।

2. पारिश्रमिक/मानदेय स्वीकृत करते हुए निम्नलिखित बातें ध्यान में रखी जाएं-

(क) अनुवाद कार्य सेवानिवृत्त या दूसरे कार्यालयों के अधिकारियों/कर्मचारियों से करवाया जा सकता है। इसके लिए उचित होगा कि प्रत्येक कार्यालय अपने यहां योग्य व्यक्तियों का पैनल तैयार रखें।

(ख) अनुवाद कार्य इस बात को ध्यान में रखते हुए सौंपा जाना चाहिए कि यह संबंधित व्यक्तियों की सामान्य सरकारी ड्यूटी तथा उत्तरदायित्वों के कुशलता पूर्वक निर्वहन में बाधक न हो।

(ग) हिंदी से संबंधित पदाधिकारियों से पारिश्रमिक के आधार पर अनुवाद नहीं करवाया जाए।

(घ) विभागाध्यक्ष यह प्रमाणित करे कि अनुवाद करवाना आवश्यक था और वास्तव में उतने शब्दों का अनुवाद किया गया जिसके लिए पारिश्रमिक स्वीकृत किया जा रहा है।

(ड.) इस पारिश्रमिक/मानदेय पर होने वाला खर्च संबंधित कार्यालय द्वारा अपने स्वीकृत बजट से किया जाएगा।

(च) जो व्यक्ति पहले से ही हिंदी जानते हैं या जिन्होंने हिंदी की परीक्षा पास करके हिंदी का कार्यसाधक ज्ञान प्राप्त कर लिया है, उन्हें सामान्यत: हिंदी से अंग्रेजी अनुवाद की आवश्यकता नहीं पड़नी चाहिए। प्रयास यह किया जाए

कि जो पत्र हिंदी में जाने हैं उनके मसौदे हिंदी जानने वाले अधिकारी और कर्मचारी मूल रूप से हिंदी में ही तैयार करें। जहां ऐसा करने में कठिनाई हो या कोई पत्र, परिपत्र आदि हिंदी-अंग्रेजी दोनों भाषाओं में जारी होना हो तभी अनुवाद का सहारा लिया जाए।

(छ) कार्मिक और प्रशिक्षण विभाग के दिनांक 17.07.1998 के का.ज्ञा.सं. 17011/3/97-स्था. (भत्ते) के अनुसार मानदेय की अधिकतम सीमा राशि 5000/-रु. प्रतिवर्ष है।

3. केंद्रीय अनुवाद ब्यूरो, जहां विभिन्न मंत्रालयों/विभागों/निकायों तथा कार्यालयों के मैनुअलों, संहिताओं व फार्मों आदि के विविध असांविधिक कार्य विधि साहित्य का अनुवाद किया जाता है, में अनुवाद कार्य में कार्यरत तथा ब्यूरो के बाहर के अनुवादकों जिनमें कार्यरत तथा सेवा-निवृत्त अनुवादक/अनुवाद अधिकारी/हिंदी अधिकारी तथा अनुवाद कार्य या अनुवाद प्रशिक्षण से संबद्ध अनुभवी सरकारी एवं गैर – सरकारी व्यक्ति हो सकते है, के द्वारा करवाया जा सकता है। आवश्यकता होने पर विभिन्न मंत्रालय/विभाग/कार्यालय भी सरकारी सेवा से सेवा-निवृत्त योग्य व्यक्तियों/गैर-सरकारी व्यक्तियों का पैनल बना कर उपर्युक्त दर से पारिश्रमिक देकर उनसे अनुवाद कार्य करवा सकते हैं।

4. सेवानिवृत्त योग्य व्यक्तियों द्वारा अनुवाद कार्य कराने पर उनको देय राशि मानदेय न होकर पारिश्रमिक है अतः सेवानिवृत्त योग्य व्यक्तियों को अनुवाद कार्य के लिए दी जाने वाली राशि पर कार्मिक और प्रशिक्षण विभाग के कार्यालय ज्ञापन दिनांक 17.07.1998 की मानदेय सीमा लागू नहीं होगी।

5. अनुवाद की दरें निम्नलिखित दिशा-निर्देशों के अधीन होगी:-

   i. रुपए 300/- प्रति पृष्ठ की दर रिजर्व दर के रूप में होगी। यदि अनुवाद कार्य के लिए मैन पावर की आवश्यकता होती है तो उसे GFR–2017 के प्रावधानों के अनुसार आउटसोर्स किया जाएगा।

   ii. बजट की उपलब्धता तथा सक्षम प्राधिकारी की अनुमति ली जाएगी।

6. एक मानक पृष्ठ में 300 शब्द गिने जाएं। रु. 300/- प्रति पृष्ठ अनुवाद की दर में अनुवाद, टंकण और पुनरीक्षण कार्य शामिल हैं।

[का.ज्ञा.सं. 13017/2/89- रा.भा. (ग) दिनांक 29-12-1993]

[का.ज्ञा.सं. II/13017/2/89- रा.भा. (ग) दिनांक 20-11-94]

का. ज्ञा. सं. 13011/1/2009-रा.भा.(नी.सं.) दिनांक 11.11.2011

का.ज्ञा. सं. 13034/2/2018-रा.भा./नीति दिनांक 15.5.2018

का. ज्ञा. सं. 13034/2/2018/रा.भा./नीति दिनांक 24.7.2018

8.5 अनुवाद से संबंधित कर्मचारियों/अनुवादकों के लिए अनिवार्य अनुवाद प्रशिक्षण

केंद्रीय अनुवाद ब्यूरो का 3 महीने का अनुवाद प्रशिक्षण पाठ्यक्रम केंद्रीय सरकार के मंत्रालयों/विभागों के अनुवाद से संबंधित सभी कर्मचारियों के लिए अनिवार्य है। सभी कार्यालय अनुवाद कार्य से संबंधित कर्मचारियों की सूची निर्देशक, केंद्रीय अनुवाद ब्यूरो को भेजें और बारी-बारी उन्हें प्रशिक्षण दिलवाएँ। इस प्रशिक्षण की व्यवस्था दिल्ली के अलावा मुंबई, बैंगलौर व कलकत्ता में भी कर दी गई है। इस प्रकार कर्मचारियों को अपने कार्यस्थान के निकट केंद्र पर प्रशिक्षण दिलाया जा सकता है। यदि प्रशिक्षण की अवधि 45 दिन से अधिक है तो खाली जगहों पर एवजी नियुक्त किए जा सकते हैं। केंद्रीय अनुवाद ब्यूरो द्वारा दिए जा रहे अनुवाद प्रशिक्षण के लिए विभिन्न सरकारी उपक्रमों और राष्ट्रीयकृत बैंकों में भी अनुवाद कार्य में लगे हुए या उससे जुड़े हुए अधिकारियों/कर्मचारियों को भी नामित किया जाए, चाहे उनके पदनाम कुछ भी क्यों न हों।

[का.ज्ञा.सं. II/13017/12/75- रा.भा. (ग) दिनांक 5-5-76]

[का.ज्ञा.सं. 11024/33/74- रा.भा. (ग) दिनांक 24-6-1976]

[का.ज्ञा.सं. 13011/11/85- रा.भा. (ग) दिनांक 29-7-1985]

[का.ज्ञा.सं. ई-13017/6/87- रा.भा. (ग) दिनांक 18-11-1987]

[का.ज्ञा.सं. ई-13017/3/87- रा.भा. (ग) दिनांक 19-7-1988]

8.5 अनुवाद प्रशिक्षण का संक्षिप्त पाठ्यक्रम

केंद्रीय सरकार में अनुवादकों के पदों की संख्या में निरंतर वृद्धि रही है परंतु अनुवाद प्रशिक्षण की सुविधा सीमित होने के कारण अनुवाद कार्य में लगे सभी कर्मचारियों को तीन महीने के अनुवाद प्रशिक्षण कार्यक्रम में प्रशिक्षण देने में काफी समय लगेगा। अनुवाद में लगे जो कर्मचारी किसी वजह से तीन महीने के प्रशिक्षण पाठ्यक्रम का लाभ नहीं उठा सके उनके लिए केंद्रीय अनुवाद ब्यूरो द्वारा एक संक्षिप्त अनुवाद पाठ्यक्रम चालया जा रहा है जो सात कार्यदिवसों का है। इसमें कर्मचारियों को अनुवाद के सिद्धान्त, उसकी प्रक्रिया, उसकी तकनीकी, कार्यालयीन भाषा, टिप्पण तथा प्रारूपण आदि का प्रशिक्षण दिया जाता है जिससे कर्मचारी को

अनुवाद कार्य में विशेष दृष्टि मिलेगी व अपने अनुवाद कार्य को अधिक कुशलता के साथ कर पाएगा। मंत्रालय/विभाग अनुवाद कार्य पर लगे उनके कार्यालयों और अपने संबद्ध तथा अधीनस्थ कार्यालयों तथा सार्वजनिक क्षेत्र के उपक्रमों आदि से ऐसे अनुवादकों तथा अनुवाद अधिकारियों की सूची निर्देशक, केंद्रीय अनुवाद ब्यूरो को उपलब्ध कराए जिन्होंने अभी तक अनुवाद प्रशिक्षण प्राप्त नहीं किया है और जिन्हें 7 दिन के संक्षिप्त प्रशिक्षण पाठ्यक्रम के लिए कार्यमुक्त किया जा सकता है और ऐसे कर्मचारियों को किसी संक्षिप्त पाठ्यक्रम के बारे में सूचना मिलने पर प्रशिक्षण के लिए नामित करें।

[का.ज्ञा.सं. 13011/11/85- रा.भा. (ग) दिनांक 29-7-1985]

8.6 सरकारी कामकाज में सरल हिंदी का प्रयोग, मसौदे मूल रूप में हिंदी में तैयार करना

सरकारी कमकाज में इस्तेमाल की जाने वाली हिंदी सरल और सुबोध होनी चाहिए, जटिल और बोझिल नहीं। इस संबंध में नीचे लिखे मुद्दों को ध्यान में रखना उपयोगी होगा:-

1. क्या नोट लिखने में और पत्र लिखने में सरल हिंदी का ही प्रयोग किया जाना चाहिए ताकि उसे सभी आसानी से समझ सकें। अपनी बात दूसरों तक पहुंचाने के लिए सिर्फ इतना ही काफी नहीं है कि लिखने वाला खुद ही समझ सके कि उसने क्या लिखा है, जरूरी तो यह है कि पढ़ने वाले को भी समझ में आ जाए कि आखिर लिखने वाला कहना क्या चाहता है।
2. सरकारी काम में आमफहम शब्दों का ज्यादा उपयोग किया जाना चाहिए और लिखते वक्त दूसरी भाषाओं के प्रचलित शब्दों का उपयोग करने में जरा भी हिचक नहीं होनी चाहिए।
3. जहां कहीं भी यह लगे कि पढ़ने वाले को हिंदी में लिखे किसी तकनीकी शब्द या पदनाम (डेजिग्नेशन) को समझने में कठिनाई हो सकती है, वहां उस शब्द या पदनाम के सामने कोष्ठक में अंग्रेजी रूपांतर भी लिख देना उपयोगी होगा। जिन्हें अच्छी हिंदी आती है वे कभी-कभी उन लोगों की कठिनाई नहीं समझ पाते, जिन्होंने अभी हाल ही में थोड़ी बहुत हिंदी सीखी है, ऐसे लोगों को इन नवशिक्षितों की कठिनाई का पूरा ध्यान रखना चाहिए और अपने "पांडित्य के प्रदर्शन" का लोभ संवरण करना चाहिए।
4. आधुनिक यंत्रों, तरह-तरह के पुर्जों और नए जमाने की चीजों के जो अंग्रेजी के नाम प्रचलित हैं, उनका कृत्रिम अनुवाद करने की बजाए उन्हें फिलहाल

मूल रूप में ही देवनागरी लिपि से लिखना सभी के हित में होगा। जैसे-जैसे लोग हिंदी में अधिक दक्ष होते जाएंगे, वैसे-वैसे एक स्वाभाविक प्रक्रम के अनुसार अधिकतम शब्द अपने आप प्रचलित होते चले जाएंगे।

5. हिंदी लिखते वक्त हिंदी लिखने की कोशिश करें, न तो संस्कृत और देवनागरी लिपि में अंग्रेजी ही। अर्थात हिंदी का वाक्य विन्यास उसकी प्रकृति के अनुसार ही होना चाहिए और यह ठीक नहीं होगा कि वह संस्कृत के दुरूह समस्त पदों की लड़ी हो या अंग्रेजी मूल का अटपटा अनुवाद मात्र। अंग्रेजी में मसौदा लिख कर उसका हिंदी में अनुवाद करने के बजाए बेहतर यह होगा कि मसौदा मूल रूप से ही हिंदी में तैयार किया जाए, और वह भी हिंदी की प्रकृति के अनुसार। ऐसा करने से भाषा न सिर्फ स्वाभाविक होगी और उसमें रवानी आएगी, बल्कि बीच-बीच में नए या अनजाने शब्दों के इस्तेमाल के बावजूद वह सहज ही सभी की समझ में आ सकेगी।

6. (i) सरकारी हिंदी और सामाजिक हिंदी का अंतर कम करें।
   (ii) दूसरी भाषाओं के अच्छे शब्दों को हिंदी में ग्रहण करें।
   (iii) दूसरी भाषाओं से दस-दस अच्छे शब्दों को खोजकर हिंदी भाषा में जोड़ें।
   (iv) अनुवाद की भाषा सरल सुनिश्चित करनी चाहिए।
   (v) देश की भाषाओं से हिंदी को कैसे और समृद्ध किया जा सकता है? उसके उपाय किए जाएं।

7. सरकारी कामकाज को हिंदी में मूल रूप से करने के लिए अधीनस्थ अधिकारियों/कर्मचारियों को प्रेरित करने की महती आवश्यकता है। मूल रूप में मसौदा तैयार करते समय उसमें अन्य भाषाओं जैसे उर्दू, अंग्रेजी और अन्य प्रांतीय भाषाओं के लोकप्रिय शब्द भी आवश्यकतानुसार प्रयोग में लाए जाएं ताकि हिंदी आम जन के लिए आसानी से समझ में आने वाली भाषा बन सके।

[का.ज्ञा.सं. II/13034/23/75- रा.भा. (ग) दिनांक 17-3-1976]

[का.ज्ञा.सं. 13017/1/88- रा.भा. (ग) दिनांक 27-4-1985]

अ.शा. पत्र सं. 14013/01/2020 रा.भा.(नीति) 17-09-2020]

8.7 प्रशासनिक तथा विधिक शब्दावली में एकरूपता

1. प्रशासनिक, वैज्ञानिक और तकनीकी शब्दों के हिंदी पर्याय शिक्षा विभाग के अधीन गठित वैज्ञानिक और तकनीकी शब्दावली आयोग, रामकृष्णपुरम,

नई दिल्ली द्वारा तैयार किए गए शब्द कोशों से लिए जाएं। विधि संबंधी कार्यों के लिए हिंदी पर्याय विधि मंत्रालय के विधायी विभाग (राजभाषा खंड) द्वारा तैयार किए गए शब्द कोशों से लिए जाएं।

2. जिन तकनीकी शब्दों के हिंदी पर्याय अभी वैज्ञानिक तथा तकनीकी शब्दावली आयोग ने किसी शब्दावली में नहीं छपवाए हैं, उनके हिंदी पर्याय बनाए जा सकते हैं। विभिन्न शब्दावलियों में समन्वय के उद्देश्य से यह निर्देश दिए गए हैं कि ऐसी शब्दावलियां जारी करने से पहले वैज्ञानिक तथा तकनीकी शब्दावली आयोग से अनुमोदित करवा लिया जाए। ऐसा करते समय सारी शब्दावली की बजाए केवल उन्हीं शब्दों को आयोग से अनुमोदित करवाने के लिए भेजा जाए जो आयोग द्वारा नहीं बनाए गए हैं। यदि व्यावहारिक दृष्टि से केवल नए शब्दों की सूची भेजने में कोई कठिनाई हो तो विभाग द्वारा बनाई गई शब्दावली में ऐसे शब्दों पर कोई चिन्ह लगा दिया जाए ताकि आयोग में केवल उन्हीं शब्दों की उपयुक्तता पर विचार किया जाए। ऐसा करने से विभागों द्वारा बनाई जा रही शब्दावलियों का आयोग द्वारा अनुमोदन जल्दी हो सकेगा और आयोग में संबंधित अधिकारियों का समय भी व्यर्थ नष्ट नहीं होगा।

[का.ज्ञा.सं. 11014/3/76- अ. वि. एकक, दिनांक 27-4-1978]
[का.ज्ञा.सं. -11034/8/87- अ. वि. एकक, दिनांक 23-9-1987]
[का.ज्ञा.सं. 11034/8/87- अ. वि. एकक, दिनांक 21-6-1988]

8.8 सार्वजनिक उपक्रमों आदि द्वारा विधिक अनुवाद—स्पष्टीकरण

संसदीय राजभाषा समिति के प्रतिवेदन के प्रथम खंड पर दिनांक 30.12.1988 को जारी राष्ट्रपति जी के आदेशों में उपक्रमों के विधिक साहित्य का अनुवाद विषयक सिफारिश पर विचार करते हुए यह निर्णय लिया गया कि विधायी विभाग का राजभाषा खंड केवल सरकारी विभागों और कार्यालयों के विधिक अनुवाद कार्य के लिए है। बैंकों, बीमा कंपनियों और बड़े उपक्रमों को अपने विधिक साहित्य के अनुवाद की व्यवस्था स्वयं करनी चाहिए। विधायी विभाग का राजभाषा खंड उनके मार्गदर्शन के लिए कुछ मानक प्रारूप तैयार करके देगा और विधि अधिकारियों के प्रशिक्षण के लिए भी अपना पूर्ण सहयोग प्रदान करेगा। छोटे उपक्रम, जिनके लिए यह व्यवस्था स्वयं करना व्यावहारिक न हो, के लिए उचित व्यवस्था का प्रबंध लोक उद्यम ब्यूरो, स्टेडिंग कांफ्रेंस ऑन पब्लिक एंटरप्राइजिज के माध्यम से या किसी और प्रकार से करे।

2. सार्वजनिक उपक्रमों आदि में जो विधिक दस्तावेज तैयार होते हैं, उनके हिंदी अनुवाद की प्रामाणिकता सत्यापित कैसे की जाए? इस विषय पर विधायी विभाग के राजभाषा खंड से परामर्श किया गया। विधायी विभाग द्वारा सूचित किया गया है कि उनके द्वारा विभिन्न विधिक दस्तावेजों जैसे करार, संविदाओं आदि के मानक हिंदी प्रारूप प्रकाशित किए गए हैं ये अधिप्रमाणित हिंदी अनुवाद है। इनकी सहायता से विभिन्न दस्तावेजों का हिंदी अनुवाद और विधीक्षा की जा सकती है। ऐसे विधिक दस्तावेजों जो इनसे बिल्कुल भिन्न प्रकार के हैं और जिनका हिंदी पाठ पूर्व प्रकाशित मानक प्रारूपों की सहायता से तैयार नहीं किया जा सकता, के हिंदी पाठ तैयार करने में विधायी विभाग के राजभाषा खंड द्वारा सहायता प्रदान की जाएगी।

का.ज्ञा. सं. 13017/1/2000-रा.भा (नीति एवं समन्वय), दिनांक 2 मई, 2000

अध्याय 9
भर्ती और विभागीय परीक्षाओं में हिंदी का प्रयोग

9.1 सेवाकालीन विभागीय तथा पदोन्नति परीक्षाओं में हिंदी का प्रयोग

केंद्रीय सरकार के सभी मंत्रालयों/विभागों तथा उससे संबद्ध और अधीनस्थ कार्यालयों तथा केंद्रीय सरकार के स्वामित्व में या नियंत्रणाधीन निगमों, उपक्रमों, बैंकों आदि में सभी सेवाकालीन विभागीय तथा पदोन्नति परीक्षाओं में (अखिल भारतीय स्तर की परीक्षाओं सहित) अभ्यर्थियों को प्रश्न-पत्रों के उत्तर हिंदी में भी देने की छूट दी जाए। प्रश्न-पत्र दोनों भाषाओं (हिंदी और अंग्रेजी) में तैयार कराये जाएं। जहां साक्षात्कार लिया जाना हो, वहां भी प्रश्नों के उत्तर हिंदी में देने की छूट दी जाए।

[का.ज्ञा.सं. 14012/11/87-रा.भा. (ग), दिनांक 21-9-1987]

9.2 भर्ती परीक्षाओं में हिंदी माध्यम का ऐच्छिक प्रयोग

भारत सरकार के अधीनस्थ कार्यालयों की सेवाओं और पदों में सीधी भर्ती के लिए क्षेत्रीय या स्थानीय आधार पर ली जाने वाली परीक्षाओं में वैकल्पिक माध्यम के रूप में हिंदी के ऐच्छिक प्रयोग की अनुमति निम्न प्रकार दी जाए :-

1. केंद्रीय सरकार के गैर-तकनीकी अधीनस्थ पदों की भर्ती परीक्षाओं में परीक्षार्थियों को सिर्फ "जनरल इंग्लिश" का पर्चा छोड़कर अन्य सभी पर्चों के उत्तर हिंदी अथवा अंग्रेजी में देने का विकल्प दिया जाए।

2. तकनीकी पदों की परीक्षाओं में भी परीक्षार्थियों को पर्चों के उत्तर हिंदी अथवा अंग्रेजी में देने की अनुमति दी जाए परंतु यदि कोई पर्चा बहुत ही तकनीकी विषय पर हो और संबंधित मंत्रालय/विभाग उस पर्चे के उत्तर के लिए हिंदी के वैकल्पिक प्रयोग की अनुमति देना व्यवहार्य न समझता हो तो इस संबंध में अंतिम निर्णय राजभाषा विभाग की सलाह से लिया जाए।
3. इन सभी परीक्षाओं में अंग्रेजी का एक पर्चा अनिवार्य रूप से रहना चाहिए।
4. प्रारम्भ में, उपर्युक्त निर्णय हिंदी भाषी राज्यों में स्थित केंद्रीय सरकार के कार्यालयों की भर्ती परीक्षाओं पर लागू हो।
5. इन क्षेत्रों में प्रश्न-पत्रों को हिंदी और अंग्रेजी दोनों में छापने की व्यवस्था की जाए।
6. ऐसे पद के लिए जहां इंटरव्यू लिया जाता है या मौखिक परीक्षा होती है वहां भी उम्मीदवारों को हिंदी में उत्तर देने की छूट दी जाए।

9.2.1 ये आदेश केंद्रीय सरकार के नियंत्रणाधीन या स्वामित्व वाले सभी सरकारी उपक्रमों, बैंकों आदि के हिंदी भाषी राज्यों में स्थित कार्यालयों पर भी लागू होंगे।

[का.ज्ञा.सं. I/14012/4/75-रा.भा. (ग), दिनांक 6-1-1976]

[का.ज्ञा.सं. 14012/6/87-रा.भा. (ग), दिनांक 21-5-1987]

9.2.2 "ख" क्षेत्र में अर्थात् गुजरात, महाराष्ट्र और पंजाब राज्यों में तथा चंडीगढ़ संघ राज्य में स्थित केंद्रीय सरकार के अधीनस्थ कार्यालयों तथा केंद्रीय सरकार के नियंत्रणाधीन या स्वामित्व वाले सभी सरकारी उपक्रमों, बैंकों आदि की सेवाओं में और पदों पर सीधी भर्ती के लिए क्षेत्रीय या स्थानीय आधार पर ली जाने वाली सभी परीक्षाओं में वैकल्पिक माध्यम के रूप में हिंदी के ऐच्छिक प्रयोग की अनुमति उसी प्रकार दे दी जाए जिस प्रकार 6 जनवरी, 1976 के कार्यालय ज्ञापन के अनुसार "क" क्षेत्र में स्थित अधीनस्थ कार्यालयों के लिए दी जा रही है।

[का.ज्ञा.सं. 14012/6/87-रा.भा. (ग), दिनांक 16-2-1988]

9.3 केंद्रीय सरकार की सेवाओं में या पदों पर भर्ती के लिए ली जाने वाली परीक्षाओं का माध्यम-विज्ञापन जारी करते समय स्पष्ट उल्लेख

रिक्तियों को समाचार पत्रों तथा रोजगार समाचार आदि में प्रकाशित करते समय निम्नलिखित बातों का विशेष ध्यान रखा जाए :-

1. विज्ञापन हिंदी तथा अंग्रेजी दोनों भाषाओं में प्रकाशित किए जाएं। यदि अंग्रेजी के समाचार पत्र में विज्ञापन अंग्रेजी में दिए जाते हैं तो साथ ही हिंदी के समाचार पत्रों में प्रकाशनार्थ विज्ञापन हिंदी में ही जारी किए जाएं।

2. विज्ञापनों में स्पष्ट रूप में लिखा जाए कि अंग्रेजी भाषा के प्रश्न पत्रों को छोड़कर अन्य सभी प्रश्न पत्रों के उत्तर अंग्रेजी के अतिरिक्त हिंदी में भी दिए जाने की छूट उपलब्ध है।
3. विज्ञापन में स्पष्ट दिया जाए कि प्रश्न पत्र दोनों भाषाओं में उपलब्ध कराए जाएंगे।
4. विज्ञापन में यह स्पष्ट बता दिया जाए कि आवेदन कर्ता अपना आवेदन पत्र हिंदी या अंग्रेजी में भेज सकता है। यदि विज्ञापन में आवेदन पत्र का प्रोफ़ार्मा छपवाया जाए तो यह प्रोफ़ार्मा हिंदी और अंग्रेजी दोनों भाषाओं में छपवाया जाना चाहिए।

9.4 संघ लोक सेवा आयोग तथा कर्मचारी चयन आयोग द्वारा सीधी भर्ती हेतु ली जाने वाली परीक्षाओं में भी, जहां हिंदी में उत्तर देने की छूट प्राप्त है, विज्ञापन देते समय ऊपर दिए गए निर्देशों को ध्यान में रखा जाए।

[का.ज्ञा.सं. 14012/2/89-रा.भा. (ग), दिनांक 27-6-1989]

अध्याय 10

राजभाषा संबंधी कार्य के लिए पदों का सृजन, न्यूनतम पदों का मानदंड, कार्य के मानक, अधिकारियों के कार्य तथा हिंदी टंककों/आशुलिपिकों का अनुपात

10.1 नया कार्यालय खोलते समय राजभाषा कार्य संबंधी पदों का प्रावधान

नया कार्यालय खोलते समय राजभाषा नीति के अनुसार हिंदी में किए जाने वाले कार्यों के लिए और राजभाषा नीति के कार्यान्वयन के लिए 'आवश्यकता' के अनुसार हिंदी संबंधी पदों का प्रावधान अन्य पदों के साथ-साथ किया जाए। किसी समिति या कमीशन को बनाते समय भी इसे ध्यान में रखा जाए जिससे उनकी रिपोर्ट और अन्य कागज हिंदी या अंग्रेजी में साथ-साथ तैयार हो सकें।

[का.ज्ञा.सं. 11/13017/8/75- रा.भा. (ग) दिनांक 3-2-1976]

10.2 राजभाषा नीति के कार्यान्वयन के लिए न्यूनतम हिंदी पदों का सृजन

राजभाषा नीति का कार्यान्वयन तथा राजभाषा अधिनियम और उसके अंतर्गत बनाए गए नियमों के प्रावधानों का अनुपालन सुनिश्चित करने के लिए केंद्रीय सरकार के सभी मंत्रालयों/विभागों तथा उनके संबंद्ध और अधीनस्थ कार्यालयों व सरकारी उपक्रमों, निगमों, बैंकों आदि में पर्याप्त संख्या में हिंदी पदों (वरिष्ठ

हिंदी अधिकारी, हिंदी अधिकारी, वरिष्ठ हिंदी अनुवादक, हिंदी अनुवादक, हिंदी टाइपिस्ट) का उपलब्ध होना आवश्यक है। राजभाषा विभाग द्वारा कार्यालय ज्ञापन सं. 13035/3/80-रा.भा.(ग), दिनांक 27 अप्रैल, 1981 जारी करके मंत्रालय/विभाग तथा संबद्ध/अधीनस्थ कार्यालयों में अपेक्षित हिंदी पदों की न्यूनतम संख्या संबंधी मार्गदर्शी सिद्धान्त जो राजभाषा विभाग के अ.शा. पत्र सं. 11015/73/रा.भा. एकक दिनांक 6-8-1973 में दिए गए थे परिचालित किए गए थे। तथापि वित्त मंत्रालय के दिनांक 13-1-1984 के का.ज्ञा. संख्या एफ़-7(1) ई (कोआर्ड)/84 द्वारा नए पदों के सृजन पर रोक लगा दी गई। का.ज्ञा. संख्या एफ़-7(1) ई (कोआर्ड)/84 दिनांक 20-6-1984 में सांविधिक प्रावधानों की पूर्ति के लिए अपेक्षित पदों सहित अत्यधिक आपवादिक परिस्थितियों में अति आवश्यक पदों को इस रोक से मुक्त कर दिया गया। राजभाषा अधिनियम तथा नियमों के प्रावधानों का अनुपालन सुनिश्चित करने के लिए अपेक्षित पद भी उसमें सम्मलित हैं।

इस संबंध में वित्त मंत्रालय, व्यय विभाग का कार्यालय ज्ञापन संख्या 10(4)-ई (कोआर्ड)/85 दिनांक 18 जून 1988 भी देख लिया जाए जिसके तहत राजभाषा नीति के कार्यान्वयन के लिए पदों की मंजूरी के प्रस्तावों पर प्रशासनिक मंत्रालयों के सचिव अपने वित्त सलाहकारों के परामर्श से, राजभाषा विभाग द्वारा वित्त मंत्रालय की सलाह से इस संबंध में तैयार और जारी किए गए मार्ग-निर्देशों के अनुसार शक्तियों का प्रयोग कर सकेंगे।

नए मानक :-

राजभाषा नीति के कार्यान्वयन के लिए पदों की न्यूनतम संख्या के बारे में निम्नलिखित मार्गदर्शी सिद्धांत लागू किए जाएँ :-

1.1 मंत्रालयों/विभागों के लिए

(i) प्रत्येक मंत्रालय तथा स्वतंत्र विभाग में, जिसका पूर्णकालिक सचिव हो, एक सहायक निदेशक (राजभाषा)।

(ii) प्रत्येक ऐसे मंत्रालय या विभाग में जहां 100 या 100 से अधिक अनुसचिवीय कर्मचारी हैं या जिसके अंतर्गत 4 या 4 से अधिक संबद्ध/अधीनस्थ कार्यालय या उपक्रम ऐसे हैं जिसमें हर एक में 100 या 100 से अधिक अनुसचिवीय कर्मचारी हैं, एक वरिष्ठ हिंदी अधिकारी अर्थात् उप निर्देशक (राजभाषा) राजभाषा विभाग के दिनांक 13.4.1987 के का.ज्ञा.सं. 13017/1/81-रा. भा.(ग) में निर्धारित नार्मस को ध्यान में रखते हुए यह पद सहायक निर्देशक के पद के बदले या उसके अतिरिक्त हो सकता है। मंत्रालय/विभाग में कार्य

के स्वरूप और कार्य की मात्रा के आधार पर 12000-16500/- रुपए के वेतनमान में संयुक्त निर्देशक (राजभाषा) (इसी वेतनमान में पहले निर्देशक) का पद बनाया जा सकता है।

(iii) 50 से कम अनुसचिवीय कर्मचारियों पर एक कनिष्ठ अनुवादक, 50 से 100 अनुसचिवीय कर्मचारियों पर 2 कनिष्ठ अनुवादक, 101 से 150 अनुसचिवीय कर्मचारियों पर 3 अनुवादक, 151 या इससे अधिक अनुसचिवीय कर्मचारी होने पर 3 कनिष्ठ अनुवादक तथा एक वरिष्ठ अनुवादक।

1.2 संबद्ध/अधीनस्थ कार्यालयों के लिए

(i) 100 या 100 से अधिक अनुसचिवीय कर्मचारियों वाले प्रत्येक संबद्ध अधीनस्य कार्यालय में एक हिंदी अधिकारी सहायक निर्देशक (राजभाषा)]

(ii) (क) क क्षेत्र में स्थित कार्यालयों के लिए (रक्षा सेनाओं और अर्धसैनिक बलों कार्यालयों को छोड़कर)-18 से 125 अनुसचिवीय कर्मचारियों वाले कार्यालय में एक कनिष्ठ अनुवादक, 126 से अधिक अनुसचिवीय कर्मचारियों के लिए दो-कनिष्ठ अनुवादक

(ख) ख तथा ग क्षेत्र में स्थित कार्यालयों के लिए

(1) 18 से 75 तक अनुसचिवीय कर्मचारियों वाले कार्यालय में एक कनिष्ठ अनुवादक। 76 से 125 अनुसचिवीय कर्मचारियों वाले कार्यालयों के लिए दो कनिष्ठ अनुवादक। 126 से 175 अनुसचिवीय कर्मचारियों वाले कार्यालय के लिए तीन कनिष्ठ अनुवादक। 175 से अधिक अनुसचिवीय कर्मचारियों वाले कार्यालय के लिए तीन कनिष्ठ अनुवादक तथा एक वरिष्ठ अनुवादक।

(2) रक्षा सेनाओं और अर्ध्य सैनिक बलों के 'क' क्षेत्र में स्थित कार्यालयों पर भी, जो एक क्षेत्र से दूसरे क्षेत्र में स्थानांतरित होते रहते हैं, यही मानक लागू होंगे।

(3) 'ख' व 'ग' क्षेत्र में स्थित केंद्रीय सरकार के ऐसे सभी कार्यालयों में जहां कम से कम 25 अनुसचिवीय कर्मचारी हो, एक हिंदी टाइपिस्ट का पद दिया जाए। 'क' क्षेत्र में नए खोले जाने वाले कार्यालयों में भी यदि कम से कम 25 अनुसचिवीय कर्मचारी हों तो एक हिंदी टाइपिस्ट पद दिया जाए। 'क' क्षेत्र में स्थित रक्षा सेनाओं और अर्धसैनिक बलों के कार्यालयों, जो एक क्षेत्र से दूसरे क्षेत्र में स्थानांतरित होते रहते हैं, में भी वही मानक लागू होंगे।

1.3 मंत्रालयों/विभागों और संबद्ध/अधीनस्थ कार्यालयों में राजभाषा नीति के अनुपालन के लिए अन्य पदः

(i) अनुवाद के अलावा अन्य कई प्रकार का कार्य ऐसा है जो राजभाषा नीति का अनुपालन सुनिश्चित करने के लिए आवश्यक है, जैसे आदेशों का परिचालन करना, प्रगति रिपोर्ट बनाना, हिंदी सलाहकार समिति, राजभाषा कार्यान्वयन समिति की बैठकों को कार्यसूची व कार्यवृत तैयार करना, कर्मचारियों को हिंदी सीखने के लिए नामित करना, कार्यशालाओं का आयोजन करना आदि। मंत्रालयों/विभागों और संबद्ध/अधीनस्थ कार्यालयों में इस कार्य के लिए निम्नलिखित पदों की अनुशंसा की जाती है:-

(क) अवर श्रेणी लिपिक (हिंदी टाइपिस्ट) का एक पद यह पद पहले से अस्तित्व में है जैसा कि राजभाषा विभाग के दिनांक 5.4.1989 के का.ज्ञा.सं. 13035/3/88-रा.भा. (ग) में उल्लिखित है।

(ख) सहायक का एक पद, उन मंत्रालयों/विभागों में तथा सहायक या उसके समकक्ष पद उन संबद्ध/अधीनस्थ कार्यालयों में जहां अनुसचिवीय कर्मचारियों की संख्या (ग्रुप 'डी' को छोड़कर) कम से कम 310 है।

(ii) यह सुनिश्चित कर लिया जाए कि जहां उक्त कार्यों के लिए सहायक या समकक्ष पद पहले से स्वीकृत है, वहां अतिरिक्त पद अनुशंसित न किया जाए।

2. अनुसचिवीय कर्मचारियों से सभी कर्मचारियों से (श्रेणी 'घ' के कर्मचारियों को छोड़कर) है जिनके पद लिपिक वर्गीय कार्यों के लिए मंजूर किए गए हैं, भले ही वे तकनीकी या वैज्ञानिक कर्मचारी या अधिकारी हो। इसके अतिरिक्त जिन तकनीकी और वैज्ञानिक कर्मचारियों/अधिकारियों को अनुसचिवीय कार्य (जैसे टिप्पण, प्रारूपण, पत्र लेखन, लेखाकरण आदि) सौंपा गया है, उनको भी हिंदी पदों की गणना में शामिल किया जाए।

3. इन मार्गदर्शी सिद्धांतों में हिंदी पदों को जो संख्या निर्धारित की गई है, वह न्यूनतम है ताकि इनकी व्यवस्था, बिना कार्य अध्ययन के केवल कार्यालय के कर्मचारियों की संख्या और कार्यालय किस क्षेत्र में स्थित है, के आधार पर की जाए ताकि राजभाषा नीति के कार्यान्वयन पर प्रतिकूल असर न पड़े। काम की मात्रा और स्वरूप को ध्यान में रखते हुए किसी भी कार्यालय में इससे अधिक पदों का यदि औचित्य हो तो उनका सृजन कार्य अध्ययन के आधार पर किया जा सकता है।

4. कार्य अध्ययन करते समय उसी कार्य को हो ध्यान में न लिया जाए जो इस समय किया जा रहा है बल्कि वे कार्य की सारी मदें हिसाब में ली जाएँ जो राजभाषा अधिनियम, नियम, वार्षिक कार्यक्रम आदि की अपेक्षाओं के अनुसार हिंदी में या दोनों भाषाओं (हिंदी और अंग्रेजी) में किए जाने जरूरी है। कहना न होगा कि कार्य अध्ययन कार्यभार की मात्रा का ध्यानपूर्वक मूल्यांकन करके ही किया जाना चाहिए न कि तदर्थ आधार पर।
5. यह स्पष्ट किया जाता है कि जिन कार्यालयों में अनुवादक आदि के पद पूर्व के मानकों के आधार पर पहले से सृजित किए जा चुके हैं, उन्हें इस आधार पर समाप्त नहीं किया जाएगा कि संशोधित मार्गदर्शी सिद्धांतों के अनुसार निर्धारित संख्या से वे अधिक हैं। तथापि, कोई भी अतिरिक्त मांग मंत्रालय/विभाग तथा उसके संबद्ध और अधीनस्थ कार्यालय में समग्र रूप से फालतू पाए जाने वाले पदों से समायोजित की जाएं।
6. केंद्रीय सरकार के प्रशिक्षण संस्थानों में हिंदी के माध्यम से प्रशिक्षण देने के लिए प्रशिक्षण सामग्री का अनुवाद करने के लिए अनुवाद कार्य की मात्रा के आधार पर आवश्यक पदों का सृजन किया जाना चाहिए और इसके लिए न्यूनतम पदों का कोई मानदंड बनाने की आवश्यकता नहीं है।
7. राजभाषा नीति के कार्यान्वयन के लिए अपेक्षित पदों के सृजन के संबंध में इस कार्यालय ज्ञापन में निर्धारित मानक और राजभाषा विभाग के दिनांक 15 अप्रैल, 1987 के का.ज्ञा.सं. 13017/1/81रा.भा. (ग) प्रति संलग्न) में पहले से निर्धारित अनुवाद संबंधी कार्यभार के मानक मार्गदशी सिद्धांत होंगे।
8. यह कार्यालय ज्ञापन निर्देशक (कर्मचारी निरीक्षण एकक) वित्त मंत्रालय द्वारा उनकी दिनांक 26.12.2003 की अन्तर्विभागीय टिप्पणी सं. 526/एस.आई.यू./2003 में दिए गए अनुमोदन से जारी किया जाता है।

[अ. शा. पत्र सं. ई 11015/73- रा.भा. एकक, दिनांक 6-8-1973]

[का.ज्ञा.सं. 13035/3/80- रा.भा. (ग) दिनांक 27-4-1981]

[का.ज्ञा.सं. 13035/4/88- रा.भा. (ग) दिनांक 12-7-1988]

[का.ज्ञा.सं. 13035/3/88- रा.भा. (ग) दिनांक 5-4-1989]

[का.ज्ञा.सं. 12027/25/88- रा.भा. (ख-2) दिनांक 29-7-1988]

का.ज्ञा.सं. 13035/3/95-रा.भा. (नीति एवं समन्वय), दिनांक 22.7.2004

10.2.1 विभिन्न अधीनस्थ कार्यालयों में कनिष्ठ हिंदी अनुवादक के पद पर भर्ती में समस्या।

भारत सरकार के मंत्रालयों/विभागों के विभिन्न अधीनस्थ कार्यालयों के लिए कनिष्ठ हिंदी अनुवादक के पद पर भर्ती करने में आ रही समस्या के संबंध में श्रीमती प्रतिभा मोहन, सदस्य, कर्मचारी चयन आयोग से प्राप्त दिनांक 5 मार्च, 2009 के अर्ध-शासकीय पत्र सं 10/3/2006 आर.एच.क्यू (पार्ट) की प्रति संलग्न है। आयोग ने कठिनाइयों को ध्यान में रखते हुए उन कार्यालयों के संबंध में चयन पद्धति के माध्यम से कनिष्ठ हिंदी अनुवादक के पद पर भर्ती न करने का नीतिगत निर्णय लिया है जिनके उक्त पद के भर्ती नियम, केंद्रीय सचिवालय राजभाषा सेवा के भर्ती नियमों से भिन्न हैं। अत: आयोग ने क्षेत्रीय निर्देशकों को सूचित किया है कि वे कनिष्ठ हिंदी अनुवादक के पद पर चयन पद्धति के माध्यम से भर्ती करने के मांगपत्रों को स्वीकार न करें। आयोग ने क्षेत्रीय निर्देशकों को यह भी सलाह दी है कि वे उपयोगकर्ता विभागों से कनिष्ठ हिंदी अनुवादक के पद के भर्ती नियमों में संशोधन करने का अनुरोध करें ताकि उन्हें केंद्रीय सचिवालय राजभाषा सेवा के भर्ती नियमों के अनुरूप बनाया जा सके।

2. छठे केंद्रीय वेतन आयोग की सिफारिश लागू किए जाने के परिणामस्वरूप व्यय विभाग ने अपने तारीख 24 नवम्बर, 2008 एवं 27 नवम्बर, 2008 के कार्यालय ज्ञापन सं. 1/1/2008 आई.सी. (प्रतिलिपि संलग्न) के द्वारा स्पष्ट किया है कि भारत सरकार द्वारा स्वीकार की गई छठे वेतन आयोग की सिफारिशों के अनुसार केंद्रीय सचिवालय राजभाषा सेवा से बाहर केंद्र सरकार के विभिन्न अधीनस्थ कार्यालयों में विद्यमान समान पदाभिहित पदों के लिए वही वेतनमान मंजूर किए गए हैं जो केंद्रीय सचिवालय राजभाषा सेवा को प्रदान किए गए हैं।

3. उपर्युक्त स्थिति को देखते हुए सभी मंत्रालयों/विभागों से अनुरोध है कि वे अपने उन कार्यालयों को छोड़कर, जिनमें कनिष्ठ हिंदी अनुवादक के पद के लिए मानक भर्ती नियम हैं, अन्य अधीनस्थ कार्यालयों को उक्त पद के भर्ती नियमों में संशोधन करने की सलाह दें ताकि आयोग, खुली परीक्षा के माध्यम से उनके लिए उपर्युक्त पद के लिए भर्ती कर सकें। इससे न केवल आयोग को सुविधा होगी बल्कि अधीनस्थ कार्यालयों को भी पात्र अभ्यर्थी पर्याप्त संख्या में समय पर उपलब्ध हो सकेंगे।

का.ज्ञा.सं. 13034/20/2009-रा.भा.(नी. स.) दिनांक 6.4.2009

10.2.2 कनिष्ठ अनुवादक के रिक्त पद को वैकल्पिक आधार पर भरना।

विभिन्न मंत्रालय/विभाग समय-समय पर कनिष्ठ अनुवादकों के रिक्त पदों को भरने का अनुरोध करते हैं परन्तु अनेक अवसरों पर संवर्ग में कोई कनिष्ठ अनुवादक उपलब्ध न होने के कारण राजभाषा विभाग कनिष्ठ अनुवादक के रिक्त पद को भरने में तत्काल समर्थ नहीं होता है। जैसा कि विदित है कि कर्मचारी चयन आयोग द्वारा अन्य संवर्गों की भांति इस संवर्ग में भी नियुक्तियों को अंतिम रूप देने में निर्धारित प्रक्रियात्मक पक्षों के कारण कतिपय अवसरों पर एक वर्ष या उससे अधिक का समय लग जाता है। यद्यपि इस स्थिति के दृष्टिगत राजभाषा विभाग अग्रिम कार्रवाई करता है तथापि नियुक्ति की प्रक्रिया दीर्घ होने के कारण नियुक्ति के फलीभूत होने तक अनेक चयनित अभ्यर्थी रोजगार के वैकल्पिक अवसरों के कारण अनुपलब्ध हो जाते हैं।

2. उपर्युक्त वर्णित परिस्थितियों के आलोक में सभी मंत्रालयों/विभागों से अनुरोध है कि यदि उनके कार्यालय में कनिष्ठ अनुवादक का पद रिक्त है या रिक्त होने वाला है तो उस स्थिति में जब तक राजभाषा विभाग नियमित आधार पर किसी कनिष्ठ अनुवादक की तैनाती नहीं कर देता है, तब तक आप अपने स्तर से स्वयं कोई वैकल्पिक व्यवस्था कर लें। वैकल्पिक व्यवस्था में नियमानुसार सेवा प्रदाता (service provider) के माध्यम से वांछित सेवाएं सीमित अवधि के लिए प्राप्त (आउटसोर्स) करने पर विचार किया जा सकता है। वैकल्पिक व्यवस्था करते हुए भारत सरकार द्वारा जारी नियमों और दिशा निर्देशों का अनुपालन सुनिश्चित कर लिया जाए और इस बात का ध्यान रखा जाए कि वह सरकारी सेवा में नियमित नियुक्ति के लिए किसी प्रकार का दावा न कर सके।

3. कर्मचारी चयन आयोग से कनिष्ठ अनुवादकों के डोजियर प्राप्त होते ही आपके कार्यालय के कनिष्ठ अनुवादक के रिक्त पद के विरुद्ध नियमित आधार पर तैनाती के लिए अधिकारी को नामित कर दिया जाएगा।

यह निर्देश सचिव (राजभाषा) के अनुमोदन से जारी किए जा रहे हैं।

का.ज्ञा.सं.15/33/2010-रा.भा.(सेवा) दिनांक 9.12.2010

10.2.3 राजभाषा संवर्ग के पदनाम तथा वेतनमान समान करने के संबंध में।

व्यय विभाग, वित्त मंत्रालय ने अपने कार्यालय ज्ञापन सं 1/1/2008 आईसी दिनांक 24 फरवरी, 2008 (प्रतिलिपि संलग्न) द्वारा यह आदेश किया था कि भारत सरकार

के अधीनस्थ कार्यालयों में राजभाषा के पदों का पदनाम एवं वेतनमान वही होगा जो कि केंद्रीय सचिवालय राजभाषा सेवा संवर्ग का है। राजभाषा विभाग के संज्ञान में यह लाया गया है कि व्यय विभाग का आदेश अभी तक सभी अधीनस्थ कार्यालयों में लागू नहीं हुआ है जिससे कि वहां कार्यरत राजभाषा अधिकारियों में असंतोष व्याप्त है।

अपने मंत्रालय/विभाग के अधीन सभी अधीनस्थ कार्यालयों में राजभाषा अधिकारियों के पदनाम तथा वेतनमान को केंद्रीय सचिवालय राजभाषा संवर्ग के पदनाम तथा वेतनमान के समान करने के व्यय विभाग के आदेश का अनुपालन सुनिश्चित कराने का कष्ट करें तथा इस संबंध में की गई कार्रवाई से राजभाषा विभाग को शीघ्र अवगत कराने का कष्ट करें।

अ.शा.पत्र.सं. 15/42/2013-रा.भा. (सेवा) दिनांक 2.5.2013

10.2.4 राजभाषा के पदों के पदनाम व वेतनमान में समानता

मैं आपका ध्यान राजभाषा विभाग के दिनांक 19.10.2016 के समसंख्यक अ.शा. पत्र (प्रति संलग्न) की ओर आकर्षित करना चाहूंगा जिसमें व्यय विभाग, वित्त मंत्रालय के दिनांक 24.11.2008 के कार्यालय ज्ञापन सं. 1/1/2008 आईसी का उल्लेख करते हुए अनुरोध किया गया है कि भारत सरकार के अधीनस्थ कार्यालयों में राजभाषा के पदों का पदनाम एवं वेतनमान वही होगा जो कि केंद्रीय सचिवालय राजभाषा सेवा संवर्ग का है।

अवगत कराना है कि केंद्रीय सचिवालय, राजभाषा सेवा संवर्ग के पदनाम व वेतनमान की साम्यता संबंधी वित्त मंत्रालय के वर्ष 2008 के आदेश व राजभाषा विभाग के तत्कालीन सचिव (रा.भा) के दिनांक 19.10.2016 के अ.शा.पत्र सं. का तात्पर्य यह है कि अधीनस्थ कार्यालयों के भर्ती नियम (शैक्षणिक योग्यता आदि) भी केंद्रीय सचिवालय राजभाषा सेवा संवर्ग के समान होने चाहिए ।

अ.शा.पत्र संख्या 15/42/2013-रा.भा.(सेवा) दिनांक 28.3.2017

10.2.5 केंद्रीय सरकार की राजभाषा नीति के अनुपालन/कार्यान्वयन के लिए न्यूनतम हिंदी पदों के मानक स्वायत्त निकायों के संबंध में पुनः निर्धारित करना।

केंद्रीय सरकार की राजभाषा नीति का अनुपालन सुनिश्चित करने के लिए पहली बार हिंदी पदों का मानक राजभाषा विभाग के दिनांक 27 अप्रैल 1981 के कार्यालय ज्ञापन सं 13035/3/80-रा.भा.(ग) द्वारा परिचालित किए गए थे। ये मानक संशोधित करके दिनांक 5.4.1989 के का.ज्ञा.सं 13035/3/88-रा.भा.(ग) द्वारा परिचालित

किए गए थे। ये मानक दिनांक 22.7.2004 को कार्यालय ज्ञापन सं. 13035/3/95-रा.भा. (नीति/समन्वय) द्वारा पुन: निर्धारित एवं परिचालित किए गये थे।

2. दिनांक 22.7.2004 को कार्यालय ज्ञापन सं. 13035/3/95-रा.भा. (नीति/समन्वय)के कार्यालय ज्ञापन में आंशिक संशोधन करते हुए इन मानकों को स्वायत्त निकायों के लिए भी लागू किया गया है। अतएव दिनांक 22.7.2004 को कार्यालय ज्ञापन सं. 13035/3/95-रा.भा. (नीति एवं समन्वय) के मद संख्या 1.2 एवं 1.3 में मंत्रालयों/विभागों और संबंद्ध/अधीनस्थ कार्यालयों के साथ 'स्वायत्त निकायों' शब्द भी पढ़ा जाए। कार्यालय ज्ञापन की शेष शर्तें पूर्ववत रहेंगी।

3. इसे वित्त मंत्रालय, व्यय विभाग के डायरी सं. 240339/2015 डी एस (ई समन्वय-1) दिनांक 19.01.2016 के अनुमोदन से जारी किया जाता है।

का.ज्ञा.सं. 13035/01/2013-रा.भा. (नीति) दिनांक 16.2.2016

10.3 अनुवाद कार्य के मानक

वित्त मंत्रालय (कर्मचारी निरीक्षक एकक) की सलाह पर यह निर्णय लिया गया है कि अनुवाद कार्य को "साधारण और तकनीकी" रूप में वर्गीकृत किया जाए तथा कार्य मानक निम्न प्रकार तय किए जाएं :-

	साधारण	**तकनीकी**	
अनुवाद	1750 शब्द प्रतिदिन	1350 शब्द प्रतिदिन	5 कार्य दिवसीय सप्ताह के लिए
पुनरीक्षण	5800 शब्द प्रतिदिन	4000 शब्द प्रतिदिन	

केंद्रीय अनुवाद ब्यूरो में अनुवाद कार्य की विशेष प्रकृति को देखते हुए उस ब्यूरो में अनुवादकों के लिए प्रति अनुवादक 1300 शब्दों का मानक होगा। अनुवाद की सामग्री का वर्गीकरण निम्न प्रकार से किया जाए :-

सामान्य

1. वार्षिक प्रशासनिक रिपोर्ट
2. सामान्य आदेश, अनुदेश, परिपत्र आदि
3. संसदीय कार्य-संसद प्रश्न, आश्वासन, ध्यान आकर्षण प्रस्ताव आदि
4. नेमी पत्राचार
5. विभिन्न आयोगों/कमेटियों आदि की रिपोर्ट

तकनीकी

1. नीति विषयक रिपोर्ट जैसे आयात-निर्यात नीति
2. श्वेत-पत्र
3. विभिन्न मंत्रालयों का वैज्ञानिक तथा तकनीकी साहित्य
4. वैज्ञानिक तथा तकनीकी "रिपोर्ट" जैसे योजना आयोग, केंद्रीय जल आयोग की रिपोर्ट
5. मैनुअल, कोड तथा अन्य कार्य विधि साहित्य।

10.3.1 कोई सामग्री सामान्य है या तकनीकी, इस बारे में वरिष्ठ हिंदी अधिकारी/हिंदी अधिकारी का निर्णय अंतिम माना जाएगा। परंतु यदि किसी विभाग की अनुवादनीय सामग्री का 25% या अधिक भाग "तकनीकी" श्रेणी में रखा जाता है तो आंतरिक कार्य अध्ययन एकक द्वारा अध्ययन आवश्यक होगा।

10.3.2 विधि और न्याय मंत्रालय के विधायी विभाग के राजभाषा खंड द्वारा जो कार्य किया जाता है, वह अन्य मंत्रालयों/विभागों से भिन्न प्रकार का होता है। इसलिए ये मानक उस खंड में कार्य कर रहे अनुवादकों और पुनरीक्षकों पर लागू नहीं होंगे।

[का.ज्ञा.सं. 13017/1/81- रा.भा. (ग) दिनांक 13-4-1987]

10.4 हिंदी अनुवादकों के कर्तव्य

वरिष्ठ अनुवादक और कनिष्ठ अनुवादक के पद मुख्यत: अनुवाद कार्य के लिए सृजित किए गए हैं और उनसे सामान्यत: वही कार्य कराया जाना चाहिए। जहां एक ओर राजभाषा अधिनियम की धारा 3(3) और अन्य नियमों आदि का अनुपालन सुनिश्चित करने के लिए अनुवादकों की पर्याप्त व्यवस्था आवश्यक है, वहां दूसरी ओर राजभाषा नीति के कार्यान्वयन, इस संबंध में समय-समय पर जारी किए गए निर्देशों/अनुदेशों के अनुपालन, राजभाषा कार्यान्वयन समिति की बैठकों के आयोजन आदि से संबंधित कार्य वरिष्ठ हिंदी अधिकारी/हिंदी अधिकारी तथा अन्य उच्च अधिकारियों के स्तर पर किया जाना चाहिए। साथ ही जिन कार्यालयों में इन कार्यों के लिए समुचित पद नहीं हैं, वहां उनका सृजन किया जाना चाहिए। विशिष्ट अवसरों पर (हिंदी सलाहकार समिति, हिंदी कार्यान्वयन समिति आदि की बैठकों के समय) कनिष्ठ अनुवादकों/वरिष्ठ अनुवादकों की सहायता ली जा सकती है। साथ ही इन अनुवादकों से कार्यान्वयन संबंधी कार्य में भी सहायता ली जा सकती है बशर्ते कि इससे अनुवाद कार्य की अवहेलना न हो। कार्यान्वयन संबंधी कार्य का विशेष महत्व है और समुचित स्तर के अधिकारियों द्वारा इस ओर पर्याप्त ध्यान दिया

जाना चाहिए। जहां आवश्यकता समझी जाए अतिरिक्त पदों के सृजन के लिए भी प्रयास किए जाने चाहिए।

[का.ज्ञा.सं. 13016/1/80- रा.भा. (ग) दिनांक 6-12-1980]

[का.ज्ञा.सं. 13035/84 रा.भा. (ग) दिनांक 8-9-1987]

10.5 हिंदी अधिकारियों के कर्तव्य तथा उनसे निर्धारित कार्य ही लिया जाना

जिन आवश्यकताओं की पूर्ति के लिए हिंदी अधिकारियों के पद बनाए गए हैं, उनके अनुसार यह उचित होगा कि हिंदी अधिकारियों को निम्नलिखित कर्तव्य सौंपे जाने चाहिए :-

1. अंग्रेजी से हिंदी और हिंदी से अंग्रेजी अनुवाद का काम और उसकी वैटिंग।
2. विभाग के अधिकारियों और कर्मचारियों को राजभाषा अधिनियम के उपबंधों तथा हिंदी प्रशिक्षण और राजभाषा संबंधी आदेशों की जानकारी कराना और उनके कार्यान्वयन में मदद करना।
3. राजभाषा अधिनियम उपबंधों के तथा हिंदी प्रशिक्षण और राजभाषा संबंधी आदेशों का अपने विभाग और उसके अधीन कार्यालयों, अनुभागों, कंपनियों आदि में यथोचित रूप से अनुपानल कराना।
4. विभाग या कार्यालयों के राजभाषा कार्यान्वयन समिति के सचिव के रूप में काम करना और उसकी बैठक समय-समय पर बुलाना, उन बैठकों की कार्यसूची और कार्यवृत्त तैयार करना तथा बैठक में लिए गए निर्णयों पर की गई कार्रवाई का समन्वय करना।
5. हिंदी के प्रगामी प्रयोग को बढ़ावा देने के लिए समय-समय पर उचित सुझाव देना और इस बारे में राजभाषा विभाग से उचित माध्यम द्वारा सम्पर्क रखना।
6. सहायक और संदर्भ साहित्य तैयार करना, हिंदी कार्यशालाओं का प्रबंध करना और अधिकारियों एवं कर्मचारियों को हिंदी सीखने तथा सरकारी कामकाज में उसका इस्तेमाल करने में मदद देना।
7. हिंदी अधिकारियों/अनुवादकों से केवल अनुवाद तथा राजभाषा के कार्यान्वयन का ही काम लिया जाए जिसके लिए वे पद स्वीकृत किये गए हैं। यदि किसी कार्यालय में हिंदी का निर्धारित काम पूरी तरह से वार्षिक कार्यक्रम के लक्ष्य अनुसार कर लिया जाता है, उसके बाद भी यदि हिंदी के पदों पर लगे अधिकारियों/कर्मचारियों को समय मिले तब ही उन्हें हिंदी अनुवाद तथा राजभाषा नीति के कार्यान्वयन के अतिरिक्त कोई अन्य कार्य दिया जाए।

10.5.1 हिंदी संबंधी आदेशों के कार्यान्वयन की ज़िम्मेदारी विभाग के वरिष्ठ अधिकारियों पर रही है, उनकी यह ज़िम्मेदारी आगे भी बनी रहेगी। हिंदी अधिकारियों आदि की सेवाओं का उपयोग उस ज़िम्मेदारी को पूरा करने में सहायता लेने की दृष्टि से किया जाना चाहिए।

[का.ज्ञा.सं. 11/13019/75- रा.भा. (ग) दिनांक 31-12-1975]
[का.ज्ञा.सं. 13035/11/87- रा.भा. (ग) दिनांक 8-9-1987]
[का.ज्ञा.सं. 13017/4/88- रा.भा. (ग) दिनांक 8-6-1988]

10.6 हिंदी टाइपिस्टों तथा मिलानकर्त्ताओं के कार्य की मात्रा के मानक

भारत सरकार के विभिन्न मंत्रालयों/विभागों/कार्यालयों में किए जा रहे टाइपिंग के काम और उससे संबंधित विभिन्न समस्याओं का अध्ययन करने के बाद वित्त मंत्रालय (कर्मचारी निरीक्षक एकक, व्यय विभाग) के परामर्श से यह निर्णय लिया गया है कि हिंदी टाइपिस्टों और मिलान करने वालों के लिए निम्नलिखित मानक निर्धारित किए जाएं :-

हिंदी टाइपिस्टों के लिए काम के मानक

1. प्रति मिनट 25 शब्द की टाइप की न्यूनतम गति को मानक और व्यवधान और रुकावट, थकान, आनुषंगिक प्रक्रियाएं आदि कारणों के लिए छूट देते हुए हिंदी टाइपिस्ट को प्रतिदिन 5400 शब्द टाइप करने चाहिए।
2. पत्र आदि के लिए, पत्र में आए हुए शब्दों की संख्या ही गिनी जानी चाहिए। पते, सम्बोधन आदि के लिए हर पत्र में 60 शब्द जोड़ दिए जाएं।
3. सामान्य सामग्री से किये जाने वाले सीधे टाइपिंग के लिए ही उपर्युक्त मानक लागू होगा। अन्य प्रकार की सामग्री को इस आधार पर परिवर्तित करने के लिए निम्नलिखित प्रकार की छूट और दी जाए :-

(i) स्टेंसिल काटना	25% प्रतिशत (अर्थात 100 शब्दों को 125 शब्द माना जाए)
(ii) कार्बन लगाकर तीन या अधिक प्रतिलिपियां तैयार करने पर	25%
(iii) पांडुलिपि या हस्तलिखित सामग्री	25%
(iv) विवरण	100%

टिप्पणी :- नए भर्ती किए गए टाइपिस्ट के लिए उनकी सेवा के प्रथम वर्ष में 5000 शब्द प्रतिदिन का मानक रखा जाए। जिन टाइपिस्टों को अंग्रेजी और हिंदी टाइपिंग साथ-साथ करनी होती है, उनके लिए भी यही मानक रखा जाए।

(2) टाइप की हुई सामग्री का मिलान

हर तीन टाइपिस्टों के लिए दो मिलान करने वाले रखे जाएं।

[का.ज्ञा.सं. 11034/9/73-रा.भा. तारीख 10-1-1975]

10.7 हिंदी टाइपिस्टों और हिंदी आशुलिपिकों की सेवाओं का प्रयोग

हिंदी टाइपिंग/आशुलिपि में प्रशिक्षित टाइपिस्टों/आशुलिपिकों की सेवाओं का उपयोग किया जाए और उनसे नियमित रूप से हिंदी का काम लिया जाए ताकि उनका अभ्यास बना रहे और हिंदी का प्रयोग बढ़े।

[का.ज्ञा.सं. 12017/12/78- रा.भा. (क-1) दिनांक 16-8-1978]

10.8 हिंदी टाइपिंग/आशुलिपि में प्रशिक्षित कर्मचारियों द्वारा हिंदी टाइपिंग/ आशुलिपि में काम करने की जिम्मेदारी

कुछ हिंदी टंकण/हिंदी आशुलिपि में प्रशिक्षित कर्मचारी हिंदी में डिक्टेशन लेने/हिंदी टाइपिंग का काम करने में आनाकानी करते हैं। हिंदी शिक्षण योजना के अंतर्गत केंद्रीय सरकार के अंग्रेजी टाइपिस्टों/आशुलिपिकों को हिंदी आशुलिपि/हिंदी टंकण का प्रशिक्षण देने पर सरकार का काफी खर्च होता है। यह प्रशिक्षण सरकारी समय में ही नि:शुल्क दिया जाता है तथा प्रशिक्षण प्राप्त कर्मचारियों को निर्धारित दरों पर प्रोत्साहन भी दिये जाते हैं। कुछ टाइपिस्टों, आशुलिपिकों की भर्ती ही हिंदी टंकण/ आशुलिपि के टेस्ट में पास होने के आधार पर की जाती है। इस प्रकार जो भी कर्मचारी हिंदी टंकण/आशुलिपि में प्रशिक्षित हैं, उनका यह कर्तव्य है कि जब भी उन्हें हिंदी टंकण/आशुलिपि का काम करने को कहा जाए तो वे इससे इंकार न करें। जो कर्मचारी हिंदी और अंग्रेजी दोनों के टंकण/हिंदी आशुलिपि में प्रशिक्षित हैं, उनका यह कर्तव्य है कि वे अंग्रेजी या हिंदी किसी भाषा में टंकण/आशुलिपि का जो काम दिया जाए, उसे करें। किसी कर्मचारी को, जो हिंदी टंकण/आशुलिपि में प्रशिक्षित है, यह कहने का अधिकार नहीं है कि वह हिंदी टंकण या आशुलिपि का काम नहीं करेगा। राजभाषा नियम, 1976 के नियम 8(1) के अनुसार केवल कर्मचारियों को यह छूट है कि वे किसी टिप्पणी या कार्यवृत्त को हिंदी या अंग्रेजी में

लिख सकते हैं। यह छूट नहीं है कि वे हिंदी टाइपिंग या आशुलिपि में प्रशिक्षित होने के बावजूद हिंदी टंकण या आशुलिपि का काम न करें।

10.8.1 यदि कुछ ऐसे टाइपिस्ट किसी कार्यालय विशेष में हैं जिन्होंने बहुत समय पहले हिंदी टंकण का प्रशिक्षण लिया था तथा वे अभ्यास की कमी से अपना अर्जित ज्ञान भूल गए हैं तो ऐसी दशा में संबंधित कार्यालय कुछ हिंदी के टाइपराइटर ऐसे कर्मचारियों के लिए अलग से रख लें तथा ऐसे कर्मचारियों की सूची बनाकर उन्हें 5-6 दिन के निर्धारित समय में हिंदी टंकण का अभ्यास करने के लिए कहें। उसके पश्चात वे हिंदी टंकण का जो काम उन्हें सौंपा जाए, उसे करेंगे।

[का.ज्ञा.सं. 21034/23/87- रा.भा. (घ), दिनांक 21-9-1987]

10.9 हिंदी अनुवादकों के पदों के भर्ती नियमों में एक क्षेत्रीय भाषा के ज्ञान को वांछनीय अर्हता के रूप में रखना

हिंदी अनुवादकों आदि के पदों पर सीधी भर्ती के लिए किसी एक क्षेत्रीय भाषा का ज्ञान "वांछनीय अर्हता" के रूप में रखने के लिए उन पदों की भर्ती नियमों में संशोधन करने के बारे में विचार किया जाए। पदोन्नति द्वारा अथवा विभागीय परीक्षाओं आदि के आधार पर पदों के भरने में ऐसा करना आवश्यक नहीं।

[का.ज्ञा.सं. 11034/11/74- रा.भा. (ग) दिनांक 21-6-1974]

[का.ज्ञा.सं. 11034/11/74- रा.भा. (ग) दिनांक 27-6-1975]

10.9.1 अनुवादकों के लिए भाषा संबंधी न्यूनतम योग्यता

अनुवादक के लिए कम से कम स्नातक स्तर का हिंदी व अंग्रेजी भाषा का ज्ञान अनिवार्य है ताकि वह अपने पद के कर्तव्यों का कुशलतापूर्वक निर्वाह कर सके। राजभाषा विभाग के परामर्श से हिंदी अनुवादकों व हिंदी अधिकारियों के लिए मॉडल भर्ती नियम, कार्मिक व प्रशिक्षण विभाग द्वारा जारी किए गए हैं। इनमें भी अनुवादकों के लिए स्नातक स्तर से कम योग्यता का प्रावधान नहीं है।

केंद्र सरकार के सभी मंत्रालय/विभाग यह सुनिश्चित करें कि उनके संबद्ध, अधीनस्थ कार्यालयों, राष्ट्रीयकृत बैंकों, उपक्रमों आदि में नियुक्त किए जाने वाले अनुवादकों के पास कम से कम स्नातक स्तर का हिंदी व अंग्रेजी भाषा का ज्ञान हो। हिंदी पदों के भर्ती नियम बनाते समय कार्मिक व प्रशिक्षण विभाग द्वारा जारी मॉडल भर्ती नियमों को ध्यान में रखा जाए।

[का.ज्ञा.सं 13035/2/96- रा.भा. (नीति एवं समन्वय), दिनांक 12.6.1996]

10.10 वरिष्ठ अधिकारियों/हिंदी अधिकारियों को सुविधाएं

राजभाषा के रूप में हिंदी की प्रगति को बढ़ावा देने के लिए वरिष्ठ हिंदी अधिकारियों/ हिंदी अधिकारियों को उनके कार्य की महत्ता को देखते हुए कार्यालय और घर पर टेलीफोन की सुविधा प्रदान करने के लिए सहानुभूतिपूर्वक विचार किया जाए। संसद सत्र में देर रात तक की जाने वाली ड्यूटी को ध्यान में रखते हुए उन्हें केंद्रीय स्थलों में क्वार्टर एलाट करना उचित होगा और संसद सत्रों के दौरान रात के समय स्टाफ कार उपलब्ध कराना भी लाभकारी होगा।

[का.ज्ञा.सं. 19/10/84- रा.भा. (सेवा) दिनांक 21-11-1984]

10.11 देवनागरी टाइपराइटरों, (साधारण, पिनपाईट, बुलेटिन, पोर्टेबल तथा बिजली चलित) हिंदी टंककों और हिंदी आशुलिपिकों का अनुपात (कुल की तुलना में)

'क' क्षेत्र :

(क) मंत्रालय/विभाग -45%

(ख) अन्य कार्यालय (निगमों, उपक्रमों, बैंकों आदि सहित) -75%

(राजभाषा विभाग द्वारा जारी दिनांक 29-3-1990 के संकल्प सं. 12015/34/87-रा.भा.(त.क.) के अनुसार वर्ष 1994-95 के अंत तक -

1. देवनागरी के टाइपराइटर -90%
2. हिंदी टंककों/हिंदी आशुलिपिकों की संख्या में 20% वृद्धि प्रति वर्ष होनी है - 20%

'ख' क्षेत्र :

मंत्रालय/विभाग/केंद्रीय कार्यालय (निगमों, उपक्रमों, बैंकों आदि सहित) -45%

(रा.भा. विभाग द्वारा जारी दिनांक 29-3-1990 के संकल्प संख्या 12015/34/87-रा.भा.(त.क.) के परिप्रेक्ष्य में वर्ष 1994-95 के अन्त तक -

1. देवनागरी टाइपराइटरों की संख्या -45%
2. हिंदी टाइपिस्टों/आशुलिपिकों की संख्या में 20% वृद्धि प्रति वर्ष होती है। -66%

'ग' क्षेत्र :

मंत्रालय/विभाग/केंद्रीय कार्यालय (निगमों, उपक्रमों, बैंकों आदि सहित) -18%

(रा.भा. विभाग द्वारा जारी दिनांक 29-3-1990 के संकल्प संख्या 12015/34/87-रा.भा.(त.क.) के अनुसार वर्ष 1994-95 तक -

1. देवनागरी टाइपराइटरों की संख्या -25%
2. हिंदी टाइपिस्टों/आशुलिपिकों की संख्या में 20% वृद्धि प्रति वर्ष होती है।

2. हिंदी टंकण/आशुलिपि जानने वाले टंककों/आशुलिपिकों के अनुपात को टंककों/आशुलिपिकों की नई भर्ती में हिंदी टंकण/आशुलिपि जानने वाले उम्मीदवारों की भर्ती करके और अंग्रेजी टंकण/आशुलिपि जानने वाले टंककों/आशुलिपिकों को हिंदी टंकण/आशुलिपि का प्रशिक्षण दिलाकर पूरा करना होगा। जब तक हिंदी टंकण/आशुलिपि जानने वाले आशुलिपिक किसी कार्यालय में उपरोक्त निर्धारित अनुपात के अनुसार नहीं तो जाते तब तक नई भर्ती में यदि हिंदी टंकण/आशुलिपि जानने वाले टंकण/आशुलिपि उपलब्ध हो तो केवल हिंदी टंकण/आशुलिपि के माध्यम से चुने गए उम्मीदवारों को ही टंकक/आशुलिपि के पद पर नियुक्त किया जाये।

3. निर्धारित अनुपात हिंदी टंकण/आशुलिपि जानने वाले टंककों/आशुलिपिकों के विभिन्न कार्यालयों के लिए न्यूनतम अनुपात है यदि किसी कार्यालय में इनसे ज्यादा हिंदी में प्रशिक्षित टंककों/आशुलिपकों की आवश्यकता हो, तो उस अनुपात से ज्यादा भी हिंदी टंकण/आशुलिपि जानने वाले उम्मीदवारों को सीधी भर्ती द्वारा लिया जा सकता है। उपरोक्त निर्धारित अनुपातों के पूरा हो जाने के बाद भी अंग्रेजी टंकण/आशुलिपि जानने वाले टंककों/आशुलिपिकों को तब तक हिंदी टंकण/आशुलिपि का प्रशिक्षण दिया जाना जारी रखना चाहिए जब तक सभी टंकक/आशुलिपिक हिंदी टंकण/आशुलिपि का ज्ञान प्राप्त नहीं कर लेते।

4. यह सुनिश्चित करना आवश्यक है कि हिंदी आशुलिपिकों टंककों की निर्धारित प्रतिशतता प्राप्त की जाए और नई भर्ती के समय इसका समुचित ध्यान रखा जाए। जो अधिकारी इन आदेशों का उल्लंघन करते हैं, उनके विरुद्ध रा.भा. विभाग के दिनांक 22-8-1989 के का.ज्ञा. 12019/3/89-रा. भा. (भा.) के अनुसार कार्रवाई की जाए।

[का.ज्ञा.सं. 14012/7/87- रा.भा. (ग), दिनांक 20-8-1987]
[का.ज्ञा.सं. 14012/7/87- रा.भा. (ग), दिनांक 28-1-1988]
[का.ज्ञा.सं. 14012/14/87- रा.भा. (ग), दिनांक 1-2-1988]

[संकल्प सं. 12015/34/87- रा.भा. (त.क.), दिनांक 29-3-1990]
[का.ज्ञा.सं. 14012/6/92- रा.भा. (ग), दिनांक 12-2-1992]
[का.ज्ञा.सं. 14012/6/92- रा.भा. (ग), दिनांक 19-5-1992]

10.12 केंद्रीय सरकार के कार्यालयों में हिंदी कक्षों के लिए टाइपिस्ट उपलब्ध कराना

हिंदी कक्ष में कम से कम एक टंकक ऐसा लगाया जाए जो हिंदी टंकण के साथ अंग्रेजी टंकण का भी काम कर सके। यदि यह संभव न हो तो कोई ऐसा और उपाय किया जाए जिसमें हिंदी कक्ष को अपने अंग्रेजी टंकण का काम करवाने में दिक्कत न हो। सम्बद्ध और अधीनस्थ कार्यालयों, उपक्रमों आदि को भी इसी प्रकार कार्रवाई करने का सुझाव दिया जाए।

[का.ज्ञा.सं. 13035/7/87- रा.भा. (ग) दिनांक 23-3-1988]

10.13 संसदीय राजभाषा समिति की रिपोर्ट (भाग-2) में की गई सिफारिशों पर सरकार के निर्णय को क्रियान्वित करने के संबंध में

हिंदी टंकण तथा हिंदी आशुलिपि में प्रशिक्षण की वर्तमान व्यवस्था को और सुदृढ़ किये जाने के संबंध में संकल्प में लिए गए निर्णयों के अनुपालन में केंद्रीय हिंदी प्रशिक्षण संस्थान द्वारा निम्नलिखित कार्रवाई सुनिश्चित की गई है :-

1. विभिन्न क्षेत्रों में प्रशिक्षण के लिए बनी कार्मिक शक्ति के प्रशिक्षण कार्यक्रम को सुदृढ़ करते हुए उपयोग किया जा रहा है।
2. प्रशिक्षण विस्तार कार्यक्रम के अंतर्गत पूर्ण कालिक था अंशकालिक प्रशिक्षण केंद्र मांग के अनुसार खोले जा रहे हैं।
3. कुछ नगरों में राज्य सरकार एवं निजी संस्थाओं में हिंदी टंकण तथा हिंदी आशुलिपि के प्रशिक्षण का प्रबंध है।
4. कुछ चुने हुए केन्द्रों जैसे बेंगलोर, हैदराबाद, कलकत्ता, बम्बई एवं नई दिल्ली में हिंदी टंकण तथा हिंदी आशुलिपि के गहन प्रशिक्षण के क्रेश-कोर्स आयोजित किए जा रहे हैं तथा मद्रास में भी यह व्यवस्था प्रारम्भ की जा रही है।

2\. सरकारी कर्मचारियों को हिंदी-आशुलिपि तथा हिंदी टंकण का प्रशिक्षण निजी संस्थाओं द्वारा जैसे प्राइवेट कमर्शियल इंस्टीट्यूट में कराये जाने तथा इस प्रशिक्षण पर कर्मचारी द्वारा किये गये व्यय की प्रतिपूर्ति संबंधित कार्यालय द्वारा किए जाने के संबंध में यह स्पष्ट किया जाता है कि निजी प्रयत्नों से हिंदी-टंकण एवं हिंदी आशुलिपि का प्रशिक्षण प्राप्त कर हिंदी

शिक्षण योजना की परीक्षा उत्तीर्ण करने पर एक मुश्त पुरस्कार राशि दिए जाने का प्रावधान है। विभाग के कार्यालय ज्ञापन संख्या-12016/3/75-रा. भा., दिनांक 31-8-1977 के अनुसार एक मुश्त पुरस्कार राशि में से बिना ब्याज के अग्रिम दिये जाने का प्रावधान भी है।

3. सभी मंत्रालय/विभाग यह सुनिश्चित करें कि प्रत्येक कार्यालय में कम-से-कम एक टंकक हिंदी-टंकण में प्रशिक्षित अवश्य हो। जहां कहीं आवश्यक तथा सम्भव हो, इस प्रकार के प्रशिक्षित टंकक को अन्य अप्रशिक्षित कर्मचारियों को हिंदी के टंकण के प्रशिक्षण के लिए प्रयोग किया जाये और यह अतिरिक्त कार्य करने के लिए कार्यालय अध्यक्ष उन्हें राजभाषा विभाग के कार्यालय ज्ञापन संख्या-11015/1/66-रा.भा.(घ), दिनांक 25-2-1987 के अनुसार मानदेय का भुगतान करे।

[का.ज्ञा. सं. 28/6/94-हि.शि.यो. (मु.) दि 13-1-95]

[संकल्प संख्या 12015/54-87(रा.भा.)तक दि. 29-3-1990]

10.14 संसदीय राजभाषा समिति की रिपोर्ट (खण्ड-2) में की गई सिफ़ारिशों पर सरकार के निर्णय को क्रियान्वित करने के संबंध में

इस संबंध में निम्नलिखित कार्रवाई की गयी है-

1. हिंदी टंकण तथा हिंदी आशुलिपि के पाठ्यक्रमों का समय-समय पर पुनरीक्षण किया जाता है।
2. मंत्रालय/विभाग आदि संबंधित क्षेत्रीय उप निर्देशक, हिंदी शिक्षण योजना के कार्यालय से सम्पर्क का रैपने कर्मचारियों को इलेक्ट्रोनिक टाइपराइटर पर प्रशिक्षण दिलवा सकते हैं। दिल्ली स्थित कार्यालयों के लिए उप निर्देशक (हिंदी टंकण/आशुलिपि), हिंदी शिक्षण योजना, जनपथ 'ए' बैरेक्स प्रथम तल, जनपथ, नई दिल्ली-110001 से सम्पर्क स्थापित कर सकते हैं।
3. दूरसंचार विभाग चुने हुए केन्द्रों पर टेलेक्स तथा टेलीप्रिंटर प्रचालकों के लिए द्विभाषिक (हिंदी-अंग्रेजी) मशीनों पर कार्य करने का प्रशिक्षण संचालित कर रहा है। पुनश्चर्या पाठ्यक्रम के आयोजन का दायित्व भी दूरसंचार विभाग का ही है। केंद्रीय हिंदी प्रशिक्षण संस्थान द्वारा पुनश्चर्या पाठ्यक्रमों की व्यवस्था करना संभव नहीं है।

[का.ज्ञा. सं. 28/1/94 हि. शि. यो. (मु.) दि. 5-1-1995]

[संकल्प सं. 12015/34/87-रा.भा.(तक) दि. 29-3-90]

10.15 देवनागरी टाइपराइटरों/हिंदी टाइपिस्टों/हिंदी आशुलिपिकों के अनुपात का पुन: निर्धारण तथा इस संबंध में अब तक जारी आदेशों को समेकित करना

राजभाषा अधिनियम, 1963 तथा उसके अंतर्गत जारी किए गैर राजभाषा (संघ के सरकारी प्रयोजनों के लिए प्रयोग) नियम, 1976 के उपबंधों का पालन करने के लिए यह आवश्यक है कि केंद्रीय सरकार के प्रत्येक कार्यालय में देवनागरी टाइपराइटर/हिंदी टाइपिस्ट/हिंदी आशुलिपिक पर्याप्त संख्या में उपलब्ध हों। राजभाषा विभाग द्वारा समय-समय पर आदेश जारी करके यह स्पष्ट किया जाता रहा है कि केंद्र सरकार के प्रत्येक कार्यालय में किस अनुपात में देवनागरी टाइपराइटर/हिंदी टाइपिस्ट/हिंदी आशुलिपिक उपलब्ध हों। दिनांक 1-4-94 से केंद्र सरकार के सभी कार्यालयों में कम से कम निम्नलिखित अनुपात में देवनागरी टाइपराइटर/हिंदी टाइपिस्ट/हिंदी आशुलिपिक होने चाहिए :-

1. "क" क्षेत्र में स्थित केंद्रीय सरकार के सभी कार्यालय 90 प्रतिशत
2. "ख" क्षेत्र में स्थित केंद्र सरकार के सभी कार्यालय 66 प्रतिशत
3. "ग" क्षेत्र में स्थित केंद्रीय सरकार के सभी कार्यालय 25 प्रतिशत

2. इन अनुपातों को प्राप्त करने के लिए निम्नलिखित अनुदेश ध्यान में रखे जाएं :-
    1. केंद्र सरकार के जिन कार्यालयों में एक भी देवनागरी टाइपराइटर नहीं है, उनमें कम से कम एक देवनागरी टाइपराइटर खरीद लिया जाए।
    2. अब तक किसी केंद्र सरकार के कार्यालय में उपर्युक्त अनुपात पूरे नहीं हो जाते, तब तक उनमें केवल देवनागरी टाइपराइटर ही खरीदें जाएं, हिंदी आशुलिपिक व हिंदी टाइपिस्ट ही नियुक्त किए जाएं।
    3. जो अधिकारी टाइपराइटरों की खरीद का आदेश देता है, उसका यह उत्तर दायित्व होगा कि यह सुनिश्चित करे कि जब तक उपर्युक्त निर्धारित लक्ष्य प्राप्त न हो जाए तब तक केवल देवनगरी टाइपराइटर ही खरीदे जाएं। इसी प्रकार जो अधिकारी हिंदी टाइपिस्टों/हिंदी आशुलिपिकों के पदों को भरने के लिए मांग पत्र पर हस्ताक्षर करता है, उसका यह उत्तरदायित्व होगा कि वह सुनिश्चित करे कि जब तक ऊपर दर्शाये गए अनुपात में हिंदी टाइपिस्ट/हिंदी आशुलिपिक उपलब्ध नहीं हो जाते तब तक केवल हिंदी के टाइपिस्टों/आशुलिपिकों से पदों को भरने के लिए मांगपत्र भेजे जाएं।

4. कुल टाइपराइटरों कि संख्या में द्विभाषी (अंग्रेजी-हिंदी) इलेक्ट्रोनिक टाइपराइटरों की संख्या को नहीं जोड़ा जाएगा।

5. यदि किसी कार्यालय में उपर्युक्त निर्धारित लक्ष्य से अधिक संख्या में देवनागरी टाइपराइटरों की आवश्यकता महसूस की जाती है तो वे आवश्यकतानुसर उक्त अनुपात से अधिक भी देवनागरी टाइपराइटर खरीद सकते हैं। इसी प्रकार यदि किसी कार्यालय में उपर्युक्त निर्धारित लक्ष्य से अधिक हिंदी टाइपिस्टों/हिंदी आशुलिपिकों की आवश्यकता महसूस की जाती है तो वे उक्त अनुपात से अधिक हिंदी टाइपिस्ट/ हिंदी आशुलिपिक के पद भर सकते हैं।

6. कार्य की आवश्यकता के अनुसार अंग्रेजी आशुलिपिकों/टाइपिस्टों को हिंदी आशुलिपि तथा टाइपिंग का तथा हिंदी आशुलिपिकों/हिंदी टाइपिस्टों को अंग्रेजी आशुलिपि/अंग्रेजी टाइपिंग का प्रशिक्षण पहले की तरह दिया जाता रहेगा।

3. केंद्रीय सरकार के कार्यालय का आशय है (1) केंद्र सरकार का कोई मंत्रालय/विभाग (2) केंद्र सरकार द्वारा नियुक्त कोई आयोग या (3) केंद्र सरकार के स्वामित्व में या नियंत्रण के अधीन कोई निगम या कम्पनी का कोई कार्यालय। हिंदी टाइपिस्ट का आशय केंद्र सरकार के कार्यालयों में कार्यरत अवर श्रेणी लिपिक या इसके समक्ष वेतनमान वाले विभिन्न पदनामों से पुकारे जाने वाले पदों से है। इसी प्रकार हिंदी आशुलिपिकों का तात्पर्य विभिन्न श्रेणियों व विभिन्न पदनामों से पुकारे जाने वाले उन आशुलिपिकों से है जो हिंदी आशुलिपि जानते हैं।

4. केंद्र सरकार के सभी मंत्रालयों/विभागों से अनुरोध है कि इन अनुदेशों का पालन सुनिश्चित करें और अपने सभी सम्बद्ध और अधीनस्थ कार्यालयों, निगमों, उपक्रमों, बैंकों आदि से भी इन अनुदेशों का अनुपालन सुनिश्चित करने के लिए अनुरोध करें।

[का.ज्ञा. सं. 13012/2/94-रा.भा.(ग) दि. 15-4-94]

आदेश

10.16 एक राजभाषा समिति, जिसमें लोकसभा के बीस सदस्य और राज्य सभा के दस सदस्य हैं। राजभाषा अधिनियम, 1963 (1963 का 19) जिसे इसमें इसके पश्चात उक्त अधिनियम कहा गया है, की धारा 4 के उपबंधों के अनुसार संघ के राजकीय प्रयोजनों के लिए हिंदी के प्रयोग में हुई प्रगति के पुनर्विलोकन के लिए

और उस पर राष्ट्रपति को एक रिपोर्ट अपनी सिफ़ारिशों सहित प्रस्तुत करने के लिए गठित की गई थी।

राजभाषा समिति ने राष्ट्रपति को अपनी रिपोर्ट का भाग 3 (अध्याय 1 से 18 और उपबंध 1989 में प्रस्तुत किया जिसमें अन्य बातों के साथ-साथ यह सिफ़ारिश की थी कि औद्योगिक स्थापनों के ऐसे अधिकारियों और कर्मचारियों के लिए जिनसे डेस्क कार्य की अपेक्षा की जाती है हिंदी में प्रशिक्षण प्राप्त करना आवशयक होना चाहिए।

उक्त अधिनियम की धारा 4 की उप धारा (3) के उपबंधों के अनुसार उस रिपोर्ट को क्रमश: 13 अक्तूबर 1969 और 17 दिसंबर 1989 को संसद के दोनों सदनों के समक्ष रखा गया था और रिपोर्ट की प्रतियां सभी राज्य/संघ राज्य क्षेत्र सरकारों को भी भेजी गई थीं। चूंकि समिति की ये सिफारिशें, केंद्रीय सरकार के कर्मचारियों को हिंदी प्रशिक्षण देने के लिए किए जाने वाले प्रबंधों से और हिंदी के माध्यम से प्रशिक्षण दिए जाने से संबंधित है, अत: विभिन्न मंत्रालयों/विभागों की राय भी प्राप्त की गई थी।

राज्य/संघ राज्य सरकारों तथा विभिन्न मंत्रालयों/विभागों द्वारा इस संबंध में व्यक्त मतों पर विचार किया गया है और इस सिफ़ारिश को सिद्धान्त रूप से स्वीकार करते हुए 4 नवंबर, 1991 को संकल्प जारी किया गया।

अत: राष्ट्रपति, उक्त अधिनियम की धारा (4) की उपधारा (4) द्वारा प्रदत्त शक्तियों का प्रयोग करते हुए, निम्नलिखित निर्देश देते हैं :-

1. केंद्रीय सरकार के स्वामित्वाधीन या नियंत्रणाधीन औद्योगिक स्थापनों के कर्मचारियों के लिए हिंदी में प्रशिक्षण को अनिवार्य किया जाए। तथापि (i) केंद्रीय सरकारी कर्मचारियों के वर्गीकरण के समतुल्य (समूह 'ग' से नीचे की श्रेणी के कर्मचारियों) (ii) निर्धारित कर्मचारीवृन्द (कार्यप्रभारी कर्मचारी) और (iii) ऐसे कर्मचारी जिनके लिए कोई शैक्षणिक अर्हताएँ विहित नहीं की गई हैं और जो औद्योगिक/वाणिज्यिक स्थापनों या खानों में मुख्य रूप से शारीरिक/यांत्रिक कर्म में लगे हुए हैं, लागू नहीं होगा।
2. विहित मानक प्राप्त करने में असफल रहने पर कोई शक्ति अधिरोपित नहीं की जाएगी।
3. प्रशिक्षणार्थियों को हिंदी प्रशिक्षण की सुविधाएं नि:शुल्क प्रदान की जाएं, और

4. केंद्रीय सरकार के स्वामित्वाधीन या नियंत्रणाधीन संबद्ध औद्योगिक स्थापन अपने कर्मचारियों के प्रशिक्षण के खर्च स्वयं वहन करेंगे, तथापि हिंदी शिक्षण योजना के अधीन चलाई जाने वाली हिंदी कक्षाओं में तथा केंद्रीय हिंदी प्रशिक्षण संस्थान और उनके उप-संस्थानों द्वारा चलाये जा रहे पाठयक्रमों में उपलब्ध अतिरिक्त स्थानों के होने पर ऐसे कर्मचारियों को ऐसी कक्षाओं में प्रवेश दिया जाएगा और केंद्रीय सरकार के स्वामित्वाधीन या नियंत्रणाधीन औद्योगिक स्थापनों से प्रशिक्षण के व्यय की प्रति पूर्ति के लिए कोई मांग नहीं की जाएगी।

[सं. 11016/5/76-रा.भा.(घ), दिनांक 23-2-93]

10.17 **केंद्रीय सचिवालय राजभाषा सेवा संवर्ग के अधिकारियों को मोडिफाइड एस्योर्ड कैरियर प्रोग्रेशन स्कीम (एमएसीपीएस) देने के संबंध में।**

उपर्युक्त विषय से संबंधित कार्मिक और प्रशिक्षण त्रिभाग के दिनांक 19.5.2009 के कार्यालय ज्ञापन सं 35037/3/2008-स्थापना (घ) का अवलोकन करें। इसके अनुसार केंद्रीय सरकार ने छठे केंद्रीय वेतन आयोग की सिफारिशें मान ली हैं और उसे और ज्यादा संशोधन के साथ 10,20,30 वर्षों की सत्त नियमित सेवा के अंतराल पर एमएसीपीएस के अधीन तीन वित्तीय वृद्धियों के साथ स्वीकार कर लिया है। स्कीम केंद्र सरकार के सिविलियन कर्मचारियों के मोडिफाइड एस्योर्ड कैरियर प्रोग्रेशन स्कीम(एमएसीपीएस) के नाम से जानी जाएगी। यह स्कीम पिछले एसीपी स्कीम और इसके अधीन जारी स्पष्टीकरण के प्रतिस्थापन में है और संगठित ग्रुप क सेवा के अधिकारियों के अलावा केंद्रीय सरकार के सिविलियन कर्मचारियों 'क' और 'ख' तथा 'ग' सेवा में लागू होगी।

इस स्कीम के अधीन वित्तीय अद्यतन प्रदान करने के मामले में विचार करने के लिए प्रत्येक मंत्रालय/विभाग में एक संचालन समिति गठित की जाएगी। इस समिति में एक अध्यक्ष और दो सदस्य होंगे। समिति के सदस्य जिस ग्रेड के लिए एमएसीपी पर विचार किया जा रहा है, उससे एक स्तर ऊपर होंगे और सरकार में अवर सचिव के समान पद के होंगे। अध्यक्ष सामान्यत: समिति के सदस्यों से एक ग्रेड ऊपर का होगा।

इस समिति की सिफारिशें सचिव या उन मामलों जहाँ मंत्रालय/विभाग में समिति गठित की जायेंगी, संगठन के प्रमुख अधिकारी के समक्ष अनुमोदन हेतु रखी जायेंगी। यह समिति परिपक्व मामलों पर निर्णय लेने के लिए वर्ष में जनवरी के प्रथम सप्ताह और जुलाई के प्रथम सप्ताह में दो बार बैठक आयोजित करेगी।

कार्मिक और प्रशिक्षण विभाग के दिनांक 19.5.2009 के कार्यालय ज्ञापन सं 35037/3/2008-स्थापना (घ) की प्राप्ति उस विभाग की वेबसाइट सं www.pers.min.nic.in पर की जा सकती है। सक्षम प्राधिकारी द्वारा अधोहस्ताक्षरी को यह कहने का निर्देश हुआ है कि सभी मंत्रालय/विभाग अपने मंत्रालय/विभाग में कार्यरत केंद्रीय सचिवालय राजभाषा सेवा संवर्ग के अधिकारियों के एमएसीपीएस से संबंधित सभी मामलों का निपटारा स्वयं करें तथा कार्यालय द्वारा जारी किए गए आदेश की प्रति राजभाषा विभाग को भेज दी जाए।

सभी मंत्रालय/विभागों से अनुरोध है कि इस स्कीम को केंद्रीय सचिवालय राजभाषा सेवा संवर्ग के सभी अधिकारियों की जानकारी में लायें।

का.ज्ञा.सं. 5/16/2009-रा.भा.(सेवा) दिनांक 29.10.2009

10.17.1 **केंद्रीय सचिवालय राजभाषा सेवा संवर्ग के अधिकारियों को ए.सी.पी./एमएसीपी स्कीम के तहत वित्तीय लाभ प्रदान करना।**

उपर्युक्त विषय़ पर इस विभाग के दिनांक 29.10.2009 के समसंख्यक कार्यालय ज्ञापन का संदर्भ लें। राजभाषा विभाग ने नीतिगत निर्णय लेते हुए केंद्रीय सचिवालय राजभाषा संवर्ग के अधिकारियों के एसीपी/एमएसीपी से संबंधित सभी मामलों पर कार्रवाई का अधिकार संबंधित मंत्रालय/विभाग को दे दिया है, जहां अधिकारी की तैनाती है। कुछ कार्यालय समय-समय पर राजभाषा विभाग से स्पष्टीकरण मांगते रहे हैं कि केंद्रीय सचिवालय राजभाषा सेवा संवर्ग के अधिकारियों के एमएसीपी के साथ -साथ क्या एसीपी से संबंधित पुराने मामलों पर भी पुन: कार्रवाई करनी है।

2. सभी मंत्रालयों/विभागों से अनुरोध है कि वह राजभाषा सेवा संवर्ग के अधिकारियों के एसीपी/एमएसीपी से संबंधित मामलों का निपटारा अपने स्तर से करें। केंद्रीय सचिवालय राजभाषा सेवा संवर्ग के अधिकारियों के एसीपी/एमएसीपी से संबंधित मामलों को मंत्रालय/विभाग इस विषय पर अपने यहां गठित समिति के समक्ष रखें और जैसे मंत्रालय के अन्य अधिकारियों/कर्मचारियों के एसीपी/एमएसीपी के तहत वित्तीय लाभ प्रदान करता है उसी तरह से केंद्रीय सचिवालय राजभाषा सेवा संवर्ग के अधिकारियों को भी वित्तीय लाभ प्रदान करें।

का.ज्ञा.सं. 5/16/2009-रा.भा.(सेवा) दिनांक 14.05.2010

10.18 केंद्रीय सचिवालय राजभाषा सेवा संवर्ग के अधिकारियों/कर्मचारियों द्वारा दिए गए त्यागपत्र के तहत उन्हें कार्यमुक्त किए जाने के संबंध में।

उपरोक्त विषय पर उल्लेख किया जाना है कि कई मंत्रालय/विभाग इस विभाग को सूचित किए बिना केंद्रीय सचिवालय राजभाषा सेवा संवर्ग के अधिकारियों/कर्मचारियों के त्यागपत्र को स्वयं स्वीकृत करते हुए उन्हें कार्यमुक्त कर देते हैं जो नियमानुसार नहीं है। इस संबंध में अधोहस्ताक्षरी को यह कहने का निर्देश हुआ है कि केंद्रीय सचिवालय राजभाषा सेवा संवर्ग के किसी भी अधिकारी/कर्मचारी द्वारा दिए गए त्यागपत्र को स्वीकार करने एवं उसे कार्यमुक्त करने से पूर्व इस विभाग की स्वीकृति प्राप्त करें।

का.ज्ञा.सं. 7/16/2013-रा.भा.(सेवा) दिनांक 9.9.2013

10.19 केंद्रीय सचिवालय राजभाषा सेवा संवर्ग के बाहर के राजभाषा संबंधित विभिन्न पदों के पदनामों तथा वेतनमानों में एकरूपता प्रदान करने के संम्बध में।

उपर्युक्त विषय पर अधोहस्ताक्षरी को यह कहने का निर्देश हुआ है कि विभिन्न मंत्रालय/विभागों से प्राप्त पत्रों के आधार पर उनके अधीनस्थ स्वायत्तशासी निकायों में कार्यरत राजभाषा से संबंधित अधिकारियों/कर्मचारियों को केंद्रीय सचिवालय राजभाषा सेवा संवर्ग के समान वेतनमान दिए जाने के संबंध में प्रस्ताव व्यय विभाग, वित्त मंत्रालय को भेजा गया था। व्यय विभाग, वित्त मंत्रालय ने प्रासंगिक विषय पर उल्लेख किया है कि उनके द्वारा दिनांक 24.11.2008 को जारी कार्यालय ज्ञापन स्वायत्त निकायों पर प्रत्यक्ष रूप में एवं स्वयंमेव लागू नहीं होता (प्रतिलिपि संलग्न) अत: संबंधित विभाग व्यय विभाग, वित्त मंत्रालय द्वारा जारी दिशा निर्देशों के अनुसार अपेक्षित कार्रवाई करें।

सं.13/63/2013-रा.भा.(सेवा) दिनांक 10.2.2014

10.20 केंद्रीय सचिवालय राजभाषा सेवा संवर्ग के अधिकारियों/कार्मिकों के स्थानांतरण प्रतिनियुक्त/सीधी भर्ती हेतु आवेदन पत्र के संदर्भ में।

उपरोक्त विषय पर अधोहस्ताक्षरी को यह कहने का निर्देश हुआ है कि केंद्रीय सचिवालय राजभाषा सेवा अधिकारी/कार्मिक प्राय: अपने स्थानांतरण/प्रतिनियुक्ति/सीधी भर्ती हेतु आवेदन पत्र स्वयं ही सीधे राजभाषा विभाग को भेज देते हैं जो कि उचित नही है। केंद्रीय सचिवालय राजभाषा सेवा संवर्ग के विभिन्न मंत्रालयों/विभागों में कार्यरत सभी अधिकारियों/कार्मिकों को निर्देश दिया जाता है कि भविष्य में वे

अपने स्थानांतरण/प्रतिनियुक्ति/सीधी भर्ती हेतु आवेदन उचित माध्यम से ही राजभाषा विभाग को भेजें। राजभाषा विभाग में वही आवेदन स्वीकार किए जाएंगे जो उचित माध्यम से प्राप्त होंगे।

राजभाषा विभाग से किसी भी प्रकार का पत्राचार अपने कार्यालय जहां पर तैनाती की गई है, उनके माध्यम से न करके सीधे पत्राचार करने व राजनीतिक हस्तक्षेप के माध्यम से पत्राचार करने पर अधिकारियों/कार्मिकों के विरुद्ध सीसीएस(कंडक्ट) रूल 6(14) के अंतर्गत अनुशासनात्मक कार्रवाई की जा सकती है।

का.ज्ञा.सं. 05/5/2019-रा.भा .(सेवा) पार्ट 1 दिनांक 16.1.2020

10.21 राजभाषा संबंधी पदों पर पदोन्नति के अवसर

"सभी मंत्रालय/विभाग अपने अधीनस्थ विभागों कार्यालयों/संगठनों तथा निगम में राजभाषा संबंधी पदों का समास्थिति संवर्गीकरण का कार्य तुरन्त प्रारम्भ करें। इस कार्य में न केवल राजभाषा संबंधी कार्य आवश्यकताओं एवं कार्यस्वरूप को ध्यान में रखा जाए अपितु संवर्गीकृत पदों पर पदोन्नति के अवसर भी उपलब्ध करवाए जाएं।"

अत: अनुरोध है कि आप केंद्रीय राजभाषा कार्यान्वयन समिति के उपरोक्त निर्णय पर आवश्यक कार्रवाई कृपया शीघ्र करवाने का कष्ट करें।

अ.शा. पत्र सं 9/2/97-रा.भा. (सेवा), दिनांक 15.4.1997

10.22 भारत सरकार के विभिन्न मंत्रालयों/विभागों के नियंत्रणाधीन अधीनस्थ कार्यालयों व उपक्रमों में हिंदी पदों पर कार्यरत कर्मचारियों/अधिकारियों को पदोन्नति के अवसर उपलब्ध कराने के प्रयास/उपाय करना।

इस विभाग के दिनांक 13 नवम्बर, 1990 एवं 25 अप्रैल, 1991 के कार्यालय ज्ञापन एवं 15 अप्रैल, 1997 के अंश पत्र द्वारा अनुदेश जारी किए गए थे कि सभी मंत्रालय/विभाग अपने अधीनस्थ कार्यालयों व उपक्रमों आदि में हिंदी पदों पर कार्यरत अधिकारियों/कर्मचारियों के अलग-अलग संवर्ग गठित करने के बारे में विचार करें तथा जहां-जहां संवर्ग का गठन संभव हो, वहां संवर्ग बनाया जाए तथा जहां स्टाफ की पदोन्नति के लिए अवसर कम हों और संवर्ग बनाना संभव न हो वहां स्टाफ की पदोन्नति के लिए अवसरों की जांच की जाए। यदि वे अपर्याप्त पाए जाएं तो उन्हें बढ़ाने के उपाय किए जायें।

जिन मंत्रालयों/विभागों द्वारा कोई कार्रवाई अभी तक आरम्भ नहीं की गई है, वे इस विषय पर कार्रवाई जल्द आरम्भ करके इस विभाग को अवगत कराने का कष्ट करें।

का.ज्ञा.सं. 9/2/97 रा.भा. (सेवा), दिनांक 23.3.1999

10.23 विभागों/कार्यालयों/संगठनों तथा निगमों में राजभाषा संबंधी पदों का संवर्गीकरण करने के संबंध में।

विभिन्न मंत्रालयों/विभागों के अधीनस्थ कार्यालयों में कार्य कर रहे अधिकारियों/कर्मचारियों को पदोन्नति के पर्याप्त अवसर उपलब्ध करवाने हेतु उनके अलग-अलग संवर्ग का गठन करना आवश्यक है।

अत: पुन: संवर्गीकरण का कार्य बिना और किसी विलम्ब के आरंभ किया जाए तथा की गई कार्रवाई से इस विभाग को अवगत कराया जाए।

का.ज्ञा.सं. 9/2/97-रा.भा. (सेवा), दिनांक 14.8.1997

10.24 केंद्रीय सचिवालय, राजभाषा सेवा संवर्ग के अधिकारियों/कर्मचारियों के सवंर्ग बाह्य पदों हेतु आवेदन पत्र अग्रेषित करने के संबंध में।

संबंधित मंत्रालय/विभाग और संबद्ध कार्यालय जो केंद्रीय सचिवालय राजभाषा सेवा में शामिल हैं, केंद्रीय सचिवालय राजभाषा सेवा संवर्ग के अधिकारियों/कर्मचारियों के संवंर्ग बाह्य पदों हेतु आवेदन पत्रों की पात्रता इत्यादि की जाँच करके स्वयं अग्रेषित करें, तत्पश्चात राजभाषा विभाग को क्लीयरेंस के लिए प्रति अग्रेषित करें।

का.ज्ञा.सं. 7/97/98-रा.भा. (सेवा), दिनांक 23.2.2000

10.25 मंत्रालयों/विभागों/कार्यालयों के न्यूनतम हिंदी पद

इस विभाग को स्क्रीनिंग कमेटी 27.1.2005 की बैठक में निम्नलिखित निर्णय लिया गया:-

"जहां तक न्यूनतम हिंदी पदों का संबंध है, संबंधित मंत्रालय/विभाग/कार्यालय अपनी स्क्रीनिंग कमेटी की बैठक में इन पदों की गणना करें। जहां तक संभव हो उन्हें कटौती से बचायें क्योंकि ये न्यूनतम हिंदी पद हैं जो कि राजभाषा नीति के कार्यान्वयन के लिए नितांत आवश्यक हैं।

तदनुसार मंत्रालयों/विभागों से अनुरोध है कि न्यूनतम हिंदी पदों को भरने के बारे में संबंधित मंत्रालयों इत्यादि की स्क्रीनिंग कमेटी की बैठक में विचार किया जाए। जहाँ तक संभव हो इन पदों को कार्मिक और प्रशिक्षण विभाग के उपर्युक्त कार्यालय ज्ञापन के अन्तर्गत होने वाली कटौती से बचाया जाए क्योंकि ये पद राजभाषा नीति के कार्यान्वयन के लिए संवैधानिक आवश्यकताओं को पूरा करने के लिए बनाये गए हैं। यह प्रक्रिया मंत्रालय/विभाग उनके संबद्ध अधीनस्थ कार्यालय, उपक्रम, बैंक संस्थान सहित सभी कार्यालयों के लिए अपनाई जाए। यह कार्यालय ज्ञापन राजभाषा विभाग की वेबसाइट पर भी उपलब्ध है।

का.ज्ञा.सं. 15/4/2005-रा.भा. (सेवा), दिनांक 22.2.2005

10.26 अधीनस्थ संबद्ध उपक्रमों/प्रतिष्ठानों में पदोन्नति के लिए राजभाषा संवर्ग की व्यवस्था।

संसदीय राजभाषा समिति ने अपने प्रतिवेदन के छठे खंड में निम्नलिखित सिफारिश की है :-

"संस्तुति सं. 11.10.14 केंद्रीय सरकार के मंत्रालय स्तर के लिए तो राजभाषा कैडर बना है जिसके कारण एक कनिष्ठ अनुवादक निर्देशक (रा.भा) के पद तक पहुंच जाता है, किन्तु भारत सरकार के अधीनस्थ संबद्ध/उपक्रमों/प्रतिष्ठानों में राजभाषा कैडर की व्यवस्था नहीं है। इस कारण राजभाषा अनुभाग में कार्य करने वाले अधिकारी/कर्मचारी विभागीय पदोन्नति से इस कारण वंचित रह जाते हैं कि वह राजभाषा हिंदी में कार्य कर रहा है। अतः उक्त कार्यालय में राजभाषा कैडर के आधार पर पदोन्नति होनी चाहिए अथवा उनके विभाग में उनकी वरीयता के आधार पर पदोन्नति की जानी चाहिए। एक मंत्रालय के अधीन जितने उपक्रम/प्रतिष्ठान अधीनस्थ संबद्ध कार्यालय हैं उनका राजभाषा कैडर बनाया जाए।"

2. समिति की यह संस्तुति इस विभाग को संकल्प सं 12021/02/2003-11 राभा (सेवा), दिनांक 17.9.2004 के अन्तर्गत स्वीकार्य कर ली गई है। इस बारे में पहले भी निम्नलिखित कार्यालय ज्ञापन जारी किए गए थे:-
    1. कार्यालय ज्ञापन सं. 17/5/88- रा.भा.(सेवा) दिनांक 6.4.1988
    2. का.ज्ञा.सं. 9/5/1990- रा.भा.(सेवा) दिनांक 13.11.1990 और 25.4.1991
    3. का.ज्ञा.सं. 9/2/97-रा.भा. (सेवा) दिनांक 14.8.1997 और 23.3.1999
    4. का.ज्ञा.सं. 9/5-99-रा.भा. (सेवा) दिनांक 28.9.1999

    सभी मंत्रालयों/विभागों/संबंध व अधीनस्थ कार्यालय व उनके नियंत्रणाधीन उपक्रमों से आवश्यक कार्रवाई करने का अनुरोध किया गया था।
3. सभी मंत्रालयों/विभागों से पुनः अनुरोध है कि वे अपने नियंत्रणाधीन अधीनस्थ कार्यालयों/उपक्रमों और संगठनों आदि में कार्यरत हिंदी- अधिकारियों/ कर्मचारियों के संवर्ग गठित करने के लिए कार्रवाई करें, ताकि राजभाषा से जुड़े कर्मियों को पदोन्नति के पर्याप्त अवसर उपलब्ध हो सके।
4. इस विषय में की गई कार्रवाई से राजभाषा विभाग को भी अवगत कराया जाए।

का.ज्ञा.सं. 15/6/2005- रा.भा. (सेवा) दिनांक 7.4.2005

अध्याय 11

पत्र-पत्रिकाएँ

11.1 सरकारी पत्र-पत्रिकाओं का हिंदी में प्रकाशन

केंद्रीय सरकार के कार्यालयों द्वारा यदि केवल अंग्रेजी में पत्र या पत्रिकाओं का प्रकाशन किया जाता है तो यह आवश्यक है कि हिंदी में भी पत्र या पत्रिका का प्रकाशन किया जाए। यदि किसी कारण से ऐसी पत्रिका का प्रकाशन हिंदी तथा अंग्रेजी में अलग-अलग संभव न हो तो वहां एक ही प्रकाशन में हिंदी तथा अंग्रेजी दोनों भाषाओं में लेख आदि का प्रकाशन किया जाए। यह भी सुनिश्चित किया जाए कि इस प्रकार हिंदी में प्रकाशित लेखों या रचनाओं की पृष्ठ संख्या का अनुपात अंग्रेजी के लेखों या रचनाओं से किसी प्रकार कम न हो।

11.1.1 जहां हिंदी या अंग्रेजी के सिवाय किसी दूसरी भारतीय भाषाओं में पत्र-पत्रिकाओं का प्रकाशन किया जाता है तो उसका हिंदी रूपान्तर भी प्रकाशित किया जाए। इस प्रकार प्रकाशित रूपान्तर की प्रतियों की संख्या आवश्यकतानुसार तय की जा सकती है।

11.1.2 सभी मंत्रालय, विभाग एवं सरकारी उपक्रमों की छप रहीं पत्रिकाओं की एक प्रति सचिव/संयुक्त सचिव राजभाषा विभाग को अवश्य भेजें।

[का.ज्ञा.सं. ई. 11015/43/73-रा.भा., दिनांक 27-8-1973]

[का.ज्ञा.सं. 20034/13/79- पत्रिका एकक, दिनांक 18-7-1985]

11.2 सांख्यिकीय जेबी पुस्तकों का द्विभाषिक (डिगलाट) रूप में प्रकाशन

सांख्यिकीय सूचना वाली जेबी पुस्तकें द्विभाषिक (डिगलाट) रूप में प्रकाशित की जाएं। वर्णन संबंधी अंक द्विभाषिक रूप (डिगलाट फार्म) में छापे जा सकते हैं जिसमें हिंदी तथा अंग्रेजी रूपांतर एक दूसरे के आमने-सामने हों और सारणियों के शीर्षक अंग्रेजी तथा हिंदी में हों ताकि ये जेबी पुस्तकें (पॉकेट बुक्स) अनावश्यक रूप में बोझिल न होने पाए और साथ ही कागज की भी बचत हो सके। यदि इन जेबी पुस्तकों का आकार ज्यादा बड़ा हो जाने की आशंका हो तो हिंदी और अंग्रेजी रूपान्तर अलग-अलग पुस्तिकाओं के रूप में प्रकाशित किये जा सकते हैं।

[का.ज्ञा.सं. 11020/18/73-रा.भा., दिनांक 3-10-1973]

11.3 हिंदी में प्रकाशित की जाने वाली पत्र-पत्रिकाओं में मानक वर्णमाला और वर्तनी का प्रयोग

सभी मंत्रालय/विभाग अपने प्रकाशनों में केंद्रीय हिंदी निर्देशालय, पश्चिमी खंड 7, रामकृष्णपुरम, नई दिल्ली द्वारा प्रकाशित "देवनागरी लिपि तथा हिंदी वर्तनी का मानकीकरण" पुस्तिका में दी गई वर्णमाला और वर्तनी आदि का ही प्रयोग करें।

सरकारी प्रेसों और फाउन्ड्री वालों को निर्देश दिए जाएं कि वे मानक वर्णमाला के अनुसार ही नए टाइप फेस बनवाएँ और प्रकाशनों में उन्हीं का इस्तेमाल करें।

[का.ज्ञा.सं. 11034/7/77- रा.भा. एकक, दिनांक 13-12-1978]

[का.ज्ञा.सं. 11034/11/87-रा.वि. एकक, दिनांक 19-10-1987]

11.4 हिंदी और अन्य भारतीय भाषाओं की पत्र-पत्रिकाओं के लिए समुचित स्टाफ उपलब्ध कराना और अंग्रेजी पत्रिकाओं के समान वेतनमान देना

विभिन्न पत्र-पत्रिकाओं के संपादकीय विभागों में हिंदी तथा अन्य भारतीय भाषाओं का जो स्टाफ काम करता है, उसके तथा समान प्रकार के अंग्रेजी में काम करने वाले स्टाफ के वेतनमान, पदनाम तथा अन्य सेवा शर्तों में कोई भेदभाव न किया जाए, और इस बारे में एकरूपता लाने के लिए आवश्यक उपाय किए जाएं। स्टाफ भी उतना अवश्य रखा जाए जितना समकक्ष अंग्रेजी की पत्र-पत्रिकाओं के लिए रखा गया हो।

[का.ज्ञा.सं. 11034/15/79- पत्रिका एकक, दिनांक 20-7-1978]

11.5 राजभाषा विभाग द्वारा प्रकाशित त्रैमासिक पत्रिका और मासिक बुलेटिन के लिए सामग्री

हिंदी के प्रयोग और विकास से संबंधित प्रमुख निर्णयों तथा कार्यकलापों का विवरण राजभाषा विभाग द्वारा प्रकाशित की जाने वाली त्रैमासिक पत्रिका "राजभाषा भारती" में प्रकाशन के लिए भेजा जाए।

(अब मासिक बुलेटिन भी "राजभाषा पुष्पमाला" नाम से शुरू किया गया है)।

[का.ज्ञा.सं. 11034/15/78-पत्रिका एकक, दिनांक 20-7-1978]

11.6 हिंदी में प्रकाशित पत्र-पत्रिकाओं को और अधिक उपयोगी और प्रभावशाली बनाना

प्राप्त सुझावों पर विचार करने के बाद यह निर्णय लिया गया कि भविष्य में राजभाषा के प्रचार-प्रसार हेतु प्रकाशित पत्र-पत्रिकाओं में निम्नलिखित विषयों में भी लेख हों अथवा संपादकीय में प्रधानता दी जाए -

1. राजभाषा विभाग द्वारा जारी किए गए महत्त्वपूर्ण आदेशों का सारांश या पूरा आदेश।
2. संबंधित मंत्रालय को हिंदी सलाहकार समितियों और संबंधित कार्यालयों की राजभाषा कार्यान्वयन समितियों में लिए गए महत्वपूर्ण निर्णयों की सूचनाएं।
3. संबंधित कार्यालय विषयक टिप्पणियाँ, प्रारूप लेखन, निरीक्षण रिपोर्ट वैज्ञानिक/तकनीकी रिपोर्ट।
4. हिंदी के महत्व को विशेष रूप से उसके राजभाषा के रूप में महत्व और राष्ट्रीय एकता के संदर्भ में भूमिका विषयक प्रेरणा देने वाले लेख।
5. प्रदेश विशेष से प्रकाशित होने वाली राजभाषा संबंधी पत्र-पत्रिका में हिंदी और क्षेत्रीय भाषा की साम्यता और निकटता दर्शाने वाली सामग्री।
6. भर्ती/प्रोन्नति परीक्षाओं तथा साक्षात्कारों में हिंदी प्रयोग की समीक्षा।
7. उच्च प्रशिक्षण/पुनश्चर्या पाठ्यक्रमों में हिंदी प्रयोग संबंधी सूचनाएं।
8. राजभाषा के रूप में हिंदी के कार्यान्वयन की प्रगति, हिंदी में हो रहे कामकाज का विवरण आदि।
9. पुरस्कार और प्रोत्साहन योजनाओं का विवरण तथा समय-समय पर पुरस्कृत कर्मचारियों का नामोल्लेख आदि।
10. कार्यालय में कार्यरत अधिकारियों द्वारा लिखित तकनीकी/वैज्ञानिक/औद्योगिक/आर्थिक विषयों पर मौलिक लेख।
11. संबंधित विभाग में हो रहे व्यावहारिक कामकाज के फोटो नमूने। (गोपनीय और गुप्त सामग्री को छोड़कर)।
12. अन्य उपयोगी सामग्री जो उचित समझी जाए।

[का.ज्ञा.सं. 20034/13/1988-रा.भा. (पत्रिका),दिनांक 15-2-1988]

11.7 हिंदी में प्रकाशित वैज्ञानिक और तकनीकी पत्र-पत्रिकाएँ

हिंदी में उपलब्ध वैज्ञानिक तथा तकनीकी साहित्य के प्रचार-प्रसार को हर संभव प्रोत्साहन दिया जाए।

पुस्तकालयों के लिए हिंदी में प्रकाशित वैज्ञानिक, तकनीकी पत्र/पत्रिकाओं को आवश्यकता के अनुसार मंगवाने की व्यवस्था की जाए।

[का.ज्ञा.सं. 20034/2/87- पत्रिका एकक, दिनांक 22-6-1987]

[का.ज्ञा.सं. 20034/6/88-रा.भा. (पत्रिका), दिनांक 19-7-1988]

11.8 राजभाषा गृह पत्रिकाओं की गुणवत्ता में उच्च स्तर को बनाने के लिए सुझाव

केंद्र सरकार के विभिन्न कार्यालयों/संगठनों द्वारा प्रकाशित होने वाली गृह पत्रिका का प्रमुख उद्देश्य कार्मिकों को हिंदी में काम करने के लिए सक्षम बनाना व प्रोत्साहित करना तथा अपने संगठन की गतिविधियों से अपने अधिकारियों/कर्मचारियों का ज्ञानवर्धन करना है।

राजभाषा विभाग का सुझाव है कि इस उद्देश्य की प्राप्ति के लिए गृह पत्रिका में प्रकाशित करते समय निम्न बिंदुओं पर ध्यान में रखा जाए-

i. पत्रिका में संगठन के कार्यक्षेत्र संबंधी लेख अधिकाधिक मात्रा में शामिल किए जाएं ताकि अधिकारी/कर्मचारी संगठन के कार्य से एवं उससे संबंधित शब्दावली से अधिक से अधिक परिचित हो सकें।

ii. पत्रिका में उन लेखों को प्राथमिकता दी जाए जो कार्यालय में प्रयोग में लाई जा रही हिंदी के ज्ञानवर्धन में सहायक हो।

iii. पत्रिका में अधिक से अधिक लेख आंतरिक अधिकारियों/कर्मचारियों के शामिल किए जाएं।

iv. पत्रिका में लेख लिखने में हिंदीतर भाषियों द्वारा किए गए प्रयासों को बढ़ावा दिया जाए।

v. अन्य भारतीय भाषाओं के साहित्य संबंधी लेख भी शामिल किए जाएं।

vi. पत्रिका को रुचिकर बनाने के लिए सरल भाषा में सामयिक लेख, साहित्य, स्वास्थ्य, पर्यटन, यात्रा वृतांत आदि को शामिल किया जाए।

vii. पत्रिका को स्तरीय और आकर्षक बनाने के लिए पत्रिका की साजसज्जा एवं गुणवत्ता पर ध्यान दिया जाए।

viii. पत्रिका को संस्थान की वेबसाइट पर उपलब्ध कराने पर प्रयास किए जाएं ताकि इसकी उपलब्धता व्यापक हो सके।

का.ज्ञा.सं. 11014/34/2014-रा.भा.(प) दिनांक 21.1.2015

11.9 राजभाषा विभाग की पत्रिका राजभाषा भारती में प्रकाशित लेखों के लिए मानदेय

राजभाषा विभाग की पत्रिका राजभाषा भारती में प्रकाशित लेखों के लिए मानदेय से संबंधित राजभाषा विभाग के दिनांक 16 जून 1994 के कार्यालय ज्ञापन संख्या

11014/32/93-राभा(प) दिनांक 16 अगस्त 1999 के कार्यालय ज्ञापन संख्या 11015/32/99-राभा.(प) में संशोधन करते हुए विभाग की त्रैमासिक पत्रिका राजभाषा भारती में प्रकाशित लेखों की गुणवत्ता बनाए रखने के लिए लेखकों को दी जाने वाली मानदेय की राशि बढ़ा दी गई है। मानदेय की नई दरें निम्नानुसार निर्धारित की गई हैं :

1. पत्रिका में प्रकाशित नियमित लेख ₹ 3,000 (रु. तीन हजार मात्र)
2. विशेषांक में प्रकाशित लेख ₹ 5,000 (रु. पांच हजार मात्र)

नई दरें 1 जुलाई 2016 से प्रभावी होंगी। यह कार्यालय ज्ञापन आंतरिक वित्त विभाग (गृह) के डायरी संख्या 3353704 ए.एस.एवं एफ.ए. (एच)/2016 दिनांक 27/05/2016 की सहमति से जारी किया जा रहा है। यह दरें केवल राजभाषा भारती में प्रकाशित लेखों के लिए मान्य होंगी।

का.ज्ञा.संख्या 11014/32/2015-रा.भा.(प) दिनांक 17.6.2016

11.10 गृह पत्रिकाओं का ई-पत्रिका के रूप में प्रकाशन।

हिंदी गृह पत्रिकाओं को डिजिटल/ई-पत्रिका के रूप में उपलब्ध कराए जाने से संबंधित विषय पर राजभाषा विभाग द्वारा जारी दिनांक 21.07.2020 के समसंख्यक कार्यालय ज्ञापन के अनुक्रम में उल्लेखनीय है कि केंद्र सरकार के 16 संस्थानों (कार्यालयों/उपक्रमों/नराकास/बैंक आदि) ने अपनी गृह पत्रिकाओं को ई पत्रिका के रूप में अपलोड किया है। सूचना प्रौद्योगिकी के वर्तमान युग में ऐसा करना अत्यंत आवश्यक है। इससे न सिर्फ कार्यालयों द्वारा अपलोड की गई हिंदी पत्रिकाओं के पाठकों की संख्या में वृद्धि होगी बल्कि इंटरनेट पर हिंदी की विषय-वस्तु भी बढ़ेगी। कुछ संस्थानों द्वारा पत्रिका का सीधा लिंक न देते हुए नराकास/ब्लॉग/गूगल लिंक दर्शाया गया है तथा इस लिंक पर जाने पर भी पत्रिका पढ़ने हेतु उपलब्ध नहीं कराई गई है। सभी संस्थानों से अनुरोध है कि केवल पत्रिका का ही लिंक दें ताकि पाठक सीधा लिंक के माध्यम से पत्रिका देखकर पढ़ पाएं।

2. राजभाषा विभाग द्वारा शीघ्र ही अपनी वेबसाइट के मुख्य पृष्ठ पर "ई-पत्रिका पुस्तकालय" नामक लिंक/टैब उपलब्ध कराया जा रहा है जिस पर इन सभी ई-पत्रिकाओं को दर्शाया जाएगा।
3. कृपया दिनांक 21.07.2020 के समसंख्यक कार्यालय ज्ञापन के क्रम सं 7 में उल्लिखित 'राजभाषा गौरव पुरस्कार' को 'राजभाषा कीर्ति पुरस्कार' पढ़ें।

4. सूचना, सम्प्रेषण एवं प्रौद्योगिकी (ICT) के माध्यम से राजभाषा हिंदी का प्रयोग एवं प्रसार करने के उद्देश्य से अनुरोध है कि गृह पत्रिकाओं का ई-पत्रिका के रूप में अधिकाधिक प्रकाशन करना सुनिश्चित करें।

का.ज्ञा. सं. 12024/01/2020-रा.भा. (का.2) दिनांक : 7.9.2020

अध्याय 12
राजभाषा संबंधी साहित्य, हिंदी पुस्तकों की खरीद और हिंदी प्रकाशनों का मूल्य निर्धारण

12.1 पुस्तकालयों में हिंदी संदर्भ साहित्य और पुस्तकें उपलब्ध कराना

पुस्तकालयों में हिंदी संदर्भ साहित्य काफी मात्रा में उपलब्ध कराया जाए। पुस्तकालय अनुदान का कम से कम 25% भाग हिंदी की पुस्तकों की खरीद पर व्यय किया जाए और बाजार में विभिन्न विषयों पर हिंदी में उपयुक्त पुस्तक उपलब्ध होने पर हो सके तो यह रकम बढ़ाकर 50% कर देनी चाहिए। हिंदी अधिकारी को पुस्तकालयों की चयन और क्रय समितियों में सदस्य सचिव के रूप में सहयोजित किया जाए।

हिंदी पुस्तकों की खरीद पर किए जाने वाले खर्च से भारत सरकार की राजभाषा नीति के कार्यान्वयन के लिए पूरा लाभ उठाया जाना चाहिए। इस दृष्टिकोण से आम तौर पर निम्नलिखित प्रकार की पुस्तकें खरीदना उपयोगी होगा :-

1. हिंदी में काम करने के लिए संदर्भ ग्रंथ जैसे शब्दकोश, शब्दावली, विभाग/कार्यालय के काम से संबधित विषयों पर हिंदी में पुस्तकें आदि।
2. ऐसी पुस्तकें जो सरल भाषा में और रोचक विषयों पर लिखी हो या सरल और लोकप्रिय समाचार पत्र, पत्रिकाएँ आदि जिनसे कर्मचारियों को हिंदी में पढ़ने-लिखने की रुचि पैदा हो और वे सरल भाषा में बिना झिझक सरकारी कामकाज में हिंदी का प्रयोग कर सकें।
3. सरल और रोचक भाषा में लिखी पुस्तकें, पत्रिकाएँ, रसाले आदि जिन्हें पढ़कर हिंदी का कार्यसाधक ज्ञान प्राप्त करने वाले कर्मचारियों का ज्ञान बना रहे और वे समय के साथ इसे भूल न जाएँ।
4. मंत्रालयों/विभागों, वैज्ञानिक एवं तकनीकी कार्यालयों में जहां वैज्ञानिक और तकनीकी प्रकार की हिंदी में पर्याप्त संख्या में पुस्तकें उपलब्ध नहीं हैं, वे निर्धारित लक्ष्य पूरा करने के लिए हिंदी की शब्दावलियों/कार्यालय

सहायिका/संदर्भ ग्रंथ आदि को खरीदें।

5. विभिन्न मंत्रालयों/विभागों द्वारा चलाई जा रही मौलिक पुस्तक लेखन योजनाओं के अंतर्गत पुरस्कृत और प्रकाशित पुस्तकें।

[का.ज्ञा.सं. 11020/21/73- रा.भा., दिनांक 19-6-1974]

[का.ज्ञा.सं. 20034/6/85-रा.भा. (पत्रिका), दिनांक 4-5-1988]

12.2 संदर्भ साहित्य और शब्दकोशों की व्यवस्था

हिंदी-अंग्रेजी और अंग्रेजी-हिंदी के अच्छे शब्दकोश, शब्दावलियां और सहायक साहित्य मंगाकर कर्मचारियों को उपलब्ध कराया जाए। ऐसे शब्दकोश ही खरीदे जाएँ जिनमें वैज्ञानिक और तकनीकी शब्दावली आयोग द्वारा अनुमोदित शब्दावली हो। कोशों का चयन मंत्रालय/विभाग स्वयं करें, पर यदि आवश्यकता हो तो राजभाषा विभाग से परामर्श कर लिया जाए। वैज्ञानिक व तकनीकी शब्दावली आयोग द्वारा प्रकाशित "समेकित प्रशासन शब्दावली" और केंद्रीय सचिवालय हिंदी परिषद द्वारा प्रकाशित "कार्यालय सहायिका" संबंधित कार्यालयों के लिए उपयोगी टिप्पणियों और प्रारूपों के प्रकाशन और अन्य साहित्य भी पर्याप्त संख्या में मंगाकर कार्यालयों के पुस्तकालयों में रखे जाएं और हिंदी में काम करने वाले कर्मचारियों को उपलब्ध कराए जाएं।

हिंदी का प्रयोग बढ़ाने के लिए निम्नलिखित व्यवस्था की जाए -

1. पुस्तकालयों में हिंदी-अंग्रेजी और अंग्रेजी-हिंदी के अच्छे शब्दकोश, शब्दावलियां और संबंधित साहित्य मंगाकर रखा जाए और कर्मचारियों को समुचित उपयोग के लिए उपलब्ध कराया जाए।
2. शब्कोश आदि खरीदने के बारे में निर्णय मंत्रालयों/विभागों आदि द्वारा स्वयं लिया जाए।
3. भाषा में एकरूपता लाने की दृष्टि से ऐसे शब्दकोश खरीदे जाएं जिनमें भारत सरकार के वैज्ञानिक और तकनीकी शब्दावली आयोग द्वारा अनुमोदित शब्दावलियों का इस्तेमाल किया गया हो।

[का.ज्ञा.सं. 12015/9/75-रा.भा. (ख), दिनांक 20-4-1976]

[का.ज्ञा.सं. 11015/48/72-रा.भा., दिनांक 5-6-1973]

[का.ज्ञा.सं. 20034/6/88-रा.भा. (पत्रिका), दिनांक 26-8-1988]

[का.ज्ञा.सं.20034/53/92-रा.भा. (आ.वि.), दिनांक 17-7-1992]

12.2.1 **शब्दकोशों की खरीद**

सभी मंत्रालयों/विभागों आदि से अनुरोध है कि वे अपने-अपने पुस्तकालयों में

अद्यतन और आधुनिक शब्दकोशों की खरीद करवाएं। अपनी विभागीय शब्दावलियों की भी समय-समय पर समीक्षा करें और उनमें आवश्यक परिवर्तन करते हुए नई संकल्पनाओं के लिए नए शब्दों का समावेश करें। ऐसा करने से पहले वैज्ञानिक एवं तकनीकी शब्दावली आयोग, नई दिल्ली से संपर्क अवश्य कर लिया जाए ताकि हिंदी में नए शब्दों संकल्पनाओं का मानकीकरण हो सके। इसके अतिरिक्त अधिकारियों कर्मचारियों के हिंदी भाषा के ज्ञान में वृद्धि के लिए तथा उन्हें विभागीय कार्य हिंदी में करने में सुविधा प्रदान करने के लिए प्रत्येक मंत्रालय/विभाग द्वारा निकाली जा रही हिंदी पत्रिका के प्रत्येक अंक में अपने मंत्रालय/विभाग से संबंधित विषयों के कुछ (यथा 50) अंग्रेजी के नए शब्द उनके हिंदी पर्यायों सहित प्रकाशित करें। साथ ही 10-15 संकल्पनाओं के हिंदी पर्याय और उनकी परिभाषा भी प्रकाशित करें। प्रकाशित पत्रिकाओं की एक-एक प्रति निर्देशक, केंद्रीय अनुवाद ब्यूरो, 8 वां तल, पर्यावरण भवन, सी.जी.ओ. कॉप्लेक्स, लोदी रोड, नई दिल्ली को नियमित रूप से भिजवाएं।

3. सभी मंत्रालयों/विभागों से यह भी अनुरोध है कि वे अपने संबद्ध/अधीनस्थ कार्यालयों/सार्वजनिक उपक्रमों/स्वायत्त निकायों/बैंकों को भी समुचित निर्देश भिजवा दें ताकि वे भी आवश्यकतानुसार अपने कार्यालयों में आधुनिक/अद्यतन शब्दकोशों की खरीद करें और यह सुनिश्चित करें कि हिंदी कार्य के लिए तैनात हर कर्मचारी अधिकारी को अंग्रेजी हिंदी हिंदी-अंग्रेजी शब्दकोष और शब्दावलियां उपलब्ध हों।

का.ज्ञा.सं. 13011/8/2001 [रा.भा (नीति एवं समन्वय), दिनांक 1.5.2001

12.2.2 शब्दकोश, शब्दावली, सहायक तथा संदर्भ साहित्य और अन्य हिंदी पुस्तकों की खरीद

पुस्तकालयों के लिए उपलब्ध धनराशि में से जर्नल व संदर्भ साहित्य की खरीद किए जाने के बाद बची राशि का 50% हिंदी पुस्तकों की खरीद पर खर्च किया जाए। राजभाषा विभाग द्वारा परिचालित हिंदी की स्तरीय पुस्तकों की सूची में उल्लिखित सभी पुस्तकों को खरीदना आवश्यक है। राजभाषा विभाग समय-समय पर हिंदी की स्तरीय पुस्तकों की एक सूची सभी मंत्रालयों/विभागों को उपलब्ध करवाएगा।

का.ज्ञा.सं. 11011/4/2005- रा.भा.(अनु), दिनांक 16.3.2005

12.3 हिंदी प्रकाशनों का मूल्य निर्धारण

हिंदी प्रकाशनों का वही मूल्य होना चाहिए जो अंग्रेजी रूपांतरों का हो। दोनों भाषाओं

की पांडुलिपियाँ एक साथ ही प्रकाशन के लिए भेजी जाएं। जो प्रकाशन डिगलाट रूप में छपवाए जाएं उनमें हिंदी और अंग्रेजी की सामग्री एक ही जिल्द में होगी। इसलिए उनके मूल्य निर्धारण में कोई समस्या नहीं होगी। अन्य प्रकाशनों के बारे में निम्नलिखित प्रक्रिया अपनाई जाए।

1. जिन प्रकाशनों की हिंदी और अंग्रेजी पांडुलिपियां साथ-साथ एक ही प्रेस में छपने वाली हों तो उसी प्रेस द्वारा दोनों रूपों पर होने वाले व्यय को सभी पुस्तकों पर समान रूप से बांटकर मूल्य तय कर दिया जाए।
2. जो प्रकाशन दो भिन्न-भिन्न प्रेसों में छपेंगे उनके लिए मुद्रण निर्देशालय किसी एक प्रेस को आदेश देगा कि उन प्रकाशनों का मूल्य निर्धारण संयुक्त रूप से करें। वह प्रेस दूसरे प्रेस से छपाई का व्यय पूछ कर दोनों प्रकाशनों के लिए जोड़कर उसे दोनों भाषाओं पर समान रूप से बांटकर मूल्य तय करेगा।
3. दोनों भाषाओं में छपने के लिए पांडुलिपि मुद्रण निर्देशालय को आम तौर पर दोनों भाषाओं में साथ-साथ भेजी जाए। एक दूसरे के बाद भेजे जाने पर हस्तलिपि (पांडुलिपि) के साथ ही मांग-पत्र में पहले भेजी गई सामग्री की तारीख आदि की सूचना अवश्य दी जाए और हो सके तो मुद्रण निर्देशालय का नम्बर और तारीख जिसके द्वारा जॉब पहले किसी प्रेस को सौंपा गया है, दिया जाए।

[का.ज्ञा.सं. 11015/114/73-रा.भा. (ख), दिनांक 4-4-1977]

12.4 सरकारी कार्यालयों के पुस्तकालयों में हिंदी पुस्तकों की खरीद

जहां तक ललित साहित्य की खरीद का प्रश्न है, राजभाषा विभाग द्वारा समय-समय पर सभी मंत्रालयों/विभागों/कार्यालयों आदि को स्तरीय पुस्तकों की खरीद हेतु सूचियां उपलब्ध करवाई जाएंगी तथा ललित साहित्य की खरीद उन्हीं पुस्तक सूचियों तक सीमित रखी जाए। इस विषय में राजभाषा विभाग द्वारा पुस्तक प्रकाशन से सम्बद्ध विभागों, संस्थाओं, साहित्यकारों की समिति गठित की गई है। उक्त समिति द्वारा चयनित पुस्तकों की सूची यथा-समय सभी मंत्रालयों/विभागों आदि को भिजवा दी जाएंगी।

चयन समिति द्वारा पुस्तक सूचियां बनाने तक, दिनांक 5 मार्च, 1990 के कार्यालय ज्ञापन में उल्लिखित साहित्यकारों की कृतियों के साथ-साथ अन्य

आधुनिक साहित्यकारों/लेखकों की भी अच्छी कृतियाँ खरीदी जा सकती हैं, परंतु यह सुनिश्चित किया जाए कि इनमें से कोई भी पुस्तक घटिया स्तर की न हो।

पुस्तकालयों के लिए पुस्तकों की खरीद हेतु निर्धारित कुल अनुदान राशि का कम से कम 50% हिंदी पुस्तकों की खरीद पर व्यय किया जाना अपेक्षित है। वार्षिक कार्यक्रमों में भी यह लक्ष्य स्पष्ट किया गया है। किंतु इन आदेशों के बावजूद मंत्रालयों/विभागों/केंद्र सरकार के कार्यालयों से इन आदेशों में छूट के प्रस्ताव यदा-कदा प्राप्त होते रहते हैं। जैसा कि पूर्व में स्पष्ट किया जा चुका है इन आदेशों में किसी प्रकार की छूट की गुंजाइश नहीं है।

[का.ज्ञा.सं. 20034/6/90-रा.भा. (पत्रिका), दिनांक 5-3-1990]

[का.ज्ञा.सं.20034/6/90-रा.भा.(पत्रिका), दिनांक 30-11-1990]

का.ज्ञा.सं. 11011/15/2002- का.ज्ञा.सं. (अनु), दिनांक 14.11.2003

का.ज्ञा.सं. 11011/14/2005- रा.भा.(अनु), दिनांक 16.3.2005

12.5 सरकारी कार्यालयों के पुस्तकालयों में हिंदी पुस्तकों के साथ अन्य भारतीय भाषाओं की पुस्तकें खरीदने के संबंध में स्पष्टीकरण

मंत्रालयों/विभागों आदि के बजट में पुस्तकालयों के लिए पुस्तकों की खरीद हेतु निर्धारित कुल अनुदान राशि का 50 प्रतिशत हिंदी पुस्तकों की खरीद पर व्यय किया जाना अपेक्षित है और उसे यथावत रखा जाए। परंतु शेष 50 प्रतिशत अंग्रेजी पुस्तकों के साथ-साथ भारतीय संविधान की आठवीं अनुसूची में निर्दिष्ट अन्य भारतीय भाषाओं की पुस्तकों की खरीद पर खर्च करने पर कोई आपत्ति नहीं है। पुस्तक खरीद के समय अंग्रेजी के साथ-साथ अन्य भाषाओं की पुस्तकें खरीदने के लिए मंत्रालय/विभाग स्वयं सक्षम हैं।

[का.ज्ञा.सं. II/20015/21/94-रा.भा.(क-2), दिनांक 6-1-1995]

अध्याय 13

संगठनों/कार्यालयों/पदों आदि के हिंदी/भारतीय नाम

13.1 सरकारी कार्यालयों/संगठनों/संस्थाओं का हिंदी में भारतीय रूप में नामकरण

मौजूदा केंद्रीय सरकारी कार्यालयों/संगठनों/संस्थानों आदि के प्रचलित अंग्रेजी नामों के अतिरिक्त हिंदी में/भारतीय भाषाओं में नाम देने की शुरुआत की जाए/नए

कार्यालयों आदि के नाम प्रारम्भ से ही हिंदी में/भारतीय रूप में रखे जाएं। नाम चुनते समय वैज्ञानिक एवं तकनीकी शब्दावली आयोग (शिक्षा विभाग), पश्चिमी खंड-7, रामकृष्णपुरम, नई दिल्ली से परामर्श किया जाए।

[का.ज्ञा.सं. 12/23/61-रा.भा. दिनांक 27-3-1962]

[का.ज्ञा.सं. 5/1/65-रा.भा. दिनांक 1-1-1965,]

[का.ज्ञा.सं. 12021/4/83-रा.भा. (ख-1), दिनांक 1-12-1986]

का.ज्ञा.सं. 12021/4/83-रा.भा. (ख-1), दिनांक 12-3-1991]

13.1.1 केंद्रीय सरकार की कंपनियों का हिंदी में नामकरण

सरकार द्वारा स्थापित की जाने वाली नई कंपनियों के नाम आरंभ से ही हिंदी में रखे जाएं और अंग्रेजी में उनका लिप्यंतरण किया जाए। जिन कंपनियों के नाम पहले से ही अंग्रेजी में रखे गए हैं, उनके नाम हिंदी में बदलने का प्रश्न संबंधित कंपनी पर छोड़ दिया जाए। यदि वे अंग्रेजी के नाम को बदलना चाहते हैं तो उसके लिए कंपनी अधिनियम, 1956 की धारा 21 के अंतर्गत कार्रवाई की जाए। यदि पहले स्थापित की गई कोई कंपनी किसी कारण से अपना नाम बदलना चाहती है तो नया नाम अवश्य हिंदी में रखा जाए।

[का.ज्ञा.सं. 5/34/64-रा.भा।, दिनांक 11-4-1965]

[का.ज्ञा.सं. I/14013/14/87-रा.भा.(क-1), दिनांक 5-1-1988]

13.1.2 नए सरकारी भवनों, उनके परिसरों, सरकारी कार्यक्रमों और परियोजनाओं आदि का हिंदी या भारतीय भाषाओं में नामकरण

नए सरकारी भवनों तथा उन भवनों के लिए बने नए परिसरों का नामकरण शुरू से ही हिंदी तथा भारतीय भाषाओं में किया जाए। जिन स्थानों के नाम "इंडस्ट्रियल एरिया" इत्यादि दिए गए हैं, उनके लिए भारतीय शब्दों का चयन किया जाना चाहिए। विभिन्न प्रकार के सरकारी कार्यक्रमों, परियोजनाओं आदि के लिए भी प्रारम्भ से ही हिंदी या भारतीय नाम रखे जाएं, क्योंकि भारतीय नाम आम जनता की समझ में आसानी से आते हैं।

[का.ज्ञा.सं. I/14034/3/85-रा.भा.(क-1), दिनांक 29-10-1985]

13.2 केंद्रीय सरकार के कार्यालयों/अधिकारियों के हिंदी पदनाम लिखने और पद्धति

कार्यालयों के नाम और अधिकारियों के पदनामों के हिंदी नाम, टिप्पण, पत्र व्यवहार और सरकारी कागजों में प्रयोग किए जाएं। जब अंग्रेजी कागजात में इनका प्रयोग

किया जाए तो ये रोमन लिपि में लिखे जाएंगे। मंत्रियों के पदनाम और मंत्रालयों/विभागों आदि के नाम पहले अंग्रेजी में और उसके बाद कोष्ठकों के बीच हिंदी भाषा में लिखे जाएंगे। उदाहरण के लिए विदेश मंत्री का पदनाम और विदेश मंत्रालय का नाम इस प्रकार लिया जाएगा -

1. Minister of External Affairs (Videsh Mantri)
2. Ministry of External Affairs (Videsh Mantralay)

[का.ज्ञा.सं. 16/11/69-रा.भा., दिनांक 18-10-1969]

[का.ज्ञा.सं. 74/2/71-सी.एफ़., दिनांक 28-5-1971]

13.3 कार्यालयों के तार-पत्रों का हिंदी में पंजीयन

विभिन्न मंत्रालयों और कार्यालयों के तारों के पते का हिंदी में भी पंजीयन किया जाए। तारों के हिंदी पते या तो केंद्रीय निर्देशालय द्वारा परिचालित सूची से लिए जाएं या उनकी उपयुक्तता के बारे में इस निर्देशालय से परामर्श कर लिया जाए।

[का.ज्ञा.सं. 711/1/62-रा.भा., दिनांक 20-3-1962]

अध्याय 14
विविध विषय-हिंदी दिवस/सप्ताह

14.1 हिंदी दिवस/सप्ताह का आयोजन

सभी कार्यालय राजभाषा विभाग द्वारा जारी किए गए मार्गदर्शी रूपरेखा के अनुसार हर वर्ष 14 सितम्बर को हिंदी दिवस तथा उस दिन से शुरू करके हिंदी सप्ताह मनाएं। यदि 14 सितम्बर को छुट्टी हो तो उसके अगले दिन हिंदी दिवस मनाया जाए या हिंदी सप्ताह आरंभ किया जाए। तत्संबंधी आयोजनों में हिंदी के प्रचार-प्रसार में लगी स्वयंसेवी संस्थाओं को भी शामिल किया जाए। विभिन्न मंत्रालय/विभाग/संबद्ध कार्यालय/अधीनस्थ कार्यालय/उपक्रम/बैंक/निगम आदि नीचे लिखे कार्यक्रमों के अलावा अपनी विशेष परिस्थितियों के अनुसार और कार्यक्रमों के आधार पर हिंदी दिवस/हिंदी सप्ताह आयोजित कर सकते हैं :-

1. **राजभाषा अधिनियम, 1963 : राजभाषा नियम, 1976 :** राजभाषा संकल्प, 1968 तथा राजभाषा विभाग द्वारा समय-समय पर जारी किए गए राजभाषा नीति संबंधी अनुदेशों से कर्मचारियों को परिचित कराना।
2. सरकारी कार्य से संबंधित हिंदी में टिप्पण, आलेखन, टंकण और आशुलिपि के अभ्यास के लिए कार्यक्रम आयोजित करना।
3. हिंदी में काम करने के लिए अधिकारियों/कर्मचारियों को प्रेरित करने के

उद्देश्य से उच्च पदाधिकारियों द्वारा अधिकारियों/कर्मचारियों की बैठक में अपील जारी करना। हिंदी के उत्तरोतर प्रयोग संबंधी निर्देशों के कार्यान्वयन में आने वाली कठिनाइयों पर भी इस बैठक में विचार-विमर्श किया जा सकता है।

4. हिंदी में काम बढ़ाने की दृष्टि से प्रचार सामग्री का वितरण तथा प्रदर्शन।
5. हिंदी में प्रकाशित कार्यालयीन विषयों से संबंधित पुस्तकों, शब्दावलियों और पत्रिकाओं आदि की प्रदर्शनी आयोजित करना। इन प्रदर्शनियों में हिंदी में हुए या हो रहे कामकाज के नमूनों जैसे हिंदी में चैकों, ड्राइंगों, नोटिंग चार्टों आदि का भी प्रदर्शन किया जा सकता है। द्विभाषी इलेक्ट्रानिक टाइपराइटर, वर्ड-प्रोसेसर, कम्प्यूटर आदि के प्रयोग का भी प्रदर्शन किया जा सकता है।
6. अधिकारियों तथा कर्मचारियों के लिए हिंदी में आलेखन, टिप्पण, टंकण, आशुलिपि, भाषण, वादविवाद, निबन्ध, कविता पाठ आदि प्रतियोगिताएं आयोजित करना।
7. हिंदी में सुरुचिपूर्ण अभिनय, नाट्य, गीत आदि कार्यक्रम आयोजित करना।
8. राजभाषा हिंदी से संबंधित आवधिक रिपोर्टों के संबंध में अधिकारियों तथा कर्मचारियों को आवश्यक जानकारी देने के लिए कार्यक्रम आयोजित करना।
9. हिंदी में सराहनीय शासकीय कार्य करने वाले अधिकारियों तथा कर्मचारियों को पुरस्कार, प्रमाणपत्र आदि प्रदान किया जाना।
10. द्विभाषी यांत्रिक/इलेक्ट्रोनिक उपकरणों जैसे टाइपराइटर, वर्ड-प्रोसेसर, कम्प्यूटर आदि के प्रयोग का प्रदर्शन।

14.1.1 राजभाषा हिंदी में शासकीय कार्य को बढ़ावा देने से संबंधित कार्य कार्यालयीन कार्यों के ही अंग हैं। इसलिए जिस प्रकार मंत्रालय/विभाग/कार्यालय/उपक्रम आदि द्वारा अन्य कार्यालयीन कार्यों के लिए खर्च की व्यवस्था की जाती है, उसी प्रकार हिंदी के राजभाषा के तौर पर उत्तरोत्तर प्रयोग से संबंधित कार्यों के लिए भी वे खर्चे की व्यवस्था करेंगे।

[का.ज्ञा.सं. I/14034/2/87-रा.भा.(क-1), दिनांक 21-4-1987]
[का.ज्ञा.सं. I/14034/2/87-रा.भा.(क-1), दिनांक 23-9-1987]

14.1.2 हिंदी पखवाड़ा का आयोजन

इस विषय पर राजभाषा विभाग द्वारा कार्यालय ज्ञापन सं. I/14034/2/87-रा. भा. (क-1) दिनांक 21-4-1987 तथा 23-9-1987 के अंतर्गत विस्तृत मार्गदर्शी

निर्देश जारी किए गए थे। पुन: सभी मंत्रालयों/विभागों से अनुरोध है कि वे उपर्युक्त कार्यालय ज्ञापनों में वर्णित कार्यक्रमों के अतिरिक्त हिंदी पखवाड़े (14 सितम्बर से 28 सितम्बर) के दौरान अपने मंत्रालयों/विभागों/कार्यालयों आदि में निम्नलिखित कार्यक्रम आयोजित कराएं :-

1. हिंदी पखवाड़े का शुभारंभ 14 सितम्बर को और समापन 29 सितंबर को हो।
2. 14 सितम्बर को माननीय प्रधानमंत्री जी/गृहमंत्री जी का संदेश सभी मंत्रालयों/विभागों/कार्यालयों में पढ़ा जाए जो उन्हें राजभाषा विभाग द्वारा यथा समय भेजा जाएगा।
3. हिंदी दिवस को भारतीय भाषाओं के सौहार्द दिवस के रूप में महत्व दें।
4. 14 सितम्बर को कार्यालयों में उपस्थिति यथासंभव शत प्रतिशत हो।
5. सभी मंत्रालय/विभाग यह सुनिश्चित करें कि 14 सितम्बर तक उनके यहां हिंदी सलाहकार समिति तथा राजभाषा कार्यान्वयन समितियों की कोई बैठक बाकी न रहे।
6. इस पखवाड़े के दौरान प्रकाशित की जाने वाली "इन हाउस मैगजीन" आदि को राजभाषा विशेषांक का रूप दिया जाए और उसकी प्रति राजभाषा विभाग को भी भेजी जाए।
7. हिंदी एवं अन्य भारतीय भाषाओं के विकास में योगदान देने वाले हिंदी व हिंदीत्तर लोगों के योगदान पर जोर दिया जाए। इसके लिए प्रोग्राम, चर्चा आदि करें। पखवाड़े के दौरान राजभाषा संबंधी प्रतियोगिताएँ करवाई जाएं तथा राजभाषा पुरस्कार वितरित किए जाएं।
8. ये सब कार्यक्रम एक दिन मनाकर संतुष्ट न हों अपितु पूरे पखवाड़े के दौरान इन्हें मनाया जाए और इन कार्यक्रमों के आयोजन में मंत्रालयों/विभागों के वरिष्ठ अधिकारियों तथा मंत्रियों की भागीदारी सुनिश्चित की जाए।
9. सभी मंत्रालयों विभागों द्वारा सभी कार्मिकों को राजभाषा से संबंधित संवैधानिक प्रावधानों, राजभाषा अधिनियम, 1963, राजभाषा, नियम, 1976, राजभाषा संकल्प, 1968 और समय-समय पर राजभाषा विभाग द्वारा राजभाषा नीति से संबंधित जारी दिशा निर्देशों से अवगत करवाया जाए। साथ ही सरकारी कार्य में सरल और सहज हिंदी के प्रयोग पर विशेष बल दिया जाए। वरिष्ठ अधिकारियों की बैठक में राजभाषा नीति, जो कि प्रेरणा, प्रोत्साहन और सद्भावना पर आधारित है, के संबंध में चर्चा की जाए।

अधिकारियों/कार्मिकों को स्वदेशी सॉफ्टवेयर कंठस्थ 2.0 के अधिकाधिक प्रयोग के लिए प्रोत्साहित किया जाए।

[का.ज्ञा. सं. I/14034/5/94 रा.भा. (क-1), दिनांक 20-7-94]

अ.शा.पत्र सं.-11034/07/2021-रा.भा.(नीति) दिनांक : 10.8.2021

अ.शा.पत्र सं.-11034/06/2023-रा.भा.(नीति) दिनांक : 01.6.2023

14.2 हिंदी कार्यशालाओं का आयोजन

राजभाषा विभाग द्वारा विभिन्न कार्यालयों को हिंदी में कार्य करने में आ रही कठिनाइयों को दूर करने के लिए कार्यशालाएँ आयोजित करने के निर्देश दिए गए हैं। इन कार्यशालाओं का मुख्य उद्देश्य हिंदी भाषा का ज्ञान रखने वाले सरकारी कार्मिकों की हिंदी में काम करने की झिझक को दूर करना है। इन कार्यशालाओं में मुख्य रूप से सरकारी काम हिंदी में किए जाने का अभ्यास करवाया जाना चाहिए। यह अभ्यास संबंधित कार्मिकों के रोजमर्रा के कार्य से संबंधित होना चाहिए।

2. विभाग द्वारा 01.10.1973 तथा 29.10.1984 में इस संबंध में इसी विषय पर निर्देश जारी किए गए थे। कार्यशालाओं का आयोजन करने के संबंध में विभाग द्वारा अब तक जारी किए गए सभी कार्यालय ज्ञापनों/दिशा-निर्देशों का अधिक्रमण करते हुए तत्काल प्रभाव से निम्नलिखित दिशा-निर्देश प्रभावी होंगें।

i. कार्यशाला की न्यूनतम अवधि 1 कार्य दिवस की होगी। कार्यशाला में न्यूनतम दो तिहाई समय कार्यालय से संबंधित विषयों पर हिंदी में कार्य करने का अभ्यास करवाने में लगाया जाए।

ii. राजभाषा विभाग द्वारा कार्यशाला में प्रयोग हेतु कार्यशाला संदर्शिका वेबसाइट पर उपलब्ध करवाई गई है। प्रत्येक मंत्रालय/विभाग/बैंक/उपक्रम आदि के मुख्यालय इस संदर्शिका का उपयोग करते हुए अपनी आवश्यकता के अनुसार नई कार्यशाला संदर्शिका का निर्माण करें। इसमें अपने कार्य क्षेत्र से संबंधित विषयों का समावेश करें तथा कार्यालय के विभिन्न अनुभागों/प्रभागों आदि के कामकाज को ध्यान में रखते हुए उपयोगी सामग्री तैयार की जाए ताकि प्रशिक्षण के पश्चात कार्मिकों को अपना कामकाज हिंदी में करना सुविधाजनक हो।

iii. कार्यशाला में प्रशिक्षण सक्षम अधिकारियों द्वारा दिया जाए जो अपने विषय

के विशेषज्ञ हों। आवश्यकतानुसार बाहरी विषय विशेषज्ञों को भी आमंत्रित किया जा सकता है।

iv. हर कार्मिक को प्रत्येक 2 वर्ष में कम से कम एक बार कार्यशाला में भाग लेने का अवसर अवश्य प्रदान किया जाए और तदनुसार ही वर्ष में होने वाली कार्यशालाओं की संख्या निर्धारित की जाए। कार्यशालाओं में उच्च अधिकारियों की प्रतिभागिता सुनिश्चित करने पर विशेष बल दिया जाए। प्रशिक्षण के उपरांत समय-समय पर कार्यशालाओं में प्रशिक्षित कार्मिकों द्वारा हिंदी में किए गए कार्य का मूल्यांकन किया जाए तथा आवश्यकता पड़ने पर उन्हें कार्यशाला में पुनः नामित किया जाए।

v. कार्यशाला के उपरांत प्रशिक्षित अधिकारियों/कर्मचारियों से कार्यशाला की उपयोगिता पर फीडबैक भी लिया जाए।

vi. जिन छोटे-छोटे कार्यालयों में कार्यशाला का आयोजन संभव नहीं हो पाता है वहां अन्य कार्यालयों के साथ संयुक्त रुप से कार्यशालाओं का आयोजन किया जाए। इस संबंध में समुचित समन्वयन नगर राजभाषा कार्यान्वयन समितियों द्वारा किया जाएगा।

vii. सरकारी कार्मिकों के हिंदी में कार्य करने के लिए आयोजित की जाने वाली कार्यशालाओं में प्रशिक्षण देने वाले अधिकारियों के लिए मानदेय राशि निम्नानुसार निर्धारित की जाती है।

  क. केंद्र/राज्य सरकार के सेवारत अधिकारियों/कर्मचारियो के लिए 75 मिनट के प्रति सत्र के लिए 500/- रुपए का पारिश्रमिक/मानदेय देय होगा। किसी भी वक्ता को एक वर्ष में पारिश्रमिक/मानदेय के रूप में देय राशि 5000/- रुपए से अधिक नहीं होगी।

  ख. केंद्र/राज्य सरकार के सेवारत अधिकारियों/कर्मचारियों को छोड़कर अन्य अतिथि वक्ताओं को 75 मिनट के प्रति सत्र के लिए 1000/- रुपए का पारिश्रमिक/मानदेय देय होगा। 5000 रुपए प्रति वर्ष देय पारिश्रमिक/मानदेय की सीमा इस श्रेणी पर लागू नही होगी।

कार्यालय प्रमुख यह सुनिश्चित करें कि हिंदी कार्यशालाएं उपर्युक्त निर्देशों के अनुसार आयोजित हों।

का.ज्ञा. सं. 12019/81/2015-रा.भा. (का-2) पार्ट 2 दिनांक 29.2.2016

का.ज्ञा.सं. 12019/81/2015-रा.भा.(का.) पार्ट -2 दिनांक 16.6.2016

4.2.1 **केंद्रीय हिंदी प्रशिक्षण संस्थान द्वारा अधिकारियों तथा कर्मचारियों की क्षमता निर्माण के लिए हिंदी भाषा कार्यशालाओं का आयोजन- प्रति सत्र पारिश्रमिक की राशि में वृद्धि।**

छठे केंद्रीय वेतन आयोग की सिफारिशों के कार्यान्वयन के परिणामस्वरूप, केंद्रीय हिंदी प्रशिक्षण संस्थान द्वारा आयोजित हिंदी कार्यशालाओं में व्याख्यान देने के लिए अतिथि वक्ताओं तथा केंद्र सरकार के अधिकारियों/कर्मचारियों को भुगतान किए जाने वाले पारिश्रमिक की राशि को निम्नलिखित दरों के अनुसार बढ़ाने का निर्णय लिया गया है:-

(क) केंद्र/राज्य सरकार के सेवारत अधिकारियों/कर्मचारियों के लिए 75 मिनट के प्रति सत्र के लिए 500/- (पांच सौ रुपए मात्र) का पारिश्रमिक देय होगा। किसी भी वक्ता को एक वर्ष में पारिश्रमिक के रूप में देय राशि 5000/- रुपए से अधिक नहीं होगी।

(ख) केंद्र/राज्य सरकार के सेवारत अधिकारियों/कर्मचारियों से भिन्न अन्य अतिथि वक्ताओं को 75 मिनट के प्रति सत्र के लिए 1,000/- रुपए (एक हजार रुपए मात्र) का पारिश्रमिक देय होगा। 5,000/-रुपए प्रति वर्ष के देय पारिश्रमिक की सीमा इस श्रेणी पर लागू नहीं होगी।

कार्यालय ज्ञापन संख्या 21034/11/2010-रा.भा.(प्रशि.) दिनांक 22.7.2011

14.2.2 हिंदी कार्यशालाओं का आय्रोजन: मानदेय के संबंध में स्पष्टीकरण।

राजभाषा विभाग द्वारा कार्यशालाओं के आयोजन के संबंध में दिनांक 29 फरवरी, 2016 को एक समसंख्यक कार्यालय ज्ञापन जारी किया गया था। उक्त कार्यालय ज्ञापन के पैरा 2 (6) में कार्मिक और प्रशिक्षण विभाग के दिनांक 23.09.2014 के कार्यालय ज्ञापन सं 13024/01/2009 प्रशिक्षण के अनुसार मानदेय दिए जाने का उल्लेख किया गया है। इसी क्रम में वित्त मंत्रालय (व्यय विभाग) से प्राप्त अनुमोदन (डायरी संख्या 3317673 दिनांक 14.6.2016) के आधार पर सरकारी कार्मिकों के हिंदी में कार्य करने के लिए आयोजित की जाने वाली कार्यशालाओं में प्रशिक्षण देने वाले अधिकारियों के लिए मानदेय राशि निम्नानुसार निर्धारित की जाती है।

क. केंद्र/राज्य सरकार के सेवारत अधिकारियों/कर्मचारियो के लिए 75 मिनट के प्रति सत्र के लिए 500/- रुपए का पारिश्रमिक/मानदेय देय होगा। किसी

भी वक्ता को एक वर्ष में पारिश्रमिक/मानदेय के रूप में देय राशि 5000/- रुपए से अधिक नहीं होगी।

ख. केंद्र/राज्य सरकार के सेवारत अधिकारियों/कर्मचारियों को छोड़कर अन्य अतिथि वक्ताओं को 75 मिनट के प्रति सत्र के लिए 1000/- रुपए का पारिश्रमिक/मानदेय देय होगा। 5000 रुपए प्रति वर्ष देय पारिश्रमिक/मानदेय की सीमा इस श्रेणी पर लागू नही होगी।

का.ज्ञा.सं. 12019/81/2015-रा.भा.(का.) पार्ट -2 दिनांक 16.6.2016

14.3 केंद्रीय सचिवालय राजभाषा सेवा के अधिकारियों को विभिन्न प्रशिक्षण कार्यक्रमों का लाभ दिलाना

ऐसा देखने में आया है कि केंद्रीय सचिवालय राजभाषा सेवा के अधिकारियों को प्रशिक्षण संस्थानों में केवल अनुवाद कला से संबंधित कार्यक्रमों में ही नामित किया जाता है और इससे उनका ज्ञान एक विशिष्ट क्षेत्र तक ही सीमित रह जाता है। परिणाम यह होता है ये अधिकारी आधुनिक ज्ञान-विज्ञान के उभरते नए आयामों से परिचित नहीं हो पाते और अपनी कार्यक्षमता बढ़ाने के लिए उस ज्ञान के उपयोग करने से वंचित रह जाते हैं। कंप्यूटर एप्रिशिएशन, वित्तीय प्रबंध पर उन्नत पाठ्यक्रम, सरंचना पद्धति विश्लेषण तथा डिजाइन, प्रशासन में कंप्यूटर का प्रभावी प्रयोग, संसदीय प्रक्रिया और पद्धति का एप्रिशिएशन कार्यक्रम और सरकार में प्रबंध व्यवस्था कुछ ऐसे प्रशिक्षण कार्यक्रम हैं जिनमें केंद्रीय ,चिवालय राजभाषा सेवा के निर्देशक, उप निर्देशक और सहायक निर्देशक स्तर के अधिकारियों को भी नामित किया जा सकता है।

2. कृषि मंत्रालय इत्यादि से अनुरोध है कि वे प्रशिक्षण संस्थानों में विभिन्न प्रकार के प्रशिक्षण कार्यक्रमों में अधिकारियों को नामित करते समय केंद्रीय सचिवालय राजभाषा सेवा के अधिकारियों को भी नामित करने हेतु ध्यान में रखें और चयन होने पर उन्हें प्रशिक्षण के लिए भेजें ताकि उन्हें भी अपने व्यक्तित्व को परिकृष्त करने में प्रशिक्षणों का लाभ मिल सके।

[का.ज्ञा. सं 12/2/90-रा.भा. (सं.) दिनांक 26-2-92]

14.4 "क" क्षेत्र से केंद्र सरकार में प्रतिनियुक्ति पर आने वाले अधिकारियों द्वारा हिंदी में कार्य किया जाना

राजभाषा विभाग द्वारा समय-समय पर आदेश जारी करके मंत्रालयों/विभागों से अनुरोध किया जाता रहा है कि वे अपने यहां अधिकारियों/कर्मचारियों को हिंदी

में अधिक से अधिक कार्य करने में सुविधा प्रदान करने के लिए अपने यहां हिंदी कार्यशालाओं का आयोजन करें तथा प्रोत्साहन योजनाएँ लागू करें। सभी मंत्रालयों/विभागों से पुन: अनुरोध किया जाता है कि इस दिशा में प्रभावकारी कदम उठायेँ और उपरिलिखित श्रेणी के अधिकारियों द्वारा हिंदी में काम कराने के लिए विशेष रूप से ध्यान दें।

[का.ज्ञा. सं 14013/7/94-रा.भा. (क-1), दिनांक 18-5-94]

14.5 केंद्रीय सचिवालय राजभाषा सेवा के सदस्यों द्वारा अपने कार्यालयों के अधिकारियों/कर्मचारियों को हिंदी में कार्य करने में सहयोग देना

राजभाषा संबंधी सांविधानिक उपबंधों, राजभाषा अधिनियम, 1963, राजभाषा नियम-1976 तथा समय-समय पर इनके अंतर्गत जारी आदेशों का अनुपालन आवश्यक है। राजभाषाई व्यवस्था के अनुसार केंद्रीय सरकार के कार्यालयों में कई कार्य केवल हिंदी में तथा कई द्विभाषी रूप में किये जाने अपेक्षित हैं। द्विभाषी कार्यों में अक्सर पहले कागजात अंग्रेजी में तैयार किये जाते हैं और बाद में उनका हिंदी अनुवाद किया जाता है। अनुवादी हिंदी के प्रभाव से हिंदी भाषायी मूल लेखन भी कई बार सहज नहीं बन पाता। यह आवश्यक है कि कार्यालयीन हिंदी सरल तथा स्वाभाविक हो ताकि वह पढ़ने व समझने के लिए आसान हो।

2. केंद्रीय सरकार के हर मंत्रालय/विभाग तथा सम्बद्ध कार्यालय में पर्याप्त मात्रा में केंद्रीय सचिवालय राजभाषा सेवा के कर्मचारी/अधिकारी तैनात है। सरकार के अधीनस्थ कार्यालयों, सार्वजनिक क्षेत्र के बैंकों तथा सरकारी निगमों/स्वायत्व संस्थाओं में भी आवश्यकतानुसार राजभाषा अधिकारी तथा अनुवादक उपलब्ध हैं। ये सभी अधिकारी/कर्मचारी राजभाषा हिंदी में कार्य को निपटने तथा बढ़ाने के साथ-साथ इसी कार्य में सुगमता लाने में महत्वपूर्ण योगदान देने का सामर्थ्य रखते हैं। दूसरी ओर देखने में आया है कि संगठनों/कार्यालयों में ऐसे बहुत से कर्मचारी हैं जो चाहते हुए भी झिझक या कुछेक भाषाई नुक्तों की कठिनाइयों के कारण राजभाषा हिंदी में काम करने की पहल नहीं कर पाते। कर्मचारियों के इस समूह को अपनी झिझक से निपटने, छोटे-मोटे भाषाई नुक्तों को समझने तथा राजभाषा हिंदी में काम शुरू करने के लिए प्रेरित करने के लिए राजभाषा अधिकारी/अनुवादक महत्वपूर्ण भूमिका निभा सकते हैं। यदि सभी राजभाषा अधिकारी

एवं अनुवादक हिंदी के प्रति जिज्ञासा तथा रुझान रखने वाले कर्मचारियों के लिए प्रेरणा एवं सहायता का स्त्रोत बन जाएं तो न केवल राजभाषा हिंदी के प्रगामी प्रयोग में बढ़ोतरी होगी अपितु सरल कार्यालयी भाषा का प्रयोग व प्रसार भी होगा और हिंदी में मूलत: कार्य करने का माहौल सुधरेगा।

3. अत: केंद्रीय सरकार के मंत्रालयों/विभागों को सुझाव दिया जाता है कि वे ऊपर कथित प्रयोजन के लिए राजभाषा सेवा के अधिकारियों से कार्य लेने के बारे में विचार कर आवश्यकतानुसार निर्देश दें। कदाचित ये अधिकारी प्रतिदिन या सप्ताह में तीन बार एक पूर्व निर्धारित समयावधि में अन्य कर्मचारियों को हिंदी संबंधी सहायता दे सकते हैं। राजभाषा अधिकारी स्वयं पहल करते हुए राजभाषा के प्रति रुझान रखने वाले कर्मचारियों को सुविधानुसर यथावश्यक भाषाई जानकारी भी दे सकते हैं। इस कार्रवाई का प्रयोजन मात्र यह होना चाहिए कि कर्मचारियों एवं राजभाषा अधिकारियों/अनुवादकों के बीच आदान-प्रदानमुखी अनौपचारिक सम्पर्क बना रहे ताकि राजभाषा हिंदी में कार्य करने के लिए सभी कर्मचारियों को सहयोग व सहायता मिलती रहे। यह भी अनुरोध है कि ऐसी व्यवस्था अपने सभी सम्बद्ध एवं अधीनस्थ संगठनों में लाने की कृपा की जाए।

[का.ज्ञा. सं. 13034/25/95- रा.भा.(जी.व स.) दिनांक 24-4-95]

14.6 भारत सरकार द्वारा सोशल मीडिया में प्रयोग में राजभाषा हिंदी का प्रयोग अनिवार्य किया जाना

ऐसा विदित हुआ है कि भारत सरकार के सभी मंत्रालयों/विभागों/अधीनस्थ कार्यालयों/उपक्रमों/निगमों/बैंक के पदाधिकारियों द्वारा सामाजिक माध्यमों जैसे कि ट्विटर, फेसबुक ब्लॉग, गूगल, यूट्यूब आदि पर बनाए गए आधिकारिक खातों में केवल अंग्रेज़ी का प्रयोग ही किया जा रहा है और राजभाषा हिंदी की सर्वथा अवहेलना की जा रही है

अधोहस्ताक्षरी को यह कहने का निर्देश हुआ है कि भारत सरकार के सभी मंत्रालयों/विभागों/अधीनस्थ कार्यालयों/उपक्रमों/बैंकों और पदाधिकारियों द्वारा सामाजिक माध्यमों जैसे कि ट्विटर, फेसबुक, ब्लॉग, गूगल, यूट्यूब आदि पर बनाए गए आधिकारिक खातों में राजभाषा हिंदी अथवा द्विभाषी (हिंदी व अंग्रेज़ी) का प्रयोग किया जाए जिसमें हिंदी को ऊपर पहले रखा जाए।

अत: केंद्र सरकार के सभी मंत्रालयों विभागों से अनुरोध है कि वह 'क' क्षेत्र में स्थित अपने सभी संबंद्ध अधीनस्थ कार्यालयों/उपक्रमों आदि को इस संबंध में आवश्यक निर्देश जारी करें

[का.ज्ञा. सं. 12019/03/2014-रा.भा.(शिका.) दिनांक 10.03.2014

14.7 राजभाषा विभाग के शिकायत कक्ष में प्राप्त होने वाली शिकायतों के संबंध में

राजभाषा विभाग में प्राप्त होने वाली शिकायतों में 20% से 25% शिकायतें हिंदी के समाचार पत्रों में अंग्रेज़ी में विज्ञापन प्रकाशन से संबंधित प्राप्त हो रही हैं।

2. संविधान में राजभाषा से संबंधित उपबंधों, राजभाषा अधिनियम, 1963 के उपबंधों तथा राजभाषा नियम, 1976 के कार्यान्वयन के लिए संघ की राजभाषा के रूप में हिंदी का प्रयोग करना अपेक्षित है। परिभाषित 'क' क्षेत्र में केवल हिंदी में ही पत्रोत्तर करना है।
3. अत: सभी मंत्रालयों/विभागों को सलाह दी जाती है कि हिंदी के अखबार में हिंदी का विज्ञापन तथा अंग्रेज़ी के अखबार में अंग्रेज़ी का विज्ञापन दें। जब अंग्रेज़ी के अखबार में अंग्रेज़ी में विज्ञापन दिया जाए तो विज्ञापन के अंत में यह अवश्य उल्लेख कर दें कि "अधिसूचना/विज्ञापन/रिक्ति संबंधी परिपत्र का हिंदी रूपांतर वेबसाइट पर उपलब्ध है" (पूर्ण लिंक दी जाए)

[का.ज्ञा. सं. 12019/35/2013-रा.भा.(शिका.) दिनांक 17.7.2014

14.8 समाचार पत्रों के कॉलम में प्रकाशित लोक शिकायत में शीघ्र कार्रवाई करने की आवश्यकता

एक कारगर शिकायत निवारण तंत्र सरकार की प्राथमिकता है। यह सरकार का दायित्व है कि प्रशासन को और अधिक अनुक्रियाशील बनाएं तथा लोक शिकायतों पर शीघ्र और सहानुभूति पूर्ण रूप से ध्यान देने के लिए संस्थागत व्यवस्था स्थापित करे।

2. अत: यह दोहराया जाता है कि सभी मंत्रालयों/विभागों को उनके कार्य क्षेत्र के अंतर्गत आने वाले मामलों को देखने के लिए समाचार पत्रों के शिकायत कॉलम की नियमित रूप से जांच करनी चाहिए और समयबद्ध तरीके से शिकायतों का निवारण करने के लिए शीघ्र कार्रवाई करनी चाहिए। नागरिक को 2 माह की समय सीमा के अंदर शिकायत के निवारण हेतु की गई कार्रवाई के बारे में अविलंब सूचित किया जाना चाहिए। जहां शिकायत का

निवारण करने में अधिक समय लगने की संभावना हो तो नागरिक को उठाए गए कदमों के बारे में उल्लेख करते हुए एक अंतरिम जवाब भेजा जाना चाहिए तथा यह आश्वासन देना चाहिए कि इस मामले में आगे कार्रवाई की जा रही है।

3. उपर्युक्त के अतिरिक्त, आगे यह अनुरोध किया जाता है कि संबंधित मंत्रालय/विभाग के निर्देशक लोक शिकायत के नाम भी report.gov.in पर अद्यतन रखा जाए।

[का.ज्ञा. सं. 11019/4/2015-(शिका.) दिनांक 11.2.2016

14.9 राजभाषा नियमों का उल्लंघन

वर्ष 2015 में प्राप्त सभी शिकायतों का विश्लेषण किया गया है। विश्लेषण से यह स्थिति सामने आई है कि प्राय: निम्नलिखित राजभाषा संबंधी नियमों का उल्लंघन हो रहा है :

1. हिंदी के समाचार पत्रों में विज्ञापन अंग्रेज़ी में देना।
2. वेबसाइट द्विभाषी नहीं होना
3. हिंदी पत्रों के उत्तर अंग्रेज़ी में देना।
4. राजभाषा विभाग द्वारा निर्धारित वार्षिक कार्यक्रमों के लक्ष्यों को प्राप्त नहीं करना।
5. सरकारी कार्यालयों के कार्यों में हिंदी की उपेक्षा।
6. बैंकों/बीमा कंपनियों के फार्म द्विभाषी नहीं होना।

राजभाषा के नियमों का पालन सुनिश्चित करवाना प्रत्येक मंत्रालय/विभाग के प्रमुख प्रशासनिक अधिकारी का कार्य है। अत: सभी से अनुरोध है कि रुचि लेकर हिंदी में कार्य नियमानुसार करवाएं

फा.सं. 12019/03/2016-रा.भा.(शिका.)विविध-1 दिनांक 29.2.2016

14.10 समाचार पत्रों के कॉलम में प्रकाशित लोक शिकायतें- शीघ्र कार्रवाई करने की आवश्यकता

लोक शिकायत निवारण तंत्र को सुदृढ़ बनाने पर निरंतर बल दिया जाता रहा है। इसी क्रम में प्रशासनिक सुधार और लोक शिकायत विभाग से उपर्युक्त विषय पर कार्यालय ज्ञापन प्राप्त हुआ है जिसको इसके साथ परिचालित किया जा रहा है कि कार्यालय ज्ञापन में अंतर्निहित अभिप्रेत के अनुरूप अपने प्रभाग/अनुभाग से संबंधित समाचार पत्रों में प्रकाशित शिकायतों पर संज्ञान लेकर उनका निवारण सुनिश्चित करने का कष्ट करें।

समाचार पत्रों में प्रकाशित लोक शिकायतों की जांच करके उनका निवारण किया जाए एवं तत्संबंधी कार्रवाई से 2 माह की समय सीमा के भीतर नागरिक को अवगत कराया जाए और यदि शिकायत का निवारण उक्त अवधि के दौरान नहीं हो पाता है तो उसे अद्यतन स्थिति से भी अवगत कराया जाए।

इसके अतिरिक्त, पीजी पोर्टल पर प्राप्त शिकायतों का निस्तारण कर केंद्रीयकृत लोक शिकायत निवारण और निगरानी प्रणाली (सीपीग्राम्स) को अद्यतन रखा जाए ताकि उपर्युक्त विभाग द्वारा समय-समय पर आयोजित समीक्षा बैठक में सचिव महोदय द्वारा प्रशासनिक सुधार तथा लोक शिकायत विभाग को अवगत कराया जा सके।

का.ज्ञा.सं. 12019/03/2016-रा.भा.(शिका.) विविध-1 दिनांक 29.2.2016

14.11 समाचार पत्रों में विज्ञापन दिए जाने के संबंध में

भारत सरकार के सभी मंत्रालयों/विभागों/कार्यालयों से यह अपेक्षा है कि वे राजभाषा विभाग द्वारा समय-समय पर जारी किए गए आदेशों/अनुदेशों का सख्ती से अनुपालन सुनिश्चित कराएं। शिकायत अनुभाग से प्राप्त होने वाली शिकायतों के विश्लेषण से यह स्थिति सामने आई है कि अधिकांश मामले हिंदी समाचार पत्रों में अंग्रेज़ी के विज्ञापन दिए जाने से संबंधित हैं।

राजभाषा विभाग द्वारा जारी दिनांक 22.07.2014 के परिपत्र संख्या 12019/35/2013 –रा.भा.(शिकायत) के अनुसार हिंदी के समाचार पत्रों में हिंदी में ही विज्ञापन दिए जाने चाहिए न कि अंग्रेज़ी में। परंतु यह देखने में आया है कि इस अपेक्षा की ओर पर्याप्त ध्यान नहीं दिया जाता है और हिंदी समाचार पत्रों में विज्ञापन अंग्रेज़ी में दिए जा रहे हैं। इस राजभाषाई आदेशों की अवहेलना की जा रही है।

राजभाषाई आदेशों के प्रति अधिकारियों/कर्मचारियों को सुग्राही बनाने की दृष्टि से यह आवश्यक है कि मंत्रालयों/विभागों/कार्यालयों के प्रशासनिक प्रधान द्वारा ली जाने वाली राजभाषा कार्यान्वयन समिति की बैठकों की कार्यसूची में इस बिंदु को शामिल किया जाए और इस पर चर्चा की जाए एवं दृढ़तापूर्वक अनुपालन के निर्देश भी दिए जाएं।

अत: पुन: सलाह दी जाती है कि हिंदी के समाचार पत्रों में हिंदी में ही विज्ञापन दिए जाएं तथा अंग्रेजी समाचार पत्रों में अंग्रेज़ी में विज्ञापन दिए जाएं। जब अंग्रेज़ी समाचार पत्रों में अंग्रेज़ी के विज्ञापन दिए जाते हैं तो विज्ञापन के अंत में यह अवश्य उल्लेख कर दिया जाए कि अधिसूचना/विज्ञापन/रिक्ति संबंधी परिपत्र का हिंदी रूपांतर वेबसाइट पर उपलब्ध है। इस हेतु पूर्ण लिंक भी दिया जाए।

संघ सरकार के सभी मंत्रालयों/विभागों से अनुरोध है कि वे सभी संबद्ध/अधीनस्थ कार्यालयों/उपक्रमों आदि को इस संबंध में अपनी तरफ से आवश्यक निर्देश शीघ्र जारी करें।

का.ज्ञा.सं. 12019/03/2016-रा.भा.(शिका.)/विविध 2 दिनांक 18.5.2016

14.12 राजभाषा प्रचार सामग्री की ऑनलाइन मांग एवं वितरण

संघ की राजभाषा नीति के अनुसरण में केंद्र सरकार के कार्यालयों में राजभाषा का प्रयोग बढ़ाने के लिए प्रेरणा और प्रोत्साहन के माध्यम से अधिकाधिक कार्मिकों को रोजमर्रा के सरकारी कामकाज में राजभाषा हिंदी का प्रयोग करने के लिए विभिन्न प्रकार की प्रचार सामग्री का सृजन राजभाषा विभाग द्वारा किया जाता है। प्रचार सामग्री का वितरण सुचारू रूप से करने के लिए यह निर्णय लिया गया है कि संबंधित विभाग अध्यक्ष अपने विभाग द्वारा आवश्यक समझी गई प्रचार सामग्री को राजभाषा विभाग की वेबसाइट पर उपलब्ध मांग पत्र में दर्ज करवा कर अपने अधिकृत प्रतिनिधि के द्वारा मांग पत्र का सत्यापित प्रिंट आउट राजभाषा विभाग को भेजें।

राजभाषा विभाग द्वारा उन्हें सामग्री लेने के लिए निर्धारित समय और तिथि की सूचना उनके द्वारा मांग पत्र में दिए गए ई मेल पर दी जाएगी। इसका उद्देश्य मांग पत्रानुसार शीघ्र प्रसार एवं प्रचार सामग्री उपलब्ध कराना है। मांग पत्र का यूआरएल http://pracharsamagri.rajbhasha.nic.in

का.ज्ञा.सं. 11011/06/2016-रा.भा.(अनुसंधान) दिनांक 17.4.2017

14.13 केंद्रीय सचिवालय राजभाषा सेवा संवर्ग के अधिकारियों के एसी-आर में आधुनिक इलेक्ट्रॉनिक उपकरणों के ज्ञान के संबंध में प्रविष्टि

भारत सरकार की राजभाषा नीति के कार्यान्वयन में आधुनिक देवनागरी इलेक्ट्रॉनिक उपकरणों के उपयोग महत्व को ध्यान में रखते हुए यह निर्णय लिया गया है कि केंद्रीय सचिवालय राजभाषा सेवा के निर्देशक (रा.भा.) उप निर्देशक (सहायक निर्देशक (रा.भा) के वर्तमान एसी-आर प्रोफार्मा में आधुनिक देवनागरी इलैक्ट्रॉनिक उपकरणों के ज्ञान के संबंध में एक नई प्रविष्टि जोड़ दी जाए। इसके अनुसार सेवा के "क" श्रेणी के अधिकारियों के वर्तमान एसी-आर प्रोफार्मे में रिपोर्टिंग अधिकारी के भाग में प्रशिक्षण के कालम के अंतर्गत कृपया कालम में निम्नलिखित जोड़ा जाए।

"आधुनिक उपकरणों के प्रति जागरूकता:

इसमें अधिकारी देवनागरी लिपि वाले आधुनिक कार्यालयी उपकरणों के संबंध में रुझान/जान, उनके प्रयोजन में विस्तार एवं सुधार तथा अन्य को उनके प्रति प्रेरित करने की दिशा में किए गए प्रयासों का ब्यौरा दें।

2. केंद्रीय सचिवालय राजभाषा सेवा में निर्देशक (रा.भा), उप निर्देशक (रा.भा) तथा सहायक निर्देशक (रा.भा) के एस आर प्रोफार्म की एक संशोधित प्रति नमूने के लिए संलग्न की जा रही है। केंद्रीय सचिवालय राजभाषा सेवा में सम्मिलित विभिन्न विभागों संबध कार्यालयों से अनुरोध है कि वे कृपया इसकी पर्याप्त मात्रा में प्रतियाँ तैयार कर के इन्हीं का प्रयोग किया जाए। यह भी कृपया सुनिश्चित कर लें कि उपरोक्त अधिकारियों की वर्ष 1995-96 की गोपनीय रिपोर्ट केवल ये प्रोफॉर्मे में ही भर कर इस विभाग को उपलब्ध करवाई जाये। यदि किसी अधिकारी की वर्ष 1995-96 की गोपनीय रिपोर्ट इस प्रोफॉर्मे के अनुसार नहीं भेजी जाएगी तो उसे मान्य नहीं समझा जाएगा।

3. आधुनिक इलेक्ट्रॉनिक उपकरणों के संबंध में अधिकारी के जान की जानकारी की व्यवस्था भारत सरकार के सभी मंत्रालयों/विभागों और उनके संबद्ध अधीनस्य कार्यालयों आदि के समकक्ष पदों पर कार्यरत अधिकारियों के एसीआर प्रोफार्म में की जानी होगी। अत: सभी मंत्रालय, विभाग कृपया यह सुनिश्चित कर लें कि अपने यहां तथा अपने संबद्ध अधीनस्थ कार्यालयों स्वायत निकाय बैंक उपक्रम प्रशिक्षण संस्थानों प्रशिक्षण केंद्रों इत्यादि में समकक्ष अधिकारियों को एसीआर में भी ऐसी प्रविष्टि करता है।

का.ज्ञा. सं. 8/1/96-रा.भा. (सेवा), दिनांक 13.3.1996

14.14 अधिकारियों/कर्मचारियों को वार्षिक गोपनीय रिपोर्टों में हिंदी में किए जाने वाले सराहनीय कार्य का उल्लेख करने के संबंध में स्पष्टीकरण।

उपर्युक्त विषय पर राजभाषा के दिनांक 11.11.2002 के समसंख्यक अ.शा. पत्र का कृपया अवलोकन करें जिसमें यह कहा गया है कि केन्द्र सरकार के सभी 'क', 'ख' तथा 'ग' श्रेणी के अधिकारियों कर्मचारियों (अखिल भारतीय सेवाओं के अधिकारियों सहित) द्वारा राजभाषा हिंदी में किए गए सराहनीय कार्य का उल्लेख उनके वार्षिक गोपनीय रिपोर्ट के पत्र व्यवहार में कुशलता (Communication Skills) संबंधी कॉलम में किया जाए।

2. संदर्भित विषय पर कुछ मंत्रालयों/विभागों ने राजभाषा विभाग से यह स्पष्टीकरण मांगा है कि 'ख' तथा 'ग' वर्ग के कार्मिकों की वार्षिक गोपनीय

रिपोर्ट के प्रपत्र में पत्र व्यवहार में कुशलता' शीर्षक वाला कोई कॉलम न होने की स्थिति में उक्त प्रविष्टि किस कॉलम में की जाए?

3. इस संबंध में राजभाषा विभाग में विचार करने के पश्चात् यह निर्णय लिया गया है कि सहायक की वार्षिक गोपनीय रिपोर्ट के भाग-111, कालम 7 (ग) टिप्पणी और मसौदे लिखने की कोटि" में तथा लिपिकों (अवर श्रेणी तथा प्रवर श्रेणी) के संबंध में भाग-111, कॉलम 5." कार्य अर्थात् निर्धारित रजिस्टरों तथा चार्ट्स आदि के रख-रखाव में उनके द्वारा हिंदी में किए गए सराहनीय कार्य का उल्लेख किया जाए।

4. सभी मंत्रालयों/विभागों के संयुक्त सचिव (प्रशासन) से अनुरोध है कि ये इसे अपने संबद्ध तथा अधीनस्थ कार्यालयों आदि की जानकारी में भी ला दें।

1/14013/03/94 राभा (नीति-1), दिनांक 13.5.2003

का. ज्ञा.सं. 11014/32/2015-राभा(प) दिनांक 17.6.2016

14.15 परीवीक्षा अवधि के दौरान हिंदी का ज्ञान प्राप्त करने संबंधी जरूरत का निर्धारण-संसदीय राजभाषा समिति की सिफारिश का कार्यान्वयन।

भारत सरकार के मंत्रालयों/विभागों का ध्यान कार्मिक तथा प्रशिक्षण विभाग के दिनांक 13 अगस्त 2004 के का.ज्ञा.सं. सं. 21011/1/96 स्थापना (ग) की ओर आकृष्ट किया जाता है, जिसके अधीन संसदीय राजभाषा समिति की रिपोर्ट (भाग-III) के पैरा 22 (घ) में की गई निम्नलिखित सिफारिश को स्वीकृत किए जाने की सूचना दी गई है:-

"संसद द्वारा पारित राजभाषा संकल्प, 1968 के अनुसार इस बात की जांच करने के लिए कि क्या भर्ती के समय अंग्रेजी अथवा हिंदी अथवा दोनों भाषाओं का ज्ञान होना आवश्यक है, सभी पदों के भर्ती नियमों की समीक्षा की जानी चाहिए। जहां किसी पद विशेष के लिए, किसी विशेष भाषा का ज्ञान अनिवार्य नहीं है वहां उम्मीदवार को अंग्रेजी अथवा हिंदी का विकल्प दिया जाना चाहिए और यदि भर्ती के समय उसे हिंदी का ज्ञान नहीं है, तो नियमों में इस आशय का प्रावधान किया जाना चाहिए कि अपनी परिवीक्षा अवधि के दौरान उम्मीदवार को हिंदी का ज्ञान प्राप्त करना जरूरी है।"

2. कुछ मंत्रालयों द्वारा स्पष्टीकरण मांगा गया था कि केंद्र सरकार के कर्मचारियों को परिवीक्षा अवधि के दौरान हिंदी के किस स्तर का ज्ञान होना चाहिए। इस संबंध में इस विभाग द्वारा दिनांक 21 सितम्बर 1968 को जारी किए गए का.ज्ञा.सं. 3/18/68-एच के अनुसार निम्नलिखित सामान्य सिद्धान्त ध्यान

में रखे जा सकते हैं:-

(i) जिन केंद्रीय सरकारी कर्मचारियों के लिए विहित शिक्षा का स्तर मैट्रिकुलेशन या उससे कम हो और जिनको कार्यालयों में कोई सचिवालयी काम करने, टिप्पणियों लिखने या पत्र व्यवहार करने की आवश्यकता नहीं होती (जैसे स्टाफ कार तथा इंजन ड्राइवर, रिकार्ड सार्टर, इलेक्ट्रीशियन, फिटर, गैस्टेंटेनर आपरेटर, डाकिया, टेलीफोन आपरेटर आदि) वे केवल प्रबोध परीक्षा पास कर लें।

(ii) जिन केंद्रीय सरकारी कर्मचारियों को सामान्यतः स्वयं कोई सचिवालयीन काम करने की आवश्यकता नहीं होती, परंतु जिनके लिए हिंदी में पत्र व्यवहार तथा रिपोर्ट आदि का काम करने के लिए हिंदी का ज्ञान आवश्यक हो (जैसे डाक्टर, वैज्ञानिक, वर्कशाप तथा प्रयोगशालाओं आदि के पर्यवेक्षक कर्मचारी) वे केवल प्रवीण परीक्षा तक पास कर सकते हैं।

(iii) जिन केंद्रीय सरकारी कर्मचारियों को सचिवालयीन कार्य करना, टिप्पणियां लिखना तथा पत्र-व्यवहार करना पड़ता है, जिनके लिए प्राज्ञ परीक्षा अनिवार्य है।

3. सभी मंत्रालयों/विभागों से अनुरोध है कि उपरोक्त सिद्धांतों को ध्यान में रखते हुए विभिन्न पदों के भर्ती नियमों में इस आशय का एक प्रावधान किया जाए कि उम्मीदवार को अपनी परिवीक्षा अवधि के दौरान हिंदी का ज्ञान प्राप्त करना जरूरी है। इस संबंध में की गई कार्यवाही से राजभाषा विभाग के अधीनस्थ कार्यालय केंद्रीय हिंदी प्रशिक्षण संस्थान को (निर्देशक, केंद्रीय हिंदी प्रशिक्षण संस्थान, 7वां तल, पर्यावरण भवन, लोदी रोड, नई दिल्ली-110003 के पते पर) अवगत कराया जाए।

का.ज्ञा. सं. 13015/1/91-रा.भा. (घ), दिनांक 5.1.2005

14.16 सभी कंपनियों/निकाय/उपक्रमों आदि के भारतीय नाम रखना और पंजीकृत कराया जाना

संसदीय राजभाषा समिति ने अपने प्रतिवेदन के छठे खंड में अन्य संस्तुतियों के साथ एक संस्तुति यह भी की है कि सभी कम्पनियों/निकाय, उपक्रमों, प्राधिकारियों आदि के भारतीय नाम रखे जाएं और उन्हें पंजीकृत कराया जाए। संस्तुति पर राजभाषा विभाग के दिनांक 17.9.2004 के संकल्प 12021/02/2003-राभा (का-2) के तहत निम्नलिखित आदेश जारी हुए:-

"इस बारे में निर्देश पहले से ही विद्यमान हैं कि केंद्रीय सरकार के कार्यालयों/संस्थानों के नाम हिंदी अथवा भारतीय भाषाओं में दिए जाएं। इन निर्देशों का दृढतापूर्वक अनुपालन सुनिश्चित करवाने हेतु राजभाषा विभाग द्वारा इन आदेशों की पुनरावृत्ति की जाए।"

2. इस संदर्भ में राजभाषा विभाग के आदेश का ज्ञा से 1/14013/14/87-भा (क-1) दिनांक 5.1.1988 के तहत पूर्व में भी जारी किए गए थे। भारत सरकार के सभी मंत्रालयों/विभागों से पुनः अनुरोध है कि वे केंद्र सरकार के सभी कम्पनियों/निकायों, उपक्रमों, प्राधिकरणों आदि के भारतीय नाम रखे तथा उन्हें हिंदी में लिखें।

का .ज्ञा सं. 1/20012/09/2004 रा.भा. (नीति-1), दिनांक 7.4.2005

14.17 भारत सरकार के स्वामित्वाधीन या उसके नियंत्रणाधीन सरकारी उपक्रमों/बैंकों/स्वायत्त संगठनों/निगमों आदि के कर्मचारियों को हिंदी प्रबोध, प्रवीण, प्राप्त और हिंदी टंकण एवं आशुलिपि की पाठ्यपुस्तकें निःशुल्क उपलब्ध कराना।

केंद्र सरकार के सभी कर्मचारियों तथा भारत सरकार के स्वामित्वाधीन या उसके नियंत्रणाधीन सरकारी उपक्रमों, बैकों, स्वायत्त संगठनों, निगमों आदि के सभी कर्मचारियों के लिए हिंदी भाषा और हिंदी टंकण एवं हिंदी आशुलिपि का सेवाकालीन प्रशिक्षण अनिवार्य है। हिंदी शिक्षण योजना केंद्रीय हिंदी प्रशिक्षण संस्थान द्वारा संचालित हिंदी, प्रवोध, प्रवीण, प्राज्ञ और हिंदी टंकण एवं आशुलिपि प्रशिक्षण पाठयक्रमों को पाठ्य पुस्तकें केवल केंद्र सरकार के कर्मचारियों को निःशुल्क उपलब्ध कराई जा रहीं हैं।

2. अब यह निर्णय लिया गया है कि भारत सरकार के स्वामित्वाधीन या उसके नियंत्रणाधीन सरकारी उपक्रमों, बैंकों, स्वायत संगठनों निगमों आदि के जो कर्मचारी हिंदी शिक्षण योजना केंद्रीय प्रशिक्षण संस्थान द्वारा प्रशिक्षण पाठयक्रम में भाग लेते हैं, उन्हें भी हिंदी प्रबोध, प्रवीण, प्राज्ञ और हिंदी टेकण एवं आशुलिपि की पाठ्य-पुस्तकें तथा अन्य प्रशिक्षण सामग्री निःशुल्क उपलब्ध कराई जाएंगी और प्रशिक्षण की समाप्ति पर वापस नहीं ली जाएंगी।

3. यह कार्यालय ज्ञापन वि प्रभाग, गृह मंत्रालय की दिनांक 11.3.2005 की डायरी संख्या 10388/2- एस-एवं एफ. ए. (एच) द्वारा दी गई सहमति से जारी किया जा रहा है।

का.ज्ञा. सं 12013/1/2005- रा.भा. (प्रशि), दिनांक 8.4.2005

अधीनस्थ कार्यालय:

1. केंद्रीय हिंदी प्रशिक्षण संस्थान

संवैधानिक उपबंधों के अनुपालन में केंद्रीय सरकार के हिंदी न जानने वाले कर्मचारियों को हिंदी सिखाने का कार्य सर्वप्रथम शिक्षा मंत्रालय द्वारा जुलाई, 1952 में प्रारम्भ किया गया। राष्ट्रपति द्वारा गृह मंत्री को संबोधित 12 जून, 1955 के पत्र में दिए गए सुझावों पर कार्रवाई के अनुसरण में केंद्रीय सरकार के कर्मचारियों को हिंदी सिखाने का कार्य गृह मंत्रालय को सौंपे जाने का निर्णय लिया गया। तदनुसार अक्तूबर, 1955 से गृह मंत्रालय के तत्वावधान में हिंदी शिक्षण योजना के अंतर्गत कार्यालय समय में हिंदी कक्षाएँ चलाई जा रही हैं।

सन 1960 में हिंदी शिक्षण योजना के अंतर्गत हिंदी भाषा, हिंदी टंकण एवं हिंदी आशुलिपि का प्रशिक्षण अनिवार्य किया गया। सन 1974 से केंद्रीय सरकार के मंत्रालयों तथा उसके संबद्ध व अधीनस्थ कार्यालयों के कर्मचारियों के अतिरिक्त केंद्रीय सरकार के स्वामित्व अथवा नियंत्रणाधीन निगमों, निकायों, कंपनियों, उपक्रमों, बैंकों आदि के कर्मचारियों के लिए भी हिंदी भाषा, हिंदी टंकण तथा हिंदी आशुलिपि का प्रशिक्षण प्राप्त अनिवार्य कर दिया गया। सन 1975 में गृह मंत्रालय के अंतर्गत राजभाषा विभाग की स्थापना हुई और हिंदी शिक्षण योजना को राजभाषा विभाग के अधीन कर दिया गया। हिंदी शिक्षण योजना के दिल्ली, मुंबई, कोलकाता, चेन्नै एवं गुवाहाटी में पाँच क्षेत्रीय कार्यालय हैं। प्रशिक्षण कार्यक्रम पूर्णकालिक केंद्रों के साथ-साथ अंशकालिक केंद्रों पर भी संचालित किए जा रहे हैं।

नए भर्ती अधिकारियों/कर्मचारियों को सरकारी सेवा में आते ही हिंदी भाषा/हिंदी टंकण (मैनुअल)/हिंदी शब्द संसाधन (कंप्यूटर)/हिंदी आशुलिपि का सेवाकालीन गहन प्रशिक्षण देने के उद्देश्य से सन 1985 में नई दिल्ली में केंद्रीय हिंदी प्रशिक्षण संस्थान की स्थापना की गई। वर्ष 1988 में मुंबई, कोलकाता एवं बेंगलुरु में तीन उप संस्थानों की स्थापना की गई। वर्ष 1990 में चेन्नै और हैदराबाद में दो और उप संस्थानों की स्थापना की गई।

राजभाषा विभाग, गृह मंत्रालय द्वारा केंद्रीय हिंदी प्रशिक्षण संस्थान को निम्नलिखित अधिदेश सौंपा गया है-

1. सरकार की राजभाषा नीति के सुचारू रूप से कार्यान्वयन के लिए संघ सरकार के कर्मचारियों के साथ-साथ केंद्रीय सरकार के उपक्रमों, उद्यमों

तथा नियंत्रणाधीन बैंकों आदि के कर्मचारियों के लिए हिंदी भाषा, हिंदी टंकण (मैनुअल)/हिंदी शब्द संसाधन (कंप्यूटर) और हिंदी आशुलिपि के प्रशिक्षण की व्यवस्था करना।

2. केंद्रीय सचिवालय राजभाषा सेवा में शामिल अधिकारियों एवं अनुवादकों के लिए पुनश्चर्या प्रशिक्षण पाठ्यक्रमों की व्यवस्था करना।
3. प्रशिक्षकों के लिए प्रशिक्षण कार्यक्रम के अंतर्गत शिक्षण की अत्याधुनिक तकनीकों आदि की जानकारी कराने के लिए हिंदी शिक्षण योजना के अधिकारियों और प्राध्यापकों को तथा मंत्रालयों/विभागों के प्रशिक्षण संस्थानों के प्रशिक्षकों को राजभाषा नीति के साथ-साथ हिंदी भाषा में प्रशिक्षित करना।
4. राजभाषा विभाग द्वारा सी-डैक के सहयोग से विकसित करवाए गए हिंदी के विभिन्न आई टी सॉफ्टवेयर्स का प्रचार-प्रसार एवं अभ्यास करवाना।
5. संघ सरकार के उन अधिकारियों/कर्मचारियों के लिए, जो हिंदी में कार्य करने में झिझक महसूस कर रहे हैं, 5 कार्य दिवसीय हिंदी कार्यशालाएं चलाना।
6. हिंदीतर भाषी कर्मचारियों के हिंदी ज्ञान को प्रभावी बनाने के लिए भिन्न–भिन्न प्रयोगशालाएं खोलना, जिनमें लिंग्वाफोन रिकार्ड तथा अन्य हिंदी भाषा शिक्षण के दृश्य–श्रव्य उपकरणों तथा कंप्यूटरों की व्यवस्था करना। इसके अतिरिक्त चार्टों, पोस्टरों, लघु-चित्रों आदि की सहायता से हिंदी में दिए जा रहे प्रशिक्षण को रोचक और ग्राह्य बनाना।
7. उच्च अधिकारियों तथा उप सचिव, निर्देशक आदि को राजभाषा नीति और सांविधिक व्यवस्था आदि की अद्यतन जानकारी कराना।
8. भारत सरकार के मंत्रालयों/विभागों में गठित राजभाषा कार्यान्वयन समिति के अध्यक्षों की, जो संयुक्त सचिव स्तर के होते हैं, संगोष्ठियाँ आयोजित करना।
9. नगर राजभाषा कार्यान्वयन समितियों के अध्यक्षों के लिए दो-दो, तीन–तीन दिन के सेमिनार आयोजित करना।

परीक्षाएँ एवं परीक्षा परिणाम :

हिंदी शिक्षण योजना के अंतर्गत हिंदी भाषा और टंकण/आशुलिपि की परीक्षाएँ प्रति वर्ष आयोजित की जाती हैं। हिंदी भाषा के जिन गहन प्रशिक्षण केंद्रों पर ऑनलाइन

परीक्षाएँ आयोजित की जा रही हैं, उनका परीक्षा परिणाम उसी दिन शाम तक घोषित कर दिया जाता है और तत्काल इसकी सूचना उप निर्देशक (परीक्षा) द्वारा संबंधित केंद्रों को ई-मेल से भेज दी जाती है।

केंद्रीय हिंदी प्रशिक्षण संस्थान/उप संस्थानों के अंतर्गत आयोजित पाठ्यक्रमों की परीक्षाएँ पूरे साल नियमित रूप से आयोजित की जाती हैं। परीक्षा समाप्त होने के पश्चात सामान्यत: एक महीने के भीतर परीक्षा परिणाम विभाग की वेबसाइट पर उपलब्ध करा दिए जाते हैं।

केंद्रीय हिंदी प्रशिक्षण संस्थान/हिंदी शिक्षण योजना की हिंदी भाषा, हिंदी टंकण (मैनुअल)/हिंदी शब्द संसाधन (कंप्यूटर) एवं हिंदी आशुलिपि की परीक्षाएँ उत्तीर्ण करने पर केंद्र सरकार के अधिकारियों/कर्मचारियों को विहित शर्तें पूरी करने पर उनके संबंधित कार्यालयों द्वारा नकद पुरस्कार प्रदान किए जाते हैं। इसके अतिरिक्त वे नियमानुसार वैयक्तिक वेतन पाने के हकदार भी होते हैं।

2. केन्द्रीय अनुवाद ब्यूरो

राजभाषा हिंदी के प्रगामी प्रयोग में अनुवाद की महत्वपूर्ण और अपरिहार्य आवश्यकता को देखते हुए भारत सरकार के प्रशासनिक ढांचे में अनुवाद की सुनियोजित व्यवस्था आवश्यक थी। वर्ष 1960 में शिक्षा मंत्रालय के अधीन केंद्रीय हिंदी निर्देशालय की स्थापना करके असांविधिक साहित्य के हिंदी अनुवाद का कार्य आरंभ किया गया, लेकिन राजभाषा हिंदी के कार्यान्वयन का दायित्व गृह मंत्रालय के अधीन होने के कारण केंद्र सरकार के असांविधिक प्रक्रिया साहित्य के अनुवाद का दायित्व भी गृह मंत्रालय को सौंपा गया। तदनुसार 1 मार्च, 1971 को गृह मंत्रालय के अधीन केंद्रीय अनुवाद ब्यूरो की स्थापना की गई और केंद्र सरकार के मंत्रालयों, विभागों, कार्यालयों, उपक्रमों आदि के असांविधिक प्रक्रिया साहित्य का अनुवाद कार्य केंद्रीय अनुवाद ब्यूरो को सौंपा गया। वर्तमान में केंद्रीय अनुवाद ब्यूरो, राजभाषा विभाग (गृह मंत्रालय) के अधीनस्थ कार्यालय के रूप में कार्य कर रहा है।

अनुवाद में सरलता, सहजता और शब्दावली की एकरूपता सुनिश्चित करने तथा अनुवाद-कौशल विकसित करने के लिए वर्ष 1973 से अनुवाद प्रशिक्षण का कार्य ब्यूरो को सौंपा गया। इस प्रकार ब्यूरो अनुवाद प्रशिक्षण देने का कार्य भी करता है। केंद्र सरकार के स्तर पर असांविधिक प्रक्रिया साहित्य के अनुवाद और अनुवाद कौशल-विकास के प्रशिक्षण के लिए केंद्रीय अनुवाद ब्यूरो भारत सरकार की एकमात्र मानक संस्था है।

सारांश रूप में, केन्द्रीय अनुवाद ब्यूरो भारत सरकार के मंत्रालयों/विभागों/कार्यालयों/बैंकों/उपक्रमों आदि के कोड, मैनुअल और फार्मों जैसे असांविधिक साहित्य और प्रशिक्षण सामग्री से संबधित अनुवाद कार्य को करता है। अनुवाद कार्य से जुड़े अधिकारियों/कर्मचारियों को अनुवाद का प्रशिक्षण प्रदान करता है तथा प्रशासनिक शब्दावली और अभिव्यक्तियों में एकरूपता सुनिश्चित करने से संबंधित कार्य करता है।

क्षेत्रीय कार्यान्वयन कार्यालय

केन्द्रीय सरकार के कार्यालयों/उपक्रमों/बैंकों/बीमा कम्पनियों/निगमों/बोर्डों आदि में संघ की राजभाषा नीति के कार्यान्वयन एवं राजभाषा के रूप में हिंदी के प्रचार प्रसार की जिम्मेदारी राजभाषा विभाग, गृह मंत्रालय की है। इस प्रयोजन के लिए, देश के विभिन्न क्षेत्रों में राजभाषा विभाग गृह मंत्रालय के अधीन 08 क्षेत्रीय कार्यान्वयन कार्यालय यथा दिल्ली, गाजियाबाद, बेंगलूरू, चेन्नै, मुम्बई, कोलकाता, गुवाहाटी, कोच्ची और भोपाल में कार्यरत हैं।

क्षेत्रीय कार्यान्वयन कार्यालयों के मुख्य कार्यकलापः

क्षेत्रीय कार्यालय द्वारा अपने क्षेत्राधिकार में स्थित केन्द्रीय सरकार के कार्यालयों, उपक्रमों, बैंकों, बीमा कम्पनियों, निगमों, बोर्डो, संगठनों आदि में संघ सरकार की राजभाषा नीति के कार्यान्वयन एवं राजभाषा के रूप में हिंदी के प्रचार प्रसार के लिये किये जा रहे मुख्य कार्य नीचे दिये गये हैं:

1. केन्द्रीय सरकार के कार्यालयों, उपक्रमों, बैंकों, बीमा कम्पनियों, निगमों, बोर्डों, संगठनों आदि में राजभाषा अधिनियम 1963, राजभाषा नियम, 1976 तथा राजभाषा से सम्बधित विभिन्न आदेशों का अनुपालन सुनिश्चित करना।
2. केन्द्रीय सरकार के कार्यालयों, उपक्रमों, बैंकों, बीमा कम्पनियों, बोर्डों, संगठनों आदि का राजभाषा सम्बन्धी नियमित निरीक्षण करना, पाई गयी कमियों को निरीक्षण रिपोर्टों के माध्यम से सम्बधित कार्यालयों को सूचित करना तथा कमियों को दूर करने के लिए अनुसरणात्मक कार्रवाई करना।
3. क्षेत्राधिकार में स्थित कार्यालयों से हिंदी तिमाही रिपोर्ट नियमित रूप से प्राप्त करना एवं उनकी समीक्षा करके कमियों को सम्बधित कार्यालयों के ध्यान में सुधारात्मक कार्रवाई हेतु लाना तथा उनका अनुश्रवण कार्य करना।

4. विभागीय राजभाषा कार्यान्वयन समितियों की बैठकों में भाग लेना।
5. क्षेत्राधिकार में स्थित नगर राजभाषा कार्यान्वयन समिति की बैठकों में भाग लेना।
6. जिस नगर में नगर राजभाषा कार्यान्वयन समिति नहीं है अथवा अतिरिक्त नगर राजभाषा समिति के गठन की आवश्यकता हो, तो नई समिति गठित करने का कार्य करना।
7. जिन नगरों में नराकास के सदस्य कार्यालयों की संख्या 50 से अधिक है, वहां नराकासों का विभाजन करना।
8. क्षेत्रीय राजभाषा सम्मेलनों का आयोजन करना।
9. राजभाषा विभाग, गृह मंत्रालय द्वारा समय-समय पर जारी किये जाने वाले आदेशों की जानकारी अपने क्षेत्राधिकार में स्थित समस्त कार्यालयों को प्रदान करना।
10. अपने क्षेत्राधिकार से सम्बधित केन्द्रीय अनुवाद ब्यूरो एवं केन्द्रीय हिंदी प्रशिक्षण संस्थान/हिंदी शिक्षण योजना के कार्यालयों के साथ समन्वय स्थापित करना।

अध्याय-5

संसदीय राजभाषा समिति

संसदीय राजभाषा समिति की बात से पूर्व कुछ महत्वपूर्ण तथ्य जानने जरूरी हैं। भारत के संविधान के भाग 17 अनुच्छेद 343 के अनुसार संघ की राजभाषा हिंदी और लिपि देवनागरी होगी। संघ के शासकीय प्रयोजनों के लिए प्रयोग होने वाले अंकों का रूप भारतीय अंकों का अंतरराष्ट्रीय रूप होगा। (भारत का संविधान पृ. 137)

यहां यह भी उल्लेखनीय है कि भारत के संविधान के भाग 1 में पहले अनुच्छेद के अंतर्गत संघ को कुछ इस तरह परिभाषित किया गया है जो स्वत: स्पष्ट है :-(1) भारत, अर्थात इंडिया, राज्यों का संघ होगा। (2) राज्य और उनके राज्य क्षेत्र वे होंगे जो पहली अनुसूची में विनिर्दिष्ट हैं। (3) भारत के राज्य क्षेत्र में, (क) राज्यों के राज्य क्षेत्र, (ख) पहली अनुसूची में विनिर्दिष्ट संघ राज्य क्षेत्र, और (ग) ऐसे अन्य राज्य क्षेत्र जो अर्जित किए जाएं, समाविष्ट होंगे। (भारत का संविधान पृ. 2)

संविधान के प्रारंभ से 15 वर्ष की अवधि तक संघ के उन सभी शासकीय प्रयोजनों के लिए अंग्रेजी भाषा का प्रयोग जारी रखने का प्रावधान किया गया था जिसके लिए उसका प्रयोग संविधान लागू होने के ठीक पहले होता रहा। संविधान के अनुच्छेद 344 में यह प्रावधान किया गया कि राजभाषा के संबंध में आयोग और संसद की समिति का गठन किया जाएगा जिसमें कहा गया है कि

(1) राष्ट्रपति, इस संविधान के प्रारंभ से 5 वर्ष की समाप्ति पर और तत्पश्चात ऐसे प्रारंभ से 10 वर्ष की समाप्ति पर, आदेश द्वारा, एक आयोग गठित करेंगे जो एक अध्यक्ष और अष्टम अनुसूची में उल्लिखित विभिन्न भाषाओं का प्रतिनिधित्व करने वाले ऐसे अन्य सदस्यों से मिलकर बनेगा जिनको राष्ट्रपति नियुक्त करें और आदेश में आयोग द्वारा अनुसरण की जाने वाली प्रक्रिया परिनिश्चित की जाएगी।

(2) आयोग का यह कर्तव्य होगा कि वह राष्ट्रपति को -

(क) संघ के शासकीय प्रयोजनों के लिए हिंदी भाषा के अधिकाधिक प्रयोग, (ख) संघ के सभी या किन्हीं शासकीय प्रयोजनों के लिए अंग्रेजी भाषा के प्रयोग पर निर्बंधनों, (ग) अनुच्छेद 348 में वर्णित प्रयोजनों में से सब या किसी के लिए प्रयोग की जाने वाली भाषा के, (घ) संघ के किसी एक या अधिक उल्लिखित प्रयोजनों के लिए प्रयोग किए जाने वाले अंकों के रूप के, (ड़) संघ की राजभाषा तथा संघ और किसी राज्य के बीच अथवा एक राज्य और दूसरे के बीच संचार की भाषा तथा उनके प्रयोग के बारे में राष्ट्रपति द्वारा आयोग को निर्देशित किए गए किसी अन्य विषय के बारे में सिफारिश करने में आयोग भारत की औद्योगिक, सांस्कृतिक और वैज्ञानिक उन्नति का तथा लोक सेवाओं के बारे में अहिंदी भाषा-भाषी क्षेत्रों के लोगों के न्यायपूर्ण दावों और हितों का सम्यक ध्यान रखेगा।

(3) खंड 2 के अधीन अपनी सिफारिशें करने में आयोग भारत की औद्योगिक, सांस्कृतिक और वैज्ञानिक उन्नति का तथा लोक सेवाओं के बारे में अहिंदी भाषा-भाषी क्षेत्रों के लोगों के न्यायपूर्ण दावों और हितों का सम्यक ध्यान रखेगा।

(4) 30 सदस्यों की एक समिति गठित की जाएगी जिनमें से 20 लोकसभा के सदस्य होंगे तथा 10 राज्य सभा के सदस्य होंगे जो कि क्रमश: लोकसभा के सदस्यों तथा राज्य सभा के सदस्यों द्वारा अनुपाती प्रतिनिधित्व पद्धति के अनुसार एकल संक्रमणीय मत द्वारा निर्वाचित होंगे।

(5) खंड 1 के अधीन गठित आयोग की सिफारिशों की परीक्षा करना तथा उन पर अपनी राय का प्रतिवेदन राष्ट्रपति को करना समिति का कर्तव्य होगा।

(6) अनुच्छेद 343 में किसी बात के होते हुए भी राष्ट्रपति खंड (5) में निर्दिष्ट प्रतिवेदन पर विचार करने के पश्चात उस सारे प्रतिवेदन के या उसके किसी भाग के अनुसार निर्देश निकाल सकेगा।

राजभाषा विभाग, गृह मंत्रालय द्वारा प्रकाशित पुस्तक 'संसदीय राजभाषा समिति के प्रतिवेदन के पहले नौ खंडों में की गई सिफारिशों पर राष्ट्रपति के आदेश' के अनुसार संविधान के अनुच्छेद 344 के उपबंधों के अंतर्गत आयोग की इस सिफारिश पर विचार करने के लिए एक संसदीय समिति का भी गठन किया गया था जिसमें 20 लोकसभा से तथा 10 राज्य सभा से सदस्य थे। संविधान की इस व्यवस्था के अनुपालन के लिए खेर आयोग का गठन 7 जून 1955 को किया गया। इस आयोग

ने अपनी रिपोर्ट 31 जुलाई 1956 को राष्ट्रपति को सौंपी। आयोग की सिफारिशों पर विचार करने के लिए गठित संसदीय समिति ने अपनी रिपोर्ट राष्ट्रपति के समक्ष 8 फरवरी 1959 को प्रस्तुत की थी। आयोग की सिफारिशों और संसदीय समिति की राय के उपरांत राष्ट्रपति के आदेश 27 अप्रैल 1960 को जारी किए गए थे जिसमें हिंदी शब्दावली, प्रशासनिक संहिताओं का अनुवाद, प्रशासनिक कर्मचारी वर्ग को हिंदी का प्रशिक्षण और हिंदी का प्रचार-प्रसार आदि विभिन्न उपयोगी विषयों पर आदेश जारी कर दिए गए थे।

चूंकि संविधान लागू होने के 15 वर्ष की अवधि के उपरांत राजभाषा के रूप में हिंदी का सम्यक कार्यान्वयन नहीं हुआ, इसलिए 1963 में राजभाषा अधिनियम लाया गया। राजभाषा अधिनियम की धारा 8 में प्रदत्त शक्तियों का प्रयोग करते हुए केंद्र सरकार ने राजभाषा नियम 1976 बनाया है। संघ सरकार में राजभाषा के कार्यान्वयन के लिए राजभाषा अधिनियम 1963 और राजभाषा नियम 1976 मूल आधार हैं। इन नियमों के अनुपालन के लिए भारत सरकार के गृह मंत्रालय के राजभाषा विभाग द्वारा समय-समय पर आदेश और अनुदेश भी जारी किए जाते रहे हैं।

राजभाषा अधिनियम 1963 की धारा 4(i) के उपबंधों के अनुसार पुनः एक संसदीय समिति का गठन अधिनियम की धारा 3 के लागू होने की तारीख अर्थात 26 जनवरी 1965 से 10 वर्ष की अवधि के उपरांत वर्ष 1976 में किया गया। इस समिति में भी 30 संसद सदस्य, 20 लोकसभा से तथा 10 राज्यसभा से हैं। इस समिति का कर्तव्य है कि यह संघ के राजकीय प्रयोजनों के लिए हिंदी के प्रयोग में की गई प्रगति का पुनर्विलोकन करे और उस पर सिफारिशें करते हुए राष्ट्रपति को प्रतिवेदन करे और राष्ट्रपति उस प्रतिवेदन को संसद के हर एक सदन के समक्ष रखवाएंगे और सभी राज्य सरकारों को भिजवाएंगे। प्रतिवेदन पर राज्य सरकारों ने यदि कोई मत व्यक्त किया हो तो राष्ट्रपति उस पर विचार करने के पश्चात उस समस्त प्रतिवेदन या उसके किसी भाग के अनुसार निर्देश निकाल सकेंगे। परंतु इस प्रकार निकाले गए निर्देश अधिनियम की धारा 3 के उपबंध से असंगत नहीं होंगे।

संसदीय राजभाषा समिति, राजभाषा अधिनियम, 1963 में की गई व्यवस्था के परिणामस्वरूप अस्तित्व में आई। उक्त अधिनियम संघ के राजकीय प्रयोजनों के लिए हिंदी को अपनाने संबंधी संविधान की परिकल्पित पंद्रह वर्ष की अवधि अर्थात 26 जनवरी, 1965 के पश्चात अपनाई जाने वाली संघ की राजभाषा नीति का निर्धारण करने के लिए बनाया गया था। अधिनियम की धारा 4 (1) में व्यवस्था

है कि उक्त अधिनियम की धारा 3 के प्रवृत्त होने की तारीख (अर्थात 26 जनवरी, 1965) के दस वर्ष की समाप्ति के पश्चात राजभाषा समिति गठित की जाएगी। तदनुसार जनवरी, 1976 से संसदीय राजभाषा समिति का गठन अधिनियम के उपबंधों के अनुसार किया गया। समिति को सौंपे गए कर्तव्य हैं–संघ के राजकीय प्रयोजनों के लिए हिंदी के प्रयोग में की गई प्रगति का पुनर्विलोकन करना और उस पर सिफ़ारिशें करते हुए राष्ट्रपति को प्रतिवेदन करना। तदुपरान्त, राष्ट्रपति उस प्रतिवेदन को संसद के प्रत्येक सदन के समक्ष रखेंगे तथा सभी राज्य सरकारों को भिजवाएंगे।

समिति को सौंपे गए कार्य

राजभाषा अधिनियम 1963 की धारा 4 (3) के अनुसार समिति का कर्तव्य है कि वह संघ के राजकीय प्रयोजनों में हिंदी के प्रयोग में की गई प्रगति की समीक्षा करे और उस पर सिफारिशें करते हुए राष्ट्रपति को प्रतिवेदन प्रस्तुत करे। समिति की पहली बैठक में ही विभिन्न विभागों, उपक्रमों, कार्यालयों आदि में मौके पर जाकर निरीक्षण करने और हिंदी के प्रयोग संबंधी स्थिति की समीक्षा करने के लिए तीन उप समितियों के गठन का निर्णय लिया गया था। संघ का शासकीय कार्य राजभाषा हिंदी में निष्पादित करने के लिए भारत सरकार द्वारा विभिन्न प्रकार के प्रयास किए जा रहे हैं। इन प्रयासों में संसदीय राजभाषा समिति द्वारा संघ के कामकाज में राजभाषा हिंदी के प्रयोग की दिशा में हुई प्रगति की समूचे देश में स्थित केंद्र सरकार के कार्यालयों के निरीक्षण के माध्यम से समीक्षा करना और अपनी सिफारिश करते हुए माननीय राष्ट्रपति को प्रतिवेदन प्रस्तुत करना एक अभीष्ट कार्य है। इस कार्य में जहां एक ओर समूचे देश में केंद्र सरकार के कार्यालयों/उपक्रमों/राष्ट्रीयकृत बैंकों आदि में राजभाषा हिंदी के प्रयोग का जायजा लेती है वहीं दूसरी ओर माननीय राष्ट्रपति को अपना प्रतिवेदन प्रस्तुत कर भारत देश में हिंदी को राजभाषा का अपेक्षित अधिकार दिलाने में होने वाली समस्याओं का समाधान खोजने के एक महत्वपूर्ण दायित्व का निर्वहन भी करती है। (संसदीय राजभाषा समिति की वेबसाइट)

समिति ने जनवरी 1987 में माननीय राष्ट्रपति को अपने प्रतिवेदन का पहला खंड प्रस्तुत किया जो केंद्रीय सरकार के कार्यालयों में अनुवाद की व्यवस्था से संबंधित है। प्रथम खंड पर माननीय राष्ट्रपति के आदेश 30.12.1988 को जारी किए गए। केंद्रीय सरकार के कार्यालयों में यांत्रिक सुविधाओं में हिंदी तथा अंग्रेजी के प्रयोग से संबंधित प्रतिवेदन का दूसरा खंड माननीय राष्ट्रपति को जुलाई 1987

में प्रस्तुत किया गया, इस संबंध में 29 मार्च 1990 को राष्ट्रपति के आदेश राजभाषा विभाग द्वारा जारी किए गए।

केंद्रीय सरकार के कर्मचारियों के हिंदी शिक्षण और उनके हिंदी माध्यम से प्रशिक्षण आदि से संबंधित व्यवस्थाओं के बारे में समिति के प्रतिवेदन का तीसरा खंड फरवरी 1989 में माननीय राष्ट्रपति को प्रस्तुत किया गया, इस संबंध में 4 नवंबर 1991 को माननीय राष्ट्रपति का आदेश राजभाषा विभाग द्वारा जारी किया गया। समिति द्वारा जुलाई 1989 तक किए गए पुनर्विलोकनों के आधार पर देश के विभिन्न भागों में सरकारी कार्यालयों तथा उपक्रमों आदि में हिंदी के प्रयोग की स्थिति से संबंधित चौथा खंड माननीय राष्ट्रपति को नवंबर 1989 में प्रस्तुत किया गया, इस संबंध में 28 जनवरी 1992 को माननीय राष्ट्रपति का आदेश राजभाषा विभाग द्वारा जारी किया गया। समिति द्वारा प्रस्तुत प्रतिवेदन का पांचवा खंड विधायन की भाषा और विभिन्न न्यायालयों तथा न्याधिकरणों आदि में प्रयोग की जाने वाली भाषा से संबंधित है। पांचवा खंड माननीय राष्ट्रपति को मार्च 1992 में प्रस्तुत किया गया, इस पर 24 नवंबर 1998 को माननीय राष्ट्रपति के आदेश राजभाषा विभाग द्वारा जारी किए गए। संसदीय राजभाषा समिति के प्रतिवेदन का छठा खंड समिति द्वारा 27 नवंबर 1997 को माननीय राष्ट्रपति को प्रस्तुत किया गया। यह खंड सरकार के कार्यालयों में हिंदी के प्रयोग, संघ तथा राज्य सरकारों के बीच और संघ तथा संघ राज्य क्षेत्रों के बीच पत्राचार में हिंदी के प्रयोग से संबंधित है। इस पर 17 सितंबर 2004 को माननीय राष्ट्रपति के आदेश राजभाषा विभाग द्वारा जारी किए गए। समिति के प्रतिवेदन का सातवां खंड 3 मई 2002 को माननीय राष्ट्रपति को प्रस्तुत किया गया। इस खंड में समिति ने सरकारी कामकाज में मूल रूप से हिंदी में लेखन कार्य, विधि संबंधी कार्यों में राजभाषा हिंदी की स्थिति, सरकारी कामकाज में राजभाषा के प्रयोग हेतु प्रचार-प्रसार, प्रशासनिक और वित्तीय कार्यों से जुड़े प्रकाशनों की हिंदी में उपलब्धता, राज्यों में राजभाषा हिंदी की स्थिति, वैश्वीकरण और हिंदी कंप्यूटरीकरण एक चुनौती इत्यादि विषयों को समाहित कर संघ सरकार में हिंदी के प्रयोग की वर्तमान स्थिति के संबंध में अपनी सिफारिशें प्रस्तुत कीं। इस पर 13 जुलाई 2005 को माननीय राष्ट्रपति का आदेश जारी किया गया।

समिति ने दिनांक 16 अगस्त 2005 को अपने प्रतिवेदन का आठवां खंड प्रस्तुत किया, इस पर 2 जुलाई 2008 को माननीय राष्ट्रपति के आदेश राजभाषा विभाग द्वारा जारी किए गए। समिति द्वारा प्रतिवेदन का नवा खंड माननीय राष्ट्रपति को 2

जून 2011 को प्रस्तुत किया गया जिस पर 31 मार्च 2017 को माननीय राष्ट्रपति के आदेश राजभाषा विभाग द्वारा जारी किए गए।

संसदीय राजभाषा समिति के प्रतिवेदन के खंड नौ की सिफारिश संख्या दो पर माननीय राष्ट्रपति के आदेशानुसार संसदीय राजभाषा समिति के प्रतिवेदन के पहले 8 खंडों में स्वीकृत संस्तुतियों अथवा संशोधन के साथ स्वीकृत संस्तुतियों की समीक्षा राजभाषा विभाग द्वारा की गई और इन पर माननीय राष्ट्रपति के आदेश 6 दिसंबर 2017 को पुन: जारी किए गए हैं।

वर्तमान में संसदीय राजभाषा समिति द्वारा माननीय राष्ट्रपति के प्रतिवेदन के लिए 10वें, 11वें और 12वें खंड पर कार्य किया जा रहा है। निश्चित रूप से आज संसदीय राजभाषा समिति का कार्य अत्यंत महत्वपूर्ण है। संघ की परिभाषा के अनुरूप संघ की राजभाषा के रूप में हिंदी को स्थापित करना और केंद्र सरकार के कार्यालयों/बैंकों/उपक्रमों आदि में सुचारू रूप से कार्य हिंदी में होता रहे, इसके लिए संसदीय राजभाषा समिति की महत्वपूर्ण भूमिका है। यह भूमिका इसलिए और महत्वपूर्ण हो जाती है क्योंकि यह राजभाषा की सर्वोच्च समिति है जो न केवल केंद्र सरकार के कार्यालयों/बैंकों/उपक्रमों आदि के साथ बल्कि संघ की परिकल्पना के अंतर्गत सभी राज्यों से भी सामंजस्य बिठाकर राजभाषा हिंदी में कार्य करने में आने वाली समस्याओं का निदान करने में सक्षम है। राजभाषा के प्रभावी कार्यान्वयन को सुनिश्चित करने के लिए समय-समय पर माननीय राष्ट्रपति के आदेश जारी कर राजभाषा के संवर्धन में समिति अभूतपूर्व योगदान दे रही है।

संसदीय राजभाषा समिति निरीक्षण

राजभाषा अधिनियम-1963 की धारा-4(1) के अधीन जनवरी, 1976 में संसदीय राजभाषा समिति गठित की गई। इस अधिनियम की धारा-4 (2) के अंतर्गत यह प्रावधान किया गया कि संसदीय राजभाषा समिति में लोकसभा से 20 तथा राज्यसभा से 10-इस प्रकार कुल 30 सदस्यों को निरीक्षण/समीक्षार्थ आनुपातिक प्रतिनिधित्व पद्धति के अनुसार एकल संक्रमणीय मत द्वारा निर्वाचित किया जाएगा। अधिनियम की धारा-4(3) के अनुसार संघ के शासकीय प्रयोजनों के लिए हिंदी भाषा के प्रयोग में हुई उत्तरोत्तर प्रगति की समिति द्वारा समीक्षा की जाएगी और अपनी सिफारिशों को एक प्रतिवेदन के रूप में राष्ट्रपति के समक्ष प्रस्तुत किया जाएगा। राष्ट्रपति द्वारा इस प्रतिवेदन को संसद के प्रत्येक सदन के समक्ष रखवाने के अतिरिक्त सभी राज्य सरकारों/संघ राज्य क्षेत्रों को भी भिजवाया जाएगा।

संसद के दोनों सदनों के विचार-विमर्श (यदि कोई हो) तथा राज्य सरकारों/संघ राज्य क्षेत्रों की सरकारों के अभिमत (यदि कोई हो) के आधार पर प्रतिवेदन का अवलोकन कर राष्ट्रपति द्वारा समस्त प्रतिवेदन या उसके किसी भाग के आधार पर आदेश जारी किये जाते हैं। परंतु इस प्रकार जारी किये गए आदेश राजभाषा अधिनियम-1963 की धारा-3 के उपबंधों से असंगत नहीं होंगे।

[सूचनार्थ : संसदीय राजभाषा समिति के निरीक्षण संबंधी प्रतिवेदन के प्रथम खंड को 8 मई, 1987 को दोनों सदनों के पटल पर रखवाने के साथ-साथ उसकी प्रतियाँ सभी राज्य सरकारों/संघ राज्य सरकारों को भिजवाई गईं।]

संसदीय राजभाषा समिति के अध्यक्ष, उपाध्यक्ष, संयोजक, सदस्य एवं सचिव की परिभाषाएँ

अध्यक्ष : इसका अर्थ है- संसदीय राजभाषा समिति का अध्यक्ष और कोई अन्य सदस्य, जो किसी समय स्थानापन्न अध्यक्ष बनें। समिति के सदस्यों द्वारा अध्यक्ष का चुनाव किया जाता है। केंद्रीय गृहमंत्री को समिति के अध्यक्ष के रूप में चुनने की प्रथा जारी है।

सूचनार्थ : तत्कालीन गृह राज्य मंत्री श्री ओम मेहता को समिति का पहला अध्यक्ष, नामित किया गया।]

उपाध्यक्ष : संसदीय राजभाषा समिति का कोई भी सदस्य जिसे अध्यक्ष द्वारा 'उपाध्यक्ष' के रूप में नामित किया जाता है।

संयोजक : संसदीय राजभाषा समिति की किसी भी उप समिति का संयोजक जिसे अध्यक्ष द्वारा नामित किया गया हो और वह सदस्य जिसे संयोजक ने अपनी अनुपस्थिति में संयोजक के रूप में कार्य करने के लिए नामित किया गया हो।

सदस्य : संसदीय राजभाषा समिति का सदस्य।

सचिव : संसदीय राजभाषा समिति का सचिव और कोई अन्य व्यक्ति जो किसी समय भी सचिव के कर्तव्य का पालन करे।

उप समितियाँ एवं साक्ष्य समितियाँ

संसदीय राजभाषा समिति को तीन उप समितियों में विभाजित किया गया। इनके अतिरिक्त आलेख एवं साक्ष्य उप समिति तथा मौखिक साक्ष्य समिति भी गठित हैं।

समिति के कुल 30 सदस्यों में से अलग-अलग उप समितियों के लिए (मौखिक साक्ष्य समिति सहित) सदस्यों का आवंटन किया जाता है। (प्रत्येक उप

समिति में सामान्यत: अधिकतम 10 सदस्य होंगे। अब इसकी अधिकतम संख्या नौ कर दी गई है।)

इन सदस्यों का प्रतिनिधित्व आवश्यकतानुसार एक से अधिक उप समितियों में भी हो सकता है।

गोपनीयता

- उप समिति और साक्ष्य समिति की बैठकें/निरीक्षण/समीक्षा सार्वजनिक नहीं होंगी।
- इनकी कार्यवाहियाँ गोपनीय समझी जाएँगी। इन समितियों के किसी सदस्य अथवा समिति की कार्यवाहियों तक पहुँच रखने वाले किसी अन्य व्यक्ति को प्रत्यक्ष या परोक्ष रूप से समाचार पत्रों को अथवा अन्य किसी व्यक्ति को समिति की कार्यवाहियों के बारे में सूचना देने की अनुमति नहीं होगी।
- विचार-विमर्श व समीक्षा के समय पर समिति के सदस्यों, समिति के सचिवालय के अधिकारियों, उनके रिपोर्टरों और आमंत्रित व्यक्तियों (निरीक्षणाधीन कार्यालय/संगठन के पदाधिकारी एवं राजभाषा कार्यान्वयन से जुड़े प्रमुख अधिकारी) को छोड़कर अन्यों को उपस्थित रहने की अनुमति नहीं होगी। उपर्युक्त के अलावा यदि निरीक्षणाधीन कार्यालय के किसी अधिकारी की अनिवार्य उपस्थिति की आवश्यकता होने पर समिति के सचिव की पूर्वानुमति लेनी होगी।
- समिति की कार्यवाहियों का यथासंभव शब्दश: रिकॉर्ड रखा जाएगा।

उप समितियों का निरीक्षण दायरा

संसदीय राजभाषा समिति की **पहली उप समिति** 1. रक्षा मंत्रालय, 2. विदेश मंत्रालय, 3. गृह मंत्रालय, 4. शिक्षा मंत्रालय (मानव संसाधन), 5. कार्पोरेट कार्य मंत्रालय, 6. पेट्रोलियम और प्राकृतिक गैस मंत्रालय, 7. कार्मिक, लोकशिकायत तथा पेंशन मंत्रालय, 8. रसायन और उर्वरक मंत्रालय, 9. परमाणु ऊर्जा विभाग, 10. योजना आयोग, 11. सामाजिक न्याय और अधिकारिता मंत्रालय, 12. ग्रामीण विकास मंत्रालय, 13. युवा कार्यक्रम और खेल मंत्रालय, 14. जनजातीय कार्य मंत्रालय, 15. अल्पसंख्यक मंत्रालय, 16. संस्कृति मंत्रालय, 17. उत्तर पूर्वी क्षेत्र विकास मंत्रालय, 18. विधि और न्याय मंत्रालय, 19. महिला एवं बाल विकास मंत्रालय, 20. पोत परिवहन, सड़क परिवहन और राजमार्ग मंत्रालय, 21. पंचायती राज मंत्रालय।

दूसरी उप समिति 1. रेल मंत्रालय, 2. सूचना और प्रसारण मंत्रालय, 3. संचार एवं सूचना प्रौद्योगिकी मंत्रालय, 4. नागर विमानन मंत्रालय, 5. विज्ञान और प्रौद्योगिकी मंत्रालय, 6. जल संसाधन मंत्रालय, 7. उपभोक्ता मामले, खाद्य और सार्वजनिक वितरण मंत्रालय, 8. विद्युत मंत्रालय, 9. नवीन एवं नवीकरण ऊर्जा मंत्रालय, 10. कृषि मंत्रालय, 11. पृथ्वी विज्ञान मंत्रालय, 12. अंतरिक्ष विभाग, 13. पर्यटन मंत्रालय।

तीसरी उप समिति 1. वित्त मंत्रालय, 2. वाणिज्य एवं उद्योग मंत्रालय, 3. भारी उद्योग मंत्रालय, 4. इस्पात मंत्रालय, 5. वस्त्र मंत्रालय, 6. सूक्ष्म, लघु एवं मध्यम उद्यम मंत्रालय, 7. शहरी विकास मंत्रालय, 8. श्रम मंत्रालय, 9. कोयला मंत्रालय, 10. पर्यावरण एवं वन मंत्रालय, 11. स्वास्थ्य और परिवार कल्याण मंत्रालय, 12. खान एवं खनिज मंत्रालय, 13. संसदीय कार्यमंत्रालय, 14. भारत के नियंत्रक एवं महालेखा परीक्षक का कार्यालय, 15. सांख्यकी और कार्यक्रम कार्यान्वयन मंत्रालय।

आलेख एवं साक्ष्य उप समिति इस समिति द्वारा नगर राजभाषा कार्यान्वयन समितियों का दौरा किया जाता है। नगर राजभाषा कार्यान्वयन समिति के अध्यक्ष एवं सदस्य कार्यालय प्रधानों के साथ राजभाषा कार्यान्वयन संबंधी विचार- विमर्श किया जाता है।

टॉलिक (कार्यालय), टॉलिक (बैंक एवं बीमा कंपनियाँ) एवं टॉलिक (उपक्रम) उप समिति के दायरे में हैं।

इस उप समिति के उपाध्यक्ष ही इसके पदेन अध्यक्ष होते हैं। इस समिति में तीनों उप समितियों के संयोजक भी होते हैं। संसदीय राजभाषा समिति के अध्यक्ष द्वारा तीनों उप समितियों से एक-एक सदस्य को आलेख एवं साक्ष्य उप समिति के लिए नामित किया जाता है। यह संसदीय राजभाषा समिति की नीति निर्धारक उप समिति है। यह उप समिति संसदीय राजभाषा समिति के साक्ष्य कार्यक्रम प्रस्तावित करती है और राष्ट्रपति को प्रस्तुत किये जाने वाले मसौदा तैयार करती है।

मौखिक साक्ष्य समिति

संसदीय राजभाषा समिति की मौखिक साक्ष्य समिति द्वारा केंद्र सरकार और उससे जुड़े संगठनों में संसदीय राजभाषा समिति की संबंधित उप समिति द्वारा पूर्व में किये गए राजभाषायी निरीक्षणों में पाई गई गंभीर कमियों के बारे में तत् संगठन के

निरीक्षित कार्यालय प्रधान से प्रत्यक्ष रूप से चर्चा करने के लिए उन्हें संसद भवन, नई दिल्ली बुलाया जाता है।

गृह मंत्री की अध्यक्षता में तीनों उप समितियों (पहली/दूसरी/तीसरी) और आलेख एवं साक्ष्य उप समिति के उपाध्यक्षों/संयोजकों की उपस्थिति में मौखिक साक्ष्य संपन्न किया जाता है।

सामान्यत: कुछेक चूककर्ता कार्यालयों के प्रधानों को एक साथ बुलाकर एक-एक से स्पष्टीकरण लिया जाता है/आश्वासन लिये जाते हैं।

कार्यान्वयन संबंधी विसंगतियों में प्रधान कार्यालय/मुख्यालय के कोई मुद्दे होने पर तत् संगठन के प्रधान को भी मौखिक साक्ष्य में उपस्थित रहना पड़ेगा, अन्यथा आवश्यक नहीं है।

आमंत्रित कार्यालय प्रधान को अपने साथ विशेषज्ञ राजभाषा अधिकारी को और कोई अन्य पदाधिकारी को ले जाने की आवश्यकता होने पर समिति कार्यालय की पूर्वानुमति प्राप्त करनी होगी।

आमंत्रित कार्यालय प्रधान द्वारा दिये गए स्पष्टीकरण एवं आश्वासनों के आधार पर शीघ्र पूर्ण कार्रवाई संपन्न कर समिति कार्यालय को बिना विलंब लिखित अनुपालनात्मक रिपोर्ट भेजनी होगी।

किसी आश्वासन को पूरा किये जाने के संबंध में समय लगने की संभावना होने पर समिति कार्यालय से पूर्वानुमति प्राप्त करनी होगी। समिति के अन्य निरीक्षणों की तरह समिति कार्यालय को कृत कार्रवाई रिपोर्ट प्रेषित करने हेतु न्यूनतम 6 माह की समय सीमा देना जरूरी नहीं है।

साक्ष्य समिति द्वारा तत् समय पूछे जाने वाले प्रश्नों का संतुष्टिप्रद समाधान देने में आमंत्रित कार्यालय प्रधान को पर्याप्त जानकारी हो। संबंधित संगठन के राजभाषा विभाग को इस प्रकार की पूर्व तैयारी संबंधी कार्य करना होगा और साक्ष्य कार्यक्रम में भाग लेने वाले कार्यालय प्रमुख को उचित जानकारी उपलब्ध करानी होगी।

मौखिक साक्ष्याधीन कार्यालय द्वारा समिति कार्यालय के साथ किये जाने वाले पत्राचार अपने तत्काल नियंत्रक कार्यालय/प्रधान कार्यालय के माध्यम से हो।

प्रश्नावली के प्रकार

निरीक्षण प्रश्नावली तीन प्रकार की होती है:

1. मुख्य प्रश्नावली,
2. पूरक प्रश्नावली,
3. टॉलिक अध्यक्ष की प्रश्नावली।

मुख्य प्रश्नावली: कार्यान्वयन स्वरूप के आधार पर प्रश्नों को 4 भागों में विभाजित किया गया है। यथा:

भाग-I—सामान्य सूचना,

भाग- II—राजभाषा अधिनियम/नियम के अनुपालन की स्थिति

भाग-III—संसदीय राजभाषा समिति के प्रतिवेदनों के आधार पर राष्ट्रपति के आदेशों तथा राजभाषा -विभाग द्वारा हिंदी के प्रगामी प्रयोग के संबंध में जारी किए गए आदेशों पर कृत अनुवर्ती कारवाई तथा

भाग-IV—विविध सूचना से संबंधित हैं। इनके अतिरिक्त मुख्य प्रश्नावली में समाविष्ट राजभाषा नीति संबंधी ज्ञापन सारांश के पश्चात् निम्न प्रश्नावलियों में से निरीक्षणाधीन कार्यालय शाखा इकाई के कार्यालय लिए जो लागू हैं, उन्हें भरना और भरवाना होगा।

- उप समिति के निरीक्षण कार्यक्रम में शामिल कार्यालय से संबंधित मंत्रालय/विभाग के प्रतिनिधि के लिए प्रश्नावली।
- उप समिति के निरीक्षण कार्यक्रम में शामिल कार्यालय संबंधी मुख्यालय के प्रतिनिधि के लिए प्रश्नावली।
- उप समिति के निरीक्षण कार्यक्रम में शामिल कार्यालय से संबंधित अंचल कार्यालय के प्रतिनिधि के लिए प्रश्नावली। 418 | राजभाषा सहूलियतकार
- उप समिति के निरीक्षण कार्यक्रम में शामिल कार्यालय से संबंधित क्षेत्रीय कार्यालय के प्रतिनिधि के लिए प्रश्नावली।

नोट : 1. आलेख एवं साक्ष्य उप समिति के विचार-विमर्श कार्यक्रम के संदर्भ में उपर्युक्त चार प्रकारों की प्रश्नावलियाँ भरने की आवश्यकता नहीं है।

2. पहली/दूसरी/तीसरी उप समितियों के निरीक्षणों के संदर्भ में उपर्युक्त प्रश्नावलियों को भरने के संदर्भ में हर प्रश्नावली के अंत में पाद-टिप्पणी में दिए गए अनुदेशों का पालन करना होगा।

- उप समिति के निरीक्षण कार्यक्रम में शामिल कार्यालय से संबंधित उपक्रमों/निगमों के मुख्यालय के प्रतिनिधि के लिए प्रश्नावली।
- उपर्युक्त अलग-अलग प्रश्नावलियों के पश्चात् मुख्य प्रश्नावली के अंत में निरीक्षणाधीन कार्यालय द्वारा 'विज्ञापन एवं प्रचार' पर कृत व्यय का ब्यौरा भरना होगा। (इसकी पुनरावृत्ति पूरक प्रश्नावली में भी होगी।)

पूरक प्रश्नावली: पहली/दूसरी/तीसरी उप समितियों के संदंभ में मुख्य प्रनावली

के अतिरिक्त पूरक प्रश्नावली भी भरनी होगी। (आलेख व साक्ष्य उप समिति के विचार-विमर्श कार्यक्रम के लिए पूरक प्रश्नावली लागू नहीं होगी।

अध्यक्ष, टॉलिक के लिए विशेष प्रश्नावली: आलेख एवं साक्ष्य उप समिति के विचार-विमर्श कार्यक्रम के संदर्भ में नगर राजभाषा कार्यान्वयन से संबंधित इस प्रश्नावली को टॉलिक के संयोजक कार्यालय द्वारा भरा जाएगा।

प्रश्नावली भरते समय अपनाई जाने वाली कार्यविधि एवं सावधानियाँ

शाखा कार्यालय/इकाई/क्षेत्रीय कार्यालय/प्रादेशिक कार्यालय/अंचल कार्यालय/सर्किल कार्यालय/मुख्यालय/प्रधान कार्यालय/कार्पोरेट कार्यालय (संगठनात्मक संरचना के अनुसार जैसी भी स्थिति हो) द्वारा प्रश्नावली प्रस्तुत करने की अंतिम तारीख ध्यान में रखते हुए उनके तत्काल नियंत्रक कार्यालय के राजभाषा अनुभाग/विभाग के मार्गदर्शन से बिना विलंब उसे भरने का कार्य शुरू किया जाना होगा। rajbhashasamiti.gov.in साइट से अद्यतन प्रश्नावली डाउनलोड करनी होगी।

- प्रश्नावली भरने से पूर्व मुख्य प्रश्नावली के पृष्ठ 1 एवं 2 में दिये गए राजभाषा अधिनियम-1963 के उद्धरण, अन्य आदेश तथा प्रश्नावली के अनुबंध I और II में दी गई परिभाषाओं एवं राजभाषा विभाग के ज्ञापन सारांश (राजभाषा नीति संबंधी आदेश) को अवश्य पढ़ना होगा।
- जहाँ कहीं प्रश्नों के बगल के कोष्ठक में समयावधि एवं कार्यक्षेत्र का उल्लेख हो, तदनुसार आंकड़े/जानकारी देनी होगी। निश्चित अवधि का उल्लेख नहीं किये जाने पर अद्यतन स्थिति या यथोपयुक्त जानकारी प्रस्तुत करनी होगी। अपेक्षित समयावधि संबंधी अपनी तिमाही हिंदी प्रगति रिपोर्ट एवं कार्यालयीन अन्य अभिलेखों के आधार पर प्रश्नावली भरनी होगी।
- प्रश्नावली के हिंदी एवं अंग्रेजी पाठ के उत्तर एक समान हों।
- वर्तमान निरीक्षण के पूर्व यदि कभी तत् कार्यालय का निरीक्षण किये जाने पर तत्संबंधी निरीक्षण प्रश्नावली में दिये गए आंकड़ों को वर्तमान प्रश्नावली के आंकड़ों के साथ कोष्ठक में उल्लेख करने की आवश्यकता है। (पूर्व में एक से अधिक निरीक्षण होने पर नवीनतम निरीक्षण संबंधी आंकड़े कोष्ठक में देने होंगे।)
- समिति की पहली/दूसरी/तीसरी उप समिति के निरीक्षण के संदर्भ में मुख्य प्रश्नावली (अनुबंध सहित) एवं अनुपूरक प्रश्नावली भरनी होगी।

- आलेख एवं साक्ष्य उप समिति के विचार-विमर्श कार्यक्रम के संदर्भ में अनुपूरक प्रश्नावली की आवश्यकता नहीं है। लेकिन टॉलिक अध्यक्ष संबंधी एक अलग प्रश्नावली (टॉलिक अध्यक्ष के लिए विशेष प्रश्नावली) भरनी होगी।
- प्रश्नावली के हिंदी एवं अंग्रेजी, दोनों पाठ टंकित हों।
- प्रश्नावली के हिंदी एवं अंग्रेजी पाठ एक ही पुस्तिका में (विशेषतः स्पाइरल रूप में) हों। पुस्तिका में हिंदी पाठ दाईं ओर अंग्रेजी पाठ बाईं ओर हों।

(किसी भी स्थिति में हिंदी और अंग्रेजी पाठ संबंधी पुस्तिकाएँ अलग-अलग न हों।)

- उत्तरित हिंदी एवं अंग्रेजी फॉन्ट का आकार एक समान हो। हिंदी फॉन्ट साइज अंग्रेजी फॉन्ट से कम न हो।
- आमने-सामने के हिंदी एवं अंग्रेजी पृष्ठों में समान मदें होनी चाहिए।
- समिति की प्रश्नावली में अपनी तरफ से कोई परिवर्तन नहीं करना चाहिए।
- जहाँ कहीं रकम दर्शाई जाती है, वहाँ रु. चिह्न दर्शाने के बजाय उसका सिंबल दर्शाना अनिवार्य है।
- विज्ञापन, प्रचार-प्रसार संबंधी व्यय के संबंध में यह उल्लेख हो कि 'रकम लाख में' या 'करोड़ में', तदनुसार आंकड़े देने होंगे।
- प्रश्नों के समाधान से संबंधित पंक्तियाँ सरल, स्पष्ट, संक्षेप एवं शालीनतापूर्ण हों।
- उत्तर यदि 'हां' या 'नहीं' होने पर ऐसे संदर्भों में 'जी हाँ' या 'जी नहीं' दर्शाना नम्रता का परिचायक होगा।
- प्रश्नावली में प्रस्तुत जानकारी तथ्यपरक हो।
- उत्तर में 'प्रयासरत', 'प्रयत्नशील', 'कार्य प्रगति पर है' इत्यादि शब्द/वाक्यों का प्रयोग न करते हुए कृत कार्रवाई या वस्तुस्थिति से संक्षेप में अवगत कराने से शंका रहित होगा।
- प्रश्नावली की प्रत्येक स्पाइरल प्रति में जहाँ कहीं हस्ताक्षर का प्रावधान है, वहाँ प्राधिकृत हस्ताक्षरकर्ता के मूल हस्ताक्षर हों। (हस्ताक्षर की जेरॉक्स प्रतियों का प्रयोग न हो।)
- हस्ताक्षरकर्ता के हस्ताक्षर के नीचे उनका नाम, पदनाम एवं कार्यालय पतायुक्त द्विभाषिक/त्रिभाषिक रबड़ की मुहर लगाना अनिवार्य है। किसी भी स्थिति में मुहर में प्रयुक्त हिंदी अक्षर अंग्रेजी अक्षर के आकार से कम न हो। केवल हिंदी भाषा की रबड़ की मोहर का भी प्रयोग न हो।

5. संसदीय राजभाषा समिति की वेबसाइट

समिति द्वारा केंद्र सरकार के मंत्रालयों/विभागों/संबद्ध और अधीनस्थ कार्यालयों/स्वायत्त **निकायों/बैंकों/उपक्रमों/संस्थानों आदि में हिंदी के प्रयोग से संबंधित निरीक्षण प्रश्नावली तैयार की गई है** (किसी भी त्रुटि या संदेह की स्थिति में संसदीय राजभाषा समिति की वेबसाइट से मिलान किया जाना अपेक्षित होगा)-

केंद्र सरकार के मंत्रालयों/विभागों/संबद्ध और अधीनस्थ कार्यालयों/ स्वायत्त निकायों/बैंकों/उपक्रमों/संस्थानों आदि में हिंदी के प्रयोग से संबंधित

निरीक्षण प्रश्नावली
Inspection Questionnaire

Regarding use of Hindi in Ministries/Departments/Attached and Subordinate Offices/Autonomous Bodies/Banks/ Undertakings/Institutes etc. of the Central Government

निरीक्षण किए जाने वाले कार्यालय
का नाम व पूरा पता : ....
Name and full Address
of the Office to be Inspected : ....
निरीक्षण की अवधि
Period of Inspection : ....

निरीक्षण की तिथि
Date of Inspection : ....

तालिका/INDEX

अनुलग्नकों की सूची/List of Annexures

5.	केंद्रीय सरकार के जिन कार्यालयों/बैंकों/उपक्रमों आदि से अंग्रेजी में पत्र प्राप्त हुए हैं उनका विवरण Details of the Central Government Offices/Banks/Undertakings etc. from which letters have been received in English.	अनुलग्नक/ Annexure – 5
6.	बैठकों से संबंधित कार्यसूची और कार्यवृत्त की प्रति A copy of Agenda and Minutes related to the meetings	अनुलग्नक/ Annexure – 6
7.	राजभाषा कार्यान्वयन समिति के अध्यक्ष और सदस्यों के हिंदी के ज्ञान का स्तर और कार्य का प्रतिशत Percentage of work done by the Chairman and Members of the Official Language Implementation Committee in Hindi and their level of knowledge of Hindi.	अनुलग्नक/ Annexure – 7
8.	राजभाषा के प्रयोग में हुई प्रगति के संबंध में की गई समीक्षा का सार व उस पर की गई अनुवर्ती कार्रवाई का ब्यौरा Summary of the review related to the progress made in the use of Official Language and the details of follow up action taken thereon.	अनुलग्नक/ Annexure – 8
9.	क्षेत्रीय कार्यालयों द्वारा अपने नियंत्रणाधीन कार्यालयों के राजभाषायी निरीक्षणों की सूची List of the Official Language Inspection of Offices under their Control by the Regional Offices.	अनुलग्नक/ Annexure – 9
10.	आंचलिक कार्यालयों द्वारा अपने नियंत्रणाधीन कार्यालयों के राजभाषायी निरीक्षण की सूची List of the Official Language Inspection of Offices under their Control by Zonal Offices.	अनुलग्नक/ Annexure – 10

11.	निरीक्षणाधीन कार्यालय का पिछले चार वर्ष के दौरान किए गए राजभाषायी निरीक्षणों की निरीक्षण रिपोर्ट Inspection report of the official language inspections of the offices under inspection during the last four years.	अनुलग्नक/ Annexure – 11
12.	मुख्यालय द्वारा अपने नियंत्रणाधीन कार्यालयों के राजभाषायी निरीक्षणों की सूची List of the Official Language Inspections of Offices under the Control by Headquarters.	अनुलग्नक/ Annexure – 12
13.	राजभाषा कार्य के लिए नियुक्त कर्मचारियों/ अधिकारियों के लिए अलग से संवर्ग और उनकी पदोन्नति के लिए पर्याप्त अवसरों की उपलब्धता तत्संबंधी विवरण Details of separate cadre for officers/ employees appointed for the Official Language work and availability of adequate opportunities for their promotion	अनुलग्नक/ Annexure – 13
14.	मंत्रालय/विभाग द्वारा निरीक्षणाधीन कार्यालय की निरीक्षण प्रश्नावली की समीक्षा रिपोर्ट Review report of the inspection questionnaire of the office under inspection by the Ministry/Department.	अनुलग्नक/ Annexure – 14
15.	मंत्रालय/विभाग द्वारा अपने नियंत्रणाधीन कार्यालयों के राजभाषायी निरीक्षण की सूची List of the Official Language Inspections of Offices under the Control of Ministry/ Department.	अनुलग्नक/ Annexure – 15

राजभाषा अधिनियम, 1963 से उद्धरण

धारा 4: राजभाषा के संबंध में समिति –

(1) जिस तारीख को धारा 3 प्रवृत्त होती है, उससे दस वर्ष की समाप्ति के पश्चात राजभाषा के संबंध में एक समिति, इस विषय का संकल्प संसद के किसी भी सदन में राष्ट्रपति की पूर्व मंजूरी से प्रस्तावित और दोनों सदनों द्वारा पारित किए जाने पर, गठित की जाएगी।

(2) इस समिति में तीस सदस्य होंगे, जिनमें से बीस लोक सभा के सदस्य होंगे तथा दस राज्य सभा के सदस्य होंगे, जो क्रमश: लोक सभा के सदस्यों तथा राज्य सभा के सदस्यों द्वारा आनुपातिक प्रतिनिधित्व पद्धति के अनुसार एकल संक्रमणीय मत द्वारा निर्वाचित होंगे।

(3) इस समिति का कर्तव्य होगा कि वह संघ के राजकीय प्रयोजनों के लिए हिंदी के प्रयोग में की गई प्रगति का पुनर्विलोकन करे और उन पर सिफारिशें करते हुए राष्ट्रपति को प्रतिवेदन करे और राष्ट्रपति उस प्रतिवेदन को संसद के प्रत्येक सदन के समक्ष रखवाएंगे और सभी राज्य सरकारों को भिजवाएंगे।

(4) राष्ट्रपति उपधारा (3) में निर्दिष्ट प्रतिवेदन पर और उस पर राज्य सरकारों ने, यदि कोई मत अभिव्यक्त किए हों, तो, उन पर विचार करने के पश्चात उस समस्त प्रतिवेदन के या उसके किसी भाग के अनुसार निर्देश निकाल सकेंगे:

परंतु इस प्रकार निकाले गए निर्देश धारा 3 के उपबंधों से असंगत नहीं होंगे।

EXTRACTS FROM THE OFFICIAL LANGUAGES ACT, 1963

Section 4: Committee on Official Language –

(1) After the expiry of ten years from the date on which Section 3 comes into force, there shall be constituted a Committee on Official Language on a resolution to that effect being moved in either House of Parliament with the previous sanction of the President and passed by both Houses.

(2) The Committee shall consist of thirty members, of whom twenty shall be members of the House of the People and ten shall be the members of the Council of States to be elected respectively by the members of the House of the People and the members of the Council of States in accordance with the system of proportional representation by means of single transferable vote.

(3) It shall be the duty of the Committee to review the progress made in the use of Hindi for the official purpose of the Union and submit a report to the President making recommendations thereon and the President shall cause the report to be laid before each House of Parliament and sent to all the State Governments.

(4) The President may, after consideration of the report referred to in sub-section (3), and the views, if any, expressed by the State Governments thereon, issue directions in accordance with the whole or any part of the report:

Provided that the directions so issued shall not be inconsistent with the provisions of Section 3.

अनुदेश
Instructions

1. चूंकि यह सूचना संसदीय समिति को दी जा रही है, अतः यह सुनिश्चित कर लिया जाए कि सभी प्रश्नों के उत्तर में दी गई सूचना/जानकारी हर प्रकार से संगत, सही व पूरी हो।

   As the information is meant for Parliamentary Committee, it may please be ensured that the information furnished in reply to the questions is relevant, correct and complete in all respects.

2. कृपया प्रत्येक प्रश्न का उत्तर उसके नीचे/सामने खाली जगह में दें। यदि, उत्तर के लिए स्थान कम हो, तो अलग से कागज पर लिखकर संलग्न कर दें।

   Please write your reply in the blank space provided below/against each question. Wherever the reply is lengthy, extra sheet may be attached.

3. कृपया, अनुबंध 1 और 2 में दी गई संगत परिभाषाओं और नियमों के अंशों को ध्यान से पढ़ लें।

The relevant extracts of definitions and rules given in Enclosure 1 and 2 may please be gone through carefully.

4. यदि कार्यालय का निरीक्षण/आलेख एवं साक्ष्य उप समिति के साथ विचार-विमर्श हुआ हो तो अद्यतन आंकड़ों के साथ-साथ पिछले आंकड़े भी कोष्ठक में दिए जाएं। (दोनों कार्यक्रमों में से सबसे बाद में संपन्न कार्यक्रम के आंकड़े ही दिए जाने अपेक्षित हैं)

If the Inspection/Discussion programme with the Drafting and Evidence Sub-Committees of the office has been held before, the previous figures may be given in the bracket along with upto-date figures. (of the two programmes, figures of the programme which was conducted last are required to be given)

भाग-I/Part-I

सामान्य सूचना/General Information

1.	कार्यालय का नाम व पूरा डाक पता (पिन कोड, ई-मेल तथा दूरभाष नंबर सहित) Name of the Office and complete postal address (including pincode, E-mail & Tele. No.)	
2.	कार्यालय का वर्गीकरण (जैसे सचिवालय, संबद्ध/अधीनस्थ कार्यालय, स्वायत्त निकाय, सार्वजनिक क्षेत्र का उपक्रम, बैंक, संस्थान आदि) Classification of the Office (such as Secretariat, Attached/Subordinate Office, Autonomous Body, Public Sector Undertaking, Bank, Institute etc.)	
3.	प्रशासनिक मंत्रालय तथा/अथवा विभाग का नाम Name of the Administrative Ministry and/or Department.	
4.	क्या यह प्रशासनिक कार्यालय है या प्रचालन कार्यालय अथवा औद्योगिक प्रतिष्ठान? कृपया कार्यालय का संक्षिप्त परिचय दें। Whether it is an Administrative or Operative Office or an Industrial Establishment? Please give brief introduction of the office.	
5.	राजभाषा नियम, 1976 के अनुसार, यह कार्यालय क्षेत्र ('क', 'ख', 'ग') में से किस क्षेत्र में स्थित है? Region in which ('A', 'B', 'C') this office is situated as per Official Language Rules, 1976?	

6. (I) अधिकारियों/कर्मचारियों के हिंदी ज्ञान की स्थिति? (दिनांक .... तक)*

Status of Hindi knowledge of officers/employees? (as on date ....)*

		राजपत्रित** Gazetted**	अराजपत्रित** Non-Gazetted**	कुल संख्या Total
(i)	कार्यालय में स्वीकृत कार्मिकों की कुल संख्या Total number of personnel sanctioned in the office			
(ii)	वर्तमान में तैनात अधिकारियों/कर्मचारियों की कुल संख्या Total number of officers/employees posted at present			
(iii)	तैनात कार्मिकों में से हिंदी में प्रवीणता प्राप्त Proficient in Hindi out of the posted personnel			
(iv)	तैनात कार्मिकों में से हिंदी का कार्यसाधक ज्ञान प्राप्त Having working knowledge of Hindi out of the posted personnel***			
(v)	जो हिंदी प्रशिक्षण पा रहे हैं Undergoing training in Hindi			
(vi)	जो हिंदी प्रशिक्षण के लिए शेष हैं Yet to be sent for training in Hindi			

* 31 मार्च, 30 जून, 30 सितम्बर अथवा 31 दिसम्बर (जो भी लागू हो) की स्थिति दिखाई जाए।

Position as on 31st March, 30th June, 30th September or 31st December (as applicable) should be indicated.

** उपक्रम/निगम आदि के संबंध में अधिकारी वर्ग/कर्मचारी वर्ग के बारे में सूचना दी जाए।

Information pertaining to Officer category/Employees category in respect of Undertaking/Corporation etc. may be given.

*** कृपया परिभाषा अनुबंध 1 में देखें/Kindly see the definition in Enclosure -1.

(II) पूर्वोक्त 6(I) में से अनुसचिवीय*/प्रशासनिक कार्य से संबद्ध अधिकारियों/कर्मचारियों की संख्या?

No. of officers/employees who are engaged in Ministrial*/ Administrative work out of officers/employees afore mentioned in 6(I)?

(i)		राजपत्रित** Gazetted**	अराजपत्रित* Non-Gazetted*	कुल संख्या Total
(ii)	कार्यालय में स्वीकृत कार्मिकों की कुल संख्या Total number of personnel sanctioned in the office			
(iii)	वर्तमान में तैनात अधिकारियों/कर्मचारियों की कुल संख्या Total number of officers/employees posted at present			

(iv)	तैनात कार्मिकों में से हिंदी में प्रवीणता प्राप्त Proficient in Hindi out of the posted personnel			
(v)	तैनात कार्मिकों में से हिंदी का कार्यसाधक ज्ञान प्राप्त*** Having working knowledge of Hindi out of the posted personnel***			
(vi)	जो हिंदी प्रशिक्षण पा रहे हैं Undergoing training in Hindi			
(vii)	जो हिंदी प्रशिक्षण के लिए शेष हैं Yet to be sent for training in Hindi			

(III) 6(I) के बिंदु (vi) में उल्लिखित हिंदी प्रशिक्षण के लिए शेष कार्मिकों का निम्नानुसार विवरण प्रदान करें। (यदि आवश्यक हो तो नीचे दिए गए फॉर्मेट में विवरण **अनुलग्नक-1** पर संलग्न करें)

Details of personnel, remaining for training in Hindi, mentioned in point No. (vi) of 6(I) may be given as under. (If required, please attach the details in the format given below at Annexure-1).

क्र. सं. S. No.	अधिकारी/कर्मचारी का नाम व पदनाम Name and Designation of Officer/Employee	सरकारी सेवा में नियुक्ति की तिथि Date of appointment in Government Service	वर्तमान कार्यालय में नियुक्ति की तिथि Date of appointment in Current Office	हिंदी में किए जा रहे कार्य का प्रतिशत Percentage of work being done in Hindi

* अनुसचिवीय/प्रशासनिक कार्मिक्र से तात्पर्य टिप्पण, प्रारूपण, पत्र लेखन, लेखा करण संबंधी कार्य करने वाले अधिकारी/कर्मचारी हैं।
Ministerial/Administrative personnel means officers/employees doing work related to noting, drafting, letter writing, accounting etc.

** उपक्रम/निगम आदि के संबंध में अधिकारी वर्ग/कर्मचारी वर्ग के बारे में सूचना दी जाए।
Information pertaining to the category of Officer/Employees in respect of Undertaking/Corporation etc. may be given.

*** कृपया परिभाषा अनुलग्नक-1 में देखें/

Kindly refer to the definition at Enclosure-1.

7. हिंदी जानने वाले 6(II) के (iii) व (iv) अर्थात् हिंदी में प्रवीण एवं हिंदी का कार्यसाधक ज्ञान प्राप्त दोनों को मिलाकर उन अधिकारियों और कर्मचारियों की संख्या जो अपना काम* हिंदी में करते हैं।

No. of Hindi knowing officers & employees including (iii) & (iv) of 6(II) i.e. those who are proficient in Hindi and those having working knowledge of Hindi, perform their work* in Hindi.

	कार्य प्रतिशत में Work in Percentage	राजपत्रित ** Gazetted**	अराजपत्रित** Non-Gazetted**	कुल Total
(i)	25% तक करने वाले Upto 25%			
(ii)	26% से 54% तक करने वाले From 26% to 54%			
(iii)	55% से 79% तक करने वाले From 55% to 79%			
(v)	80% से 89% तक करने वाले From 80% to 89%			
(vi)	90% से 99% तक करने वाले From 90% to 99%			
(vii)	शत-प्रतिशत करने वाले Cent-percent			

8. कार्यालय में हिंदी में काम करने वाले उप-सचिव/समकक्ष (उप-सचिव न होने की स्थिति में अवर सचिव/समकक्ष*** एवं उससे उच्च स्तर के) अधिकारियों की संख्या।

Deputy Secretary/equivalent (In case of absence of Deputy Secretary, no. of officers of the level of Under Secretary/equivalent*** and above) who do their work in Hindi in the office.

उच्च अधिकारियों की कुल सं. Total no. of Higher officers	हिंदी में प्रवीण की संख्या No. of Proficient in Hindi	उनके द्वारा हिंदी में किए गए काम का प्रतिशत Percentage of work done by them in Hindi	उनके द्वारा (स्वयं एवं सहायकों की सहायता से) कंप्यूटरों पर हिंदी में काम का प्रतिशत Percentage of work done by them (self and with the help of Assistants) in Hindi on Computers/ Laptops	उनके द्वारा दिए जाने वाले हिंदी श्रुतलेख का प्रतिशत Percentage of Dictation given by them in Hindi
1	2	3	4	5

* इनमें टिप्पण, प्रारूपण, पत्र लेखन, लेखाकरण, मसौदा-लेखन, रजिस्टर एवं डायरी भरना, मौखिक चर्चा आदि सब प्रकार के सरकारी काम शामिल हैं।

It includes all types of official work such as noting, drafting, letter writing, accounting, making entries in registers and diaries, cral discussion etc.

*९. (क) संसदीय राजभाषा समिति द्वारा किए गए पिछले निरीक्षण/निरीक्षणों की सूचना:-

Information regarding last Inspection(s) done by the Committee of Parliament on Official Language:-

क्र. सं. Sl. No.	निरीक्षण की तारीख Date(s) of Inspection	मौखिक साक्ष्य की तारीख Date(s) of Oral Evidance	आलेख एवं साक्ष्य उप समिति द्वारा निरीक्षण की तारीख Date(s) of Inspection by the Drafting & Evidence Sub-Committee	निरीक्षण स्थगित होने की तारीख, यदि कोई हो Date(s) of cancellation of inspection, if any
1.				
2.				
3.				
4.				
5.				
6.				
7.				

(ख) आश्वासनों पर की गई अनुवर्ती कार्रवाई:-

Follow-up action on the assurances:-

1.	निरीक्षण उपरांत समिति से प्राप्त आश्वासन की तिथि Date of assurance received from the committee after inspection.	
2.	आश्वासन पूरा करने की तिथि Date of completion of assurance	
3.	क्या आश्वासन निर्धारित अवधि में पूरा किया गया? Whether the assurance was completed within the stipulated period?	
4.	यदि हां, तो समिति सचिवालय को भेजी गई आश्वासन रिपोर्ट की प्रतिलिपि **अनुलग्नक-2** पर संलग्न करें If yes, please attach the copy of the report of the assurance sent to the Committee Secretariat as Annexure-2.	
5.	यदि आश्वासन पूर्ण नही किया हो, तो कृपया स्पष्ट कारण बताएं If the assurance is not completed, please explain the reasons clearly.	

भाग–II/Part – II

राजभाषा अधिनियम/नियम के अनुपालन की स्थिति

Position of Compliance of Official Language Act/Rules

1.1 पिछले एक वर्ष (अर्थात् 31 मार्च/30 जून/30 सितम्बर/31 दिसम्बर को समाप्त अवधि) के दौरान राजभाषा अधिनियम, 1963 की धारा 3(3) में उल्लिखित कागज-पत्रों की संख्या, जिसमें ई-मेल, सीपीग्राम एवं अन्य ऑनलाइन आदि के माध्यम से जारी किए गए दस्तावेज भी शामिल हैं।

No. of documents specified under section 3(3) of the Official Languages Act, 1963 issued during the last one year period (i.e. ending 31st March/30th June/30th September/31st December) including those issued through E-Mail/CPGRAMS and other online mode etc.

		कुल संख्या Total No.	हिंदी और अंग्रेजी में In Hindi & English	केवल अंग्रेजी में In English only	केवल हिंदी में In Hindi only
1.	सामान्य आदेश (परिभाषा प्रश्नावली के अनुबंध-2 में देखें) General orders (definition is given at Enclosure-2 of the questionnaire)				

2.	अधिसूचनाएं/Notifications				
3.	प्रेस विज्ञप्तियां/टिप्पणियां Press Communiques/Releases				
4.	संविदाएं/Contracts				
5.	करार/Agreements				
6.	लाइसेंस (अनुज्ञप्तियां)/Licences				
7.	परमिट (अनुज्ञापत्र)/Permits				
8.	टेंडर के फार्म और नोटिस (निविदा सूचनाएं और निविदा प्रपत्र) Tender Notices and tender forms क्रय/विक्रय संबंधी Pertaining to Sale/Purchase सिविल/अन्य कार्य संबंधी Pertaining to civil/other work				
9.	संकल्प/Resolutions				
10.	नियम/Rules				

11.	सूचनाएं Notices				
12.	संसद के एक या दोनों सदनों में प्रस्तुत सरकारी कागज-पत्र (रिपोर्टों के अलावा) Official papers (other than Reports) laid before either or both Houses of Parliament				
13.	संसद के एक सदन में या दोनों सदनों में प्रस्तुत प्रशासनिक और अन्य रिपोर्ट Administrative and other Reports laid before either or both Houses of Parliament				
14.	प्रशासनिक या अन्य रिपोर्टें जो अपने से उच्चतर कार्यालयों को भेजी गईं Administrative or other Reports sent to higher offices				

1.2	यदि इस संबंध में किसी भी नियम का उल्लंघन हुआ है, तो इसके लिए उत्तरदायी अधिकारियों के नाम, पदनाम आदि का उल्लेख किया जाए। (ध्यान दें: राजभाषा नियम, 1976 के नियम 6 के अनुसार ऐसे दस्तावेजों पर हस्ताक्षर करने वाले व्यक्तियों का यह उत्तरदायित्व है कि वे यह सुनिश्चित कर लें कि ऐसे दस्तावेज हिंदी और अंग्रेजी दोनों में तैयार, निष्पादित और जारी किए जाते हैं) In case any rule has been violated in this regard, the names, designation etc. of those officers should be mentioned who were held responsible for this violation. (Note: As per Rule 6 of the Official Language Rules, 1976, it shall be the responsibility of the persons signing such documents to ensure that such documents are prepared, executed and issued both in Hindi and English).	
1.3	पूर्वोक्त सांविधिक नियम/नियमों का उल्लंघन करने के लिए उन अधिकारियों के खिलाफ क्या कोई कार्रवाई की गई है या विचाराधीन है, पूरा ब्यौरा दें। Whether any action has been taken or contemplated against those officers who have violated the aforesaid statutory rule(s), please furnish full details.	

2. पिछले एक वर्ष के दौरान राजभाषा नियम, 1976 के नियम 5 के अंतर्गत हिंदी में प्राप्त पत्रों के उत्तर की स्थिति, जिसमें ई-मेल, सीपीग्राम एवं अन्य ऑनलाइन आदि के माध्यम से प्राप्त पत्र भी शामिल है। पिछली 04 तिमाही की हिंदी की तिमाही प्रगति रिपोर्ट संलग्न करें।

Status of replies to the communications received in Hindi under rule 5 of the Official Language rules, 1976 during the last one year including the letters received through E-mails, CPGRAMS and other online mode etc. Please attach the Quarterly Progress Report (QPR) of Hindi for the last four quarters.

1.	हिंदी में प्राप्त पत्रों* की कुल संख्या Total Number of letters* received in Hindi	
2.	जिनके उत्तर हिंदी में दिए गए No. of letters replied to in Hindi	
3.	जिनके उत्तर अंग्रेजी में दिए गए No. of letters replied to in English	
4.	जिनके उत्तर दिए जाने अपेक्षित नहीं थे No. of letters which were not required to be replied to	
5.	हिंदी पत्रों का उत्तर हिंदी में न दिए जाने के कारण Reasons for not sending the replies of Hindi letters in Hindi	
6.	क्या इस संबंध में जांच बिंदु स्थापित किए गए हैं? यदि हां, तो इसका ब्यौरा दें। इस संबंध में नियम का उल्लंघन रोकने में जांच बिंदु स्तर पर क्या कार्रवाई की गई है? (कृपया विवरण **अनुलग्नक-3** के रूप में संलग्न करें) Whether check-points have been set up in this connection? If so, the details thereof. What action has been taken at check-point level to stop violation in this regard? (Please provide the details as per Annexure-3)	

3. राजभाषा नियम, 1976 के नियम 10(4) संबंधी सूचना
Information regarding Rule 10(4) of the Official Language Rules, 1976

1.	क्या कार्यालय ने उक्त नियम के अंतर्गत अधिसूचित करने के लिए पात्रता प्राप्त कर ली है? Whether the office has attained the eligibility to be notified under the above Rule?	
2.	यदि हां, तो कब से? If so, since when?	

3.	क्या कार्यालय को अधिसूचित कर दिया गया है? यदि हां, तो कब से? Whether the office has been notified? If so, since when?	
4.	अधिसूचित करने में यदि कोई असाधारण देरी हुई है तो उसका कारण बताएं। If any extraordinary delay has occurred in notifying the office, reasons thereof may be given.	

* इनमें हिंदी में हस्ताक्षरित पत्रों को भी शामिल किया जाए।

Letters signed in Hindi may also be included.

4. राजभाषा नियम, 1976 के नियम 8 (4) संबंधी सूचना

Information regarding Rule 8(4) of the Official Language Rules, 1976

1.	क्या उपर्युक्त नियम के अंतर्गत सक्षम अधिकारी के हस्ताक्षर से हिंदी में प्रवीणता प्राप्त अधिकारियों/कर्मचारियों को अपना विनिर्दिष्ट कार्य हिंदी में करने के लिए व्यक्तिश: आदेश जारी किए गए हैं? Whether individual orders under the above Rules under the signature of the competent authority, have been issued to those employees who are having proficiency in Hindi, to do their specified work in Hindi?	
2.	यदि हां, तो नवीनतम आदेश जारी करने की तिथि क्या है? If so, when was the latest order issued? (कृपया उक्त आदेश की एक प्रति **अनुलग्नक-4** के रूप में संलग्न करें) (Please enclose a copy of the above order at Annexure-4)	
3.	यदि नहीं, तो इसके क्या कारण हैं? If not, the reasons thereof?	

4.	उपर्युक्त नियम के अंतर्गत कितने अधिकारियों/कर्मचारियों को आदेश जारी किए गए हैं? No. of officers/employees who have been issued order under the above rules?	
5.	उपर्युक्त नियम के अंतर्गत आदेशित कितने अधिकारी/कर्मचारी अपना काम हिंदी में कर रहे हैं? No. of officers/employees ordered under the above Rules, are doing their work in Hindi?	
6.	यदि उपर्युक्त नियम के अंतर्गत आदेशित अधिकारी/कर्मचारी अपना काम हिंदी में नहीं कर रहे हैं, तो इस संबंध में क्या कार्रवाई की जा रही है या की जानी प्रस्तावित है? If the officers/employees ordered under the above Rule are not doing their work in Hindi, what action is being taken or proposed to be taken in this regard?	
7.	क्या राजभाषा नियम, 1976 के नियम 8 (4) का अनुपालन सुनिश्चित करने हेतु कोई निगरानी व्यवस्था की गई है? Whether any monitoring arrangement has been made to ensure the compliance of Rule 8(4) of the Official Language Rules, 1976?	

5. राजभाषा नियम, 1976 के नियम 11 के अंतर्गत रजिस्टरों के प्रारूप एवं शीर्षक तथा नामपट्ट आदि के द्विभाषीकरण* की स्थिति

Status of Bilingual* Formats and Headings of Registers and Name Plates etc. under Rule 11 of the Official Language Rules, 1976

(i) रजिस्टर/Registers

कुल रजिस्टर/ Total no. of Registers	जिनके शीर्षक एवं शीर्षनाम द्विभाषी हैं/ Where Titles & Headings are Bilingual	जिनमें प्रविष्टियां हिंदी में की जाती हैं/ Where entries are made in Hindi	यदि सभी रजिस्टरों में प्रविष्टियां हिंदी में नहीं की जाती हैं, तो तत्संबंधी कारणों का उल्लेख करें।/ If entries in all the registers are not made in Hindi, please explain the reasons thereof	सभी प्रविष्टियां हिंदी में कब से की जाने लगेंगी?/ When will all entries be made in Hindi from?

(ii) कार्यालय में उपलब्ध रबड़ की मोहरों आदि की संख्या

No. of Rubber Stamps etc. available in the office

1.		कुल संख्या Total No.	केवल अंग्रेजी में In English Only
2.	रबड़ की मोहर Rubber Stamp		
3.	साइन बोर्ड Sign Board		
4.	मोहर Seal		
5.	पत्र शीर्ष Letter-Head		
6.	नामपट्ट Name Plate		

7.	विजिटिंग कार्ड Visiting cards		
8.	बैज/बिल्ले Badge		
9.	लोगो Logo		
10.	चार्ट/नक्शे Charts/Maps		

*1. संदर्भ राजभाषा विभाग का दिनांक 21.07.1992 कार्यालय ज्ञापन संख्या 12024/2/92-रा.भा.(ख-2)
Reference: Department of Official Language O.M. No. 12024/2/92-O.L.(B-2) dated 21.07.1992

(iii)	क्या उपर्युक्त के संबंध में जाँच बिंदु स्थापित किए गए हैं? Whether check-points have been set-up in connection with above points?	
(iv)	यदि हाँ, तो कृपया उक्त आदेश की एक प्रति **अनुलग्नक-3** के रूप में संलग्न करें। If so please enclose a copy of the above order at Annexure-3.	
(v)	इस संबंध में सरकारी आदेशों का अनुपालन सुनिश्चित करने के लिए जांच बिंदु स्तर पर क्या कार्रवाई की गई है? What action has been taken at check point level to ensure compliance of official orders in this regard?	
(vi)	यदि नहीं, तो इसके क्या कारण हैं? If not, give the reasons thereof?	

6. अनुपालन का सामान्य उत्तरदायित्व
General responsibility for compliance

राजभाषा नियम, 1976 के नियम 12 के अंतर्गत अपने उत्तरदायित्व का निर्वाह करते हुए कार्यालय के प्रशासनिक प्रधान द्वारा राजभाषा संबंधी नियमों के अनुपालन को सुनिश्चित करने के लिए क्या कदम उठाए गए हैं तथा इस संबंध में निगरानी की क्या व्यवस्था की गई है?
While performing the responsibility under Rule 12 of the Official Language Rules, 1976, what steps have been taken and what monitoring arrangements have been made in this connection for the compliance of Official Language Rules by the Administrative Head of the Office?

भाग-III/Part-III

संसदीय राजभाषा समिति के प्रतिवेदन के पहले नौ खंडों पर हुए राष्ट्रपति जी के आदेशों तथा राजभाषा विभाग द्वारा हिंदी के प्रगामी प्रयोग संबंधी जारी किए गए आदेशों पर की गई अनुवर्ती कार्रवाई
Follow-up action taken on the orders of the President issued on the first nine parts of the Report of the Committee of Parliament on Official Language and the orders issued in connection with the progressive use of Hindi by the Department of Official Language

1. **'क', 'ख' और 'ग' क्षेत्रों** में स्थित केन्द्रीय सरकार के कार्यालयों द्वारा **'क', 'ख' और 'ग' क्षेत्र** में स्थित केंद्र सरकार के कार्यालयों/बैंकों/उपक्रमों/संस्थानों तथा राज्यों या संघ राज्य क्षेत्रों या उनके अधीनस्थ कार्यालयों से अंग्रेजी में प्राप्त पत्रों के उत्तर की स्थिति, जिनमें ई-मेल, सीपीग्राम एवं अन्य ऑनलाइन आदि के माध्यम से किए गए पत्राचार भी शामिल हैं। (पिछले एक वर्ष अर्थात 31 मार्च/30 जून/30 सितंबर/31 दिसंबर को समाप्त अवधि के आंकड़े दिए जाएं)
Status of replies to letters received in English in Central Govt. Offices located in Region 'A', 'B' & 'C' from Central Govt. Offices/Banks/PSUs/Institutes and the States or UTs or their subordinate offices located in Region 'A', 'B' & 'C' including letters received through E-mails, CPGRAMS & other online mode. (Figures of the last one year i.e. period ending 31st March/30th June/30th September/31st December may be given)

(I) **'क' क्षेत्र** में स्थित केंद्र सरकार के कार्यालयों/बैंकों/उपक्रमों/संस्थानों अथवा इनके अधीनस्थ कार्यालयों से अंग्रेजी में प्राप्त पत्रों के उत्तर की स्थिति:
Status of replies to letters received in English from Central Govt. offices/Banks/PSUs/Institute or their subordinate offices located in **Region 'A'**:

अंग्रेजी में प्राप्त कुल पत्रों/ईमेल की संख्या Total No. of Letters/E-mails received in English	जिनके उत्तर हिंदी में दिए गए Letters replied in Hindi	जिनके उत्तर अंग्रेजी में दिए गए Letters replied in English	जिनके उत्तर दिए जाने अपेक्षित नहीं थे No. of such letters which were not required to be replied to	हिंदी पत्रों का प्रतिशत Percentage of letters replied to in Hindi

(II) **'क' क्षेत्र** में स्थित राज्य सरकारों या संघ राज्य क्षेत्रों अथवा उनके अधीनस्थ कार्यालयों से अंग्रेजी में प्राप्त पत्रों के उत्तर की स्थिति:
Status of replies to letters received in English from State Govts. or UTs or their subordinate offices located in **Region 'A'**:

अंग्रेजी में प्राप्त कुल पत्रों/ईमेल की संख्या Total No. of Letters/E-mails received in English	जिन पत्रों के उत्तर हिंदी में दिए गए Letters replied to in Hindi	जिन पत्रों के उत्तर अंग्रेजी में दिए गए Letters replied to in English	जिन पत्रों के उत्तर दिए जाने अपेक्षित नहीं थे No. of such letters which were not required to be replied to	हिंदी पत्रों का प्रतिशत Percentage of letters replied to in Hindi

(III) **'ख' क्षेत्र** में स्थित केंद्र सरकार के कार्यालयों/बैंकों/उपक्रमों/संस्थानों अथवा इनके अधीनस्थ कार्यालयों से अंग्रेजी में प्राप्त पत्रों के उत्तर की स्थिति:/Status of replies to letters in English received from Central Govt. offices/Banks/PSUs/ Institute or their subordinate offices located in **Region 'B'**:

अंग्रेजी में प्राप्त कुल पत्रों/ईमेल की संख्या Total No. of Letters/E-mails received in English	जिनके उत्तर हिंदी में दिए गए Letters replied to in Hindi	जिनके उत्तर अंग्रेजी में दिए गए Letters replied to in English	जिनके उत्तर दिए जाने अपेक्षित नहीं थे No. of such letters which were not required to be replied to.	हिंदी पत्रों का प्रतिशत Percentage of letters replied to in Hindi
1	2	3	4	5

(IV) **'ख' क्षेत्र** में स्थित राज्य सरकारों या संघ राज्य क्षेत्रों अथवा उनके अधीन कार्यालयों से अंग्रेजी में प्राप्त पत्रों के उत्तर की स्थिति: Status of replies to English letters received from the State Govts. or UTs or their subordinate offices located in **Region 'B'**:

अंग्रेजी में प्राप्त कुल पत्रों/ईमेल की संख्या Total No. of Letters/E-mails received in English	जिनके उत्तर हिंदी में दिए गए Letters replied to in Hindi	जिनके उत्तर अंग्रेजी में दिए गए Letters replied to in English	जिनके उत्तर दिए जाने अपेक्षित नहीं थे No. of such letters which were not required to be replied to.	हिंदी पत्रों का प्रतिशत Percentage of letters replied to in Hindi
1	2	3	4	5

(V) **'ग' क्षेत्र** में स्थित केंद्र सरकार के कार्यालयों/बैंकों/उपक्रमों/संस्थानों अथवा इनके अधीनस्थ कार्यालयों से अंग्रेजी में प्राप्त पत्रों के उत्तर की स्थिति:/Status of replies to letters in English received from Central Govt. offices/Banks/PSUs/ Institute or their subordinate offices located in **Region 'C'**:

अंग्रेजी में प्राप्त कुल पत्रों/ईमेल की संख्या Total No. of Letters/E-mails received in English	जिनके उत्तर हिंदी में दिए गए Letters replied to in Hindi	जिनके उत्तर अंग्रेजी में दिए गए Letters replied to in English	जिनके उत्तर दिए जाने अपेक्षित नहीं थे No. of such letters which were not required to be replied to.	हिंदी पत्रों का प्रतिशत Percentage of letters replied to in Hindi
1	2	3	4	5

(VI) **'ग' क्षेत्र** में स्थित राज्य सरकारों या संघ राज्य क्षेत्रों अथवा उनके अधीन कार्यालयों से अंग्रेजी में प्राप्त पत्रों के उत्तर की स्थिति: Status of replies to letters in English received from the State Govts. or UTs or their subordinate offices located in **Region 'C'**:

अंग्रेजी में प्राप्त कुल पत्रों/ईमेल की संख्या Total No. of Letters/E-mails received in English	जिनके उत्तर हिंदी में दिए गए Letters replied to in Hindi	जिनके उत्तर अंग्रेजी में दिए गए Letters replied to in English	जिनके उत्तर दिए जाने अपेक्षित नहीं थे No. of such letters which were not required to be replied to.	हिंदी पत्रों का प्रतिशत Percentage of letters replied to in Hindi
1	2	3	4	5

(VII)	राजभाषा विभाग द्वारा जारी किए गए आदेश* के अनुसार 'क' क्षेत्र में स्थित केन्द्र सरकार के कार्यालयों तथा राज्यों या संघ राज्य क्षेत्रों या उनके अधीनस्थ कार्यालयों से अंग्रेजी में प्राप्त पत्रों के उत्तर हिंदी में दिए जाने अपेक्षित हैं। क्या उक्त कार्यालय ज्ञापन में दिए गए निर्देशों का समुचित पालन किया जा रहा है? As per the order issued by the Deptt. of Official Language* the letters received from the offices of Central Govt. and States or UTs or their subordinate offices located in Region "A" in English are required to be replied to in Hindi. Are the above instructions being complied properly?	
(VIII)	यदि नहीं, तो इसके क्या कारण हैं?/If not, give reasons thereof.	
(IX)	केंद्रीय सरकार के जिन कार्यालयों/बैंकों/उपक्रमों आदि से अंग्रेजी में पत्र प्राप्त हुए हैं उनका विवरण निम्नलिखित प्रारूप में **अनुलग्नक-5** पर संलग्न करें। Please enclose the details in the below format at Annexure-5 of the Central Government offices/ Banks/Undertakings etc from which letters have been received in English.	

क्र.सं. S.No.	कार्यालय का नाम और पता Name and Address of the Office	कार्यालय किस क्षेत्र में स्थित है Region in which the Office is situated	कार्यालय से अंग्रेजी में प्राप्त कुल पत्र Total Letters received in English from the Office

*2. संदर्भ राजभाषा विभाग का दिनांक 26 फरवरी, 1988 का कार्यालय ज्ञापन सं. 1/14034/15/87-रा०भा० (क.1)

Ref: Deptt. of Official Language Memorandum No. 1/14034/15/87-O.L.(A-I) dated. 26th February, 1988.

2. भाग-II के मद सं. 2 में वर्णित पत्रों के अतिरिक्त कार्यालय द्वारा पिछले एक वर्ष के दौरान अपनी ओर से किए गए पत्राचार का विवरण जिसमें ई-मेल, सीपीग्राम एवं अन्य ऑनलाइन माध्यम आदि से किए गए पत्राचार शामिल हैं।

Details of correspondence done by office apart from the correspondence mentioned in item no. 2 of Part-II, including correspondence done through E-mails, CPGRAMS and other online mode etc. during the last one year.

		कुल सं. Total No.	हिंदी में In Hindi	अंग्रेजी में In English	हिंदी पत्रों का प्रतिशत Percentage of letters replied to in Hindi
(I)	'क' और 'ख' क्षेत्रों की राज्य सरकारों के कार्यालयों और गैर-सरकारी व्यक्तियों को भेजे गए पत्र Letters sent to the State Governments offices and non-official individuals in Regions 'A' & 'B'.				
(II)	केंद्रीय सरकार के उन मंत्रालयों/विभागों/कार्यालयों/उपक्रमों/संस्थानों आदि को भेजे गए पत्र जो:- Letters sent to those Central Government Ministries/Departments/Offices/Undertakings/ Institutions etc which are:-				

	(i)	'क' क्षेत्र में स्थित हैं Located in Region 'A'				
	(ii)	'ख' क्षेत्र में स्थित हैं Located in Region 'B'				
	(iii)	'ग' क्षेत्र में स्थित हैं Located in Region 'C'				

(III)	(i)	हिंदी में भेजे जाने वाले पत्रों के लिए राजभाषा विभाग के वार्षिक कार्यक्रम में निर्धारित लक्ष्य(प्रतिशत में) Targets prescribed (In percentage) in the Annual Programme of the Department of Official Language for the letters to be sent in Hindi.	'क' क्षेत्र के लिए % % for Region 'A'	'ख' क्षेत्र के लिए % % for Region 'B'	'ग' क्षेत्र के लिए % % for Region 'C'
	(ii)	यदि निर्धारित लक्ष्य प्राप्त नहीं किया गया है, तो इसके क्या कारण हैं? If the prescribed target has not been achieved, give reasons thereof.			

	(iii)	क्या राजभाषा विभाग द्वारा जारी निर्देशों* के अनुसार हिंदी में पत्राचार बढ़ाए जाने के संबंध में आवश्यक कदम उठाए गए हैं? Whether necessary steps have been taken to increase the correspondence in Hindi as per the instructions* issued by the Deptt of Official Language?	
	(iv)	क्या 'क' और 'ख' क्षेत्र की राज्य सरकारों को पत्र हिंदी में भेजने संबंधी जांच बिंदु स्थापित किए गए हैं? यदि हां, तो उसका ब्यौरा दें। इस संबंध में नियमों का अनुपालन सुनिश्चित करने के लिए जांच बिंदु स्तर पर क्या कार्रवाई की गई? Whether check points have been set-up to send letters in Hindi to the State Governments located in Regions 'A' and 'B'? If so, please give details. What action has been taken at the check point level to ensure compliance of Rules in this connection?	
	(v)	वार्षिक कार्यक्रम में पत्राचार के बारे में दिए गए निर्धारित लक्ष्यों को क्या इस वर्ष में पूरा कर लिया जाएगा?/Whether the targets prescribed in the Annual Programme for the correspondence will be achieved in this year?	
	(vi)	यदि नहीं, तो यह लक्ष्य कब तक प्राप्त कर लिया जाएगा?/If not, by what time will this target be achieved?	

*3. संदर्भ राजभाषा विभाग का दिनांक 21 जुलाई, 1992 का कार्यालय ज्ञापन सं. 12024/2/92-रा0भा0 (ख-2)-4
Ref: Department of Official Language O.M. No. 12024/2/92-O.L. (B-2)-4 dated 21st July, 1992.

3. 'क' और 'ख' क्षेत्रों को भेजे जाने वाले पत्रों के लिफाफों पर पते हिंदी में लिखा जाना

Writing of addresses in Hindi on the envelopes of the letters to be sent in Regions 'A' & 'B'

(i)	'क' और 'ख' क्षेत्रों को भेजे जाने वाले पत्रों के लिफाफों पर पते कितने प्रतिशत हिंदी में लिखे जा रहे हैं? What percentage of addresses is being written in Hindi on the envelopes of letters to be sent to Regions 'A' and 'B'?	
(ii)	'क' और 'ख' क्षेत्रों को भेजे जाने वाले पत्रों के लिफाफों पर पते शत-प्रतिशत हिंदी में नहीं लिखे जाने के क्या कारण हैं? What are the reasons, thereof for not writing the addresses cent-percent in Hindi on the envelopes of the letters to be sent to Regions 'A' and 'B'?	
(iii)	क्या 'क' और 'ख' क्षेत्रों को भेजे जाने वाले पत्रो के लिफाफों पर हिंदी में पते लिखने के संबंध में राजभाषा विभाग द्वारा जारी निर्देशों* के अनुसरण में कोई जांच बिंदु स्थापित किए गए हैं? यदि हां, तो उसका ब्यौरा **अनुलग्नक-3** पर संलग्न करें। इस संबंध में नियमों का उल्लंघन रोकने के लिए जांच बिंदु स्तर पर क्या कार्रवाई की गई? Whether check points have been set-up in accordance with the instructions* issued by the Department of Official Language in connection with the addresses to be written in Hindi on the envelopes of the letters to be sent to Regions 'A' and 'B'? If so, please give details at Annexure-3. What action has been taken at the check point level to stop the violation of Rules in this regard?	

(iv)	यदि जांच बिंदु स्थापित नही किया गया, तो कारण बताएं। If no check point has been set-up, give the reasons thereof.	

*4. संदर्भ राजभाषा विभाग का दिनांक 6 अप्रैल, 1992 का का.ज्ञा.सं. 12024/2/92-रा.भा.(ख-2)
Ref: Department of Official Language O.M. No. 12024/2/92-O.L. (B-2) dated 06-04-1992.

4. कंप्यूटर/लैपटॉप सुविधाएं:

Computers/Laptops facilities:

(I) कार्यालय के प्रयोग में आने वाले कंप्यूटर/लैपटॉप

Computers/Laptops used in the office

कुल संख्या Total No.	यूनिकोड समर्थित कंप्यूटरों की संख्या No. of unicode supported computers	हिंदी में किए गए कार्य का प्रतिशत Percentage of work done in Hindi	अंग्रेजी में किए गए कार्य का प्रतिशत Percentage of work done in English

(II) निम्नलिखित कार्यों के लिए कौन-कौन से सॉफ्टवेयर उपयोग में लाए जा रहे हैं? इन पर हिंदी में कार्य करने की सुविधा एवं किए जा रहे कार्य का प्रतिशत क्या है?

Which softwares are being used for the following work? Whether there is a facility to work in Hindi and percentage of work being done in Hindi on these softwares?

	कार्य का स्वरूप Nature of Work	कार्य के लिए आवंटित कंप्यूटरों की संख्या No. of Computers allotted for the work	उपयोग में लाए जाने वाले साफ्टवेयर (नाम इत्यादि) Softwares being used (Name etc.)	क्या सॉफ्टवेयर में हिंदी कार्य करने की सुविधा है। यदि हाँ तो हिंदी में किए जा रहे कार्य का प्रतिशत Whether the software has the facility to work in Hindi? If yes, percentage of work being done in Hindi
1.	प्रशासनिक Administrative			
2.	लेखा Accounts			
3.	प्रचालन से संबंधित Operational			
4.	अन्य कार्य Any other work			

(III)	1.	कंप्यूटर प्रणाली पर हिंदी में कार्य करने के लिए प्रशिक्षित अधिकारियों/कर्मचारियों की संख्या Number of officers/employees trained to work in Hindi on Computer system.	
	2.	प्रशिक्षित अधिकारी/कर्मचारी अपने कार्य का कितना प्रतिशत कार्य हिंदी में करते हैं? What percentage of work the trained officers/employees do in Hindi?	

	3.	कंप्यूटरों पर हिंदी में कार्य नहीं करने वाले अप्रशिक्षित कार्मिकों की संख्या Number of untrained personnel not working in Hindi on Computers.	
	4.	बिंदु (3) में उल्लिखित कार्मिकों को कंप्यूटर पर हिंदी में कार्य करने में दक्ष बनाने के लिए क्या कार्रवाई की गई हैं? What action has been taken to make the personnel mentioned in point (3) proficient in working in Hindi on computers?	
	5.	कार्यालय का समस्त कार्य कंप्यूटरों पर हिंदी में कब तक होने लगेगा? By what time would all the office work be done in Hindi on computers?	

(IV)	1.	क्या कार्यालय की वेबसाइट है? हां/नही Whether the office has its Website? Yes/No	
	2.	यदि हां, तो यह किस भाषा में उपलब्ध है? (i) हिंदी में?, (ii) अंग्रेजी में?, (iii) द्विभाषी है? If yes, which language is it available in? (i) Hindi?, (ii) English?, (iii) Bilingual?	
	3.	क्या कार्यालय की हिंदी वेबसाइट अद्यतित है? यदि हां, तो अद्यतन की तारीख Whether Hindi Website of the office is updated? If Yes, Date of updation.	

	4.	वेबसाइट तैयार करने वाली कंपनी के साथ कार्यालय द्वारा किए गए करार में: In the agreement signed with the company which designed the website: क्या वेबसाइट को द्विभाषी रूप में तैयार करने संबंधी प्रावधान शामिल है? Whether provision for making the website bilingual is included? क्या वेबसाइट को अद्यतन करते समय हिंदी सामग्री को भी उसी समय अद्यतन करने के लिए प्रावधान है? Is there a provision to update the Hindi content simultaneously while updating website?	
	5.	क्या वेबसाइट पर अंग्रेजी सामग्री को अद्यतन करते समय हिंदी सामग्री को भी उसी समय अद्यतित किया जाता है? Whether the Hindi content is also updated simultaneously as the English content is updated on the website?	
	6.	कार्यालय की वेबसाइट का पता / Address of website of the office.	
	7.	क्या वेबसाइट खुलते समय होम पेज द्विभाषी विकल्प के साथ (हिंदी/अंग्रेजी) खुलती है? Whether the homepage opens with bilingual option (Hindi/English) while opening the website?	
	8.	पिछले एक वर्ष में हिंदी वेबसाइट पर कितने "हिट्स" हुए? How many "hits" were there on the Hindi website during the last one year?	
	9.	पिछले एक वर्ष में अंग्रेजी वेबसाइट पर कितने "हिट्स" हुए? How many "hits" were there on the English website during the last one year?	

5. (I) प्रशिक्षण* के लिए उपलब्ध सुविधाएं

Facilities available for training*

		हिंदी भाषा प्रशिक्षण के लिए For Training of Hindi Language	हिंदी टाइपिंग में प्रशिक्षण के लिए For Training in Hindi Typewriting	हिंदी आशुलिपि में प्रशिक्षण के लिए For Training in Hindi Stenography
(i)	हिंदी शिक्षण योजना के अंतर्गत Under Hindi Teaching Scheme	हां/नही Yes/No	हां/नही Yes/No	हां/नही Yes/No
(ii)	विभागीय व्यवस्था के अंतर्गत Under Departmental Arrangements	हां/नही Yes/No	हां/नही Yes/No	हां/नही Yes/No
(iii)	अन्य निजी व्यवस्था के अंतर्गत Under Other Private arrangements	हां/नही Yes/No	हां/नही Yes/No	हां/नही Yes/No
(iv)	ऑनलाइन/इंटरनेट** के माध्यम से Through Online/Internet**	हां/नही Yes/No	हां/नही Yes/No	हां/नही Yes/No

*5. संदर्भ राजभाषा विभाग का दिनांक 4 जून, 2015 का संकल्प सं. 21034/8/2015- रा.भा. (प्रशि.)

Reference Department of Official Language Resolution No. 21034/8/2015-O.L.(Trg.) dated 4th June, 2015.

**6. संदर्भ राजभाषा विभाग का दिनांक 16 दिसंबर, 2004 का का.ज्ञा.सं. 12015/101/2004-रा.भा.(तक.)

Reference Department of Official Language O.M. No. 12015/101/2004-O.L.(T.C.) dated 16th Dec. 2004.

(II)	क्या कार्यालय को इन सुविधाओं के बारे में जानकारी है? Whether the office is aware of these facilities?		
	क्या कार्यालय द्वारा इन प्रशिक्षण सुविधाओं का उपयोग किया जा रहा है? यदि हां, तो ब्यौरा दें। Whether these training facilities are being utilized by the office? If Yes, give details thereof.		
	यदि नहीं, तो इसके क्या कारण हैं? If not, what are the reasons for the same?		
	इन सुविधाओं के अंतर्गत पिछले एक वर्ष के दौरान कितने अधिकारियों/कर्मचारियों को हिंदी भाषा/टंकण/आशुलिपिक का प्रशिक्षण दिया गया है? No. of officers/employees who have been trained in Hindi language/typing/stenography using these facilities during the last one year?	अधिकारी Officers	कर्मचारी Employees

6. सहायक, सहायक अनुभाग अधिकारी/समकक्ष आदि

Assistant, Assistant Section Officer/equivalent etc.

कुल संख्या Total No.	हिंदी जानने वाले/प्रशिक्षित कार्मिकों की संख्या Number of Hindi knowing/ trained personnel	हिंदी जानने वाले/प्रशिक्षितों में से हिंदी में काम करने वाले कार्मिकों की संख्या No. of personnel working in Hindi out of Hindi knowing/trained in Hindi.	प्रशिक्षण के लिए शेष Remaining for Training
1	2	3	4

7. आशुलिपिक / Stenographers

कुल संख्या Total No.	राजभाषा विभाग द्वारा जारी वार्षिक कार्यक्रम के अनुसार हिंदी आशुलिपि जानने वालों की अपेक्षित संख्या Number of Stenographers required to know Hindi Shorthand as per the annual programme issued by the Department of Official Language	हिंदी आशुलिपि जानने वालों की संख्या No. of those who know Hindi Shorthand.	हिंदी आशुलिपि का प्रशिक्षण पाने वालों की संख्या No. of those undergoing training in Hindi Shorthand.	अधिकतर हिंदी में कार्य करने वालों की संख्या No. of those working mostly in Hindi.	कभी-कभी हिंदी में कार्य करने वालों की संख्या No. of those who do their work occasionally in Hindi
1	2	3	4	5	6

8. लिपिक/टाइपिस्ट (टंकक) / Clerks/Typists

कुल संख्या Total No.	राजभाषा विभाग द्वारा जारी वार्षिक कार्यक्रम में निर्धारित लक्ष्य के अनुसार हिंदी टाइपिंग जानने वालों की अपेक्षित संख्या No. of Typists required to know Hindi typing as per the Annual programme issued by the Department of Official Language	कंप्यूटर पर हिंदी में काम करने में सक्षम लिपिकों की संख्या No. of clerks who are competent to do work in Hindi on computer	हिंदी टंकण का प्रशिक्षण पाने वालों की संख्या No.of those undergoing training in Hindi typing	अधिकतर हिंदी में कार्य करने वालों की संख्या No. of those who do most of their work in Hindi.	कभी-कभी हिंदी में कार्य करने वालों की संख्या No. of those who do their work occasionally in Hindi
1	2	3	4	5	6

9.	क्या राजभाषा विभाग द्वारा जारी निर्देशों* के अनुसार हिंदी जानने वाले लिपिकों/आशुलिपिकों का पूरा उपयोग हिंदी टाइपिंग/हिंदी आशुलिपि कार्य करने के लिए हो रहा है? Whether Hindi knowing clerks/stenographers are being fully utilized for Hindi typing/ stenography as per the instructions* issued by the Department of Official Language?	
	यदि नहीं, तो इसके क्या कारण हैं? If not, what are the reasons thereof?	

10.	क्या पूर्वोक्त मद संख्या 6, 7 व उपर्युक्त मद संख्या 8 में दिखाए गए शेष कर्मचारियों के प्रशिक्षण के लिए कोई कार्यक्रम बनाया गया है? यदि हां, तो उसका विवरण दें। Whether any schedule has been drawn for the training of the remaining employees shown in afore mentioned Item Nos 6, 7 and the item no. 8 above? If so, give details thereof.	

*7. संदर्भ: राजभाषा विभाग का दिनांक 17 जुलाई, 1990 का का.ज्ञा.सं. 13015/1/90-रा0भा0 (घ)

Ref: Deptt. of O.L. O.M. No. 13015/1/90-O.L.(D) dated 17th July, 1990.

11. राजभाषा नीति के कार्यान्वयन तथा अनुवाद कार्य आदि करने वाले पूर्णकालिक अधिकारियों/कर्मचारियों संबंधी सूचना Information regarding full time officers/employees who are engaged in implementation of the Official Language policy and translation work, etc.

		पदनाम Designa-tion	पे लेवल Pay Level	पदों की संख्या (दिनांक सहित) No. of Posts (with date)	
				स्वीकृत Sanctio-ned	रिक्त Vacant
1.	पूर्णकालिक अधिकारियों/कर्मचारियों का ब्यौरा Details of full time officers/employees.				

2.	उपर्युक्त में दर्शाए गए रिक्त पदों को भरने के संबंध में की गई कार्रवाई का विवरण। / Details of action taken for filling up the above vacant posts.				
3.	आपके संगठन/कार्यालय में अनुसचिवीय कार्य# निष्पादन करने वाले अधिकारियों/कर्मचारियों की कुल स्वीकृत संख्या। Total sanctioned strength of staff discharging ministerial functions# in your organisation/ office.				
4.	क्या विद्यमान पद राजभाषा विभाग द्वारा निर्धारित मानदंडों* के अनुसार सृजित किए गए हैं? Whether the existing posts are created in accordance with the norms* laid down by the Department of Official Language?				
5.	यदि नहीं, तो इस संबंध में क्या कार्रवाई की जा रही है? If not, what action is being taken in this regard?				
6.	क्या आपके कार्यालय में राजभाषा संबंधी पदों के पदनाम एवं वेतनमान केंद्रीय सचिवालय राजभाषा सेवा संवर्ग** के समान हैं? Whether the designations and pay scales of the official language related posts in your office are same as they are in Central Secretariat Official Language Service Cadre **?				
7.	यदि नहीं, तो कृपया कारणों का उल्लेख करें If not, please give the reasons thereof?				

*8. संदर्भ: राजभाषा विभाग का दिनांक 22 जुलाई, 2004 के का. ज्ञा. सं. 13035/3/95-रा.भा. (नीति एवं समन्वय)
Ref.: Department. of Official Language O.M. No. 13035/3/95-O.L. (P&C) dated 22.7.2004

**9. संदर्भ: सचिव, राजभाषा का दिनांक 15 नवंबर, 2017 का अ.शा. पत्र सं. 15/42/2013-रा.भा.(सेवा)
Ref.: Secretary, Official Language, Letter no. 15/42/2013-O.L.(Service) dated 15th November, 2017.

अनुसचिवीय/प्रशासनिक कार्मिक से तात्पर्य टिप्पण, प्रारूपण, पत्र लेखन, लेखा करण संबंधी कार्य करने वाले अधिकारी/कर्मचारी है। Ministerial/Administrative personnel means officers/employees doing work related to noting, drafting, letter writing, accounting etc.

12. शब्दकोश/शब्दावली तथा सहायक साहित्य * / Dictionary/Glossary and Helping Literature*

		कुल सं. Total No.	वितरण Distribution	
			अधिकारियों को To Officers	अनुभागों को To Sections
1.	शब्दकोश (अंग्रेजी-हिंदी और हिंदी-अंग्रेजी) Dictionary (English-Hindi and Hindi-English)			
2.	तकनीकी शब्दावलियां (वैज्ञानिक तथा तकनीकी शब्दावली आयोग तथा स्वयं विभाग द्वारा तैयार की गई शब्दावलियां) Technical glossaries (glossaries prepared by the Commission for Scientific and Technical Terminology and by the Department itself)			

13. पिछले तीन वित्तीय वर्षों के दौरान पुस्तकों की खरीद पर किया गया व्यय

Expenditure incurred on the purchase of books during the last three financial years

		1	2	3	4
		वर्ष/Year	वर्ष/Year	वर्ष/Year	जोड़/ Total
1.	पुस्तकालय/पुस्तकों की खरीद के लिए निर्धारित कुल बजट/अनुदान Total budget/grant earmarked for library/purchase of books				
2.	पुस्तकों की खरीद पर कुल व्यय Total expenditure incurred on the purchase of books				
3.	जर्नल एवं मानक संदर्भ पुस्तकों की खरीद पर कुल व्यय Total expenditure incurred on purchase of Journals and Standard Reference Books.				
4.	हिंदी पुस्तकों की खरीद पर व्यय की गई राशि Total expenditure incurred on purchase of Hindi books.				

*10. संदर्भ: राजभाषा विभाग का दिनांक 17 जुलाई, 1992 का का.ज्ञा. सं. 20034/53/92-रा.भा.(अ.वि.)
Ref: Department of Official Language O.M. No. 20034/53/92-O.L.(R&A) dated the 17th July, 1992.

5.	जर्नल और मानक ग्रंथों की खरीद पर हुए व्यय को छोड़कर हिंदी पुस्तकों की खरीद पर किए गए व्यय का प्रतिशत $\left(\frac{iv}{ii-iii} \times 100\right)$ Percentage of expenditure on purchase of Hindi books after subtracting expenditure on purchase of Journals and standard reference books $\left(\frac{iv}{ii-iii} \times 100\right)$				
6.	क्या हिंदी पुस्तकों की खरीद के संबंध में राजभाषा विभाग द्वारा जारी किए गए आदेशों* का समुचित पालन किया जा रहा है? Whether the orders* issued by the Department of Official Language with regard to the purchase of Hindi books are being complied properly?				
7.	यदि नहीं, तो इसके क्या कारण हैं? If not, what are the reasons thereof?				
8.	क्या राजभाषा विभाग द्वारा जारी वार्षिक कार्यक्रम में हिंदी पुस्तकों की खरीद के लिए निर्धारित लक्ष्य को इस कैलेंडर वर्ष में प्राप्त कर लिया जाएगा? Whether the targets fixed for the purchase of Hindi books in the Annual Programme issued by the Department of Official Language will be achieved this calendar year?				
9.	यदि नहीं, तो यह लक्ष्य कब तक प्राप्त कर लिया जाएगा? If not, when will this target be achieved upto?				

*11. संदर्भ: राजभाषा विभाग का दिनांक 14.11.2003 का का.ज्ञा.सं. 11011/15/2002-रा.भा.(अनु.)

Ref: Department of Official Language O.M. No. 11011/15/2002-O.L.(Research) dated 14.11.2003

14. कार्यालय द्वारा निर्धारित/प्रयोग में लाये जाने वाले मानकीकृत मुद्रित/साइक्लोस्टाइल फार्म* की संख्या

No. of standard printed/cyclostyled forms* prescribed/being used by the Office

कुल संख्या Total No.	हिंदी में In Hindi	अंग्रेजी में In English	द्विभाषी रूप में Bilingual

15. (i) सेवा अभिलेखों/सेवा पुस्तिकाओं में प्रविष्टियां**

Entries** in Service Records/Service Books

कुल संख्या Total No.	उनकी संख्या जिनके शीर्षक तथा शीर्ष नाम द्विभाषी हैं No. of service books where titles and headings are bilingual	उनकी संख्या जिनमें प्रविष्टियां हिंदी में की जाती हैं No. of service books where entries are made in Hindi	यदि सभी में प्रविष्टियां हिंदी में नहीं की जाती हैं तो कब तक की जाएंगी? If entries in all service books are not made in Hindi, since when it will be done?

(ii)	यदि सभी सेवा पुस्तिकाओं में प्रविष्टियां हिंदी में नहीं की जा रही हैं, तो तत्संबंधी कारणों का उल्लेख करें। If entries are not being made in Hindi in all service books, explain the reasons for the same.	

(iii)	क्या उक्त संबंध में राजभाषा विभाग द्वारा जारी किए गए आदेशों*** की मद सं. 8 के अनुसार जांच बिंदु बनाए गए हैं? यदि हां, तो इसका ब्यौरा **अनुलग्नक-3** पर संलग्न करें। इस संबंध में सरकारी आदेशों का अनुपालन सुनिश्चित करने के लिए जांच बिंदु स्तर पर क्या कार्रवाई की गई? Whether check point have been made in this regard as per item No. 8 of the orders*** issued by the Department of Official Language? If Yes, give details thereof at **Annexure-3**. What action has been taken at the check point level to ensure the compliance of the Government Orders in this regard?	
(iv)	यदि जांच बिंदु नही बनाए गए हैं, तो इसके क्या कारण हैं? If check points have not been made, the reasons thereof.	

*12. संदर्भः राजभाषा विभाग के दिनांक 26 नवम्बर, 1990 का का.ज्ञा. सं. 13017/3/90-रा.भा.(ग)

Ref: Department of Official Language O.M. No. 13017/3/90-O.L.(c) dated the 26th November, 1990.

**13. संदर्भः राजभाषा विभाग के दिनांक 24.02.2012 अ.शा. पत्र सं. 12019/01/2011-रा.भा.

Ref: Department of Official Language D.O. No. 12019/01/2011-O.L. dated 24.02.2012

***14. संदर्भः राजभाषा विभाग के दिनांक 6 अप्रैल, 1992 का का.ज्ञा.सं. 12024/2/92-रा.भा.(ख-2)

Ref: Department of Official Language O.M. No. 12024/2/92-OL(B-2) dated 06.04.1992

16. राजभाषा कार्यान्वयन समिति

Official Language Implementation Committee

(i)	क्या राजभाषा कार्यान्वयन समिति का गठन राजभाषा विभाग द्वारा जारी दिशा-निर्देशों* के अनुसार किया गया है? यदि हां, तो कब से ? Whether the Official Language Implementation Committee has been constituted as per the guidelines* issued by the Department of Official Language? If yes, when?		
(ii)	यदि नहीं, तो इसके क्या कारण हैं ? If not, what are the reasons thereof?		
(iii)	यदि हां, तो पिछले एक वर्ष के दौरान हुई बैठकों का विवरण: If Yes, details of meetings held during the last one year:		
	तिमाही Quarter	बैठक की तारीख Meeting date	अध्यक्ष का नाम व पदनाम Name & Designation of the Chairperson
(1)	जनवरी से मार्च तिमाही की बैठक Quarterly meeting of January to March quarter		
(2)	अप्रैल से जून तिमाही की बैठक Quarterly meeting of April to June quarter		
(3)	जुलाई से सितंबर तिमाही की बैठक Quarterly meeting of July to September quarter		

(4)	अक्तूबर से दिसंबर तिमाही की बैठक Quarterly meeting of October to December quarter		
(iv)	क्या उपर्युक्त बैठकों से संबंधित कार्यसूची और कार्यवृत्त हिंदी में जारी किए गए? कृपया पिछली बैठक का कार्यवृत्त **अनुलग्नक-6** पर संलग्न करें? Whether the agenda and minutes of above meetings were issued in Hindi? Please attach minutes of the last meeting at **Annexure-6**?		
(v)	क्या राजभाषा विभाग द्वारा हिंदी के प्रगामी प्रयोग के संबंध में जारी किया गया वार्षिक कार्यक्रम आपके कार्यालय में प्राप्त हुआ है? यदि हां, तो कब? Whether the annual programme issued by the Department of Official Language regarding the progressive use of Hindi has been received in your office? If yes, when?		
(vi)	क्या राजभाषा कार्यान्वयन समिति द्वारा इस वर्ष के कार्यक्रम पर चर्चा की गई है? यदि हां, तो कब? इस संबंध में लिए गए निर्णयों तथा उस पर की गई कार्रवाई का विवरण दें। Has the Annual Programme for the current year been discussed by the Official Language Implementation Committee? If so, when? Give details of the decisions taken in this regard and action taken thereon.		

*15. संदर्भ: राजभाषा विभाग का दिनांक 21 जुलाई, 1992 का का. ज्ञा. सं. 12024/2/92-रा. भा.(ख-2)

Ref: Department of Official Language O.M. No. 12024/2/ 92-O.L.(B-2) dated 21st July, 1992.

	राजभाषा कार्यान्वयन समिति के अध्यक्ष और सदस्य कितने प्रतिशत कार्य हिंदी में करते हैं? (कृपया उनके हिंदी के ज्ञान का स्तर और उनके द्वारा हिंदी में किए जा रहे कार्य का प्रतिशत **अनुलग्नक-7** पर संलग्न करें) What percentage of work is done by the Chairperson and Members of the Official Language Implementation Committee in Hindi? (Please provide information regarding the level of their Hindi knowledge and percentage of work being done by them at **Annexure-7**).	

17. नगर राजभाषा कार्यान्वयन समिति*

Town Official Language Implementation Committee*

(i)	क्या आपके नगर में नगर राजभाषा कार्यान्वयन समिति का गठन हुआ है? यदि हां, तो नराकास अध्यक्ष कार्यालय का नाम व पता (दूरभाष सहित) Whether Town Official Language Implementation Committee has been constituted in your town? If yes, Please state the name & address of the office of the Chairman, TOLIC (with Telephone No.)	
(ii)	यदि हां, तो क्या आपका कार्यालय उसका सदस्य है? If so, whether your office is a member of this committee?	

(iii)	वर्ष में संपन्न होने वाली नगर राजभाषा कार्यान्वयन समिति की बैठकों में क्या आपके कार्यालय प्रमुख ने भाग लिया था? यदि हां तो कृपया तिथि का उल्लेख करें। Did the Head of your office attend the meetings of the Town Official Language Implementation Committee held during the year? If yes, please state the date.	1. 2.
(iv)	बैठकों में भाग लेने वाले अधिकारी/अधिकारियों के नाम व पदनाम। Name and designation of the Officer(s), who attended the meeting.	
(v)	क्या आपको नगर राजभाषा कार्यान्वयन समिति की बैठक का कार्यवृत्त प्राप्त हुआ। यदि हां, तो उस पर क्या कार्रवाई की गई है? Whether you have received the minutes of the meeting of the Town Official Language Implementation Committee? If so, what action has been taken thereon?	

*16. संदर्भ राजभाषा विभाग का दिनांक 3.9.79 का का0ज्ञा0 सं0 12027/2/79-रा.भा.(ख-1)

Ref: Department of Official Language O.M. No. 12027/2/79-O.L.(B-1) dated 3-9-79

18. (i) पिछले एक वर्ष के दौरान आयोजित विभागीय बैठकें/सम्मेलन/संगोष्ठियां आदि (राजभाषा कार्यान्वयन समिति की बैठकों को छोड़कर)

Departmental Meetings/Conferences/Seminars etc. organized during the last one year. (except for the meetings of the Official Language Implementation Committee)

मद Item	कुल संख्या (जारी) Total No. (Issued)	हिंदी में जारी Issued in Hindi	अंग्रेजी में जारी Issued in English	द्विभाषी रूप में जारी Issued Bilingually
बैठकों की कार्यसूची Agenda of the meetings				
बैठकों के कार्यवृत्त Minutes of the meetings				

(ii)	क्या बैठकें/सम्मेलन/संगोष्ठियाँ आदि आयोजित किए जाने के बारे में राजभाषा विभाग द्वारा जारी किए गए दिशा-निर्देशों* का अनुपालन किया जा रहा है? Whether the guidelines* issued by the Department of Official Language in respect of convening the meetings/conferences/seminars etc. are being complied with?	
(iii)	यदि नहीं, तो इसके क्या कारण हैं? If not, what are the reasons thereof?	
(iv)	उन बैठकों/सम्मेलनों की संख्या जिनकी कार्यसूची में हिंदी का प्रगामी प्रयोग संबंधी विषय शामिल किया गया और जिनमें उस पर चर्चा की गई। No. of meetings/conferences where the subject pertaining to the progressive use of Hindi was included in the agenda and discussed.	

*17. संदर्भ राजभाषा विभाग का दिनांक 31 मई, 1993 का का.ज्ञा.सं. 20034/53/93-रा.भा.(अ. एवं वि.)

Ref. Department of Official Language O.M. No. 20034/53/93-O.L.(R&A) dated 31st May, 1993.

20. पिछले एक वर्ष के दौरान आयोजित समारोह* आदि

Functions* etc. organized during the last one year

		कुल Total	हिंदी में In Hindi	अंग्रेजी में In English	द्विभाषी Bilingual
(i)	उन समारोहों की संख्या जिनके संबंध में निमंत्रण पत्र तथा अन्य कागज-पत्र जारी किए गए Number of functions in which invitation cards and other papers were issued				
(ii)	क्या गत वर्ष के दौरान कार्यालय स्तर पर कोई राजभाषा सम्मेलन आयोजित किया गया है? यदि हां, तो कृपया उसका विवरण दें Whether any official language conference has been organised at office level during the last one year? If Yes, please give details thereof.				

21. प्रकाशन** (पिछले एक वर्ष के दौरान)

Publications** (During the last one year)

		गृह पत्रिका In-house Magazine	पत्रिकाएं/ समीक्षाएं Magazine/ Reviews	पुस्तकें Books	अन्य प्रकाशन Other Publications
(i)	**हिंदी में/In Hindi** (1) प्रकाशनों की संख्या/No. of publications				
	(2) एक अंक की मुद्रित प्रतियों की संख्या Number of printed copies of one issue				
	(3) एक अंक के मुद्रित पृष्ठों की संख्या Number of printed pages of one issue				
(ii)	**अंग्रेजी में/In English** (1) प्रकाशनों की संख्या/No. of publications				
	(2)एक अंक की मुद्रित प्रतियों की संख्या Number of printed copies of one issue				
	(3)एक अंक के मुद्रित पृष्ठों की संख्या Number of printed pages of one issue				

(iii)	**द्विभाषी रूप में/Bilingually** (1) प्रकाशनों की संख्या/No. of publications				
	(2) एक अंक की मुद्रित प्रतियों की संख्या Number of printed copies of one issue				
	(3) एक अंक के मुद्रित पृष्ठों की संख्या Number of printed pages of one issue				

*17. संदर्भ: राजभाषा विभाग का दिनांक 31 मई, 1993 का का.ज्ञा.सं. 20034/53/93-रा.भा(अ. एवं वि.)

Ref: Department of Official Language O.M. No. 20034/53/93-O.L.(R&A) dated the 31st May, 1993.

**19. संदर्भ: राजभाषा विभाग का दिनांक 17 जुलाई, 1992 का का.ज्ञा.सं. 20035/53/92-रा.भा(अ.वि.)

Ref: Department of Official Language O.M. No. 20035/53/92-O.L.(R&A) dated the 17th July, 1992.

(iv)	क्या गृह पत्रिकाओं व सूचना-पत्रों के हिंदी व अंग्रेजी संस्करणों को एक ही जिल्द में, एक ही नाम से छपवाया जा रहा है? Whether Hindi and English editions of in-House magazines and News letters are being printed under a single cover and name?	
(v)	यदि नहीं, तो इन्हें एक ही जिल्द में एक ही नाम से कब तक प्रकाशित* करवाना शुरू कर दिया जाएगा? If not, when will it be started publishing under a single cover and name?	

(vi)	क्या आपके मंत्रालय/विभाग/संस्थान/कार्यालय आदि में दूरसंचार विभाग द्वारा प्रकाशित निर्देशिका** के हिंदी संस्करण का भी प्रयोग किया जा रहा है? Whether the Hindi version of the directory** published by the Department of Telecommunication also being used in your Ministry/Department/Instutution/ Office etc.?	
(vii)	क्या आपके मंत्रालय/विभाग/संस्थान/कार्यालय द्वारा मुद्रित विभागीय निर्देशिका*** द्विभाषी है? Whether the Departmental directory*** printed by your Ministry/Department/ Instutution/Office is bilingual?	
22.	क्या संसदीय राजभाषा समिति को प्रस्तुत की जाने वाली सामग्री की समीक्षा और कमियों को दूर किए जाने के बारे में राजभाषा विभाग द्वारा जारी किए गए निर्देशों**** का अनुपालन किया जा रहा है? यदि नहीं, तो इसके क्या कारण है? Whether the directives**** issued by the Department of Official Language regarding review of the material to be submitted to the Committee of Parliament on Official Language and to rectify the shortcomings are complied with? If not, the reasons thereof.	

नोट:- उपर्युक्त सूचना केवल निर्धारित करने वाले अथवा प्रकाशित करने वाले प्राधिकारी या कार्यालय के बारे में दी जाए जो पत्र, पत्रिकाएं, समीक्षाएं, पुस्तकें आदि प्रकाशित करते हैं। यह सूचना इन प्रकाशनों का केवल इस्तेमाल करने वाले कार्यालय से संबंधित नहीं है।

The above information should be given only about the prescribing or publishing authority or offices which publishes papers, Journals, Review, Books etc. This information does not pertain to the office only using these publications.

*20. संदर्भ: राजभाषा विभाग, गृह मंत्रालय के दिनांक 21.01.2015 का का.ज्ञा.सं. 11014/34/2014-रा.भा. (प)
Ref: Department of Official Language, Ministry of Home Affair O.M. No. 11014/34/2014-O.L.(P) dated 21.01.2015

**21. संदर्भ: राजभाषा विभाग का दिनांक 26.8.92 का का.ज्ञा.सं 0I/14034/4/92-रा.भा. (क-1)
Ref: Department of Official Language O.M. No. 0I/14034/4/92-O.L.(A-1) dated 26-8-92

*** निरीक्षणों के दौरान टेलीफोन निर्देशिकाओं की एक-एक प्रति प्रस्तुत करें।
A copy of each of the Telephone Directory may be submitted before the Committee at the time of inspection.

****22. संदर्भ: राजभाषा विभाग, गृह मंत्रालय का दिनांक 26 अप्रैल, 1978 का का.ज्ञा.सं 1/20034/1/78-रा.भा. (क-1)
Ref: Department of Official Language O.M.No. 1/20034/1/78-O.L.(A-1) dated 26th April, 1978

भाग-IV/Part – IV

1. कार्यालय स्तर पर जारी किए गए विज्ञापन*

(पिछले एक वर्ष अर्थात् 31 मार्च/30 जून/30 सितंबर/31 दिसंबर तक की अवधि के लिए)

Advertisements* issued at office level

(During the last one year i.e. the period ending 31st March/30th June/30th September/31st December)

कुल संख्या Total No.	हिंदी में In Hindi	अंग्रेजी में In English	क्षेत्रीय भाषा में In Regional Language	द्विभाषी (हिंदी–अंग्रेजी) Bilingual (Hindi-English)
1	2	3	4	5

2. निरीक्षणाधीन कार्यालय/संस्थान द्वारा विज्ञापन और प्रचार पर किया गया कुल खर्च (पिछले एक वर्ष अर्थात् 31 मार्च/30 जून/30 सितंबर/31 दिसंबर तक की अवधि के लिए)

Expenditure incurred on advertisements by the office/institute under inspection (For the period up to last one year i.e. 31st March/30th June/30th September/31st December)

(i) अखबारों/पत्रिकाओं, पैम्फलेट आदि (प्रिंट मीडिया) के माध्यम से विज्ञापन और प्रचार पर किए गए खर्च

Expenditure incurred on advertisement and publicity through Newspapers/Magazines, pamphlets etc. (print media)

	हिंदी/द्विभाषी/त्रिभाषी में In Hindi/Bilingual/Trilingual	अंग्रेजी में In English	क्षेत्रीय भाषा में In Regional Language	कुल खर्च Total Expenses
1	2	3	4	5
'क' क्षेत्र में In region 'A'				
'ख' क्षेत्र में In region 'B'				
'ग' क्षेत्र में In region 'C'				

(ii) इलेक्ट्रॉनिक (टी.वी./फिल्म/इंटरनेट आदि) माध्यम से विज्ञापन और प्रचार पर किए गए खर्च
Expenditure incurred on advertisement and publicity through Electronic Media (TV/Film/Internet etc.)

	हिंदी/द्विभाषी/त्रिभाषी में In Hindi/Bilingual/ Trilingual	अंग्रेजी में In English	क्षेत्रीय भाषा में In Regional Language	कुल खर्च Total Expenses
1	2	3	4	5
'क' क्षेत्र में In region 'A'				
'ख' क्षेत्र में In region 'B'				
'ग' क्षेत्र में In region 'C'				

*23. संदर्भ: राजभाषा विभाग का दिनांक 30 जून, 2017 का कार्यालय ज्ञापन सं. 20012/01/2017-रा.भा.(नीति)
Ref: Official Language Department's O.M. No. 20012/01/2017-OL.(Policy) dated June 30, 2017

(iii) प्रदर्शनी (बैनर/होर्डिंग) आदि के माध्यम से विज्ञापन और प्रचार पर किए गए खर्च

Expenditure incurred on advertisement and publicity through exhibitions (Banner/Hoarding) etc.

	हिंदी/द्विभाषी/त्रिभाषी In Hindi/Bilingual/ Trilingual	अंग्रेजी में In English	क्षेत्रीय भाषा में In Regional Language	कुल खर्च Total Expenses
1	2	3	4	5
'क' क्षेत्र में In region 'A'				
'ख' क्षेत्र में In region 'B'				
'ग' क्षेत्र में In region 'C'				

3. निरीक्षण (सभी प्रकार के निरीक्षण जैसे प्रशासनिक, लेखा-परीक्षा, तकनीकी आदि)

Inspections (Including all types of inspections i.e. Administrative, Audit, Technical etc.)

(i)	मंत्रालय/मुख्यालय/मंडलीय/आंचलिक/क्षेत्रीय कार्यालय आदि के वरिष्ठ अधिकारियों द्वारा किए गए निरीक्षण Inspections done by the senior officers from the Ministry/Headquarters/Divisional/Zonal/Regional office etc.	निरीक्षण की तिथि Date of Inspections	कुल निरीक्षण Total no. of inspection(s)	निरीक्षण कालम(1) में से कितने की रिपोर्टें हिंदी में तैयार की गईं No. of reports which have been prepared in Hindi out of those in inspection column-1	कितनी निरीक्षण रिपोर्टों में राजभाषा के प्रयोग संबंधी अनुदेश दिए गए Number of inspection reports in which instructions were given in respect of the use of Official Language
(1)	प्रशासनिक Administrative				
(2)	आंतरिक लेखा-परीक्षा Internal Audit				
(3)	तकनीकी Technical				
(4)	राजभाषा संबंधी Regarding Official Language				

(ii)	आपके कार्यालय के अधिकारियों द्वारा किए गए अधीनस्थ कार्यालयों के निरीक्षण Inspections of the subordinate offices conducted by the officers of your office	निरीक्षण की तिथि Date of Inspections	कुल निरीक्षण Total no. of Inspections	निरीक्षण कालम(1) में से कितने की रिपोर्टें हिंदी में तैयार की गईं No. of reports which have been prepared in Hindi out of those in inspection column-1	कितनी निरीक्षण रिपोर्टों में राजभाषा के प्रयोग संबंधी अनुदेश दिए गए No. of inspection reports in which instructions were given in respect of the use of Official Language
(1)	प्रशासनिक Administrative				
(2)	आंतरिक लेखा-परीक्षा Internal Audit				
(3)	तकनीकी Technical				
(4)	राजभाषा संबंधी Regarding Official Language				

4. कार्यालय के अनुभागों में हिंदी संबंधी कार्य की स्थिति

Position with regard to Hindi work in the sections of the office

(i)	अनुभागों की कुल संख्या Total Number of sections	
(ii)	वर्ष के दौरान कितने अनुभागों का राजभाषा संबंधी निरीक्षण किया गया? No. of sections inspected with regard to Official Language during the year?	
(iii)	पूरा काम हिंदी में करने के लिए निर्दिष्ट किए गए अनुभागों की संख्या (हिंदी अनुभाग को छोड़कर) No. of section(s) (excluding Hindi section) specified for doing the entire work in Hindi	
(iv)	उक्त (iii) में से कितने अनुभाग अपना पूर्ण कार्य हिंदी में कर रहे हैं? No. of sections doing their entire work in Hindi out of above (iii)?	
(v)	अनुभाग द्वारा अपना पूर्ण कार्य हिंदी में नहीं करने के कारण एवं इस संबंध में समयबद्ध कार्य योजना क्या हैं? The reasons for not doing the entire work in Hindi by the section and what is the time bound action plan in this regard?	

5. हिंदी दिवस/हिंदी सप्ताह/हिंदी पखवाड़े/हिंदी संगोष्ठियों का आयोजन Organisation of Hindi day/Hindi week/Hindi fortnight/ Hindi seminars

(i)	क्या कार्यालय द्वारा वर्ष के दौरान हिंदी दिवस/हिंदी सप्ताह/हिंदी पखवाड़ा मनाया गया है और क्या इस दौरान हिंदी संगोष्ठियों का आयोजन किया गया है? यदि हां, तो उसका विवरण दें। Did the office celebrate Hindi day/ Hindi week/Hindi fortnight during the year and whether Hindi seminars were organized during this? If so, give details thereof.	
(ii)	इस अवधि में राजभाषा के प्रयोग में हुई प्रगति के संबंध में क्या कोई समीक्षा की गई? यदि हां, तो उस समीक्षा का सार व उस पर की गई अनुवर्ती कार्रवाई का ब्यौरा **अनुलग्नक-8** पर संलग्न करें। Whether the progress made in the use of Official Language during this period was reviewed? If so, give summary of that review and follow up action taken thereon at **Annexure-8**.	
(iii)	क्या उक्त अवधि में कार्यालय में हिंदी टिप्पण/ पत्राचार में बढ़ोत्तरी हेतु विशेष कदम उठाए गए? यदि हां, तो उसका ब्यौरा दें। Whether special steps have been taken to increase the use of Hindi in noting/ correspondence in the office during the above period? If so, give details	
(iv)	कार्यालय/संगठन में लागू विशेष प्रोत्साहन योजनाओं का ब्यौरा दें। Please provide details of the special incentive schemes introduced in the office/organisation.	

6. टिप्पणियों के संबंध में सूचना

Information with regard to Notings

(i)	कार्यालय में पिछले एक वर्ष के दौरान फाइलों में लिखी गई कुल टिप्पणियों की संख्या Total number of notings written on files in the Ministry/Department/Office during the last one year.	
(ii)	इनमें से हिंदी में लिखी गई टिप्पणियों की संख्या No. of notings written in Hindi during the last one year out of those notings.	
(iii)	इनमें से अंग्रेजी में लिखी गई टिप्पणियों की संख्या No. of notings written in English during the last one year out of those notings.	
(iv)	कार्यालय प्रमुख के रूप में पिछले एक वर्ष के दौरान आपके द्वारा फाइलों पर लिखी गई कुल टिप्पणियों की संख्या Total No. of notings written on files by you as Head of office during the last one year.	
(v)	कार्यालय प्रमुख के रूप में पिछले एक वर्ष के दौरान आपके द्वारा हिंदी में लिखी गई टिप्पणियों की संख्या और उनका प्रतिशत Number and percentage of notings written by you as Head of Office in Hindi during the last one year.	

7. कार्यालय प्रमुख के रूप में किए गए पत्राचार संबंधी सूचना

Information with regard to correspondence done as Head of office

(i)	कार्यालय द्वारा पिछले एक वर्ष के दौरान भेजे गए कुल पत्रों की संख्या Total no. of letters sent by the office during the last one year	

(ii)	उपर्युक्त (i) में से हिंदी में भेजे गए पत्रों की संख्या? No. of letters sent in Hindi out of (i) above?	
(iii)	पिछले एक वर्ष के दौरान कार्यालय प्रमुख के रूप में आपके द्वारा भेजे गए कुल पत्रों की संख्या। Total no. of letters sent under your signature as the Head of the office during the last one year.	
(iv)	पिछले एक वर्ष के दौरान कार्यालय प्रमुख के रूप में आपके द्वारा हिंदी में भेजे गए पत्रों की संख्या और उनका प्रतिशत। Number and percentage of letters sent in Hindi by you as the Head of the office during the last one year.	

8.	आपके कार्यालय में राजभाषा नीति के कार्यान्वयन में किस प्रकार की समस्याएं आती हैं? इन समस्याओं का समाधान किस प्रकार किया जाता है? What types of problems are faced in implementation of official language policy in your Ministry/Department/ Office? How are these problems solved?	
9.	कार्यालय द्वारा राजभाषा नीति के कार्यान्वयन एवं प्रचार-प्रसार के लिए किए गए ऐसे उल्लेखनीय कार्यों, उपलब्धियों का ब्यौरा दें जिसकी सूचना प्रश्नावली के अन्य कॉलमों में न दी जा सकी हो। Furnish details of such special works done and achievements for the implementation and propagation of the Official Language Policy by the Ministry/Department/Office which could not be covered in the other columns of the questionnaire.	

मैं इस कार्यालय प्रमुख की हैसियत से..........माह/वर्ष से कार्यरत हूं और एतदद्वारा प्रमाणित करता/करती हूँ कि उपलब्ध अभिलेखों के आधार पर सूचना दी गई है तथा मेरी जानकारी के अनुसार पूर्णत: सत्य है। मैं यह अच्छी तरह समझता/समझती हूँ कि राजभाषा अधिनियम, 1963 एवं राजभाषा नियम, 1976 के उपबंधों में दिए गए निर्देशों के समुचित अनुपालन की जिम्मेदारी अधोहस्ताक्षरी की है। यदि किसी स्तर पर प्रश्नावली में भरे गए आंकड़े असत्य अथवा बढ़ा-चढ़ाकर दिखाए गए पाए जाते हैं तो माननीय समिति को गलत सूचना देने के लिए अनुशासनात्मक कार्रवाई हेतु मामले को मेरे नियंत्रक कार्यालय/मंत्रालय एवं माननीय मंत्री जी के संज्ञान में लाया जाएगा।

I have been working as Head of this Office for .... months/Years and hereby certify that the information given is on the basis of available records and is absolutely true as per my knowledge. I am quite aware that the undersigned is responsible for proper compliance of the instructions given in the provisions of the Official Language Act, 1963 and Official Language Rules, 1976. If at any stage the data given in the Inspection Questionnaire are found to be untrue or exaggerated, the matter will be brought to the notice of my controlling Office/Ministry and Hon'ble Minister to take disciplinary action for giving false information to the Hon'ble Committee of Parliament on Official Language.

....

मंत्रालय/विभाग के सचिव अथवा
संबंधित कार्यालय/संगठन के प्रमुख के
हस्ताक्षर और नाम तथा पदनाम की मोहर
Signature and seal bearing name and
Designation of the Secretary of the Ministry/
Department or Head of the concernde Office/Organisation

भाग-V/Part-V

निरीक्षण कार्यक्रम में शामिल कार्यालय से संबंधित क्षेत्रीय कार्यालय के प्रतिनिधि के लिए प्रश्नावली

Questionnaire for the representative of the Regional Office concerned with the office included in the Inspection Programme

क्षेत्रीय कार्यालय का नाम व पता
Name and address of the Regional Office :

....

क्षेत्र ('क', 'ख' अथवा 'ग')
Region ('A', 'B' or 'C') :

....

निरीक्षणाधीन कार्यालय का नाम
Name of the Office under Inspection :

....

निरीक्षण की तिथि/Date of Inspection :

....

1.	क्या आपको उपर्युक्त कार्यालय से तिमाही प्रगति रिपोर्ट नियमित रूप से मिल रही है? यदि हां, तो क्या उसकी जांच के बाद उसके कामकाज गें राजभाषा हिंदी के प्रयोग में पाई गई कमियों को दूर करने के बारे में ध्यान आकर्षित किया गया है? Whether you receive the quarterly progress report regularly from the above mentioned Office? If so, have you drawn their attention to remove the shortcomings found after reviewing the report in the use of Official Language Hindi?	

2.	(i) क्या आपके द्वारा उपर्युक्त कार्यालय का पिछले एक वर्ष के दौरान कोई राजभाषायी निरीक्षण किया गया? यदि हां, तो राजभाषा हिंदी के प्रयोग की स्थिति के बारे में अपनी टिप्पणी दें। Whether any Official Language inspection of the above mentioned office has been carried out by your office during the last one year? If so, give your remarks about the status of the use of Official Language Hindi.	
	(ii) क्या आपकी निरीक्षण रिपोर्ट पर उपर्युक्त कार्यालय द्वारा कोई कार्रवाई की गई हैं? यदि हां, तो की गई कार्रवाई का ब्यौरा दें। Whether any action has been taken by the above mentioned office on your inspection report? If so, give the details of the action taken.	

3.	(i) आपके नियंत्रणाधीन कुल कार्यालयों की क्षेत्रवार संख्या। Total no. of offices region-wise, under your control.	
	(ii) गत वर्ष इनमें से कितने कार्यालयों का राजभाषायी निरीक्षण किया गया। कृपया निरीक्षण किए गए कार्यालयों की क्षेत्रवार सूची **अनुलग्नक-9** पर संलग्न करें। No. of offices where Official Language inspections were done during the last one year out of the above offices. Please give region wise details at **Annexure-9**.	

4.	क्या उपर्युक्त कार्यालय की राजभाषा कार्यान्वयन समिति की बैठकों को नियमित रूप से आयोजित करने तथा उन बैठकों में लिए गए निर्णयों को लागू करने के बारे में, आपके कार्यालय या आपके नियंत्रणाधीन किसी कार्यालय द्वारा कोई मॉनीटरिंग की जा रही है ? Whether any monitoring is being done by your office or any office under your control regarding holding of meetings of the Official Language Implementation Committee regularly and implementing the decisions taken therein in respect of the above mentioned office?		
5.	पिछले एक वर्ष में क्षेत्रीय कार्यालय की ओर से निरीक्षणाधीन कार्यालय को भेजे गए कुल पत्राचार में से कितने प्रतिशत पत्र/फैक्स/ई-मेल/सीपीग्राम से हिंदी में भेजे गए? What percentages of Letters/Faxes/E-mails/CPGRAMS were sent in Hindi, out of the total correspondence done with the office under inspection by the regional office, during the last one year?	पत्र/Letters	%
		फैक्स संदेश/ Faxes	%
		ई-मेल/E-mails	%
		सीपीग्राम/ CPGRAMS	%

(ii) इलेक्ट्रॉनिक (टी.वी./फिल्म/इंटरनेट आदि) माध्यम से विज्ञापन और प्रचार पर किए गए खर्च

Expenditure incurred on advertisement and publicity through Electronic Media (TV/Film/Internet etc.)

	हिंदी/द्विभाषी/त्रिभाषी Hindi/Bilingual/ Trilingual	अंग्रेजी में In English	क्षेत्रीय भाषा में In Regional Language	कुल खर्च Total Expenses
1	2	3	4	5
'क' क्षेत्र में In region 'A'				
'ख' क्षेत्र में In region 'B'				
'ग' क्षेत्र में In region 'C'				

*23. संदर्भः राजभाषा विभाग का दिनांक 30 जून, 2017 का कार्यालय ज्ञापन सं. 20012/01/2017-रा.भा.(नीति)

(Ref: Department of Official Language O.M. No.20012/01/2017-O.L.(Policy) dt. 30th June, 2017)

(iii) प्रदर्शनी (बैनर होर्डिंग) आदि के माध्यम से विज्ञापन और प्रचार पर किए गए खर्च

Expenditure incurred on advertisement and publicity through Exhibitions (Banner Hoarding) etc.

	हिंदी/द्विभाषी/त्रिभाषी Hindi/Bilingual/ Trilingual	अंग्रेजी में In English	क्षेत्रीय भाषा में In Regional Language	कुल खर्च Total Expenses
1	2	3	4	5
'क' क्षेत्र में In region 'A'				
'ख' क्षेत्र में In region 'B'				
'ग' क्षेत्र में In region 'C'				

मैं इस कार्यालय के अध्यक्ष की हैसियत से .... माह/वर्ष से कार्यरत हूं और एतदद्वारा प्रमाणित करता/करती हूँ कि उपलब्ध अभिलेखों के आधार पर सूचना दी गई है तथा मेरी जानकारी के अनुसार पूर्णत: सत्य है। मैं यह अच्छी तरह समझता/समझती हूँ कि राजभाषा अधिनियम, 1963 एवं राजभाषा नियम, 1976 के उपबंधों में दिए गए निर्देशों के समुचित अनुपालन की जिम्मेदारी अधोहस्ताक्षरी की है। यदि किसी स्तर पर प्रश्नावली में भरे गए आंकड़े असत्य अथवा बढ़ा-चढ़ाकर दिखाए गए पाए जाते हैं तो माननीय समिति को गलत सूचना देने के लिए अनुशासनात्मक कार्रवाई हेतु मामले को मेरे नियंत्रक कार्यालय के मंत्री के संज्ञान में लाया जाएगा।

I have been working as Head of this Office for .... months/Years and hereby certify that the information given, is on the basis of available records and is absolutely true as per my knowledge. I am quite aware that the undersigned is responsible for proper compliance of the instructions given in the provisions of the Official Language Act, 1963 and Official Language Rules, 1976. If at any stage the data given in the Inspection Questionnaire are found to be untrue or exaggerated, the matter will be brought to the notice of my controlling office/Ministry and Hon'ble Minister to take disciplinary action for giving false information to the Hon'ble Committee of Parliament on Official Language.

....

क्षेत्रीय कार्यालय के प्रतिनिधि* के हस्ताक्षर तथा मोहर

Signature and seal of the representative* of Regional Office

नाम/Name...

पदनाम/Designation..

* वरिष्ठ अधिकारी, जिनका स्तर संयुक्त सचिव से कम न हो तथा जो राजभाषा नीति का कार्यान्वयन संबंधी कार्य देखते हों, निरीक्षण बैठकों में उपस्थित रहें तथा वे नियंत्रणाधीन कार्यालय के साथ राजभाषा नीति के कार्यान्वयन संबंधी पत्राचार की फाइलें भी साथ रखें।

(Senior officer, whose status is not less than a Joint Secretary and who is looking after the implementation of Official Language Policy work should be present in the inspection meetings and he should keep all the files containing correspondence about implementation of Official Language policy in respect of that office under his control.)

भाग-VI/Part-VI

निरीक्षण कार्यक्रम में शामिल कार्यालय से संबंधित आंचलिक कार्यालय के प्रतिनिधि के लिए प्रश्नावली

Questionnaire for the representative of the Zonal Office concerned with the office included in the Inspection Programme

आंचलिक कार्यालय का नाम व पता
Name and address of the Zonal Office :

....

क्षेत्र ('क', 'ख' अथवा 'ग')
Region ('A', 'B' or 'C') :

....

निरीक्षणाधीन कार्यालय का नाम
Name of the Office under Inspection :

....

निरीक्षण की तिथि/Date of Inspection :
....

1.	क्या आपको उपर्युक्त कार्यालय से तिमाही प्रगति रिपोर्ट नियमित रूप से मिल रही है? यदि हां, तो क्या उसकी जांच के बाद उसके कामकाज में राजभाषा हिंदी के प्रयोग में पाई गई कमियों को दूर करने के बारे में ध्यान आकर्षित किया गया है? Whether you are receiving the quarterly progress report regularly from the above mentioned Office? If so, after reviewing the report, have you drawn their attention to remove the shortcomings found in the use of Official Language Hindi?	
2.	क्या आपके द्वारा उपर्युक्त कार्यालय का पिछले एक वर्ष के दौरान कोई राजभाषायी निरीक्षण किया गया? यदि हां, तो राजभाषा हिंदी के प्रयोग की स्थिति के बारे में अपनी टिप्पणी दें। Whether any Official Language inspection of the above mentioned office has carried out by your office during the last one year? If so, give your remarks about the status of the use of Official Language Hindi.	
	क्या आपकी निरीक्षण रिपोर्ट पर उपर्युक्त कार्यालय द्वारा कोई कार्रवाई की गई है? यदि हां, तो की गई कार्रवाई का ब्यौरा दें। Whether any action has been taken by the above mentioned office on your inspection report? If so, give the details of action taken.	

<table>
<tr><td rowspan="2">3.</td><td colspan="2">आपके नियंत्रणाधीन कुल कार्यालयों की क्षेत्रवार संख्या
Total No. of offices region-wise, under your control</td><td></td></tr>
<tr><td colspan="2">गत वर्ष इनमें से कितने कार्यालयों का राजभाषायी निरीक्षण किया गया। कृपया निरीक्षण किए गए कार्यालयों की क्षेत्रवार सूची अनुलग्नक-10 पर संलग्न करें।
No. of offices where Official Language inspections were carried out during the last one year out of the above offices. Please give region wise details at Annexure-10.</td><td></td></tr>
<tr><td>4.</td><td colspan="2">क्या उपर्युक्त कार्यालय की राजभाषा कार्यान्वयन समिति की बैठकों को नियमित रूप से आयोजित करने तथा उन बैठकों में लिए गए निर्णयों को लागू करने के बारे में, आपके कार्यालय या आपके नियंत्रणाधीन किसी कार्यालय द्वारा कोई मॉनिटरिंग की जा रही है ?
Whether there is any monitoring is being done by your office or any office under your control regarding holding of meetings of the Official Language Implementation Committee regularly and implementing the decisions taken therein in respect of above mentioned office?</td><td></td></tr>
<tr><td rowspan="4">5.</td><td rowspan="4">पिछले एक वर्ष में आंचलिक कार्यालय की ओर से निरीक्षणाधीन कार्यालय को भेजे गए कुल पत्राचार में से कितने प्रतिशत पत्र/फैक्स/ई-मेल/सीपीग्राम से हिंदी में भेजे गए?
What percentages of letters/Faxes/E-mails/CPGRAMS were sent in Hindi, out of the total correspondence done with the office under inspection by the zonal office, during the last one year?</td><td>पत्र/Letters</td><td>%</td></tr>
<tr><td>फैक्स संदेश/
Faxes</td><td>%</td></tr>
<tr><td>ई-मेल/
E-mails</td><td>%</td></tr>
<tr><td>सीपीग्राम/
CPGRAMS</td><td>%</td></tr>
</table>

6.	क्या उपर्युक्त कार्यालय में राजभाषा नीति को कारगर ढंग से लागू किये जाने हेतु हिंदी पदों के सृजन, हिंदी पुस्तकों, द्विभाषी इलेक्ट्रॉनिक यंत्रों/उपकरणों की खरीद आदि संबंधी कोई प्रस्ताव आपके कार्यालय या आपके नियंत्रणाधीन किसी कार्यालय में लंबित है। यदि हां, तो कृपया उनका ब्यौरा दें। Wheteher any proposal is pending in your office or any office under your control regarding the creation of Hindi posts, purchase of Hindi books, bilingual electronic equipments/apparatuses etc. for the effective implementation of the Official Language Policy in the above mentioned office? Please give details thereof?	

7. **आंचलिक कार्यालय द्वारा दिए गए विज्ञापन (पिछले एक वर्ष अर्थात्** 31 **मार्च/30 जून/30 सितंबर/31 दिसंबर तक की अवधि के लिए)***
Advertisements* issued by Zonal Office (During the last one year i.e. the period ending 31st March/30th June/30th Septembe/31st December)

कुल संख्या Total No.	हिंदी में In Hindi	अंग्रेजी में In English	क्षेत्रीय भाषा में In Regional Language	द्विभाषी (हिंदी–अंग्रेजी) In Bilingual (Hindi-English)
1	2	3	4	5

(i) अखबारों/पत्रिकाओं, पैम्फलेट आदि (प्रिंट मीडिया) के माध्यम से विज्ञापन और प्रचार पर किए गए खर्च
Expenditure incurred on advertisement and publicity through Newspapers/Magazines, pamphlets etc. (print media)

	हिंदी/द्विभाषी/त्रिभाषी Hindi/ Bilingual/ Trilingual	अंग्रेजी में In English	क्षेत्रीय भाषा में In Regional Language	कुल खर्च Total Expenses
1	2	3	4	5
'क' क्षेत्र में / In region 'A'				
'ख' क्षेत्र में / In region 'B'				
'ग' क्षेत्र में / In region 'C'				

(ii) इलेक्ट्रॉनिक (टी.वी./फिल्म/इंटरनेट आदि) माध्यम से विज्ञापन और प्रचार पर किए गए खर्च
Expenditure incurred on advertisement and publicity through Electronic Media (TV/Film/Internet etc.)

	हिंदी/द्विभाषी/त्रिभाषी Hindi/Bilingual/ Trilingual	अंग्रेजी में In English	क्षेत्रीय भाषा में In Regional Language	कुल खर्च Total Expenses
1	2	3	4	5
'क' क्षेत्र में / In region 'A'				

'ख' क्षेत्र में / In region 'B'				
'ग' क्षेत्र में / In region 'C'				

*23. संदर्भ: राजभाषा विभाग का दिनांक 30 जून, 2017 का कार्यालय ज्ञापन सं. 20012/01/2017-रा.भा.(नीति)

Ref: Department of Official Language O.M. No.20012/01/2017-O.L.(Policy) dt. 30th June, 2017

(iii) प्रदर्शनी (बैनर होर्डिंग) आदि के माध्यम से विज्ञापन और प्रचार पर किए गए खर्च

Expenditure incurred on advertisement and publicity through Exhibitions (Banners Hoardings etc.)

	हिंदी/द्विभाषी/त्रिभाषी Hindi/Bilingual/ Trilingual	अंग्रेजी में In English	क्षेत्रीय भाषा में In Regional Language	कुल खर्च Total Expenses
1	2	3	4	5
'क' क्षेत्र में In region 'A'				
'ख' क्षेत्र में In region 'B'				
'ग' क्षेत्र में In region 'C'				

मैं इस कार्यालय के अध्यक्ष की हैसियत से .... माह/वर्ष से कार्यरत हूं और एतदद्वारा प्रमाणित करता/करती हूँ कि उपलब्ध अभिलेखों के आधार पर सूचना दी गई है तथा मेरी जानकारी के अनुसार पूर्णत: सत्य है। मैं यह अच्छी तरह समझता/समझती हूँ कि राजभाषा अधिनियम, 1963 एवं राजभाषा नियम, 1976 के उपबंधों में दिए गए निर्देशों के समुचित अनुपालन की जिम्मेदारी अधोहस्ताक्षरी की है। यदि किसी स्तर पर प्रश्नावली में भरे गए आंकड़े असत्य अथवा बढ़ा-चढ़ाकर दिखाए गए पाए जाते हैं तो माननीय समिति को गलत सूचना देने के लिए अनुशासनात्मक कार्रवाई हेतु मामले को मेरे नियंत्रक कार्यालय के मंत्री के संज्ञान में लाया जाएगा।

I have been working as Head of this Office for .... months/Years and hereby certify that the information given, is on the basis of available records and is absolutely true as per my knowledge. I am quite aware that the undersigned is responsible for proper compliance of the instructions given in the provisions of the Official Language Act, 1963 and Official Language Rules, 1976. If the data given in the Inspection Questionnaire are found to be untrue or exaggerated, at any stage, the matter will be brought to the notice of my controlling office/Ministry and Hon'ble Minister to take disciplinary action for giving false information to the Hon'ble Committee.

....

आंचलिक कार्यालय के प्रतिनिधि*के हस्ताक्षर तथा मोहर

Signature and seal of the representative* of Zonal Office

नाम/Name..

पदनाम/Designation..

* वरिष्ठ अधिकारी, जिनका स्तर संयुक्त सचिव से कम न हो तथा जो राजभाषा नीति का कार्यान्वयन संबंधी कार्य देखते हो, निरीक्षण बैठको में उपस्थित रहें तथा वे नियंत्रणाधीन कार्यालय के साथ राजभाषा नीति के कार्यान्वयन संबंधी पत्राचार की फाइले भी साथ रखें।

Senior officer, whose status is not less than a Joint Secretary and who is looking after the implementation of Official Language Policy work should be present in the inspection meetings and he/she should keep all the files containing correspondence about implementation of Official Language policy in respect of that office under his/her control.

भाग-VII/Part-VII

निरीक्षण कार्यक्रम में शामिल कार्यालय से संबंधित मुख्यालय के प्रतिनिधि के लिए प्रश्नावली

Questionnaire for the representative of the Headquarter concerned with the office included in the Inspection Programme

मुख्यालय कार्यालय का नाम व पता
Name and address of the Headquarter :

....

क्षेत्र ('क', 'ख' अथवा 'ग')
Region ('A', 'B' or 'C') :

....

निरीक्षणाधीन कार्यालय का नाम
Name of the Office under Inspection :
....

निरीक्षण की तिथि/Date of Inspection :

....

1.	क्या आपको या आपके नियंत्रणाधीन किसी कार्यालय को उपर्युक्त कार्यालय से तिमाही प्रगति रिपोर्ट नियमित रूप से मिल रही है ? यदि हां, तो क्या उसकी जांच के बाद उसके कामकाज में राजभाषा हिंदी के प्रयोग में पाई गई कमियों को दूर करने के बारे में ध्यान आकर्षित किया गया है? Whether you or any office under your control receives the quarterly progress report regularly from the above mentioned Office? If so, have you drawn their attention to remove the shortcomings found after reviewing the report in the use of Official Language Hindi?	
2.	क्या आपके द्वारा उपर्युक्त कार्यालय का पिछले चार वर्ष के दौरान कोई राजभाषायी निरीक्षण किया गया? यदि हां, तो निरीक्षण रिपोर्ट **अनुलग्नक-11** पर संलग्न करें। Whether any Official Language inspection of the above mentioned office has been carried out by your office during the last four years? If so, attach the inspection report at **Annexure-11**.	
	क्या आपकी निरीक्षण रिपोर्ट पर उपर्युक्त कार्यालय द्वारा कोई कार्रवाई की गई? यदि हां, तो की गई कार्रवाई का ब्यौरा दें। Whether any action has been taken by the above mentioned office on your inspection report? If so, give the details of action taken.	

3.	आपके नियंत्रणाधीन कुल कार्यालयों की क्षेत्रवार संख्या Total no. of offices region-wise, under your control		
	गत वर्ष इनमें से कितने कार्यालयों का राजभाषायी निरीक्षण किया गया? कृपया निरीक्षण किए गए कार्यालयों की क्षेत्रवार सूची **अनुलग्नक-12** पर संलग्न करें। No. of offices where the Official Language inspections were carried out during the last one year out of the above offices. Please give region wise details at **Annexure-12**.		
4.	क्या उपर्युक्त कार्यालय की राजभाषा कार्यान्वयन समिति की बैठकों को नियमित रूप से आयोजित करने तथा उन बैठकों में लिए गए निर्णयों को लागू करने के बारे में, आपके कार्यालय या आपके नियंत्रणाधीन किसी कार्यालय द्वारा कोई मॉनीटरिंग की जा रही है? Whether there is any monitoring is being done by your office or any office under your control regarding holding of meetings of the Official Language Implementation Committee regularly and implementing the decisions taken therein in respect of above mentioned office?		
5.	पिछले एक वर्ष में मुख्यालय/प्रधान कार्यालय की ओर से निरीक्षणाधीन कार्यालय को भेजे गए कुल पत्राचार में से कितने प्रतिशत पत्र/फैक्स/ई-मेल/सीपीग्राम से हिंदी में भेजे गए? What percentages of letters/Faxes/E-mails/CPGRAMS were sent in Hindi, out of the total correspondence done with the office under inspection by the headquarter/head office, during the last one year?	पत्र/Letters	%
		फैक्स संदेश/ Faxes	%
		ई-मेल/E-mails	%
		सीपीग्राम/ CPGRAMS	%

6.	क्या उपर्युक्त कार्यालय में राजभाषा नीति को कारगर ढंग से लागू किये जाने हेतु हिंदी पदों के सृजन, हिंदी पुस्तकों, द्विभाषी इलेक्ट्रॉनिक यंत्रों/उपकरणों की खरीद आदि संबंधी कोई प्रस्ताव आपके कार्यालय या आपके नियंत्रणाधीन किसी कार्यालय में लंबित है। यदि हां, तो कृपया उनका ब्यौरा दें। Whether any proposal is pending in your office or any office under your control regarding the creation of Hindi posts, purchase of Hindi books, bilingual electronic equipments/apparatuses etc for the effective implementation of the Official Language Policy in the above mentioned office? If yes, please give details thereof?	

7. राजभाषा नियम, 1976 के नियम 11 के अंतर्गत कोड, मैनुअल आदि के द्विभाषीकरण* की स्थिति
Status regarding Bilingualism* of Codes, Manuals, etc under Rule 11 of the Official Language Rules, 1976

(i)	नियमावली/कोड/मैनुअल (Rules/Codes/Manuals)	कुल सं./Total No.
	(1) केवल हिंदी मे/Only in Hindi	
	(2) केवल अंग्रेजी में/Only in English	
	(3) द्विभाषी (डिग्लाट) रूप में/Bilingual (Diglot) form	

*24. संदर्भ राजभाषा विभाग का दिनांक 12.04.2012 का कार्यालय ज्ञापन संख्या 1/14013/05/2011-रा.भा. (नीति)
Reference: Department of Official Language O.M. No. 1/14013/05/2011-O.L.(Policy) dated 12.04.2012

8. **मुख्यालय में प्रशिक्षण* व्यवस्था/Training* arrangements at Headquarters**

	मुख्यालय के अंतर्गत प्रशिक्षण संस्थाओं की कुल संख्या Total no. of training institutes in the Headquarters		
	पिछले वर्ष उक्त मुख्यालय द्वारा कितने पाठ्यक्रम और किन माध्यमों से चलाए गए How many courses were conducted by the Headquarter and what was the medium of imparting training during the calendar year?		
		वर्ष/Year	वर्ष/Year ....
	केवल अंग्रेजी माध्यम से/Only in English medium		
	केवल हिंदी माध्यम से/Only in Hindi medium		
	अंग्रेजी तथा हिंदी दोनों के मिले-जुले माध्यम से/In a mixed medium of both English and Hindi		
	अन्य भाषाओं के माध्यम से/Through other languages		

9. विधि संबंधी सूचना/Legal Information

साहित्य (नियम/उपनियम)/Literature (Rules/Bye-Laws)

(i)	मुख्यालय द्वारा जारी किए गए अधिनियमों व उनके अंतर्गत बनाए गए नियमों/उपनियमों के प्राधिकृत पाठों की संख्या No. of authenticated texts of the Acts issued by the Headquarter and the Rules/ Bye-Laws framed thereunder.	
(ii)	उपर्युक्त (i) में से कितने केवल हिंदी में उपलब्ध हैं? How many out of the above mentioned in (i) are available only in Hindi?	
(iii)	उपर्युक्त (i) में से कितने केवल अंग्रेजी में उपलब्ध हैं? How many out of the above mentioned in (i) are available only in English?	
(iv)	उपर्युक्त (i) में से कितने द्विभाषी रूप में उपलब्ध हैं? How many out of the above mentioned in (i) are available in Bilingual form?	
(v)	क्या राजभाषा विभाग द्वारा जारी किए गए निर्देशों** के अनुसार विधि के क्षेत्र में मूल प्रारूपण हिंदी में किया जा रहा है? Whether original drafting is being done in Hindi in the legal field as per the directives** issued by the Department of Official Language?	

*25. संदर्भ राजभाषा विभाग का दिनांक 6 मई, 1992 का कार्यालय ज्ञापन संख्या 12012/7/92-रा.भा. (ख-I)

Reference: Department of Official Language O.M. No. 12021/7/92-O.L.(B-I) dated 06.05.1992

**12. संदर्भ राजभाषा विभाग का दिनांक 26 नवंबर, 1990 का कार्यालय ज्ञापन संख्या 13017/3/90-रा.भा.(ग)
Reference: Department of Official Language O.M. No. 13017/3/90-O.L.(C) dated 26th November, 1990

10. भर्ती/पदोन्नति आदि के लिए लिखित परीक्षाएं

Written examinations for recruitment/promotion etc.

I.	पिछले एक वर्ष में कितनी लिखित परीक्षाएं ली गईं? No. of written examinations conducted during the last one year.	
II.	कितनी परीक्षाओं में हिंदी का प्रश्न-पत्र अनिवार्य था? No. of examinations where the question-paper of Hindi was compulsory.	
III.	कितनी परीक्षाओं का माध्यम केवल अंग्रेजी था? No. of examinations where the medium of expression was English only.	
IV.	कितनी परीक्षाओं में हिंदी माध्यम के प्रयोग का विकल्प* भी दिया गया? No. of examinations where option* for the use of Hindi as medium of expression was also given.	
V.	क्या परीक्षाओं में हिंदी माध्यम के विकल्प की सूचना विज्ञापन अथवा परिपत्र के साथ ही प्रकाशित/जारी की गई थी? Whether the information regarding option for Hindi as medium of expression was published/issued in the advertisement or circular?	

		अंग्रेजी माध्यम से (with English Medium)	हिंदी माध्यम से (with Hindi Medium)	कुल (Total)
VI.	(i) उम्मीदवारों की कुल संख्या Total Number of candidates			
	(ii) अंतिम रूप से सफल हुए उम्मीदवारों की संख्या No. of candidates declared finally successful			
VII.	**भर्ती/पदोन्नति आदि के लिए आयोजित किए गए साक्षात्कार**** **Interviews** conducted for recruitment/promotion etc.**			
	(i) पिछले एक वर्ष के दौरान लिए गए साक्षात्कारों की संख्या No. of interviews held during the last one year.			
	(ii) क्या इन साक्षात्कारों में उम्मीदवारों को हिंदी में उत्तर देने की छूट दी गई? Whether there was an option for the candidates to reply in Hindi in these interviews?			
	(iii) यदि हां, तो क्या इस आशय का उल्लेख उम्मीदवारों को साक्षात्कार के लिए भेजे गए पत्रों में किया गया था? If so, whether it was mentioned in the call letters for interview sent to the candidates?			

	(iv) यदि उम्मीदवारों को साक्षात्कार में हिंदी में उत्तर देने की छूट नही दी गई तो इसका क्या कारण था? If the option to reply in Hindi in the interview was not given to the candidates, what was the reason thereof?	

*26. संदर्भ राजभाषा विभाग का दिनांक 16 फरवरी, 1988 का कार्यालय ज्ञापन संख्या 14012/6/87-रा.भा.(ग)
Reference: Department of Official Language O.M. No. 14012/6/87-O.L.(C) dated 16 February, 1988

**27. संदर्भ:- भर्ती के लिए साक्षात्कार में हिंदी का विकल्प दिए जाने संबंधी राजभाषा विभाग का दिनांक 2 जून, 1992 कार्यालय ज्ञापन संख्या 13034/37/92-रा०भा०(ग)
Reference:- Department of Official Language O.M. No. 13034/37/92-O.L.(c) dated 2nd June, 1992 regarding the optional use of Hindi in the interviews for recruitment.

11.	**आपके संगठन में/In your Organization**	
(i)	वर्ग 'क' से संबंधित कितने भर्ती नियम हैं? No. of recruitment rules in respect of Group 'A' posts?	
(ii)	वर्ग 'ख' से संबंधित कितने भर्ती नियम हैं? No. of recruitment rules in respect of Group 'B' posts?	
(iii)	वर्ग 'ग' से संबंधित कितने भर्ती नियम हैं? No. of recruitment rules in respect of Group "C" posts?	

(iv)	इनमें से सरकारी सेवा में सीधी भर्ती का स्तर कौन सा है? Out of these what was the level of direct recruitment in Govt. service?	'क'/'A'	'ख'/'B'	'ग'/'C'
(v)	सीधी भर्ती स्तर पर हिंदी के ज्ञान के संदर्भ में क्या कोई शैक्षणिक स्तर निर्धारित है? Has any level of Hindi knowledge been fixed as a pre requisite for the direct recruitment?	'क'/'A'	'ख'/'B'	'ग'/'C'
(vi)	सीधी भर्ती स्तर पर अंग्रेजी के ज्ञान के संदर्भ में क्या कोई शैक्षणिक स्तर निर्धारित है? Has any level of English knowledge been fixed as a pre requisite for the direct recruitment?	'क'/'A'	'ख'/'B'	'ग'/'C'

12. **वर्ष के दौरान आयोजित समारोह आदि**

Functions etc organized during the year

		कुल (Total)	हिंदी में (In Hindi)	अंग्रेजी में (In English)	द्विभाषी रूप में (in bilingual)
(i)	उन समारोहों की संख्या जिनके संबंध में निमंत्रण पत्र तथा अन्य कागज-पत्र जारी किए गए Total number of functions where invitation cards and other papers were issued.				

(ii)	गत वर्ष के दौरान क्या कोई राजभाषा सम्मेलन आयोजित किया गया है? यदि हां, तो कृपया तत्संबंधी विवरण दें Whether any Official Language conference was organized during the last one year? If so, give details, thereof.	

13.	क्या संसदीय राजभाषा समिति को प्रस्तुत की जाने वाली सामग्री की समीक्षा और कमियों को दूर किए जाने के बारे में राजभाषा विभाग द्वारा जारी किए गए निर्देशों का अनुपालन किया जा रहा है? यदि नहीं, तो इसके क्या कारण है? Whether the directives issued by the Department of Official Language regarding the review of the material to be submitted to the Committee of Parliament on Official Language and to rectify the shortcomings are complied with? If not, give the reasons thereof.	

14.	**मानक मसौदे/Standard Drafts**			
	कुल संख्या Total No.	केवल हिंदी In Hindi only	केवल अंग्रेजी In English only	द्विभाषी रुप में In Bilingual

15.	वेबसाइट/Website	
	(1) क्या मुख्यालय की वेबसाइट है? Whether the headquarter has any website?	
	(2) मुख्यालय की वेबसाइट का पता Address of the headquarter's website.	
	(3) मुख्यालय की वेबसाइट का होमपेज किस भाषा में खुलता है? Homepage of the headquarter's website opens in which language?	
	(4) मुख्यालय की हिंदी वेबसाइट की अद्यतन की तिथि क्या है? Date of updation of the headquarter's Hindi website?	
	(5) मुख्यालय की अंग्रेजी वेबसाइट की अद्यतन की तिथि क्या है? Date of updation of the headquarter's English website?	
	(6) पिछले एक वर्ष मे हिंदी वेबसाइट पर हिट्स की संख्या? No. of hits on Hindi website recorded during the last one year?	
	(7) पिछले एक वर्ष मे अंग्रेजी वेबसाइट पर हिट्स की संख्या? No. of hits on English website recorded during the last one year?	
	(8) क्या वेबसाइट पर अंग्रेजी सामग्री को अद्यतन करते समय हिंदी सामग्री को भी उसी समय अद्यतन किया जाता है? Whether Hindi content is also simultaneously updated while updating English content on the website?	

	(9) वेबसाइट तैयार करने वाली कंपनी के साथ कार्यालय द्वारा किए गए करार में : In the agreement signed with the company that designed the website :	
	(i) क्या वेबसाइट को द्विभाषी रूप में तैयार करने संबंधी प्रावधान शामिल है? Is there any provision included regarding preparation of bilingual website?	
	(ii) क्या वेबसाइट को अद्यतन करते समय हिंदी सामग्री को भी उसी समय अद्यतन करने के.लिए प्रावधान है? Is there any provision included regarding updating Hindi content simultaneously while updating the website?	

16. हिंदी प्रकोष्ठ/हिंदी अनुभाग का गठन

Setting up of Hindi Cell/Hindi Section

(i)	क्या अलग से हिंदी प्रकोष्ठ/हिंदी अनुभाग स्थापित किया गया है? Whether a separate Hindi Cell/Hindi Section has been set up?	
(ii)	यदि हां, तो उसमें कुल कितने कर्मचारी कार्यरत हैं, पदवार विवरण दें। If so, how many employees are working in that Section? Please give their details post wise.	

(iii)	क्या राजभाषा कार्य के लिए नियुक्त कर्मचारियों/अधिकारियों का अलग से संवर्ग बनाया गया है और उनकी पदोन्नति के लिए पर्याप्त अवसर उपलब्ध हैं? सभी संवर्गों का तुलनात्मक विवरण **अनुलग्नक-13** पर अलग से संलग्न करें। Whether a separate cadre has been formed for officers/employees appointed for the Official Language work and whether adequate opportunities are available for their promotion? **Please attach a comparaticve statement of all the cadres at Annexure-13.**					
(iv)	हिंदी पदों संवंधी सूचना Information regarding Hindi posts:	कुल पद Total Post	अधिकारी Officers	अनुवाद अधिकारी Translation Officers	आशुलिपिक/टंकक Steno/Typist	अन्य Others
	(1) मुख्यालय Headquarters					
	(2) अंचल कार्यालय Zonal Office					
	(3) क्षेत्रीय/मंडल कार्यालय Regional/Divisional Office					
(v)	इनमें से कितने पद रिक्त हैं? No. of posts lying vacant out of the above posts?					

(vi)	इनमें से कितनों पर सामान्य सेवा के अधिकारी कार्यरत हैं? No. of posts manned by officers of General Service out of these posts?					
17.	हिंदी/राजभाषा अधिकारियों को आवंटित कार्यों का विवरण Give details of work allocated to the Hindi/Official Language Officers.					

18.	(i) राजभाषा नीति के कार्यान्वयन तथा अनुवाद कार्य आदि में संलग्न पूर्णकालिक अधिकारियों/कर्मचारियों का ब्यौरा दें। (स्थान कम होने पर अतिरिक्त पृष्ठ संलग्न करें) Give information regarding full time officers/employees engaged in implementation of the Official Language Policy and translation work, etc. (Please attach extra sheet, if space is not sufficient):			
क्र.सं. S.No.	पदनाम/Designation	वेतनमान/Pay scale वेतन स्तर/Pay level	पदों की संख्या/No. of Posts	
			स्वीकृत/Sanctioned	रिक्त (दिनांक सहित)/ Vacant (with date)
1.				

2.				
3.				
4.				
5.				
6.				
7.				
8.				
9.				
10.				
	(ii) उपर्युक्त में दर्शाए गए रिक्त पदों को भरने के संबंध में की गई कार्रवाई का विवरण। Details of action taken for filling up the above vacant posts.			
	(iii) क्या राजभाषा नीति के अनुसार निरीक्षणाधीन कार्यालय में पद सृजित हैं? Whether the above posts have been created in the office under inspection in accordance with the Official Language policy?			
	(iv) यदि नही, तो इस संबंध में क्या कार्रवाई की जा रही है? If not, what action is being taken in this regard?			

	(v) क्या उन्हें हिंदी के अलावा दूसरे कार्य भी सौंपे गए हैं? Whether any work other than Hindi has also been assigned to them?	

19. मुख्यालय स्तर पर जारी किए गए विज्ञापन*/Advertisements* issued at Headquarters level
(पिछले एक वर्ष अर्थात् **31** मार्च/**30** जून/**30** सितंबर/**31** दिसंबर तक की अवधि के लिए)
(During the last one year i.e. the period ending 31st March/30th June/30th September/31st December)

कुल संख्या Total No.	हिंदी में In Hindi	अंग्रेजी में In English	क्षेत्रीय भाषा में In Regional Language	द्विभाषी (हिंदी–अंग्रेजी) In Bilingual (Hindi-English)

*23. संदर्भ: राजभाषा विभाग का दिनांक 30 जून, 2017 का कार्यालय ज्ञापन सं. 20012/01/2017-रा.भा.(नीति)

Ref: Department of Official Language O.M. No.20012/01/2017-O.L.(Policy) dt. 30th June, 2017

(i) अखबारों/पत्रिकाओं, पैम्फलेट आदि (प्रिंट मीडिया) के माध्यम से विज्ञापन और प्रचार पर किए गए खर्च
Expenditure incurred on advertisement and publicity through Newspapers/Magazines, pamphlets etc. (print media)

	हिंदी/द्विभाषी/त्रिभाषी Hindi/Bilingual/ Trilingual	अंग्रेजी में In English	क्षेत्रीय भाषा में In Regional Language	कुल खर्च Total Expenses
'क' क्षेत्र में In region 'A'				
'ख' क्षेत्र में In region 'B'				
'ग' क्षेत्र में In region 'C'				

(ii) इलेक्ट्रॉनिक (टी.वी./फिल्म/इंटरनेट आदि) माध्यम से विज्ञापन और प्रचार पर किए गए खर्च
Expenditure incurred on advertisement and publicity through Electronic Media (TV/Film/Internet etc.)

	हिंदी/द्विभाषी/त्रिभाषी Hindi/Bilingual/ Trilingual	अंग्रेजी में In English	क्षेत्रीय भाषा में In Regional Language	कुल खर्च Total Expenses
'क' क्षेत्र में In region 'A'				

'ख' क्षेत्र में In region 'B'				
'ग' क्षेत्र में In region 'C'				

(iii) प्रदर्शनी (बैनर/होर्डिंग) आदि के माध्यम से विज्ञापन और प्रचार पर किए गए खर्च

Expenditure incurred on advertisement and publicity throuth Exhibitions (Banner/Hoarding) etc.

	हिंदी/द्विभाषी/त्रिभाषी Hindi/Bilingual/ Trilingual	अंग्रेजी में In English	क्षेत्रीय भाषा में In Regional Language	कुल खर्च Total Expenses
'क' क्षेत्र में In region 'A'				
'ख' क्षेत्र में In region 'B'				
'ग' क्षेत्र में In region 'C'				

मैं इस कार्यालय के अध्यक्ष की हैसियत से .... माह/वर्ष से कार्यरत हूं और एतदद्वारा प्रमाणित करता/करती हूँ कि उपलब्ध अभिलेखों के आधार पर सूचना दी गई है तथा मेरी जानकारी के अनुसार पूर्णत: सत्य है। मैं यह अच्छी तरह समझता/समझती हूँ कि राजभाषा अधिनियम, 1963 एवं राजभाषा नियम, 1976 के उपबंधों में दिए गए निर्देशों के समुचित अनुपालन की जिम्मेदारी अधोहस्ताक्षरी की है। यदि किसी स्तर पर प्रश्नावली में भरे गए आंकड़े असत्य अथवा बढ़ा-चढ़ाकर दिखाए गए पाए जाते हैं तो माननीय समिति को गलत सूचना देने के लिए अनुशासनात्मक कार्रवाई हेतु मामले को मेरे नियंत्रक कार्यालय के मंत्री के संज्ञान में लाया जाएगा।

I have been working as Head of this Office for .... months/Years and hereby certify that the information given, is on the basis of available records and is absolutely true as per my knowledge. I am quite aware that the undersigned is responsible for proper compliance of the instructions given in the provisions of the Official Language Act, 1963 and Official Language Rules, 1976. If at any stage the data given in the Inspection Questionnaire are found to be untrue or exaggerated, the matter will be brought to the notice of my controlling office/Ministry and Hon'ble Minister to take disciplinary action for giving false information to the Hon'ble Committee of Parliament on Official Language.

....

मुख्यालय के प्रतिनिधि* के हस्ताक्षर तथा मोहर
Signature and seal of the representative* of the Headquarters

नाम/Name..

पदनाम/Designation..

नोट:- (1) उपक्रमों/बैंकों/बीमा कंपनियों के संदर्भ में यह प्रश्नावली उनके निगमित/प्रधान कार्यालय द्वारा भरी जानी है।
In case of Undertakings/Banks/Insurance Company this Questionnaire is required to be filled by the Corporate/Head Office.

(2) यह प्रश्नावली संसदीय राजभाषा समिति के नगर राजभाषा कार्यान्वयन समिति के निरीक्षण/विचार-विमर्श कार्यक्रम के संदर्भ में नहीं भरी जानी है।
The Questionnaire is not required in respect of Inspection/ Discussion Programme of Town Official Language Implementation Committee of the Committee of Parliament on Official Language.

* वरिष्ठ अधिकारी, जिनका स्तर संयुक्त सचिव से कम न हो तथा जो राजभाषा नीति का कार्यान्वयन संबंधी कार्य देखते हो, निरीक्षण बैठको में उपस्थित रहें तथा वे नियंत्रणाधीन कार्यालय के साथ राजभाषा नीति के कार्यान्वयन संबंधी पत्राचार की फाइले भी साथ रखें।
(A Senior officer, not less than a Joint Secretary and who is looking after the implementation of Official Language Policy work, should be present in the inspection meetings and should keep all the files containing correspondence about implementation of Official Language policy in respect of that office under his control.)

भाग-VIII/Part-VIII

निरीक्षण कार्यक्रम में शामिल कार्यालय से संबंधित मंत्रालय/विभाग के प्रतिनिधि के लिए प्रश्नावली

Questionnaire for the representative of the Ministry/ Department concerned with the office included in the Inspection Programme

मंत्रालय/विभाग का नाम
Name of the Ministry/Department :

....

क्षेत्र ('क', 'ख' अथवा 'ग')
Region ('A', 'B' or 'C') :

....

निरीक्षणाधीन कार्यालय का नाम
Name of the Office under Inspection :
....

निरीक्षण की तिथि/Date of Inspection :

....

1.	आपको निरीक्षणाधीन कार्यालय की निरीक्षण प्रश्नावली समीक्षा हेतु कब प्राप्त हुई? When did you receive the Inspection Questionnaire of the office under inspection for review?	
	क्या मंत्रालय द्वारा निरीक्षणाधीन कार्यालय की निरीक्षण प्रश्नावली की समीक्षा की गई? यदि हां, तो कृपया समीक्षा रिपोर्ट **अनुलग्नक-14** पर संलग्न करें। Whether the inspection questionnaire of the office under inspection has been reviewed by the Ministry? If yes, please attach the review report at **Annexure-14**.	
	क्या आपको या आपके नियंत्रणाधीन किसी कार्यालय को उपर्युक्त कार्यालय से तिमाही प्रगति रिपोर्ट नियमित रूप से मिल रही है ? यदि हां, तो क्या उसकी जांच के बाद उसके कामकाज में राजभाषा हिंदी के प्रयोग में पाई गई कमियों को दूर करने के बारे में ध्यान आकर्षित किया गया है? कृपया विवरण दें। Whether you or any office under your control is receiving the quarterly progress report regularly from the above mentioned Office? If so, after reviewing the report, have you drawn their attention to remove the shortcomings found in the use of Official Language Hindi? Please give details.	
2.	क्या आपके द्वारा उपर्युक्त कार्यालय का पिछले एक वर्ष के दौरान कोई राजभाषायी निरीक्षण किया गया? यदि हां, तो राजभाषा हिंदी के प्रयोग की स्थिति के बारे में अपनी टिप्पणी दें। Whether any Official Language inspection of the above mentioned office has been carried out by your office during the last one year? If so, give the remarks about the position of the use of Official Language Hindi thereon.	

	क्या आपकी निरीक्षण रिपोर्ट पर उपर्युक्त कार्यालय द्वारा कोई कार्रवाई की गई? यदि हां, तो की गई कार्रवाई का ब्यौरा दें। Whether any action has been taken by the above mentioned office on your inspection report? If so, give the details of action taken.	

3.	आपके नियंत्रणाधीन कुल कार्यालयों की क्षेत्रवार संख्या No. of offices region-wise, under your control	
	इनमें से राजभाषा नियम, 1976 के नियम 10 (4) के अंतर्गत अधिसूचित कार्यालयों की संख्या No. of offices out of these notified under Rule 10 (4) of the Official Language Rules, 1976	
	गत वर्ष कुल कार्यालयों में से कितने कार्यालयों का राजभाषायी निरीक्षण किया गया। कृपया निरीक्षण किए गए कार्यालयों की दिनांक सहित क्षेत्रवार सूची **अनुलग्नक-15** पर संलग्न करें No. of offices where Official Language inspections were carried out during the last one year. Please give region wise details with date at **Annexure-15**.	

<table>
<tr><td>4.</td><td>क्या उपर्युक्त कार्यालय की राजभाषा कार्यान्वयन समिति की बैठकों को नियमित रूप से आयोजित करने तथा उन बैठकों में लिए गए निर्णयों को लागू करने के बारे में, आपके कार्यालय या आपके नियंत्रणाधीन किसी कार्यालय द्वारा कोई मॉनीटरिंग की जा रही है?
Whether any monitoring is being done by your office or any office under your control regarding holding of meetings of the Official Language Implementation Committee regularly and implementing the decisions taken therein in respect of above mentioned office?</td><td colspan="2"></td></tr>
<tr><td rowspan="4">5.</td><td rowspan="4">पिछले एक वर्ष में मंत्रालय की ओर से निरीक्षणाधीन कार्यालय को भेजे गए कुल पत्राचार में से कितने प्रतिशत पत्र/फैक्स/ई-मेल/सीपीग्राम से हिंदी में भेजे गए?
What percentages of letters/Faxes/E-mails/CPGRAMS were sent in Hindi, out of the total correspondence with the office under inspection by the Ministry, during the last one year?</td><td>पत्र/Letters</td><td>%</td></tr>
<tr><td>फैक्स संदेश/axes</td><td>%</td></tr>
<tr><td>ई-मेल/E-mails</td><td>%</td></tr>
<tr><td>सीपीग्राम/CPGRAMS</td><td>%</td></tr>
<tr><td>6.</td><td>क्या उपर्युक्त कार्यालय में राजभाषा नीति को कारगर ढंग से लागू किये जाने हेतु हिंदी पदों के सृजन, हिंदी पुस्तकों, द्विभाषी इलेक्ट्रॉनिक यंत्रों/उपकरणों की खरीद आदि संबंधी कोई प्रस्ताव आपके कार्यालय या आपके नियंत्रणाधीन किसी कार्यालय में लंबित है। यदि हां, तो कृपया उनका ब्यौरा दें।
Whether any proposal is pending in your office or any office under your control regarding the creation of Hindi posts, purchase of Hindi books, bilingual electronic equipments/apparatuses etc. for the effective implementation of the Official Language Policy in the above mentioned office? Please give details thereof?</td><td colspan="2"></td></tr>
</table>

7.	राजभाषा नियम, 1976 के नियम 11 के अंतर्गत कोड, मैनुअल आदि के द्विभाषीकरण* की स्थिति Status regarding Bilingualism of Codes, Manuals, etc. under Rule 11 of the Official Language Rules, 1976	
	नियमावली/कोड/मैनुअल/Rules/Codes/Manuals	कुल सं./Total No.
	केवल हिंदी में/Only in Hindi	
	केवल अंग्रेजी में/Only in English	
	द्विभाषी (डिग्लाट) रूप में/Bilingual (Diglot) form	

*24. संदर्भ राजभाषा विभाग का दिनांक 12.04.2012 कार्यालय ज्ञापन संख्या 01/14013/05/2011-रा.भा. (नीति)
Reference: Department of Official Language O.M. No. 01/14013/05/2011-O.L.(Policy) dated 12.04.2012

8.	**मंत्रालय/विभाग में प्रशिक्षण* व्यवस्था** **Training* arrangements in the Ministry/Department** (i) मंत्रालय/विभाग के अंतर्गत प्रशिक्षण संस्थाओं की कुल संख्या Total no. of training institutes in the Ministry/Department		
	(ii) पिछले वर्ष उक्त संस्थानों द्वारा कितने पाठ्यक्रम और किन माध्यमों से चलाए गए (सूची संलग्न करें) How many courses were conducted by those institutions and what was the medium of imparting training during the last calendar year? (Please enclose a list)		
		वर्ष/Year	वर्ष/Year ....
	अंग्रेजी माध्यम से/In English medium		
	हिंदी माध्यम से/In Hindi medium		
	अंग्रेजी तथा हिंदी दोनों के मिले-जुले माध्यम से/ In a mixed medium of both English and Hindi		
	अन्य भाषाओं के माध्यम से/Through other languages		

9.	**I. विधि संबंधी सूचना/(Legal Information)** साहित्य (नियम/उपनियम)/Literature (Rules/Bye-Laws)

	(i) पिछले वर्ष के दौरान मंत्रालय/विभाग/कार्यालय द्वारा जारी किए गए अधिनियमों व उनके अंतर्गत बनाए गए नियमों/उपनियमों के प्राधिकृत पाठों की संख्या No. of authenticated texts of the Acts issued by the Ministry/Department/ Office and the Rules/Bye-Laws framed under them.	
	(ii) उपर्युक्त (i) में से कितने केवल हिंदी में उपलब्ध हैं How many out of the above mentioned in (i) are available only in Hindi?	
	(iii) उपर्युक्त (i) में से कितने केवल अंग्रेजी में उपलब्ध हैं How many out of the above mentioned in (i) are available only in English?	
	(iv) उपर्युक्त (i) में से कितने द्विभाषी रुप में उपलब्ध हैं How many out of the above mentioned in (i) are available only in bilingual form?	
	(v) क्या राजभाषा विभाग द्वारा जारी किए गए निर्देशों** के अनुसार विधि के क्षेत्र में मूल प्रारूपण हिंदी में किया जा रहा है? Whether original drafting is being done in Hindi in the legal field as per the directives** issued by the Department of Official Language?	

*25. संदर्भ राजभाषा विभाग का दिनांक 06.05.1992 का कार्यालय ज्ञापन संख्या 12012/07/92-रा०भा०(ख-1)

Reference: Department of Official Language O.M. No. 12012/07/92-O.L.(B-1) dated 06.05.1992.

**12. संदर्भ राजभाषा विभाग का दिनांक 26 नवंबर, 1990 का कार्यालय ज्ञापन संख्या 13017/03/90-रा०भा० (ग)

Reference: Department of Official Language O.M. No. 13017/03/90-O.L.(c) dated 26th November, 1990.

	II. अध्यादेश/अधिसूचना/(Ordinance/Notification)	
	(1) पिछले वर्ष के दौरान जारी किए गए अध्यादेशों/अधिसूचनाओं की कुल संख्या Total No. of Ordinances/Notifications issued during the last one year	
	(2) केवल हिंदी में/(Only in Hindi)	
	(3) केवल अंग्रेजी में/(Only in English)	
	(4) द्विभाषी रूप में/(Bilingual)	

10. भर्ती/पदोन्नति परीक्षाएं

Recruitment/Promotion Examinations

(i)	भर्ती/पदोन्नति आदि के लिए लिखित परीक्षाएं Written examinations for recruitment/promotion etc.
	(i) पिछले एक वर्ष में कितनी लिखित परीक्षाएं ली गईं? No. of written examinations conducted during the last one year.
	(ii) कितनी परीक्षाओं में हिंदी का प्रश्न-पत्र अनिवार्य था? No. of examinations where the question-paper of Hindi was compulsory.

	(iii) कितनी परीक्षाओं का माध्यम केवल अंग्रेजी था? No. of examinations where the medium of expression was English only.			
	(iv) कितनी परीक्षाओं में हिंदी माध्यम के प्रयोग का विकल्प* भी दिया गया? No. of examinations where option* for the use of Hindi as medium of expression was also given.			
	(v) क्या परीक्षाओं में हिंदी माध्यम के विकल्प की सूचना विज्ञापन अथवा परिपत्र के साथ ही प्रकाशित/ जारी की गई थी? Whether the information regarding option for Hindi as medium of expression was published/issued in the advertisement or circular?			
		अंग्रेजी माध्यम से/ With English Medium	हिंदी माध्यम से/ With Hindi Medium	कुल/Total
	(6) (1) उम्मीदवारों की कुल संख्या Total Number of candidates			
	(2) अंतिम रूप से सफल हुए उम्मीदवारों की संख्या No. of candidates declared finally successful			

*12. संदर्भ राजभाषा विभाग का दिनांक 16 फरवरी, 1988 कार्यालय ज्ञापन संख्या 14012/06/87-रा0भा0(ग)

Reference : Department of Official Language O.M. No. 14012/06/87-O.L.(c) dated 16th February 19883

(ii)	भर्ती/पदोन्नति आदि के लिए आयोजित किए गए साक्षात्कार* Interviews* held for recruitment/promotion etc.	
	(1) पिछले एक वर्ष के दौरान लिए गए साक्षात्कारों की संख्या No. of interviews held during the last one year.	
	(2) (i) क्या इन साक्षात्कारों में उम्मीदवारों को हिंदी में उत्तर देने की छूट दी गई Whether there was an option for the candidates to reply in Hindi in these interviews?	
	(ii) यदि हां, तो क्या इस आशय का उल्लेख उम्मीदवारों को साक्षात्कार के लिए भेजे गए पत्रों में किया गया था? If so, whether above was mentioned in the call letters for Interviews sent to the candidates?	
	(3) यदि उम्मीदवारों को साक्षात्कार में हिंदी में उत्तर देने की छूट नही दी गई तो इसका क्या कारण था? If the option to reply in Hindi in the interview was not given to the candidates, what was the reason thereof?	

11. आपके मंत्रालय/विभाग में/In your Ministry/Department

(i)	वर्ग 'क' से संबंधित कितने भर्ती नियम हैं? No. of recruitment rules in respect of Group 'A' posts?			
(ii)	वर्ग 'ख' से संबंधित कितने भर्ती नियम हैं? No. of recruitment rules in respect of Group 'B' posts?			
(iii)	वर्ग 'ग' से संबंधित कितने भर्ती नियम हैं? No. of recruitment rules in respect of Group 'C' posts?			
(iv)	इनमें से सरकारी सेवा में सीधी भर्ती नियम हैं? Out of these, what was the level of direct recruitment in govt. service?	'क'/'A'	'ख'/'B'	'ग'/'C'
(v)	सीधी भर्ती स्तर पर अंग्रेजी के ज्ञान के संदर्भ में क्या कोई शैक्षणिक स्तर निर्धारित है? Has any level of English knowledge been fixed as a pre requisite for the direct recruitment?	'क'/'A'	'ख'/'B'	'ग'/'C'

*27. संदर्भ:- भर्ती के लिए साक्षात्कार में हिंदी का विकल्प दिए जाने संबंधी राजभाषा विभाग का दिनांक 2 जून, 1992 कार्यालय ज्ञापन संख्या 13034/37/92-रा0भा0(ग)

Reference:- Department of Official Language O.M. No. 13034/37/92-O.L.(c) dated 2nd June, 1992 regarding the optional use of Hindi in the interviews for recruitment.

12. वर्ष के दौरान आयोजित समारोह* आदि/Functions*etc organized during the year

		कुल Total	हिंदी में In Hindi	अंग्रेजी में In English	द्विभाषी में Bilingual
	उन समारोहों की संख्या जिनके संबंध में निमंत्रण पत्र तथा अन्य कागज-पत्र जारी किए गए। Total number of functions where invitation cards and other papers were issued				
	गत वर्ष के दौरान क्या कोई राजभाषा सम्मेलन आयोजित किया गया है? Whether any Official Language conference has been organized during the last one year?				
	यदि हां, तो कृपया तत्संबंधी विवरण दें। If so, the details thereof.				

13.	क्या संसदीय राजभाषा समिति को प्रस्तुत की जाने वाली सामग्री की समीक्षा और कमियों को दूर किए जाने के बारे में राजभाषा विभाग द्वारा जारी किए गए निर्देशों** का अनुपालन किया जा रहा है? यदि नहीं, तो इसके क्या कारण है? Whether the directives** issued by the Department of Official Language regarding the review of the material to be submitted to the Committee of Parliament on Official Language and to rectify the shortcomings are complied with? If not, give the reasons thereof.	

14.	मानक मसौदे/(Standard Drafts)			
	कुल संख्या Total No.	केवल हिंदी में In Hindi only	केवल अंग्रेजी में In English only	द्विभाषी रूप में In Bilingual

*17. संदर्भ:- राजभाषा विभाग का दिनांक 31 मई, 1993 का कार्यालय ज्ञापन संख्या 20034/53/93-रा०भा०(अ.वि.)
Reference:- Department of Official Language O.M. No. 20034/53/93-O.L.(R.&A.) dated 31st May, 1993.

**22. संदर्भ:- राजभाषा विभाग का दिनांक 26 अप्रैल, 1978 का कार्यालय ज्ञापन संख्या 1/20034/1/78-रा०भा०(क-I)
Reference:- Department of Official Language O.M. No. 1/20034/1/78-O.L.(A-I) dated 26th April, 1978

15.	(i) क्या मंत्रालय/विभाग की वेबसाइट है? Whether the Ministry/Department has any website?	
	(ii) मंत्रालय/विभाग की वेबसाइट का पता Address of the Ministry/Department's website.	
	(iii) मंत्रालय/विभाग की वेबसाइट का होम पेज किस भाषा में खुलता है? Homepage of the Ministry/Department's website opens in which language?	
	(iv) मंत्रालय/विभाग की हिंदी वेबसाइट की अद्यतन की तिथि क्या है? Date of updation of the Ministry/Department's Hindi website?	
	(v) मंत्रालय/विभाग की अंग्रेजी वेबसाइट की अद्यतन की तिथि क्या है? Date of updation of the Ministry/Department's English website?	

	(vi) पिछले एक वर्ष मे हिंदी वेबसाइट पर हिट्स की संख्या? No. of hits on Hindi website recorded during the last one year?	
	(vii) पिछले एक वर्ष मे अंग्रेजी वेबसाइट पर हिट्स की संख्या? No. of hits on the English website recorded during the last one year?	
	(viii) क्या वेबसाइट पर अंग्रेजी सामग्री को अद्यतन करते समय हिंदी सामग्री को भी उसी समय अद्यतन किया जाता है? Whether Hindi content is also simultaneously updated while updating English content on the website?	
	(ix) वेबसाइट तैयार करने वाली कंपनी के साथ कार्यालय द्वारा किए गए करार में : In the agreement signed with the company that designed the website :	
	(1) क्या वेबसाइट को द्विभाषी रूप में तैयार करने संबंधी प्रावधान शामिल है Is there any provision regarding preparation of bilingual website included?	
	(2) क्या वेबसाइट को अद्यतन करते समय हिंदी सामग्री को भी उसी समय अद्यतन करने के लिए प्रावधान है? Is there any provision regarding updating the Hindi matter simultaneously included while updating website?	

16.	**हिंदी सलाहकार समिति का गठन/Constitution of Hindi Advisory Committee**	
	(i) आपके मंत्रालय/विभाग में हिंदी सलाहकार समिति का गठन कब किया गया? When was the Hindi Advisory Committee constituted in your Ministry/Department?	

	(ii) यदि हिंदी सलाहकार समिति का गठन/पुनर्गठन नहीं किया गया है तो उसका कारण बताएं? If the Hindi Advisory Committee has not been constituted/reconstituted, give the reasons thereof.	
	(iii) पिछले एक वर्ष में इस समिति की बैठकों की तारीख Dates of its meetings held during the last one year	
	(1) जनवरी से जून छमाही में In the half yearly period from January to June	
	(2) जुलाई से दिसंबर छमाही में In the half yearly period from July to December	
	(iv) यदि समिति की बैठकें नियमित रूप से न की गई हों तो इनका भविष्य में नियमित रूप से किए जाने के संबंध में उठाए गए कदमों का ब्यौरा दें। If the meetings of the Committee are not being held regularly, give details of the steps taken in this regard to convene the meetings regularly in future.	
	(v) क्या इस समिति की बैठकों में केंद्रीय हिंदी समिति के निर्णयों के अनुपालन हेतु चर्चा की गई? यदि हां, तो उन पर की गई कार्रवाई का ब्यौरा दें। Were the decisions of the Kendriya Hindi Samiti taken up in the meetings of this Committee for compliance? If so, give details of the action taken on these decisions.	
	(vi) हिंदी सलाहकार समिति की बैठकों में लिए गए अन्य निर्णय और उन पर की गई कार्रवाई का ब्यौरा दें। Please give details of the other decisions taken in the meetings of Hindi Advisory Committee and the action taken thereon.	

17. हिंदी प्रकोष्ठ/हिंदी अनुभाग का गठन

Setting up of Hindi Cell/Hindi Section

	(i) क्या अलग से हिंदी प्रकोष्ठ/हिंदी अनुभाग स्थापित किया गया है? Whether a separate Hindi Cell/Hindi Section has been set up?	
	(ii) यदि हां, तो उसमें कुल कितने कर्मचारी कार्यरत हैं, विवरण दें। If so, how many employees are working in that Section? Please give details.	
	(iii) क्या राजभाषा कार्य के लिए नियुक्त कर्मचारियों/अधिकारियों का अलग से संवर्ग बनाया गया है और उनकी पदोन्नति के लिए पर्याप्त अवसर उपलब्ध हैं? सभी संवर्गों का तुलनात्मक विवरण **अनुलग्नक-13** पर अलग से संलग्न करें। Whether a separate cadre has been formed for officers/ employees appointed for the Official Language work and whether adequate opportunities are available for their promotion? **Please attach a comparaticve statement of all the cadres at Annexure-13.**	

	(iv) हिंदी पदों संबंधी सूचना Information regarding Hindi posts:	कुल पद/ Total Post	अधिकारी/ Officers	अनुवादक/ Translators	आशुलिपिक/ टंकक Steno/Typists	अन्य/ Others
	(1) मंत्रालय/विभाग Ministry/Department					
	(2) मुख्यालय/प्रधान कार्यालय Headquarters/HO					
	(3) अंचल कार्यालय Zonal Office					
	(4) क्षेत्रीय/मंडल कार्यालय Regional/Divisional Office					
(v)	इनमें से कितने पद रिक्त हैं? No. of posts which are lying vacant out of these posts?					
(vi)	इनमें से कितनों पर सामान्य सेवा के अधिकारी कार्यरत हैं? No. of posts which are manned by officers of General Service out of these posts?					

18.	हिंदी/राजभाषा अधिकारियों को आवंटित कार्यों का विवरण दें। Please give details of work allocated to the Hindi/Official Language Officers.	

19.	राजभाषा नीति के कार्यान्वयन तथा अनुवाद कार्य आदि में संलग्न पूर्णकालिक अधिकारियों/कर्मचारियों का ब्यौरा दें। (स्थान कम पड़ने पर अलग से पृष्ठ संलग्न करें) Please give information regarding full time officers/employees engaged in implementation of the Official Language Policy and translation work, etc. (please attach extra sheet if space is not sufficient):

क्र.सं Sl. No.	पदनाम/Designation	वेतनमान/Pay scale	पदों की संख्या/No. of Posts	
			स्वीकृत/Sanctioned	रिक्त (दिनांक सहित)/ Vacant (with date)
(1)				
(2)				
(3)				
(4)				
(5)				

	(ii) उपरोक्त में दर्शाए गए रिक्त पदों को भरने के संबंध में की गई कार्रवाई का विवरण। Details of action taken for filling up the above vacant posts.	
	(iii) क्या राजभाषा विभाग द्वारा जारी दिशा निर्देश के अनुसार निरीक्षणाधीन कार्यालय में पद सृजित हैं? Whether the above posts have been created in accordance with the guidelines issued by Department of Official Language policy?	
	(iv) यदि नहीं, तो इस संबंध में क्या कार्रवाई की जा रही है? If not, what action is being taken in this regard?	
	(v) क्या उन्हें हिंदी के अलावा दूसरे कार्य भी सौंपे गए हैं? Whether any work other than Hindi work has also been assigned to them?	

20.	**मंत्रालय/विभाग स्तर पर जारी किए गए विज्ञापन*** **(Advertisements* issued at Ministry/Department level)** **(पिछले एक वर्ष अर्थात् 31 मार्च/30 जून/30 सितंबर/31 दिसंबर तक की अवधि के लिए)** **(During the last one year i.e. the period ending 31st March/30th June/30th September/31st December)**

कुल संख्या Total No.	हिंदी में In Hindi	अंग्रेजी में In English	क्षेत्रीय भाषा में In Regional Language	द्विभाषी (हिंदी–अंग्रेजी) In Bilingual (Hindi-English)

*23. संदर्भ: राजभाषा विभाग का दिनांक 30 जून, 2017 का कार्यालय ज्ञापन सं. 20012/01/2017-रा.भा.(नीति)

Ref: Department of Official Language O.M. No.20012/01/2017-O.L.(Policy) dt. 30th June, 2017)

(i) अखबारों/पत्रिकाओं, पैम्फलेट आदि (प्रिंट मीडिया) के माध्यम से विज्ञापन और प्रचार पर किए गए खर्च
Expenditure incurred on advertisement and publicity through Newspapers/Magazines, pamphlets etc. (print media)

	हिंदी/द्विभाषी/त्रिभाषी Hindi/Bilingual/ Trilingual	अंग्रेजी में In English	क्षेत्रीय भाषा में In Regional Language	कुल खर्च Total Expenses
'क' क्षेत्र में In region 'A'				
'ख' क्षेत्र में In region 'B'				
'ग' क्षेत्र में In region 'C'				

(ii) इलेक्ट्रॉनिक (टी.वी./फिल्म/इंटरनेट आदि) माध्यम से विज्ञापन और प्रचार पर किए गए खर्च

Expenditure incurred on advertisement and publicity through Electronic Media (TV/Film/Internet etc.)

	हिंदी/द्विभाषी/त्रिभाषी Hindi/Bilingual/Trilingual	अंग्रेजी में In English	क्षेत्रीय भाषा में In Regional Language	कुल खर्च Total Expenses
'क' क्षेत्र में In region 'A'				
'ख' क्षेत्र में In region 'B'				
'ग' क्षेत्र में In region 'C'				

(iii) प्रदर्शनी (बैनर/होर्डिंग) आदि के माध्यम से विज्ञापन और प्रचार पर किए गए खर्च

Expenditure incurred on advertisement and publicity through Exhibitions (Banner/Hoarding) etc.

	हिंदी/द्विभाषी/त्रिभाषी Hindi/Bilingual/ Trilingual	अंग्रेजी में In English	क्षेत्रीय भाषा में In Regional Language	कुल खर्च Total Expenses
'क' क्षेत्र में In region 'A'				
'ख' क्षेत्र में In region 'B'				
'ग' क्षेत्र में In region 'C'				

मैं इस कार्यालय के अध्यक्ष की हैसियत से .... माह/वर्ष से कार्यरत हूं और एतदद्वारा प्रमाणित करता/करती हूँ कि उपलब्ध अभिलेखों के आधार पर सूचना दी गई है तथा मेरी जानकारी के अनुसार पूर्णत: सत्य है। मैं यह अच्छी तरह समझता/समझती हूँ कि राजभाषा अधिनियम, 1963 एवं राजभाषा नियम, 1976 के उपबंधों में दिए गए निर्देशों के समुचित अनुपालन की जिम्मेदारी अधोहस्ताक्षरी की है। यदि किसी स्तर पर प्रश्नावली में भरे गए आंकड़े असत्य अथवा बढ़ा-चढ़ाकर दिखाए गए पाए जाते हैं तो माननीय समिति को गलत सूचना देने के लिए अनुशासनात्मक कार्रवाई हेतु मामले को मेरे नियंत्रक कार्यालय के मंत्री के संज्ञान में लाया जाएगा।

I have been working as Head of this Office for .... months/Years and hereby certify that the information given, is on the basis of available records and is absolutely true as per my knowledge. I am quite aware that the undersigned is responsible for proper compliance of the instructions given in the provisions of the Official Language Act, 1963 and Official Language Rules, 1976. If at any stage the data given in the Inspection Questionnaire are found to be untrue or exaggerated, the matter will be brought to the notice of my controlling office/Ministry and Hon'ble Minister to take disciplinary action for giving false information to the Hon'ble Committee of Parliament on Official Language.

....

मंत्रालय/विभाग के प्रतिनिधि[9] के हस्ताक्षर तथा मोहर
Signature and seal of the representative* of the Ministry/ Department

---

9. वरिष्ठ अधिकारी, जिनका स्तर संयुक्त सचिव से कम न हो तथा जो राजभाषा नीति का कार्यान्वयन संबंधी कार्य देखते हो, निरीक्षण बैठको में उपस्थित रहें तथा वे नियंत्रणाधीन कार्यालय के साथ राजभाषा नीति के कार्यान्वयन संबंधी पत्राचार की फाइलें भी साथ रखें।

* Senior officer, whose status is not less than a Joint Secretary and who is looking after the implementation of Official Language Policy work should be present in the inspection meetings and he should keep all the files containing correspondence about implementation of Official Language policy in respect of that office under his control.

नाम/Name..

पदनाम/Designation..

नोट:- यह प्रश्नावली संसदीय राजभाषा समिति के नगर राजभाषा कार्यान्वयन समिति के निरीक्षण/विचार-विमर्श कार्यक्रम के संदर्भ में नहीं भरी जानी है।
The Questionnaire is not required in respect of Inspection/ Discussion Programmes of Town Official Language Implementation Committee of the Committee of Parliament on Official Language.

भाग–IX/Part–IX

उपक्रमों/निगमों/बैंकों आदि के लिए पूरक प्रश्नावली
Supplementary Questionnaire for Undertakings/ Corporations/Banks etc.

निरीक्षण की तिथि/Date of Inspection :

....

उपक्रम/निगम का नाम व पूरा पता :

....

Name and full address of the Undertaking/Corporation: :

....

विदेशों में भेजे जाने वाले उत्पादों पर विवरण की भाषा कौन सी होती है?
Which language is used for description on the products to be exported?

1.	कृपया उपक्रम का पंजीकृत नाम तथा पंजीकरण की तिथि बताएं। यदि नाम अंग्रेजी में है तो क्या इसके नाम का हिंदीकरण भी किया गया है और पंजीकृत करवाया गया है? यदि नही, तो इस संबंध में क्या कोई कार्रवाई की जा रही है? Please indicate the registered name and date of registration of the Undertaking. If the name is in English, whether Hindi name has also been given and got it registered? If not, whether any action is being taken in this regard?	
2.	आपके उपक्रम/निगम के उद्देश्य क्या हैं? कृपया उपक्रम/निगम के गठन की तिथि भी बताएं। What is the objective of your Undertaking/Corporation? Please also indicate the date of the constitution of the Undertaking/Corporation	
3.	कृपया उपक्रम/निगम की प्रकृति बताएं:- (जैसे उत्पादनपरक, सलाहकार, प्रशासनिक आदि) Please indicate the nature of the Undertaking/Corporation (such as productive, advisory, administrative, etc.)	
4.	क्या उपक्रम/निगम के उत्पादों/सेवाओं के नाम मूलतः हिंदी में रखे जा रहे हैं? यदि नहीं तो क्या कारण है? इस संबंध में क्या कार्रवाई प्रस्तावित हैं? Are the names of the products/services being provided by the Undertaking/Corporation originally kept in Hindi? If not, what are the reasons thereof? What action is proposed to be taken in this regard?	

5.	जिन उत्पादों/सेवाओं के नाम अंग्रेजी में हैं उनकी सूची पंजीकरण की तारीख सहित संलग्न करें। Please enclose a list of the product/services alongwith the date of registration whose names are in English.	
6.	क्या उपक्रम/निगम के उत्पादों की पैकिंग पर उत्पाद का विवरण हिंदी में भी लिखा जाता है? यदि नही, तो इसका क्या कारण हैं? Whether the descriptions on the packing of the products of the Undertaking/ Corporation are also written in Hindi? If not, give reasons thereof.	
7.	क्या उपक्रम/निगम के उत्पाद विदेशों में भी भेजे जाते हैं? यदि हां, तो उन देशों के नाम बताएं। Whether the products of the Undertaking/ Corporation are also exported? If so, please mention the names of those countries.	
8.	विदेशों में भेजे जाने वाले उत्पादनों के बिल/वाउचर आदि किस भाषा में भेजे जाते हैं? In which language bills/vouchers etc. of the products to be exported are sent?	
9.	उपक्रम/निगम में प्रयोग में आने वाले यंत्र/संयंत्र क्या देश में ही निर्मित होते हैं या विदेश में मंगवाए जाते हैं? इन यंत्रों/संयंत्रों पर उनक विवरण किस भाषा में लिखा हुआ है? Whether the machines/equipments being used in the Undertaking/Corporation are manufactured in the country or imported? In which language are the descriptions of the machines/equipments written on them?	

10.	क्या उपक्रम/निगम द्वारा कोई परियोजनाएं चलाई जा रही हैं? यदि हां, तो इन परियोजनाओं के कामकाज में हिंदी का प्रयोग बढ़ाने के लिए उपक्रम/निगम द्वारा क्या कदम उठाए जा रहे हैं? Whether any projects are being run by the Undertaking/Corporation? If so, what steps are being taken by the Undertaking/ Corporation to increase the use of Hindi in the working of the projects?	
11.	उपक्रम/निगम के माध्यम से स्वदेश तथा विदेशों में भारत की राजभाषा हिंदी के प्रगामी प्रयोग के लिए क्या कार्रवाई की जा रही है? What action is being taken for the progressive use of the Official Language Hindi in India and abroad through the Undertaking/Corporation?	

प्रमाणित किया जाता है कि श्री/श्रीमती .... द्वारा दी गई उपर्युक्त जानकारी सही है और मैं उससे पूरी तरह सहमत हूँ। मैं यह भी आश्वासन देता हूँ/देती हूँ कि मेरे प्रतिनिधि के रूप में उपस्थित श्री/श्रीमती .... माननीय समिति के समक्ष जो भी आश्वासन देंगे/देंगी, उसे पूरा करने/करवाने का दायित्व मेरा होगा।

Certified that the above information given by Shri/Smt. .... is correct and I fully agree with it. I also assure that it would be binding on me to fulfill whatever assurances are given before the Hon'ble Committee by Shri/ Smt. .... as my representative.

....

उपक्रम/निगम प्रमुख के हस्ताक्षर

Signature of the Head of the Undertaking/Corporation

नाम/Name....................................

पदनाम/Designation..................................

मोहर/Stamp....................................

अनुबंध - 1
परिभाषाएं

1. **हिंदी में प्रवीणता**–किसी कर्मचारी के बारे में यह समझा जाएगा कि उसे हिंदी में प्रवीणता प्राप्त है यदि उसने–

(क) मैट्रिक परीक्षा या उसके समकक्ष या उससे उच्चतर कोई परीक्षा हिंदी को माध्यम के रूप में अपनाकर उत्तीर्ण की है; अथवा

(ख) स्नातक परीक्षा में अथवा स्नातक परीक्षा के समकक्ष या उससे उच्चतर किसी अन्य परीक्षा में हिंदी को उसने एक वैकल्पिक विषय के रूप में लिया था; अथवा

(ग) वह यह घोषणा करता है कि उसे हिंदी में प्रवीणता प्राप्त है।

2. **हिंदी का कार्यसाधक ज्ञान**–किसी कर्मचारी के बारे में यह समझा जाएगा कि उसने हिंदी का कार्यसाधक ज्ञान प्राप्त कर लिया है, यदि उसने–

(i) मैट्रिक परीक्षा या उसके समकक्ष या उससे उच्चतर परीक्षा हिंदी विषय के साथ उत्तीर्ण की है; अथवा

(ii) केंद्रीय सरकार की हिंदी शिक्षण योजना के अन्तर्गत आयोजित प्राज्ञ परीक्षा या उस सरकार द्वारा किसी विशिष्ट वर्ग के पदों के संबंध में निर्धारित कोई निम्नस्तर परीक्षा उत्तीर्ण की है; अथवा

(iii) केंद्रीय सरकार द्वारा इस निमित्त विनिर्धारित कोई अन्य परीक्षा उत्तीर्ण कर ली है; या

(iv) यदि वह यह घोषणा करता है कि उसने ऐसा ज्ञान प्राप्त कर लिया है।

ENCLOSURE – 1
DEFINITIONS

1. **Proficiency in Hindi**–An employee shall be deemed to possess proficiency in Hindi if:-

(a) He has passed the Matriculation or any equivalent or higher examination with Hindi as the medium of examination; or

(b) He has taken Hindi as an elective subject in the degree examination or any other examination equivalent to or higher than the degree examination; or

(c) He declares himself to possess proficiency in Hindi.

2. Working knowledge of Hindi - An employee shall be deemed to have acquired working knowledge of Hindi if he has passed:-

(i) The Matriculation or an equivalent or higher examination with Hindi as one of the subject; or

(ii) The Pragya examination conducted under the Hindi Teaching Scheme of the Central Government or when so specified by that Government in respect of any particular category of posts, any lower examination under that Scheme; or

(iii) Any other examination specified in that behalf by the Central Government; or

(iv) If he declares himself to have acquired such working knowledge.

अनुबंध - 2

प्रश्नावली में उल्लिखित राजभाषा अधिनियम/नियम तथा राजभाषा नीति संबंधी सरकारी आदेशों से लिए गए संगत उद्धरण

राजभाषा अधिनियम, 1963 की धारा 3(3) से उद्धरण

(3) उपधारा (1) में अन्तर्विष्ट किसी बात के होते हुए भी हिंदी और अंग्रेजी भाषा दोनों ही–

(i) संकल्पों, साधारण आदेशों, नियमों, अधिसूचनाओं, प्रशासनिक या अन्य प्रतिवेदनों या प्रेस विज्ञप्तियों के लिए जो केंद्रीय सरकार द्वारा या उसके किसी मंत्रालय, विभाग या कार्यालय द्वारा या केंद्रीय सरकार के स्वामित्व में/के या नियंत्रण में/के किसी नियम या कम्पनी द्वारा या ऐसे निगम या कंपनी के किसी कार्यालय द्वारा निकाले जाते हैं या किए जाते हैं;

(ii) संसद के किसी सदन या सदनों के समक्ष रखे गए प्रशासनिक तथा अन्य प्रतिवेदनों और राजकीय कागज-पत्रों के लिए;

(iii) केंद्रीय सरकार या उसके किसी मंत्रालय, विभाग या कार्यालय द्वारा या उसकी ओर से या केंद्रीय सरकार के स्वामित्व में/के या नियंत्रण में/के किसी निगम या कम्पनी द्वारा या ऐसे निगम या कम्पनी के किसी कार्यालय द्वारा निष्पादित संविदाओं और करारों के लिए तथा निकाली गई अनुज्ञप्तियों, अनुज्ञापत्रों, सूचनाओं और निविदा-प्रारूपों, के लिए प्रयोग में लाई जाएगी ।

राजभाषा अधिनियम, 1963 की धारा 3 (3) के अनुसार सामान्य आदेश में निम्नलिखित सम्मिलित है-

(1) ऐसे सभी आदेश, निर्णय या अनुदेश जो विभागीय प्रयोग के लिए हों और जो स्थायी प्रकार के हों;

(2) ऐसे सभी आदेश, अनुदेश, पत्र, ज्ञापन, नोटिस आदि जो सरकारी कर्मचारियों के समूह अथवा समूहों के संबंध में हों या उनके लिए हों;

(3) ऐसे सभी परिपत्र जो विभागीय प्रयोग के लिए हों या सरकारी कर्मचारियों के लिए हों।

ENCLOSURE -2

RELEVANT EXTRACTS FROM THE OFFICIAL LANGUAGES ACT /RULES AND GOVERNMENT ORDERS ON OFFICIAL LANGUAGE POLICY AS MENTIONED IN QUESTIONNAIRE

Extract from Section 3(3) of Official Languages Act, 1963

(3) Notwithstanding anything contained in sub-section (1) both Hindi and the English language shall be used for:-

(i) Resolutions, general orders, rules, notifications, administrative or other reports or press communiqués issued or made by the Central Government or by a Ministry, Department or office thereof or by a Corporation or Company owned or controlled by the Central Government or by any office of such Corporation or Company;

(ii) Administrative and other reports and official papers to be laid before a House or the Houses of Parliament;

(iii) Contracts and agreements executed, and licences, permits, notices and forms of tender issued by or on behalf of the Central Government or any Ministry, Department or Office thereof or by a Corporation or Company owned or controlled by the Central Government or by any office of such Corporation or Company.

As per Section 3(3) of the Official Languages Act, 1963 the following are covered in general orders :-

(1) All orders, decisions or instructions intended for departmental use and which are of standing nature;

(2) All such orders, instructions, letters, Memoranda, Notices, etc. related to or intended for group or groups of Government employees;

(3) All circulars whether intended for departmental use or for Government employees.

राजभाषा (संघ के शासकीय प्रयोजनों के लिए प्रयोग) नियम, 1976
Official Language (for Official use of the Union) Rules, 1976

नियम 2

(च) **'क' क्षेत्र से** बिहार, झारखण्ड, हरियाणा, हिमाचल प्रदेश, मध्य प्रदेश, छत्तीसगढ़, राजस्थान और उत्तर प्रदेश राज्य, उत्तराखंड और अंडमान और निकोबार द्वीप समूह तथा दिल्ली के संघ राज्य क्षेत्र अभिप्रेत हैं;

(छ) **'ख' क्षेत्र से** गुजरात, महाराष्ट्र और पंजाब राज्य और चंडीगढ़, दमन एवं दीव तथा दादरा व नगर हवेली संघ राज्य क्षेत्र अभिप्रेत हैं;

(ज) **'ग' क्षेत्र से** खण्ड (च) और (छ) में निर्दिष्ट राज्यों और संघ राज्य क्षेत्रों से भिन्न राज्य तथा संघ राज्य क्षेत्र अभिप्रेत हैं।

Rule 2

(f) "**Region A**" means the States of Bihar, Jharkhand, Haryana, Himachal Pradesh, Chattisgarh, Madhya Pradesh, Rajasthan, Uttar Pradesh, Uttrakhand and Andaman and Nicobar Islands and the Union Territory of Delhi;

(g) "**Region B**" means the States of Gujarat, Maharashtra and Punjab and the Union Territories of Chandigarh, Daman & Diu and Dadra & Nagar Haveli;

(h) "**Region C**" means the States and the Union Territories other than those referred to in clauses (f) and (g).

नियम 8 केंद्रीय सरकार के कार्यालयों में टिप्पणों का लिखा जाना

(1) कोई कर्मचारी किसी फाइल पर टिप्पण या कार्यवृत्त हिंदी या अंग्रेजी में लिख सकता है और उससे यह अपेक्षा नहीं की जाएगी कि वह उसका अनुवाद दूसरी भाषा में प्रस्तुत करे। (4) उपनियम (1) में किसी बात के

होते हुए भी केंद्रीय सरकार, आदेश द्वारा ऐसे अधिसूचित कार्यालयों को विनिर्दिष्ट कर सकती है जहां ऐसे कर्मचारियों द्वारा जिन्हें हिंदी में प्रवीणता प्राप्त हैं, टिप्पण, प्रारूपण और ऐसे अन्य शासकीय प्रयोजनों के लिए, जो आदेश में विनिर्दिष्ट किए जाएं, केवल हिंदी का प्रयोग किया जाएगा।

Rule 8 Noting in Central Government offices

(1) An employee may record a note or minute on a file in Hindi or in English without being himself required to furnish a translation thereof in other language. (4) Not withstanding anything contained in sub-rule (i) the Central Government may order, specify the notified offices where Hindi alone shall be used for noting, drafting and for such other official purpose as may be specified in the order by employees who possess proficiency in Hindi.

नियम 10 (2) यदि केंद्रीय सरकार के किसी कार्यालय में कार्य करने वाले कर्मचारियों/अधिकारियों में से अस्सी प्रतिशत ने हिंदी का कार्यसाधक ज्ञान प्राप्त कर लिया है तो उस कार्यालय के कर्मचारियों के बारे में सामान्यत: यह समझा जाएगा कि उन्होंने हिंदी का कार्यसाधक ज्ञान प्राप्त कर लिया है।

Rule 10(2) The staff of a Central Government Office shall ordinarily be deemed to have acquired a working knowledge of Hindi if eighty percent of the staff working therein have acquired such knowledge.

नियम 10(4) केंद्रीय सरकार के जिन कार्यालयों के अस्सी प्रतिशत कर्मचारियों/ अधिकारियों ने हिंदी का कार्यसाधक ज्ञान प्राप्त कर लिया है, उन कार्यालयों के नाम राजपत्र में अधिसूचित किए जाएंगे।

परन्तु, यदि केंद्रीय सरकार की राय है कि किसी अधिसूचित कार्यालय में काम करने वाले और हिंदी का कार्यसाधक ज्ञान रखने वाले कर्मचारियों का प्रतिशत किसी तारीख से उप-नियम (2) में विनिर्दिष्ट प्रतिशत से कम हो गया है, तो वह राजपत्र में अधिसूचना द्वारा घोषित कर सकती है कि उक्त कार्यालय उस तारीख से अधिसूचित कार्यालय नही रह जाएगा।

Rule 10(4) The names of the Central Government Offices, the staff whereof have acquired a working knowledge of Hindi, shall be notified in the Official Gazette.

Provided that Central Government may if it is of opinion that the percentage of the staff working in a notified office and having a working knowledge of Hindi has gone below the percentage specified in sub-rule (2) from any date, it may, by notification in the Official Gazette declare that the said office shall cease to be a notified office from that date.

नियम 11 मैनुअल, संहिताएं, प्रक्रिया संबंधी अन्य साहित्य, लेखन सामग्री आदि -

(1) केंद्रीय सरकार के कार्यालयों से संबंधित सभी मैनुअल, संहिताएं और प्रक्रिया संबंधी अन्य साहित्य हिंदी और अंग्रेजी में द्विभाषिक रूप में यथास्थिति, मुद्रित या साइक्लोस्टाइल किया जाएगा और प्रकाशित किया जाएगा।

(2) केंद्रीय सरकार के किसी कार्यालय में प्रयोग किए जाने वाले रजिस्टरों के प्रारूप और शीर्षक हिंदी और अंग्रेजी में होंगे।

(3) केंद्रीय सरकार के किसी कार्यालय में प्रयोग के लिए सभी नामपट्ट, सूचना पट्ट, पत्रशीर्ष और लिफाफों पर उत्कीर्ण लेख तथा लेखन सामग्री की अन्य मदें हिंदी और अंग्रेजी में लिखी जाएंगी, मुद्रित या उत्कीर्ण होंगी

परन्तु यदि केंद्रीय सरकार ऐसा आवश्यक समझती है तो वह साधारण या विशेष आदेश द्वारा केन्द्र सरकार के किसी कार्यालय को इस नियम के सभी या किन्हीं उपबन्धों से छूट दे सकती है।

Rule 11 Manuals, codes, other procedural literature, articles of stationery etc. –

(1) All manuals, codes and other procedural literature relating to Central Government offices shall be printed or cyclostyled, as the case may be, and published both in Hindi and English in diglot form.

(2) The forms and headings of registers used in any Central Government office shall be in Hindi and in English.

(3) All name-plates, sign boards, letter heads and inscriptions on envelopes and other items of stationery written, printed or inscribed for use in any Central Government office shall be in Hindi and in English.

Provided, the Central Government may, if it is considered necessary to do so by general or special order exempt any Central Government office from all or any of the provisions of this Rule.

नियम 12 अनुपालन का उत्तरदायित्व –

(1) केंद्रीय सरकार के प्रत्येक कार्यालय के प्रशासनिक प्रधान का यह उत्तरदायित्व होगा कि वह:-

(i) यह सुनिश्चित करें कि अधिनियम और इन नियमों के उपबन्धों और उपनियम (2) के अधीन जारी किए गए निर्देशों का समुचित रूप से अनुपालन हो रहा है और;

(ii) इस प्रयोजन के लिए उपयुक्त और प्रभावकारी जांच के लिए उपाय करें।

(2) केंद्रीय सरकार अधिनियम और इन नियमों के उपबन्धों के सम्यक अनुपालन के लिए अपने कर्मचारियों और कार्यालयों को समय-समय पर आवश्यक निर्देश जारी कर सकती है।

<u>Rule 12</u> Responsibility for compliance

(1) It shall be the responsibility of the administrative head of each Central Government office:-

(i) To ensure that the provisions of the Act and these rules are properly complied with; and

(ii) To devise suitable and effective check points for this purpose.

(2) The Central Government may from time to time issue such directions to its employees and offices as may be necessary for the due compliance of the provisions of the Act and these rules.

राजभाषा नीति संबंधी आदेश

Orders Regarding Official Languages Policy

1. राजभाषा विभाग, गृह मंत्रालय के दिनांक 21 जुलाई, 1992 के का.ज्ञा. सं. 12024/2/92-रा.भा.(ख-2) से उद्धरण-रजिस्टरों और सेवा पुस्तिकाओं के शीर्षक और प्रविष्टियां ।

(1) संसदीय राजभाषा समिति ने अपनी रिपोर्ट के चतुर्थ खण्ड में यह सिफारिश की है कि–(1) सभी कार्यालयों में उपलब्ध रजिस्टरों और सभी वर्गों के अधिकारियों और कर्मचारियों की सेवा पुस्तिकाओं के शीर्षक द्विभाषी होने चाहिए और उनमें प्रविष्टियां हिंदी में होनी चाहिए । (2) 'क' और 'ख' क्षेत्रों में भेजे जाने वाले लिफाफों पर पते अनिवार्य रूप से हिंदी में ही लिखे जाएं।

(2) समिति की उक्त सिफारिशों के परिप्रेक्ष्य में सभी मंत्रालयों/विभागों आदि से अनुरोध है कि वे यह सुनिश्चित करें कि (i)'क' व

'ख' क्षेत्र में स्थित केंद्रीय सरकार के कार्यालयों में रखे जाने वाले रजिस्टरों/ सेवा पुस्तिकाओं में प्रविष्टियां हिंदी में ही की जाएं । 'ग' क्षेत्र में स्थित कार्यालयों में ऐसी प्रविष्टियां यथासंभव हिंदी में की जाएं। (ii) 'क' तथा 'ख' क्षेत्रों में भेजे जाने वाले लिफाफों पर पते अनिवार्य रूप से हिंदी में ही लिखे जाएं ।

[संदर्भ : प्रश्नावली के भाग -II की मद सं.- 5]

Extracts from O.M. No. 12024/2/92-O.L.(B-2) dt. 21 July' 1992 of Ministry of Home Affairs, Department of Official Language regarding Headings and Entries in the Registers and Service Books.

(1) The Committee of Parliament on Official Language in the fourth part of its report has recommended that (1) the headings of the registers available in all the Govt. Offices and of the service books of all categories of Officers and employees should be bilingual and the entries therein should be made in Hindi; (2) the addresses on the envelopes to be sent to regions 'A' & 'B' should, invariably, be written in Hindi.

(2) In the perspective of the recommendations of the Committee of Parliament on Official Language, all the Ministries/Departments are requested to ensure that (i) the entries in the registers/service books to be maintained in the Central Government Offices located in Regions 'A' & 'B' be made in Hindi and such entries in the offices located in region 'C' as far as possible be made in Hindi. (ii) addresses on the envelopes to be sent to regions 'A' & 'B', invariably, be written in Hindi.

[Reference: Item No. 5 of Part II of the Questionnaire]

2. राजभाषा विभाग, गृह मंत्रालय के दिनांक 26 फरवरी, 1988 के का. ज्ञा. सं0 1/14034/15/87-रा.भा. (क.1) से उद्धरण-अंग्रेजी में प्राप्त पत्रों का उत्तर हिंदी में देना ।

(1) राजभाषा नियम, 1976 के नियम 3 के उपबंधों के अधीन केंद्रीय सरकार के 'क' और 'ख' क्षेत्रों में स्थित सभी मंत्रालयों/विभागों/ कार्यालयों/उपक्रमों/कम्पनियों आदि द्वारा 'क' क्षेत्र में स्थित राज्यों या संघ क्षेत्रों या उनके अधीन कार्यालयों के साथ पत्र-व्यवहार हिंदी में किया जाना आवश्यक है ।

(2) राजभाषा नियम, 1976 में की गई उपर्युक्त व्यवस्था का अनुपालन सही ढंग से तभी हो सकता है जबकि 'क' क्षेत्र की राज्य सरकारों और संघ राज्य क्षेत्र के प्रशासनों से मूल पत्राचार हिंदी में किया जाए और उनसे कोई पत्र अंग्रेजी में भी आए तो उसका उत्तर हिंदी में दिया जाए ।

[संदर्भ : प्रश्नावली के भाग-III की मद सं. 1 (VII)]

Extracts from O.M. No. 1/14034/15/87-O.L. (A-I) dt. 26 Feb' 1988 of Ministry of Home Affairs, Department of Official Language regarding reply in Hindi of the letters received in English.

(1) Under the provisions of Rule 3 of the Official Language Rules, 1976, it is required that all Ministries/ Departments/Offices/Undertakings/Companies, etc. of the Central Government located in Region 'A' and 'B' should correspond with the States or Union Territories or the offices under their control located in Region 'A' in Hindi.

(2) The aforesaid provisions made under the Official Language Rules, 1976 can be complied with properly only if original correspondence with the State Governments and the administrations of the Union Territories in Region 'A' is done in Hindi and even if a letter is received in English from them it may also be replied to in Hindi.

[Reference : Item No. 1 (VII) of Part III of Questionnaire]

3. राजभाषा विभाग, गृह मंत्रालय के दिनांक 21 जुलाई, 1992 का कार्यालय ज्ञापन सं. 12024/2/92-रा0भा0(ख-2)-4 से उद्धरण–वार्षिक कार्यक्रम में निर्धारित हिंदी पत्राचार का लक्ष्य प्राप्त करने हेतु ठोस उपाय।

(1) संसदीय राजभाषा समिति ने अपनी रिपोर्ट के चतुर्थ खण्ड में सिफारिश की है कि हिंदी में प्राप्त पत्र के उत्तर अनिवार्य रूप से हिंदी में दिए जाएं तथा मूल पत्राचार में राजभाषा नियमों में वर्णित अनिवार्यताओं का पूर्णरूप से अनुपालन किया जाए और 'ग' क्षेत्र में स्थित केन्द्रीय सरकार के कार्यालयों के साथ भी हिंदी में पत्राचार को बढ़ाया जाए।

(2) राजभाषा विभाग द्वारा समय-समय पर सभी मंत्रालयों/विभागों आदि से यह अनुरोध किया जाता रहा है कि वे इस विभाग द्वारा जारी वार्षिक कार्यक्रम में निर्धारित लक्ष्यों की प्राप्ति के लिए यथासम्भव प्रयत्न करें। समिति की उक्त सिफारिशों के परिप्रेक्ष्य में सभी मंत्रालयों/ विभागों आदि से अनुरोध है कि वे अपने यहां तथा अपने सभी सम्बद्ध/ अधीनस्थ कार्यालयों/उपक्रमों/निगमों आदि में हिंदी पत्राचार को बढ़ाने के लिए ठोस कदम उठाएं ताकि वार्षिक कार्यक्रम में दिए गए लक्ष्यों की प्राप्ति की जा सके।

(3) संसदीय राजभाषा समिति की उपर्युक्त सिफारिशों के परिप्रेक्ष्य में कार्रवाई सुनिश्चित करने के लिए यह बेहतर होगा कि मंत्रालय/ विभाग अपनी राजभाषा कार्यान्वयन समितियों की बैठकों की कार्यसूची में इसे एक मद के तौर पर शामिल कर लें और प्रत्येक बैठक में उसकी समीक्षा करें। वार्षिक कार्यक्रम में दिए गए लक्ष्यों की प्राप्ति की समीक्षा भी राजभाषा कार्यान्वयन समिति की बैठक में की जानी चाहिए। जो मंत्रालय/विभाग/कार्यालय आदि निर्धारित लक्ष्य से बहुत पीछे हों, वे एक समयबद्ध कार्यक्रम तैयार करके एक समय-सीमा के अन्दर समिति की सिफारिशों का अनुपालन सुनिश्चित करें।

(4) मंत्रालयों/विभागों से यह भी अनुरोध है कि उपर्युक्त जानकारी अनुपालनार्थ अपने सभी सम्बद्ध/अधीनस्थ कार्यालयों/उपक्रमों/ निगमों आदि के ध्यान में ला दें।

[संदर्भ : प्रश्नावली के भाग-III की मद सं.-2(III) (iii)]

Extracts from O.M. No. 12024/2/92-O.L. (B-2)-4 dated 21st July, 1992 of Ministry of Home Affairs, Department of Official Language regarding Concrete Steps to achieve the targets in respect of correspondence as stipulated in the Annual Programme.

(1) The Committee of Parliament on Official language in the fourth part of its report has recommended that the letters received in Hindi should, invariably, be replied to in Hindi and the bindings laid down in the Official Languauges Rules relating to original correspondence should be fully complied with; and the quantum of

correspondence in Hindi with the Central Govt. Offices located in Region 'C' should also be increased.

(2) The Department of Official Language has been requesting all the Ministries/Departments from time to time that they should make all possible efforts in order to achieve the targets as stipulated in the Annual Programme issued by this Department. In the perspective of the above recommendations of the Committee, all the Ministries/ Departments etc. are requested that they should take concrete steps in order to increase Hindi correspondence in their respective Ministries/ Departments as well as in all their attached/subordinate Offices/Undertakings/ Corporation etc.. so that the targets stipulated in the Annual Programme are achieved.

(3) To ensure compliance in the perspective of the above recommendations of the Committee, it would be appreciable that the Ministries/Departments should include it as one of the items of the agenda for the meetings of the Official Language Implementation Committee and review it in each meeting. Acheivements of the targets of the Annual Programme should also be reviewed in the meeting of the Official Language Implementation Committee. Those Ministries/Departmes/ Offices etc., who lag far behind the set targets, are advised to evolve a time-bound programme and ensure compliance of the recommendations of the Committee within a stipulated time-limit.

(4) It is also requested that all the Ministries/Departments may bring the above mentioned information to the notice of all their attached/subordinate offices/undertakings/ corporations etc. for compliance thereof.

[Reference : Item No. 2(III)(iii) of Part III of Questionnaire]

4. राजभाषा विभाग, गृह मंत्रालय के दिनांक 6 अप्रैल, 1992 के का.ज्ञा. सं. 12024/2/92-रा.भा. (ख-2) से उद्धरण-जांच बिंदु स्थापित करना।

(1) संसदीय राजभाषा समिति ने अपने चतुर्थ खण्ड में यह सिफारिश की है कि केंद्रीय सरकार के सभी मंत्रालयों/विभागों एवं उनके सम्बद्ध/अधीनस्थ

कार्यालयों/उपक्रमों/ निगमों आदि में राजभाषा नियम, 1976 के नियम 12 के अनुसार प्रत्येक कार्यालय के प्रशासनिक प्रधान राजभाषा अधिनियम, 1963 और उसके अधीन बनाए गए नियमों के अनुबंधों के समुचित अनुपालन के लिए जांच बिंदु बनाने के संबंध में अपनी जिम्मेदारी का निष्ठापूर्वक पालन करें और जांच बिंदुओं को प्रभावशाली ढंग से स्थापित करें ।

(2) मंत्रालयों/विभागों से संसदीय राजभाषा समिति की उक्त सिफारिश के परिप्रेक्ष्य में अनुरोध है कि वे राजभाषा नियमों की अनुपालना सुनिश्चित करने एवं हिंदी के प्रगामी प्रयोग को बढ़ाने हेतु निम्नलिखित जांच बिंदु स्थापित करें:-

(क) लिफाफों पर हिंदी में पते लिखना

प्रेषण अनुभाग को जांच बिंदु बनाया जाए और यह सुनिश्चित किया जाए कि 'क' तथा 'ख' क्षेत्रों को जाने वाले पत्रों के लिफाफों पर पते देवनागरी लिपि में ही लिखे जाएं ।

(ख) सेवा पंजी में प्रविष्टियां

जिस अनुभाग में कर्मचारियों की सेवा पुस्तिकाओं में प्रविष्टियां करने का काम होता है उसके प्रभारी अधिकारी की यह जिम्मेदारी होनी चाहिए कि 'क' तथा 'ख' क्षेत्रों में काम करने वाले अधिकारियों/ कर्मचारियों की सेवा पुस्तिकाओं में की गई प्रविष्टियां हिंदी में की जाएं। इस प्रकार की प्रविष्टियां 'ग' क्षेत्र में यथासंभव हिंदी में की जाएं इस बात की पड़ताल सेवा पुस्तिका में प्रविष्टियां करते समय उस पर हस्ताक्षर करते समय कर ली जाए ।

[संदर्भ : प्रश्नावली के भाग -III की मद सं.-3(iii) और 15(i)]

Extracts from O.M.No. 12024/2/92-O.L.(B-2) dated 06-04-1992 of Ministry of Home Affairs, Department of Official Language regarding establishment of check points.

(1) Committee of Parliament on Official Language in Fourth Part of its report has recommended that according to Rule 12 of Official Language Rules, 1976, the Administrative heads of all Ministries/Departments and their attached/ subordinate offices/undertakings/ corporations etc. may discharge their responsibility effectively regarding devising of the check-points for ensuring appropriate

compliance of the Official Languages Act, 1963 and the provisions made thereunder and thus, may establish various check-points in an effective manner.

(2) In the perspective of the above mentioned recommendation of the Committee of Parliament on Official Language, all the Ministries/Departments are requested that they may establish the following check-points for the progressive use of Hindi and to ensure compliance of Official Language Rules:-

(A) Writing of addresses on envelopes in Hindi

The Despatch section should be made a check-point and it should ensure that the addresses on the envelopes, meant for dispatch to regions 'A' and 'B' are written in Hindi.

(B) Entries to be recorded in the Service-Books

It should be the responsibility of the Officer-in-Charge of the section where the service books are maintained that the entries in the service books of the officers/staff working in the regions 'A' and 'B' should be recorded in Hindi. In region "C" such entries should be made in Hindi as far as possible. This fact should be examined at the time of making entry in the Service Books/signing the Service-Books.

[Reference: Item Nos. 3(iii) and 15(i) of Part III of the Questionnaire]

5. राजभाषा विभाग, गृह मंत्रालय के दिनांक 04 जून, 2015 के संकल्प सं. 21034/8/2015-रा.भा. (प्रशि.) से उद्धरण-हिंदी प्रशिक्षण ।

राजभाषा विभाग, गृह मंत्रालय के दिनांक 22 अप्रैल, 2008 के संकल्प संख्या 21034/18/2008-रा.भा. का आंशिक संशोधन करते हुए राष्ट्रपति ने अब यह आदेश दिया है कि सभी क्षेत्रों अर्थात 'क', 'ख' एवं 'ग' क्षेत्रों में स्थित कार्यालयों के कर्मचारियों को हिंदी का प्रशिक्षण वर्ष 2025 के अंत तक पूरा कर लिया जाए ।

[संदर्भ : प्रश्नावली के भाग-III की मद सं. -5(I)]

Extracts from Resolution No. 21034/8/2008-O.L. (Trg.) dated 04th June, 2015 of Ministry of Home Affairs, Department of Official Language regarding training in Hindi.

In partial modification of Ministry of Home Affairs, Department of Official Language's Resolution No. 21034/18/2008-OL dated 22nd April, 2008, the President has now ordered that the employees of the offices located in all the regions viz. ' A ', 'B ' and 'C ' would be imparted training in Hindi by the end of the year 2025.

[Ref: Item No. 5(I) of Part III of Questionnaire]

6. राजभाषा विभाग, गृह मंत्रालय के दिनांक 16.12.2004 के का. ज्ञा. सं. 12015/101/2004-रा.भा.(तक) से उद्धरण-सरकारी अधिकारियों/कर्मचारियों को इंटरनेट के माध्यम से हिंदी प्रशिक्षण दिलाने के बारे में।

(1) संसदीय राजभाषा समिति के प्रतिवेदन के खण्ड-6 की संस्तुति संख्या 11.10.28 : सरकारी अधिकारियों/कर्मचारियों के लिए हिंदी प्रशिक्षण की सुविधाएं बढ़ाये जाने की आवश्यकता है । प्रशिक्षण के लिए विशेष वीडियो/आडियो कैसेट भी तैयार करवाई जा सकती है ।

(2) **आदेश :** समिति की यह सिफारिश स्वीकार्य है । इंटरनेट के माध्यम से प्रशिक्षण की व्यवस्था निःशुल्क उपलब्ध कराई जाये । राजभाषा विभाग समुचित कार्रवाई करे ।

(3) राजभाषा विभाग के पोर्टल पर प्राज्ञ स्तर तक निःशुल्क स्वयं शिक्षण पाठ्यक्रम "लीला हिंदी प्रबोध", "लीला हिंदी प्रवीण" एवं "लीला हिंदी प्राज्ञ" अंग्रेजी, कन्नड़, मलयालम, तमिल एवं तेलुगू माध्यम से उपलब्ध हैं। राजभाषा विभाग के पोर्टल का पता www. rajbhasha.nic.in है।

(4) निर्णय के परिप्रेक्ष्य में सभी मंत्रालयों/विभागों आदि से यह अनुरोध है कि वे अपने कार्यालय के सभी अधिकारियों/कर्मचारियों को हिंदी प्रशिक्षण दिलायें।

[संदर्भ : प्रश्नावली के भाग-III की मद सं. 5 (I) (iv)]

Extracts from O.M No. 12015/101/2004-O.L.(Tech.) dated 16.12.2004 of Ministry of Home Affairs, Department of Official Language regarding providing Hindi Training to the Govt. officers and employees through Internet.

(1) Recommendation No. 11.10.28 of the part VI of Report of the Committee of Parliament on Official Language: There is a need to increase Hindi training facilities for Govt. officers/employees. Special video/ audio cassettes may also be developed for training.

(2) Order: "This recommendation of the Committee has been accepted. Free of cost training through Internet may be arranged. Department of Official Language may take an appropriate action in this regard."

(3) Material for self study of Pragya level on "Lila Hindi Prabodh", "Lila Hindi Parveen" "Lila Hindi Pragya" through English, Kannada, Malayalam, Tamil and Telegu medium, is available free of cost on the portal of Department of Official Language. The address of Department of Official Language portal is www.rajbhasha.nic.in.

(4) In view of this decision all Ministries/Departments, etc. are requested to impart Hindi Training to all the officers/employees.

[Ref: Item No. 5(I)(iv) of part-III of Questionnaire]

7. राजभाषा विभाग, गृह मंत्रालय के दिनांक 17 जुलाई, 1990 के का. ज्ञा. सं. 13015/1/90-रा.भा. (घ) से उद्धरण-हिंदी टाइपिंग/ हिंदी आशुलिपि में प्रशिक्षित सभी कर्मचारियों द्वारा हिंदी में कार्य किया जाना।

(1) संसदीय राजभाषा समिति ने अपने प्रतिवेदन के दूसरे खण्ड में सिफारिश की है कि यह सुनिश्चिचत किया जाना चाहिए कि हिंदी टाइपिंग/आशुलिपि में प्रशिक्षित सभी कर्मचारियों की सेवाओं का हिंदी में काम करने के लिए पूरा लाभ उठाया जाए।

(2) समिति की उक्त सिफारिश के परिप्रेक्ष्य में सभी मंत्रालयों/ विभागों से यह अनुरोध है कि वे देवनागरी टंकण व आशुलिपि में प्रशिक्षित कर्मचारियों/अधिकारियों को हिंदी में काम करने के लिए प्रेरित करें तथा उन्हें हिंदी टाइपराइटर, उपयुक्त संदर्भ साहित्य आदि उपलब्ध कराना सुनिश्चित करें।

[संदर्भ : प्रश्नावली के भाग-III की मद सं. 9 (i)]

Extracts from O.M. No. 13015/1/90-O.L. (D) dated 17th July, 1990 of Ministry of Home Affairs, Department of Official Language regarding work to be done in Hindi by all employees trained in Hindi typing/Hindi stenography.

(1) The Committee of Parliament on Official Language has recommended in its Second Part of the Report that it should be ensured that the services of all the employees trained in Hindi typing/Hindi stenography are fully utilised.

(2) In the perspective of the above recommendation of the Committee, all Ministries/Departments are requested to encourage the employees/Officers trained in Devanagri typing and stenography to do the work in Hindi and ensure the availability of Devanagri typewriters, relevant reference literature, etc. to these persons.

[Ref: Item No. 9 (i) of Part III of Questionnaire]

8. राजभाषा विभाग, गृह मंत्रालय के दिनांक 22 जुलाई, 2004 के का. ज्ञा. सं. 13035/3/95-रा.भा. (नीति एवं समन्वय) से उद्धरण- केंद्रीय सरकार की राजभाषा नीति के अनुपालन/कार्यान्वयन के लिए न्यूनतम हिंदी पदों के मानक पुनः निर्धारित करना।

केंद्रीय सरकार की राजभाषा नीति का अनुपालन सुनिश्चित करने के लिए पहली बार हिंदी पदों के मानक राजभाषा विभाग के दिनांक 27 अप्रैल, 1981 के कार्यालय ज्ञापन संख्या 13035/3/80-रा.भा. (ग) द्वारा परिचालित किए गए थे। ये मानक संशोधित करके दिनांक 5.4.1989 के कार्यालय ज्ञापन सं. 13035/3/88-रा.भा. (ग) द्वारा परिचालित किए गए थे। न्यूनतम हिंदी पदों के मानकों को और अधिक युक्तिसंगत बनाने पर विचार किया गया, ताकि अनुवाद के साथ-साथ राजभाषा नीति के कार्यान्वयन के लिए आवश्यक पद सृजित किए जा सकें।

[संदर्भ : प्रश्नावली के भाग-III की मद सं. 11 (iv)]

Extracts from O.M. No. 13035/3/95-O.L. (PC) dated 22.7.2004 of Ministry of Home Affairs, Department of Official Language regarding Refixation of norms

for the creation of minimum number of Hindi posts for compliance/implementation of the Official Language Policy of the Central Government.

The norms for creation of minimum number of Hindi posts to ensure the implementation of the Official Language Policy of the Central Government were first circulated under this Department Office Memorandum No. 13035/3/80-OL(C) dated 27th April, 1981. These norms were revised and circulated vide O.M. No. 13035/3/88-OL(C) dated 5.4.89. The norms relating to the minimum number of Hindi posts have been reconsidered to further rationalise them, so that the necessary posts for translation as well as implementation of the Official Language Policy could be created

[Ref: Item No. 11(iv) of Part III of Questionnaire]

9. सचिव, राजभाषा विभाग, गृह मंत्रालय के दिनांक 15 नवंबर, 2017 के अ. शा. पत्र सं. 15/42/2013-रा.भा. (सेवा) से उद्धरण-मंत्रालय/विभाग के अधीन सभी अधीनस्थ कार्यालयों में राजभाषा अधिकारियों के पदनाम तथा वेतनमान को केंद्रीय सचिवालय राजभाषा सेवा संवर्ग के पदनाम तथा वेतनमान के समान करने के संबंध में।

मैं आपका ध्यान राजभाषा विभाग के दिनांक 02.05.2013, 19.10.2016 एवं 28.03.2017 समसंख्यक अ.शा. पत्र (प्रति संलग्न) की ओर आकर्षित करना चाहूंगा, जिसमें व्यय विभाग, वित्त मंत्रालय के दिनांक 24.11.2008 के कार्यालय ज्ञापन सं० 1/1/2008-आईसी का उल्लेख करते हुए अनुरोध किया गया है कि भारत सरकार के अधीनस्थ कार्यालयों में राजभाषा के पदों का पदनाम एवं वेतनमान वही होगा जोकि केंद्रीय सचिवालय राजभाषा सेवा संवर्ग का है। राजभाषा विभाग के संज्ञान में यह लाया गया है कि व्यय विभाग का आदेश अभी तक सभी अधीनस्थ कार्यालयों में लागू नहीं हुआ है, जिससे कि वहां कार्यरत राजभाषा अधिकारियों में असंतोष व्याप्त है।

मैं आपका अति आभारी हूंगा यदि आप अपने मंत्रालय/ विभाग के अधीन सभी अधीनस्थ कार्यालयों में राजभाषा अधिकारियों के पदनाम तथा वेतनमान को केंद्रीय सचिवालय राजभाषा सेवा संवर्ग के पदनाम तथा वेतनमान के

समान करने के व्यय विभाग के आदेश का अनुपालन सुनिश्चित कराने का कष्ट करेंगे तथा इस संबंध में की गई कार्रवाई से राजभाषा विभाग को शीघ्र अवगत कराने का कष्ट करेंगे।

[संदर्भ : प्रश्नावली के भाग-III की मद सं. 11(vi)]

Extracts from D. O. letter No. 15/42/2013-O.L. (Service) dated 15th November, 2017 of the Secretary, Department of Official Language, Ministry of Home Affairs. Regarding uniformity of the designation and pay scale of Official Language Officers in all subordinate offices under the Ministry/Department with the designation and pay scale of the Central Secretariat Official Language Service Cadre.

I invite your kind attention to the even numbered D. O. letters dated 02.05.2013, 19.10.2016 and 28.03.2017 of Department of Official Language (copy enclosed), in which, referring to the Office Memorandum No. 1/1/2008-IC dated 24.11.2008 of the Department of Expenditure, Ministry of Finance, it has been requested that the official language should be used in the subordinate offices of the Government of India. The designation and pay scale of the posts will be the same as that of the Central Secretariat Official Language Service Cadre. It has been brought to the notice of the Department of Official Language that the order of the Department of Expenditure has not yet been implemented in all the subordinate offices, in which there is discontent among the Official Language officers working there.

I will be very grateful to you if you will try to ensure compliance of the order of the Department of Expenditure to make the designation and pay scale of the Official Language Officers in all the subordinate offices under your Ministry/Department equal to the designation and pay scale of the Central Secretariat Official Language Service Cadre and this Will try to inform the Department of Official Language soon about the action taken in this regard.

[Ref: Item No. 11(vi) of Part III of Questionnaire]

10. राजभाषा विभाग, गृह मंत्रालय के दिनांक 17 जुलाई, 1992 के का. ज्ञा. सं. 20034/53/92-रा.भा.(अ. एवं वि.) से उद्धरण-केंद्रीय सरकार के कार्यालय में सहायक/ संदर्भ साहित्य, शब्दावलियों और शब्दकोशों आदि की व्यवस्था तथा हिंदी पुस्तकों की खरीद।

(1) संसदीय राजभाषा समिति ने अपने प्रतिवेदन के चतुर्थ खण्ड में सिफारिश की है कि हिंदी में काम करने का वातावरण बनाने और राजभाषा हिंदी में मूल काम करने को सुगम बनाने के लिए सहायक हिंदी पुस्तकों जैसे- अंग्रेजी-हिंदी और हिंदी-अंग्रेजी शब्दकोश, सहायक और संदर्भ साहित्य, तकनीकी शब्दावलियां, तकनीकी साहित्य, ललित साहित्य आदि का पूरा प्रचार किया जाए और इनका नि:शुल्क वितरण भी किया जाए। साथ ही पुस्तकों की खरीद के लिए नियत कुल धनराशि का 50% हिंदी में प्रकाशित पुस्तकें खरीदने के लिए खर्च किया जाए। राजभाषा विभाग द्वारा इस प्रकार की हिंदी की उपयोगी पुस्तकों का पता लगाने की प्रक्रिया निरन्तर चलाई जानी चाहिए और उनकी सूची उपलब्ध कराई जानी चाहिए ताकि मंत्रालय/ विभाग/ कार्यालय आदि उनके अनुसार अपने पुस्तकालयों के लिए हिंदी पुस्तकें खरीद सकें।

(2) संसदीय राजभाषा समिति की सिफारिशों के अनुसरण में कृपया उपर्युक्त आदेशों का पूर्णत: अनुपालन सुनिश्चित कराया जाए और की गई कार्रवाई की सूचना राजभाषा विभाग को भी भिजवाई जाए।

[संदर्भ : प्रश्नावली के भाग-III की मद सं. 12]

Extracts from O.M.No. 20034/53/92-O.L.(R & A) dated 17th July, 1992 of Ministry of Home Affairs, Department of Official Language regarding arrangements for help/reference literature, glossaries and dictionaries, etc. and purchase of Hindi Books in the Central Government Offices.

(1) The Committee of Parliament on Official Language has recommended in its Report (Part IV) that in order to create a conducive atmosphere for working in Hindi and to facilitate original work in Hindi, books such as English-Hindi, Hindi-English dictionaries, help and reference-Literature, technical glossaries,

Technical Literature and fine-arts literature should be widely publicized and distributed free of cost. Besides, fifty per-cent of the total grant, earmarked for purchase of books should be utilized for purchase of books published in Hindi. The process of identifying useful books in Hindi should be continuously carried out by the Department of Official Language and a list thereof should be made available to all the Ministries/Departments/Offices so that they are able to purchase Hindi books for their libraries conforming to the list.

(2) In pursuance of the recommendations of the Committee of Parliament on Official Language compliance of the above orders should please be ensured in toto and the action taken be intimated to the Department of Official Language.

[Ref: Item Nos. 12 of Part III of Questionnaire]

11. राजभाषा विभाग, गृह मंत्रालय के दिनांक 14 नवम्बर, 2003 के का. ज्ञा. सं. 11011/15/2002-रा.भा. (अनुसंधान) से उद्धरण-केंद्र सरकार के कार्यालयों के पुस्तकालयों में हिंदी पुस्तकों की खरीद।

राजभाषा विभाग द्वारा हिंदी पुस्तकों की खरीद के विषय में जारी किए गए दिशा-निर्देशों के अनुसार पुस्तकालयों के लिए पुस्तकों की खरीद हेतु निर्धारित कुल अनुदान राशि का कम से कम 50% हिंदी पुस्तकों की खरीद पर व्यय किया जाना अपेक्षित है। वार्षिक कार्यक्रमों में भी यह लक्ष्य स्पष्ट किया गया है। किंतु, इन आदेशों के बावजूद मंत्रालयों/विभागों और केंद्र सरकार के कार्यालयों से इन आदेशों में छूट के प्रस्ताव यदा-कदा प्राप्त होते रहते हैं। जैसा कि पूर्व में स्पष्ट किया जा चुका है इन आदेशों में किसी प्रकार की छूट की गुंजाइश नहीं है।

[संदर्भ : प्रश्नावली के भाग-III की मद सं. 13(vi)]

Extracts from O.M. No. 11011/15/2002-O.L. (Research) dated 14th November, 2003 of Department of Official Language regarding Purchase of Hindi Books in the libraries of Central Govt. Office

As per the Guidelines issued by the Department of Official Language, regarding purchase of Hindi books, a minimum 50% of the total library grant allocated for purchasing of books, is required to be spent on purchase of Hindi books. This target has also been reflected in the Annual Programmes. However, inspite of these orders, proposal are being received from Ministries/Departments and Central Govt. Offices to seek relaxation from these orders. It is again reiterated, that as clarified earlier, there is no scope of giving relaxation from these orders.

[Ref: Item Nos. 13(vi) of Part III of Questionnaire]

12. राजभाषा विभाग, गृह मंत्रालय के दिनांक 26 नवम्बर, 1990 के का. ज्ञा. सं. 13017/3/90-रा.भा. (ग) से उद्धरण-विधि के क्षेत्र में मूल प्रारूप हिंदी में काम करना तथा फार्मों को द्विभाषी बनाया जाना।

(क) समिति ने सिफारिश की है कि राजभाषा अधिनियम की धारा 3 (3) (ii) के अन्तर्गत आने वाले संविदाओं और करारों तथा लाइसेंसों, परमिटों, नोटिसों और टेंडरों के सभी फार्मों को हिंदी में अनूदित कराने तथा द्विभाषी रूप में छपवाने की यथाशीघ्र व्यवस्था की जानी चाहिए ताकि ये हिंदी और अंग्रेजी दोनों में जारी किये जा सकें और भरे जा सकें।

2. सभी मंत्रालय/ विभाग कृपया उपर्युक्त के अनुसार कार्रवाई सुनिश्चित करें।

(ख) संसदीय राजभाषा समिति ने मूल प्रारूपण के बारे में यह सिफारिश की है कि विधि के क्षेत्र में मूल प्रारूपण हिंदी में किया जाए ताकि हिंदी में बनी विधियों का हिंदी में निर्वचन कर निर्णय हिंदी में लिखे जाएं।

[संदर्भ : प्रश्नावली के भाग- III की मद सं. 14, भाग- VII की मद सं. 9(v) और भाग- VIII की मद सं. 9(I)(v)]

Extracts from O.M. No. 13017/3/90-O.L. (C) dated 26th November, 1990 of Ministry of Home Affairs, Department of Official Language in the field of law, original drafting should be done in Hindi and forms should be prepared bilingualy.

(A) The committee has recommended that arrangements should be made for getting all the forms pertaining to contracts, agreements, Licences, Permits, Notices and Tenders covered by sub-section 3(3) (ii) of the Official Languages Act translated into Hindi and printed in bilingual form as early as possible so that these could be issued and made use of both in Hindi and English.

2. All Ministries/Departments are requested to ensure action as above.

(B) The Committee of Parliament on Official Language has recommended that in the field of law, original-drafting should be done in Hindi so that laws enacted in Hindi are interpreted in Hindi and decisions written in Hindi.

[Ref: Item No. 14 of Part III, Item No. 9(v) of Part VII and 9(I)(v) Part VIII of Questionnaire]

13. राजभाषा विभाग, गृह मंत्रलाय के दिनांक 24.02.2012 के अ.शा. पत्र संख्या 12019/01/2011/-रा.भा. से उद्धरण-रजिस्टरों और सेवा पुस्तिकाओं के शीर्षक और प्रविष्टियां।

(1) राजभाषा अधिनियम, 1963 की धारा 3(3) के तहत बताए गए 14 प्रकार के दस्तावेज हिंदी एवं अंग्रेजी दोनों भाषाओं में साथ-साथ जारी हों। साथ ही सभी नामपट्ट, सूचना पट्ट, पत्र शीर्ष, लिफाफों और लेखन सामग्री आदि पर शीर्षों को हिंदी और अंग्रेजी दोनों भाषाओं में लिखा जाए।

(2) रजिस्टरों और सेवा-पुस्तिकाओं में विषय पहले हिंदी और फिर अंग्रेजी में लिखे जाएं और आवश्यक प्रविष्टियां भी हिंदी में दर्ज हों।

(3) हिंदी में प्राप्त या हस्ताक्षरित पत्रों का उत्तर हिंदी में ही दिया जाना अपेक्षित है। साथ ही, 'क' और 'ख' क्षेत्रों में राज्य सरकार एवं गैर सरकारी व्यक्तियों से अंग्रेजी में प्राप्त पत्रों के उत्तर भी हिंदी में भिजवाये एवं लिफाफों पर पते भी हिंदी में लिखें।

(4) हिंदी में प्रवीणता प्राप्त सभी कार्मिकों को टिप्पणियों और प्रारूप को मूल रूप से हिंदी में लिखने का निर्देश दिया जाए।

[संदर्भ : प्रश्नावली के भाग-III की मद सं. 15(i)]

Extract from D.O. letter No. 12019/01/2011-O.L. dated 24/02/2012 of Ministry of Home Affairs, Department of Official Language regarding titles and entries of registers and service books.

(1) 14 types of documents mentioned under Section 3(3) of the Official Languages Act, 1963 should be issued simultaneously in both Hindi and English languages. Also, the headings on all nameplates, notice boards, letterheads, envelopes and stationery etc. are to be printed in both Hindi and English languages.

(2) Subjects should be written first in Hindi and then in English in registers and service-books and necessary entries should also be made in Hindi.

(3) Letters received or signed in Hindi are required to be replied in Hindi only. Along with this, the letters received in English from the state government and non-government persons from the "A" and "B" regions should also be sent in Hindi and the addresses on the envelopes should also be written in Hindi.

(4) All personnel having proficiency in Hindi should be directed to write the notes and drafts originally in Hindi.

[Ref.: Item Nos. 15(i) of Part III of Questionnaire]

14. राजभाषा विभाग, गृह मंत्रालय के दिनांक 6 अप्रैल, 1992 के का.ज्ञा. सं. 12024/2/92-रा.भा. (ख-2) से उद्धरण- जांच बिंदु स्थापित करना।

(1) संसदीय राजभाषा समिति ने अपने चतुर्थ खण्ड में यह सिफारिश की है कि केंद्रीय सरकार के सभी मंत्रालयों/ विभागों एवं उनके सम्बद्ध/ अधीनस्थ कार्यालयों/उपक्रमों/ निगमों आदि में राजभाषा नियम, 1976 के नियम 12 के अनुसार प्रत्येक कार्यालय के प्रशासनिक प्रधान राजभाषा अधिनियम, 1963 और उसके अधीन बनाए गए नियमों के अनुबंधों के समुचित अनुपालन के लिए जांच बिंदु बनाने के संबंध में अपनी जिम्मेदारी का निष्ठापूर्वक पालन करें और जांच बिंदुओं को प्रभावशाली ढंग से स्थापित करें।

(2) मंत्रालयों/विभागों से संसदीय राजभाषा समिति की उक्त सिफारिश के परिप्रेक्ष्य में अनुरोध है कि वे राजभाषा नियमों की अनुपालना सुनिश्चित करने एवं हिंदी के प्रगामी प्रयोग को बढ़ाने हेतु निम्नलिखित जांच बिंदु स्थापित करें:-

(क) सेवा पंजी में प्रविष्टियां

जिस अनुभाग में कर्मचारियों की सेवा पुस्तिकाओं में प्रविष्टियां करने का काम होता है, उसके प्रभारी अधिकारी की यह जिम्मेदारी होनी चाहिए कि 'क' तथा 'ख' क्षेत्रों में काम करने वाले अधिकारियों/कर्मचारियों की सेवा पुस्तिकाओं में की गई प्रविष्टियां हिंदी में की जाएं। इस प्रकार की प्रविष्टियां 'ग' क्षेत्र में यथासंभव हिंदी में की जाएं इस बात की पड़ताल सेवा पुस्तिका में प्रविष्टियां करते समय उस पर हस्ताक्षर करते समय कर ली जाए।

[संदर्भ : प्रश्नावली के भाग -III की मद सं. 15(i)]

Extracts from O.M.No. 12024/2/92-O.L.(B-2) dated 06-04-1992 of Ministry of Home Affairs, Department of Official Language regarding establishment of check points.

(1) Committee of Parliament on Official Language in Fourth Part of its report has recommended that according to Rule 12 of Official Language Rules, 1976, the Administrative heads of all Ministries/ Departments and their attached/subordinate offices/ undertakings/ corporations etc. may discharge their responsibility effectively regarding devising of the check-points for ensuring appropriate compliance of the Official Languages Act, 1963 and the provisions made thereunder and thus, may establish various check-points in an effective manner.

(2) In the perspective of the above mentioned recommendation of the Committee of Parliament on Official Language, all the Ministries/Departments are requested that they may establish the following check-points for the progressive use of Hindi and to ensure compliance of Official Language Rules:-

(A) Entries to be recorded in the Service-Books

It should be the responsibility of the Officer-in-Charge of the section where the service books are maintained that the entries in the service books of the officers/staff working in the regions 'A' and 'B' should be recorded in Hindi. In region "C" such entries should be made in Hindi as far as possible. This fact should be examined at the time of making entry in the Service Books/signing the Service-Books.

[Reference: Item Nos. 15(i) of Part III of the Questionnaire]

15. राजभाषा विभाग, गृह मंत्रालय के दिनांक 21 जुलाई, 1992 के का. ज्ञा. सं. 12024/2/92-रा.भा.(ख-2)-3 से उद्धरण-राजभाषा कार्यान्वयन समितियों का गठन एवं उनकी बैठकें।

(1) संसदीय राजभाषा समिति ने अपनी रिपोर्ट के चतुर्थ खण्ड में यह सिफारिश की है कि प्रत्येक छोटे-बड़े कार्यालय में, चाहे उनमें कार्यरत स्टॉफ की संख्या 25 से अधिक हो या कम, अनिवार्य रूप में राजभाषा कार्यान्वयन समितियों का गठन किया जाए और कार्यालयाध्यक्ष को इस समिति के अध्यक्ष के रूप में नामित किया जाए।

(2) समिति की उक्त सिफारिश के परिप्रेक्ष्य में सभी मंत्रालयों/ विभागों से अनुरोध है कि उपर्युक्त जानकारी अनुपालनार्थ अपने सभी सम्बद्ध/ अधीनस्थ कार्यालयों/ निगमों आदि के ध्यान में ला दें। सभी मंत्रालयों/ विभागों से यह भी अपेक्षा की जाती है कि अपने यहां एवं अपने सभी सम्बद्ध/ अधीनस्थ कार्यालयों आदि में गठित राजभाषा कार्यान्वयन समितियों की वर्ष में 4 बैठकों (प्रत्येक तिमाही में एक) का नियमित रूप से आयोजन सुनिश्चित करायें।

[संदर्भ : प्रश्नावली के भाग-III की मद सं. 16(i)]

Extracts from O.M. No.12024/2/92-O.L. (B-2) -3 dated 21st July, 1992 of Ministry of Home Affairs, Department of Official Language regarding constitution of the Official Language Implementation Committee and their meetings.

(1) Committee of Parliament on Official Language in the fourth part of its Report has recommended that Official Language Implementation Committee

essentially, be constituted in all the big or small offices irrespective of the fact whether the number of staff working therein is more or less than 25 and the Head of the Office be nominated as its Chairman.

(2) In the perspective of the above recommendations all the Ministries/Departments are requested to bring the above information to the notice of all attached/ subordinate offices/corporations etc. for compliance. However, all the Ministries/Departments are also required to ensure convening invariably four meetings of the Official Language Implementation Committee regularly, (one in each quarter), during a year in their Ministries/Departments as well as in all their attached and subordinate offices etc.

[Ref: Item No. 16(i) of Part III of Questionnaire]

16. राजभाषा विभाग, गृह मंत्रालय के दिनांक 3 सितंबर, 1979 के का. ज्ञा. सं. 12027/2/79-रा.भा.(ख-1) से उद्धरण-नगर राजभाषा कार्यान्वयन समितियों के कार्यों का विस्तार।

(1) गृह मंत्रालय (राजभाषा विभाग) के तारीख 22 नवम्बर, 1976 के का. ज्ञा. सं. 1/14011/12/76-रा.भा. (क-1) के अधीन ये निर्देश जारी किए गए थे कि उन सभी नगरों में जहां केंद्रीय सरकार के 10 या इससे अधिक कार्यालय हैं, वहां नगर राजभाषा कार्यान्वयन समितियां बनाई जाए। नगर राजभाषा कार्यान्वयन समितियों की बैठकों में हिंदी प्रशिक्षण, हिंदी टाइपराइटिंग तथा हिंदी आशुलिपि के प्रशिक्षण, देवनागरी लिपि के टाइपराइटरों की उपलब्धि आदि के संबंध में अनुभव होने वाली सामान्य कठिनाईयों के बारे में चर्चा की जाती है और नगर के विभिन्न कार्यालयों में हिंदी का प्रयोग बढ़ाने के लिए जो उपाय किए गए हैं, उनसे भी परस्पर लाभ उठाया जाता है। प्रारंभ में ये समितियां हिंदी भाषी क्षेत्रों तथा गुजरात, महाराष्ट्र और पंजाब के नगरों में बनाई गई हैं।

(2) ऐसा देखा गया है कि समितियों की बैठकें तो वर्ष में एक से अधिक बार की जाती हैं, लेकिन कई नगरों में इनकी बैठकें नियमित रूप से नहीं हो रही हैं। यह निर्णय किया गया है कि नगर राजभाषा

कार्यान्वयन समिति की बैठकें वर्ष में कम से कम दो बार अवश्य रखी जाएं।

(3) नगर राजभाषा कार्यान्वयन समितियों के मुख्यत: निम्नलिखित कर्त्तव्य होंगे:-

(1) राजभाषा अधिनियम/नियम और सरकारी कामकाज में हिंदी का प्रयोग बढ़ाने के संबंध में भारत सरकार द्वारा जारी किए गए आदेशों और हिंदी के प्रयोग से संबंधित वार्षिक कार्यक्रम के कार्यान्वयन की स्थिति की समीक्षा

(2) नगर के केंद्रीय सरकार के कार्यालयों में हिंदी का प्रयोग बढ़ाने के संबंध में किए जाने वाले उपायों पर विचार

(3) हिंदी के संदर्भ साहित्य, टाइपराइटरों, टाइपिस्टों, आशुलिपिकों आदि की उपलब्धि की समीक्षा

(4) हिंदी, हिंदी की टाइपिंग तथा हिंदी आशुलिपि के प्रशिक्षण से संबंधित समस्याओं पर विचार।

[संदर्भ : प्रश्नावली के भाग-III की मद सं. 17]

Extracts from O.M. No. 12027/2/79-O.L. (B-1) dated 3rd September, 1979 of Ministry of Home Affairs, Department of Official Language regarding widening the functions of the Town Official Language Implementation Committees.

(1) Instructions were issued vide the Ministry of Home Affairs(Department of Official Language) O.M. No. 1/14011/12/76-O.L. (A-1) dated the 22nd November 1976 that Town Official Language Implementation Committees may be set up in the towns having ten or more Central Government Offices. The Town Official Language Implementation Committees discuss in their meetings the common difficulties felt in the teaching of Hindi, training in Hindi stenography and Hindi typewriting, the availability of Devnagri typewriters etc. The information given in the meeting regarding the measures adopted for the progressive use of Hindi in the various Offices in the town mutually benefit the participants. Initially these Committees have been constructed

in the towns located in Hindi speaking areas and in Gujrat, Maharashtra and Punjab.

(2) It has been observed that while some of the Committees are active and hold their meetings more than once a year certain others do not hold their meetings regularly. It has been decided that meetings of the Town Official Language Implementation Committees should be held at least twice a year.

(3) The functions of the Town Official Language Implementation Committee would mainly be as follows:-

(1) Review of the position regarding implementation of the Official Languages Act/Rules and the orders issued by the Governement of India regarding the use of Hindi in official work and of the Annual Programme prepared in that regard.

(2) Consideration of the measures for increasing the pace of Hindi in offices of the Central Government located in the town.

(3) Review of the position in regard to the availability of reference literature in Hindi, Hindi typewriters, typists and stenographers, etc.

(4) Consideration of the problems relating to Hindi, training in Hindi typewriting and Hindi stenography.

[Ref: Item No. 17 of Part III of Questionnaire]

17. राजभाषा विभाग, गृह मंत्रालय के दिनांक 31 मई, 1993 के का. ज्ञा. सं. 20034/53/93-रा.भा. (अ. एवं वि.) से उद्धरण-हिंदी कार्यशालाओं/संगोष्ठियों/सम्मेलनों तथा अखिल भारतीय राजभाषा सम्मेलनों का आयोजन।

राजभाषा अधिनियम, 1963 की धारा 4 के अनुसरण में गठित संसदीय राजभाषा समिति के प्रतिवेदन के खण्ड-4 के अन्तर्गत उपर्युक्त विषय पर निम्नलिखित संस्तुतियां की गई हैं :-

(क) अधिकारियों/ कर्मचारियों की मनोवृत्ति बदलने हेतु और उन्हें राजभाषा-नीति की व्यापक जानकारी कराने हेतु समय-समय पर संगोष्ठियां, सम्मेलन, कार्यशालाएं आदि आयोजित की जाएं।

(ख) प्रत्येक मंत्रालय/ विभाग वर्ष में एक बार अखिल भारतीय राजभाषा सम्मेलन आयोजित करें। इस परिप्रेक्ष्य में भारत सरकार के सभी मंत्रालयों/विभागों/कार्यालयों/उपक्रमों/निगमों/बैंकों/संस्थानों आदि से अनुरोध है कि वे संसदीय राजभाषा समिति द्वारा की गई उक्त संस्तुतियों पर अनुपालनात्मक कार्रवाई करें।

[संदर्भ : प्रश्नावली के भाग-III की मद सं. 18(ii) व 20]

Extracts from O.M. No. 20034/53/93-O.L. (R&A) dt. 31st May, 1993 of Ministry of Home Affairs, Department of Official Language regarding organizing Hindi Workshops/ Seminars/Conferences and All India Official Language Conferences.

The Committee of Parliament on Official Language constituted in pursuance of Section 4 of Official Language Act, 1963 have made the following recommendations in their Report (Vol. IV) on the subject mentioned below :-

(a) Seminars, Conferences, Workshops, etc. may be organized from time to time for bringing out a change in the attitude of the Officers/Employees and for imparting them comprehensive knowledge regarding the Official Language Policy.

(b) All the Ministries/Departments may organize All India Official Language Conference once in a year. In this context, it is requested that all the Ministries/ Departments/ Offices/Undertakings/Corporations /Banks/Institutions of the Government of India should comply with the recommendations made by the Committee of Parliament on Official Language.

[Ref: Item Nos. 18(ii) and 20 of Part III of Questionnaire]

18. राजभाषा विभाग, गृह मंत्रालय के दिनांक 29.02.2016 के का. ज्ञा. सं. 12019/81/2015-रा.भा.(का-2) पार्ट-2 से उद्धरण-हिंदी कार्यशालायें आयोजित करना।

राजभाषा विभाग द्वारा विभिन्न कार्यालयों को हिंदी में कार्य करने मे आ रही कठिनाइयों को दूर करने के लिए कार्यशालाएं आयोजित करने के निर्देश दिए गए हैं। इन कार्यशालाओं का मुख्य उद्देश्य हिंदी भाषा का ज्ञान रखने वाले सरकारी कार्मिकों की हिंदी में काम करने की झिझक को दूर करना है। इन कार्यशालाओं में

मुख्य रूप से सरकारी काम हिंदी में किए जाने का अभ्यास करवाया जाना चाहिए। यह अभ्यास संबंधित कार्मिकों के रोजमर्रा के कार्य से संबंधित होना चाहिए।

(2) विभाग द्वारा 01.10.1973 तथा 29.10.1984 में इस संबंध में इसी विषय पर निर्देश जारी किए गए थे। कार्यशालाओं का आयोजन करने के संबंध में विभाग द्वारा अब तक जारी किए गए सभी कार्यालय ज्ञापनों/दिशा-निर्देशों का अधिक्रमण करते हुए तत्काल प्रभाव से निम्नलिखित दिशा-निर्देश प्रभावी होंगे।

(i) कार्यशाला की न्यूनतम अवधि 1 कार्य दिवस की होगी। कार्यशाला में न्यूनतम दो तिमाही समय कार्यालय से संबंधित विषयों पर हिंदी में कार्य करने का अभ्यास करवाने में लगाया जाए।

(ii) राजभाषा विभाग द्वारा कार्यशाला में प्रयोग हेतु कार्यशाला संदर्शिका वेबसाइट पर उपलब्ध करवाई गई है। प्रत्येक मंत्रालय/विभाग/बैंक/उपक्रम आदि के मुख्यालय इस संदर्शिका का उपयोग करते हुए अपनी आवश्यकता के अनुसार नई कार्यशाला संदर्शिका का निर्माण करें। इसमें अपने कार्य क्षेत्र से संबंधित विषयों का समावेश करें तथा कार्यालय के विभिन्न अनुभागों/प्रभागों आदि के कामकाज को ध्यान में रखते हुए उपयोगी सामग्री तैयार की जाए ताकि प्रशिक्षण के पश्चात कार्मिकों को अपना कामकाज हिंदी में करना सुविधाजनक हो।

(iii) कार्यशाला में प्रशिक्षण सक्षम अधिकारियों द्वारा दिया जाए जो अपने विषय के विशेषज्ञ हों। आवश्यकतानुसार बाहरी विषय विशेषज्ञों को भी आमंत्रित किया जा सकता है।

(iv) हर कार्मिक को प्रत्येक 2 वर्ष में कम से कम एक बार कार्यशाला में भाग लेने का अवसर अवश्य प्रदान किया जाए और तदनुसार ही वर्ष में होने वाली कार्यशालाओं की संख्या निर्धारित की जाए। कार्यशालाओं में उच्च अधिकारियों की प्रतिभागिता सुनिश्चित करने पर विशेष बल दिया जाए। प्रशिक्षण के उपरांत समय-समय पर कार्यशालाओं में प्रशिक्षित कार्मिकों द्वारा हिंदी में किए गए कार्य का मूल्यांकन किया जाए तथा आवश्यकता पड़ने पर उन्हें कार्यशाला में पुनः नामित किया जाए।

(v) कार्यशाला के उपरांत प्रशिक्षित अधिकारियों/कर्मचारियों से कार्यशाला की उपयोगिता पर फीडबैक भी लिया जाए।

(vi) प्रशिक्षण कार्य के लिए विशेषज्ञों को कार्मिक ओर प्रशिक्षण विभाग द्वारा समय-समय पर यथासंशोधित निर्देशों (वर्तमान सं. 13024/01/2009-प्रशि.) दिनांक 23.09.2014 के अनुसार मानदेय दिया जाए।

(vii) जिन छोटे-छोटे कार्यालयों में कार्यशाला का आयोजन संभव नहीं हो पाता है, वहां अन्य कार्यालयों के साथ संयुक्त रूप से कार्यशालाओं का आयोजन किया जाए। इस संबंध में समुचित समन्वय नगर राजभाषा कार्यान्वयन समितियों द्वारा किया जाएगा।

कार्यालय प्रमुख यह सुनिश्चित करें कि हिंदी कार्यशालाएं उपर्युक्त निर्देशों के अनुसार आयोजित हों।

[संदर्भ : प्रश्नावली के भाग-III की मद सं. 19]

Extracts from O.M. No. 12019/81/2015-O.L.(Impl-2) Part 2 Dated 29.02.2016 of Ministry of Home Affairs, Department of Official Language regarding organizing Hindi Workshops.

(1) Instructions have been issued to organize Hindi Workshops to overcome the difficulties faced by various offices in doing the official work in Hindi. The main objective of these workshops is to overcome the hesitation of those government employees who have knowledge of Hindi Language in doing their work in Hindi. In these workshops, the main emphasis should be on actual practice of doing the official work in Hindi. The exercises should be related to the routine work of the concerned employees.

(2) Instructions were issued by the department on this subject on 01.10.1973 and 29.10.1984. Now the following guidelines will come into effect forthwith, in supersession of all the office memoranda/guidelines regarding the organisation of Hindi Workshops.

(i) The duration of the workshop should be minimum of one working day. Minimum two third of the time of the workshop shall be devoted to the actual practice of doing the official work in Hindi on the subjects related to that office.

(ii) The "Karyashala Sandarshika" prepared by the Department of Official Language is now available on the website. The headquarters of Ministries/ Departments Banks/Undertakings are requested to use this to prepare their own "Karyashala Sandarshika" as per their requirements. To facilitate the employees to work in Hindi after the training, the subjects related to their own domain may be added and it should be ensured that the work of each and every division/section etc. has been incorporated in it.

(iii) The workshop should be conducted by competent officers, having expertise in their subjects. The guest faculty may also be invited as per the requirement.

(iv) These workshops should be so arranged as to ensure that every employee is able to participate at least once in two years and the number of workshops in a year may be fixed accordingly. Special emphasis should be given to the participation of higher officers in these workshops. Post training assessment of the work being done in Hindi by the employees trained in these workshops should be done and if needed the employee can be nominated again.

(v) Feedback, regarding the utility of workshop, may be obtained from the trained officers/employees at the end of the workshop.

(vi) Honorarium for training may be paid to the experts as per the DoPT guidelines (currently no. 13024/01/2009-Trg. (Trg. Ref) dated 23.09.2014) as amended from time to time.

(vii) Small offices, which are not able to conduct workshops individually, may organize the workshops jointly with other offices. In this regard, necessary co-ordination shall be done by the Town Official Language Implementation Committees.

The head of offices will ensure that the workshops are organized as per the above guidelines.

[Ref: Item No. 19 of Part III of Questionnaire]

19. राजभाषा विभाग, गृह मंत्रालय के दिनांक 17 जुलाई, 1992 के का.ज्ञा. सं. 20035/53/92-रा.भा.(अ. एवं वि.) से उद्धरण-सरकारी प्रकाशनों आदि का द्विभाषी रूप में प्रकाशन।

(1) राजभाषा अधिनियम, 1963 की धारा 4 के अनुसरण में गठित संसदीय राजभाषा समिति के प्रतिवेदन (खण्ड-4) में उपर्युक्त विषय में निम्नलिखित संस्तुति की गई है:-

"भारत सरकार के मंत्रालयों/विभागों/कार्यालयों/संगठनों आदि द्वारा केवल अंग्रेजी में ही नहीं बल्कि द्विभाषी रूप में भी प्रकाशन निकाले जाएं। हिंदी प्रकाशनों की मुद्रित संख्या अंग्रेजी प्रकाशनों की तुलना में कम न हो और द्विभाषिक प्रकाशनों में हिंदी के पृष्ठों की संख्या अंग्रेजी के पृष्ठों की संख्या से कम न हो और हिंदी में नए मौलिक प्रकाशन निकाले जाएं।"

(2) इस संबंध में उल्लेखनीय है कि राजभाषा नियम, 1976 के नियम 11 में दिए गए प्रावधान के अनुसार प्रक्रिया संबंधी सभी साहित्य हिंदी और अंग्रेजी में द्विभाषी (डिग्लाट) रूप में यथास्थिति मुद्रित, साइक्लोस्टाइल और प्रकाशित किया जाना अपेक्षित है। इसके अतिरिक्त राजभाषा अधिनियम, 1963 (यथा संशोधित 1967) की धारा 3 (3) में प्रावधान है कि सभी प्रशासनिक या अन्य प्रतिवेदन अनिवार्य रूप से हिंदी और अंग्रेजी दोनों भाषाओं में ही निकाले जाएं।

(3) इस परिप्रेक्ष्य में कृपया संसदीय राजभाषा समिति की संस्तुति पर किए गए निर्णय का पूरी तरह अनुपालन सुनिश्चित किया जाए और आवश्यक जांच बिंदु भी निश्चित कर दिए जाएं ताकि राजभाषा अधिनियम की धारा 3(3) में उल्लिखित प्रकाशन डिग्लॉट फार्म में ही छपें और अन्य कोई भी प्रकाशन न तो केवल अंग्रेजी में प्रकाशित किया जाए और न ही उसके हिंदी रूप की मुद्रण संख्या अंग्रेजी रूप की मुद्रण संख्या से कम हो। ये आदेश कृपया अपने सम्बद्ध/अधीनस्थ कार्यालयों, उपक्रमों, निगमों और आयोगों आदि को अनुपालन के लिए पृष्ठांकित कर दिए जाएं और इसकी जानकारी इस विभाग को भी भिजवाने की व्यवस्था की जाए।

[संदर्भ : प्रश्नावली के भाग-III की मद सं. 21]

Extracts from O.M. No. 20035/53/92-O.L. (R&A) dated 17th July, 1992 of Ministry of Home Affairs, Department of Official Language regarding publication of the Govt. publication etc. in bilingual form.

(1) The Committee of Parliament on Official Language constituted in pursuance of Section 4 of the Official Languages Act, 1963, have made the following recommendation in their Report (Part IV) on the above subject:-

"The Ministries/Departments/Organisations etc. of the Govt. of India should not bring out publications in English alone but only in bilingual form. The number of printed Hindi publications should not be in any way, less than the English ones and in the bilingual publications, the number of pages for Hindi should not be less than that of English and new original publications may be brought out in Hindi."

(2) In this regard it is mentioned that according to the provision of Rule –11 of the Official Language Rules, 1976 all procedural literature is required to be printed, cyclostyled and published as the case may be both in Hindi and English in diglot form. Besides, under the provision of Section 3(3) of the Official Languages Act, 1963 (as amended 1967), all administrative and other reports should be brought out positively in both Hindi and English.

(3) In this context it may kindly be ensured that the decision taken on the recommendation of the Committee of Parliament on Official Language is fully complied with and required check-points be devised so that publications mentioned under Section 3(3) of the O.L. Act are published in diglot form only and any other publication is neither published in English alone, nor the number of copies of the Hindi version is less than that of English one. These orders may kindly be endorsed to all the attached/subordinate offices, Undertakings,

Corporations and Commissions etc. for compliance and this Department may also be apprised of the action taken in this regard.

[Ref: Item No. 21 of Part III of the Questionnaire]

20. राजभाषा विभाग, गृह मंत्रालय के दिनांक 21.01.2015 के का.ज्ञा. सं. 11014/34/2014-रा.भा.(प) से उद्धरण- राजभाषा गृह पत्रिकाओं की गुणवत्ता में उच्च स्तर को बनाने के लिए सुझाव।

(1) केंद्र सरकार के विभिन्न कार्यालयों/संगठनों द्वारा प्रकाशित होने वाली गृह पत्रिका का प्रमुख उद्देश्य कार्मिकों को हिंदी में काम करने के लिए सक्षम बनाना व प्रोत्साहित करना तथा अपने संगठन की गतिविधियों से अपने अधिकारियों/कर्मचारियों का ज्ञानवर्धन करना है।

(2) राजभाषा विभाग का सुझाव है कि उद्देश्य की इस प्राप्ति के लिए गृह पत्रिका में प्रकाशित करते समय निम्न बिंदुओं को ध्यान में रखा जाए :–

(i) पत्रिका में संगठन के कार्यक्षेत्र संबंधी लेख अधिकाधिक मात्रा में शामिल किए जाएं ताकि अधिकारी/कर्मचारी संगठन के कार्य से एवं उससे संबंधित शब्दावली से अधिक से अधिक परिचित हो सकें।

(ii) पत्रिका में उन लेखों को प्राथमिकता दी जाए जो कार्यालय में प्रयोग में लाई जा रही हिंदी के ज्ञानवर्धन में सहायक हों।

(iii) पत्रिका में अधिक से अधिक लेख आंतरिक अधिकारियों/ कर्मचारियों के शामिल किए जाएं।

पत्रिका में लेख लिखने में हिंदीतर भाषियों द्वारा किए गए प्रयासों को बढ़ावा दिया जाए।

(iv) अन्य भारतीय भाषाओं के साहित्य संबंधी लेख भी शामिल किए जाएं।

(iv) पत्रिका को रुचिकर बनाने के लिए सरल भाषा में सामयिक लेख, साहित्य, स्वास्थ्य, पर्यटन, यात्रा वृतांत आदि को शामिल किया जाए।

(v) पत्रिका को स्तरीय और आकर्षक बनाने के लिए पत्रिका की साजसज्जा एवं गुणवत्ता पर ध्यान दिया जाए।

(vi) पत्रिका को संस्थान की वेबसाइट पर उपलब्ध कराने के प्रयास किए जाएं ताकि इसकी उपलब्धता व्यापक हो सके।

[संदर्भ : प्रश्नावली के भाग-III की मद सं.-21(v)]

Extracts from OM No. 11014/34/2014-O.L.(P) dated 21.1.2015 of Ministry of Home Affairs, Department of Official Language regarding Suggestions for improving the quality and maintaining high standard of Official Language In-House magazines

(1) Main objective of the in-house magazines, published by various offices/ organizations of the Central Government, is to enable and encourage the employees to work in Hindi and to increase the knowledge of their officers/employees about the activities of their organization.

(2) The Department of Official Language suggests that while publishing the in-house magazines, the following points should be kept in mind to achieve this purpose:-

   (i) Articles related to the work area of the organization should be included in maximum number in the magazine so that the officers / employees can become more and more familiar with the terminology related to the work of the organization.

   (ii) Preference should be given to those articles in the magazine which are helpful in increasing the knowledge of Hindi being used in the office.

   (iii) More and more articles of the internal officers/ employees should be included in the magazine.

   (iv) Efforts made by Non-Hindi speakers in writing articles for the magazine should be promoted.

   (v) Articles related to literature of other Indian languages should also be included.

   (vi) To make the magazine interesting, contemporary articles in simple language, literature, health, tourism, travelogue etc. should be included.

(vii) To make the magazine classy and attractive, attention should be paid to the design and quality of the magazine.

(viii) Efforts should be made to make the magazine available on the website of the institute so that it is available widely.

[Ref: Item No. 21 (v) of Part III of the Questionnaire]

21. राजभाषा विभाग, गृह मंत्रालय के दिनांक 26.08.92 के का.ज्ञा. सं. I/14034/4/92-रा.भा.(क-1) से उद्धरण- टेलीफोन निर्देशिकाओं को हिंदी और अंग्रेजी दोनों भाषाओं में प्रकाशित करने की अनिवार्यता।

दूरसंचार विभाग द्वारा प्रकाशित की जाने वाली टेलीफोन निर्देशिकाओं के हिंदी संस्करण भी अनिवार्य रूप से साथ ही प्रकाशित किए जाएं। विभिन्न नगरों के दूरसंचार कार्यालय 'क' और 'ख' क्षेत्रों में टेलीफोन निर्देशिकाओं के हिंदी संस्करण अंग्रेजी संस्करणों से पहले जारी करें। एक कूपन, जैसा कि अब लगाया जाता है, वैसा ही अलग रंग के कागज में, हिंदी और अंग्रेजी दोनों भाषाओं में, तैयार करके निर्देशिका के दोनों रूपों में लगाया जाए, जिससे यह पूछा जाए कि उपभोक्ता अगली टेलीफोन डायरेक्टरी हिंदी में अथवा अंग्रेजी में प्राप्त करना चाहेगा। 'क' और 'ख' क्षेत्रों में प्रारंभ से ही दोनों संस्करण समान संख्या में अथवा हिंदी : अंग्रेजी 40 : 60 के अनुपात में प्रकाशित किए जाएं और 'ग' क्षेत्र में प्रारंभ में हिंदी : अंग्रेजी 30 : 70 के अनुपात में प्रकाशित किए जाएं (और बाद में आवश्यकता के अनुसार 'ग' क्षेत्र में भी दोनों संस्करणों की संख्याएँ समान की जा सकती हैं।)

[संदर्भ : प्रश्नावली के भाग-III की मद सं. 21 (vi)]

Extracts from O.M. No. I/14034/4/92-O.L. (A-I) dated 26.8.1992 of Ministry of Home Affairs, Department of Official Language regarding obligatory publication of telephone directories in Hindi and English

It is obligatory that Department of Telecommunications publish Hindi and English versions of telephone directories simultaneously. Telephone offices in different cities in regions 'A' and 'B' should publish Hindi versions of telephone directories before the publication of English versions. A coupon, as it is affixed at present, on a separate paper in different colour, both in Hindi and English languages may be prepared and affixed on both the versions of the directory, wherein it may be asked whether the subscriber would like to obtain the next telephone directory in Hindi or English. From the very beginning in regions 'A' and 'B', both the versions are published in equal numbers or in the ratio of 40 : 60 in Hindi and English and in the ratio of 30 : 70 in Hindi and English in region 'C' in the beginning (later on, according to needs, in region 'C', the number for both the versions may be made equal).

[Reference: Item No. 21(vi) of Part III of the Questionnaire]

22. राजभाषा विभाग, गृह मंत्रालय के दिनांक 26 अप्रैल, 1978 के का. ज्ञा. सं. 1/20034/1/78-रा.भा. (क-1) से उद्धरण-संसदीय राजभाषा समिति को प्रस्तुत की जाने वाली सामग्री की संबंधित मंत्रालय द्वारा समीक्षा और कमियों को दूर करने के लिए अधीनस्थ कार्यालयों को निर्देश।

राजभाषा अधिनियम, 1963 की धारा 4 के अधीन गठित संसदीय राजभाषा समिति की उपसमितियों द्वारा निरीक्षण के दौरान समिति की प्रश्नावली के उत्तर में संबद्ध तथा अधीनस्थ कार्यालयों द्वारा प्रस्तुत की गई सूचना संबंधित मंत्रालय/विभाग उस कार्यालय से मंगवाकर उसकी स्वयं की समीक्षा करे और कमियां दूर करने के लिए कदम उठाए जाएं। उप-समिति के द्वारा कार्यालयों के निरीक्षणों के समय मंत्रालय/विभाग के प्रतिनिधि को वहां उपस्थित रहना चाहिए जिससे कमियां दूर करने के लिए कार्रवाई की जा सके।

[संदर्भ : प्रश्नावली के भाग-III की मद सं.-22]

Extracts from O.M. No. 1/20034/1/78-O.L.(A-1) dt. 26th April, 1978 of Ministry of Home Affairs, Department of Official Language regarding review by the concerned Ministry of the material submitted to the Committee of Parliament on Official Language and issue of instructions to the subordinate offices to remove the deficiencies.

Ministries and Department should obtain from their respective attached and subordinate offices, a copy of the information furnished during inspection, by those offices in reply to the questionnaire of the Committee of Parliament on Official Language set up under Section 4 of O.L. Act, 1963 and they should also examine it themselves and take necessary steps to remove the deficiencies. At the time of inspection of the offices by the sub-Committee the representative of the Ministry/ Department concerned should also be present so that action could be taken to remove the deficiencies.

[Ref: Item No. 22 of Part III of the Questionnaire]

23. राजभाषा विभाग, गृह मंत्रालय के दिनांक 30 जून, 2017 के का. ज्ञा. सं. 20012/01/2017-रा.भा. (नीति) से उद्धरण- मंत्रालयों/ विभागों द्वारा दिए जाने वाले हिंदी विज्ञापनों पर व्यय के संबंध में।

(1) कृपया, राजभाषा विभाग के संकल्प सं० 20012/01/2017-रा. भा. (नीति) दिनांक 31.03.2017 का अवलोकन करें, जो संसदीय राजभाषा समिति की सिफ़ारिश के खंड-9 में की गई 117 संस्तुतियों पर पारित राष्ट्रपति जी के आदेश के संबंध में है।

(2) संस्तुति सं. 88 मंत्रालयों/विभागों द्वारा विज्ञापनों पर किए जाने वाले व्यय के संबंध में हैं जिस पर राष्ट्रपति जी के आदेश इस प्रकार हैं:- "संसदीय राजभाषा समिति के प्रतिवेदन खंड-8 की सिफ़ारिश सं० 70 पर लिए गए आदेश को अधिक्रमित करते हुए खंड-9 की सिफ़ारिश सं० 48 एवं 88 पर की गई संस्तुतियां इस संशोधन के साथ स्वीकार की जाती है कि मंत्रालयों/विभागों/ कार्यालयों/उपक्रमों आदि द्वारा जो भी विज्ञापन अंग्रेजी/क्षेत्रीय भाषाओं में दिये जाते हैं, उन्हें हिंदी भाषा में अनिवार्य रूप से दिया जाएगा।"

[संदर्भ : प्रश्नावली के भाग-IV की मद सं.–1, भाग–V **और** भाग VI की मद सं. 7, भाग-VII की मद सं. 19, और भाग-VIII की मद सं. 20]

Extracts from O.M. No. 20012/01/2017-O.L. (Policy) dated 30th June, 2017 of Ministry of Home Affairs, Department of Official Language regarding the expenditure on Hindi advertisements given by the Ministries/Departments.

(1) Please refer to the Resolution No. 20012/01/2017-OL(Policy) dated 31.03.2017 of the Department of Official Language, regarding the President's order passed on the 117 recommendations made in Part-9 of the recommendation of the Committee of Parliament on Official Language.

(2) Recommendation no. 88 is related to the expenditure on advertisements by the Ministries/Departments on which the orders of Hon'ble President are as follows-

"By superseding the order taken on the recommendation number 70 of the report of the Committee of Parliament on Official Language, Part-8, the recommendations made on the recommendation number 48 and 88 of Part-9 are accepted with this modification that whatever advertisements are given by the Ministries/ Departments/Offices undertakings etc. in English/ Regional languages, they will compulsorily be given in Hindi language."

[Ref: Item No. 1 of Part IV, Item No. 7 of Part V, Part VI, Item No. 19 of Part VII and Item No. 20 of Part VIII]

24. राजभाषा विभाग, गृह मंत्रालय के दिनांक 12.04.2012 के का. ज्ञा. सं0 1/14013/05/2011-रा.भा. (नीति) से उद्धरण-कोड/मैनुअल आदि द्विभाषी रूप (हिंदी व अंग्रेजी) में मुद्रित कराने के संबंध में।

(1) राजभाषा (संघ के शासकीय प्रयोजनों के लिए प्रयोग) नियम, 1976, के नियम 11 में यह व्यवस्था है कि केंद्रीय सरकार के कार्यालयों से संबंधित सभी मैनुअल, संहिताएं और प्रक्रिया संबंधी अन्य साहित्य

हिंदी और अंग्रजी में द्विभाषीय (डिग्लॉट) रूप में मुद्रित व प्रकाशित किए जाएंगे। मैनुअल और फार्म आदि सिर्फ अंग्रेजी में छपवाना नियम के विरुद्ध है। मैनुअलों, कोडों और फार्मों की पांडुलिपियों को द्विभाषी रूप में तैयार करवाएं और उन्हें द्विभाषी रूप में (डिग्लॉट फार्म में) मुद्रणालयों को भेजें।

(2) सभी मंत्रालय/विभाग अपने नियंत्रणाधीन प्रेस तथा अन्य कार्यालयों को आवश्यक अनुदेश जारी करें कि वे कोई भी सामग्री केवल अंग्रेजी में छापने के लिए स्वीकार न करें।

(3) शहरी विकास मंत्रालय तथा अन्य सभी मंत्रालयों/विभागों से अनुरोध है कि सरकारी प्रकाशनों को द्विभाषी रूप में छपवाने से संबंधित उपर्युक्त नियम और आदेशों का मंत्रालयों/विभागों संबंद्ध और अधीनस्थ कार्यालयों तथा बैंकों/उपक्रमों आदि में पूरी तरह से अनुपालन सुनिश्चित करें।

[संदर्भ : प्रश्नावली के भाग -VII और VIII की मद सं.- 7]

Extracts from O.M. No. 1/14013/5/2011-O.L.(Policy), dated 12.4.2012 of Ministry of Home Affairs, Department of Official Language regarding Printing of codes/manuals etc. in bilingual form (Hindi and English).

(1) Rule-11 of the Official Language (Use for Official Purposes of the Union) Rules, 1976, provides that all manuals, codes and other procedural literature related to the offices of the Central Government shall be printed and published in bilingual (diglot form). It is against the rule to print manuals and forms etc. only in English. Get the manuscripts of manuals, codes and forms prepared in bilingual form and send them in bilingual form (in diglot form) to the Press.

(2) All Ministries/Departments may issue necessary instructions to the presses and other offices under their control that they should not accept any material for printing in English only.

(3) The Ministry of Urban Development and all other Ministries/Departments are requested to ensure

complete compliance of the above mentioned rules and orders regarding printing of government publications in bilingual form in the Ministries/ Departments attached and subordinate offices and banks/undertakings etc.

[Reference: Item No. 7 of Part VII and VIII of the Questionnaire]

25. राजभाषा विभाग, गृह मंत्रालय के दिनांक 06 मई, 1992 के का. ज्ञा. सं. 12012/7/92-रा.भा. (ख-1) से उद्धरण-हिंदी माध्यम से प्रशिक्षण।

(1) संसदीय राजभाषा समिति ने अपनी रिपोर्ट के तीसरे खण्ड में यह सिफारिश की है कि सभी प्रकार का प्रशिक्षण चाहे वह अल्पावधि का हो या दीर्घावधि का, हिंदी माध्यम से सम्पन्न होना चाहिए ताकि हिंदी माध्यम से प्रशिक्षण लेने के बाद कर्मचारियों के लिए हिंदी में ही मूल कार्य करना सुविधाजनक हो।

(2) समिति की उक्त सिफारिश के परिप्रेक्ष्य में सभी मंत्रालयों/विभागों से अनुरोध है कि वे हिंदी माध्यम से प्रशिक्षण देने संबंधी सभी निर्देशों को पूरी तरह कार्यान्वित कराएं तथा इसकी सूचना राजभाषा विभाग को भिजवाएं।

[संदर्भ : प्रश्नावली के भाग–VII और भाग VIII की मद सं.-8]

Extracts from O.M. No. 12012/7/92-O.L. (B-I) dated 6th May, 1992 of Ministry of Home Affairs, Department of Official Language regarding imparting training through Hindi medium.

(1) The Committee of Parliament on Official Language has recommended in the third Part of Report that all types of training whether it is of short or long duration should be imparted through Hindi medium so that after having training through Hindi medium, the employees could be able to do their original work in Hindi easily.

(2) In view of the above, all the Ministries/Departments are requested that all the instructions regarding imparting training through Hindi medium may

be got implemented fully and the Department of Official Language may be accordingly informed.

[Ref: Item No. 8 of Part VII and VIII of Questionnaire]

26. राजभाषा विभाग, गृह मंत्रालय के दिनांक 16 फरवरी, 1988 के का. ज्ञा. सं. 14012/6/87-रा.भा.(ग) से उद्धरण-अधीनस्थ सेवाओं और गैर-तकनीकी पदों की भर्ती परीक्षाओं में वैकल्पिक माध्यम के रूप में हिंदी का ऐच्छिक प्रयोग।

(1) इस मामले के विभिन्न पहलुओं पर विचार-विमर्श करने के बाद अब यह निर्णय लिया गया है कि 'ख' क्षेत्र में अर्थात गुजरात, महाराष्ट्र और पंजाब राज्यों में तथा चण्डीगढ़ संघ राज्य क्षेत्र में स्थित केंद्रीय सरकार के अधीनस्थ कार्यालय तथा केंद्रीय सरकार के नियंत्रणाधीन या स्वामित्व वाले सभी सरकारी उपक्रमों, बैंकों आदि की सेवाओं में और पदों पर सीधी भर्ती के लिए क्षेत्रीय या स्थानीय आधार पर ली जाने वाली सभी परीक्षाओं में वैकल्पिक माध्यम के रूप में हिंदी के ऐच्छिक प्रयोग की अनुमति उसी प्रकार से दी जाए जिस प्रकार 6 फरवरी, 1976 के कार्यालय ज्ञापन के अनुसार 'क' क्षेत्र में स्थित अधीनस्थ कार्यालयों के लिए दी जा रही है।

(2) केंद्रीय सरकार के सभी मंत्रालयों तथा विभागों से अनुरोध है कि इस निर्णय को अपने सभी सम्बद्ध और अधीनस्थ कार्यालयों के तथा सरकारी उपक्रमों, बैंकों आदि के ध्यान में ला दें और इसका अनुपालन सुनिश्चित करें।

[संदर्भ : प्रश्नावली के भाग-VII की मद संख्या 10(iv) और भाग VIII की मद सं. 10 (i)(4)]

Extracts from O.M. No.14012/6/87-O.L. (C) dated 16th February, 1988 of Ministry of Home Affairs, Department of Official Language regarding optional use of Hindi as medium of examinations for recruitment to the subordinate services and non-technical posts.

(1) After considering various aspects of this matter, it has now been decided that the optional use of Hindi be permitted in the examinations conducted on

regional or local basis for direct recruitments to the services and posts of the subordinate offices of the Central Government and undertakings, banks, etc. owned or controlled by the Central Govt. located in 'B' region viz the States of Gujarat, Maharashtra and Punjab and the Union Territory of Chandigarh, in the same way as is allowed for subordinate offices in Region 'A' vide O.M. dated 6th Jan., 1976.

(2) All the Ministries and Departments of the Central Government are requested to bring this decision to the notice of all their attached and subordinate offices and undertakings, banks etc. and ensure its implementation.

[Ref: Item No. 10 (IV) of Part VII and 10(i)(4) of Part VIII of the Questionnaire]

27. राजभाषा विभाग, गृह मंत्रालय के दिनांक 2 जून, 1992 के का. ज्ञा. सं.13034/37/97-रा.भा. (ग) से उद्धरण-भर्ती के लिए साक्षात्कार में हिंदी का विकल्प।

(1) संसदीय राजभाषा समिति ने सिफारिश की है कि भर्ती संबंधी विज्ञापनों, विवरण-पत्रों तथा साक्षात्कारों के लिए उम्मीदवारों को भेजे जाने वाले निमंत्रण पत्र हिंदी तथा अंग्रेजी दोनों भाषाओं में हों और उनमें न केवल यह विशेष रूप से स्पष्ट किया जाए कि उम्मीदवार साक्षात्कार में हिंदी अथवा अंग्रेजी का प्रयोग अपनी इच्छानुसार कर सकता है बल्कि उसे लिखित रूप में यह सूचना देने के लिए भी कहा जाये कि वह किस भाषा का माध्यम अपनाना चाहता है, ताकि चयन बोर्ड द्वारा उसका साक्षात्कार उसी भाषा में लिया जाए। समिति ने यह भी सिफारिश की है कि साक्षात्कार लेने वाले चयन बोर्ड का गठन इस प्रकार किया जाए कि उसके सदस्यों को हिंदी का भी ज्ञान हो।

(2) सभी मंत्रालयों/ विभागों से अनुरोध है कि वे उपरोक्त पैरा दो एवं पैरा तीन में दिये गये निर्देशों के अनुसार कार्रवाई सुनिश्चित करें तथा अपने संबद्ध एवं अधीनस्थ कार्यालयों के ध्यान में उपरोक्त निर्देश लाएं तथा उनका अनुपालन सुनिश्चित करने हेतु निर्देश जारी करें।

[संदर्भ : प्रश्नावली के भाग-VII की मद सं. 10 (VII) और भाग VIII की मद सं. 10 (ii)]

Extracts from O.M No. 13034/37/97-O.L. (C) dated 2nd June, 1992 of Ministry of Home Affairs, Department of Official Language regarding option of Hindi in interviews for recruitments.

(1) The Committee of Parliament on Official Language has recommended that advertisements for recruitment, bio-data forms and call-letters for interviews to be sent to the candidates should be both in Hindi and English and in these communications, not only it should be specifically made clear to the candidates that they can opt for either Hindi or English in the interview, but he should also be asked to intimate in writing the language in which he would like to be interviewed so that the Selection Board might interview him in that language. The Committee has also recommended that the interview boards should also be so constituted that the members of the Board should have knowledge of Hindi.

(2) All the Ministries/Departments are requested that they should ensure action according to the instructions in paras 2 and 3 above and they should also bring these instructions to the notice of their attached/subordinate offices and instructions to ensure their compliance.

[Ref: Item No. 10 (VII) of Part VII and 10 (ii) of Part VIII of Questionnaire]

अध्याय-6

हिंदी वर्तनी का मानकीकरण एवं तकनीकी सशक्तीकरण

किसी भी भाषा के सीखने-सिखाने में सहायक या बाधक बनने वाले दो प्रमुख कारक हैं भाषा का व्याकरण और उसकी लिपि। लिपि का एक पक्ष है सामान्य और विशिष्ट स्वनों के पृथक प्रतीक वर्णों की स्पष्टता, उनका परस्पर स्पष्ट आकार भेद, लिखावट में सरलता, स्थान-लाघव एवं प्रयत्न-लाघव।

लिपि का दूसरा पक्ष है-वर्तनी। एक ही स्वन को प्रकट करने के लिए विविध रूपी वर्णों का प्रयोग वर्तनी को जटिल बना देता है और यह लिपि का एक सामान्य दोष माना जाता है। यद्यपि देवनागरी लिपि में यह दोष बहुत कम है, फिर भी उसकी अपनी कुछ विशिष्ट कठिनाइयां भी हैं। इन सभी कठिनाइयों को दूर कर केंद्रीय हिंदी निर्देशालय ने वर्तनी के मानकीकरण के लिए कुछ नियम बनाए, जो इस प्रकार हैं :

1.1 संयुक्त वर्ण

1.1.1 खड़ी पाई वाले व्यंजन

खड़ी पाई वाले व्यंजनों के संयुक्त रूप परंपरागत तरीके से खड़ी पाई को हटाकर ही बनाए जाएँ, जैसे -

ख्याति, व्यास, श्लोक, ध्वनि, न्यास, प्यास, त्र्यंबक, स्वीकृति, लग्न, विघ्न, कच्चा, छज्जा, कुत्ता[10], पथ्य, डिब्बा, सभ्य, राम्य, यक्ष्मा।

1.1.2 अन्य व्यंजन

1.1.2.1 क और फ/ फ़ के हुक के आधे भाग को हटाकर संयुक्ताक्षर बनाए जाएँ, जैसे–संयुक्त, पक्का, दफ्तर।

1.1.2.2 ङ, छ, ट, ठ, ड, ढ और ह के संयुक्ताक्षर हल चिह्न लगाकर बनाए जाएँ, जैसे–वाङ्मय, उच्छ्वास, लट्टू, बुड्ढा, चिह्न, ब्रह्मा।

---

10. दो अर्थात (त् त्) के एक साथ आने पर स्थान लाघव को देखते हुए उसका परंपरागत रीति से संयुक्त रूप बनाया जाए, जैसे महत्त्व, तत्त्व

लेकिन द के साथ अर्धस्वर य और व आने पर हलंत के स्थान पर संयुक्त व्यंजन बनाने के परंपरागत रूप को प्राथमिकता दी जाए, जैसे–विद्या, विद्यालय, विद्यमान, द्विवेदी, द्विधा।

1.1.2.3 संयुक्त 'र' के प्रचलित तीनों रूप यथावत् रहेंगे, जैसे-प्रकार, धर्म, राष्ट्र।

1.1.2.4 'श्र' का प्रचलित यही रूप मान्य होगा। श के साथ 'र' के संयोग से श्र (श्रद्धा) और 'ऋ' के संयोग से रूप बनते हैं। त् + र के संयुक्त रूप के लिए 'त्र' ही मानक माना जाए। श्र और त्र के अतिरिक्त अन्य व्यंजन र के संयुक्ताक्षर 1.1.2.3 के नियमानुसार बनेंगे। जैसे-क्र, प्र, ब्र, स्र, ह्र आदि।

1.1.2.5 हल् चिह्न युक्त वर्ण से बनने वाले संयुक्ताक्षर के साथ आने वाली ह्रस्व 'इ' की मात्रा को शब्द युग्म के पूर्व से लगाते हुए पूर्ण व्यंजन तक ले जाया जाए[11], जैसे कुट्टिम, चिट्ठियाँ, बुद्धिमान, चिह्नित

1.2 कारक-चिह्न / परसर्ग

1.2.1 हिंदी के कारक चिह्न सभी प्रकार के संज्ञा शब्दों में प्रातिपदिक से पृथक लिखे जाएँ, जैसे- राम ने, राम को, राम से, राम का, सेवा में। सर्वनाम शब्दों में ये चिह्न प्रातिपदिक के साथ मिलाकर लिखे जाएँ, जैसे–तूने, आपने, तुमसे, उसने, उसको, उससे, मुझको, मुझसे।

सर्वनामों के साथ यदि दो कारक चिह्न हों तो उनमें से पहला मिलाकर और दूसरा पृथक लिखा जाए, जैसे-उसके लिए, इसमें से।

1.2.2 सर्वनाम और कारक चिह्न के बीच 'ही', 'तक' आदि निपात हों तो कारक चिह्न को पृथक लिखा जाए, जैसे-आप ही के लिए, मुझ तक को।

1.3 संयुक्त क्रिया पद

संयुक्त क्रियापदों में सभी अंगीभूत क्रियाएँ पृथक-पृथक लिखी जाएँ, जैसे-पढ़ा करता है, आ सकता है, जाया करता है, खाया करता है, जा सकता है, कर सकता है, किया करता था, पढ़ा करता था, खेला करेगा, घूमता रहेगा, बढ़ते चले जा रहे हैं।

1.4 योजक चिह्न (-)

1.4.0 योजक चिह्न (हाइफन) का विधान स्पष्टता के लिए किया जाता है।

1.4.1 द्वंद्व समास में पदों के बीच हाइफन रखा जाए, जैसे राम-लक्ष्मण, चाल-चलन, हँसी-मजाक, लेन-देन, पढ़ना-लिखना, खाना-पीना, खेलना-कूदना आदि।

---

11. देखें: https://glyphsapp.com/tutorials/creating-a-devanagan-font

1.4.2 समानता सूचक सा, से, सी आदि से पूर्व हाइफन रखा जाए, जैसे तुम-सा (होशियार), चाकू-सी (जुबान)।

1.4.3 तत्पुरुष समास में हाइफन का प्रयोग केवल वहीं किया जाए जहाँ उसके बिना भ्रम होने की संभावना हो, जैसे- भू-तत्व।

सामान्यत: तत्पुरुष समास में हाइफन लगाने की आवश्यकता नहीं है, जैसे रामराज्य, राजकुमार, गंगाजल, ग्रामवासी, आत्महत्या आदि।

1.4.4 कठिन संधियों से बचने के लिए भी हाइफन का प्रयोग किया जा सकता है। जैसे- द्वि-अक्षर, द्वि-अर्थ, त्रि-अक्षर आदि।

1.5 अव्यय

1.5.1 'तक', 'साथ' आदि अव्यय सदा पृथक लिखे जाएँ, जैसे यहाँ तक, आपके साथ।

1.5.2 आह, ओह, अहा, ऐ, ही, तो, सो, भी, न, जब, तक, कब, यहाँ, वहाँ, कहाँ, सदा, क्या, श्री, जी, तक, भर, मात्र, साथ, कि, किंतु, मगर, लेकिन, चाहे, या अथवा, तथा, यथा, और आदि अनेक प्रकार के भावों का बोध कराने वाले अध्यय हैं। कुछ अन्ययों के आगे परसर्ग (कारक-चिह्न) भी आते हैं, जैसे अब से, तब से, यहाँ से, सदा से। नियम के अनुसार अव्यय सदा पृथक लिखे जाने चाहिए, जैसे-आप ही के लिए, मुझ तक को, आपके साथ, गज भर कपड़ा, देश भर, रात भर, दिन भर, वह इतना भर कर दे, मुझे जाने तो दो, काम भी नहीं बना, पचास रुपए मात्र।

1.5.3 सम्मानार्थक 'श्री' और 'जी' अव्यय भी पृथक लिखे जाएँ, जैसे श्री गंगाधर, कन्हैयालाल जी, महात्मा जी। (यदि श्री, जी आदि व्यक्तिवाचक संज्ञा के ही भाग हो तो मिलाकर लिखे जाएँ, जैसे श्रीराम, रामजी लाल)।

1.5.4 समस्त पदों में प्रति, मात्र, यथा आदि अव्यय जोड़कर लिखे जाएँ, जैसे प्रतिदिन, प्रतिशत, मानवमात्र, निमित्तमात्र, यथासमय, यथोचित आदि। यह सर्वविदित नियम है कि समास होने पर समस्त पद एक माना जाता है। अत: उसे पृथक रूप में न लिखकर एक साथ लिखना ही संगत है। दस रुपये मात्र, 'मात्र दो व्यक्ति' में पदबंध की रचना है। यहाँ 'मात्र' अलग से लिखा जाए।

1.6. अनुस्वार तथा अनुनासिक

अनुस्वार व्यंजन है और अनुनासिक स्वर का नासिक्य अभिलक्षण। हिंदी में ये दोनों अर्थभेदक भी हैं। अत: हिंदी में अनुस्वार (ं) और अनुनासिक चिह्न (ँ) दोनों ही प्रचलित रहेंगे।

1.6.1 अनुस्वार शिरोबिंदु (ं)

1.6.1.1 संस्कृत शब्दों में अनुस्वार का प्रयोग अन्य वर्गीय वर्णों ('य' से 'ह' तक) से पहले यथावत रहेगा, जैसे संयोग, संरक्षण, संलग्न, अंश, कंस, सिह।

1.6.1.2 संयुक्त व्यंजन के रूप में जहाँ पंचम वर्ण (पंचमाक्षर) के बाद सवर्गीय शेष चार वर्णों में से कोई वर्ण हो तो एकरूपता के लिए अनुस्वार का ही प्रयोग करना चाहिए, जैसे- पंकज, गंगा, चंचल, मंजूषा, कंठ, संत, संध्या, मदिर, संपादक, संबंध आदि।

1.6.1.3 यदि पंचमाक्षर के बाद किसी अन्य वर्ग का कोई वर्ण आए तो पंचमाक्षर अनुस्वार के रूप में परिवर्तित नहीं होगा। जैसे- वाङ्मय, अन्य, चिन्मय, उन्मुख आदि।

1.6.1.4 पंचम वर्ण यदि द्वित्व रूप में (साथ-साथ) आए तो वह अनुस्वार में परिवर्तित नहीं होगा। जैसे अन्न, सम्मेलन, सम्मति आदि।

1.6.1.5 संस्कृत के कुछ तत्सम शब्दों के अंत में अनुस्वार का प्रयोग 'म्' का सूचक है, जैसे अहं (अहम्) एवं (एवम्) शिव (शिवम्)।

1.6.2 अनुनासिक चिह्न (चंद्र बिंदु ँ)

1.6.2.1 हिंदी के शब्दों में उचित ढंग से चंद्रबिंदु का प्रयोग अनिवार्य होगा।

1.6.2.2 अनुनासिक चिह्न व्यंजन नहीं हैं, स्वरों का ध्वनिगुण है। अनुनासिक स्वरों के उच्चारण में मुँह और नाक से हवा निकलती है, जैसे आँ, ऊँ, एँ, माँ, हूँ, माँगें।

1.6.2.3 चंद्रबिंदु के प्रयोग के बिना प्रायः अर्थ में भ्रम की संभावना रहती है, जैसे- हंस, हँस, अँगना, अंगना आदि में। अतएव ऐसे भ्रम को दूर करने के लिए चंद्रबिंदु का प्रयोग अवश्य किया जाना चाहिए।

1.7 विसर्ग (:)

1.7.1 संस्कृत के जिन शब्दों में विसर्ग का प्रयोग होता है, वे शब्द यदि तत्सम रूप में प्रयुक्त हों तो विसर्ग का प्रयोग किया जाए, जैसे दुःखानुभूति। यदि उस शब्द के तद्भव रूप में विसर्ग का लोप हो चुका हो तो उस रूप में विसर्ग के बिना भी काम चल जाएगा, जैसे दुख-सुख के साथी।

1.7.2 तत्सम शब्दों के अंत में प्रयुक्त विसर्ग का प्रयोग अनिवार्य है, जैसे- अतः, पुनः, स्वतः, प्रायः, पूर्णतः, मूलतः, अंततः, वस्तुतः, क्रमशः।

1.7.3 दुःसाहस/दुस्साहस, निःशब्द/निश्शब्द के उभय रूप मान्य होंगे।

1.7.3.1 निःस्वार्थ, अंतःकरण, अंतःपुर, दुःस्वप्न, निःसंतान, प्रातः आदि शब्द विसर्ग के साथ ही लिखे जाएँ।

1.7.5 विसर्ग को वर्ण के साथ मिलाकर लिखा जाए, जबकि कोलन चिह्न (उपविराम) शब्द से कुछ दूरी पर हो, जैसे- प्रातः (विसर्ग युक्त शब्द) फूल के पर्यायवाची हैं : सुमन, कुसुम।

1.8 हल चिह्न (्)

1.8.1 व्यंजन के नीचे लगा हल् चिह्न उस व्यंजन के स्वर रहित होने को सूचना देता है, यानि वह व्यंजन विशुद्ध रूप से व्यंजन है।

1.8.2 संयुक्ताक्षर बनाने के नियम 1.1.2.2 के अनुसार छ, ट, ठ, ड, ढ, ह में हल चिह्न का प्रयोग होगा, जैसे चिह्न और बुड्ढा।

1.8.3 तत्सम शब्दों का प्रयोग वांछनीय हो, तो हलंत रूपों का उपयोग किया जाए, विशेष रूप से तब जबकि उनसे समस्त पद या व्युत्पन्न शब्द बनते हों जैसे प्राक्-प्रागैतिहासिक), वाक् (वाग्देवी), सत्साहित्य), भगवन्-(भगवद-भक्ति), साक्षात् (साक्षात्कार), जगत् (जगन्नाथ), तेजस् (तेजस्वी), विद्युत्- (विद्युलता) आदि। तत्सम संबोधन में हे राजन् , हे भगवन् मान्य हैं।

1.9 अवग्रह (ऽ)

संधि के कारण विलुप्त हुए 'अ' को प्रदर्शित करने के लिए अवग्रह चिह्न का प्रयोग किया जाता है, जैसे–शि+अहम् = शिवोऽहम।

1.10 स्वन परिवर्तन

1.10.1 संस्कृतमूलक तत्सम शब्दों की वर्तनी को ज्यों-का-त्यों ग्रहण किया जाए।

1.11 'ऐ', 'औ' का प्रयोग

1.11.1 हिंदी में ऐ (ै), औ (ौ) का प्रयोग दो प्रकार के उच्चारण को व्यक्त करने के लिए होता है। पहले प्रकार का उच्चारण है', 'और' आदि में मूल स्वरों की तरह होता है जबकि दूसरे प्रकार का उच्चारण गैया, नैया, भैया, कौवा आदि जैसे शब्दों में संध्यक्षरों (diphtongs) के रूप में आज भी सुरक्षित है। नियमानुसार 'य' के पहले 'ऐ' होने से उसका उच्चारण 'अई' के रूप में होगा और 'व' के पहले 'औं' होने पर उसका उच्चारण 'अउ' के रूप में होगा। दोनों ही प्रकार के उच्चारणों को व्यक्त करने के लिए इन्हीं चिह्नों (ऐ ै, औ ौ) का प्रयोग किया जाए। अन्य उदाहरण हैं-भैया, सैयद, तैयार, हौवा आदि।

1.11.2 दक्षिण के अय्यर, नय्यर, रामय्या आदि व्यक्तिनामों को मूल भाषा के अनुरूप लिखा जाए।

1.11.3 अव्वल, कव्वाल, कव्वाली जैसे शब्द प्रचलित हैं। इन्हें लेखन में यथावत् रखा जाए।

1.12 पूर्वकालिक कृदंत प्रत्यय कर

1.12.1 पूर्वकालिक कृदंत प्रत्यय 'कर' क्रिया से मिलाकर लिखा जाए, जैसे पाकर, खा-पीकर, रो-रोकर आदि। कर+कर के संयोग से 'करके' और करा+कर के संयोग से 'कराके' बनेगा।

1.13. 'वाला' प्रत्यय

1.13.1 क्रिया रूपों में 'करने वाला', 'आने वाला', 'बोलने वाला' आदि को अलग लिखा जाए, जैसे- मैं घर जाने वाला हूँ, जाने वाले लोग।

1.13.2 संज्ञा और विशेषण के योजक प्रत्यय के रूप में 'घरवाला', 'टोपीवाला' (टोपी बेचने वाला), दिलवाला, दूधवाला आदि एक शब्द के समान ही लिखे जाएँगे। 'वाला' जब प्रत्यय के रूप में आएगा तब मिलाकर लिखा जाएगा, अन्यथा अलग से। यह वाला, यह वाली, पहले वाला, अच्छा वाला, लाल वाला, कल वाली बात आदि में 'वाला' निर्देशक शब्द है। अतः इसे अलग से ही लिखा जाए। इसी तरह लंबे बालों वाली लड़की, दाढ़ी वाला आदमी आदि शब्दों में भी 'वाला' अलग लिखा जाएगा। इससे हम रचना के स्तर पर अंतर कर सकते हैं। जैसे -

गाँववाला-(ग्रामीण)

गाँव वाला मकान (गाँव का मकान)

1.14 श्रुतिमूलक 'य', 'व'

1.14.1 जहाँ श्रुतिमूलक य, व का प्रयोग विकल्प से होता है वहाँ स्वरात्मक रूपों का ही प्रयोग किया जाए, जैसे नई, गई, जाए, खाए, आइए। यह नियम क्रिया, विशेषण, अव्यव आदि सभी रूपों और स्थितियों में लागू माना जाए। जैसे-दिखाए गए, राम के लिए, पुस्तक लिए हुए, नई दिल्ली आदि। जहाँ 'य' श्रुतिमूलक व्याकरणिक परिवर्तन न होकर शब्द का ही मूल तत्त्व हो वहाँ वैकल्पिक श्रुतिमूलक स्वरात्मक परिवर्तन करने की आवश्यकता नहीं है, जैसे-स्थायी, अव्ययीभाव, दायित्व।

1.15 विदेशी ध्वनियाँ

1.15.1 उर्दू शब्द

उर्दू से आए अरबी-फारसी मूलक वे शब्द जो हिंदी के अंग बन चुके हैं और जिनकी ध्वनियों का हिंदी ध्वनियों में रूपांतर हो चुका है, हिंदी रूप में ही स्वीकार किए जा सकते हैं। जैसे कलम, किला, दाग। पर जहाँ उनका शुद्ध रूप में प्रयोग अभीष्ट हो अथवा उच्चारणगत भेद बताना आवश्यक हो, वहाँ शुद्धता का ध्यान रखते हुए उनके हिंदी में प्रचलित रूपों में यथास्थान नुक्ते लगाए जाएँ, जैसे -

खाना-ख़ाना, राज-राज़, फन-फ़न।

1.15.2 अंग्रेजी शब्द

अंग्रेजी के जिन शब्दों में अर्धविवृत 'ओ' ध्वनि का प्रयोग होता है, उनके शुद्ध रूप का हिंदी में प्रयोग अभीष्ट होने पर 'आ' की मात्रा के ऊपर अर्धचंद्र (ॅ) का प्रयोग किया जाए, जैसे कॉलेज, हॉल, मॉल, टॉकीज, ऑफिस।

सभी विदेशी भाषाओं से आगत शब्दों का देवनागरी लिप्यंतरण यथासंभव विदेशी भाषाओं के मानक उच्चारण के अधिक से अधिक निकट होना चाहिए।

1.16 अन्य नियम

1.16.1 शिरोरेखा (headline) का प्रयोग आवश्यक है।

3.16.2 पूर्ण विराम (फुलस्टॉप) को छोड़कर हिंदी में शेष विरामादि चिह्न वही ग्रहण कर लिए गए हैं जो अंग्रेजी में प्रचलित हैं, जैसे–योजक चिह्न, निर्देशक चिह्न, विवरण चिह्न, अल्पविराम, अर्धविराम, उपविराम, प्रश्न चिह्न, विस्मय सूचक चिह्न, अपोस्ट्रॉफी/ऊर्ध्व अल्प विराम, उद्धरण चिह्न, शब्द चिह्न, तीनो कोष्ठक, लोप चिह्न, संक्षेपसूचक चिह्न, हंसपद।

हिंदी का तकनीकी सशक्तीकरण

राजभाषा के रूप में हिंदी की प्रगति के लिए यह आवश्यक है कि उसमें किए जाने वाले कार्यों के लिए आवश्यक यांत्रिक सुविधाएं पर्याप्त मात्रा में उपलब्ध हों। विदेशी भाषाओं के लिए विविध प्रकार की यान्त्रिक सुविधाएं मौजूद हैं। सौभाग्य से अब विभिन्न प्रकार की यान्त्रिक सुविधाएं हिंदी के लिए भी उपलब्ध हैं। विगत वर्षों में राजभाषा के तकनीकी विकास की दिशा में अनेक उल्लेखनीय कार्य किए गए हैं। इस अध्याय को दो भागों में प्रस्तुत किया जा रहा है। एक में लेखक हरि बाबू कंसल की पुस्तक राजभाषा हिंदी-संघर्षों के बीच में उल्लिखित तत्कालीन स्थिति का यथावत वर्णन है तो दूसरे भाग में वर्तमान उपलब्धियों की चर्चा की गई है।

भाग–1 (यथा स्वरूप-पुस्तक राजभाषा हिंदी-संघर्षों के बीच) विभिन्न प्रकार के यंत्र यांत्रिक सुविधाओं की स्थिति इस प्रकार है:-

साधारण प्रकार के टाइपराइटर

हिंदी के टाइपराइटर वर्षा से बनते रहे हैं किन्तु इनका कुंजी पटल शुरू से अब तक एक जैसा नहीं रहा है। उनमें कई बार परिवर्तन हुए हैं। कुंजी पटल के परिवर्तन से टाइपिस्टों को कठिनाई होती रही है। जिस व्यक्ति ने एक प्रकार के कुंजी पटल पर प्रशिक्षण प्राप्त किया हो उसे यदि दूसरे प्रकार के कुंजी पटल वाले टाइपराइटर पर काम करना पड़े तो वह कर नहीं सकता। कुंजी-पटल का मानकीकरण भारत सरकार द्वारा कर दिया गया है और अब देश की टाइपराइटर कम्पनियां एक जैसे कुंजी पटल के ही हिंदी टाइपराइटर बना रहे हैं। इस बात के प्रयत्न होते रहे हैं कि हिंदी टाइपराइटरों का उत्पादन मांग के अनुरूप हो सके। ज्यों-ज्यों सरकारी कार्यालयों में तथा गैर सरकारी क्षेत्रों में हिंदी का प्रयोग बढ़ा है, तदनुसार हिंदी टाइपराइटरों की मांग भी बढ़ती जा रही है। उसके अनुरूप टाइपराइटर बनाने वाली कम्पनियों द्वारा भी हिंदी टाइपराइटरों का उत्पादन बढ़ता गया है। रेमिंग्टन कम्पनी ने 1975-76 में 2124, 1976-77 में 3186, 1976-77 में 3986, वर्ष 1979 में 5351 हिंदी टाइपराइटर बनाए थे। वर्ष 1979 में गोदरेज ने 3926, रायला ने 1480 और फैसिट एशिया ने 2282 हिंदी टाइपराइटरों का निर्माण किया। इस प्रकार उत्पादन में निरन्तर वृद्धि होती चली गई।

टाइपराइटर के अक्षरों को सुधारने तथा मशीन को अधिक अच्छा बनाने की दिशा में भी कई कदम उठाए गए हैं। टाइपराइटर में कई वर्ष आधा स्पेस की सुविधा रही, पर टाइपराइटरों में हाफ स्पेस हटा दिया गया है।

बिजली चालित हिंदी टाइपराइटर

इस प्रकार के टाइपराइटर अनेक वर्ष पूर्व आई.बी.एम. कम्पनी द्वारा विदेशों में बनाए जाते थे और भारत के कई कार्यालयों और संस्थानों में उनका प्रयोग हो रहा था। बाद में इसका आयात बन्द कर दिया गया। इस बात का प्रयत्न चलता रहा कि हिंदी के रिवलीचालित टाइपराइटर हिन्दुस्तान टेलीप्रिन्टर, मद्रास द्वारा बनाए जाएं। उनके द्वारा इस काम में बहुत विलम्ब हुआ लेकिन अब वे इन्हें बना रहे हैं।

पिन-प्वाइंट टाइपराइटर

इनका प्रयोग चैक, बैंक ड्राफ्ट, लाइसेंस आदि बनाने के लिए किया जाता है। टाइपराइटर पर छोटे बिन्दुओं से बने अक्षर तथा संख्या टाइप होती है। भारत में इस प्रकार के टाइपराइटर पहले रोमन लिपि में ही उपलब्ध थे। कई वर्ष तक इस बात

का प्रयत्न होता रहा कि ऐसे टाइपराइटर देवनागरी लिपि के भी बनें। अब इनका उत्पादन भारत में होने लगा है। इससे ऐसे कई काम हिंदी में होने आरम्भ हो गए जो पिन प्वाइंट टाइपराइटर देवनागरी के न होने के कारण अंग्रेजी में ही हो रहे थे।

इलेक्ट्रॉनिक टाइपराइटर

इस प्रकार के टाइपराइटरों में मैमोरी होती है जिसको प्रदर्शित (डिसप्ले) किया जा सकता है। इस प्रदर्शन (डिसप्ले) को देखने से अशुद्धियों का ज्ञान हो जाता है। इन अशुद्धियों को तुरन्त दूर करके फिर से टाइप कर लिया जाता है। इसमें डेजी व्हील का प्रयोग होता है जिसकी सहायता से रोमन तथा देवनागरी में विभिन्न प्रकार के अक्षरों को टाइप किया जा सकता है। इस टाइपराइटर की उत्पादकता साधारण टाइपराइटर से कई गुना अधिक होती है। रोमन देवनागरी (द्विभाषी) इलेक्ट्रॉनिक टाइपराइटर अब कई कम्पनियां बना रही हैं।

पता लेखी मशीन

देवनागरी में पते लिखने वाली मशीन बाजार में कई वर्षों से उपलब्ध है। इस पता लेखी मशीन के द्वारा पतों की विवरणियां, सूचियां, बिजली तथा पानी के बिल, बीमा परिपत्र, पहचान टोकन, रेल तथा रेल वेगनों के लेबल देवनागरी में तैयार किए जा सकते हैं। कई सरकारी विभागों में इसका प्रयोग किया जाता है। इस मशीन पर होने वाले अनेक काम अब कम्प्यूटरों पर किए जाने लगे हैं।

टेलीप्रिंटर

भारत में जब टेलीप्रिन्टरों का प्रचलन आरम्भ हुआ तब वे रोमन लिपि के ही उपलब्ध थे। बाद में हिंदी संवाद समितियों के कार्य के लिए तथा तार घरों में उपयोग के लिए देवनागरी लिपि के टेलीप्रिन्टर विदेशों से मंगाए जाने लगे। अब वर्षों से देवनागरी लिपि के टेलीप्रिन्टर भारत में हिन्दुस्तान टेलीप्रिन्टर लि. द्वारा बनाए जा रहे हैं। अब इलेक्ट्रॉनिक द्विलिपि टेलीप्रिन्टर बनने लगे हैं जिनमें देवनागरी तथा रोमन लिपि दोंनों का प्रयोग सम्भव है।

मुद्रण

मुद्रण में लिपि की बात मुख्यत: कम्पोजिंग में उठती है। एक समय था जब अक्षरों जाई का कम्पोजिंग हाथ से ही हुआ करता था। अब जिस प्रकार रोमन लिपि के लिए लाइनोवाद साधा मौनोटाइप मशीनें उपलब्ध हैं उस प्रकार की मशीनें हिंदी के

लिए भी उपलब्ध है। इसमें और आश्चर्यजनक प्रगति हुई है। अब फोटो कम्पोजिंग का युग है। इस प्रकार की आधुनिकतम मशीनें हिंदी कार्य के लिए भी बन रही हैं। ऐसी मशीनें भारत सरकार के मुद्रणालयों में तथा गैर-सरकारी मुद्रणालयों में काफी लग चुकी हैं। अब अनेक व्यावसायिक फर्म फोटो कम्पोजिंग का कार्य कर रही हैं। डेस्क टाप प्रकाशन की मशीनें जिस प्रकार अंग्रेजी के लिए उपलब्ध हैं, उसी प्रकार हिंदी तथा अन्य कई भारतीय भाषाओं के लिए भी है।

कम्प्यूटर

दीर्घ समय तक भारत में आम धारणा रही कि कम्प्यूटरों में केवल रोमन लिपि का ही प्रयोग सम्भव है। इन पंक्तियों के लेखक ने 1975-76 में सरकारी बैठकों में यह बात उठाई थी कि जब विभिन्न देशों में रूसी, चीनी, जापानी, अरबी तथा हिब्रू आदि लिपियों के कम्प्यूटर हैं तो कम्प्यूटरों में देवनागरी लिपि का प्रयोग क्यों नहीं सम्भव हो सकता। विभिन्न स्तरों पर इस बात की चर्चा उठाने पर यह स्वीकार कर लिया गया कि कम्प्यूटरों में जिस प्रकार अन्य लिपियों का प्रयोग सम्भव है, उसी प्रकार देवनागरी लिपि का प्रयोग हो सकने वाले कम्प्यूटर भी बन सकते हैं। विभिन्न तकनीकी संस्थानों के अनेक वैज्ञानिकों ने इस दिशा में महत्वपूर्ण कार्य किया है। अब कई कम्पनियां ऐसे कम्प्यूटर बना रही हैं जिनमें देवनागरी लिपि ही नहीं कई अन्य लिपियों का भी प्रयोग हो सकता है।

राज्य सरकारें भी इस बारे में पर्याप्त रुचि लेने लगी हैं। बिहार सरकार ने कम्प्यूटरों की एक बड़ी खरीद के लिए कम्पनी से सौदा किया है, इस शर्त पर कि सारे कम्प्यूटर प्रोग्राम (वह प्रणाली जिससे कम्प्यूटर में जो जानकारी भरी जाती है उसके आधार पर इच्छित जानकारी मिलती है) हिंदी में होंगे। अब तक ये 'सोफ्टवेअर प्रोग्राम अंग्रेजी में ही उपलब्ध थे, बड़ी खरीद होने से कम्प्यूटर कम्पनी को प्रोग्राम हिंदी में बनाने की 'मुसीबत स्वीकार करनी पड़ी, और ये बन रहे हैं।

भाग-2 वर्तमान व्यवस्था

कंप्यूटर का विस्तार होने के बाद टाइपिंग / सेटिंग इत्यादि कार्यों में अत्यधिक आकर्षण के साथ-साथ कार्य कुशलता देखी जा सकती है। आज अलग-अलग प्रकाशनों द्वारा आधुनिक मशीनों का उपयोग कर हिंदी कार्य-कुशलता को बढ़ाया गया है। विभिन्न फांट संबंधी समस्याओं का निदान भी किया जा रहा है। सरकार

द्वारा यूनिकोड को मान्यता दी गई है। इसके साथ-साथ विभिन्न ई-टूल्स का निर्माण भी किया गया है ताकि आधुनिक युग की आवश्यकतानुसार हिंदी और तकनीकी का सामंजस्य बने।

राजभाषा हिंदी के कार्यान्वयन में हिंदी ई-टूल्स की सार्थकता

यूनिकोड क्या है?

सर्वप्रथम यह समझना आवश्यक है कि यूनिकोड क्या है? क्या यूनिकोड को फॉंट है? क्या यूनिकोड कोई टंकण का टूल है? या यूनिकोड कोई हिंदी या भारती भाषाओं में टंकण करने का तरीका है?

यूनिकोड एक टेक्नोलॉजी मानक है। यूनिकोड मानक में विश्वस्तर पर एक प्रचलित सभी लिपियों के वर्णमाला के प्रत्येक अक्षर के लिए यूनीक कोड प्रदान किया गया है। यूनिकोड (Unicode), प्रत्येक अक्षर के लिए एक विशेष संख्या प्रदान करता है, चाहे कोई भी कम्प्यूटर प्लेटफॉर्म, प्रोग्राम अथवा कोई भी भाषा हो। यूनिकोड मानक को एपल, एच.पी., आई.बी.एम., माइक्रोसॉफ्ट, ऑरेकल, सैप, सन यूनिसिस जैसी उद्योग की प्रमुख कम्पनियों और कई अन्य ने अपनाया है। यूनिकोड आई.एस.ओ/आई.ई.सी. 10646 (ISO/IEC 10646) एक अंतर्राष्ट्रीय मानक है। यह कई संचालन प्रणालियों, सभी आधुनिक ब्राउजरों और कई अन्य उत्पादों में उपलब्ध है।

यूनिकोड 10.0 वर्जन में कुल 136,690 वर्णों को जोड़ा गया है तथा कुल 139 स्क्रिप्ट हैं।

भारतीय भाषाओं के लिए यूनिकोड एनकोडिंग के लिए UTF-8 का प्रयोग होता है।

यूनिकोड क्यों?

यूनिकोड मानक सार्विक करैक्टर इनकोडिंग मानक है जिसका प्रयोग कंप्यूटर प्रोसेसिंग के लिए टेक्स्ट के निरूपण के लिए किया जाता है। कंप्यूटर पर एकरूपता के लिए एकमात्र विकल्प कैरेक्टर इनकोडिंग के लिए यूनिकोड है। इससे हिंदी तथा अन्य भारतीय भाषाओं में कंप्यूटर पर अंग्रेजी की तरह ही सरलता से 100% कार्य किया जा सकता है, कंप्यूटर पर हिंदी में सभी कार्य जैसे-वर्ड प्रोसेसिंग, डाटा

प्रोसेसिंग, ई-मेल, वेबसाइट निर्माण आदि किए जा सकते हैं, हिंदी में बनी फाइलों का आसानी से आदान-प्रदान तथा हिंदी की-वर्ड पर गूगल या किसी अन्य सर्च इंजन पर सर्च कर सकते हैं।

राजभाषा विभाग ने अंतर्राष्ट्रीय स्तर पर एनकोडिंग की एकरूपता को ध्यान में रखते हुए सभी केंद्रीय कार्यालय को कंप्यूटर में यूनिकोड एनकोडिंग प्रणाली अथवा यूनिकोड समर्थित ओपन टाइप फॉंट का ही प्रयोग करने का निर्देश दिया है। यूनिकोड एनकोडिंग को install/use करना बहुत आसान है। इसकी जानकारी राजभाषा विभाग की साइट (http://hindietools.nic.in) पर भी उपलब्ध है।

The latest electronic version of the Unicode Standard can be found at यूनिकोड साइट www.unicode.org, यूनिकोड कंसोशियम के प्रकाशनों में यूनिकोड मानक के साथ इसके अनुलग्नक और वर्ण शामिल हैं http://www.unicode.org/ucd/

यूनिकोड का महत्व तथा लाभ

एक ही दस्तावेज में अनेक भाषाओं के text लिखे जा सकते हैं।

किसी सॉफ्टवेयर उत्पाद का एक ही संस्करण पूरे विश्व में चलाया जा सकता है। क्षेत्रीय बाजारों के लिए अलग से संस्करण निकालने की जरूरत नहीं पड़ती।

देवनागरी यूनिकोड

- देवनागरी यूनिकोड की (रेंज) 0900 से 097F तक है। (दोनो संख्याएं षोडषाधारी हैं)
- क्ष, त्र एवं ज्ञ के लिये अलग से कोड नहीं है। इन्हें संयुक्त वर्ण मानकर अन्य संयुक्त वर्णों की भांति इनका अलग से कोड नहीं दिया गया है।
- इस रेंज में बहुत से ऐसे वर्णों के लिये भी कोड दिये गये हैं जो सामान्यत: हिंदी में व्यवहृत नहीं होते। किन्तु मराठी, सिंधी, मलयालम आदि को देवनागरी में सम्यक ढंग से लिखने के लिये आवश्यक हैं।
- नुक्ता के लिये भी अलग से एक कोड दे दिया गया है। अत: नुक्तायुक्त अक्षर यूनिकोड की दृष्टि से दो प्रकार से लिखे जा सकते हैं एक बाइट यूनिकोड के रूप में या दो बाइट यूनिकोड के रूप में। उदाहरण के लिए ज को 'ज' के बाद नुक्ता (़) टाइप करके भी लिखा जा सकता है।

UTF-8, UTF-16, UTF-32 क्या है?

- यूनिकोड का मतलब है सभी लिपि चिह्नों की आवश्यकता की पूर्ति करने में सक्षम एक समान मानकीकृत कोड'।
- पहले सोचा गया था कि केवल 16 बिट के माध्यम से ही दुनिया के सभी लिपि चिह्नों के लिये अलग-अलग कोड प्रदान किये जा सकेंगे। बाद में पता चला कि यह कम है। फिर इसे 32 बिट कर दिया गया। अर्थात इस समय दुनिया का कोई संकेत नहीं है जिसे 32 बिट के कोड में कहीं न कहीं जगह न मिल गयी हो।
- यूनिकोड के तीन रूप प्रचलित हैं UTF-8, UTF-16 और UTF-32.
- इनमें अन्तर क्या है? मान लीजिये आपके पास दस पेज का कोई टेक्स्ट है जिसमें रोमन, देवनागरी, अरबी, गणित के चिन्ह आदि बहुत कुछ हैं। इन चिन्हों के यूनिकोड कोड अलग-अलग होंगे। यहां ध्यान देने योग्य बात है कि कुछ संकेतों 32 बिट के यूनिकोड में शुरू में शून्य ही शून्य हैं (जैसे अंग्रेजी के संकेतों के लिये यदि शुरुआती शून्यों को हटा दिया जाय तो इन्हें केवल 8 बिट के द्वारा निरूपित किया जा सकता है और कहीं कोई भ्रम या कांफ्लिक्ट नहीं होगा। इस तरह रूसी, अरबी, हिब्रू आदि के यूनिकोड ऐसे हैं कि शून्य को छोड़ देने पर उन्हे प्राय: 16 बिट = 2 बाइट से निरूपित किया जा सकता है। देवनागरी, जापानी, चीनी आदि को आरम्भिक शून्य हटाने के बाद प्राय: 24 बिट तीन बाइट से निरूपित किया जा सकता है, किन्तु बहुत से संकेत होंगे जिनमें आरम्भिक शून्य नहीं होंगे और उन्हें निरूपित करने के लिये चार बाइट ही लगेंगे।
- लगभग स्पष्ट है कि प्राय: UTF-8 में इनकोडिंग करने से UTF-16 की अपेक्षा कम बिट्स लगेंगे।
- इसके अलावा बहुत से पुराने सिस्टम 16 बिट को हैंडिल करने में अक्षम थे। वे एक बार में केवल 8-बिट के ही साथ काम कर सकते थे। इस कारण भी UTF-8 को अधिक अपनाया गया। यह अधिक प्रयोग में आता है।
- UTF-16 और UTF-32 के पक्ष में अच्छाई यह है कि अब कम्प्यूटरों का हार्डवेयर 32 बिट या 64 बिट का हो गया है। इस कारण UTF-8 की फाइलों को 'प्रोसेस' करने में UTF-16, UTF-32 वाली फाइलों की अपेक्षा अधिक समय लगेगा।

कंप्यूटर में हिंदी में कार्य करने के लिए 3 की-बोर्ड विकल्प हैं:-

इनस्क्रिप्ट कीबोर्ड

इनस्क्रिप्ट कीबोर्ड भारत सरकार का मानक लेआउट है। यह एक सरल वैज्ञानिक टाइपिंग प्रणाली है। इनस्क्रिप्ट कीबोर्ड पर किसी एक भारतीय भाषा के टाइपिंग से अभ्यस्त होने पर अन्य सभी भारतीय भाषाओं में आसानी से टाइपिंग किया जा सकता है। इनस्क्रिप्ट टाइपिंग मार्गदर्शन के लिए ildc.in साइट से 'आसान टंकण प्रशिक्षक' डाउनलोड कर अभ्यास किया जा सकता है। राजभाषा विभाग की साइट rajbhasha.nic.in के 'ई-टूल्स' में जाकर यूनिकोड एनेबल करने का मार्गदर्शन प्राप्त किया जा सकता है। इनस्क्रिप्ट में टंकित फाइलों को स्थानांतरित किये जाने पर और उन्हें प्राप्तकर्ता के सिस्टम में खोले जाने पर फॉन्ट में कोई परिवर्तन/करेक्शन नहीं पाया जाएगा।

राजभाषा वर्ग के सभी स्टाफ सदस्यों को इनस्क्रिप्ट कीबोर्ड से हिंदी टंकण करने का अभ्यस्त होना जरूरी है। कोई पारंपरिक रेमिंगटन कीबोर्ड से या फोनेटिक टाइपिंग से अभ्यस्त होने पर तत् टंकण पद्धति से बाहर आकर इनस्क्रिप्ट टंकण प्रारंभ करना अत्यंत आवश्यक है। इस पद्धति में स्वर एवं स्वर आधारित मात्राओं तथा अल्प व महाप्राण व्यंजनों का टंकण क्रम व्यवस्थित और याद रखने में आसान है एवं तेजी से टाइप किया जा सकता है।

फोनेटिक कीबोर्ड

फोनेटिक कीबोर्ड पर हिंदी टंकण का अंतिम विकल्प होना चाहिये। इनस्क्रिप्ट से हिंदी टंकण करने के लिए समय नहीं दे पाने वाले पर्यवेक्षी अधिकारियों को फोनेटिक टाइपिंग का सहारा लेने के लिए कहा जा सकता है। इस पद्धति में रोमन स्क्रिप्ट का प्रयोग करते हुए हिंदी टंकण किया जा सकता है। सिस्टम के स्क्रीन पर कीबोर्ड एवं शब्द चयन विकल्प की सुविधा भी उपलब्ध है। सिस्टम में हिंदी टंकण का विकल्प चुनकर हिंदी अक्षरों के स्पष्ट उच्चारण के आधार पर अंग्रेजी अक्षर टाइप करने होंगे। यथा : 'क' के लिए ka, 'क्' (हलंत) के लिए केवल k, दीर्घात के लिए aa, ee..., महाप्राण के लिए संबंधित उच्चारण के अंग्रेजी अक्षर के बाद h का प्रयोग ('ख' के लिए kha), विसर्ग के लिए (:) h आदि-आदि। इस प्रकार अंग्रेजी अक्षरों का प्रयोग करते हुए हिंदी टंकण रूप लाने हेतु बहुत सारे तरकीबों (ट्रिक्स) को याद रखना पड़ता है। अभ्यस्त हो जाने से आदत तो हो जाती है लेकिन

एक हिंदी अक्षर के टंकण के लिए एक से अधिक अंग्रेजी अक्षर को टाइप करने की आवश्यकता होने की वजह से अधिक समय नष्ट हो जाता है। संयुक्ताक्षरों के टंकण में कभी-कभी हलंतयुक्त अक्षर टाइप हो जाते हैं। यथा : 'मुक्त' के लिए 'मुक्त', पर्याय के लिए 'पर्याय' आदि-आदि। इनके अतिरिक्त फोनेटिक से हिंदी में टंकित फाइलों का दूसरे सिस्टम में अंतरण होने पर ठीक तरह से टंकित संयुक्ताक्षर में हलंत जुड़ जाना (समाप्त- 'समाप्त') अक्षरों का विघटन (उसकी उस की) आदि विसंगतियाँ पाई जाती हैं जिन्हें पुनः ठीक करने में समय देना होगा। लंबे मसौदे क़े लिये समय अधिक लगता है।

रेमिंग्टन कीबोर्ड

पुरानी पीढ़ी के कर्मी इस पारंपरिक टाइपिंग से अभ्यस्त होकर इसे छोड़कर इनस्क्रिप्ट प्रयोग में नहीं आना चाहते हैं। लेकिन मन बना लेने पर कम समय में इनस्क्रिप्ट कीबोर्ड परिचालन से परिचित होना कोई कठिन कार्य नहीं है। रेमिंगटन से हिंदी में टंकित फाइलों को अन्य सिस्टम में अंतरित करने पर वही विसंगतियाँ अक्सर पाई जाती हैं, जैसे फोनेटिक हिंदी में टंकित फाइलों के अंतरण में पाई जाती हैं।

7. फॉंट व टाइपिंग संबंधी समस्याएं एवं उनका निवारण कंप्यूटर पर हिंदी में कार्य करने के लिए तीन की-बोर्ड विकल्प हैं-रेमिंग्टन, इंस्क्रिप्ट तथा फोनेटिक। हालांकि अभी तक रेमिंग्टन की-बोर्ड, पूर्व से प्रचलित होने के कारण (popular) है, तुलना में इंस्क्रिप्ट में हिंदी टंकण सीखना बहुत आसान है। इस्क्रिप्ट ले-आउट भारत सरकार का मानक होने की वजह से सभी ऑपरेटिंग सिस्टम में डिफाल्ट में यानि पहले से मौजूद रहता है। साथ ही किसी भी एक भाषा में इंस्क्रिप्ट की-बोर्ड सीखने पर, सभी भारतीय भाषाओं में आसानी से टंकण कर सकते हैं। (http://ildc.in) पर इंस्क्रिप्ट सीखने के लिए ट्यूटर भी उपलब्ध है।

उल्लेखनीय है कि फोनेटिक की-बोर्ड में, हिंदी टंकण से अनभिज्ञ अधिकारी, रोमन स्क्रिप्ट का उपयोग करते हुए, हिंदी में आसानी से टंकण कर सकते हैं।

सभी ऑपरेटिंग सिस्टम में हिंदी का डिफॉल्ट फॉंट मंगल हैं। इसके साथ-साथ Arial Unicode MS, Kokila, Aaparajita, Utsah, NirmalaUI फॉंट का भी प्रयोग कर सकते हैं।

http://ildc.in साइट पर 160 ओपन टाइप फॉंट उपलब्ध कराए गए हैं, इनका भी प्रयोग किया जा सकता है।

नॉन-यूनिकोड हिंदी सामग्री को यूनिकोड सामग्री में परिवर्तित करना

यह टूल एक फॉंट में लिखे गए डाटा को दूसरे फॉंट में बदलता है। यह कई तरह की फाइलों पर इस्तेमाल किया जा सकता है जैसे-माइक्रोसॉफ्ट वर्ड, माइक्रोसॉफ्ट एक्सेल, टैक्सट फाइल इत्यादि।

सभी प्रकार के स्टोरेज एवं फॉंट कनवर्टर डाउनलोड करने के लिए http://bhashaindia.com से TBIL Converter 32-bit 4.1 तथा TBIL Converter 64-bit 4.1 डाउनलोड कर सकते हैं। इस पैकेज के माध्यम से भी नॉन- यूनिकोड सामग्री को यूनिकोड आधारित मंगल फॉंट में बदला जा सकता है।

गूगल वाइस टाइपिंग

अपनी आवाज के साथ टाइप करें, जिसे आसान तरीके से दस्तावेज में अपनी आवाज के साथ टाइप कर सकते हैं।

फिलहाल, यह सुविधा "क्रोम ब्राउजर" में ही उपलब्ध है।

- सबसे पहले यह सुनिश्चित करें कि आपके कंप्यूटर से एक माइक्रोफोन जुड़ा हुआ है और वह काम करता है तथा एक जी-मेल का यूजर आईडी-पासवर्ड होना जरूरी है।
- Chrome ब्राउज़र में http://docs.google.com ओपन करें। जी-मेल आईडी से लॉग इन करें
- गूगल डॉक्स में एक नया दस्तावेज खोलें।
- उपकरण (Tools) मेनू > वॉइस टाइपिंग (Voice Typing) पर क्लिक करें। पॉप-अप माइक्रोफोन बॉक्स से भाषा (हिंदी) का चयन करें।
- आप पढ़कर बोलने के लिए तैयार हैं, तो माइक्रोफोन बॉक्स पर क्लिक करें। सामान्य गति और वोल्यूम से स्पष्ट रूप से अपना पाठ बोलें।
- रोकने के लिए माइक्रोफोन पर पुनः क्लिक करें

वॉइस टाइपिंग की गलतियों में सुधार

आवाज के साथ टाइप करते हुए अगर गलती हो जाए तो गलती पर कर्सर ले जाकर और माइक्रोफोन से पुनः बोल कर ठीक कर सकते हैं। गलती सुधारने के बाद, यदि आप आवाज टाइपिंग जारी रखना चाहते हैं तो वहां कर्सर वापस ले जाएं।

गूगल वॉयस टाइपिंग वीडियो http://hindietools.nic.in में गूगल वॉयस टाइपिंग के अंतर्गत देखा जा सकता है।

हिंदी स्वयं शिक्षण लीला-प्रबोध, प्रवीण तथा प्राज्ञ पाठ्यक्रम

- लीला (LILA-Learn Indian Languages through Artificial intelligence) स्वयं शिक्षण मल्टीमीडिया पैकेज है।
- http://hindietools.nic.in पर नि:शुल्क उपलब्ध
- प्रबोध, प्रवीण और प्राज्ञ स्तर के पाठ्यक्रम (अंग्रेजी, कन्नड़, मलयालम, तमिल, तेलगू, बंगला, असमी, उड़िया, मणिपुरी, मराठी, पंजाबी, कश्मीरी, गुजराती, नेपाली तथा बोडो माध्यम से)
- ऑनलाइन अभ्यास, उच्चारण सुधार, स्वमूल्यांकन आदि की सुविधा।

ई-महाशब्दकोश

सी-डैक, पुणे के सहयोग से गृह मंत्रालय के राजभाषा विभाग द्वारा 'ई-महाशब्दकोश' विकसित किया गया है। यह अंग्रेजी-हिंदी द्विभाषा के जिआगामी (bidirectional) उच्चारण शब्दकोश है। शब्दों का शुद्ध उच्चारण, विशिष्ट अर्थ से परिचित कराने के अतिरिक्त शब्दों और मुहावरों का संदर्भयुक्त प्रयोग का परिचय भी मिलता हैं। यही नहीं, अंग्रेजी/हिंदी अक्षरों द्वारा आसान और त्वरित शब्द खोज, अक्षर क्रम में शब्द सूची, स्पीच इंटरफेस के साथ हिंदी शब्द का उच्चारण, सामान्य शब्दों में सामान्यत: न पाए जाने वाले शब्द रूपों का पूर्ण ब्यौरा इत्यादि सुविधाएँ उपलब्ध हैं। विशेषत: प्रशासनिक कोणों से प्राप्त प्रतिपुष्टि (feedback) एवं सुझावों के आधार पर राजभाषा विभाग द्वारा इसे अद्यतन करने की प्रक्रिया जारी रखी जाती है। हिंदी के सक्षम प्रयोग के लिए हर राजभाषा कमी इस कोश का लाभ उठाना ही नहीं, अन्य कर्मियों को भी इस सुविधा से अवगत कराना होगा। कार्य में हिंदी का प्रयोग करने में ई-महाशब्दकोश बहुत मददगार है। [स्रोत: e-mahashabdakosh.rb-aar.in]

फोनेटिक कीबोर्ड

फोनेटिक कीबोर्ड पर हिंदी टंकण को एक अंतिम विकल्प के रूप में अपनाना ही उचित होगा।

कंठस्थ

कंठस्थ एक सॉफ्टवेयर-सहायता प्राप्त अनुवाद प्रणाली है जो विभिन्न सरकारी संगठनों को दस्तावेजों को एक भाषा से दूसरी भाषा में, हिंदी से अंग्रेजी और इसके

विपरीत अनुवाद करने में सहायता करती है। कंठस्थ विशिष्ट आवश्यकताओं के अनुरूप सर्वोत्तम अनुवाद प्राप्त करने के लिए ट्रांसलेशन-मैमोरी (टीएम) और न्यूरल मशीन ट्रांसलेशन (एनएमटी) का मिश्रित दृष्टिकोण अपनाता है और यह सुनिश्चित करता है कि भविष्य में कोई भी अनुवाद भुलाया न जाए।

एक अनुवाद स्मृति अनिवार्य रूप से एक डेटाबेस है जो अनुवादित डेटा को संरेखित स्रोत-भाषा और लक्ष्य-भाषा खंडों के रूप में संग्रहीत करता है। अनुवाद स्मृति प्रणाली की मुख्य विशेषता यह है कि यह एक अनुवादक को एक नई फ़ाइल पर काम करते समय पहले अनुवादित खंडों का पुनः उपयोग करने में या तो पूर्ण मैच या टीएम में आंशिक मैच के माध्यम से सक्षम बनाता है। टीएम डेटाबेस अनुवाद उद्देश्यों के लिए प्रत्येक बाद के उपयोग से खुद को लगातार समृद्ध करता है।

टी.एम. का डेटाबेस दो प्रकार का होता है ग्लोबल ट्रांसलेशन मैमोरी (जी. टी.एम.) तथा लोकल ट्रांसलेशन मैमोरी (एल.टी.एम.)। एल.टी.एम. प्रत्येक अनुबादक के कम्प्यूटर पर अलग-अलग होती है, जबकि जी.टी.एम. एक सामूहिक डेटाबेस है जोकि राजभाषा विभाग के सर्वर पर उपलब्ध है। परीक्षण के पश्चात् विभिन्न एल.टी.एम. जी.टी.एम. का भाग बन जाती है।

ट्रांसलेशन मैमोरी पर आधारित यह सिस्टम भारत सरकार के गृह मंत्रालय के अधीन राजभाषा विभाग के लिए विकसित किया गया है। इस सिस्टम के माध्यम से अंग्रेजी से हिंदी तथा हिंदी से अंग्रेजी में अनुवाद संभव है।

सिस्टम की मुख्य विशेषताएंः

- लोकल एवं ग्लोबल टी.एम. बनाना
- वर्क-फ्लो संयोजन
- अनुवाद के लिए टी.एम. से पूर्ण मिलान
- अनुवाद के लिए टी.एम. से आंशिक मिलान
- प्रोजेक्ट बनाने/अन्य कम्प्यूटर से प्राप्त करने/अन्य कम्प्यूटर पर भेजने की सुविधा
- फोल्डर बनाने अन्य कम्प्यूटर से प्राप्त करने/अन्य कम्प्यूटर पर भेजने की सुविधा
- फाइल को अन्य कम्प्यूटर से प्राप्त करने/अन्य कम्प्यूटर पर भेजने की सुविधा
- अनुवादित फाइल का विश्लेषण-अनुवादित फाइलों की संख्या, पूर्ण एवं आंशिक रूप से मिले हुए बाक्यों की संख्या, प्राप्त अप्राप्त शब्द इत्यादि की रिपोर्ट

- एक समय-विशेष में बनाए गए पैकेज, प्रोजेक्ट तथा अनुवाद की गई फाइलों की रिपोर्ट
- शब्दकोश संयोजन
- वाक्यांश खोज
- गुणवत्ता निर्धारक मानदंड
- द्विभाषिक फाइल को डाउनलोड एवं अपलोड करना
- विभिन्न फाइल एक्सटेंशन को समर्थन
- फाइल फॉर्मेट को यथावत रखना
- मशीन अनुवाद मॉडल
- ओटोमैटिक इसपीच रिकॉग्निशन
- चैटबॉट

हिंदी शब्द सिंधु

एक बृहत और सर्वसमावेशी शब्दकोश 'हिंदी शब्द सिंधु' देश की अन्य भाषाओं से हिंदी को समृद्ध करने की दिशा में विकसित किया जा रहा है। इसमें विभिन्न विषयों जनसंचार, आयुर्वेद, खेलकूद, अंतिरक्ष विज्ञान, भौतिकी, रसायन विज्ञान, जीव विज्ञान, वैमानिकी, कंप्यूटर विज्ञान, इलैक्ट्रानिक्स, भू-गर्भशास्त्र, मानविकी आदि से संबंधित शब्दावली के साथ-साथ पारंपरिक शब्दावली को भी समाहित किया जा रहा है। इस शब्दकोश में शब्द की प्रविष्ट के साथ-साथ उसकी व्याकरणिक कोटि, अर्थ, पर्याय, आवश्यकतानुसार प्रयोग, विलोम, मुहावरे एवं तत्संबंधी अन्य आवश्यक जानकारियाँ दी गई हैं। यह शब्दकोश पूर्णत: डिजिटल तथा खोजपरक (सर्चेबल) है। यह एक ऐसा शब्दकोश होगा जो पूर्णत: अद्यतन और सामवेशी होगा तथा इसमें हिंदी में प्रयुक्त होने वाले शब्दों का अर्थ सहित संग्रह होगा। इस शब्दकोश में हिंदी और हिंदी क्षेत्र की बोलिगों, उपभाषाओं और भाषाओं के शब्द, अन्य भारतीय भाषाओं के प्रचलित शब्द, मीडिया और न्यू मीडिया के शब्द, तकनीक और विज्ञान के शब्द तथा विधि एवं न्याय के शब्द भी शामिल किये जा रहे हैं। यह पूर्णत: डिजिटल वेब आधारित होगा तथा इसे केंद्रीय हिंदी निर्देशालय द्वारा निर्धारित मानकीकृत वर्तनी के अनुसार तैयार किया जा रहा है। इसमें यूनिकोड फॉन्ट का उपयोग किया जा रहा है तथा इसमें हिंदी, अंग्रेजी सहित अन्य भारतीय भाषाओं में टंकण कर शब्द खोजने की सुविधा होगी।

अध्याय-7

हिंदी का वैश्विक उत्थान

लेखक हरि बाबू कंसल अपनी पुस्तक "राजभाषा हिंदी-संघर्षों के बीच" में लिखते हैं विदेश के अनेक लोग इस बात पर आश्चर्य प्रकट करते रहे हैं कि स्वाधीनता प्राप्त करने के इतने वर्ष बाद भी भारत का सरकारी कामकाज अभी तक अंग्रेजी में चल रहा है। किसी भी राजदूतावास को अन्य देशों से व्यवहार करते समय अंग्रेजी अथवा अपने देश की भाषा से भिन्न किसी अन्य भाषा का प्रयोग करना पड़ सकता है तथा किया भी जाता है, किन्तु राजदूतावास का कुल मिलाकर जितना काम होता है उसमें कुछ प्रतिशत काम ही ऐसा होता है जिसमें अपने देश की भाषा से भिन्न भाषा के प्रयोग की आवश्यकता होती है। उनका अधिकांश पत्र-व्यवहार अपने देश के विदेश मंत्रालय से, अपनी सरकार के विभिन्न विभागों से अथवा अपने देश की संस्थाओं के साथ होता है जो सब अपने देश की भाषा में किया जा सकता है। भारत का विदेश मंत्रालय तथा विदेशों में भारतीय राजदूतावास इस तथ्य की उपेक्षा करते रहे हैं। उनकी ओर से सामान्यत: यह कहा जाता है कि हमारा काम अधिकतर अन्तर्राष्ट्रीय क्षेत्र से संबंधित है, इसमें हिंदी के प्रयोग की गुंजाइश कहां है।

सन 1955 में जब राजभाषा हिंदी के प्रयोग के संबंध में श्री बी.जी. खेर की अध्यक्षता में राजभाषा आयोग का गठन हुआ और आयोग ने विभिन्न विभागों, संस्थाओं आदि की राय प्राप्त करने के लिए प्रश्नावली जारी की, उसकी प्रतियां सभी भारतीय राजदूतावासों में भी आई। उस प्रश्नावली के उत्तर का प्रारूप तैयार करके मैंने मिस्र में भारतीय राजदूत को प्रस्तुत किया। सर्वप्रथम उन्होंने पूछा कि क्या इस प्रश्नावली का उत्तर भेजना अनिवार्य है। मैंने कहा कि अनिवार्य तो नहीं है किन्तु यदि इसी आधार पर कोई भी सरकारी कार्यालय अपने विचार आयोग को सूचित नहीं करेगा तो आयोग को कहां से सहयोग प्राप्त होगा। इस पर राजदूत ने प्रारूप पर दृष्टि डाली। वह उसके सभी पैराग्राफों से सहमत थे। केवल एक पैराग्राफ में उन्होंने

कुछ वाक्य इस आशय के बढ़ाए कि जहां तक अन्तर्राष्ट्रीय कार्य व्यवहार का संबंध है उसमें अंग्रेजी की आवश्यकता आगे भी पड़ती रहेगी।

सभी अरब देशों में भारत (अर्थात हिन्द) के नागरिकों को "हिंदी" कह कर पुकारा जाता है। नेपाल, श्रीलंका आदि भारत के पड़ोसी देशों के निवासियों को भी वे "हिंदी" ही कहते हैं। भारतीय राजदूतावास को अरबी भाषा में "सफारतुल हिंदीया" कहा जाता है। अनुमान लगाइए कि जब कोई अरब, भारतीय राजदूतावास में जाकर यह देखता है कि वहां का सारा काम अंग्रेजी में होता है, हिन्द की भाषा हिंदी में नहीं, तो उसे इस पर कितना 'आश्चर्य होता होगा।

अरब देशों में हिंदी फिल्में काफी लोकप्रिय हैं। अरब युवक एवं युवतियां हिंदी गाने झूम-झूम कर गाते हैं यद्यपि उन्हें उनके अर्थ का ज्ञान नहीं होता। एक बार मिस्र में हिंदी की फिल्म "बैजू बावरा" पहुंची। वहां विदेशी फिल्में फ्रेंच तथा अरबी भाषा के सब-टाइटिल लगवाकर प्रदर्शित की जाती हैं।

भारत के कार्यालयों में अंग्रेजी के प्रति जो मोह है, भारतीय राजदूतावासों में वह कुछ अधिक मात्रा में व्याप्त है। लेकिन हिंदी की उपेक्षा करने से कभी-कभी असमंजसकारी स्थितियों का सामना करना पड़ता है। इसका एक उदाहरण सन 1958 का है। भारत और मिस्र के बीच मित्रता की संधि के प्रारूप पर काफी समय से विचार होता रहा था। जब दोनों पक्षों के विचार विनिमय के पश्चात प्रारूप को अंतिम रूप दिया गया और संधि पर हस्ताक्षर होने की तिथि भी निश्चित हो गई, उस समय मिस्र सरकार ने एक पैराग्राफ में कुछ शाब्दिक संशोधन सुझा दिए। वे संशोधन बहुत मामूली प्रकार के थे, जिन पर हमारे राजदूतावास को कोई आपत्ति नहीं थी। फिर भी हमारी ओर से हस्ताक्षर की तिथि लगभग दो सप्ताह आगे बढ़ाने का अनुरोध किया गया। कारण यह नहीं था कि उसका हिंदी रूपान्तर तैयार करवाना था। भारतीय विदेश मंत्रालय ने उसका हिंदी अनुवाद कर दिया था और टाइप की हुई प्रतियां हस्ताक्षर के लिए नई दिल्ली से काहिरा भेज दी थीं। मिस्र वालों ने जो संशोधन सुझाए थे, उनके अनुरूप हिंदी पाठ में संशोधन किए गए। उसकी शुद्धता के विषय में भारतीय राजदूत आश्वस्त थे। फिर संधि पर हस्ताक्षर होने की तारीख क्यों टालनी पड़ी यदि यह प्रश्न मिश्र सरकार हमसे गम्भीरतापूर्वक पूछती तो हमसे उत्तर देते नहीं बन पड़ता। हमारी स्थिति हास्यास्पद थी। हमारे राजदूतावास में हिंदी का कोई टाइपराइटर नहीं था और न कोई हिंदी टाइपिस्ट था। संशोधित प्रति को हिंदी में पुनः टाइप करने के लिए काहिरा से नई दिल्ली भेजा गया और उसके लौटने की प्रतीक्षा करनी पड़ी।

विदेशों में अपनी प्रतिष्ठा बढ़ाने के लिए राजदूतावास करोड़ों रुपये प्रतिवर्ष व्यय करते हैं। हमने यह नहीं सोचा कि अरब देशों में या अन्यत्र हमारी छवि सुधरेगी या बिगड़ेगी जब उनको यह पता चलेगा कि भारत जैसे विशाल देश के राजदूतावास में अपने देश की भाषा का टाइपराइटर भी नहीं है। हिंदी टाइपराइटर यदि आ भी गया तो उस पर टाइप करने वाला नहीं होगा।

अगस्त 1990 में नागरिक आपूर्ति विभाग के सचिव श्री प्रेमानंद त्रिपाठी, आई.ए.एस (तृभाषा उड़िया) ने हिंदी सेवी कार्यकर्ताओं को सम्बोधित करते हुए बताया कि बह अमरीका में एक अन्तर्राष्ट्रीय सम्मेलन में भाग लेने गए थे जिसमें एक सौ से अधिक देशों के प्रतिनिधि उपस्थित थे। भारत के प्रतिनिधि आपस में स्वभाववश अंग्रेजी में बोल रहे थे जबकि अन्य देशों के प्रतिनिधि परस्पर अपनी अपनी भाषाओं में बात कर रहे थे। इससे उन्हें बहुत लज्जा हुई और उन्होंने निश्चय किया कि परस्पर हिंदी में बात किया करेंगे।

सभी देश औपचारिक अवसरों पर अपने देश की भाषा का प्रयोग करना गौरव की बात मानते हैं। जब भारत में अन्य देशों के अतिथि आते हैं, वे अपने सम्मान में आयोजित विविध समारोहों में अपने भाषण अपने देश की भाषा में देते हैं। उनके भाषण का अनुवाद दुभाषियों द्वारा किया जाता है। अन्य देशों के प्रतिनिधियों से बातचीत करते समय भी वे अपने-अपने देश की भाषाओं का प्रयोग करना पसन्द करते हैं तथा उसके लिए दुभाषियों की सहायता ले लेते हैं। वे अपनी भाषा छोड़कर अंग्रेजी के पीछे दौड़ने का प्रयत्न नहीं करते। भारत के अधिकारियों का आचरण इससे भिन्न होता है। अनेक भारतीय अधिकारी इस बात को महसूस करते हैं कि उनका वर्तमान तरीका देश की प्रतिष्ठा बढ़ाने वाला नहीं है फिर भी वे अपनी आदत को बदल नहीं पाते।

कितना अपमान होता है हमारा जब अन्तर्राष्ट्रीय संगोष्ठियों में देश की राजधानी दिल्ली में हम अपने तथाकथित महापुरुषों के वक्तव्य, संवाद, भाषण अंग्रेजी में सुनकर ताली बजाकर अपने नेता का आदर करते हैं कि अगले ही क्षण विदेशी अतिथि हमारी हिंदी में, राजभाषा हिंदी में, धाराप्रवाह भाषण देकर हमारे मुंह पर चपत मारकर हमें यह जताता है कि भारतीयों में स्वाभिमान नाम की कोई चीज बाकी रही भी या नहीं।

कई भारतीय अधिकारियों को विदेशों में जाने पर ऐसे दुभाषिए दिए गए जो उस देश की भाषा तथा हिंदी के बीच भाषान्तर का काम कर सकते थे। उनका

उपयोग न करके हमारे प्रतिनिधि अंग्रेजी दुभाषिए की मांग करते हैं। उससे वे देश को हास्यास्पद स्थिति में डालने की भूल कर रहे होते हैं।

संयुक्त राष्ट्र संघ के कामकाज की पांच भाषाएं थीं-अंग्रेजी, फ्रेंच, रूसी, चीनी तथा स्पेनिश। अब अरबी भी संयुक्त राष्ट्र संघ की एक भाषा है। इस पर होने वाला अतिरिक्त व्यय अरब राष्ट्र वहन करते हैं। हिंदी को भी संयुक्त राष्ट्र संघ की एक भाषा बनाया जाए इसकी मांग सन् 1975 में नागपुर में हुए प्रथम विश्व हिंदी सम्मेलन में की गई थी। इस मांग को बार-बार दोहराया जाता रहा है, किन्तु इस विषय में कोई ठोस कार्रवाई नहीं हुई है। भारत सरकार का कहना है कि इसे स्वीकार कराने में भारत को प्रतिवर्ष कई करोड़ रूपये का अतिरिक्त व्यय करना पड़ेगा। इस बीच संयुक्त राष्ट्र संघ में तत्समय विदेश मंत्री श्री अटल बिहारी वाजपेयी ने अपना एक भाषण हिंदी में दिया, बाद में कांग्रेस के शासन के दौरान विदेश मंत्री श्री नरसिंह राव ने भी संयुक्त राष्ट्र संघ में अपना भाषण हिंदी में दिया। भारतीय जनता ने इसका पुरजोर स्वागत किया। अब तक संयुक्त राष्ट्र संघ के कई अधिवेशनों में भारत के विदेश मंत्रियों के भाषण हिंदी में हो चुके हैं।

राष्ट्रपति का जो आदेश गृह मंत्रालय की 3 दिसम्बर 1955 की अधिसूचना में जारी हुआ था, उसमें अन्य मदों के साथ अन्य देशों की सरकारों और उनके राजदूतों तथा अन्तर्राष्ट्रीय संगउनों से पत्र-व्यवहार तथा अन्तर्राष्ट्रीय संगठनों में भारतीय प्रतिनिधियों के नाम जारी किए जाने वाले औपचारिक दस्तावेजों आदि में अंग्रेजी भाषा के अतिरिक्त हिंदी भाषा का प्रयोग किए क्षेत्र में हिंदी का प्रयोग काफी बढ़ना चाहिए था। अन्य देशों के राजदूतावासों को प्रोटोकोल संबंधी अनेक परिपत्र जारी होते हैं, वे यदि केवल हिंदी में न हों तो द्विभाषी रूप में जारी किए जा सकते हैं। एक समय था जब भारतीय राजदूत नई नियुक्ति होने पर अपने प्रत्यय पत्र वहां के राष्ट्रपति अथवा नरेश को अंग्रेजी में प्रस्तुत करते थे, अब ये हिंदी में देने लगे हैं। यदि इच्छा और भावना दोनों हों और इस ओर गम्भीरतापूर्वक ध्यान दिया जाए तो अन्तर्राष्ट्रीय कार्यव्यवहार में हिंदी का क्षेत्र विस्तृत हो सकता है। उसे विस्तृत करने से अन्तर्राष्ट्रीय जगत में देश की प्रतिष्ठा बढ़ेगी कम नहीं होगी।

अन्तर्राष्ट्रीय सम्मेलनों तथा समारोहों में हिंदी के महत्व को अब पहले से अधिक समझा जाने लगा है। 27 जुलाई 1979 को केन्द्रीय राजभाषा विभाग द्वारा जारी किए गए आदेशों में कहा गया है कि अन्तर्राष्ट्रीय समारोहों में देश की राजभाषा को उचित स्थान दिया जाना चाहिए और इस सम्बन्ध में छपने वाले साहित्य, परिपत्रों, बैनरों, बैजों आदि में तथा भाषणों में हिंदी के प्रयोग के सम्बंध में आरम्भ से

ही विचार किया जाना चाहिए। इस विषय में श्री चन्द्रशेखर ने बहुत सुन्दर उदाहरण प्रस्तुत किया है। नवम्बर 1990 में, प्रधानमंत्री पद का कार्यभार संभालने के कुछ ही दिन बाद, जब वह माले में सार्क शिखर सम्मेलन में सम्मिलित हुए, उन्होंने अपना कुछ भाषण हिंदी में दिया। इससे अन्य देशों के नेता भी प्रभावित हुए तथा भारत की जनता द्वारा इसका हर्षपूर्वक स्वागत हुआ।

कलकत्ता में मई, 1988 में हुए अखिल भारतीय बैंक राजभाषा सम्मेलन में केन्द्रीय वाणिज्य राज्यमंत्री श्री प्रियरंजन दास मुंशी ने विदेशों में हुए अपने दो अनुभव सुनाए थे: "1. मुझे एक दिन पेरिस में रहना पड़ा। मैंने वहां यह अनुभव किया कि फ्रांसीसी व्यवसाइयों के साथ बातचीत में अंग्रेजी मेरे लिए असमर्थ साबित हुई। जब तक मुझे अंग्रेजी-फ्रांसीसी का एक सक्षम दुभाषिया नहीं मिल गया, तब तक उस देश के विदेश व्यापार में सहायक होने वाले गूढ़ तथ्यों को मैं नहीं जान सका।

"2. बेलग्रेड में जब 46 देशों का एक व्यापार सम्मेलन हुआ तो मैं भी उसमें मौजूद था। मुझे कुछ दस्तावेजों पर भारत सरकार की ओर से हस्ताक्षर करने पड़े। मैंने देखा कि बांग्लादेश के प्रतिनिधि ने बांग्ला में हस्ताक्षर किए। उसके बाद इंग्लैंड के प्रतिनिधि ने अंग्रेजी में किए, ग्रीस के प्रतिनिधि ने ग्रीक में किए। मैंने अपने राजदूत से इस बारे में सुझाव जानना चाहा। उन्होंने कहा आपको अंग्रेजी में ही हस्ताक्षर करने होंगे। अंत में मेरे तर्क के सामने हार मानकर उन्होंने कहा आपकी इच्छा जिस भाषा में भी हस्ताक्षर करें।... मैंने प्रोटोकोल तोड़कर पहले हिंदी में हस्ताक्षर किए और बाद में अंग्रेजी में।"

जहां भारत के अधिकारी अथवा अन्य नेता विदेशों में जाकर भारतीय भाषाओं के महत्व का ध्यान नहीं रखते, सौभाग्य से ज्ञानी जैल सिंह जी इस विषय में बहुत सजग रहते थे। जब राष्ट्रपति के रूप में ज्ञानी जैल सिंह मैक्सिको और अर्जेन्टीना की राजकीय यात्रा पर गए थे, उन्होंने अर्जेंटीना की संसद के दोनों सदनों के समक्ष अपना भाषण हिंदी में पढ़ा था। इसका अनुवाद उस देश की राजभाषा स्पेनिश में सभी सांसदों को उपलब्ध करा दिया गया था। इसका सभी ने स्वागत किया था। वास्तव में ऐसे अनेक देश हैं जहां के लोग अंग्रेजी न तो अच्छी तरह समझते हैं और न उसका प्रयोग करते हैं।

श्रमिकों के राष्ट्रपति ने ज्ञानी जैल सिंह जी के स्वागत में जो राजकीय भोज आयोजित किया उस अवसर पर भी ज्ञानी जैल सिंह जी ने अपना भाषण हिंदी में दिया और मैक्सिको के राष्ट्रपति ने अपनी भाषा में। हमारे राष्ट्रपति के हिंदी भाषण के स्पेनिश अनुवाद की प्रतियां सभी आगन्तुकों में वितरित कर दी गई थीं। ज्ञानी जैल

सिंह जी जब राष्ट्रपति के रूप में पोलैण्ड, युगोस्लाविया और यूनान देशों में गए तो वहां भी उन्होंने उपर्युक्त प्रक्रिया ही अपनाई।

यह बात सभी जानते हैं कि कई देशों में हमारे प्रतिनिधियों को अंग्रेजी के कारण शर्मसार होना पड़ा है। कहा जाता है कि जब श्रीमती विजयलक्ष्मी पण्डित रूस में भारतीय राजदूत नियुक्त हुई और उन्होंने अपना प्रत्ययपत्र अंग्रेजी में प्रस्तुत किया तब उन्हें रूसियों की ओर से यह सुनना पड़ा कि क्या आपके देश की कोई भाषा नहीं है।

इन औपचारिक अवसरों पर अपने देश की भाषा का प्रयोग आत्म-सम्मान का द्योतक होता है। दुभाषियों आदि की व्यवस्था में कुछ अतिरिक्त व्यय अवश्य होगा, किन्तु जिन बातों में राष्ट्रीय प्रतिष्ठा की बात निहित हो उसमें कुछ अतिरिक्त वित्तीय व्यवस्था करना मुश्किल काम नहीं है। गणतन्त्र दिवस मनाने, विदेशों में भारत महोत्सव आदि आयोजित करने में भी काफी व्यय होता है। उसकी तुलना में दुभाषियों पर होने वाला व्यय अधिक नहीं होगा।

भूमण्डलीकरण के इस युग में जब पूरी दुनिया एक गाँव यानि ग्लोबल विलेज में बदल रही है तो ऐसे में भारत के बहुसंख्यक समुदाय द्वारा बोली जाने वाली भाषा हिंदी का वैश्वीकरण भी स्वाभाविक है। आज हिंदी ने अपने कदम भारत से बाहर निकालते हुए विदेशों में अपनी जड़ें जमानी शुरू कर दी हैं, जहाँ पर हम इस भाषा का विस्तार कई क्षेत्रों और रूपों में देख सकते हैं। विदेश में हिंदी का विस्तार भारत के गिरमिटिया मजदूरों के माध्यम से प्रारम्भ हुआ। रोजगार की तलाश में पहुँचे गिरमिटिया अपने साथ अपनी भाषा और संस्कृति भी ले गए। अंग्रेज अपनी सुविधा के लिए बिहार, उत्तर प्रदेश, झारखण्ड आदि राज्यों से भारतीयों को ले गए और वे गिरमिटिया कहलाए। गिरमिटिया मजदूर अपने साथ रामायण, महाभारत, पुराण एवं अनेक धार्मिक ग्रंथ भी साथ ले गए जिसके माध्यम से मॉरीशस में हिंदी की शुरुआत हुई। धीरे-धीरे इनकी संख्या बढ़ती गई और ये वहाँ की मुख्य धारा में आ गए। आज मॉरीशस में बड़ी संख्या में हिंदी बोलने वाले लोग हैं। मॉरीशस के साथ ही फिजी, त्रिनिदाद, सूरीनाम आदि देशों में भी भारी संख्या में हिंदी बोलने और समझने वाले लोग रहते हैं। आज त्रिनिदाद में हिंदी बोलने वालों की संख्या लगभग 45 प्रतिशत, सूरीनाम में 40 प्रतिशत और गुयाना में 30 प्रतिशत है।

आज का समय बाजार का है और इसी बाजार के दबाव में अनेक विकसित राष्ट्रों को हिंदी अपनाने की जरूरत और मजबूरी हो गई है। हिंदी के प्रचार-प्रसार के लिए विदेश में अनेक संस्थाएँ और पत्र-पत्रिकाएँ कार्य कर रही हैं। इन संस्थाओं में अन्तरराष्ट्रीय हिंदी समिति (सेलम), हिंदी यू.एस.ए. (न्यू जर्सी), अखिल विश्व हिंदी

समिति (संयुक्त राज्य अमेरिका), विश्व हिंदी न्यास समिति (न्यूयार्क), हिंदी साहित्य सभा (टोरंटो), अलबर्टा हिंदी परिषद (अलबर्टा), हिंदी परिषद (अण्डमान),कथा यू. के., हिंदी परिषद (नीदरलैण्ड) आदि प्रमुख हैं जो उक्त भाषा की समृद्ध करने में अपना योगदान दे रही हैं।

अन्तरराष्ट्रीय हिंदी समिति, सेलम की स्थापना 18 अक्टूबर 1980 ई. को हुई जिसका मुख्य उद्देश्य हिंदी के ऐसे पाठ्यक्रम तथा कार्यक्रम का निर्माण करना है जिसमे अधिकांश लोगों की हिंदी के प्रति रुचि बढ़े। इसके कार्यक्रमों में भारतीय संस्कृति की झलक देखने को मिलती है। संयुक्त राज्य अमेरिका में अनेक रूपों में देख सकते हैं। विदेश विश्व हिंदी न्यास समिति जैसी अनेक संस्थाएं हिंदी को बढ़ावा दे रही है। इसका मुख्यालय न्यूयार्क में है। यह समिति हिंदी जगत नामक त्रैमासिक पत्रिका के माध्यम से अनेक भाषियों को जोड़ने का काम कर रही है। वहाँ पर अनेक लोग हिंदी जानने और सीखने के लिए उत्सुक रहते हैं। हिंदी के प्रचार-प्रसार के लिये समय-समय पर प्रसिद्ध कवियों, साहित्यकारों, भाषा विशेषज्ञों को बुलाकर संगोष्ठी का आयोजन और परिचर्चा की जाती है। नीदरलैण्ड में हिंदी परिषद की स्थापना 14 सितम्बर 1983 में की गई थी। इस संस्था ने हिंदी के प्रचार-प्रसार के लिए सामाजिक व सांस्कृतिक कार्यक्रमों का आयोजन कर अपना योगदान दिया है।

'हिंदी साहित्य सभा' टोरन्टो की स्थापना 1997 में हुई। तब से लेकर आज तक इस संस्था ने हिंदी के प्रसार में अनेक महत्वपूर्ण कार्य किए। हिंदी को बढ़ावा देने के लिए इस संस्था ने अनेक कार्यक्रमों के आयोजनों के साथ ही पुस्तकें भी प्रकाशित करवाईं। वर्तमान समय यह संस्था टोरन्टो में ही नहीं बल्कि वहाँ में बाहर भी हिंदी को प्रचारित एवं प्रसारित कर रही है। अल्बर्टा हिंदी परिषद की स्थापना 1985 में अल्बर्टा में स्थित हिन्दू सांस्कृतिक संस्था के प्रांगण में गई थी। इस संस्था की स्थापना के साथ ही अल्बर्टा में हिंदी को बढ़ावा मिलने लगा। अल्बर्टा में हमारी आने वाली पीढ़ी हिंदी भाषा से वंचित न रह जाए, इसलिए इसने हिंदी को बढ़ावा देने में महत्वपूर्ण योगदान दिया है। नेपाल के अधिकतर क्षेत्रों में हिंदी स्थानीय भाषा की तरह ही बोली जाती है। यहाँ के अधिकतर लोग हिंदी बोल या समझ सकते हैं। इसके अलावा यहाँ हिंदी का विकास एक बोल-चाल की भाषा के रूप में भी हो रहा है। पं. दीपनारायण मिश्र ने 1993 में 'नेपाल हिंदी साहित्य परिषद' की स्थापना की जो हिंदी के विकास के लिए आज भी काम कर रही है। हिंदी भाषा के माध्यम से देश की संस्कृति को सुरक्षित करने का प्रयत्न करने में यह अग्रणी संस्था है। 'हिंदी समाज' सिडनी में हिंदी को बढ़ावा देने के लिये अग्रसर है। इस संस्था के माध्यम से

यहाँ कुछ वर्षों में साहित्यिक एवं सांस्कृतिक गतिविधियों के द्वारा हिंदी को लोगों के समक्ष लाने का प्रयत्न किया जा रहा है। विदेशों के लोगों को हिंदी सीखकर भारत के साथ व्यापार में सुविधा हो रही है जो परस्पर सहयोग को बढ़ावा देने के लिए जरूरी है। हिंदी को विश्व भर में लोकप्रिय बनाने के लिए अनेक संस्थाएँ निरन्तर कार्यरत हैं। विदेश में हिंदी के प्रचार-प्रसार के लिऐ ई-पत्रिकाओं का भी बोल-बाला है जो आज भूमण्डलीकरण और इन्टरनेट के युग में पाठकों को आसानी से उपलब्ध हो जाती हैं।

राजभाषा हिंदी का उपयोग बढ़ाने संबंधी विश्वस्तरीय प्रयास

1. विदेश में नगर राजभाषा समितियों का गठन

विदेश में स्थित भारत सरकार के कार्यालयों बैंकों आदि के राजकीय कामकाज में हिंदी का प्रयोग बढ़ाने तथा अंतरराष्ट्रीय पटल पर हिंदी का प्रचार प्रसार करने के उद्देश्य से विदेश में नगर राजभाषा कार्यान्वयन समिति का गठन किया गया है। राजभाषा विभाग गृह मंत्रालय द्वारा विदेश मंत्रालय के सहयोग से पहली बार सिंगापुर में नगर राजभाषा कार्यान्वयन समिति गठित की गई जिसकी बैठक दिनांक 17 .01. 2019 को आयोजित की गई। वर्तमान में सिंगापुर के अतिरिक्त फीजी, लंदन, पोर्टलुईस तथा दुबई में नगर राजभाषा समितियों का गठन किया जा चुका है।

2. विश्व हिंदी सचिवालय की स्थापना

सन् 1975 में नागपुर में आयोजित प्रथम विश्व हिंदी सम्मेलन के दौरान एक विश्व हिंदी केंद्र की स्थापना का विचार मॉरीशस के तत्कालीन प्रधानमंत्री व प्रतिनिधिमंडल के अध्यक्ष सर शिवसागर रामगुलाम द्वारा प्रस्तुत किया गया था। इस विचार ने दृढ़ संकल्प का रूप धारण किया। मॉरीशस में आयोजित द्वितीय विश्व हिंदी सम्मेलन में और लगातार कई विश्व हिंदी सम्मेलनों में मंथन के बाद मॉरीशस में विश्व हिंदी सचिवालय की स्थापना का विचार साकार हुआ। भारत सरकार व मॉरीशस सरकार के बीच एक समझौते पर हस्ताक्षर किए गए। मॉरीशस की विधान सभा में अधिनियम पारित किया गया। 20 अगस्त, 1999 को एक और महत्वपूर्ण कदम उठाया गया। मॉरीशस सरकार व भारत सरकार ने पोर्ट लुइस, मॉरीशस में सचिवालय के उद्देश्यों, संचालन और वित्तपोषण से संबंधित एक समझौते पर हस्ताक्षर किए। तत्कालीन शिक्षा व वैज्ञानिक अनुसंधान मंत्री, माननीय रामासामी चेदम्ब्रम पिल्ले और तत्कालीन भारतीय उच्चायुक्त, महामहिम श्री एम.एल. त्रिपाठी

ने अपनी-अपनी सरकारों का प्रतिनिधित्व किया। विश्व हिंदी सचिवालय मुख्यालय निर्माण के लिए मॉरीशस सरकार ने फ़ेनिक्स में ज़मीन प्रदान की तथा भारत सरकार ने भवन के प्रारूप तथा निर्माण के खर्च की ज़िम्मेदारी ली। 17 सितंबर, 2001 को श्री अजामिल माताबदल, तत्कालीन सहायक पर्यवेक्षक, प्राच्य भाषा (हिंदी), शिक्षा व मानव संसाधन मंत्रालय के नेतृत्व में विश्व हिंदी सचिवालय ने फ़ॉरेस्ट साइड, क्युर्पिप स्थित एक किराए के भवन में कार्य करना आरंभ किया। सितंबर, 2005 में उनकी सेवानिवृत्ति के बाद श्री एस. जानकी, तत्कालीन वरिष्ठ पर्यवेक्षक, प्राच्य भाषा (हिंदी) ने महासचिव की नियुक्ति होने तक कार्यभार संभाला। 18 जनवरी, 2007 को महासचिव के पद पर डॉ. श्रीमती विनोद बाला अरुण की नियुक्ति हुई।

सचिवालय की दृष्टि (विजन) एवं लक्ष्य

हिंदी का अंतरराष्ट्रीय भाषा के रूप में प्रचार तथा हिंदी को संयुक्त राष्ट्र संघ की आधिकारिक भाषा बनाने के लिए एक वैश्विक मंच तैयार करना।

सचिवालय का मिशन

1. नवीन दृष्टिकोणों के माध्यम से हिंदी के क्षेत्र, स्तर और गुणवत्ता के विस्तार के लिए सरकार तथा संस्थानों को सहयोग प्रदान करना।
2. ऐसी नीतियों तथा व्यवस्था का प्रसार करना जिससे अंतरराष्ट्रीय स्तर पर हिंदी शिक्षण को सुविधाजनक बनाया जा सके।
3. प्रतिष्ठित विद्वानों तथा हिंदी शिक्षण और अधिगम में संलग्न उच्च ख्याति लब्ध अंतरराष्ट्रीय संस्थाओं के साथ संपर्क रखना।
4. प्रकाशनों तथा आई.सी.टी. नेटवर्क द्वारा विश्व भर में हिंदी के प्रचार-प्रसार से संबद्ध जानकारियों का प्रसार करना।

स्ट्रेटेजिक लक्ष्य

- हिंदी साक्षरता, हिंदी पठन-पाठन और आजीवन शिक्षण को प्रोत्साहित तथा सहायता प्रदान करने हेतु परियोजनाएँ तथा कार्यक्रमों को विकासशील बनाने के लिए, वैश्विक स्तर पर देशों तथा पुस्तकालयों को सहयोग प्रदान करना।
- अनुसंधान का निरीक्षण तथा प्रचार करना, तदोपरांत अनुसंधान के परिणामों को वैश्विक स्तर पर हिंदी के क्षेत्र में प्रसारित करना।

- दैनिक जीवन में संचार माध्यम के रूप में हिंदी के प्रयोग को प्रोत्साहित करना।
- विश्व भर में प्राथमिक, माध्यमिक तथा उच्च स्तर पर हिंदी पठन-पाठन का प्रसार करना।
- हिंदी भाषा के प्रयोग को प्रोत्साहन देने के लिए लगातार केंद्रित और समर्पित गतिविधियों का आयोजन करना।
- हिंदी लेखकों, प्रकाशनों, संस्थानों तथा अन्य सहयोगियों का एक डेटाबैंक स्थापित करना और उसे अद्यतन रखना।
- विश्व भर में हिंदी बोलने वाले समुदायों के बीच एक नेटवर्क स्थापित करना।
- हिंदी के प्रचार-प्रसार तथा भाषा में गहन अनुसंधान करने के लिए समीचीन पुस्तकों, पत्रिकाओं और मल्टीमीडिया सुविधाओं से युक्त एक संसाधन केंद्र की स्थापना।
- विश्व भर में चयनित विश्वविद्यालयों में हिंदी चेअर की स्थापना करना।
- विशेषज्ञता के हब के रूप में कार्य करना, जिससे हिंदी विशेषज्ञों का संचालन सुविधाजनक बने।

विश्व हिंदी सम्मेलनों का आयोजन

हिंदी भाषा का सबसे बड़ा अन्तरराष्ट्रीय सम्मेलन है, जिसमें विश्व भर से हिंदी विद्वान, साहित्यकार, पत्रकार, भाषा विज्ञानी, विषय विशेषज्ञ तथा हिंदी प्रेमी जुटते हैं। अन्तरराष्ट्रीय स्तर पर हिंदी के प्रति जागरुकता पैदा करने, समय-समय पर हिंदी की विकास यात्रा का आंकलन करने, लेखक व पाठक दोनों के स्तर पर हिंदी साहित्य के प्रति सरोकारों को और दृढ़ करने, जीवन के विभिन्न क्षेत्रों में हिंदी के प्रयोग को प्रोत्साहन देने तथा हिंदी के प्रति प्रवासी भारतीयों के आपसी रिश्तों को और अधिक गहराई व मान्यता प्रदान करने के उद्देश्य से 10 जनवरी 1975 में विश्व हिंदी सम्मेलनों की श्रृंखला आरम्भ की गयी। इस बारे में तत्कालीन प्रधानमन्त्री श्रीमती इन्दिरा गान्धी ने पहल की थी। पहला विश्व हिंदी सम्मेलन राष्ट्रभाषा प्रचार समिति, वर्धा के सहयोग से नागपुर, महाराष्ट्र में सम्पन्न हुआ जिसमें प्रसिद्ध समाजसेवी एवं स्वतन्त्रता सेनानी विनोबा भावे ने अपना विशेष सन्देश भेजा। प्रारम्भ में इसका आयोजन हर चौथे वर्ष में किया जाता था लेकिन अब यह अन्तराल घटाकर तीन वर्ष कर दिया गया है। अब तक 12 विश्व हिंदी सम्मेलन हो चुके हैं।

पहला विश्व हिंदी सम्मेलन, नागपुर, 1975

पहला विश्व हिंदी सम्मेलन 10-14 जनवरी 1975 तक नागपुर में आयोजित किया गया। सम्मेलन का आयोजन राष्ट्रभाषा प्रचार समिति, वर्धा के तत्वावधान में किया गया। प्रथम विश्व हिंदी सम्मेलन से सम्बंधित राष्ट्रीय आयोजन समिति के अध्यक्ष महामहिम उपराष्ट्रपति श्री बी डी जत्ती थे। राष्ट्रभाषा प्रचार समिति, वर्धा के अध्यक्ष श्री मधुकर राव चौधरी महाराष्ट्र राज्य के वित्त, नियोजन तथा अल्प बचत मंत्री थे।

पहले विश्व हिंदी सम्मेलन का बोध वाक्य था–वसुधैव कुटुम्बकम। सम्मेलन में मुख्य अतिथि मॉरीशस के प्रधानमंत्री श्री शिवसागर रामगुलाम थे जिनकी अध्यक्षता में मॉरीशस से आए एक प्रतिनिधिमंडल ने सम्मेलन में भाग लिया था। सम्मेलन में 30 देशों के 122 प्रतिनिधियों ने भाग लिया।

प्रथम विश्व हिन्दी सम्मेलन, नागपुर (जनवरी, 1975)

सम्मेलन में पारित किए गए प्रधान मंतव्यः

1. संयुक्त राष्ट्र संघ में हिंदी को आधिकारिक भाषा के रूप में स्थान दिया जाए।
2. वर्धा में विश्व हिंदी विद्यापीठ की स्थापना हो।
3. विश्व हिंदी सम्मेलनों को स्थायित्व प्रदान करने के लिए अत्यंत विचारपूर्वक एक योजना बनाई जाए।

दूसरा विश्व हिंदी सम्मेलन, मॉरीशस, 1976

दूसरे विश्व हिंदी सम्मेलन का आयोजन मॉरीशस की धरती पर हुआ। भारत, मॉरीशस और शेष विश्व के प्रसिद्ध व्यक्तित्वों ने इसमें भाग लिया- ऐसे व्यक्तित्व जो किसी न किसी रूप में हिंदी की प्रगति यात्रा से जुड़े हुए थे। राजधानी पोर्ट लुई में 28 से 30 अगस्त 1976 तक चले विश्व इस हिंदी सम्मेलन के आयोजक राष्ट्रीय आयोजन समिति के अध्यक्ष, मॉरीशस के प्रधानमंत्री डॉ. सर शिवसागर रामगुलाम थे। सम्मेलन में भारत से तत्कालीन केंद्रीय स्वास्थ्य और परिवार नियोजन मंत्री डॉ. कर्ण सिंह के नेतृत्व में 23 सदस्यीय प्रतिनिधिमंडल ने भाग लिया। इसके अतिरिक्त सम्मेलन में 17 देशों के 181 प्रतिनिधियों ने हिस्सा लिया।

द्वितीय विश्व हिन्दी सम्मेलन, मारिशस (अगस्त, 1976)

पारित मुख्य मंतव्य:

1. मॉरीशस में एक विश्व हिंदी केंद्र की स्थापना की जाए जो सारे विश्व की हिंदी गतिविधियों का समन्वय कर सके।
2. एक अंतरराष्ट्रीय पत्रिका का प्रकाशन हो जो भाषा के माध्यम से ऐसे समुचित वातावरण का निर्माण कर सके जिसमें मानव विश्व का नागरिक बना रहे।

3. सम्मेलन में प्रथम विश्व हिंदी सम्मेलन में पारित इस प्रस्ताव का फिर से समर्थन किया गया कि हिंदी को संयुक्त राष्ट्र संघ में एक आधिकारिक भाषा के रूप में स्थान मिले और सिफारिश की गई कि इस उद्देश्य की प्राप्ति के लिए एक समयबद्ध कार्यक्रम बनाया जाए।

तीसरा विश्व हिंदी सम्मेलन, नई दिल्ली, 1983

तीसरे विश्व हिंदी सम्मेलन का आयोजन भारत की राजधानी दिल्ली में 28 से 30 अक्तूबर 1983 को हुआ। सम्मेलन में कुल 6,566 प्रतिनिधियों ने हिस्सा लिया जिनमें विदेशों से आए 260 प्रतिनिधि शामिल थे। सम्मेलन के लिए बनी राष्ट्रीय आयोजन समिति के अध्यक्ष तत्कालीन लोकसभा अध्यक्ष डॉ. बलराम जाखड़ थे। इसमें मॉरीशस से आए प्रतिनिधिमंडल ने भी हिस्सा लिया जिसके नेता श्री हरीश बुधू थे। सम्मेलन के आयोजन में राष्ट्रभाषा प्रचार समिति, वर्धा ने भी प्रमुख भूमिका निभाई।

पारित मंतव्य:

1. सम्मेलन के लक्ष्यों और उद्देश्यों की पूर्ति के लिए निर्मित अंतरराष्ट्रीय स्तर पर एक स्थायी समिति का गठन किया जाए।
2. सम्मेलन की संगठन समिति को इस कार्य के लिए अधिकार दिया जाए कि वह भारत के प्रधानमंत्री से परामर्श करके उनकी सहमति से स्थायी समिति का गठन करे।
3. इस समिति में देश-विदेश के 25 सदस्य हों।
4. इसके प्रारूप एवं संविधान, कार्य-विधि और सचिवालय की रूप रेखा निर्धारित करने के लिए यह समिति अपनी उप-समिति गठित करे जो तीन महीने के भीतर अपनी संस्तुति संगठन समिति को दे और उस पर कार्रवाई की जाए।

चौथा विश्व हिंदी सम्मेलन, मॉरीशस, 1993

चौथे विश्व हिंदी सम्मेलन का आयोजन 02-04 दिसंबर 1993 तक मॉरीशस की राजधानी पोर्ट लुई में आयोजित किया गया। सत्रह वर्ष बाद मॉरीशस में एक बार फिर विश्व हिंदी सम्मेलन का आयोजन किया जा रहा था। इस बार विश्व हिंदी सम्मेलन के आयोजन का उत्तरदायित्व मॉरीशस के कला, संस्कृति, अवकाश एवं

सुधार संस्थान मंत्री श्री मुक्तेश्वर चुनी ने संभाला था, जिन्हें राष्ट्रीय आयोजन समिति का अध्यक्ष नियुक्त किया गया था।

इसमें भारत से गए प्रतिनिधिमंडल के नेता श्री मधुकर राव चौधरी और उपनेता थे तत्कालीन गृह उपमंत्री श्री रामलाल राही। सम्मेलन में मॉरीशस के अतिरिक्त लगभग 200 अन्य विदेशी प्रतिनिधियों ने भी भाग लिया।

पारित मंतव्य:

1. चतुर्थ विश्व हिंदी सम्मेलन की आयोजक समिति को यह अधिकार दिया जाता है कि वह भारत और मॉरिशस के प्रधानमंत्रियों से परामर्श करके तीन माह के अंदर एक स्थायी समिति एवं सचिवालय गठित करे जिसका लक्ष्य भविष्य में विश्व हिंदी सम्मेलनों का आयोजन करना तथा अंतरराष्ट्रीय भाषा के रूप में हिंदी का विकास और उत्थान करना होगा।
2. यह सम्मेलन पिछले तीनों विश्व हिंदी सम्मेलनों में पारित संकल्पों की संपुष्टि करते हुए 'विश्व हिंदी विद्यापीठ' की शीघ्रातिशीघ्र स्थापना की मांग करता है। साथ ही मॉरिशस में विश्व हिंदी केंद्र की स्थापना की मांग को दोहराता है।
3. सम्मेलन इस तथ्य पर संतोष व्यक्त करता है कि विश्व के अनेक विश्व विद्यालयों में हिंदी का अध्ययन और अध्यापन उत्तरोतर बढ़ता जा रहा है। यह सम्मेलन विभिन्न राष्ट्र सरकारों और विश्वविद्यालयों से अनुरोध करता है कि वे हिंदी पीठों की स्थापना उत्साहपूर्वक करें।
4. इस सम्मेलन का यह मंतव्य है कि विश्व के सभी देशों, विशेषकर भारत तथा भारतीय मूल की जनसंख्या वाले देशों के बीच सर्वविद संचार व्यवस्था को सुदृढ़ बनाया जाए। हिंदी को प्राथमिकता देते हुए इन देशों के साथ आकाशवाणी, दूरदर्शन और समाचार समितियों के प्रगाढ़ संबंध स्थापित किए जाएं। इस संदर्भ में भारत और मॉरिशस के बीच हिंदी की समाचार समिति 'भाषा' की सेवा शुरु होने पर सम्मेलन प्रसन्नता व्यक्त करता है और इस ऐतिहासिक कदम के लिए मॉरीशस और भारत के प्रधानमंत्रियों के प्रति हार्दिक आभार व्यक्त करता है। सम्मेलन भारत से अनुरोध करता है कि हिंदी के दैनिक समाचार पत्र, पत्रिकाएं और पुस्तकें प्रकाशित करने में सक्रिय सहायता करे।

5. चतुर्थ विश्व हिंदी सम्मेलन की मान्यता है कि राष्ट्रीय एवं अंतरराष्ट्रीय स्तर पर हिंदी का प्रयोग और प्रभाव बढ़ा है लेकिन इसके बावजूद हिंदी को उसका उचित स्थान प्राप्त नहीं हो सका है। अत: यह सम्मेलन महसूस करता है कि हिंदी को उसका उचित स्थान दिलाने के लिए शासन और जन समुदाय विशेष प्रयत्न करे।
6. यह सम्मेलन विश्व के समस्त हिंदी प्रेमियों से अनुरोध करता है कि वे अपने निजी एवं सार्वजनिक कार्यों में हिंदी का अधिकाधिक प्रयोग करें और यह संकल्प लें कि वे कम से कम अपने हस्ताक्षरों, निमंत्रण पत्रों, निजी पत्रों और नामपट्टों में हिंदी का प्रयोग करेंगे।
7. इस सम्मेलन में आए विभिन्न देशों के प्रतिनिधियों से अपेक्षा की जाती है कि वे अपने-अपने देशों के शासन को सम्मेलन की इस मांग से अवगत करायेंगे कि हिंदी को संयुक्त राष्ट्र संघ की आधिकारिक भाषा बनाने के लिए वे सघन प्रयास करें।

पाँचवाँ विश्व हिंदी सम्मेलन, त्रिनिदाद एवं टोबेगो, 1996

पांचवें विश्व हिंदी सम्मेलन का आयोजन त्रिनिदाद एवं टोबेगो की राजधानी पोर्ट ऑफ स्पेन में 4-8 अप्रैल 1996 को त्रिनिदाद एवं टोबेगो की आयोजक संस्था हिंदी निधि द्वारा किया गया। पाँचवें विश्व हिंदी सम्मेलन के प्रमुख संयोजक हिंदी निधि के अध्यक्ष श्री चंका सीताराम थे। भारत की ओर से इस सम्मेलन में भाग लेने वाले प्रतिनिधिमंडल के नेता अरुणाचल प्रदेश के राज्यपाल श्री माता प्रसाद थे। सम्मेलन का केंद्रीय विषय था- आप्रवासी भारतीय और हिंदी। जिन अन्य विषयों पर इसमें ध्यान केंद्रित किया गया, वे थे- हिंदी भाषा और साहित्य का विकास, कैरेबियाई द्वीपों में हिंदी की स्थिति एवं कंप्यूटर युग में हिंदी की उपादेयता।

सम्मेलन में भारत से 17 सदस्यीय प्रतिनिधिमंडल ने हिस्सा लिया। अन्य देशों के 257 अन्य प्रतिनिधियों ने भी इसमें भाग लिया।

पारित मंतव्य

1. यह सम्मेलन भारतवंशी समाज एवं हिंदी के बीच जीवंत समीकरण बनाने का प्रबल समर्थन करता है और यह आशा करता है कि विश्वव्यापी भारतवंशी समाज हिंदी को अपनी संपर्क भाषा के रूप में स्थापित करेगा एवं एक विश्व हिंदी मंच बनाने में सहायता करेगा।

2. सम्मेलन चिरकाल से अभिव्यक्त अपने मंतव्य की पुनः पुष्टि करता है कि विश्व हिंदी सम्मेलन को स्थाई सचिवालय की सुविधा उपलब्ध होनी चाहिए। सम्मेलन के विगत मंतव्य के अनुसार यह सचिवालय मॉरिशस में स्थापित होना निर्णित है। इसके त्वरित कार्यान्वयन के लिए एक अंतर सरकारी समिति का गठन किया जाए। इस समिति का गठन मॉरीशस एवं भारत सरकार द्वारा किया जाना चाहिए। इस समिति में सरकारी प्रतिनिधियों के अलावा पर्याप्त संख्या में हिंदी के प्रति निष्ठावान साहित्यकारों को सम्मिलित किया जाए। यह समिति अन्य बातों के साथ-साथ सचिवालयी व्यवस्था के अनेकानेक पहलुओं पर विचार करते हुए एक सर्वांगीण कार्यक्रम योजना भारत तथा मॉरीशस की, सरकारों को प्रस्तुत करेगी।
3. यह सम्मेलन सभी देशों, विशेषकर उन देशों जहाँ भारतीय मूल के लोग तथा आप्रवासी भारतीय बसते हैं की सरकारों से आग्रह करता है कि वे अपने देश में विभिन्न स्तरों पर हिंदी के अध्ययन-अध्यापन की व्यवस्था करें।
4. यह सम्मेलन विश्व स्तर पर हिंदी भाषा को प्राप्त जनाधार और उसके प्रति जनभावना को देखते हुए सभी देशों, जहाँ भारतीय मूल तथा आप्रवासी भारतीय बसते हैं, वहाँ के हिंदी प्रचार-प्रसार में संलग्न स्वयं सेवी संस्थाओं/ हिंदी विद्वानों से आग्रह करता है कि वे अपनी-अपनी सरकारों से आग्रह करें कि वे हिंदी को संयुक्त राष्ट्र संघ की भाषा बनाने के लिए राजनयिक योगदान तथा समर्थन दें।
5. यह सम्मेलन भारत सरकार द्वारा महात्मा गांधी अंतरराष्ट्रीय हिंदी विश्व विद्यालय स्थापित करने के निर्णय का स्वागत करता है और आशा करता है कि इस विश्व विद्यालय की स्थापना से हिंदी को विश्वव्यापी बल मिलेगा।

छठा विश्व हिंदी सम्मेलन, लंदन, 1999

छठा विश्व हिंदी सम्मेलन लंदन में 14 से 18 सितंबर 1999 तक आयोजित किया गया। इस सम्मेलन का ऐतिहासिक महत्त्व इसलिए है क्योंकि यह हिंदी को राजभाषा बनाए जाने के 50वें वर्ष में आयोजित किया गया। छठे विश्व हिंदी सम्मेलन के आयोजन के लिए यूके हिंदी समिति, गीतांजलि बहुभाषी समुदाय और बर्मिंघम और भारतीय भाषा संगम, यॉर्क द्वारा राष्ट्रीय आयोजन समिति का गठन किया गया जिसके अध्यक्ष डॉ. कृष्ण कुमार और संयोजक डॉ. पद्मेश गुप्त थे। सम्मेलन का केंद्रीय विषय था- हिंदी और भावी पीढ़ी।

सम्मेलन में तत्कालीन विदेश राज्यमंत्री श्रीमती वसुंधरा राजे के नेतृत्व में भारतीय प्रतिनिधिमंडल ने भाग लिया। प्रतिनिधिमंडल के उपनेता प्रसिद्ध साहित्यकार डॉ. विद्यानिवास मिश्र थे। यही वर्ष संत कबीर की छठी जन्मशती का भी था।

सम्मेलन में 21 देशों के 700 प्रतिनिधियों ने हिस्सा लिया। इनमें भारत से 350 और ब्रिटेन से 250 प्रतिनिधि शामिल थे।

पारित मंतव्यः

1. विश्व भर में हिंदी के अध्ययन-अध्यापन, शोध, प्रचार-प्रसार और हिंदी सृजन में समन्वय के लिए महात्मा गांधी अंतरराष्ट्रीय केंद्र सक्रिय भूमिका निभाए।
2. विदेशों में हिंदी शिक्षण, पाठ्यक्रमों के निर्धारण, पाठ्य पुस्तकों के निर्माण, अध्यापकों के प्रशिक्षण आदि की व्यवस्था भी विश्वविद्यालय करे और सुदूर शिक्षण के लिए आवश्यक कदम उठाए।
3. मॉरीशस सरकार अन्य हिंदी-प्रेमी सरकारों से परामर्श कर शीघ्र विश्व हिंदी सचिवालय स्थापित करे।
4. हिंदी को संयुक्त राष्ट्र में मान्यता दी जाए।
5. हिंदी की सूचना तकनीक के विकास, मानकीकरण, विज्ञान एवं तकनीकी लेखन, प्रसारण एवं संचार की अद्यतन तकनीक के विकास के लिए भारत सरकार एक केंद्रीय एजेंसी स्थापित करे।
6. नई पीढ़ी में हिंदी को लोकप्रिय बनाने के लिए आवश्यक पहल की जाए।
7. भारत सरकार विदेश स्थित अपने दूतावासों को निर्देश दे कि वे भारतवंशियों की सहायता से विद्यालयों में एक भाषा के रूप में हिंदी शिक्षण की व्यवस्था करवाएं।

सातवाँ विश्व हिंदी सम्मेलन, सूरीनाम, 2003

सातवें विश्व हिंदी सम्मेलन का आयोजन हुआ सुदूर सूरीनाम की राजधानी पारामारिबो में। सम्मेलन का उद्‌घाटन पांच जून को हुआ था और कुछ दशक पहले इसी दिन सूरीनामी नदी के तट पर भारतवंशियों ने पहला कदम रखा था। सातवें विश्व हिंदी सम्मेलन की तिथियां थीं- 5-9 जून 2003। इक्कीसवीं सदी में आयोजित यह पहला विश्व हिंदी सम्मेलन था। सम्मेलन के आयोजक थे श्री जानकी प्रसाद सिंह और यह जिस केंद्रीय विषय (थीम) पर केंद्रित रहा, वह था- विश्व हिंदी- नई शताब्दी की

चुनौतियां। सम्मेलन में हिस्सा लेने वाले भारतीय प्रतिनिधिमंडल का नेतृत्व विदेश राज्य मंत्री श्री दिग्विजय सिंह ने किया। सम्मेलन में भारत से 200 प्रतिनिधियों ने हिस्सा लिया। इसमें 12 से अधिक देशों के हिंदी विद्वान और अन्य हिंदी सेवी सम्मिलित हुए।

पारित मंतव्य:

1. संयुक्त राष्ट्र संघ में हिंदी को आधिकारिक भाषा बनाया जाए।
2. विदेशी विश्वविद्यालयों में हिंदी पीठों की स्थापना की जाए।
3. हिंदी भाषा और साहित्य का प्रचार-प्रसार, हिंदी शिक्षण संस्थाओं के बीच संबंध तथा भारतीय मूल के लोगों में हिंदी के प्रयोग के प्रचार के उपाय किए जाएं।
4. हिंदी के प्रचार हेतु वेबसाइट की स्थापना और सूचना प्रौद्योगिकी का प्रयोग हो।
5. हिंदी विद्वानों की एक विश्व निर्देशिका का प्रकाशन किया जाए।
6. विश्व हिंदी दिवस का आयोजन हो।
7. कैरेबियाई हिंदी परिषद की स्थापना की जाए।
8. दक्षिण भारत के दस विश्वविद्यालयों में हिंदी विभाग की स्थापना की जाए।
9. भारत में एम. ए. हिंदी के पाठ्यक्रम में विदेशों में रचित हिंदी लेखन को समुचित स्थान दिलाया जाए।
10. सूरीनाम में हिंदी शिक्षण का संवर्धन किया जाए।

आठवाँ विश्व हिंदी सम्मेलन, न्यूयॉर्क, 2007

आठवाँ विश्व हिंदी सम्मेलन 13 जुलाई 2007 से 15 जुलाई 2007 तक अमेरिका के प्रसिद्ध न्यूयॉर्क नगर में हुआ। सम्मेलन का उद्घाटन समारोह संयुक्त राष्ट्र भवन में संपन्न हुआ और इसे संयुक्त राष्ट्र के तत्कालीन महासचिव बान की मून ने भी संबोधित किया। इस सम्मेलन का केंद्रीय विषय था- विश्व मंच पर हिंदी। इसका आयोजन भारत सरकार के विदेश मंत्रालय द्वारा किया गया। न्यूयॉर्क में सम्मेलन के आयोजन से संबंधित व्यवस्था अमेरिका की हिंदी सेवी संस्थाओं के सहयोग से भारतीय विद्या भवन ने किया।

सम्मेलन के उद्घाटन समारोह को तत्कालीन प्रधानमंत्री डॉ. मनमोहन सिंह ने वीडियो संदेश के माध्यम से संबोधित किया जबकि भारतीय प्रतिनिधिमंडल का

नेतृत्व तत्कालीन विदेश मंत्री श्री आनंद शर्मा ने किया। सम्मेलन में प्रतिभागिता करने वाले विद्वानों में डॉ. कर्ण सिंह, डॉ. लक्ष्मी मल्ल सिंघवी और श्री गुलजार भी शामिल थे।

पारित मंतव्य:

1. विदेशों में हिंदी शिक्षण और देवनागरी लिपि को लोकप्रिय बनाने के उद्देश्य से दूसरी भाषा के रूप में हिंदी शिक्षण के लिए एक मानक पाठ्यक्रम बनाया जाए तथा हिंदी के शिक्षकों को मान्यता प्रदान करने की व्यवस्था की जाए।
2. विश्व हिंदी सचिवालय के कामकाज को सक्रिय एवं उद्देश्यपरक बनाने के लिए सचिवालय को, भारत तथा मॉरीशस सरकार, सभी प्रकार की प्रशासनिक एवं आर्थिक सहायता प्रदान करें और दिल्ली सहित विश्व के चार-पांच अन्य देशों में इस सचिवालय के क्षेत्रीय कार्यालय खोलने पर विचार किया जाए। सम्मेलन सचिवालय से यह आह्वान करता है कि हिंदी भाषा को लोकप्रिय बनाने के लिए विश्व मंच पर हिंदी वेबसाईट बनायी जाए।
3. हिंदी में ज्ञान-विज्ञान, प्रौद्योगिकी एवं तकनीकी विषयों पर सरल एवं उपयोगी हिंदी पुस्तकों के सृजन को प्रोत्साहित किया जाए। हिंदी में सूचना प्रौद्योगिकी को लोकप्रिय बनाने के प्रभावी उपाय किए जाएं। एक सर्वमान्य व सर्वत्र उपलब्ध यूनीकोड को विकसित व सर्वसुलभ बनाया जाए।
4. विदेशों में जिन विश्वविद्यालयों तथा स्कूलों में हिंदी का अध्ययन-अध्यापन होता है, उनका एक डाटा-बेस बनाया जाए और हिंदी अध्यापकों की एक सूची भी तैयार की जाए।
5. यह सम्मेलन विश्व के सभी हिंदी प्रेमियों और विशेष रूप से प्रवासी भारतीयों तथा विदेशों में कार्यरत भारतीय राष्ट्रिकों से भी अनुरोध करता है कि वे विदेशों में हिंदी भाषा, साहित्य के प्रचार-प्रसार में योगदान करें।
6. वर्धा स्थित महात्मा गांधी अंतरराष्ट्रीय हिंदी विश्वविद्यालय में विदेशी हिंदी विद्वानों के अनुसंधान के लिए शोधवृत्ति की व्यवस्था की जाए।
7. केंद्रीय हिंदी संस्थान भी विदेशों में हिंदी के प्रचार-प्रसार व पाठ्यक्रमों के निर्माण में अपना सक्रिय योगदान दे।
8. विदेशी विश्वविद्यालयों में हिंदी पीठ की स्थापना पर विचार-विमर्श किया जाए।

9. हिंदी को साहित्य के साथ-साथ आधुनिक ज्ञान-विज्ञान और वाणिज्य की भाषा बनाया जाए।
10. भारत द्वारा राष्ट्रीय एवं अंतरराष्ट्रीय स्तरों पर आयोजित की जाने वाली संगोष्ठियों व सम्मेलनों में हिंदी को प्रोत्साहित किया जाए।

नौवाँ विश्व हिंदी सम्मेलन, जोहान्सबर्ग, 2012

नौवाँ विश्व हिंदी सम्मेलन दक्षिण अफ्रीका के जोहांसबर्ग शहर में आयोजित किया गया। यह सम्मेलन हिंदी प्रेमियों के वैश्विक समुदाय की इस देश के साथ महात्मा गांधी के संबंधों के प्रति भावभीनी श्रद्धांजलि के रूप में भी देखा गया। दक्षिण अफ्रीका में सम्मेलन के आयोजन ने न केवल दक्षिण अफ्रीका के साथ बल्कि इस पूरे क्षेत्र के साथ भारत एवं भारतीयों के ऐतिहासिक, सुदृढ़ एवं बढ़ते हुए संबंधों को परिलक्षित किया। इस सम्मेलन ने दक्षिण अफ्रीका के महान नेता डॉ. नेल्सन मंडेला के प्रति हार्दिक आभार व्यक्त किया जिन्होंने महात्मा गांधी द्वारा प्रतिपादित शांति, अहिंसा एवं न्याय के शाश्वत सिद्धांतों को आत्मसात करके पुन: केवल अपने देश के लिए ही नहीं बल्कि विश्व मानव के कल्याण के लिए एक सम्मानित जीवन का मार्ग प्रशस्त किया। सम्मेलन डॉ. मंडेला को ससम्मान शुभकामनाएं ज्ञापित करता है।

22 से 24 सितंबर 2012 को दक्षिण अफ्रीका में आयोजित 9वें विश्व हिंदी सम्मेलन ने, जिसमें विश्वभर के हिंदी विद्वानों, साहित्यकारों और हिंदी प्रेमियों आदि ने भाग लिया, रेखांकित किया कि:

क. हिंदी के बढ़ते हुए वैश्वीकरण के मूल में गांधी जी की भाषा दृष्टि का महत्वपूर्ण स्थान है।

ख. मॉरीशस में विश्व हिंदी सचिवालय की स्थापना की संकल्पना प्रथम विश्व हिंदी सम्मेलन के दौरान की गई थी। यह सम्मेलन इस सचिवालय की स्थापना के लिए भारत और मॉरीशस की सरकारों द्वारा किए गए अथक प्रयासों एवं समर्थन की सराहना करता है।

ग. महात्मा गांधी अंतरराष्ट्रीय विश्वविद्यालय भी विश्व हिंदी सम्मेलनों में पारित संकल्पों का ही परिणाम है। यह विश्वविद्यालय हिंदी के प्रचार-प्रसार और उपयुक्त आधुनिक शिक्षण उपकरण विकसित करने में सराहनीय कार्य कर रहा है।

घ. सम्मेलन केंद्रीय हिंदी संस्थान की भी सराहना करता है कि वह उपयुक्त पाठ्यक्रम और कक्षाओं का संचालन करके विदेशियों और देश के गैर हिंदी भाषी क्षेत्र के लोगों के बीच हिंदी का प्रचार-प्रसार कर रहा है

ङ. सम्मेलन इलेक्ट्रॉनिक तथा प्रिंट मीडिया विशेषकर हिंदी मीडिया, फ़िल्मों और थिएटर द्वारा किए जा रहे कार्य की भी प्रशंसा करता है जो हिंदी के माध्यम से घर-घर तक ज्ञान पहुँचा रहे हैं।

च. सम्मेलन दक्षिण अफ्रीका में हिंदी शिक्षा संघ तथा अन्य संस्थाओं द्वारा हिंदी शिक्षण एवं हिंदी के प्रसार के लिए किए जा रहे कार्य की प्रशंसा करता है और हिंदी को समर्थन प्रदान करने के लिए उनके प्रति आभार व्यक्त करता है।

छ. हिंदी में युवा वर्ग की रुचि निरंतर बढ़ रही है जो सूचना प्रौद्योगिकी संबंधी उपकरण विकसित किए जाने के साथ-साथ हिंदी फ़िल्मों, इलेक्ट्रानिक मीडिया तथा सोशल मीडिया की भूमिका का ही एक भाग है और हिंदी भाषा को व्यापार, वाणिज्य और बाज़ार से जोड़ने का परिणाम है।

ज. विदेशी नागरिक हिंदी भाषा, साहित्य और भारतीय संस्कृति में अपनी रुचि के अलावा व्यावसायिक कारणों से भी हिंदी सीख रहे हैं जो वैश्विक संदर्भ में हिंदी की प्रासंगिकता और इसके महत्व को प्रतिपादित करते हैं।

झ. हिंदी के विकास में विदेश में रह रहे प्रवासी लेखकों की महत्वपूर्ण भूमिका सराहनीय है।

ञ. सम्मेलन में स्मारिका गगनांचल पत्रिका के विशेषांक प्रकाशित किए गए। इनके सुचारू रूप से किए गए प्रकाशन के लिए सम्मेलन इनके संपादक मंडलों और लेखकों की सराहना करता है।

ट. हिंदी भाषा, साहित्य, सूचना प्रौद्योगिकी एवं विशेष तौर पर महात्मा गांधी के जीवन एवं साहित्य पर लगाई गई समेकित प्रदर्शनी सम्मेलन का एक महत्वपूर्ण आकर्षण रही है और इसमें सभी प्रतिभागियों ने गहरी रुचि दिखाई है। सम्मेलन प्रदर्शनी के आयोजकों के प्रयास की सराहना करता है।

ठ. इस अवसर पर भारतीय सांस्कृतिक संबंध परिषद तथा दक्षिण अफ्रीका के स्थानीय कलाकारों द्वारा की गई सांस्कृतिक प्रस्तुतियों ने भी सभी उपस्थित प्रतिभागियों को प्रभावित किया। सम्मेलन इन कार्यक्रमों के आयोजकों की सराहना करता है।

ड. सम्मेलन की दैनिक गतिविधियों पर प्रतिदिन एक समाचार पत्रिका निकाली गई। इसके लिए महात्मा गांधी अंतरराष्ट्रीय हिंदी विश्वविद्यालय द्वारा किए गए प्रयत्न एवं परिश्रम की सम्मेलन सराहना करता है।

ढ. इस अवसर पर दक्षिण अफ्रीका की सरकार द्वारा दिए गए समर्थन, सहयोग, सहायता एवं भागीदारी के लिए सम्मेलन ने दक्षिण अफ्रीका की सरकार के प्रति हार्दिक आभार व्यक्त किया जिसके कारण इस सम्मेलन का आयोजन सुचारु रूप से संपन्न हो सका।

9वें विश्व हिंदी सम्मेलन के उपर्युक्त बिन्दुओं पर हुई कार्रवाई के आलोक में सम्मेलन ने कहा:

i. मॉरीशस में स्थापित विश्व हिंदी सचिवालय विभिन्न देशों के हिंदी शिक्षण से संबद्ध विश्वविद्यालयों, पाठशालाओं एवं शैक्षिक संस्थानों से संबंधित एक डाटाबेस का बृहत स्रोत केंद्र स्थापित करे।

ii. विश्व हिंदी सचिवालय विश्व भर के हिंदी विद्वानों, लेखकों तथा हिंदी के प्रचार-प्रसार से संबद्ध लोगों का भी एक डाटाबेस तैयार करे।

iii. हिंदी भाषा की सूचना प्रौद्योगिकी के साथ अनुरूपता को देखते हुए सूचना प्रौद्योगिकी संस्थानों द्वारा हिंदी भाषा संबंधी उपकरण विकसित करने का महत्वपूर्ण कार्य जारी रखा जाए। इस उद्देश्य की प्राप्ति के लिए हर संभव सहायता प्रदान की जाए।

iv. विदेशों में हिंदी शिक्षण के लिए एक मानक पाठ्यक्रम तैयार किए जाने के लिए महात्मा गांधी अंतरराष्ट्रीय हिंदी विश्वविद्यालय, वर्धा को अधिकृत किया जाता है।

v. अफ्रीका में हिंदी शिक्षण को प्रोत्साहित करने के लिए और बदलते हुए वैश्विक परिवेश, युवा वर्ग की रुचि एवं आकांक्षाओं को देखते हुए उपयुक्त साहित्य एवं पुस्तकें तैयार की जाएं।

vi. सूचना प्रौद्योगिकी में देवनागरी लिपि के प्रयोग पर पर्याप्त सोफ्टवेयर तैयार किए जाएं ताकि इसका लाभ विश्व भर के हिंदी भाषियों और प्रेमियों को मिल सके।

vii. अनुवाद की महत्ता देखते हुए अनुवाद के विभिन्न आयामों के संदर्भ में अनुसंधान की आवश्यकता है, अत: इस दिशा में ठोस कार्रवाई की जाए।

viii. विश्व हिंदी सम्मेलनों के बीच अंतराल में विभिन्न देशों में विशिष्ट विषयों पर क्षेत्रीय सम्मेलन आयोजित किए जाते हैं। इनका उद्देश्य उनके अपने-

अपने क्षेत्रों में हिंदी शिक्षण और हिंदी के प्रसार में आने वाली कठिनाइयों का समाधान खोजना है। सम्मेलन ने इसकी सराहना करते हुए इस बात पर बल दिया कि इस कार्य को प्रोत्साहित किया जाना चाहिए।

iX. विश्व हिंदी सम्मेलनों में भारतीय और विदेशी विद्वानों को सम्मानित करने की परंपरा रही है इस विशिष्ट सम्मान के अनुरूप ही इन सम्मेलनों में विद्वानों को भेंट किए जाने वाले पुरस्कार अथवा सम्मान को गरिमापूर्ण नाम देते हुए इसे 'विश्व हिंदी सम्मान' कहा जाए।

X. विगत में आयोजित विश्व हिंदी सम्मेलनों में पारित प्रस्ताव को रेखांकित करते हुए हिंदी को संयुक्त राष्ट्र संघ में आधिकारिक भाषा के रूप में मान्यता प्रदान किए जाने के लिए समय-बद्ध कार्रवाई सुनिश्चित की जाए।

Xi. दो विश्व हिंदी सम्मेलनों के आयोजन के बीच यथासंभव अधिकतम तीन वर्ष का अंतराल रहे।

Xii. 10वां विश्व हिंदी सम्मेलन भारत में आयोजित किया जाए।

10वाँ विश्व हिंदी सम्मेलन, भोपाल, 2015

10-12 सितंबर, 2015 तक विदेश मंत्रालय, भारत सरकार 'द्वारा मध्य प्रदेश राज्य सरकार के सहयोग से भोपाल, भारत में 10वें विश्व हिंदी सम्मेलन का भव्य आयोजन किया गया। तीन दशक बाद भारत में लौटे हिंदी के महाकुंभ के आयोजन ने हिंदी की ऊर्जा का अभूतपूर्व प्रदर्शन किया। 10वाँ सम्मेलन भारत में आयोजित करने का निर्णय सितंबर 2012 में जोहान्सबर्ग, दक्षिण अफ्रीका में आयोजित 9वें विश्व हिंदी सम्मेलन के मंतव्यों में लिया गया था। उद्‌घाटन समारोह से लेकर विचार सत्र, सांस्कृतिक कार्यक्रम और प्रदर्शनियाँ सभी हिंदी के वैश्विक महत्व को उभारने में अति सफल रहे।

उद्‌घाटन समारोह

सम्मेलन के लिए भोपाल के लाल परेड मैदान में विशेष रूप से 'माखनलाल चतुर्वेदी नगर' का निर्माण किया गया था। इस विशालकाय पंडाल के रामधारी सिंह दिनकर सभागार में ही 10 सितंबर की प्रात: देश-विदेश से आए लगभग पाँच हज़ार प्रतिभागियों और अतिथियों की उपस्थिति में मध्य प्रदेश के मुख्य मंत्री द्वारा स्वागत तथा विदेश मंत्री द्वारा सम्मेलन की प्रस्तावना के उपरांत भारत के प्रधानमंत्री द्वारा विश्व हिंदी सम्मेलन का उद्‌घाटन किया गया। इस अवसर पर विशेष रूप से भारत

की विदेश मंत्री, माननीया श्रीमती सुषमा स्वराज, मध्य प्रदेश के मुख्यमंत्री, माननीय श्री शिवराज सिंह चौहान, अनेक राज्यों के राज्यपाल, केंद्रीय मंत्रियों, राज्य मंत्रियों तथा मॉरीशस की शिक्षा व मानव संसाधन, तृतीयक शिक्षा व वैज्ञानिक अनुसंधान मंत्री माननीया श्रीमती लीला देवी दुकन- लछुमन के साथ अनेक गणमान्य लोग मंचासीन थे।

प्रधानमंत्री श्री नरेंद्र मोदी ने अपने संबोधन में कहा, 'दुनिया में हिंदी के प्रति आकर्षण बढ़ रहा है। हिंदी की समृद्धि के लिए इसे अन्य भाषाओं के साथ न केवल जोड़ने की प्रक्रिया चलनी चाहिए बल्कि इसे निरंतर जारी भी रखना चाहिए। हिंदी और अन्य भाषाओं के सम्मेलन करने पर भाषा शास्त्री विचार करें।' श्री मोदी ने विश्व के 39 देशों से आए प्रतिनिधियों का स्वागत करते हुए हिंदी को चैतन्य भाषा बनाए रखने का आह्वान किया। उन्होंने विदेशों में हिंदी प्रचार-प्रसार के लिए किए जा रहे प्रयासों की सराहना की और मॉरीशस की सरकार, जनता और साहित्यकारों के योगदान को विशेष रूप से रेखांकित किया। इस अवसर पर उन्होंने समारोह के शुभंकर पर विशेष डाक टिकट के साथ विश्व हिंदी सम्मेलन की स्मारिका, 'गगनांचल' पत्रिका के विशेषांक और 'प्रवासी साहित्य जोहान्सबर्ग से आगे' का लोकार्पण भी किया।

उद्घाटन समारोह में अपने संबोधन में विदेश मंत्री माननीया श्रीमती सुषमा स्वराज ने कहा, "10वाँ विश्व हिंदी सम्मेलन ऐतिहासिक साबित होगा। अभी तक जितने भी विश्व हिंदी सम्मेलन हुए हैं वे साहित्य पर केंद्रित थे। यह पहला ऐसा सम्मेलन है जो भाषा को समर्पित है।" उन्होंने बताया, "पिछले नौ हिंदी सम्मेलन साहित्य को बढ़ावा देने के लिए आयोजित किए गए जबकि यह सम्मेलन हिंदी भाषा को बढ़ावा देने के लिए आयोजित किया गया है।" उनके शब्दों में, "यह सम्मेलन परिणाममूलक रहेगा और इसी उद्देश्य से सम्मेलन में ऐसे विषयों का चयन किया गया है जिसमें वर्तमान समय में हिंदी भाषा के विस्तार की संभावनाएँ हैं। संचार एवं सूचना, प्रशासन, सूचना प्रौद्योगिकी, विज्ञान और विदेश नीति ऐसे ही कुछ विषय हैं।"

इससे पूर्व अपने स्वागत वक्तव्य में मध्य प्रदेश के मुख्यमंत्री माननीय श्री शिवराज सिंह चौहान ने प्रधानमंत्री और अतिथियों का स्वागत करते हुए श्री मोदी का सम्मेलन के आयोजन की सहमति देने के लिए धन्यवाद दिया।

सम्मेलन में पारित प्रमुख मंतव्य

1. विश्व हिंदी सम्मेलन के दौरान देश-विदेश से आए अनेक विद्वानों, हिंदी मनीषियों एवं अन्य प्रतिभाशाली विशेषज्ञों ने 12 चयनित विषयों पर समानांतर सत्रों में गहन चर्चा के पश्चात जो अनुशंसाएँ की हैं, विदेश मंत्रालय एक विशेष समीक्षा समिति गठित कर उन अनुशंसाओं को यथोचित कार्रवाई हेतु विभिन्न मंत्रालयों एवं विभागों को अग्रेषित करे।
2. 11वें विश्व हिंदी सम्मेलन का आयोजन सन् 2018 में मॉरीशस में किया जाए जिस दौरान वहाँ स्थित विश्व हिंदी सचिवालय के नए भवन का औपचारिक उद्घाटन भी किया जाए।

समापन समारोह

विश्व हिंदी सम्मेलन का औपचारिक समापन किया गया। मुख्य अतिथि के रूप में भारत के केंद्रीय गृह मंत्री माननीय श्री राजनाथ सिंह उपस्थित हुए। इस अवसर पर माननीय श्री शिवराज सिंह चौहान, भारत सरकार के विज्ञान एवं प्रौद्योगिकी मंत्री डॉ. हर्षवर्धन, माननीय श्री केसरी नाथ त्रिपाठी, माननीया श्रीमती मृदुला सिन्हा, छत्तीसगढ़ के मुख्यमंत्री माननीय डॉ. रमण सिंह, हरियाणा के मुख्य मंत्री माननीय श्री मनोहर लाल खट्टर, मॉरीशस की शिक्षा व मानव संसाधन, तृतीयक शिक्षा व वैज्ञानिक अनुसंधान मंत्री माननीया श्रीमती लीला देवी दुखन- लछुमन, विदेश राज्य मंत्री माननीय जनरल डॉ. वी. के. सिंह, राज्य सभा सांसद माननीय श्री अनिल माधव दवे तथा विदेश मंत्रालय में सचिव श्री अनिल वाधवा ने अपनी उपस्थिति से मंच की शोभा बढ़ाई।

मुख्य अतिथि माननीय श्री राजनाथ सिंह ने अपने वक्तव्य में कहा, "हिंदी संयुक्त राष्ट्र संघ की आधिकारिक भाषा के रूप में शामिल होनी चाहिए और इसके लिए भारत सरकार अपनी ओर से पूरा प्रयास करेगी।" उन्होंने कहा, "यदि हम योग को 177 देशों के समर्थन से संयुक्त राष्ट्र में स्थान दिला सकते हैं तो मात्र 127 देशों के समर्थन से हिंदी को संयुक्त राष्ट्र में शामिल करने की क्षमता भी रखते हैं।" आगे उन्होंने यह भी कहा, "गिरमिटिया मज़दूरों ने हिंदी को सबसे बड़ा योगदान दिया है और विदेशों में इस भाषा को मरने नहीं दिया।"

अपने स्वागत भाषण में मुख्य मंत्री माननीय श्री शिवराज सिंह चौहान ने कहा, "हिंदी का भविष्य उज्ज्वल है। हिंदी अत्यंत प्राचीन, उन्नत और श्रेष्ठ भाषा है

और इसमें कोई कमी नहीं है। हमें हिंदी को मान-सम्मान दिलाने के लिए अपनी मानसिकता को बदलना होगा। मध्य प्रदेश में सारा कामकाज हिंदी में करने के लिए सरकार कृत संकल्प है।

ग्यारहवाँ विश्व हिंदी सम्मेलन, मॉरीशस, 2018

ग्यारहवाँ विश्व **हिंदी सम्मलेन** 18 से 20 अगस्त, 2018 को मॉरीशस में आयोजित किया गया। **उद्घाटन समारोह** में मॉरीशस के प्रधानमंत्री प्रविन्द्र कुमार जगन्नाथ और भारत की **विदेश मंत्री** सुषमा स्वराज भी मौजूद रहीं। मॉरीशस में विश्व हिंदी सम्मेलन की शुरूआत से पहले भारत के पूर्व प्रधानमंत्री अटल बिहारी वाजपेयी को श्रद्धांजलि दी गई। ११वाँ विश्व हिंदी सम्मेलन 18 अगस्त से 20 अगस्त 2018 तक मॉरीशस की राजधानी पोर्ट लुई में आयोजित किया गया।

सम्मेलन का विषय 'हिंदी विश्व और भारतीय संस्कृति' था। सम्मेलन का आयोजन स्थल स्वामी विवेकानंद अंतर्राष्ट्रीय सभा केंद्र, पाई, मॉरीशस था। यहां हिंदी भाषा के विकास को दर्शाती कई प्रदर्शनियां लगाई गईं। सम्मेलन के एक दिन पहले मॉरीशस में गंगा आरती का कार्यक्रम हुआ जिसमें विभिन्न देशों से आए प्रतिनिधियों ने भाग लिया।

इस अवसर पर डॉ. धनेश द्विवेदी द्वारा संपादित राजभाषा विभाग, गृह मंत्रालय की पत्रिका राजभाषा भारती का एक सम्मेलन-विशेष अंक भी निकाला गया। सम्मेलन के दौरान भारत एवं अन्य देशों के हिंदी विद्वानों को हिंदी के क्षेत्र में उनके विशेष योगदान के लिए "विश्व हिंदी सम्मान" से सम्मानित किया गया।

विश्व हिंदी सम्मेलन के मुख्य विषय 'वैश्विक हिंदी और भारतीय संस्कृति' के अतिरिक्त 12 अन्य उपविषयों पर आधारित समानांतर सत्र भी संपन्न हुए। इस अवसर पर पुस्तक प्रदर्शनियां और साहित्यकारों की पुस्तकों का लोकार्पण किया गया।

बारहवाँ विश्व हिंदी सम्मेलन, फिजी, 2023

फिजी में 12वां विश्व हिंदी सम्मेलन 15 से 17 फरवरी, 2023 के दौरान संपन्न हुआ। सम्मेलन में लगभग तीन दर्जन देशों के एक हजार से अधिक हिंदी विद्वानों तथा हिंदी प्रेमियों ने हिस्सा लिया। इसमें फिजी के शीर्ष नेतृत्व ने भी भागीदारी की और भारतीय प्रतिनिधिमंडल का नेतृत्व विदेश मंत्री श्री एस जयशंकर ने किया। तीन दिन तक चले इस सम्मेलन के समापन समारोह में भारतीय विदेश मंत्री डॉ. एस.

जयशंकर ने हिंदी और इसके प्रभाव के बारे में बताया। विदेश मंत्री ने फिजी के राष्ट्रपति विलियम कैटोनिवरे का जिक्र करते हुए बताया कि किस तरह से उन पर हिंदी फिल्मों का असर पड़ा। श्री जयशंकर ने कहा कि हिंदी विविध रूपों में विश्व भर में पहुँच रही है तथा लोकप्रिय हो रही है।

हिंदी संबंधी महत्वपूर्ण विचार

"जगत विख्यात भारतवर्ष जैसे महादेश में जहां जाति-पांति, रीति-नीति, मत आदि के अनेक भेद दृष्टिगोचर हो रहे हैं, भाव की एकता रहते हुए भी भिन्न-भिन्न भाषाओं के कारण एक प्रान्तवासियों के विचारों से दूसरे प्रान्तवालों का उपकार नहीं होता।.... इस समय भारतवर्ष में अनेक भाषाओं से सर्वसाधारण का लाभ नहीं हो सकता। भाषाओं को शीघ्र एक कर देना तो परमावश्यक होने पर भी दुःसाध्य-सा प्रतीत होता है। परंतु इस अवस्था में भी यह देखा जाता है कि अधिकांश लोग कश्मीर से कन्याकुमारी अंतरीप, ब्रह्म देश से गांधार पर्यन्त हिंदी या इसके रूपान्तर का व्यवहार करते हैं। आशा है कि सबकी चेष्टा तथा अभिरुचि होने से कालान्तर में प्रान्तीय भाषाओं के सम्मिश्रण से एक सार्वजनिक नूतन भाषा का आविर्भाव हो सकेगा।"

शारदा चरण मित्र

देवनागर, 1907

"सारे संघ की राष्ट्रभाषा के अतिरिक्त हिंदी का अपना विशाल क्षेत्र है। हरियाणा, राजपूताना, मेवाड़, मालवा, मध्यप्रदेश, युक्त प्रान्त और बिहार हिंदी की अपनी भूमि है। यही वह भूमि है जिसने हिंदी के आदि कवियों सरहपा, स्वयंम्भू आदि को जन्म दिया। यही भूमि है, जहां अश्वघोष, कालिदास, भवभूति और बाण पैदा हुए। यही वह भूमि है जहां गुरु (मेरठ-अम्बाला कमिश्नरियों) और पांचाल (आगरा-रुहेलखण्ड कमिश्नरियों) की भूमि में वशिष्ठ, विश्वामित्र, भारद्वाज ने ऋग्वेद के मंत्र रचे। प्रवाहण, उद्दालक और याज्ञवल्क्य ने अपनी दार्शनिक उड़ानें भरी। इस भूमि के सारे भाग की हिंदी मातृभाषा नहीं है, किंतु वह है मातृभाषा जैसी ही। इस विशाल प्रदेश के हर एक भाग में शिक्षित, अशिक्षित, नागरिक और ग्रामीण सभी हिंदी को समझते हैं।

राहुल सांकृत्यायन

हिंदी साहित्य सम्मेलन, प्रयाग के बंबई अधिवेशन में सभापति पद
से दिया गया अभिभाषण, 1947,
सभापतियों के भाषण, भा. 3.
हि.सा.स. 1987, पृ. 93

"भारत के बेघरवादी साधु-संत और फकीर जो कि तीर्थ से तीर्थान्तर तक घूमते रहते हैं और सारे भारतवर्ष की यात्रा करते फिरते हैं, हिंदी का ही व्यवहार करते हैं। इन सब बातों से हिंदी की प्रतिष्ठा सर्वत्र दीख पड़ती है क्या समग्र उत्तर भारत में, क्या दक्षिण के बड़े-बड़े शहरों में और प्रधान तीर्थ क्षेत्रों में।"

सुनीति कुमार चटर्जी

हिंदी साहित्य सम्मेलन, प्रयाग के 34वें
करांची अधिवेशन में सभापति पद
से दिया गया भाषण, 1946 कौसल्यायन,
भदत्त आनन्द : राष्ट्रभाषा की समस्याएं, पृ.81

"सातों भारतीय आर्य भाषाओं में महत्व की दृष्टि से हिंदी का स्थान पहला है। उत्तर में हिमालय के हिम शिखरों से दक्षिण में विंध्याचल की चोटियों और नर्मदा नदी तक हिंदी की कोई-न-कोई बोली बोली जाती है। पूर्व में संखासी नदी हिमालय से लेकर गंगा तक हिंदी की सीमा बनाती है। दक्षिण-पश्चिम की सीमा के लिए संखासी से नर्मदा तक एक रेखा खींची जा सकती है। पश्चिम में सीमा बताने के लिए कच्छ की खाड़ी के सिरे से पश्चिम की ओर रेखा अंकित की जा सकती है। यहां से उत्तर पूर्व में शिमला के निकट सतलज तक रेखा खींचनी चाहिए।... अपनी विशेष शैली उर्दू अथवा हिंदुस्तानी के कारण हिंदी, उत्तर भारत के बहुत बड़े भू-भाग की राजभाषा है। मुसलमानों की मातृभाषा होने के कारण भी समूचे उप महाद्वीप-भारत में इसे राष्ट्रभाषा का स्थान मिला है।"

एस.एच. केलाग

केलाग, एस.एच. हिंदी व्याकरण, (हि.स) पृ. 30

"(हिंदी), हिंदी भाषा क्षेत्रों के बाहर भी, बाजार में, शहर में, रेलवे स्टेशनों पर, तीर्थस्थानों में जहाँ लोग भारत के विभिन्न क्षेत्रों से आते हैं, जिन्हें अंग्रेजी नहीं आती है और बात करने की जरूरत पड़ती है, बड़ी सीमा तक समझी जाती है।

राजभाषा आयोग का प्रतिवेदन

रा.आ.प्र., 1956, भारत सरकार, पृ. 37

"वस्तुतः मैंने पिछली बार हिंदी के संबंध में भारत के कई भागों में हिंदी के बोले और समझे जाने की बात कही थी। यह मद्रास के पुरुषों तथा स्त्रियों के हित में होगा कि विद्यालयों में हिंदी की पढ़ाई की वैकल्पिक सुविधा हो क्योंकि इस भाषा का ज्ञान उन्हें अपने काम और व्यापार के संबंध में आने-जाने में सहायता देगा; केवल केन्द्र की सरकारी नौकरियों के लिए ही नहीं बल्कि व्यापार के लिए, निजी रोजगार के लिए भी।"

संपादकीय

द हिंदू (मद्रास), 31.1.1968

"उस काल भाषा भी हमारी उच्च पद पाती रही,
हां, फारसी फरमान तक पर वह लिखी जाती रही।
श्री सूर, तुलसी, देव, केशव, कवि बिहारी सम हुए,
जिनके अतुल ग्रंथाकारों से भाव रत्नोद्गम हुए।।"

मैथिली शरण गुप्ता

गुप्त, मैथिलीशरण: भारत भारती,
साहित्यनंदन, चिरगांव, झांसी, सं 2029, पृ. 83-81

"राष्ट्रभाषा हिंदी एकमात्र संयुक्त प्रान्त की स्वभाषा नहीं है, राजस्थान की भी है... हिंदी को यदि राष्ट्रभाषा होना है तो राष्ट्र की अन्य भाषाओं की शक्ति और सौंदर्य को इसमें लाना चाहिए।"

कन्हैयालाल माणिकलाल मुंशी

अखिल भारतीय हिंदी साहित्य सम्मेलन के
उदयपुर अधिवेशन में अध्यक्षीय भाषण, 1946

"हिंदी का प्रचार किया जा रहा है, इसका कारण उसकी साहित्यिक समृद्धि नहीं है (इस विषय पर किसी विवाद में उलझना महत्वहीन है) वरन् इसलिए क्योंकि वह सबसे अधिक व्यक्तियों द्वारा बोली और समझी जाती है और वह एक सरल तथा लचीली भाषा है।"

सुभाष चन्द्र बोस

अखिल भारतीय हिंदी प्रचार समिति वर्धा
के अधीन हिंदी ट्रेनिंग इंस्टीट्यूट के द्वितीय
सत्र में उद्घाटन भाषण एडवांस, 30.7.1938

"हिंदी एक महान भाषा है जिसने भारत में ही नहीं सम्पूर्ण विश्व में भारतीयों को एक सूत्र में बांधे रखा है, गिरमिटियों को उनकी आशा निराशा में, कठिन दिनों में उनके मनोबल को बनाए रखा है, विदेशियों को हिंदी के प्रति आकर्षित किया है तथा वह आज ज्ञान-विज्ञान, साहित्य-संस्कृति से भी ऊपर मानवता की भाषा है।"

राम नारायण गोविंद

साहित्यकार, फीजी हिंदी साहित्य समिति,
सूबा की मुख पत्रिका, वर्ष 1, अंक 1, 1986, पृ. 9

"उर्दू बोली की अपेक्षा हिंदी भाषा बहुत सुगम है। जैसी उर्दू छह वर्ष में आती है, वैसी हिंदी पंद्रह दिन में आ जाती है। इस देश की मातृभाषा हिंदी सबको सीखनी चाहिए।"

मिंया हाफिज मुहम्मद अब्दुल रज्जाक

रिफार्मर (लाहौर), 12.6.1882

"मुझे पूर्ण विश्वास है कि एकमात्र भारतीय भाषा हिंदी की जानकारी के माध्यम से भारत की समृद्ध सांस्कृतिक निधि के द्वार खुल सकते हैं।"

ओदोलेन स्मेकल

स्मारिका, पांचवा हिंदी विश्व सम्मेलन, 1996,
विदेश मंत्रालय, भारत सरकार, पृ. 86

"हर हिंदी भाषी को अपनी संतानों को हिंदी सिखाने के लिए पूरी कोशिश करनी चाहिए जिससे भाषा जीवित रखी जा सके और उनके साथ हमारी संस्कृति तथा सभ्यता को भी अमर रखा जा सके।"

एम.सी. विनोद

साहित्यकार, फीजी हिंदी साहित्य समिति,

सूवा की मुख पत्रिका, वर्ष 1, अंक 1, 1986, पृ. 15

"तीर्थ यात्री चाहे वे किसी भी प्रान्त के हों, एक दूसरे के प्रान्त में जाकर भाव प्रकाशन के लिए हिंदी भाषा का ही संबल ग्रहण करते हैं। हमने स्वतंत्रता संग्राम हिंदी भाषा के माध्यम से लड़ा है।"

प्रेम नारायण शुक्ल

सभापतियों के भाषण, भाग 3,

सं. प्रेम नारायण शुक्ल, हिं.सा.स. 1987, पृ. 17

"अरबी या फारसी की तुलना में हिंदी देश की मिट्टी से अधिक जुड़ी हुई है और जनता के दिल के अधिक निकट है, इसलिए हिंदी के प्रयोग को अरबी-फारसी की तुलना में प्राथमिकता देनी चाहिए।"

एत.डब्ल्यू. फैलन

जे.ए.एस.वी 1867, भाग 1, पृ. 147

"कुछ लोग कहते हैं कि हिंदी भाषा के साथ रियायत की गई है किंतु मैं समझता हूं कि यह बात नहीं है। यह एक ऐतिहासिक प्रक्रिया के परिणामस्वरूप ही हुआ है जो कई वर्षों से, वास्तव में कई शताब्दियों से प्रवर्तन में रही है। मैं निवेदन करता हूं कि स्वामी रामदास ने हिंदी में लिखा, तुलसीदास ने हिंदी में लिखा और आधुनिक काल के संत स्वामी दयानंद ने हिंदी में लिखा। वे गुजराती थे किंतु लिखते थे हिंदी में। वे हिंदी में क्यों लिखते थे? इस कारण कि इस देश की राष्ट्रभाषा हिंदी थी। इसके अतिरिक्त मैं निवेदन करता हूं कि राष्ट्रपिता महात्मा गांधी ने जब कांग्रेस में प्रवेश किया तो उन्होंने तुरंत ही अंग्रेजी भाषा छोड़ दी और हिंदी में बोलने लगे। उन्होंने अंग्रेजी में लिखने का प्रयास नहीं किया।"

आर.वी. धुलेकर

भा.सं.स.स.रि., 13.9.1949

"हमारा जीवन अपने इन किसानों और मजदूरों के ऊपर निर्भर करता है और हमारी संस्कृति भी इस चीज को स्वीकार करती है। इन किसानों और मजदूरों की भाषा-ऐसी भाषा जिसे वे सहज ही समझ सकें-हिंदी या हिंदुस्तानी ही है। वही हमारी राष्ट्रभाषा हो सकती है।"

महात्मा गांधी

गांधी, महात्मा : वाट्स आन नेशनल लैंग्वेज 3.5.1935

"हिंदुस्तान में मुसलमान हुक्मरानों के साथ-साथ फारसी राजभाषा बनकर आई और मुगलकाल के अंत तक वह इसी रूप में इस्तेमाल होती रही। लोगों की भाषा उत्तर और मध्य भारत में बराबर हिंदी बनी रही।"

जवाहरलाल नेहरू

नेहरू, जवाहरलाल राष्ट्रभाषा का प्रश्न, पृ. 11

"जब मैं उर्दू के बारे में कहता हूं तो यह सोचा जाता है कि मेरा मतलब मुसलमानों की भाषा से है और जब मैं हिंदी के बारे में कहता हूं, लोग सोचते हैं कि मेरा मतलब हिंदुओं की भाषा से है। हिंदी वह भाषा है जिसका प्रयोग उत्तर के मुसलमान और हिंदू दोनों करते हैं तथा जो भाषा दोनों लिपियों में लिखी जाती है।"

महात्मा गांधी

दक्षिण हिंदी प्रचार सभा, मद्रास के
रजत जयंती समारोह में दिया गया वक्तव्य, 25.1.1946
गांधी महात्मा वाट्स आन नेशनल लैंग्वेज़, पृ. 16

"वास्तव में भारतवर्ष में अंतर्प्रान्तीय व्यवहार के लिए उपयुक्त राष्ट्रीय भाषा हिंदी ही है।"

रवीन्द्रनाथ टैगोर

गांधी के मोतीहारी से जनवरी 1918
को लिखे पत्र के उत्तर में टैगोर का विचार
सम्पूर्ण गांधी वांड्मय, खण्ड 14,
पाद टिप्पणी पृ. 150

"भारत की सम्पर्क भाषा के बारे में प्रश्न पूछे जाने पर कवि रवीन्द्रनाथ ने अपने विचार अभिव्यक्त करते हुए कहा कि बहुत वर्षों से हमारी सम्पर्क भाषा अंग्रेज़ी रही है जो अधिकांश जनता की समझ से बाहर है। यदि हम हर एक भारतीय के मूल अधिकार को महत्व दें तो हमें सबसे विस्तृत क्षेत्र में बोली जाने वाली भाषा तथा जिसे महात्मा जी ने भी स्वीकार किया है-हिंदी को स्वीकार करना चाहिए। इस उद्‌देश्य की पूर्ति के लिए एक भाषा की आवश्यकता है।"

रवीन्द्रनाथ टैगोर

कलकत्ता हिंदी क्लब बुलेटिन, सितम्बर 1938

"हमारे देश की भाषाएं निःसंदेह बहुत शक्तिशाली हैं और इन सबको परस्पर एक सूत्र में बांधने वाली सम्पर्क भाषा हिंदी दृढ़ आत्मविश्वास के साथ नई शक्ति लेकर उभर रही है... निःसंदेह हिंदी पूरी शक्ति के साथ राष्ट्र के उत्थान में योगदान करने वाली भाषा होगी।"

हजारी प्रसाद द्विवेदी

उत्तर प्रदेशीय हिंदी साहित्य सम्मेलन, प्रयाग का अध्यक्षीय
भाषण, 16.12.1972 हजारी प्रसाद द्विवेदी ग्रंथावली,
खण्ड 10, पृ. 208, विश्वभाषा हिंदी

"**हिंदी** ही हमारे राष्ट्रीय एकीकरण का सबसे शक्तिशाली और प्रधान माध्यम **है। यह किसी प्रदेश** या क्षेत्र की भाषा नहीं बल्कि समस्त भारत की भारती के रूप **में ग्रहण की जानी** चाहिए।"

कन्हैयालाल माणिकलाल मुंशी

भारतीय हिंदी परिषद के अधिवेशन
में अध्यक्षीय भाषण, 1953

"दूसरा तथ्य, जिसकी अंग्रेज उपेक्षा करते हैं कि हमारी भाषाएं एक-दूसरे से निकट संबंध रखती हैं और इसी के कारण स्वरूप लिंग्वा फ्रैंका के रूप में हिंदी मद्रास प्रेसीडेंसी के अतिरिक्त सभी प्रान्तों के लिए अनुकूल है। हिंदी के पक्ष में यह देखते हुए तथा वर्तमान राष्ट्रीय चेतना को दृष्टि में रखते हुए अंग्रेजी भाषा को हम अपनी लिंग्वा फ्रैंका के रूप में कैसे स्वीकार कर सकते हैं?

महात्मा गांधी

यंग इंडिया, 21.4.1920

"देश भर को बांधने के लिए, भारत के भिन्न-भिन्न हिस्से एक-दूसरे से संबंधित रहें, इसके लिए हिंदी की जरूरत है।"

जवाहरलाल नेहरू

दक्षिण भारत हिंदी प्रचार सभा, मद्रास के नए
भवन का उद्‍घाटन, 1936 हिंदी प्रचारक, मद्रास, 1936

"शायद संसार में भारत ही एक ऐसा देश है, जिसकी अपनी कौमी जबान नहीं है। आज एक बलवान केन्द्रीय शासन के सिवा हमें एकता में बांधने वाली क्या चीज है। धर्म में शक्ति नहीं, वह चीज राष्ट्रभाषा ही हो सकती है।"

प्रेमचंद

प्रेमचंद के विचार, भा. 3, पृ. 290,
बे-राष्ट्रभाषा का राष्ट्र, 9.4.1934

"देश की अखण्डता को बनाए रखने के लिए हिंदी सबसे अधिक सहायक है।"

ज्ञानी जैल सिंह

राजभाषा विभाग पुरस्कार वितरण समारोह,
नई दिल्ली में दिए गए भापण का अंश, 4.3.1986

"एक भाषा यानी हिंदी, एके की भाषा यानी हिंदी, एकता की आधारशिला यानी हिंदी।"

गोपाल प्रसाद व्यास

व्यास, गोपाल प्रसाद हिंदी को मन-प्राण की
भाषा बनाएं, संकल्प 1988,
हिंदी अकादमी, नई दिल्ली, पृ. 56-57

"राजनीति, वाणिज्य तथा कला के क्षेत्र में देश की अखण्डता के लिए हिंदी की महत्ता की ओर सभी भारतीयों को ध्यान देना चाहिए। चाहे वे किसी भी क्षेत्र के रहने वाले और अपनी-अपनी प्रान्तीय भाषाएं बोलने वाले हों।"

राजगोपालाचारी, चक्रवर्ती

चकवर्ती, राजगोपालाचारी आरकेसी एण्ड अदर इश्यूज
(लैंग्वेज़ इंश्यू) मद्रास, बी.जी. पाल एण्ड क. 1957 पृ. 21-22

"यदि एक भाषा के न होने के कारण भारत में एकता नहीं होती है तो और चारा ही क्या है? तब सारे भारतवर्ष में एक भाषा का व्यवहार करना ही एकमात्र उपाय है। अभी कितनी ही भाषाएं भारत में प्रचलित हैं। इसी हिंदी को यदि भारतवर्ष की एकमात्र भाषा स्वीकार कर लिया जाए तो सहज ही में यह (एकता) सम्पन्न हो सकती है।"

केशव चन्द्र सेन

सुलभ समाचार, 187 बी.एस.एस.आर., 15.9.1949,

"हमारी मातृभाषा हिंदी ही एक ऐसी निधि है जिसके द्वारा हम अपनी प्राचीन संस्कृति को कायम रख सकते हैं। यदि भाषा मिट गई तो हमारी संस्कृति अलोप हो जाएगी और हम हिंदी भाषी सदा के लिए मिट जाएंगे।"

वी. सुधाकर

सुधाकर वी (सं.): प्रशांत की लहरें, फीजी
हिंदी साहित्य समिति, सूवा, फीजी, प्रस्तावना

"इसका एक-एक शब्द हमारी सत्ता का व्यंजक है, हमारी संस्कृति का संपुट है, हमारी जन्मभूमि का स्मारक है, हमारे हृदय का प्रतिबिंब है, हमारी बुद्धि का वैभव है। देश की जिस प्रकृति ने हमारे हृदय में रूप-रंग भरा है, उसी ने हमारी भाषा का रूप-रंग खड़ा किया है।"

गोस्वामी गणेश दत्त

हिंदी साहित्य सम्मेलन के जयपुर अधिवेशन में
सभापति पद से दिया गया अभिभाषण, 1944
सभापतियों के भाषण (भा. 3) हिं.सा.स. प्रयाग, पृ. 3.

"राष्ट्रीय व्यवहार में हिंदी को काम में लाना देश की शीघ्र उन्नति के लिए आवश्यक है।"

महात्मा गांधी

गांधी, महात्मा राष्ट्रभाषा, पृ. 1

"हिंदी से भारत वर्ष के हर प्रकार के शत्रु को सच्चा भय है। जहां-जहां हिंदी की छत्रछाया है, वहां-वहां ब्राह्मण-अब्राह्मण, शिक्षित-अशिक्षित, नागरिक-ग्रामीण, छोटे-बड़े के भेद टूट पड़े हैं। भाषा के प्रचार के साथ ही साथ एकदम सच्चा एम्य स्थापित होने लगा है। आश्चर्य तो यह है कि एक भाषा का आंदोलन इतनी देर लगाकर क्यों शुरू किया गया। किंतु श्रद्धावान भूतकाल पर अफसोस नहीं करता। उसका तो वर्तमान से ही संबंध है। आप विश्वास रखें भविष्य उज्ज्वल है।"

प्रेमचंद

तृतीय दक्षिण भारत हिंदी प्रचारक सम्मेलन, जनवरी 1933 प्रेमचंद
के विचार, भाग-2, सरस्वती प्रेस, इलाहाबाद 1982, पृ. 299

"हिंदू धर्म के सर्वोच्च तीर्थ हिंदी भाषी क्षेत्र में स्थित हैं और इसी क्षेत्र में अवतारों के जन्मस्थान हैं। अभिप्राय यह है कि भारत के विभिन्न भागों के लोगों का हिंदी भाषी क्षेत्र से धार्मिक संबंध रहा है, हजारों नर-नारी यहां लगातार आते रहे हैं।"

राम गोपाल

राम गोपाल: स्वतंत्रता पूर्व पहले हिंदी के
संघर्ष का इतिहास, एच.एस.एस., शक 1886, पृ. 11

"हिंदी भाषा ही नहीं, संस्कार भी है। संस्कृत, संस्कृति और संस्कार की त्रिवेणी हिंदी की धरोहर है।"

लोकेश चन्द्र

स्मारिका, पांचवा विश्व हिंदी सम्मेलन,
1996, विदेश मंत्रालय, भारत सरकार, पृ. 117

"सभापति जी (तिलक) के व्याख्यान से मैं सुखी और दुखी दोनों हुआ हूं क्योंकि आपने जो विद्वत्तापूर्ण बातें कहीं हैं, वे यदि हिंदी में कही गई होतीं तो कितना लाभ होता?... उनके लिए हिंदी सीख लेना कोई कठिन नहीं है, जबकि लार्ड डफरिन ने और महारानी विक्टोरिया ने हिंदी सीख ली थी।"

महात्मा गांधी

लखनऊ की एक भाषा एक लिपि प्रचार परिषद,
1916 चतुर्वेदी, बनारसी दास: राष्ट्रभाषा, पृ. 170

"हिंदी हर भाषा से शब्द ग्रहण करती है और इसका लचीलापन ही इसकी लोकप्रियता कारण है।"

ज्ञानी जैल सिंह

राजभाषा विभाग के पुरस्कार वितरण समारोह,
नई दिल्ली में दिए गए भाषण का अंश, 4.3.1986 स्पीचेज ऑफ
ज्ञानी जैल सिंह, खण्ड 2, पृ. 24, प्रकाशन विभाग,
भारत सरकार, नई दिल्ली

"हिंदी में जान है, वह जीवित भाषा है और मुझे यकीन है कि वह उछलती-कूदती हुई तरक्की का अपना रास्ता खुद बना लेगी।"

जवाहरलाल नेहरू

राजभाषा संसदीय हिंदी परिषद् का
पाक्षिक, 22.5.1959

"मैंने अक्सर कहा है कि हिंदी वह भाषा है जो उत्तर भारत में हिंदू और मुसलमान दोनों बोलते हैं और जो नागरी या फारसी लिपियों में लिखी जाती है। यह

हिंदी न बहुत संस्कृतनिष्ठ है न फारसीनिष्ठ। गांव की हिंदी में जो मिठास मुझे मिलती है वह न लखनऊ के मुसलमानों की भाषा में है और न प्रयाग के हिंदी पंडितों की। वही भाषा सबसे अच्छी है जिसको जनता आसानी से समझ सके। गांव की हिंदी सब लोग आसानी से समझ सकते हैं। भाषा की नदी का स्रोत जनता के हिमालय में है और सदा वहां रहेगा। हिमालय से निकली हुई गंगा निरंतर बहती रहेगी। इसी प्रकार गांव की हिंदी भी हमेशा प्रचलित रहेगी। संस्कृतनिष्ठ और फारसीनिष्ठ हिंदियां सूख जाएंगी जैसे कि किसी छोटी पहाड़ी से निकली हुई धारा सूख जाती है।"

महात्मा गांधी

हिंदी साहित्य सम्मेलन, प्रयाग के इंदौर अधिवेशन
में सभापति पद से दिया गया वक्तव्य, 1918

"अन्य दूसरी जीवित तथा प्रगतिशील भाषाओं की तरह ही हिंदी की प्रकृति ग्रहणशीलता की है तथा जो भी भाषाएं इसके सम्पर्क में आईं इसने विभिन्न भाषाओं के शब्दों को ले लिया।"

के.सी. सईदीन

हिंदी बईस कामन टु अदर इंडियन लैंग्वेजेज़,
भाग-2, हिंदी-बंगाली, शिक्षा मंत्रालय,
भारत सरकार 1956 प्रस्तावना

"भारत की मधुर और कोमल भाषा जिसे मूलतः हिंदी कहा जाता है वह पहले और आज भी मुसलमानों के मध्य प्रिय और सम्मानित भाषा है। सैयद हुसैन गेसूदराज तथा लखनऊ के सैदउल्लाह तरास के समय से अनेक मुस्लिम रहस्यवादियों द्वारा प्रयुक्त होती रही है। प्रेम और रोमांस की इस सुंदर भाषा में मुसलमानों ने अपना हृदय उड़ेल कर रख दिया है।"

सुलेमान नदवी

अहमद, जेड.ए. : नेशनल लैंग्वेज फॉर इंडिया, पृ. 121

"हिंदी शब्द फारसी शब्द से किसी भी प्रकार घटिया नहीं हैं। अरबी को छोड़कर जो सब भाषाओं में सबसे आगे है, यह अन्य सबसे अधिक श्रेष्ठ है... यदि आप मुझे इस भाषा की अभिव्यक्ति-सामर्थ्य के बारे में पूछें तो यह अन्य किसी से भी कम नहीं है।"

सैयद शबाउद्दीन अब्दुल रहमान

रहमान, सैयद शबाउद्दीन अब्दुल: हिंदुस्तान
अमीर खुसरो की नजर में, पृ. 72-73

"उन्होंने (खुसरो) उस समय की भाषा हिंदी में जो ब्रजभाषा की ही एक शैली है तथा जिसका गीतपरक रचनाओं में प्रयोग होता रहा है, अपनी प्रतिभा का प्रदर्शन किया है।"

अहमद, जेड.ए. : नेशनल लैंग्वेज फॉर इंडिया, पृ. 116

आसफ अली

"संस्कृत से सीधा सम्पर्क रखने के कारण भारतीय सभ्यता और संस्कारों की जैसी अभिव्यक्ति हिंदी करती है और कर सकेगी वैसी और कोई भाषा नहीं।"

सूर्यकान्त त्रिपाठी निराला

'सुधा' मासिक, लखनऊ, जून 1930 (सम्पादकीय)
निराला रचनावली, खं. 6, राजकमल प्रकाशन प्रा.लि. 1983,

"हिंदी का बीज वपन एक शताब्दी पूर्व विद्वानों द्वारा हुआ था जिन्होंने उर्दू का, जो उस समय उत्तर भारत के शिक्षितों की भाषा के रूप में प्रयुक्त होती थी, समझ-बूझ कर विरोध किया था। आज हिंदी विजयी हुई है तथा आज यह दैनिक जीवन की लिखने और बोलने की भाषा है।"

कन्हैयालाल माणिकलाल मुंशी

हिंदी साहित्य सम्मेलन के बम्बई अधिवेशन में

सभापति पद से दिया गया भाषण, 1952

"मैं बड़े प्रेम से सूर की कृतियां पढ़ता और उनकी भाव-प्रवणता पर मुग्ध हो उठता, पर तुलसी की रचनाओं में जो मुझे आनन्द आता वह अन्य किसी रचना में नहीं। रामायण पढ़ते समय मेरे हृदय-सितार के तार-तार बज उठते थे और मेरी आत्मा भगवद्भक्ति में तल्लीन हो जाती।"

संन्यासी, भवानी दयाल प्रवासी की आत्मकथा, पृ. 56

भवानी दयाल संन्यासी

"जब आयरलैंड ने अपना संविधान बनाया था तब उसने आयरिश भाषा को अपनाया था, जिसमें अधिक साहित्य नहीं था और जिसमें पर्याप्त शब्दावली भी नहीं थी फिर भी आयर ने उसे अपनाया। हमारी भाषा हिंदी तो अत्यंत शक्तिशाली भाषा है''

पुरुषोत्तम दास टंडन

भा.सं.स.स दिनांक 14.9.95

"हिंदी आज भारतवर्ष के हदय में वर्तमान प्रदेशों की मातृभाषा है, करोड़ों नर-नारियों की आशा-आकांक्षा अनुराग-विराग और रुदन-हास्य की भाषा है। उसी में वह शक्ति है जो भारतवर्ष के सारे भाग के दुख-सुख को प्रकट कर सकेगी। संक्षेप में यह भारतीय महादीप की केन्द्रीय भाषा है। हिंदी भारतवर्ष के मर्मस्थल की भाषा है, केन्द्रीय भाषा है और भारतीय विचारधारा को प्रकट करने का सबसे मजबूत माध्यम है।"

हजारी प्रसाद द्विवेदी

हजारी प्रसाद द्विवेदी ग्रंथावली, खण्ड 10, पृ. 361-364

"हिंदी के पास ऐसा शब्दकोश और अभिव्यक्ति की ऐसी सामर्थ्य है जो अंग्रेजी से किसी भी प्रकार कम नहीं।"

भारतीय जनगणना रिपोर्ट

भा.ज.रि., 1901, प्रथम खण्ड, पृ. 307

"......यही कारण है कि गोस्वामी तुलसीदास और सूरदास आज भी प्रिय हैं। करोड़ों के जीवन-सुधार में प्रेरक होते हैं। उनके पदों में एक प्रकार का आनंद है जो दूसरों की रचनाओं में शीघ्र ही नहीं मिलता। इसलिए कविता और दूसरे प्रकार के साहित्य का निर्माण करने वालों से यही सविनय निवेदन है कि यह उनका धर्म है कि युग और समय के अनुसार सच्चे साहित्य का निर्माण करें।"

राजेंद्र प्रसाद

प्रसाद, राजेंद्र : साहित्य, शिक्षा और संस्कृति पृ. 70

"वह कौन-सी भाषा है, जो वृंदावन, बद्रीनारायण, द्वारका, जगन्नाथपुरी इत्यादि चारों धामों तक एक समान धार्मिक यात्रियों को सहायता देती है? यह एक हिंदी भाषा है। लिंग्वा फ्रैंका, लिंग्वा का ही क्यों लिंग्वा इंडिका है। गुरु नानक लंका, तिब्बत, मक्का और मदीना, चीन इत्यादि सब देशों में गए। वहां उन्होंने किस भाषा में उपदेश दिया था? यही हिंदी भाषा थी। इससे जान पड़ता है कि उस समय भी हिंदी भाषा राष्ट्रभाषा थी और उसका सार्वजनिक प्रचार था।"

मदन मोहन मालवीय

नवम हिंदी साहित्य सम्मेलन के
सभापति पद से भाषण, 19.4.1919
महामना मदन मोहन मालवीय, पृ. 12

"भारत वर्ष के भिन्न-भिन्न भागों में जो अनेक देशी भाषाएं बोली जाती हैं, उनमें एक भाषा ऐसी है जिसमें शेष सब भाषाओं की अपेक्षा एक बड़ी भारी विशेषता है, वह यह कि उसका प्रचार सबसे अधिक है। यह भाषा हिंदी है। हिंदी जानने वाला आदमी सम्पूर्ण भारत में यात्रा कर सकता है और उसे हर जगह हिंदी बोलने वाले मिल सकते हैं।"

एनी बेसेंट

बाहरी, हरदेव हिंदी उद्‌भव और विकास, पृ. 214

"जिस भाषा का व्यवहार भारत के प्रत्येक प्रान्त के लोग करते हैं, जो पढ़े-लिखे तथा अनपढ़ दोनों की साधारण बोलचाल की भाषा है और जिसको प्रत्येक

गांव में थोड़े-बहुत लोग अवश्य समझ लेते हैं, इसी का यथार्थ नाम हिंदी है।"

एच.टी. कोलब्रुक

बाहरी, हरदेव हिंदी उद्‌भव और विकास, पृ. 214

"निखिल भारत के जीवन में हिंदी की यह व्यापक प्रतिष्ठा केवल आजकल के प्रोपेगेंडा या प्रचार का फल नहीं है, यह स्मरणातीत काल से उपलब्ध भाषा विषयक परम्परा की देन है।"

सुनीति कुमार चटर्जी

हिंदी साहित्य सम्मेलन, प्रयाग के 34 वें करांची अधिवेशन में
सभापति पद से दिया गया भाषण, कौसल्यायन,
भदत्त आनन्द : राष्ट्रभाषा की समस्याएं, पृ. 83

"यदि आप की दृष्टि उत्तर में श्रीनगर, दक्षिण में कन्याकुमारी, पश्चिम में करांची तथा पूर्व में डिब्रूगढ़ जाए तो हिंदी सीखे बिना कोई चारा नहीं है। अंग्रेजी, जैसा कि मैं आपको बता चुका हूं हमारी 'लिंग्वा फ्रैंका' नहीं बन सकती।"

महात्मा गांधी

हरिजन, 27.6.1936

"मेरा दृढ़ विश्वास है कि हिंदी देश की 'लिंगुआ फ्रैंका' बनेगी। पर हिंदी प्रचार के कार्य में पारस्परिक समझ, अनन्त धैर्य तथा सुदीर्घ प्रयत्न की आवश्यकता है।"

वराह वेंकट गिरि

आंध्र एजुकेशन सोसायटी, नई दिल्ली के रजत जयंती समारोह में दिए गए
भापण से, 29.10.1972, स्पीचेज ऑफ प्रेसीडेंट वी.वी. गिरि, खण्ड 2,
प्रकाशन विभाग, भारत सरकार, नई दिल्ली, 1977, पृ. 149

"यह इसलिए नहीं है क्योंकि हिंदी एक समृद्ध भाषा है बल्कि इसलिए क्योंकि यह सर्वाधिक लोगों द्वारा बोली और समझी जाती है। हिंदी ही मात्र एक ऐसी भाषा

है जो सम्पर्क भाषा के रूप में प्रयुक्त हो सकती है। इसकी लोकप्रियता का कारण इसका लचीलापन है। हमें इसका सम्पर्क भाषा के रूप में विकास करना है।"

ज्ञानी जैल सिंह

राजभाषा विभाग के पुरस्कार वितरण समारोह,
नई दिल्ली में दिए गए भाषण का अंश, 4.3.1986
स्पीचेज ऑफ प्रेसीडेंट ज्ञानी जैल सिंह, खण्ड 2,
प्रकाशन विभाग, भारत सरकार, पृ. 24

"इस सभा में आज हम यह जानने, देखने और सुनने के लिए आए हैं कि हिंदी का सम्पर्क-भाषा के रूप में विकास किस प्रकार किया जा रहा है।"

पी.वी. नरसिंह राव

केन्द्रीय हिंदी समिति, नई दिल्ली में दिया गया भाषण, 25.6.1994
पी.वी. नरसिंह राव: सेलेक्टेड स्पीचेज 1993-1994, पृ. 24

हमारा मतलब तो सिर्फ यह है कि विभिन्न प्रान्तों के पारस्परिक संबंध के लिए हम हिंदी भाषा सीखें। ऐसा कहने में हिंदी के प्रति हमारा कोई पक्षपात प्रकट नहीं होता। हिंदी को हम राष्ट्रभाषा मानते हैं। वह राष्ट्रीय होने के लायक है। वही भाषा राष्ट्रीय बन सकती है, जिसे अधिक संख्या में लोग जानते, बोलते हों और जो सीखने में सुगम हो। ऐसी भाषा हिंदी ही है। यह बात यह सम्मेलन 1910 से बता रहा है और इसका कोई वजन देने लायक विरोध आज तक सुनने में नहीं आया है।"

महात्मा गांधी

महात्मा गांधी राष्ट्रभाषा हिंदुस्तानी, पृ. 44-45

"हिंदी सीखने का कार्य एक ऐसा त्याग है जिसे दक्षिण भारत के निवासियों को राष्ट्र की एकता के हित में करना चाहिए।"

एनी बेसेंट

एनी बेसेंट नेशन बिल्डिंग

"हमें राष्ट्रीय स्तर पर एक सम्पर्क भाषा की आवश्यकता है और वह केवल हिंदी ही हो सकती हैं।"

फकरुद्दीन अली अहमद

मदुरै विश्वविद्यालय की दशवार्षिकी पर दिया गया
उद्घाटन भाषण, 3.1.1977, स्पीचेज ऑफ
प्रेसीडेंट फकरुद्दीन अली अहमद,

प्रकाशन विभाग, भारत सरकार 1980, पृ. 179

"प्रान्तीय ईष्या-द्वेष को दूर करने में जितनी सहायता इस हिंदी प्रचार से मिलेगी, उतनी किसी दूसरी चीज से नहीं मिल सकती। अपनी प्रान्तीय भाषाओं की भरपूर उन्नति कीजिए, उसमें कोई बाधा नहीं डालना चाहता और न हम किसी की बाधा को सहन ही कर सकते हैं। पर सारे प्रान्तों की सार्वजनिक भाषा का पद हिंदी या हिंदुस्तानी को ही मिला। नेहरू रिपोर्ट में भी इसकी सिफारिश की गई है। यदि हम लोगों ने तन-मन-धन से प्रयत्न किया तो वह दिन दूर नहीं है जब भारत स्वाधीन होगा और उसकी राष्ट्रभाषा होगी हिंदी।"

सुभाष चन्द्र बोस

गांधी के सभापतित्व में कलकत्ता में आयोजित राष्ट्रभाषा सम्मेलन
के स्थानाध्यक्ष सुभाष चन्द्र बोस के भाषण का अंश, 1929

"देश की भाषाओं के बीच हिंदी को सम्पर्क भाषा के रूप में कार्य करना है। इसे इसलिए मान्यता नहीं मिली है कि यह सबसे अधिक विकसित भाषा है वरन् इसलिए क्योंकि इसे अहिंदी भाषी लोगों ने अंगीकार किया है।"

इंदिरा गांधी

तृतीय विश्व हिंदी सम्मेलन में दिया गया उद्घाटन भाषण,
28.10.1983, इंदिरा गांधी: सेलेक्टेड
स्पीचेज एण्ड राईटिंग्ज, खण्ड 5,1982-84, पृ. 281

"एक हजार वर्ष पहले हिंदी ही अपने पूर्व रूप में अन्त:प्रादेशिक भाषा के रूप में भारत में फैली थी।"

सुनीति कुमार चटर्जी

रामगोपाल: स्वतंत्रता पूर्व हिंदी के संघर्ष का इतिहास,
शक सं. 1886, हि.सा.स., पृ. 2

"कुछ लोग यह कहते हैं कि हिंदी के प्रयोग पर जोर देने से देश का विखंडन हो जाएगा। क्या यह सच है? दूसरी ओर असलियत यह है कि अगर केंद्रीय प्रशासन में हिंदी धीरे-धीरे लाई जाए तो देश के एक क्षेत्र के जनमानस की भावनाओं को दूसरे क्षेत्रों के निवासियों के समक्ष अंग्रेजी के बजाय हिंदी में व्यक्त करने का मौका मिलेगा और वह पहले से कहीं अधिक प्रभावशाली होगा।

के. भाष्यम

लोकसभा वाद-विवाद, 23.4.1963

"पिछले अनेक दशकों से आम जनता के स्तर पर हिंदी सम्पर्क-भाषा का रोल अदा करती आई है और उसे भारतीय सेना की सम्पर्क भाषा बनाकर अंग्रेजों ने भी इस तथ्य को स्वीकार किया है।"

के. संथानम

लोकसभा वाद-विवाद, 23.4.1965

"भारत में अन्तर्प्रान्तीय व्यवहार के लिए समान भाषा का दर्जा हिंदी को ही दिया जा सकता है और इसे समस्त भारत में स्वीकार कराने में अधिक कठिनाई नहीं होगी।"

आर. आर. भण्डारकर

सेठ गोविंद दास: राजभाषा हिंदी, पृ. 5

"हमारा निर्णय इस बात पर निर्भर करता है कि स्वराज के संबंध में हमारी धारणा क्या है। यदि यह अंग्रेजी जानने वाले भारतीयों का ही और उनके लिए ही

है तो निश्चय ही अंग्रेजी जनमाध्यम की भाषा है। यदि करोड़ों भूखों, अशिक्षितों तथा निरक्षर महिलाओं, शोषित 'अछूतों' का और उनके लिए है तो हिंदी ही एक सम्भावित जनभाषा हो सकती है।"

महात्मा गांधी

यंग इंडिया, 18.6.1931

"हिंदी ही सम्पूर्ण भारत की एक उपयुक्त भाषा है।"

जवाहरलाल नेहरू

संसद में कांग्रेस पार्टी को नेहरू जी का संबोधन, 7.5.1954 सेन, एन.वी. (सं.): विट एण्ड विजडम ऑफ जवाहरलाल नेहरू, न्यू बुक सोसाइटी आफ इंडिया, नई दिल्ली, 1960, पृ. 254

संदर्भ ग्रंथ :

1. भारत का संविधान, भारत सरकार
2. राजभाषा दिग्दर्शन–डॉ .वेद प्रकाश गौड़
3. राजभाषा हिंदी-संघर्षों के बीच-हरी बाबू कंसल
4. भाषाई अस्मिता और हिंदी–डॉ .रविंद्र नाथ श्रीवास्तव
5. राष्ट्रभाषा से राजभाषा–डॉ विमलेश कांति वर्मा
6. राजभाषा सहूलियतकार–डॉ वी चंद्रशेखर राव
7. भारतीय नरेशों की हिंदी सेवा-संपादक कुंवर पाल सिंह
8. साहित्यिक विधाएं और राजभाषा–डॉ .सुरेंद्र प्रसाद जमुआर
9. भारत का संविधान पृ. 137
10. राष्ट्रभाषा से राजभाषा, डॉ. विमलेश कांति वर्मा, पृष्ठ 422
11. भारत का संविधान पृ. 2
12. संसदीय राजभाषा समिति के प्रतिवेदन के पहले नौ खंडों में की गई सिफारिशों पर राष्ट्रपति के आदेश, राजभाषा विभाग, गृह मंत्रालय, भारत सरकार

13. संसदीय राजभाषा समिति की वेबसाइट
14. राजभाषा आयोग की रिपोर्ट (1967)
15. राजभाषा अधिनियम 1963
16. राजभाषा (संघ के शासकीय प्रयोजनों के लिए प्रयोग) नियम, 1976
17. संसदीय राजभाषा समिति की रिपोर्ट
18. वार्षिक मूल्यांकन रिपोर्ट, गृह मंत्रालय, राजभाषा विभाग, भारत सरकार
19. विभिन्न वर्षों के हिंदी के प्रयोग सम्बंधी वार्षिक कार्यक्रम राजभाषा विभाग,
20. राजभाषा विभाग की वार्षिक रिपोर्ट
21. विभिन्न विभागों की राजभाषा कार्यान्वयन समितियों की बैठकों के कार्यवृत
22. विभिन्न विभागों की हिंदी सलाहकार समितियों की बैठकों के कार्यवृत्त
23. हिंदी के प्रयोग सम्बंधी आदेशों के संकलन, राजभाषा विभाग, गृह मंत्रालय
24. क्रांतिकारी बिस्मिल और उनकी शायरी' पृष्ठ -79, प्रखर प्रकाशन दिल्ली –संपादक मदनलाल वर्मा 'क्रांत' (अरविंद पथिक का राजभाषा भारती पत्रिका में लेख)
25. रामप्रसाद बिस्मिल रचनावली भाग एक कवर पृष्ठ ,संपादक -पं दिनेश शर्मा ,आशा जोशी , संदर्भ प्रकाशन ,दिल्ली (अरविंद पथिक का राजभाषा भारती पत्रिका में लेख)
26. आत्मकथा रामप्रसाद बिस्मिल ,संपादक -पं बनारसीदास चतुर्वेदी ,आत्माराम एंड संस, दिल्ली (अरविंद पथिक का राजभाषा भारती पत्रिका में लेख)
27. हिंदी भाषा की विकास परम्परा-डा .रामविलास शर्मा
28. हिंदी: उद्‌भव, विकास और रूप-डा. हरदेव बाहरी
29. राजभाषा विभाग, गृह मंत्रालय की वेबसाइट
30. विश्व हिंदी सचिवालय की वेबसाइट
31. केंद्रीय हिंदी प्रशिक्षण संस्थान की वेबसाइट
32. केंद्रीय अनुवाद ब्यूरो की वेबसाइट
33. संसदीय राजभाषा समिति की वेबसाइट
34. लोकसभा की वेबसाइट
35. अन्य वेबसाइट
https://sansad.in/rs
https://sansad.in/ls
https://www.narendramodi.in/31st-meeting-of-central-

hindi-committee-concluded-under-the-chairmanship-of-the-prime-minister--541375
https://samiti.rajbhasha.gov.in/
https://rajbhasha.gov.in/
https://ctb.rajbhasha.gov.in/
https://chti.rajbhasha.gov.in/
https://vishwahindi.com/new/
https://www.chd.education.gov.in/
https://www.chd.education.gov.in/devanagari-lipi-tatha-hindi-vartani-manakikaran